Rainer Winkel

Am Anfang war die Hure

Theorie und Praxis der Bildung

oder: Eine Reise durch die Geschichte des Menschen – in seinen pädagogischen Entwürfen

Schneider Verlag Hohengehren GmbH

Umschlaggestaltung: Meike K. Schwella, Berlin

Gedruckt auf umweltfreundlichem Papier (chlor- und säurefrei hergestellt).

Zur Erinnerung an Jakob Muth –
den Tapfersten unter seinen Gefährten gewidmet:
Helga und Peter Alberts

Bibliografische Information Der Deutschen Bibliothek

Die Deutsche Bibliothek verzeichnet diese Publikation in der Deutschen Nationalbibliografie; detaillierte bibliografische Daten sind im Internet über ›http://dnb.ddb.de‹ abrufbar.

ISBN 3-89676-909-X

Schneider Verlag Hohengehren, Wilhelmstr. 13, 73666 Baltmannsweiler

Printed in Germany – Druck: Frech, Stuttgart

Inhaltsverzeichnis

Verzeichnis der Abbildungen und Tabellen

Verzeichnis der Beispiele

Verzeichnis der Erkenntnisse

Verzeichnis der Quellentexte

VOR DER (BILDUNGS-)REISE

Nur drei Dinge nahm er auf seine Pilgerreise – die Augen geöffnet für die Weite, die Ohren gespitzt und den leichten Schritt … (Pablo Neruda)

Günter Eich

Latrine

Über stinkendem Graben,
Papier voll Blut und Urin,
umschwirrt von funkelnden Fliegen,
hocke ich in den Knien,

den Blick auf bewaldete Ufer,
Gärten, gestrandetes Boot.
In den Schlamm der Verwesung
klatscht der versteinte Kot.

Irr mir im Ohre schallen
Verse von Hölderlin.
In schneeiger Reinheit spiegeln
Wolken sich im Urin.

„Geh aber nun und grüße
die schöne Garonne –“.
Unter den schwankenden Füßen
schwimmen die Wolken davon.

(„Geh aber nun“: Zitat aus Hölderlins Gedicht „Andenken“.) [1]

0. Moment mal oder: Ehe Sie einsteigen oder die Reise gar nicht erst beginnen wollen

Bitte stellen Sie sich sechs kleine Szenen vor, die ich in den Wochen und Tagen der Vorbereitung, der Sammlung und der Einstimmung auf dieses Buch beobachtet bzw. erlebt habe:

- In einem Hallenbad auf einer ostfriesischen Insel, das um diese Uhr- und Jahreszeit fast leer ist, gehen zwei alte Leute vor mir her – am Beckenrand entlang. Was heißt gehen … Er hat seinen rechten, leicht zitternden Arm so mit ihrem linken verschränkt, dass sie – selbst ein steifes Bein nach sich ziehend – zumindest in winzigen Schritten vorwärtskommt und kaum zu merken scheint, dass sich der Alte eher bei ihr eingehakt hat als sie bei und von ihm sich hat einhaken lassen. „Das ist sehr lieb von dir, dass du mit mir schwimmen gehst", keucht der Greis. „Ach, was", antwortet die Dunkelhaarige, „ich muss mich bei dir bedanken, denn mein Bein wird frohlocken." Dann bleiben die beiden stehen, drehen sich um, blicken mich an und sie fragt mich in einem schelmischen Tonfall: „Ach, sagen Sie, junger Mann, gehen Sie vielleicht nachher in die Sauna?" Ich, immerhin auch nicht mehr weit von dem Seufzer der Alten entfernt („Wird auch silbern mein Haar"[2]), bejahe, und schon strahlt mich die – immer noch wie die 60jährige *Charito*[3] ausschauende – Dame schmachtend an und meint: „Wissen Sie, dann können wir mal wieder einen richtigen knackigen Aufguss genießen!" „Famos! Ganz famos!" ergänzt der Alte und schon schlurfen die beiden weiter – noch verschränkter als vorher …
- Auf einer der üblichen Fahrten nach und von Berlin … Der ICE war bei meinem Einstieg recht voll und ich froh, in einem Coupé noch einen Platz bekommen zu haben – zwischen einer vor sich hinschlummernden Schwarzen, einem vielleicht 20-jährigen Ungebärdigen, der provozierend langsam seine Füße von dem Sitzplatz nahm, den ich begehrte und zwei jungen Frauen, von denen die eine seine Freundin zu sein schien. Bereits nach einer Stunde riecht es penetrant nach Alkohol. Während der Einfahrt in den nächsten Hauptbahnhof quetscht der Bursche mit viel „Begleitmusik" einige Münzen in zwei leere Bierdosen, klappert damit wie ein Barkeeper, öffnet die Tür und schleudert die beiden Dosen so gekonnt um die Ecke, dass sie laut scheppernd den Gang entlangsausen. Die eine kreischt jubelnd auf, die andere schaut betreten drein, ich stehe auf, gehe hinaus, werfe die Dosen in den Abfallbehälter, und kaum habe ich das Coupé wieder betreten und immerhin ein weiteres Mal erreicht, dass die schweren Stiefel – wieder auffallend langsam – von meinem Sitzplatz auf den Fußboden gestellt werden, höre ich den jungen Mann mich fragen: „Na, haste

dir mein Dosenpfand geangelt?“ Verdutzt will ich zunächst schweigen, dann aber kritisiere ich sein Verhalten mit sich steigerndem Zorn. Zum Schluss höre ich mich sagen: „Was Sie gerade getan haben, spricht nicht gerade für eine gute Kinderstube.“ Das aber lässt sich mein Gegenüber nicht gefallen: „Ey, was regst du dich denn so auf, Sportsfreund?“ „Ich rege mich zwar auf, aber vielmehr stört mich auch Ihr Verhalten.“ „Das ist doch dein Problem, Sportsfreund!“ – so er. Und sie: „Entspann‘ dich, Mann!“ Als der Zug weiterfährt, stehe ich auf, nehme meine Sachen und verlasse unter johlendem Beifall das Zugabteil. Jedoch: Irgendwann später kommt die Betretene auf ihrem Weg zur Toilette an mir vorbei, schaut mich kurz an und meint: „Ich möchte mich bei Ihnen entschuldigen ...“

- Auf dem Schulhof einer Grundschule schiebt ein Mädchen ein anderes im Rollstuhl sitzendes Kind umher, hält an, reicht ihm eine Trinkflasche, putzt ihm den Mund, lacht und fährt das strahlende Kind weiterhin umher ...
- In der letzten Klasse einer Realschule setzen sich die Schüler zu bereits eingeteilten Gruppen zusammen, besprechen die zu Hause durchgearbeiteten Materialien, sichten Argumente und Vorschläge und legen die Konferenzstrategie über das Problem einer „Arbeitszeitverkürzung“ fest ...
- 13 Uhr 45 in einer Straßenbahn, die voll von Schülern einer Gesamtschule ist: Zwei etwa 13- oder 14-jährige Jungen demonstrieren den Umstehenden obszöne Gesten, Geräusche, Wörter. Eine ältere Frau schaut empört hinweg; ein junger Mann grinst; eine Mutter (aus Pakistan?) mit ihrem Kleinkind steigt kopfschüttelnd aus; energisch interveniere ich nach der 3. Station ... Und:
- In einem Schullandheim bin ich zufällig mitten in einen Pulk mir fremder Schüler geraten, die eine Bio-Rallye veranstalten. Wir kommen ins Gespräch – im Hin und Her wird die Frage aufgeworfen: „Was ist eigentlich ein gebildeter Mensch?“ „Er muss viel wissen!“ – „Nein, er muss gut sein!“ – „Vielleicht ist er ein Professor?“ So geht das her und hin. Dann *Mario*: „Gebildet ist der, der weiß, dass er gebildet ist!“ – „Das glaube ich nicht!“, widerspricht *Judith*, „wenn das jemand von sich behauptet, ist er bloß eingebildet!“ Und schon flitzen sie, die Rallye-Fahrer, auseinander ...

Sechs Erlebnisse, Verhaltensweisen, Fragenkomplexe:

– Sind solche und ähnliche Erlebnisse und Beobachtungen typisch für unsere Zeit und Gesellschaft? Oder hat es das nicht schon immer gegeben: Gutes und weniger gutes Verhalten? Liebevolle Gesten und Boshaftigkeiten? Engagement und Desinteresse? Altmodisch: Sind die sieben guten Taten (der Barmherzigkeit) und die sieben Todsünden (der Verwerfung)[4] nicht überall und zu allen Zeiten zu beobachten? Reimt sich *per se Urin* auf *Hölderlin*? Oder bilden wir selbst erst diese furchtbare Parallele? Noch schärfer gefragt: Ist nicht jedes Individuum zum Guten wie zum Bösen fähig und – bereit?

– Darüber hinaus wissen wir um ein beglückendes und verhängnisvolles Pendant: Hat das individuelle Verhalten nicht seine gesellschaftliche Korrespondenz? Wer auch nur gelegentlich im – sagen wir – „GROSSEN PLOETZ“[5] blättert oder im „Zierer“[6] oder „Durant“[7] die eine oder andere Passage dort liest, der weiß: Der Bau der ägyptischen Pyramiden (ab 2650 v. Chr.) kostete ungezählte Sklaven das Leben; Makedonier massakrierten (im 4. Jahrh. v. Chr.) Griechen; diese metzelten sich während der Diadochenkämpfe (im 3. Jahrh. v. Chr.) gegenseitig nieder; Römer ermordeten (nicht nur unter *Caesar*) einen Großteil der germanischen Bevölkerung, aber just diese germanischen Stämme vernichteten unter der Führung des Cheruskers *Arminius* im Jahre 9 n. Chr. (wohl) in der Nähe von Osnabrück (in der „Schlacht im Teutoburger Wald“) drei römische Legionen und ihren Tross – d. h. etwa 20.000 Menschen; Christen (nicht: *die* Christen) schlachteten Muslime ab; Spanier töteten Indios; Türken Armenier; Russen verfolgten Tschetschenen; Deutsche ermordeten Juden; Hindus verjagten Christen … Sind all diese und ungezählte weitere Greueltaten die, wenn auch gebrochene, Entsprechung des persönlichen Versagens des einzelnen Menschen? Und es wird noch komplizierter, denn wir kennen auch eine ebenso lange Tradition von guten Taten: Mit weltweiten Hilfsaktionen reagierten Millionen von Menschen im Anschluss an das schreckliche Seebeben in Asien am 2. Weihnachtstag 2004; Tausende Deutsche halfen Deutschen – nicht nur während und nach der Flutkatastrophe im August 2002; ohne Millionen von Care-Paketen amerikanischer Familien wären viele nach dem 2. Weltkrieg buchstäblich verhungert; nicht nur *Oskar Schindler*, einzelne Pfarrer oder Ordensschwestern, sondern viele Deutsche versteckten und retteten deutsche, polnische oder holländische Juden … Die Tradition der guten Taten ließe sich ebenso lückenlos wie die der schlechten von heute in eine entfernte Vergangenheit zurückverfolgen. Hat also der Weimarer Theologe und Philosoph, der Zeitgenosse *Goethe*s und *Humboldt*s, hat *Johann Gottfried Herder* (1744–1803) Recht, wenn er von einer „goldenen Kette der Bildung“ spricht, die unsere „Erde umschlingt“, wohlgemerkt eine Kette der *Bildung*, die unsere Erde *auch* umschlingt, wenn er fortfährt: „seitdem ich dich ersah und in deinen schönsten Gliedern, den Vater- und Mutter-, den Freundes- und Lehrerempfindungen, verfolgte, ist mir die Geschichte nicht mehr, was sie mir sonst schien, ein Greul der Verwüstung auf einer heiligen Erde“ [8]. Bedingen sich Einzelne und Gruppen einander? Hängt das Ausmaß an Güte oder Schlechtigkeit einer Gemeinschaft vom Ausmaß an Liebe oder Hass jedes Einzelnen ab bzw. umgekehrt: Kann ich (nicht) besser oder schlechter sein als du und wir? Noch schärfer gefragt: Wirken Qualität und Quantität von Bildung jedes einzelnen Menschen und jeder kleinen und großen Gemeinschaft nicht in einem – wie auch immer gearteten – Wechselverhältnis mal mit-, mal gegeneinander, mal sich interdependent verstärkend oder vermindernd, mal sich gegenseitig potenzierend, mal sich lähmend? In Afrika kennt man ein Sprichwort, das da lautet:

„Ich bin, weil wir sind,
und wir sind, weil du bist.“

Hat der Verlust dieser Erfahrung mit dem hier aufgezeigten Dilemma zu tun?

- Ein dritter Fragenkomplex will den Ursachen dieser doppelten Erbärmlichkeit und Grandiosität nachspüren. Nicht nur die alte *Augustinische* Frage, wo das Böse herkommt (*unde malum?*[9]) ist damit gemeint, sondern auch die womöglich noch schwierigere und für uns Pädagogen noch bedeutsamere Frage nach der Herkunft des Guten, das wir fördern wollen: *unde bonum*? *Rüdiger Safranski* hat eine grandiose Studie über „Das Böse“ [10] geschrieben: Ist es eines jener Wesensmerkmale des Menschen als solchem, dass er zum Guten wie zum Bösen fähig ist, also eines seiner Anthropina? In *Goethe*s Gedicht über „Das Göttliche“ beginnt die siebte Strophe mit den Versen: *Nur allein der Mensch/ Vermag das Unmögliche;/Er unterscheidet,/Wählet und richtet.* Gehört dieses Anthropinum zum Drama jener Freiheit, die in fast allen Kulturen erfahren, erlitten, bejubelt und beklagt wurde? Die den „Brudermord“ (*Kain* erschlug *Abel*, *Gen* 4, 1–16) ebenso verständlich macht wie den „Turmbau zu Babel“ (*Gen* 11, 1–9) oder den „Tod auf Golgatha“ (*Mat* 27, 45–56; *Mk* 15, 33–41; *Lk* 23, 26–43 und *Joh* 19, 16–30)? Oder ist die Ausübung des jeweiligen Hanges doch genetisch bedingt? Womöglich aufgrund einer entsprechenden Selektion, die über 30-, 40- oder 50tausend Generationen hinweg „vererbt“ wurde? Ein weiteres Mal und pointierter gefragt: Müssen Erziehung und Schule, Lehren und Lernen, Bildung und Begleitung eher mit dem Erbe (mit *nature*) oder mit der Umwelt (mit *nurture*) rechnen?
- Viertens fragen wir uns immer wieder: Wer sorgt (wenn schon nicht für Rettung und Heil, so doch) wenigstens für Linderung, Verminderung, für ein Aushalten des Dilemmas? Die Magier und Medizinmänner? Die Priesterinnen und deren Götter? Der Klerus und die Kirchen? Die Magister und ihre Schulen? Die Politiker und die Parteien? Psychologen und Sozialarbeiter? Oder doch nur die Lehrer? Die Eltern? Gar ausschließlich – seit ein gigantischer Ich-Kult die christlich-europäische und amerikanisch-japanische Welt ergriffen hat – jeder selbst? Nicht nach dem Motto „Jeder ist seines Glückes Schmied“, wohl aber in der Attitüde der Selbstermächtigung bzw. Selbstkrönung: ICH bin für MICH verantwortlich! ICH lege fest, was für MICH gut oder nicht gut ist (Vom „Bösen“ rede ICH nicht mehr!). Wer aber ist zuständig? Verantwortlich? Haftbar zu machen? Wenn es um die Zuweisung von Gütern und Lob, von Privilegien und Macht geht, ruft jeder das erste Personalpronomen herrisch auf. Sind aber Verantwortungsbereiche abzustecken, wabert eine seltsame Gemeinschaftsideologie wie ein feuchter Nebel heran, der alles Mögliche verwischt. Plötzlich sind, wenn uns Probleme und Dilemmata zu schaffen machen, wir alle verantwortlich, vor allem „*die* Gesellschaft“; auf einmal können wir nur gemeinsam Lösungen finden, vor allem wenn der berühmte „Hannemann“ *voran*geht;

prinzipiell muss ein „Runder Tisch" her, an dem das „Schwarze-Peter-Spiel" mögliches Handeln *weiter*reicht ... Präziser gefragt: Wer sorgt für die Bildung des und der Menschen, hat dafür zu sorgen?

- Die vorletzte Fragehaltung wendet sich den oft beschworenen „Inhalten" zu – eine wenig hilfreiche Bezeichnung dessen, was da (nicht) zu lernen ist, wenn Bildung sich ereignen soll. Gibt es womöglich einen Katalog von Bildungs*gütern*? Warum stehen andere Werke nicht auf dem Index der Schulen? Zum Beispiel *Caesars* „Commentarii De Bello Gallico" (52/51 v. Chr.), mit dem Dutzende von Generationen auf aggressive Kriege und blutige Rachefeldzüge eingestimmt wurden? Sollen wir im Lateinunterricht statt dessen *Seneca* lesen lassen? Oder ganz darauf verzichten und gleich mit dem „Tagebuch der Anne Frank"[11] beginnen? Gleichsam zum Zwecke der Immunisierung gegenüber jeglichem Militarismus und Völkermord? Was ist zu wissen, zu können, zu verstehen? Die Umschreibung mit *to do*? Das *Ohm*'sche Gesetz? Der In-vitro-Fertilisation? Die 10 Gebote? Der Koran? Wenigstens eine Oper? Popmusik? Zeitgenössische Malerei? Oder doch lieber: Surfen im Internet – freilich stets vorbei an Pornographie, Gewaltverherrlichung und rechtsradikaler Propaganda? Genauer gefragt: Was gilt es zu lehren und was soll, muss, kann, darf (nicht) gelernt werden, damit keine „Eroberer" oder „Hannemänner", keine „Spieler" und keine „Surfer", wohl aber Menschen das Sagen und Handeln haben – gebildete Menschen?
- Und schließlich macht uns die Frage nach dem Wie zu schaffen. Verständlich! Denn immer noch pendeln wir zwischen den ungelösten Problemen der Vermittlung: Ist die Methodik gegenüber der Didaktik – wie *Wolfgang Klafki* meinte[12] – nachgeordnet? Oder bestimmt – man lese *Paul Watzlawick*[13] – nicht oft genug das Wie der Kommunikation deren Was? Schwieriger noch, denn *Friedrich Nietzsche* hat in Abwandlung des trefflichen Bonmots „Wer ein Warum zu leben hat, erträgt fast jedes Wie" im 790. Aphorismus seiner Schrift „Der Wille zur Macht" uns daran erinnert: „Ist man über das 'Warum?' seines Lebens mit sich im Reinen, so gibt man dessen Wie? leichten Kaufs dahin."[14]

Damit wäre die Pädagogik bei der (Motivations-)Psychologie angelangt und müsste sich fragen (lassen), ob ihre Belehrungen überhaupt sinn-stiftend oder sinnlos sind? Müsste nicht an die Stelle von allzu viel Belehrung die Erfahrung treten? Also ein *learning by doing*, das alle Reformpädagogen der klassischen Epoche (von *Dewey* bis *Hentig*) favorisierten? Oder müssten wir gar noch gründlicher (also radikaler) die Schule entschulen? Während meiner Zeit als Gründungsdirektor der Ev. Gesamtschule Gelsenkirchen (von 1998 bis 2002) habe ich immer wieder wortreich gefordert, dass ich Schüler des 8. oder 9. Jahrgangs so selten wie möglich in der Schule sehen und, sagen wir, „Romeo und Julia" lesen und sprechen hören möchte (auch nicht „mit verteilten Rollen"), wohl aber in den Betrieben und Wäldern, in Museen und fremden Ländern, in Praktika und Gemeinschaftsdiensten ... kurz: im Leben selbst wollte ich sie besuchen – vergebens. War und ist meine Forderung falsch? Oder bloß an der Ausübung zynischer Macht (des Schulträgers, der Schulaufsicht) gescheitert? Gehört zum Lernen um der Bildung willen auch die Partner- und Gruppenarbeit? Der Projektunterricht? Die außerschulische Erfahrung? Das Zensieren von Leistung? Pointiert gefragt: Wie sollen mit Hilfe welcher Methoden und Medien junge Menschen das lernen, was dann – in Abwandlung eines Wortes von *Georg Kerschensteiner* (1854–1932) hoffentlich als Bildung bleibt, nachdem sie alles andere, vor allem die Details, vergessen haben?

Unsere Neugier lässt sich also unter sechs W-Fragen subsumieren, denn eine „Theorie und Praxis der Bildung" wird u. a. dieses wissen wollen:

1. Ist das Individuum, ist jeder einzelne Mensch zum Guten oder/und zum Bösen fähig und bereit? Anders gefragt: *Wer* ist der um Bildung sich Bemühende eigentlich? Um *wen* geht es? (Anthropologische Aspekte)
2. Hat diese personale Ebene eine kommunikative Spiegelung, so dass sich Qualität und Quantität der Bildung des einzelnen Menschen in einem Wirkungsverhältnis zur Bildung aller, also der Gemeinschaften befinden? Kurz: *Welche* Interdependenzen, Brüche oder Prozesse konstituieren diese Pendants? (Gesellschaftspolitische Aspekte)
3. Natürlich interessiert uns drittens, worin die Ursachen dieser leidigen Realitäten und widersprüchlichen Faktizitäten liegen: *Warum* verhält sich der Einzelne mal wie ein Heiliger, mal wie ein Teufel, eine ganze Gruppe, Masse oder Nation „edel, hilfreich und gut" (wie es in dem bereits zitierten *Goethe*-Gedicht heißt) und im nächsten Augenblick wird sie schuldig an schrecklichen Verbrechen? (Kausale Aspekte)
4. Die Frage nach der Bewältigung von Problemen beginnt stets mit der Suche nach Zuständigkeiten und Verantwortlichkeiten: *Wer* eigentlich soll dafür Sorge tragen, dass der Mensch nicht verkommt, sondern im Gegenteil, sein Heil, sein Glück, sein Gutes findet? Eine Frage, die sich an die (Aus-)Bildung der Erwachsenen wendet. (Andragogische Aspekte)
5. Aber selbst wenn man weiß, wer stricken soll, braucht man Wolle. Bildung (Lernen im Dienst der Menschlichkeit) bedarf der Inhalte. Aber welcher? Eine Bildungstheorie hat keine Praxis, wenn sie die Frage nicht beantwortet: *Was* soll (nicht) gelehrt und gelernt, erfahren und gemieden, gesucht und gefunden werden? (Didaktische Aspekte)
6. Und schließlich benötigen alle „Inhalte" auch Methoden, Vermittlungsformen – als da sind: Zeiten, Orte, Gelegenheiten, Wege, Medien etc. Deshalb lautet unsere letzte Frage: *Wie* soll die kleine Welt (für die Kleinen) und wie die größere Welt (für die Großen) strukturiert werden, so dass sie eine wert-volle Welt wird, in der zu leben, zu lieben, zu arbeiten und zu sterben lohnt? (Methodische Aspekte)

Nun werden diese sechs Fragen nicht systematisch (also z. B. der Reihe) nach aufgeworfen und beantwortet. Denn zwischen ihnen gibt es keine Systematik. Sie bilden insgesamt eine gemeinsame Fragehaltung, artikulieren eine bestimmte Neugier und kommen mal hier, mal dort zu ihrem Recht. Wer eine Reise oder auch nur einen Spaziergang macht, erkundet auch nicht erst die Straßen, dann die Gebäude und dann die Plätze oder erst die Steine, dann die Blumen und dann die Gewässer, sondern lernt *en passant*, *unter-wegs*, *by the way* und doch nicht zufällig oder beliebig, sondern von Fragen gelenkt.

Diese sechs W-Fragen bewegen – im doppelten Wortsinn – den Autor, das Buch und, hoffentlich, auch seine Leser[15]. Wem diese „erkenntnisleitenden Interessen“, die nach *Habermas*[16] aller (Wahrheits-)Suche vorangehen, wichtig sind, dem sei eine herzliche Einladung zu der bevorstehenden (Bildungs-)Reise ausgesprochen. Jedoch …

✳

Einsteigen und flugs zu der ersten Station fahren sollten Sie noch nicht, jetzt noch nicht. Denn zweitens will und muss ich Sie fairerweise am Beginn dieser Reise darüber informieren, was Sie erwartet, wo wir hinfahren, an welchen Orten wir halt-machen, vielleicht auch rasten, aussteigen, womöglich den einen oder anderen (weil er dort bleiben möchte) verabschieden werden, wo wir welches Gelände, Klima, Denken und Handeln erwarten dürfen … Kurz: Der Reiseführer bittet Sie, erst den Reisebegleiter zu lesen, ehe Sie einsteigen. Und zu Beginn dieser Übersicht wollen wir klären, was Sie nicht erwarten dürfen. Eine „Theorie und Praxis der Bildung“ könnte man auf zehn verschiedene Arten und Weisen konzipieren – in unterschiedlichen Genres gleichsam vorlegen. Keine der ersten neun wird hier in Angriff genommen und doch gibt es sie bzw. könnte es sie neuerlich geben und haben sie ihren Einfluss gehabt.

① Man kann eine „Geschichte der Bildungstheorien“ schreiben: von *Sokrates* bis *Hentig*. Viele unserer Pädagogikgeschichten sind von diesem Genre geprägt – z. B. die Arbeiten von *Fritz Blättner*[17], *Albert Reble*[18] oder *Hans Scheuerl*[19]. Auch das dreibändige Werk von *Theodor Ballauff* und z. T. *Klaus Schaller*[20] präsentiert Bildungstheorien im historischen Abriss – mit vielen Quellentexten. Auch Arbeiten von *Heinz-Elmar Tenorth*[21] gehören zu diesem Typus; und ich selbst habe 1988 zusammen mit sechs weiteren Autoren eine Darstellung über „Pädagogische Epochen“ vorgelegt[22], die gleichfalls vom Muster des Rekonstruierens gekennzeichnet ist. Die hier vorgelegte Studie ist keine „Geschichte der Bildungstheorien“ – gleichwohl sie auch historisch angelegt ist und eine Reise durch die Zeiten und Gegenden unternimmt …

② Darüber hinaus kann man eine bestimmte Bildungstheorie oder deren Urheber bzw. Autor, man kann eine bestimmte Epoche oder Problematik unter der Dimension ihrer Bildungsträchtigkeit darstellen. Ich nenne solche Arbeiten „Zuordnungsbildungen". Beispielhaft seien Studien von *Theodor Ballauff*[23], von *Theodor Litt*[24] und *Ulrich Herrmann*[25] erwähnt. Auch eine solche Arbeit wird hier nicht zu erwarten sein – gleichwohl die darzustellenden Bildungen immer wieder bestimmten Orten, Zeiten, Personen oder auch Problemen zugeordnet werden …

③ Ein dritter Typus betrifft die „Vergleichsstudien" – etwa aus der geisteswissenschaftlichen Schule heraus [26]. „Die Bildungskonzeption von … im Vergleich zu …" lauten die Titel dieser Bücher, die ursprünglich meist Dissertationen oder Habilitationsschriften waren. *H. Mühlmeyer*[27] oder *G. Koneffke*[28] haben solche Untersuchungen angestellt, die hier keine Fortführung oder Neuauflage erleben – gleichwohl auf bestimmte Pädagogen – auch vergleichend – in besonderem Maße eingegangen wird …

④ Eine vierte Form der Darstellung könnte man das „Bildungskompendium" nennen. In Kleinformat haben ein solches immer wieder Bildungsbürger verfasst: in jüngster Zeit etwa *Hellmuth Karasek*, indem er in allen möglichen Gazetten für einen Kanon zu lesender Bücher wirbt, die man vermeintlich gelesen haben muss, wenn sich dadurch literarische Bildung ereignen soll[29] – von der „Bibel" über den „Simplicissimus" bis hin zum „Roman eines Schicksallosen". Wenn er Recht hat, sind wohl auch die meisten unserer Literaten literarisch Ungebildete. Umfänglicher hat eine solche Sammlung über „Alles, was man wissen muß" *Dietrich Schwanitz* vorgelegt[30]. Auch wenn das Buch noch so populär geworden ist, bleibt es hier ohne Beachtung, und zwar aus zwei Gründen. Erstens verträgt die Bildung ebenso wenig ein Muss wie die Liebe den Zwang, und zweitens ist jedes Buch, das „alles" beinhalten will, in vielen Details einfach falsch. Was der Autor z. B. auf den Seiten 26–37 über den „Zustand der Schulen und des Bildungssystems" uns glaubt mitteilen zu müssen, strotzt dermaßen von Fehlern und ideologischen Verzerrungen, dass man diesem frühzeitigen Emeritus der Anglistik und anschließendem Krimi-Autor, dass man diesem am 21.12.2004 tot in seinem Haus in Hartheim bei Freiburg aufgefundenen Literaturwissenschaftler keinen Gefallen tut, wenn man dieses sein Buch ernst oder gar zum Vorbild nimmt – deshalb kommen solche Sammlungen hier nicht in Betracht …

⑤ Lange habe ich gezögert, ob ich mich an eine Art der Darstellung wagen sollte, wie sie z. B. *Georg Kerschensteiner* vorgelegt hat[31]. Seine Monographie über die „Theorie der Bildung" ist eine immense Systematik aller wichtigen Begriffe, Sachverhalte, Strukturen, Phänomene etc. und doch geht es ihr letztlich um eine einzige (gegenüber dem Neuhumanismus kritisch sich verhaltende) Botschaft, die da lautet: Der Weg zu einer allgemeinen Bildung führt nur über spezielle, lies: berufliche Bildung. Dies hatte sein Freund *Eduard Spranger* freilich schon acht Jahre vorher in seinem „Dreistadiengesetz“ ausgedrückt, denn nach der „Grundlegenden Bildung“, so *Spranger*[32], führt der „Weg zu der höheren Allgemeinbildung über den Beruf und nur über den Beruf“. So bestechend klug solche „Monographien“ sind, so wenig Bildung initiieren sie – just um *diese* aber geht es hier. Sie bleiben akademisch und als wissenschaftliche Untersuchungen bedeutsam, aber ausschließlich selbstreferentiell.

⑥ Über Bildung gibt es darüber hinaus Artikel in Lexika, Handbüchern und Sammelwerken. Kurze, längere und umfängliche Beiträge: bei *Lenzen*[33] und im *RPH*[34], bei *Pleines*[35] und *Nohl*[36]. Und natürlich veranstaltet auch die Deutsche Gesellschaft für Erziehungswissenschaft (die Zunft der mehr als 2.000 pädagogischen Hochschullehrer) regelmäßige Kongresse, auf denen Bildungsthemen nicht ausbleiben. So z. B. der 1996 in Halle mit dem Thema „Bildung zwischen Staat und Markt“ [37] oder der in Göttingen (im Jahre 2000) unter der Thematik „Bildung und Erziehung in Übergangsgesellschaften“ [38]. Darüber berichtet zunächst stets die *ZfPäd*, die *Zeitschrift für Pädagogik* (die manche liebevoll-verächtlich den „Leitzordner der Zunft“ nennen), und dann folgen dickleibige Bände, die in der Regel von immer denselben Kollegen vollgeschrieben, durchgelesen und anschließend weggestellt werden (manche nennen sie bewundernd-neidisch die „Großmogule der Zunft“). Wie auch immer: Mit solchen „Übersichten“, die ja immer auch eigene Forschungen präsentieren, wäre ein einzelner restlos überfordert, so dass solch ein Genre schon aus diesem Grund hier kein Modell abgeben kann.

⑦ Mancher Englischlehrer traut sich auch heute noch, mit den Schülern seines Leistungskurses „The Gentleman Ideal“ zu lesen. Darüber geschrieben haben viele, die wichtigsten Texte zusammengefasst hat *Emil Jaeger*[39]. Darin finden sich viele kluge Hinweise, wie ein gebildeter Mensch aussehen und was er denken und tun sollte. Mich hat jedenfalls schon als Primaner die Definition von Kardinal *Newman* mächtig beeindruckt, der 1852 schrieb: Ein Gentleman, also ein gebildeter Mensch, „is one who never inflicts pain ... The true gentleman in like manner carefully avoids all clashing of opinion, or collision of feeling, all restraint, or suspicion, or gloom, or resentment; his great concern being to make everyone at their ease and at home.“ Auch *John Locke* (1632–1704) hat in seiner mehrmals überarbeiteten Schrift „Some Thoughts Concerning Education“ [40] den „idealen Menschen“ vor Augen gehabt, in dessen gesundem Körper ein gesunder Geist leben soll (*mens sana in corpore sano*) [41]: „Das ist“ – so *Locke* – „der Inbegriff menschlichen Glücks in dieser Welt.“ In neuerer Zeit haben z. B. *Klaus Schaller*[42] oder *Robert Spaemann*[43] den „gebildeten Menschen“ (wie eine Idealfigur) zu beschreiben versucht – faszinierend, bestechend und doch: Ideen und Ideale sind gewiss unverzichtbare Orientierungshilfen, aber sie beantworten nicht unsere Leitfragen und schon gar nicht die Frage, warum das ältere Ehepaar (hoffentlich nicht nur) im Hallenbad so pfleglich miteinander umging, was den Bierdosenwerfer im ICE so erbärmlich sich verhalten ließ oder von wem die kleinen Rabaukis in der Bonner Straßenbahn was und auf welche Weise lernend erfahren müssen, damit sie nicht ihr Leben lang Freude am Obszönen haben ...

⑧ Auch an ein vorletztes Genre wollte ich mich nicht wagen: 1996 legte *Hartmut von Hentig* (s)ein Buch über „Bildung“ vor[44]. Kein Pädagoge war in den letzten 50 Jahren produktiver, an- und aufregender, vielleicht auch leidenschaftlicher und erfolgreicher als *HvH*, aber auch: umstrittener, waghalsiger, unsystematischer und inkonsequenter als der Gründer der Bielefelder Schulprojekte. Neben ungemein originellen und überzeugenden Gedankengängen, messerscharfen Diagnosen und Analysen stehen schiefe Vergleiche, falsche Vorschläge und oft genug ungerechte Vorwürfe. Hier ist nicht der geeignete Platz, sich mit diesem immensen Lebenswerk auseinanderzusetzen – das wird noch Generationen beschäftigen. Aber warum ich mich an seinem Bildungsessay (!), das mit seinen 209 Seiten, seinen gegliederten Abschnitten und seiner persönlichen Nähe eben kein Essay ist, nicht orientiere, hat einen einfachen Grund: Wie in all seinen anderen Schriften räumt *Hentig* gleichsam „Gott und die Welt“ beiseite, und zwar so lange und so gründlich, bis nur er selbst noch übrig bleibt. So gesehen hat er weder eine (historisch-systematische) Bildungstheorie vorgelegt noch eine (erlebt-gestaltete) Bildungspraxis beschrieben, sondern ein „Selbstporträt“ präsentiert, worin und wodurch „der Gebildete mit Hilfe *seiner* Bildung definiert, was Bildung ist“ (S. 10) – gewiss faszinierend, anregend, imposant und so lebendig, dass aus ihm heraus die Ideen, Analysen, Diagnosen und Vorschläge nur so sprudeln, aber: Am Schluss bleibt: „Meine Pädagogik“, „Meine Schule“, „Meine Bildung“[45]. Vergleichbare Bildungswirkungen hat auf mich die Autobiographie von *Marcel Reich-Ranicki*[46] gehabt; er hätte ihr mit derselben Berechtigung und mit guten Gründen den Titel „Bildung“ geben können und doch nicht beanspruchen dürfen, eine Abhandlung über Bildung abgefasst zu haben. Deshalb – s. o. ...

⑨ Mit dem letzten möglichen Vorbild mich nicht anzufreunden, ist mir besonders schwergefallen. Es ist der immer wieder faszinierende „Bildungsroman“, der als Modell hätte dienen können: Ob *Pestalozzi*s Roman „Lienhard und Gertrud“ (1781 ff.) oder *Goethe*s Doppelroman über „Wilhelm Meister“ (1795/96), ob *Gottfried Keller*s „Der Grüne Heinrich“ (1854/55) oder *Stifter*s „Nachsommer“ (1857), ob die „König-Hänschen-Geschichten“ von *Janusz Korczak* (1923 ff.) oder das „Pädagogische Poem“ von *A. S. Makarenko* (1933 ff.), sie alle wollen literarisch-ästhetisch ausdrücken, was pädagogisch bedeutsam ist und „pädagogisch“ (?) wirken durch die Kunst (der Literatur). Man könnte den „Don Quijote“ von *Miguel de Cervantes* (1605/1615) ebenso zu diesem Genre zählen wie „Robinson Crusoe“ von *Daniel Defoe* (1719) oder

„Die Schule der Gottlosigkeit“ von *Aleksandar Tišma* (1978) – von den Kinderbüchern eines *Mark Twain*, einer *Astrid Lindgren* oder eines *Erich Kästner* sei erst gar nicht die Rede. Mir persönlich haben solche und ähnliche Objektivationen mehr bedeutet als die meisten Schriften erziehungswissenschaftlicher Provenienz, weshalb sie in meinen eigenen Arbeiten einen wesentlich größeren Platz einnehmen als die klugen Analysen der Kollegen. Übrigens hat *Hans-Jochen Gamm* 1991 unter dem Titel „Pädagogik und Poesie“ solche Eingaben zur ästhetischen Erziehung vorgelegt[47] – nachdrücklich empfohlene Eingaben. Und natürlich haben sich immer auch die Malerei, die Musik, die Bildende Kunst, das Schauspiel, die Oper etc. der Tatsache mit künstlerischen Mitteln genähert, dass der Mensch erzogen wird (ob er will oder nicht) und zur Bildung fähig ist (wenn er denn will und kann). Gerne hätte ich – wie oben eingestanden – mich an einen solchen Bildungsroman gewagt, jedoch: Die eigenen Grenzen suchen, finden und akzeptieren gehört auch zum Bildungsgang eines Menschen. Von daher blieb ...

⑩ nur eine Darstellungsform übrig, die man umgangssprachlich einen Reiseführer, ein Lesebuch, einen Berichtsband u. ä.m. nennen könnte. Gemeint ist folgendes: Keines der anderen neun Genres möchte ich missen; alle und jedes einzelne haben und hat mich, wenn auch unterschiedlich, beeinflusst, geprägt, zur Zustimmung und zum Widerstand herausgefordert – gebildet, wenn man so will. Insofern fließt die eigene Bildung immer auch in die dargestellte ein. Aber hier geht es nicht im Letzten und Eigentlichen um die Archäologie vergangener Ereignisse ① oder die Darstellung bestimmter Epochen ②; nicht der Vergleich steht im Zentrum ③ oder der Kanon ④; eine ausschließliche Bildungs*theorie* ⑤ ist hier ebenso fehl am Platze wie ein mehr oder weniger umfangreicher Übersichtsartikel ⑥; dieses Buch skizziert auch nicht das Bildungsideal schlechthin ⑦, als gäbe es eine die Zeiten und Räume überwölbende, ewig gültige Pädagogik (eine *paedagogia perennis*) und auch nicht meine eigene Bildung soll hier im Zentrum stehen ⑧; und schließlich vermag der Autor dieses Buches keinen Bildungsroman zu schreiben ⑨, sondern allenfalls einen Reiseführer, der Augen öffnen und Ohren zum Lauschen, Hin-Hören (*to listen to*), zum Wahr-Nehmen animieren möchte: er lädt ein und gibt Hinweise; er berichtet und erzählt; er definiert und vergleicht; er analysiert und demonstriert; er beschreibt die Wirklichkeit und träumt von der Möglichkeit; er versteckt sich nicht und scheut weder Gedichte noch Romane ... Insofern fließen all diese – solche Tätigkeiten aufnehmenden – Gattungen partiell in die hier vorgelegte Darstellung ein. Und doch hat sie einen eigen-sinnigen Charakter: Sie möchte den Leser einladen, mit einem hoffentlich nicht unkundigen und leichtsinnigen und doch seine Begrenzungen akzeptierenden, aber auch wagemutigen Reiseführer dorthin zu laufen, zu fahren, zu fliegen ..., wo es lohnt der Frage nachzugehen: Was hat es mit der Bildung des Menschen hier und heute (also auch dort und damals) auf sich – auf dass er selbst im Vollzug dieser Bildungsreise gebildet(er) werde? Ein Lese-Buch haben Sie in der Hand, mit dessen Hilfe die Stationen des kleinen und großen Lebens hoffentlich sichtbarer werden.

✳

Und ein dritter Hinweis sei vorweg gestattet: Als ich im Schwebezustand eines jungen Privatdozenten war (also mit allen akademischen Weihen ausgestattet, aber noch ohne eine eigene Professur), hatte ich im Sommer 1976 ein längeres Gespräch mit meinem Doktor- und Habilvater. Es war ein lauer Abend gegen Ende des Sommersemesters, als wir draußen, auf einer jener unbequemen Bänke auf dem Campus der Ruhr-Uni Bochum saßen. Und der Schüler wollte dem Meister mächtig imponieren, indem er diesem all seine Pläne, Werke und Taten aufzählte, die er zu verwirklichen gedachte. Da purzelten Titel, ganze Reihen und Projekte dem stürmischen Dozenten aus dem Mund, jedoch: Der Meister nahm's gelassen und schien wenig beeindruckt. Nach geraumer Zeit – mein Redefluss war versiegt – lächelte mich der damals 50jährige Meister liebevoll-spöttisch an und meinte, seinen bedächtig tragenden rhein-hessischen Tonfall nicht verleugnend: „Also, das werden Sie zuordnen müssen ...“ Ich verstand ihn nicht, fragte nach und erhielt folgende Auskunft: „Im 3. Jahrzehnt schreibt man sein ungezügeltes Buch und liebt es wie ein Wildfang bis zum Schluss. Vielleicht baut man auch ein ungewöhnliches Haus, das andere Bauleute inspiriert. Im 4. Jahrzehnt werden die Hauptwerke konzipiert und die Wohnungen ausstaffiert. Im 5. Dezennium hat man zu verweilen und viel nachzudenken. Zwischen 50 und 60 dürfen Sie sich an eine ‘Theorie der Schule’ wagen. Aber warten Sie den Beginn des 7. Lebensjahrzehnts ab, ehe Sie eine ‘Theorie der Bildung’ vorlegen und sich selbst auf eine lange Reise begeben ...“ Das schien mir recht schulmeisterlich und doch hat sich seine Prognose bewahrheitet. Jedenfalls hat sich mein Wirken, in etwa, daran gehalten. Als ich mich von ihm verabschiedete, sagte er einen Satz, den ich damals mit Sicherheit nicht verstand, aber heute zu verstehen versuche: „Wissen Sie, von dieser Reise kehrt niemand zurück, aber mancher heim ...“ Am 26. April 1993 starb dieser große, aber stets bescheiden auftretende Pädagoge, dem (nicht nur) ich unendlich viel verdanke. Und weil bereits „Der gestörte Unterricht“ seine Widmung trägt, ist diese „Theorie und Praxis der Bildung“ zwei geliebten Menschen unter all denen gewidmet, die sich – von seinen Worten, Werken und Taten inspiriert – mutig auf den Weg gemacht haben bzw. machen. In unserem Denken, Fühlen und Handeln lebt er fort – *Jakob Muth*, der am 30. Juni 1927 geboren wurde und am 26. April 1993, viel zu früh, verstarb ...

Dass der Bericht über die Gründung, den Aufbau und auch die beklemmende Entwicklung der von mir geleiteten Ev. Gesamtschule Gelsenkirchen erst *nach* dieser Publikation geschrieben und der Öffentlichkeit vorgelegt wird, hat seinen Grund just in diesem Hinweis *Muth*s: Von 1998 bis zum Schuljahresende 2002 bin ich als Lehrer in die Praxis des Schulalltags (ähnlich wie 30 Jahre vorher) gegangen und habe versucht, Einsichten, Erkenntnisse, Theorien eines 20jährigen wissenschaftlichen Arbeitens zu verwirklichen – mehr schlecht als recht? In der Berliner „Bibliothek für Bildungsgeschichtliche Forschung" liegen 30 Tagebücher mit mehr als 5000 Seiten, die es noch auszuwerten gilt und die der Forschung zur Verfügung stehen. Denn die Öffentlichkeit hat nicht unbedingt ein Recht darauf zu erfahren, was „Meine kleinen und großen Rabaukis" so alles trieben, mit Sicherheit aber hat sie ein Recht auf die Dokumente und Erlebnisse, Belege und Kommentare, mit deren Hilfe die doppelte Frage geklärt werden kann: Was wollte die Ev. Gesamtschule Gelsenkirchen und warum droht diese Reformschule zu scheitern? Vielleicht wird ja dieser nach-erzählende und noch zu schreibende Bericht doch so etwas wie ein Pädagogischer Roman, den es nun flugs zu konzipieren gilt …

So, nun aber mögen Sie einsteigen. Eine gute Reise wünscht Ihr

Rainer Winkel,

im Laufe des Jahres 2005

Anmerkungen

[1] Aus: *Günter Eich*: „Gesammelte Werke in vier Bänden". Band I: Die Gedichte. Die Maulwürfe. Suhrkamp Verlag Frankfurt/M. 1973, S. 36f. Oder:
Karl Krolow (Hrsg.): Deutsche Gedichte. 2. Bd., Frankfurt/M.: Insel 3.1983, S. 817.

[2] *Hartwin Brandt*: Wird auch silbern mein Haar. Eine Geschichte des Alters in der Antike. München: C.H. Beck 2002.

[3] Vgl. a.a.O., S. 96f., wo der Autor über die noch immer attraktive Liebesdienerin *Charito* berichtet, die der Sänger *Philodemos* (im 1. Jahrh. v.Chr.) mit den hymnischen Worten besingt: „Sechzig Sommer bereits hat *Charito* eben vollendet, / Noch aber flutet ihr schwarz über den Nacken das Haar. / Marmorn stehen ihr noch am Busen die Kegel der Brüste, / Und keiner Binde bedarf's, die ihr die Hügel umschließt ..."

[4] Die sieben „Werke der Barmherzigkeit" waren bereits den Ägyptern nicht unbekannt, sind bei *Mt* 25, 35–36 vorformuliert und haben im Kath. Katechismus ihre Kanonisierung erfahren. Sie gliedern sich in leibliche und geistige gute Taten: Die Hungernden speisen, den Dürstenden zu trinken geben, die Fremden und Obdachlosen beherbergen, die Nackten kleiden, die Kranken pflegen, die Gefangenen befreien und die Toten begraben. Die mit dem Herzen, dem Geist, der Bildung vollzogenen guten Werke lauten: (den Ratlosen) Rat geben, (die Leichtsinnigen) warnen, (die Unwissenden) belehren, (die Trauernden) trösten, (den Schuldigen) vergeben, (die Ungerechten) ertragen und (für andere) beten: *consule, carpe, doce, solare, remitte, fer et ora!* Die sieben Todsünden sind (ebenfalls nach kath. Kirchenlehre): Hoffart, Geiz, Unkeuschheit, Neid, Unmäßigkeit, Zorn und Trägheit.

[5] DER GROSSE PLOETZ. Auszug aus der Geschichte. Hrsg. vom Verlag Ploetz. Freiburg-Würzburg: Verlag Ploetz 30.1986.

[6] *Otto Zierer*: Bild der Jahrhunderte. Taschenbuchausgabe in 21 Bänden. (Or. 1951) München: Heyne 1969f.

[7] *Will* (und z.T. *Ariel*) *Durant*: Kulturgeschichte der Menschheit. Neuausgabe in 18 Bänden und 2 Bildatlanten. München: Südwest Verlag 1976ff.

[8] *Herder, Johann Gottfried*: Ideen zur Philosophie der Geschichte der Menschheit. (Or. 1784ff.) In: *Ders.*: Werke. Bd. 4. Berlin-Weimar 1969, S. 243f.

[9] *Augustinus*: Confessiones / Bekenntnisse. (Or. 397) München: Kösel 3.1966, S. 324f, wo es heißt: „... atque inconcusse robatoris in animo meo quaerebam aestuans, unde sit malum." Dt.: „aber in Ängsten wälzte ich die Frage, woher das Böse komme."

[10] *Safranski, Rüdiger*: Das Böse oder: Das Drama der Freiheit. München: Hanser 1997.

[11] *Anne Frank*: Tagebuch. (Or. 1947ff.) Frankfurt/M.: Fischer Taschenbuch Verlag 3.2002.

[12] Vgl. z.B. *Wolfgang Klafki*, in: *Herbert Gudjons* / *Rainer Winkel* (Hrsg.): Didaktische Theorien. Hamburg: Bergmann + Helbig 1.1980, 9.1997, S. 13–34.

[13] Vgl. z.B. *Paul Watzlawick*: Menschliche Kommunikation. Formen, Störungen, Paradoxien. Bern-Stuttgart: Huber 1.1969, 8.1990, bes. S. 53ff.

[14] *Friedrich Nietzsche*: Der Wille zur Macht. (Or. 1887ff.) In: *Ders.*: Sämtliche Werke in 12 Bänden. Hrsg. von *Alfred Baeumler*. Bd. IX. Stuttgart: Kröner 1964, S. 531.

[15] Hier und im folgenden wird der Unfug nicht mitgemacht, an alle möglichen Substantive irgendwelche Binnen-Is zu hängen. Wenn ein Hauptwort als *Gattungs*begriff gemeint ist, bleibt es als solches bestehen (z.B. wenn ich draußen einige Hunde herumtollen sehe). Ist aber der *Genus*begriff wichtig, wird, soweit dies die deutsche Sprache ohne feministische Verrenkungen zulässt, selbstverständlich auch die weibliche Form benutzt (wenn ich z.B. draußen einen Rüden eine Hündin attackieren oder umwerben sehe). Die Leser eines Buches sind als Gattung gleichsam geschlechtsneutral; wenn sich aber eine bestimmte Passage in besonderer Weise an weibliche Leser wendet, sollten und müssen wir den Genusbegriff wählen, also die Leser*innen* ansprechen – dann, und nur dann.

16 Vgl. *Jürgen Habermas*: Erkenntnis und Interesse. Frankfurt/M.: Suhrkamp 1968.

17 *Fritz Blättner*: Geschichte der Pädagogik. (Or. 1951) Heidelberg 15.1980.

18 *Albert Reble*: Geschichte der Pädagogik. (Or. 1950) Stuttgart: Klett-Cotta: 13.1980.

19 *Hans Scheuerl*: Geschichte der Erziehung. Stuttgart: Kohlhammer 1985.

20 *Theodor Ballauff / Klaus Schaller*, z. T.: Pädagogik. Eine Geschichte der Bildung und Erziehung. 3 Bde. Freiburg: Alber 1969ff.

21 *Heinz-Elmar Tenorth*: Geschichte der Erziehung. Weinheim-München: Juventa 1988.

22 *Rainer Winkel* (Hrsg.): Pädagogische Epochen. Von der Antike bis zur Gegenwart. Düsseldorf: Schwann 1988.

23 *Theodor Ballauff*: Philosophische Begründungen der Pädagogik. Berlin: Duncker & Humblot 1966.

24 *Theodor Litt*: Das Bildungsideal der deutschen Klassik und die moderne Arbeitswelt. Bochum: Kamp 6.1959.

25 *Ulrich Herrmann* (Hrsg.): „Die Bildung des Bürgers". Weinheim-Basel: Beltz 1982.

26 Mit diesem Begriff ist eine bestimmte Richtung innerhalb der Erziehungswissenschaft gemeint, die bei *Schleiermacher* und *Dilthey* ihren Ursprung hatte und über *H. Nohl*, *E. Spranger*, *W. Flitner*, *E. Weniger* und auch *W. Klafki* das 20. Jahrhundert pädagogisch mitprägte. Vgl. *Wolfgang Klafki / Ilse Dahmer* (Hrsg.): Geisteswissenschaftliche Pädagogik am Ausgang ihrer Epoche. Weinheim: Beltz 1968.

27 *Heinz Mühlmeyer*: Humboldt und Kerschensteiner im Lichte des gegenwärtigen Bildungsdenkens. Meisenheim: Hain 1957.

28 *Gernot Koneffke*: Menschenbildung und Kinderarbeit bei Pestalozzi und Owen. Heidelberg (Phil. Diss.) 1961.

29 So z. B. gar im Reader's Digest, Dez. 2002, S. 34–43.

30 *Dietrich Schwanitz*: Bildung. (Or. 1999) München: Goldmann 2002.

31 *Georg Kerschensteiner*: Theorie der Bildung. Leipzig-Berlin: B. G. Teubner 1926.

32 *Eduard Spranger*: Grundlegende Bildung, Berufsbildung, Allgemeinbildung. (Or. 1918) In: Gesammelte Schriften. Bd. I. Heidelberg 1969, S. 7–19, zit. S. 9.

33 *Dieter Lenzen* (Hrsg.): Pädagogische Grundbegriffe. 2 Bde. Reinbek: Rowohlt 1989.

34 *Gerd Reinhold / Guido Pollak / Helmut Heim* (Hrsg.): Pädagogik-Lexikon. München: R. Oldenbourg 1999.

35 *Jürgen-Eckardt Pleines* (Hrsg.): Bildungstheorien. Probleme und Positionen. Freiburg: Herder 1978.

36 *Herman Nohl*: Die Theorie der Bildung. In: Die pädagogische Bewegung in Deutschland und ihre Theorie. (Or. 1933) Frankfurt/M.: Schulte-Bulmke 8.1978, S. 103–220.

37 *Heinz-Hermann Krüger / Jan-Hendrik Olbertz* (Hrsg.): Bildung zwischen Staat und Markt. Opladen: Leske + Budrich 1997.

38 *Frank Achtenhagen / Ingrid Gogolin* (Hrsg.): Bildung und Erziehung in Übergangsgesellschaften. Opladen: Leske + Budrich 2002.

39 The Gentleman Ideal. Selections from Famous English Writers. Hrsg. von *Emil Jäger*. Bielefeld-Berlin-Hannover: Cornelsen-Velhagen & Klasing o. J. (ca. 1960), zit S. 18f. Übersetzt lautet diese Passage: Ein wirklicher Gentleman ist wie gutes Benehmen: Er vermeidet behutsam jedes Aufeinanderprallen von Meinungen oder den Zusammenstoß von Gefühlen, jeden Zwang oder Argwohn, jede düstere Stimmung oder jeden Groll; sein größtes Anliegen besteht darin, dass sich jeder wohl und wie zu Hause fühlt.

40 *John Locke*: Einige Gedanken über Erziehung. (Or. 1693 u. 1699) Paderborn: Schöningh 1967.

41 In den satirischen Versen (10., Vers 356) des römischen Dichters *Juvenal* (ca. 60–140 n. Ch.) heißt es freilich auffordernd, nicht beschreibend: „*Orandum est, ut sit mens sana in corpore sano.*" Man muss beten, damit ein gesunder Geist in einem gesunden Körper sei.

42 *Klaus Schaller*: Der Gebildete heute. Sachwalter und Mitmensch. Bochum: Kamp 1.1963; 3.1971.

43 *Robert Spaemann*: Wer ist ein gebildeter Mensch? In: Scheidewege. Jahresheft für skeptisches Denken. 24. Jg., Heft 1994/95, S. 34–37.

44 *Hartmut von Hentig*: Bildung. Ein Essay. München: Hanser 1996. Jetzt auch: Weinheim: Beltz (Taschenbuch Bd. 35) 3.2003.

45 Schon 1984 nannte *Hentig* seine eigenen Bemühungen um eine Klärung und Gestaltung pädagogischer Probleme „Meine Pädagogik“ (in: Westermanns Pädagogische Beiträge, 36 (6/1984), S. 306–311) sowie 1986 (in: *Herbert Gudjons u. a.*, Hrsg.: Erziehungswissenschaftliche Theorien. Hamburg: Bergmann + Helbig 1986, S. 65–79).

46 *Marcel Reich-Ranicki*: Mein Leben. Stuttgart: Deutsche Verlags-Anstalt 1999. Und: München: Deutscher Taschenbuch Verlag 2000.

47 *Hans-Jochen Gamm*: Pädagogik und Poesie. Weinheim: Deutscher Studien Verlag 1991.

IN AFRIKA – um 100.000 v. Chr.

Kinder brauchen Liebe, besonders wenn sie sie nicht verdienen.
(Henry David Thoreau)

„Gebildet ist, wen es interessiert,
wie die Welt aus anderen Augen
aussieht und wer gelernt hat,
das eigene Blickfeld auf diese
Weise zu erweitern."

Robert Spaemann, 1994 [1]

I. Station: In den Steppen Ostafrikas oder: Was hat ein Weimarer Generalsuperintendent mit Tansania zu tun?

Irgendwann vor 10, 15 oder 20 Milliarden Jahren mag sich jener unvorstellbar gigantische **Urknall** ereignet haben, von dem die Kosmologen annehmen, dass er die Geburtsstunde unseres (bekannten) Weltraums ist – mit Milliarden von Galaxien und Sonnensystemen, mit ungezählten Planeten, Monden und Kometen … *Irgendwann* vor vier, fünf oder sechs Milliarden Jahren wird sich jenes Sonnensystem gebildet haben, dessen dritter Planet **Erde** genannt wird, dieser abgeplattete Rotationsellipsoid, der sich täglich um seine Achse dreht und einmal im Jahr in einer elliptischen Bahn um die in einem der beiden Brennpunkte „stehende" Sonne rast. Und trotz dieser enormen Geschwindigkeit von 29,8 km pro Sekunde verliert sie nicht ihre kugelartige Lufthülle, ihre Atmosphäre (*atmos*, griech.: der Dunst und *sphaira*, griech.: die Kugel). Denn ihre Masse ist so groß (nämlich 5,973 x 10^{27} g), ihre mittlere Dichte dermaßen kompakt (5,515 g x cm^{-3}), ein Kubikzentimeter wiegt 5,515 Gramm und ihr Volumen ist so gewaltig (1.083.219.000.000 km^3, also eine Billion, 83 Milliarden und 219 Millionen Kubikkilometer), dass dieses Gemisch aus vornehmlich Stickstoff, Sauerstoff und Kohlendioxyd nicht verlorengeht – zu unserem Glück. Denn ohne diese Atmosphäre hätten wir keinen Schutz vor der bitteren Kälte des Alls (ab 80 km Höhe sinkt die Temperatur auf –100° C), aber auch keinen Schutz vor seiner enormen Hitze (denn in 500 km Höhe steigt die Temperatur auf 1.200° C). Und ohne diese Luft wäre auch nicht die Voraussetzung gegeben, um durch chemisch-elektrisch-biologische Prozesse das entstehen zu lassen, was wir Leben nennen. Denn: *Irgendwann* nach der Abkühlung der Oberfläche dieser Erde, die gegenüber der 332.270 mal so viele Erdmassen aufweisenden Sonne geradezu ein Winzling ist, formte sich vor zwei, drei oder vier Milliarden Jahren **Leben**: In einer Art „Ursuppe" aus Wasserstoff, Wasserdampf, Methan, Acetylen, Ammoniak und Cyanwasserstoff entstanden durch ultraviolette Sonnenstrahlen, durch die Wärme zerfallender radioaktiver Stoffe und durch unvorstellbar heftige elektrische Entladungen Kohlenstoffverbindungen (z. B. Aminosäuren), die im Wasser der Erdoberfläche zu Eiweiß-, Nuclein- und Kohlenwasserstoffen mutierten. Diese günstigen Umstände gab es nur einmal auf der Erde, so dass unter den jetzigen Bedingungen eine weitere „natürliche" Entstehung von Leben ausgeschlossen ist. Das Leben selbst aber ging und geht weiter: Und obwohl Leben immer auch und immer wieder stirbt, ja ganze Lebensarten aussterben bzw. vernichtet werden, gibt es auf diesem Globus noch weit über eine Million Tier- und etwa 300.000 Pflanzenarten und mittlerweile über sechs Milliarden **Menschen**.

Dreimal habe ich bisher die Zeitbestimmung *irgendwann* gewählt, die ich normalerweise, wenn sie z. B. Studenten in Referaten benutzen, kritisiere. Denn dieses Nachplappern des anglo-amerikanischen Präfix *any* als Füll- und Verschleierungswort (*any-time*, *-how*, *-way*, *-one*, *-where* etc.) will bewusst die jeweils folgenden Aussagen im Unklaren lassen, ohne zuzugeben, dass man sie genauer in Erfahrung bringen könnte. Hier aber ist die Unklarheit geradezu geboten, denn wir wissen nicht genau, wann und wie die Materie entstand, wann und wie sich unser „Milchstraßensystem" entwickelte, wann und wie auf unserer Erde aus toter Materie Leben entstand, wann und wie die ersten Menschen auftraten. Irgendwann vor ca. 100.000 Jahren reckte er seinen Kopf in die Höhe und ...[2] Wann und wie er entstand blieb ihm damals ein Rätsel und ist ihm bis heute unklar geblieben – trotz (s)eines gigantisch gewachsenen Wissens und Könnens. Aber *warum* er da ist, *wieso* er hier und jetzt lebt, was seinem Leben *Sinn* verleiht ... Diese Fragen haben sich bereits die allerersten Menschen gestellt, auf sie haben sie Antworten gegeben, und mit diesen Fragen im Kopf, im Herzen, im Wissen und Ge-Wissen wird der letzte Mensch sterben, stirbt jeder einzelne von uns – wann und wo und wie auch immer.

Am 13. Februar 2003 schickte die NASA ein bemerkenswertes Bild durch die Weltpresse: unser Kosmos zu Beginn seiner Entstehung.

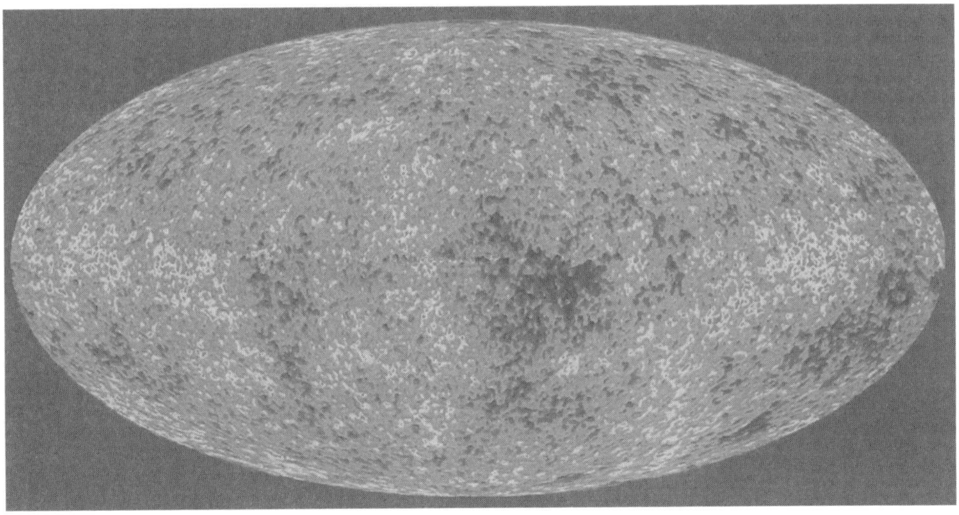

Abb. 1 Baby-Bild des Universums

*

Donnerstag, am 9. Januar 2003: Ein bitterkalter Tag in Berlin, an dem ich ins heiße Afrika aufbrach – ohne freilich 10.000 Kilometer dorthin zu fliegen. Der 129er

Bus tat's auch und brachte mich vom Halensee zur Niederkirchnerstraße/Ecke Stresemannstraße, zum Martin-Gropius-Bau, nicht weit vom Anhalter Bahnhof entfernt. Dort fand vom 6.12.2002 bis zum 31.3.2003 eine der bemerkenswertesten Ausstellungen statt, die ich jemals gesehen habe: ARCHÄOLOGIE IN DEUTSCHLAND: Menschen · Zeiten · Räume.[3] Dieser Rundgang von der Urzeit bis zur Gegenwart soll uns zu einem ersten Ort bringen: in die weite Steppe Ostafrikas, genauer: ins heutige Tansania. Und wieder beginnt unsere Reise-zurück bei der Kennzeichnung: Irgendwann ...[4] Irgendwann vor 15 Millionen Jahren wurde der afrikanische Kontinent infolge tektonischer Spannungen entlang des „Great Rift Valley" (das ganz Afrika von Norden nach Süden durchzieht) erschüttert, mehr noch: „zweigeteilt". Denn im Westen fielen weiterhin Niederschläge und dadurch bleiben die dortigen Urwälder erhalten; da aber die Regenwolken das neue Gebirge nur selten übersteigen konnten, wurde der Osten Afrikas von Jahrtausend zu Jahrtausend trockener. Die Savanne entstand mit ausgedehnten Steppen. Vielleicht haben aber auch jene Physiker um den Münchener *Günther Korschinek* Recht, die nachzuweisen vermochten, dass vor rund drei Millionen Jahren eine gigantische Sternenexplosion interstellares Material in Richtung Erde schleuderte, wodurch eine enorme Staub-Wolkenbildung entstand und das heißt eine dramatische Verschärfung dieser Klimaveränderung einsetzte.

Diese enormen Beeinträchtigungen aber wirkten Wunder (modern gesprochen würden wir von Kompensation sprechen). Denn während die einen (der im Westen Afrikas lebenden) Primaten das günstige Urwaldklima weiterhin genießen und in ihren Bäumen buchstäblich hocken bleiben konnten, standen die anderen (Menschenaffen) vor der Wahl, auszusterben oder aber ... Sie kletterten hinab, späten umher, reckten und streckten sich, richteten sich auf und zogen weiter. „In einer offenen, großräumigen, deckungsarmen Landschaft waren Weitsicht und Umsicht überlebensnotwendig. Im Lauf von Jahrmillionen lernte daher das Wesen, das der Mensch werden sollte, hier aufrecht zu gehen. Es nahm an Größe zu. Es entwickelte vor allem das Organ immer weiter, das es entscheidend von allen anderen Lebewesen unterscheiden sollte: sein Gehirn."[5] Und irgendwann vor 100.000 Jahren verließen kleine Gruppen dieser frühen Menschen Afrika und besiedelten die Welt – nicht kontinuierlich, stetig, planmäßig, sondern im „Zick-Zack-Kurs" gleichsam, über Jahrtausende hinweg, in Sackgassen endend, Umwege machend, hoffend und verzweifelnd. Die Menschen entwickelten sich, d. h. konkret: Sie lernten aufrecht zu gehen, Werkzeuge herzustellen, das Feuer zu hüten, zu reden, zu lieben, zu malen, zu singen, zu rechnen, zu schreiben ... Drei Abbildungen bzw. Übersichten sollen erstens die wahrscheinlichen Besiedlungen markieren, zweitens die hinter diesen Entwicklungen ruhenden Zeiträume gewaltigen Ausmaßes verdeutlichen und zum Dritten die in immer kürzeren Abständen aufeinander folgenden Entwicklungsschritte, die stets auch Erfindungen produzierten, benennen. Dabei fallen vier Merkmale auf:

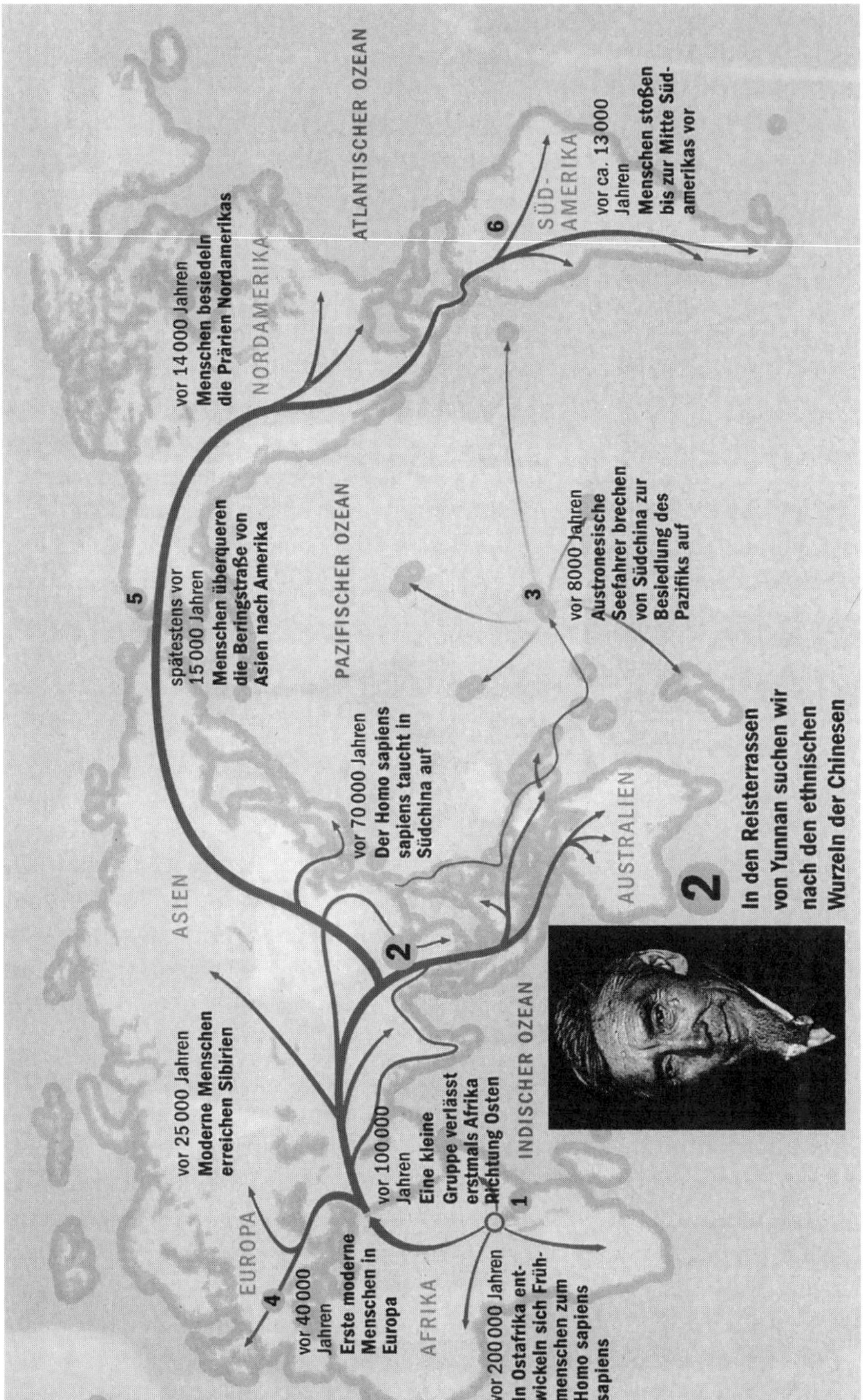

Abb. 2 Die wahrscheinlichen Besiedlungen durch die ersten Menschen[6]

- Wann immer ich als Lehrer in der Schule (vornehmlich im 6./7. Schuljahr) über „Die Entstehung des Weltalls“ projektorientiert zum Lernen einlud und mit den Schülern anhand einfacher Verhältnisrechnungen Vorstellungen über Räume, Zeiten und Größen entwickelte, war ihr Staunen grenzenlos: Selbst nur von unserer benachbarten Galaxie aus betrachtet, ist diese unsere Erde, auf der du wohnst, viel-viel kleiner als ein Stecknadelkopf ... Und wenn wir die Zeit seit der Entstehung unserer Erde, auf der du seit einigen Jahren lebst, als Gesamtheit ansehen, dann gibt es erst seit einigen wenigen Sekunden Menschen – und immerhin haben schon Zehntausende von Generationen gelebt, d. h. Vater und Mutter, Opas und Omas gehabt ...
- Erfindungen (und Verfahren), die im Gegensatz zu Entdeckungen (und Naturstoffen) patentierbar sind, hat es als herausragende Leistungen zu allen Zeiten sowie in allen Völkern, Rassen und Nationen gegeben: Beliebig viele Alternativlisten ließen sich aufstellen, die aber alle eine enorme Beschleunigung zu dokumentieren hätten. Noch *Goethe* konnte von Weimar nach Rom (im Jahre 1786) nicht schneller kommen als *Gaius Julius Caesar* umgekehrt von Rom nach Germanien 1730 Jahre zuvor – nämlich schnellstens zu Pferde, also über Wochen und – je nach Witterung – über Monate hinweg. Demgegenüber vergingen nur 74 Jahre von der ersten Autofahrt (1885) bis zur ersten Landung einer Rakete auf dem Mond (1959).
- Drittens haben all diese u. a. Errungenschaften die Menschen zwar mit immer mehr Wissen, Können und Macht ausgestattet, aber zufriedener, friedlicher, glücklicher sind sie *deshalb* wohl nicht geworden. Im Gegenteil: Mitunter möchte man meinen, dass die Menschheit als Ganzes (also phylogenetisch betrachtet) und dass auch jeder Einzelne von uns (in seiner Ontogenese) „Auf der Suche nach dem verlorenen Glück“[7] gleichsam selbst verlorengegangen ist. Noch pointierter drückt diesen Sachverhalt der amerikanische Kriegsforscher *Lawrence Keeley* aus, wenn er immer wieder betont, dass es Kriege nicht nur gibt, *seit* wir Menschen denken können, sondern *weil* wir Menschen denken können[8].
- Was aber hat nun ein Generalsuperintendent aus Weimar (ab 1776) mit den Wesen zu tun, die 100.000 Jahre vor ihm ihre Köpfe in die Höhe reckten, ohne schon ‘fertige’ Menschen zu sein? Eigentlich stammte er gar nicht aus Weimar, sondern aus dem ostpreußischen Mohrungen, wo er 1744 geboren wurde. Er studierte in Königsberg (natürlich u. a. bei *Kant* und *Hamann*), wurde Lehrer und Prediger in Riga und kam über Straßburg und Bückeburg auf Vermittlung *Goethe*s nach Weimar, wo er Erster Prediger an der dortigen Stadtkirche und Generalsuperintendent wurde. Als Theologe, Sprachforscher, Geschichtsphilosoph, Übersetzer und – als Anthropologe machte er sich einen Namen. Gestorben ist er am 18.12.1803 in Weimar: *Johann Gottfried von Herder*. Er war der erste moderne Anthropologe (*anthropos*, griech.: der Mensch), der die

Jahre v./n. Chr.	Zeitalter	Es entwickelten sich	Zeitalter
70 Mio. (ca.)	Kambrium	Meerespflanzen	
	Ordozivum	Fische	Paläo-
bis	Silur	Pflanzen, Gliederfüßler	zoikum:
	Devon	Bäume, Insekten	
40. Mio	Karbon	Wälder, Kriechtiere	Erdalter-
	Perm	Wirbeltiere	tum
40 Mio.	Trias	Saurier, erste Säugetiere	Mesozoikum:
bis	Jura	Vögel	Erdmittel-
30 Mio.	Kreide	Laubhölzer, Gräser	alter
30 Mio. bis	Tertiär	Dominanz der Säugetiere	Quartär:
15.000	Quartär	Auftreten des Menschen	Erdneuzeit
12.000	Alt-, Mittel-	Homo sapiens und	Paläo-
11.000	Spätpaläolitikum	seine Errungenschaften	litikum
10.000	Früh-, Spät-	Sprache, Pfeil und Bogen	
9.000	Endmeso-	Einbaum, Keramik	Mesoli-
8.000	litikum	Ackerbau und Viehzucht	tikum
7.000		Feuerstein	
6.000			
5.000	Früh-, Mittel-	Kupfermetallurgie, Rad und	Neo-
4.000	Jung-, Spät-	Wagen, Chirurgie	litikum
3.000	neolitikum	Pyramiden	
2.000		Bronzemetallurgie, Schrift-	Bronzezeit
1.000		Kultur, Eisenmetallurgie	Eisenzeit
0 / Danach		Geburt Christi: Zeitenwende	Röm. Zeit
1.000		Ausbreitung der monotheistischen	Mittelalter
1.500		Weltreligionen	Neuzeit
2.000		Elektronische Kultur	?

Abb. 3 Zeitalter unserer Erde

Wann?	Was?	Durch wenn?
v. Chr. 4000	Hölzernes Wagenrad Hölzerner Pflug	Sumerer Ägypter
3000	Schmelzen von Kupfer, Silber und Gold	Ägypter
	Papyrus als Schreibstoff	Ägypter
	Bronze	Mesopotamier
2000	Bewässerungskanäle, Webstühle	Babylonier
1000	Bronzeglocken	Chinesen
500	Schweißstahl aus Eisenerz	Kelten
300	Elemente der Mathematik	Euklid
89	Warmwasserheizung	Römer
n. Chr. 105	Papier	Ts'ai Lun
650	Porzellan	Chinesen
950	Windmühlen	Perser
1041	Druck mit beweglichen Zeichen	Chinesen
1445	Buchdruck	Gutenberg
1510	Taschenuhr	Henlein
1543	Heliozentrisches Weltbild	Kopernikus
1642	Addiermaschine	Pascal
1665	Infinitesimalrechnung und klassische Mechanik	Newton
1765	Dampfmaschine	Watt
1807	Dampfschiff	Fulton
1825	Dampflokomotive	Stephenson
1830	Nähmaschine	Madersperger
1853	Fahrrad	Fischer
1861	Telefon	Reis
1864	Schreibmaschine	Mitterhofer
1880	Lochkartenmaschine	Hollerith
1885	Kraftwagen	Daimler/Benz
1895	Kinematograph und erste Filmvorführung	Lumière/Meßter/Pathé
1903	Motorflug	Gebr. Wright

1919	Tonfilm	Vogt u. a.
1923	Rundfunk in Deutschland	Dt. Hauptfunkstelle
1929	Fernsehen und Fernfilm	Telefunken
1938	Künstliche Kernspaltung	Hahn / Meitner
1945	1. Atombombe	U.S.A.
1957	1. Satellit	UdSSR
1959	1. Mondlandung einer Rakete	UdSSR
1960	Die „Anti-Baby-Pille" erscheint auf dem Markt	Gregory Pincus (1951)
1969	1. Mondlandung eines Menschen	Armstrong
1970	Bild-Ton-Platte	AEG-Telefunken
1970	Raumsonde Venus	UdSSR
1971	Marssonde Mariner	U.S.A.
1978	1. „Retortenbaby" durch In-vitro-Fertilisation	Robert Edwards
1980	Beginn des Bildschirmtextes	Deutschland
1996	1. Geklontes Tier (das Schaf „Dolly")	Jan Wilmut

Abb. 4 Eine Auswahl bedeutender Erfindungen

Wissenschaft, also das vernünftige Reden (griech.: *logos*) über den Menschen begründete. Schon zu seiner Zeit waren eine Fülle von Daten über die Entstehung des Menschen, die verschiedenen Völker, ihre Kulturen und Gewohnheiten bekannt. In scharfen Analysen fasste *Herder* diese Erkenntnisse zusammen, baute sie in seine Theologie ein und präsentierte sie z. B. in seinen „Ideen zur Philosophie der Geschichte der Menschheit" (ab 1784). Darin kennzeichnete er den Menschen (als Gattungswesen) u. a. wie folgt [9]: Der Mensch ist

1. das aufrecht gehende Wesen
2. das zur Sprache, zur Kunst, zu den feineren Sinnen befähigte Wesen
3. das in die Freiheit entlassene Wesen
4. das auf Humanität und Religion angewiesene Wesen und
5. das zur Bildung seiner selbst befähigte Wesen ...

„Der Mensch ist der erste *Freigelassene* der Schöpfung; er stehet aufrecht" [10] – so heißt es lapidar im 4. Buch der „Ideen ..." Gewiss, er ist das Mängelwesen, jeder anderen Gattung (bezüglich ihrer spezifischen Leistungen) hoffnungslos unterlegen ... Er kann nicht von Geburt an summen, klettern, fliegen, schwimmen ... Jede Raubkatze ist schneller, jeder Bär stärker, jede Fliege beweglicher als er ... Und doch: Des Menschen Mangel ist sein Reichtum. Denn weil er so wenig angeborene Fertigkeiten mitbringt, muss er sie lernen – mühsam lernen.

Aber just dieses Lernen versetzt ihn in die Lage, alle anderen Wesen zu übertreffen. Denn deren Kapazitäten sind zwar genetisch vererbt und zum größten Teil von Anfang an da, so dass sie zu frühen Nestflüchtern[11] werden können, aber: Vererbt heißt auch bedingt, mit anderen Worten: Dabei bleibt es auch; über diese können sie nicht und nichts hinauslernen; salopp gesagt: Der Frosch kann nur quaken, aber niemals *Hegel* lesen. Als „sekundärer Nesthocker" bleibt dem Menschen nur das Lernen, das seine Fesseln löst und seine potenzielle Überlegenheit ermöglicht, aber auch seine Tragik bedeutet. Er ist das in die Freiheit geworfene Wesen, das just an dieser Freiheit scheitern, mehr noch: zugrunde gehen kann. Kein Philosoph hat diese „Geworfenheit" des „In-der-Welt-Seins" und damit die „Grundbefindlichkeit der Angst" radikaler zu den Anthropina des Menschen gezählt, zum Wesensmerkmal schlechthin des Menschen erklärt, als *Martin Heidegger* (1888–1976)[12]. Erst diese Seins-offene Existenz „macht" ihn zum Menschen, seine Freiheit lässt ihn entweder scheitern (im Gerede, in der Diktatur des Man, im Verfallen), oder die Freiheit erlaubt ihm, das ihm anheim gegebene Sein als ein Da-sein in Sorge-für zu begreifen – über Verstehen und Auslegung zu begreifen. So gesehen kann jeder einzelne Mensch und die Menschheit als Ganzes zum Zerstörer oder zum „Hirten", zum Hüter des Seins werden ... Weil er als erster diesen existentiellen Widerspruch des menschlichen Lebens als Anthropologe so überzeugend herausgearbeitet hat, verdient der Weimarer Generalsuperintendent hier seine Beachtung. Denn ohne Anthropologie, ohne ein Wissen um den Menschen, ist Pädagogik wie ein Stricken ohne Wolle. Jeder ist bei der Erziehung anderer und der Bildung seiner selbst an und auf ein Bild vom Menschen verwiesen – nicht als Vor-Bild (auf das es festzulegen gilt), wohl aber als Orientierung, mit dem auseinanderzusetzen lohnt. So gesehen ist *Hentig*s Urteil allzu vordergründig und allenfalls in die überraschende Pointe verliebt, wenn er schreibt: Ein „Menschenbild ... soll Maß geben. Es gehört zum Grundwerkzeug des Pädagogen: Es hilft ihm fordern, beurteilen, beschämen; es erspart ihm physische Gewalt, indem es geistige Gewalt ausübt; es rechtfertigt, daß der, der es hat, den erzieht und bildet, der es noch nicht hat."[13] Natürlich gibt es schlimme, geradezu menschenverachtende Anthropologien, folglich auch Erziehungs- und Bildungstheorien sowie entsprechende Praxen. Aber deshalb auf diese generell verzichten zu wollen oder zu sollen, ist genauso absurd wie der Rat eines Menschen, der ein schlechtes Essen vorgesetzt bekommen hat und deshalb laut verkündet, die einzig wahre Konsequenz aus dieser Kalamität laute: auf jedwede Nahrung zu verzichten, mit anderen Worten zu verhungern. Nein! Zwar heißt es in der Bibel (*Ex* 20,4) im 2. Gebot: *Du sollst dir kein Gottesbild machen!*, vom Verbot eines Menschen-Bildes aber ist nirgendwo die Rede – es wäre auch töricht. Denn der Mensch kann nicht bilden ohne Bilder, kommunizieren ohne Kommunikation, erziehen ohne Erziehung, trinken ohne Getränke. Wir alle machen uns Vor-Stellungen (Bilder) von uns und anderen, die doppelte Frage freilich bleibt: Was für Bilder? Und: mit welcher Absicht? Hier bleibt also unser Bild: Die zum Menschsein aufgerufenen Wesen brachen auf, machten aus der Not eine Tugend, gingen das Wagnis der Freiheit ein – schon vor 100.000 Jahren. So gesehen hat der Potsdamer und Berliner Historiker *Martin Sabrow* Recht, wenn er schreibt: „Kaum eine Zukunft ist so offen wie die der Vergangenheit“ [14]. Auch wenn das die ersten Menschen noch nicht wussten oder auszudrücken vermochten, geahnt haben müssen sie es. Denn Mensch-sein hieß damals und heißt heute: unterwegs sein, sich entwerfen, etwas wagen, die Freiheit nutzen, Neues lernen, andere mitnehmen, für sie da sein, (von Eltern) erzogen werden und (Kinder) erziehen, sich bilden, nicht schon fertiger Mensch sein, sondern Mensch-werden-wollen …

✳

Natürlich und verständlicherweise gibt es keine Berichte über diese ersten Abenteuer des Menschen, seine verzweifelten Kämpfe um Lebensraum, Nahrung, Schutz und Sicherheit. Die Schrift war noch nicht entdeckt bzw. entwickelt worden; kein Zeuge ist mehr vorhanden; wenige Überbleibsel (vor allem Knochen) haben die Archäologen gerettet. Immerhin gibt es einen Strom erzählender Tradition, vielfach unterbrochen, umgeleitet, mit fremden Anteilen angereichert, verfärbt und doch das Typische bewahrend. Diese Tradition stellt sich nicht nur dem Wann und dem Wie, sondern auch dem Warum. Sie kreist um die Menschen-Frage schlechthin: Wo komme ich her? Wo gehe ich hin? Warum lebe ich überhaupt? Zu allen Zeiten hat sich der Mensch diese Fragen gestellt; *Heinrich Heine* haben sie zu einem Gedicht inspiriert [15]:

FRAGEN

Am Meer, am wüsten, nächtlichen Meer
Steht ein Jüngling-Mann,
Die Brust voll Wehmut, das Haupt voll Zweifel,
Und mit düstern Lippen fragt er die Wogen:

„O löst mir das Rätsel des Lebens,
Das qualvoll uralte Rätsel,
Worüber schon manche Häupter gegrübelt,
Häupter in Hieroglyphenmützen,

Häupter in Turban und schwarzem Barett,
Perückenhäupter und tausend andre
Arme, schwitzende Menschenhäupter –
Sagt mir, was bedeutet der Mensch?
Woher ist er kommen? Wo geht er hin?
Wer wohnt dort oben auf goldenen Sternen?"

Es murmeln die Wogen ihr ew'ges Gemurmel,
Es wehet der Wind, es fliehen die Wolken,
Es blinken die Sterne, gleichgültig und kalt,
Und ein Narr wartet auf Antwort.

Einzig an diese narrative Tradition können wir anknüpfen und von dorther vermuten, wie die ersten Menschen sich, ihr Leben und Schicksal deuteten. Aus einer Reihe von bis heute überlieferten Erzählungen seien drei ausgewählt[16]:

ZUR ENTSTEHUNG DES MENSCHEN

1. **Quellentext:** Der Hadza-Mythos aus Tansania

Bevor es Menschen gab, thronten der Sonnengott und die Mondgöttin über einer Welt, in der die Affen die klügsten Wesen waren. Eines Tages hatte die Mondgöttin großen Durst, weil sie eine ganze Nacht hindurch den Himmel erhellt hatte. Da bat sie ihre Freunde, die Paviane, doch zum nächsten Fluss zu gehen und für sie in einer Kalebasse Wasser zu schöpfen. Die Affen versprachen ihr, das unverzüglich zu tun, und zogen schnatternd ab.
Die Mondgöttin wartete und wartete, und ihr Durst wurde größer und größer. Schon kam der Sonnengott am Himmel hoch, und es wurde immer heißer. Doch von den Pavianen war nichts zu sehen und zu hören.
Da wurde die Mondgöttin wütend, und sie verließ ihren Platz am Himmel. Sie schleppte sich durstig zum Fluss – und was sah sie dort? Die Paviane, die im Wasser herumtollten, sich nass spritzten und sogar anfingen, miteinander Liebe zu machen. Dass sie der Mondgöttin Wasser holen sollten, hatten sie in ihrem Leichtsinn längst vergessen.
Da wurde die Mondgöttin sehr zornig und schrie die Paviane an: „Warum habt ihr mir nichts zu trinken gebracht, obwohl ihr wusstet, dass ich vor Durst fast sterbe? Zur Strafe werde ich die Hälfte von euch verwandeln!“
Bevor sich die Affen versahen, war die Hälfte von ihnen zu Menschen geworden.
So entstanden die Hadza.
Die Affen, die übrig geblieben waren, störte das nicht besonders. Sie tollten weiter im Fluss herum. Da wurde die Mondgöttin noch wütender. „In Zukunft werden die Menschen euch auffressen“, schrie sie.
Seitdem jagen die Hadza die Paviane und schätzen ihr Fleisch ganz besonders. Am liebsten saugen sie das Mark aus ihren Knochen und essen ihr Gehirn auf. Die Mondgöttin aber schöpfte sich selbst Wasser aus dem Fluss und bat weder die Affen noch die Hadza jemals wieder um Hilfe.

Obwohl die meisten Historiker und Anthropologen der „Out-of-Africa-Theorie“ zuneigen, kann es durchaus sein, dass es nicht nur eine oder zwei, sondern sehr viele Auswanderungswellen gegeben hat, wir also die Vorstellung eines einzigen Abstammungs*baumes* zugunsten eines vielfach verzweigten Abstammungs*busches* ersetzten müssen. Immerhin beweisen genetische Vergleichsuntersuchungen, dass 99 % der Erbsubstanz von Mensch und Schimpanse übereinstimmen und dass alle Menschen aller Rassen auf wenige „Ur-Typen“ zurückzuführen sind.

So hat der englische Genetiker *Bryan Sykes* in seinem Buch „Die sieben Töchter Evas“ [17] nachzuweisen vermocht, dass die Erbsubstanz DNA über Hunderte von Generationen fast unverändert weitergegeben wurde, so dass die heutige Gesamtbevölkerung Europas von sieben Frauen (sogenannten Clan-Müttern) abstammt und diese wiederum eine einzige afrikanische „Urmutter“ hatten. Wie auch immer: Die Chinesen wollten anscheinend nichts mit den Pavianen zu tun haben und deuteten ihre Herkunft anders, ganz anders.

2. **Quellentext:** Der Yunnan-Mythos aus China

Vor langer, langer Zeit waren Erde und Himmel noch nicht getrennt. Das Universum glich einem großen Ei, in dem ewige Dunkelheit herrschte. In diesem Ei schlief Pan Gu.
Er schlief und wuchs heran. Sein Schnarchen klang wie Donner. Im Nu waren 18 000 Jahre verstrichen. Eines Tages wachte Pan Gu auf. Er wunderte sich, dass es so dunkel war. Er konnte nichts sehen und wurde wütend. Er tastete seine Umgebung ab und fand ein Beil. Mit voller Kraft schlug er mit dem Beil in die Dunkelheit hinein. Es gab einen ungeheuren Krach, und das Ei brach entzwei. Die leichte und klare Materie im Ei stieg nach oben und wurde zum Himmel. Die schwere und trübe Materie sank nach unten und bildete die Erde. Damit der neue Himmel und die neue Erde nicht wieder zusammenbrachen, stellte Pan Gu sich dazwischen, Kopf unter dem Himmel, Füße auf der Erde. Jeden Tag wurde der Himmel um 3,3 Meter höher und die Erde um 3,3 Meter dicker. Pan Gu wuchs mit. Wieder vergingen 18 000 Jahre. Aus Pan Gu war ein Riese von 45 000 000 Metern geworden. Der Riese Pan Gu stand wie eine gewaltige Säule zwischen dem Himmel und der Erde, damit sie nicht wieder zusammenfielen und das Universum nicht in die ewige Finsternis zurückkehrte.
Nachdem wieder eine Ewigkeit vergangen war, befanden sich Himmel und Erde stabil an ihrem Platz, Pan Gu war nun erschöpft. Er wusste, dass er bald sterben würde, und fasste den Entschluss, etwas Neues und Schönes zu schaffen.
Eines Tages fiel Pan Gu zu Boden und starb. Und dann geschah etwas Großartiges auf der Erde: Aus Pan Gus linkem Auge wurde die Sonne, aus seinem rechten Auge der Mond. Aus seinem letzten Atem wurden Wind und Wolke; aus seinem letzten Schrei wurde der Donner; aus seinem Haar wurden Sterne; aus seinen Knochen wurden Berge; aus seinem Blut wurden Seen und Flüsse; aus seinen Sehnen wurden Wege; aus seinen Muskeln wurden Felder; aus seiner Haut und seinem Körperhaar wurden Bäume, Blumen und andere Pflanzen, und aus seinem Schweiß wurden Regen und Tau.
Nachdem Pan Gu Erde und Himmel geschaffen hatte, gab es auf der Erde zwar Berge und Flüsse, Bäume und Blumen, Tiere und Felder, aber noch keine Menschen.
Nue Wa, die Göttin mit dem Schlangenkörper und dem Menschenkopf, fühlte sich sehr einsam und nahm sich vor, etwas Lebendiges zu schaffen. Eines Tages wusch sie sich an einem Fluss und entdeckte ihr Spiegelbild im Wasser. Wenn sie lächelte, lächelte ihr Spiegelbild auch. Runzelte sie ihre Stirn, tat ihr Bild das Gleiche.

Nue Wa freute sich. Aber leider konnte sie ihr Spiegelbild nicht mitnehmen.
Nach einem heftigen Regen wurde die Erde am Ufer zu Lehm. Nue Wa nahm einen Klumpen davon und formte nach ihrem Spiegelbild eine kleine Figur. Auf den Boden gestellt, wurde sie lebendig und rief Nue Wa „Mama" zu. Nue Wa lachte und nannte die Figur „Mensch". Nue Wa war fleißig und arbeitete jeden Tag an ihrem Werk, Menschen zu schaffen. Die Erde war jedoch sehr groß. Es gab immer noch nicht genug Menschen. Nun kam Nue Wa auf eine Idee: Sie nahm einen langen Zweig und tauchte ihn in einen mit Schlamm gefüllten Teich ein. Dann hob sie den Zweig heraus und schwang ihn durch die Luft. Die Schlammtropfen fielen auf die Erde und wurden zu Menschen. Nue Wa war zufrieden mit ihrer Arbeit. Die Erde wurde belebter und Nue Wa war nicht mehr allein.
Später stellte sie aber fest, dass die Menschen irgendwann einmal starben. Es wäre doch zu mühsam, immer wieder neue Menschen formen zu müssen, dachte Nue Wa. So erfand sie Mann und Frau und die Ehe, durch die die Menschen sich selbst vermehren konnten.
Nun sah Nue Wa ihr Werk vollendet, überließ den Menschen die Erde und zog sich zum Himmel zurück.

Wenn man diese beiden Mythen (also Deutungsgeschichten, keine Tatsachenberichte) mit dem jüdisch-christlichen Schöpfungsmythos (bei *Genesis* 2,7–24 oder 4,1–2) vergleicht, fallen Gemeinsamkeiten mehr auf als Unterschiede:

- Der Mensch ist nicht Schöpfer seiner selbst (also *creator*), sondern Geschöpf (*creatur*).
- Der Mensch ist kein Zufallsprodukt, sondern (von Gott, den Göttern) gewollt. Drittens:
- Der Mensch ist in die Freiheit entlassen, die nicht identisch ist mit Willkür und Beliebigkeit, sondern Verantwortung vor der Schöpfung bedeutet. Und schließlich:
- Erst mit dem Menschen kommt Gutes und Böses in die Welt: Kein Tier mordet (sondern tötet) und kein Gott bedarf der Vergebung (denn er sündigt nicht).

Dass und wie diese tradierten Botschaften ihre konkreten Ausformungen (je nach Zeit, Ort, Klima, Flora und Fauna) erfuhren, demonstriert eine dritte Erzählung aus Alaska.

3. **Quellentext:** Der Eskimo-Mythos aus Alaska

Im Anfang, als die Welt im Dunkeln lag, war das einzige Land in der Welt ein Erdflecken, nicht größer als ein Haus. Hier lebten eine Frau und ein alter Mann, der ihr Vater war. Eines Tages ging die Frau hinaus, um Schnee für ihren Kochtopf zu holen. Als sie sich danach bückte, sah sie plötzlich vom Meer her eine Feder auf sich zu fliegen. Als sie staunend den Mund aufmachte, flog ihr die Feder hinein. Und die Frau schluckte leise.

Da war sie schwanger, und als das Kindchen kam, hatte es anstelle des Mundes einen Rabenschnabel. Eines Tages, als die Frau mit ihrem Kindchen spielte, zeigte es auf eine pralle Tierhautblase, die über dem Bett des alten Mannes hing. „Nein, die kannst du nicht bekommen“, sagte die Frau bestimmt. Da fing das Kind an zu schreien, schrecklich laut. Die Frau konnte das Geschrei nicht aushalten und gab ihm die Blase. Beim Spielen riss sie aber, und helles Licht floss heraus. Schnell verbreitete es sich über die gesamte Welt. Als jedoch der alte Mann das sah, eilte er in das Haus zurück und entriss dem Kind die Blase, bevor alles Tageslicht herausgeflossen war. Seit diesem Vorfall gibt es Tag und Nacht und nicht wie vorher immer währendes Licht. Der Rabenjunge flog weit fort und machte sich auf die Suche nach Land. Schließlich, als er schon lange geflogen war, stieg er in ein Kajak und paddelte so lange, bis er Land sah, das sich im Wasser auf- und abbewegte, als sei es ein großer, fetter Wal. Als der Rabenjunge das sah, befiel ihn große Furcht. Nach einer Weile aber fasste er Mut und harpunierte das Land. Dann hielt er es so lange mit der Harpune fest, bis es sich nicht mehr bewegte.

Als das Land auf diese Art und Weise festgelegt war, stieg er aus dem Kajak, und als er über die Insel wanderte, fing das Meer an, sich zurückzuziehen, bis schließlich kein Wasser mehr in Sicht war und die Insel sich zu einem großen Land auswuchs. Und so geschah es durch den Rabenjungen, dass Menschen fortan auf der Welt leben konnten.

Die ersten Menschen kamen aus den Spalten der Erde gekrochen, aber sie waren noch wie ungeborene Wesen im Bauch der Mutter. Sie konnten nicht sehen, nicht einmal sich fortbewegen. Sie lagen nur da und ernährten sich von einigen Händen voll Schlamm.

Bis eine Frau kam und sich ihrer annahm. Sie hatte ein paar Kinderkleidchen gemacht – in der Hoffnung, sie würde eines Tages Babys finden, die sie betreuen könnte. Sie war sehr glücklich, als sie die Kinder dort im Schlamm fand. Sie kleidete all die Kleinen mit den Gewändern sorgfältig und liebevoll ein. Und als sie ihnen ihre Kleidchen angezogen hatte, nahm sie alle mit zu sich nach Hause, und so wurde die Erde mit Menschen bevölkert.

Der Mensch, jedes Menschen-Kind, ist auf Erziehung angewiesen, darauf, dass andere inne-halten und ihm Halt-geben, ihn schützen, versorgen, trösten, bremsen, herausfordern, warnen, loben und tadeln – erziehen eben. Der Mensch, jeder Mensch, ist darüber hinaus zur Bildung eingeladen, auf dass er in Gemeinschaft mit anderen sowie im Medium von Freiheit seinen Anspruch an Menschlichkeit zu realisieren sich bemüht. Hinter der Erziehung steht folglich ein (zwingendes) *Muss*, vor der Bildung ein (mögliches) *Kann*.

*

An dieser (und manch anderer) Station unserer Bildungsreise sei (jeweils) ein Beispiel geboten. Das folgende entnehme ich den tagebuchartigen Aufzeichnungen, die ich als Gründungsdirektor und Lehrer der Ev. Gesamtschule Gelsenkirchen ab 1998 notiert habe.

1. Beispiel: Mit dem Faustkeil fing es an

6. Klasse, Gesellschaftslehre, 2. Halbjahr im Schuljahr 2001/02. Vor mir sitzen 16 Mädchen und 14 Jungen – abwartend, neugierig, skeptisch. Wie wird der Unterricht in GL bei dem neuen Lehrer sein, der auch noch „unser Chef" ist? Wir kennen uns allenfalls vom Schwimmunterricht her, aber: Kraulen und Tauchen, Turmspringen und Duschen ist etwas anderes als – ja, als was eigentlich?

Wir klären die Fragen und die Sitzordnung, die Arbeitsunterlagen und Verhaltensweisen, die Wochenplanarbeit und Exkursionen, die Mitwirkung von Schülern und Eltern bei der Planung, Durchführung und auch Auswertung dieses GL-Unterrichts und, und, und. Zwei Neuerungen sind wichtig: Keine Zettelwirtschaft, Arbeitsblätter und Paperitis mehr (auch wenn sich diese „Portfolios" nennen), sondern ein Projektordner – die Kinder, diese Kinder brauchen Ordnung. Und: Keine immobile Sitzordnung, permanente Belehrung und frontale Orientierung mehr (auch wenn diese „Disziplin" versprechen), sondern flexible Arrangements – die Kinder, diese Kinder brauchen eine sich entwickelnde Mitverantwortung. Und bereits am Ende dieser ersten Doppelstunde steht das Thema unserer Unterrichtseinheit, aus der vielleicht ein Unterrichts*vorhaben*, vielleicht sogar ein Unterrichts*projekt* werden kann, fest: „MIT DEM FAUSTKEIL FING ES AN: AUF DEN SPUREN DER NEANDERTALER". In den nächsten Tagen und Wochen sind die Kinder eifrig dabei zu recherchieren und zu lesen, Materialien zu beschaffen und Verwandte zu befragen, Texte zu kopieren und Bilder zu zeichnen, Steine in die Schule zu schleppen und Reisig (ohne Feuerzeug) zu entzünden ... Sogar die Lateinlehrerin wird hinzugezogen (Was heißt: *homo erectus*? Was ist ein *homo ergaster*? Ein *ergasterium*? Ein *homo sapiens*? *Sapientia*? – Ein reichhaltiges Materialdepot entsteht [18]. Und da in der Klasse, in dieser Klasse, sehr viele soziale Probleme sind, bahnt sich ein vom Unterricht her provozierter Konflikt an: Zwei Neandertaler-Stämme streiten sich – an der Biegung des Flusses. Die einen schreien: „Wir wollen hier siedeln!" Die anderen bestehen ebenso lautstark darauf: „Wir gehen nicht fort!" Und schon haben die beiden „Rudelführer" ihre Gefolgsleute um sich geschart. Mit Mühe nur gelingt es dem Lehrer, den Streit bei den Neandertalern zu belassen. Nach etlichen Stunden einigen wir uns auf ein Handlungsspiel. Drehbücher werden geschrieben, verworfen, neu konzipiert. Eine Doppelstunde über „Tauschhandel – Werthandel – Geldhandel" wird eingeschoben, sonst hängt das Handlungsspiel in der Luft. Gut, dass die EGG beste Kontakte zur hiesigen Stadtsparkasse hat! Rollen werden verteilt: Der Stamm der Uga-Ugas gegen den Stamm der Aga-Agas; Uda-Ba und Manu-Man (die Stammesmutter und der Stammesvater); die Jäger, Krieger, Feuerträger ... Mit glühenden Wangen sind meine Rabaukis Munga-Ma und Pilo-Pu, Aga-Gi und Wunda-Sa. Wer aber übernimmt die Berichterstattung, das Protokoll, die Rolle des Schiedsrichters? Wochen vergehen: Weitere Erkenntnisschritte und Erfahrungen werden gemacht. Der Besuch im Neandertal-Museum im nahen Mettmann wird vorbereitet. Und immer kontrastreicher werden zwei Drehbücher: Das eine hat eine kriegerische Lösung – wer siegt, darf siedeln! Das andere bleibt friedenswillig, aber unklar – ein Kompromiss muss her! Die warnenden Stimmen (von Irina und Kolja) bleiben ungehört.

Und dann kommt es zur ersten Aufführung: Schon nach einer kurzen Beratung und einer flinken Abstimmung kämpfen die beiden Stämme gegeneinander. Unter hohen Verlusten, aber Einhaltung von Regeln, siegen die Uga-Ugas – Tim jubelt. Danach aber setzt eine (im wörtlichen Sinn) bedenkliche Phase ein. Immer deutlicher artikulieren die Skeptiker ihre Vorbehalte. Vielleicht trägt auch das während mancher praktischer Tätigkeit vorgelesene Buch von *Insa Bauer* über „Ferien in der Steinzeit“ [19] dazu bei, Alternativen auszukundschaften. Zum erstenmal spüre ich als Lehrer, dass ich nicht mehr ausschließlich erziehen muss (d. h. für ein regelgerechtes Verhalten zu sorgen habe und deshalb immer wieder innehalten und Halt geben muss), sondern zur Bildung einladen darf. In einem heftigen Streitgespräch beharrt Friedrich auf dem Recht des Stärkeren, während sein Kontrahent Ömer die Stärke des Rechts einklagt und ihm entgegnet: „Lass' uns doch wenigstens mal versuchen, einen Kompromiss zu finden!“

Am 20. März im Jahre 2002 findet im Klassenhaus 3 der 6c die zweite Variante unseres Handlungsspiels statt – nach langer Beratung und sorgfältiger Abstimmung, die auch Enthaltungen zurücklässt. Das Resultat ist zwar nicht unwichtig, gegenüber der gemachten Erfahrung aber gewiss sekundär. Nachdem die Vollversammlungen beider Stämme die generelle Verhandlungslinie vorgegeben hatten, beraten die beiden „Stammesmütter“ unter sich und handeln folgenden Kompromiss aus: Die Uga-Ugas bleiben an ihrem bisherigen Platz, erlauben aber den Aga-Agas die Ansiedlung auf der anderen Seite des Flusses – unter der Bedingung, dass sie ihre Felle niemals im Rücken der Uga-Ugas waschen und auch ihre Notdurft flussabwärts erledigen sowie einmal im Jahr ein Fest gemeinsam veranstalten. Der stets zu einer deutlichen Aussprache neigende Tim gibt zu Protokoll: „Ich hab' keine Lust, eure Scheiße in meiner Wäsche zu haben!“ Während die schon am Flirt Gefallen findende Jessica eine hübsche Offerte anbietet: „Auf solchen Festen haben sich schon manche Liebespärchen gefunden.“ Die entscheidende Erfahrung aber ist die einer gewonnenen Bildung. Der 12-jährige Numan bringt sie auf den Punkt, als er in einer Nachbesprechung meint: „Im ersten Spiel haben wir uns wie wilde Tiere verhalten, im zweiten wie Menschen. Obwohl wir das nicht mussten. Und ich glaube, das ist auch im Sinne von Allah ...“ Und die schon 13-jährige Irina schreibt in ihre Projektmappe:

Unser Handlungsspiel

In der 1. Fassung kam es deshalb zum Krieg, weil sich beide Stämme nur bedroht haben. Die Uga-Ugas und Aga-Agas. In der 2. Fassung kommt es deshalb zum Frieden, weil beide Stämme aufeinander zu- und eingegangen sind. Um Vertrauen herzustellen, kann man sich beschenken und kann tauschen oder sich wechselseitig helfen.

Diese Sechstklässler haben, vielleicht zum ersten Mal in ihrem Leben, erfahren, dass sich jeder von ihnen (also jeder Mensch) nicht nur so verhalten muss, wie er es immer schon tut, sondern auch und erst recht, wie er es möchte, wie es ihm (und jedem andern auch) gut tut: fair, friedlich, verständnisvoll. Und sie haben am eigenen Leib erfahren, wie viel Spaß es macht, draufzuhauen und brutal zu sein, aber auch wie viele Opfer dieser Spaß kostet und wie viel Kraft, Ausdauer und Zuversicht es benötigt, Frieden zu schaffen. Meine Tafelanschrift (Pazifismus kommt aus dem Lateinischen und heißt: Frieden machen: *pacem facere*!) schreiben sich etliche in ihre Unterlagen ... Freilich: Als wir am 13. Mai zu unserem ganztägigen Besuch ins Neandertaler-Museum (mit etlichen Eltern) aufbrechen, bestehen die Rabaukis darauf, am Nachmittag ein zünftiges Geländespiel zu veranstalten. Und noch im Bus wird lautstark ausgehandelt, ob erst die Uga-Ugas oder die Aga-Agas weglaufen und einen Hinterhalt bauen dürfen. Einig aber sind sie alle darin: Dreimal auf den Rücken geklopft ist genauso tödlich wie ein Pfeil mitten durch die Brust. Und mit dieser Sublimierung kann auch der Lehrer gut leben ...

✳

Bevor wir zur nächsten Station aufbrechen, sei eine aus dem Vorangegangenen resultierende Erkenntnis formuliert – eine scheinbar selbstverständliche Einsicht, die aber immer wieder vergessen, unterdrückt, ignoriert ... ja: verraten und verkauft, geleugnet und getreten, verhöhnt und gefürchtet wird.

1. ERKENNTNIS

Der Mensch ist das einzige Wesen, das in die Freiheit entlassen wurde und mit Hilfe der Vernunft seines Denkens, Fühlens und Handelns eben diese Freiheit zum Wohle, zum Nutzen oder zum Schaden missbrauchen kann, wobei die ihm zuteilgewordene Bildung eine entscheidende Rolle spielt.

Anmerkungen

1 *Robert Spaemann*: Wer ist ein gebildeter Mensch? In: Scheidewege. Jahresschrift für skeptisches Denken, 24 (1994/95), S. 34–37, zit. S. 34.

2 Wer sich für diese und ähnliche Fragen interessiert, dem empfehle ich die seit Februar 2003 neu erschienene Zeitschrift ASTRONOMIE HEUTE, eine deutsche Ausgabe des U.S. Magazins *Sky & Telescope*, die im Verlag Georg von Holzbrinck erscheint.

3 Diese Ausstellung, die vom 9.5.–24.8.2003 auch in der Bonner Kunsthalle zu sehen war, präsentierte drei exzellente großformatige Kataloge:
Manfred Nawroth u. a.: Menschen · Zeiten · Räume. Archäologie in Deutschland. Ausstellungsführer. Stuttgart: Theiss 2002. (80 S.)

Staatliche Museen zu Berlin: Menschen – Zeiten – Räume. Archäologie in Deutschland. Begleitband zur gleichnamigen Ausstellung. Stuttgart: Theiss 2002. (400 S.)
Uta von Freeden / Siegmar von Schnurrbein (Hrsg.): Spuren der Jahrtausende. Archäologie und Geschichte in Deutschland. Stuttgart: Theiss 2002 (520 S.)
Darüber hinaus sei empfohlen: *Teja Fiedler u. a.*: Abenteuer Menschheit. Wie unsere Vorfahren die Erde eroberten. München: C. Bertelsmann 2002. (255 S.)

4 Einen trefflichen Bericht über diese Zeit findet sich bei *T. Fiedler u. a.*, a. a. O., S. 20ff.

5 Ebd., S. 52.

6 Ebd., S. 6f.

7 Vgl. dazu *Jean Liedloff*: Auf der Suche nach dem verlorenen Glück. (Or. 1977) München: Beck 1987.

8 Vgl. dazu beispielhaft den Bericht von *Joachim Müller-Jung* über den „Homo sapiens, der rationale Killer", in: Frankfurter Allgemeine Sonntagszeitung, Nr. 7, vom 16.2.2003, S. 51.

9 *Johann Gottfried Herder*: Humanität und Erziehung. Hrsg. von *Clemens Menze*. Paderborn: Schöningh 2.1968, bes. S. 95ff.

10 Ebd., S. 103.

11 Vgl. den wohl kundigsten Doppelband einer zeitgemäßen Pädagogischen Anthropologie von *Heinrich Roth*: Pädagogische Anthropologie. Bd. 1: Bildsamkeit und Bestimmung. Hannover: Schroedel 1966. Bd. 2: Entwicklung und Erziehung. Hannover: Schroedel 1971.

12 *Martin Heidegger*: Sein und Zeit. (Or. 1927) Tübingen 10.1963, bes. 5. u. 6. Kap.

13 *Hartmut von Hentig*: Bildung. Ein Essay. München: Hanser 1996, S. 26.

14 *Martin Sabrow* in: DER TAGESSPIEGEL, Nr. 18035, vom 16.2.2002, S. 26.

15 *Heinrich Heine*: Werke in fünf Bänden. Ausgewählt und eingeleitet von *Helmut Holtzhauer*. 1. Band. Berlin-Weimar: Aufbau-Verlag 16.1981, S. 114.

16 Vgl. *T. Fiedler u. a.*, a. a. O, S. 59, 97 und 207.

17 *Bryan Sykes*: Die sieben Töchter Evas. (Or. 2001) Bergisch-Gladbach: Lübbe 2003.

18 Neben diversen Schulbüchern schmökerten die Schüler am liebsten in Bildbänden wie diesem: *Dietrich Mania / Adelheim Dietzel*: Begegnung mit dem Urmenschen. Leipzig-Jena-Berlin: Urania 3.1981.

19 *Insa Bauer*: Ferien in der Steinzeit. Recklinghausen: Bitter 1992.

Abb. 5 Die Venus von Willendorf
(aus der Altsteinzeit: ca. 30 000 Jahre v. Chr.)
→ steht im Wiener Naturhistorischen Museum.

IM VORDEREN ORIENT – um 5.000 v. Chr.

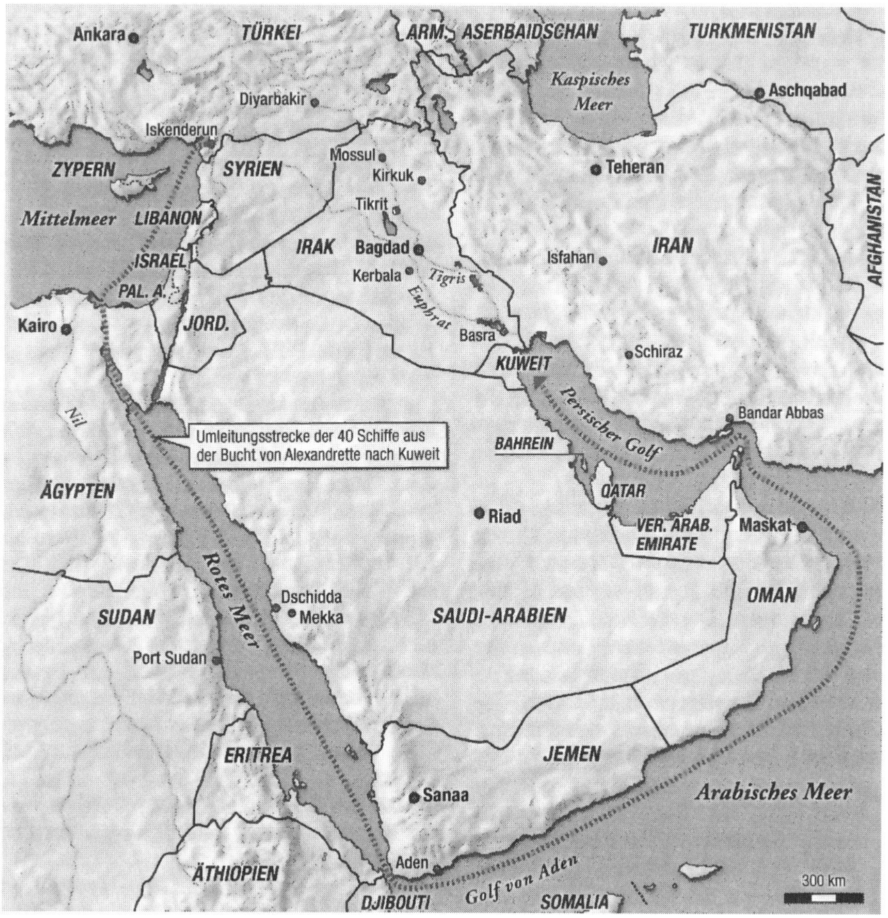

Abb. 6 Der Vordere Orient

„Letzten Endes ist es die Liebe,
die selbst häßliche Dinge in
etwas Schönes zu verwandeln
vermag."

Bruno Bettelheim, 1977[1]

II. Station: Zwischen Euphrat und Tigris oder: Die schöne Tempelhure Tehiptilla

Vom Kilimandscharo bis Bagdad mögen es vielleicht 'nur' 5.000 km sein – allzu weit! wird mancher denken. Und als ich diesen 2. Reisetext in Bad Godesberg konzipierte, schon halb im Umzug steckend und ein schmales Reclamheftchen in der Hand, beunruhigte mich die bange Frage: Wie soll ich meine Mitreisenden in den Nahen Osten einführen, in das Zweistromland, in die fruchtbaren Ebenen zwischen Euphrat und Tigris oder in die kargen Landstriche um Kirkuk, gar in die südlichen Wüsten, über die bei 50 Grad Hitze die gefürchteten Schamal-Stürme Sand und Staub hinwegfegen? Noch dazu in einer Zeit, in der zum zweiten Mal ein Krieg gegen den Irak drohte, der einerseits gegen ein schlimmes Regime gerichtet ist und andererseits unverantwortliches Elend über unschuldige Menschen bringen würde ... Wie nicht selten kam der Zufall zu Hilfe. Im Bonner Theater Beuel wurde GILGAMESCH aufgeführt. *Gilgamesch*? Älter als die Bibel (ab etwa 900 v. Chr.), *Homers* Verse (um das 8. Jahrh. v. Chr.) oder die vedischen Upanischaden des alten Indien (ab 700 v. Chr.) ist das „Gilgamesch-Epos" das wohl früheste literarische Zeugnis der Menschheit. *Gilgamesch*, der legendäre 28. König von Uruk (nach der Großen Flut) zieht aus, um in einer noch von Göttern, Dämonen und Gewalten beherrschten Welt Ruhm zu erlangen. Nicht im Stile eines Superstars, der durch die elektronischen Medien Weltruhm erlangt, sondern in der Absicht, sich gegenüber Gott und der Welt zu behaupten, kämpft *Gilgamesch* um seinen Namen, will er sich (s)einen Namen machen. Er ist der erste Mensch, der sich als ein gegenüber der göttlichen Ordnung selbständiges, eigenes, ja: eigensinniges Wesen betrachtet. So gesehen führt er uns die Tragödie des Menschen vor Augen: Seit der Mensch, seit jeder Mensch, ein Bewusstsein von sich hat, *ich, du,* und *wir* zu sprechen vermag, bejubelt er seine Macht und gleichzeitig quälen ihn existentielle Fragen wie diese:

- Warum bin ich so, wie ich bin?
- Wer bist du wirklich?
- Sind wir besser als die anderen?
- Warum misslingt so Vieles?
- Wie werde ich mit meiner Schuld fertig?
- Was tun, wenn andere böse zu mir sind, mir und anderen Unrecht tun, mich und andere bedrohen?
- Warum lebe ich überhaupt?
- Ist mit meinem Tod alles zu Ende?
- Gibt es einen Gott?
- Wenn ja, warum lässt er das Böse zu?

Solche und ähnliche Fragen stellt sich jeder Mensch, wenn er nicht über Narkotika (also durch übermäßigen Konsum) oder über Miseriae (z. B. durch Hunger und Krieg) daran gehindert wird – nicht nur jeder Mensch, sondern jeder Mensch immer wieder. Um in etwa die Größe dieses Menschenchors zu illustrieren, sei folgende Berechnung angestellt:

Unsere Erde dürfte etwa vier Milliarden Jahre alt sein; Menschen (als *homines sapientes*) gibt es seit womöglich ca. 100.000 Jahren. Wenn wir weiterhin annehmen, dass etwa alle 20 Jahre eine neue Generation heranwächst, dann lebten in der Altsteinzeit (im Paläolitikum bis zum Ende des Eiszeitalters), also bis etwa 8.000 v. Chr., ungefähr 5.000 Generationen; von der Jungsteinzeit bis heute gut 500 Generationen. Fachleute schätzen[2], dass auf diese Weise bisher etwa 80–100 Milliarden Menschen gelebt haben – als Jäger und Sammler (zu 90 %), als Hirten und Bauern (zu 6 %) und als moderne Industriemenschen (zu 4 %). 80-, 90-, 100-milliardenfach jubelte und wimmerte, lachte und weinte, hoffte und verzweifelte der Mensch, wollte und will er Antworten haben auf seine Fragen, sein Schicksal, sein Leben – sucht er Sinn in seinem Dasein, der offensichtlich nicht nur in dieser seiner bescheidenen und grandiosen Existenz zu finden ist. *Hans Jonas* (1903–1993), der überragende Ethiker des 20. Jahrhunderts, hat dieses Problem in die zutreffende Beobachtung gefasst: „Mit dem Erscheinen des Menschen erwachte die Transzendenz zu sich selbst und begleitet hinfort sein Tun mit angehaltenem Atem, hoffend und werbend, mit Freude und mit Trauer, mit Befriedigung und Enttäuschung“[3]. Vor diesem Hintergrund hat das „Gilgamesch-Epos“ seine einmalige Bedeutung bis heute bewahrt – auch wenn es kaum noch gelesen wird, schon gar nicht in unseren Schulen. *Pavel Mikuláštik* und sein Ensemble spielten, sangen und tanzten dieses wohl früheste uns überlieferte (!) Dokument menschlichen Suchens. Aus meinem Reclam-Bändchen[4] wusste ich, dass diese Dichtung zunächst als relativ lose Einzelsagen um 1.700 v. Chr. in Keilschrift festgehalten worden war; erst im 12. Jahrhundert hat diese zahlreichen Erzählstränge der Schreiber *Sin-leque-unmini* zu einem Epos zusammengefasst, das aber verlorenging. Und nachdem Archäologen 1849 das alte Ninive wieder entdeckten und die große Bibliothek des Assyrerkönigs *Aschurbanapli* (669–627) ausgruben, fanden sie in den feuchten Lehmböden Mesopotamiens zahlreiche beschriftete Tontafeln. Im Londoner *British Museum* war zum Glück ein junger Spezialist namens *George Smith* tätig, der die vielen tausend Keilschriftfragmente sichtete und prüfte und dabei auf ein Tafelbruchstück stieß, das die akkadische Version eines Sintflutberichtes enthielt, das wiederum zur 11. Tafel einer insgesamt 12 Tafeln umfassenden Dichtung gehört, die über den sagenumwobenen König GILGAMESCH gar Schauerliches erzählt. Freilich hat es noch Jahrzehnte gedauert, bis Dutzende von Assyrologen und Historikern diese Fragmente zu einem Gesamtwerk gefügt haben. Die Geschichte dieses sumerischen Königs, der vor fast 5.000 Jahren lebte (in der frühdynastischen Zeit von etwa 2750–2680 v. Chr.), ist rasch erzählt:

Zum Schutze vor Feinden will er die Königsstadt Uruk mit einer für damalige Verhältnisse gigantischen Mauer von 10 Kilometern Länge umgeben haben, wobei er von seinem Volk das Äußerste verlangte, so dass die allzu Geknechteten die Götter um Hilfe baten. Diese lassen sich erweichen und erschaffen dem herrischen König einen Rivalen: als *Enkidu* (halb Tier, halb Mensch) wächst dieses Ungetüm unter den Gazellen und Onagern auf – jeden und alles in Angst und Schrecken versetzend. Um aber dieses Unholdes habhaft zu werden, beauftragt der König *Iluna*, die Hohepriesterin des „Venustempels der Ischtar“, sie möge die Verführerischste ihrer Liebesdienerinnen zu jenem Barbaren schicken, auf dass dieser neugierig auf jenen Ort werde, der so Reizendes zu bieten habe. Und so geschieht es: *Tehiptilla* (andere nennen sie *Shamat*) gelingt diese wundervolle Tat. Aus der Steppe führt sie ihn in die Stadt, um *Gilgamesch* herauszufordern – nicht in der einsamen Steppe, sondern auf seinem Terrain sowie unter vielen Zeugen. Jedoch: Der Kampf endet ohne Sieger und Besiegtem, im Gegenteil: Er ist der Anfang einer lebenslangen Freundschaft. Gemeinsam ziehen sie aus, um sich ihren Ruhm zu erwirken, ein Ruhm freilich, der die eigene Identität im Auge hat, nicht aber nach dem Beifall der Massen schielt. Zunächst besiegen sie den Riesen *Chumwawa* (*Chumbawa/Huwawa*), den Wächter des heiligen Zedernwaldes. Zurück in Uruk begehrt *Iluna* den jungen König und offeriert ihm die Vereinigung von weltlicher und religiöser Macht. Dieser aber verschmäht sie und rachsüchtig schickt ihm die Göttin *Ischtar* den himmlischen Stier, der ganze Dörfer und ganze Landstriche verwüstet und unzählige Menschen tötet, ehe ihn die beiden Helden zur Stecke bringen können – freilich um einen hohen Preis: *Enkidu* muss sterben. Gebrochen und ratlos macht sich *Gilgamesch* auf eine lange Lebensreise. Er will Antworten auf die Fragen finden, die wir als „Chor des Menschen“ bezeichnet haben. Bis an die Ränder der Welt pilgert *Gilgamesch*, sucht Antworten und vielleicht den Zugang zum ewigen Leben. Erst der weise *Ziusudra* lehrt ihn die Erkenntnis, dass nur derjenige Mensch sein Glück erfährt, der die Grenzen des Menschen akzeptiert – seine äußeren und seine inneren Grenzen. Geläutert kehrt *Gilgamesch* zurück, gewinnt das Herz der schönen *Tehiptilla* und dient – weise und milde geworden – seinem Volk ...

✳

Und ein zweiter Umstand kam mir und meinen Zweifeln an der langen Reise bis ins ferne Mesopotamien zu Hilfe: Beim Einräumen der „Oberen 10.000“ fiel mir ein Buch in die Hände, das ich vor etlichen Jahren gelesen, mehr noch: verschlungen hatte: „Der Löwe von Uruk“. Geschrieben hat diese romanhafte Darstellung des Lebens von *Gilgamesch* der 1944 in Berlin geborene, als Professor für Kommunikation an der Fachhochschule Wiesbaden tätig gewesene und mal in Bettendorf, mal auf Teneriffa lebende und dort mit der „*Thor-Heyerdahl-Stiftung*“ eng zusammenarbeitende *Harald Braem*[5]. Über die gebliebene Aufregung hinweg durchzuckte mich ein Gedanke, der erst Monate später seine Ausformung erfuhr. Da war doch etwas gewesen ... Eine Frage hatte mich doch damals schon beschäftigt ... Eine Erkenntnis wollte ich niemals mehr vergessen ... Ich blätterte, las und blätterte – die übrigen 9.999 mussten warten, sich gedulden. Und dann hatte ich sie, die Frage, die Stelle: Wie gelingt es jener Tempeldienerin *Tehiptilla*, den Wüstling *Enkidu* zum Menschen zu machen? Zu *machen*?

Schauen wir uns zunächst die entsprechenden Verse auf jenen Tontafeln an, die einstmals fast 2000 Jahre lang gelesen und erzählt wurden, dann weitere 2000 Jahre in der Erde Mesopotamiens ruhten und jetzt wieder studiert werden können. Dort heißt es u. a.[6]:

Der Jäger tat zum Reden den Mund auf
Und sprach zu seinem Vater:
„Mein Vater, ein Mann, der vom Steppenland gekommen –
Der Stärkste im Land ist er, Kraft hat er,
Gleich der Feste des Anu gewaltig ist seine Stärke –
Er streift im Steppenland beständig umher,
Beständig frißt mit dem Wild er das Gras,
Beständig weilt sein Fuß gegenüber der Tränke;
Ich vermochte ihm nicht zu nahen vor Furcht.
Die ich auswarf, die Gruben, er füllte sie an!
Die Flügelnetze, die ich spannte, riß er heraus,
Ließ entrinnen meinen Händen das Wild, der Steppe Getier!
Nicht gibt er zu mein Tun in der Steppe!“
Sein Vater tat zum Reden den Mund auf
Und sprach zum Jäger:
„Wisse, mein Sohn, in Uruk wohnt Gilgamesch,
Niemand gibt es, der ihn übermochte,
Gleich der Feste des Anu gewaltig ist seine Stärke.
Auf ihn, den König, richte dein Antlitz,
Ihm bring die Kunde vom Gewalt-Menschen!“
Auf den Rat seines Vaters brach er auf,
Ging der Jäger fürbaß zu Gilgamesch,
Nahm den Weg, stand still inmitten von Uruk:
„Höre mich, Gilgamesch, rate mir auch!
Ein Mann, der vom Steppenland gekommen –
Der Stärkste im Land ist er, Kraft hat er,
Gleich der Feste des Anu gewaltig ist seine Stärke –
Er streift im Steppenland beständig umher,
Beständig frißt mit dem Wild er das Gras,
Beständig weilt sein Fuß gegenüber der Tränke;
Ich vermochte ihm nicht zu nahen vor Furcht.
Die ich auswarf, die Gruben, er füllte sie an!

Die Flügelnetze, die ich spannte, riß er heraus,
Ließ entrinnen meinen Händen das Wild, der Steppe Getier!
Nicht gibt er zu mein Tun in der Steppe!"
Gilgamesch sprach zu ihm, zum Jäger:
„Geh, führ, o Jäger, mit dir
Eine Dirne nun, die Hure!
Wann denn das Wild herankommt zur Tränke,
Dann werfe sie ab ihr Kleid, sie enthüll' ihre Wollust!
Sieht er sie erst, so wird er ihr nahn:
Doch sein Wild wird ihm untreu, das aufwuchs mit ihm in der Steppe."

„Die große Mauer" hat *Harald Braem* das Erste Buch seines grandiosen „Gilgamesch-Romans" genannt, „Der Barbar" das Zweite. Das darin befindliche 3. Kapitel ist die Schlüsselszene nicht nur des Romans, sondern auch der darin eingewobenen Bildungstheorie. Denn darüber sollte es hinfort keinen Zweifel mehr geben: Im „Gilgamesch-Epos" steckt die erste uns überlieferte „Theorie der Bildung", in seinen Szenen und Abenteuern die erste uns bekannt gewordene „Praxis der Bildung" eines Menschen. Dies war dem Autor von Anfang an klar, so dass er seiner fast orientalisch anmutenden Erzählkunst die ihr zukommende Freiheit gewähren konnte. Um diese zu dokumentieren, wird dieses Kapitel (behutsam gekürzt) im folgenden präsentiert – mit ausdrücklicher Zustimmung des Autors[7]:

Am nächsten Morgen wurde der Jäger in aller Frühe geweckt. „Stärke dich gut für die Reise", sprach die Venuspriesterin, „draußen vor dem Tempel stehen zwei Maultiere bereit, dazu das Mädchen, außerdem Verpflegung und Wassersäcke. Wenn du deinen Auftrag ausgeführt hast, kehre sofort um und bringe die Reittiere zum Tempel zurück. Erzähle Ischtar, wie es war, und mache dich dann unverzüglich zum König auf, um Bericht zu erstatten."

Der Jäger sagte zu allem ja und freute sich, daß er vom Schicksal so begünstigt wurde. Als er durchs Tor auf den Platz vor dem Tempel trat, sah er, daß dort zwei Maultiere bereitstanden. Auf einem davon saß eine in schöne Kleider gehüllte Gestalt, die ihr Gesicht hinter einem Schleier verbarg. Schlank war sie, von zierlichem Wuchs und sicher ein liebreizendes Mädchen.

Der Jäger stieg auf das andere Maultier und ritt den Eanna hinab und quer durch die Stadt bis hin zum Tor, durch das er gekommen war. Dort brauchte er nur Gilgameschs Siegel zu zeigen, um unbehindert passieren zu können.

Vor der Stadtmauer wandte sich der Jäger um und fragte das Mädchen: „Bist du gewohnt, zu reiten, kannst du ein zügiges Tempo vertragen?"

Die verschleierte Gestalt nickte stumm.

„Gut, dann nehmen wir die kürzeste Strecke", sagte der Jäger und spornte sein Tier an.

Sie ritten die Mauer entlang und schwenkten dann ab nach Osten. Gegen Abend erreichten sie einen kleinen Palmenhain und richteten sich ein Nachtlager her. Den Jäger machte es ein wenig verlegen, neben einer so schönen Gestalt zu ruhen. Ihre Verschleierung beflügelte seine Phantasie. Überhaupt – sollten im Venustempel nicht recht lockere Sitten herrschen? Auch in der Ferne hörte man so manches aus Uruk, wahre Wundergeschichten, und die aufregendsten kreisten zumeist um Ischtar und ihre freizügigen Mädchen. Er wälzte sich unruhig auf seinem Lager herum ...

Am zweiten Tag kamen sie nur langsam voran, weil ihnen ein Sandsturm entgegenblies und die Tiere nur zögernd Schritt faßten. Als der Sturm sich gelegt hatte, schüttelte die verhüllte Gestalt den Staub von ihrem Kleid und lüftete etwas den Schleier. Da erblickte der Jäger das Gesicht eines der schönsten Mädchen, das er jemals gesehen hatte. Und er wurde befangen und stumm.

Auch das Mädchen schwieg während des ganzen Rittes. Tehiptilla sann nach und beklagte ihr Unglück. Ausgerechnet sie, die solange schon eine Krankheit vorgetäuscht und sich dem Zugriff der Männer entzogen hatte, mußte es sein, die Iluna erwählte. Gewiß, es war das Orakel gewesen, das sie bestimmt hatte, und eine Göttin hatte die Punkte und Striche mit eigener Hand gezogen – aber warum, warum nur mußte ausgerechnet sie mit dieser Aufgabe betraut werden? Sie dachte an Gilgamesch, und ihr Herz wurde schwer. Er hatte gewollt, daß die Aufgabe jemand aus dem Tempel übernahm, ohne indes zu wissen, daß er indirekt sie, Tehiptilla, dazu bestimmte.

Sie seufzte und nahm sich vor, tapfer zu sein. Ja, sie würde alles tun, wie es von ihr verlangt wurde. Aber nicht für Ischtar tat sie es, nicht für das Orakel, sondern einzig und allein, weil es der Wille Gilgameschs war. Dennoch quälte sie sich. Je weiter der Weg sich hinzog, desto banger wurde ihr in der Seele.

Noch einmal übernachteten sie in einem Waldstück. Der Jäger entfachte ein Feuer und bereitete daran ein einfaches Mahl ...

Tehiptilla fragte: „Und was ist das für ein wilder Geselle, der dem Gilgamesch so wichtig erscheint?“

„Oh“, lachte der Jäger, „ein häßlicher ungeschlachter Riese ist es, ein tückisches Ungeheuer aus den Bergen, mit Pranken, so groß wie Löwentatzen, und über und über behaart. Sein Gesicht kann man eigentlich nicht mehr menschlich nennen, zu sehr gleicht es der Fratze des Dämons. Seine Augen sind wild, sein Atem ist stinkend, und seine Stimme ähnelt dem des Donners bei schwerem Gewitter. Vielleicht kann er nur diese Laute ausstoßen und nicht einmal sprechen. Zwei Möglichkeiten gibt es, wenn du dich ihm näherst. Entweder gefällst du ihm, und er nimmt dich, oder er zerreißt dich auf der Stelle in Stücke.“

Tehiptilla verlor allen Mut, sie weinte hinter ihrem Schleier still vor sich hin. Nur mühsam konnte sie sich beruhigen. Doch dann faßte sie sich. Sie würde es tun, und wenn es das letzte war, was sie in ihrem jungen Leben erlebte. Hell leuchteten die Sterne am Himmel, und der Mond warf sein Licht durch die Zweige. Sie ruhte auf ihrem Lager und fand keinen Schlaf. Doch alles Hadern mit ihrem Schicksal half ihr nicht weiter. Morgen würde sie entweder die Probe bestehen oder sterben ...

Am nächsten Vormittag erreichten sie ihr Ziel. Nicht fern von der Tränke band der Jäger die Maultiere an einen Baum und ging mit dem Mädchen zu Fuß weiter. Dicht am Wasserloch verbargen sie sich in einem Gebüsch. Den ganzen Tag über harrten sie aus und warteten darauf, daß der Riese erschien. Statt seiner kam nur das Wild: Onager, Antilopen, Gazellen und wilde Kaninchen. Auch Schwärme von Vögeln ließen sich nieder, um zu trinken und sich in der Flut zu tummeln. Es war ein friedlicher Anblick. Den Jäger lockte es, seinem Handwerk gemäß eine Fanggrube auszuheben, die reichlich Beute versprach. Aber er beherrschte sich und dachte an seinen Auftrag. Die Belohnung, die ihm winkte, war gewiß größer als jede Beute, die er hätte erjagen können.

Der Tag verging, und die Nacht senkte sich über die Steppe, ohne daß der Riese auftauchte, und so war es auch am nächsten Tag. Schließlich, am dritten Tag, erblickten sie ihn: Er kam mit den Gazellen und Antilopen heran, wild und kraftvoll, ständig nach allen Seiten spähend und witternd.

Tehiptilla erschrak, als sie ihn sah. Großbärtig und zottelhaarig war er, kräftig schwollen die Muskeln an seinen Armen. Er war ein richtiger Unhold, ein Wilder aus den Bergen. Er beugte sich vor und trank aus dem Wasserloch wie ein Tier. Dann warf er sein Fell ab und sprang ins Wasser, um sich zu erfrischen. Tehiptilla bemerkte verwundert, daß die Tiere keine Scheu vor ihm hatten. Er schwamm zwischen den Wasservögeln, spritzte übermütig die Onager am Ufer naß und lachte dröhnend, als sie erschrocken aufstoben und ihn empört aus ihren runden Augen anstarrten. Aber als er aus dem Wasser stieg, kamen sie wieder zutraulich näher, und er brummte sie gutmütig an.

„Das ist er, Weib“, wisperte der Jäger, „los, tu so, wie dir gesagt wurde. Streife Schleier und Kleid ab, löse das Tuch von deinem Busen und enthülle den Hügel der Freude. Steig ins Wasser, bade und wiege deinen Körper dabei. Wenn er dich sieht und dir naht, dann wecke die Begierde in ihm. Locke ihn ins Fangnetz des Weibes. Breite dein Gewand als Bett für euch aus, nimm seinen Atemstoß hin, öffne deinen Schoß und laß ihn ohne Scheu zu dir eingehen, damit er deine Fülle erspürt.“

So flüstere der Jäger und gab Tehiptilla einen aufmunternden Stoß. Ihr wurde schwindelig bei dem Gedanken, diesem Unhold zu Willen sein zu müssen. Aber sie entsann sich der Worte Ischtars, die das gleiche befohlen hatten wie das Flüstern des Jägers.

„Wartest du hier, stehst du mir bei im Falle der Not“? fragte sie.

Der Jäger schüttelte den Kopf. „Nein, ich habe den Auftrag, sofort umzukehren und dich deinem Schicksal zu überlassen. Leb wohl und viel Glück.“

Tränen rannen über das Gesicht der schönen Tehiptilla. Mit einer energischen Handbewegung wischte sie sie fort und stand auf, um aus dem Dickicht an die Wasserstelle zu treten. Am Ufer legte sie ihren Schleier ab, öffnete das Kleid und ließ es über ihre Schultern rutschen. Denn löste sie das Tuch von ihren Brüsten, und als sie splitternackt war, stieg sie zierlich ins Wasser zum Bade.

Der Wilde bemerkte sie sofort. Er stand auf der anderen Seite der Wasserstelle und starrte sie an. Tehiptilla hielt ihren Kopf gesenkt und tat so, als fühlte sie sich völlig unbeobachtet. Sie tauchte im Wasser unter, kam wieder hoch, schüttelte ihr nasses Haar im Nacken aus und wiegte dabei ihren geschmeidigen Körper. Dem Jäger im Dickicht und mehr noch dem wilden Unhold am gegenüberliegenden Ufer stockte der Atem. Wunderschön war Tehiptilla anzusehen, schlank wie eine Gazellenstute, rosig wie eine Blüte im Tau und verführerischer, als es sich die Gedanken von Männern ausmalen könnten. Sie drehte sich, beugte sich vor und schöpfte mit der hohlen Hand Wasser, das sie, scheinbar ins tändelnde Spiel versunken, über ihren Körper hinabperlen ließ.

Enkidu, der Barbar, der mit Bergziegen und Steinböcken aufgewachsen war, der Milch wilder Esel getrunken und gemeinsam mit den Gazellen Gras gefressen hatte, der wüste Wilde, der Sproß der weiten Steppe, wurde erregt bei ihrem Anblick. Er sprang auf sie zu.

Tehiptilla floh aus dem Wasser, doch nur zum Schein, eher um ihn durch ihr Fliehen zu reizen. Sie hätte, wenn sie wirklich hätte flüchten wollen, auch keine Chance gehabt, denn schnell war der Sohn der Steppe. Mit wenigen Sätzen hatte er sie erreicht und packte sie. Tehiptilla wand sich in seinen Armen und trommelte mit ihren Fäusten gegen seine Brust. Dies aber erregte ihn noch mehr. Er warf sie nieder und kam gewaltsam über sie. Da wurde es dem Mädchen wirklich angst. Sie spürte seinen Atem in ihrem Gesicht, sein Keuchen und seine Begierde. Nicht mehr an Gilgamesch dachte sie, nur noch an ihr eigenes Leben. Der Barbar bestürmte sie, wie es die wilden Tiere der Steppe tun. Da öffnete Tehiptilla ihren Schoß und ließ ihn ungestüm eindringen. Zügellos frönte er seiner Leidenschaft, daß Tehiptilla beinahe die Sinne schwanden.

Der Jäger, der im Gebüsch alles miterlebt und genug gesehen hatte, löste sich schweren Herzens von dem Anblick, wandte sich um und ging, die Maultiere zu holen. Kurz darauf war er bereits eilig unterwegs, nach Uruk zurück, um sich die Belohnung abzuholen.

Der Barbar aber hatte für nichts mehr anderes Augen als für das schöne Mädchen. Wieder und wieder beschlief er sie und ließ sechs Tage und sieben Nächte nicht mehr ab von ihr. Von einer Ewigkeit zur anderen führte er Tehiptilla, die gedacht hatte, schon viel im Tempel gelernt zu haben, aber doch wenig wußte im Vergleich zu dem da, diesem unbändigen Kerl, der ihr zeigte, wie es die Wildtiere machen, und immer und immer wieder seine Lust an ihr fand.

Wie im Rausch verging die Zeit, ohne Essen und Trinken, nur von kurzen Pausen unterbrochen, in denen er ihr wirres Zeug erzählte von Bergen und Sturm, von Wurzeln und Disteln, von glühend heißer, verdörrter Steppe und von Wasserlöchern gleich diesem, an dem sie lagen und sich dem hitzigen Spiel ihrer Körper überließen.

Ja, sprechen konnte er, wie ein Mensch fast, das stellte Tehiptilla erleichtert fest, aber sonst war er ein Tier. Das merkwürdigste an seinem Benehmen aber war, daß er nach und nach zärtlicher in seinen Bewegungen wurde. Seine groben Hände wurden in der Berührung leichter und feiner, ohne daß sie ihn anleiten mußte dazu. Mehr und mehr ließ er auch von der Roheit seiner tierischen Bedürfnisse ab und fand wie von selbst zu einer Sanftheit, die sie überraschte.

Als er nach Ablauf einer ihr schier unermeßlich erscheinenden Zeit endlich gesättigt war, stand er auf und streckte sich wie befreit. Er ging zum Wasser, um zu trinken und sah sich nach seinen Gefährten, den wilden Tieren, um. Doch ihre Reaktion auf ihn erschreckte ihn über die Maßen. Die Gazellen stoben auf und sprangen davon, die Wasservögel erhoben sich keckernd und schnatternd und flohen voller Angst. Vor ihm flüchtete alles Getier, als ob er ein ganz normaler Mensch sei, ein Jäger womöglich, der auf Suche nach Beute in ihre Lebenszonen eingedrungen war.

Enkidu tat wie immer, wollte mit den Antilopen um die Wette laufen, doch seine Knie versagten den Dienst. Er fühlte seine gewohnte Kraft gehemmt, sein Lauf war nicht mehr wie früher. Wo er auch hinging, vor seinem Schritt floh das Getier. Er aber spürte zugleich mit dem Schwinden seiner einstigen Wildheit etwas Seltsames in sich wachsen, das größer und größer wurde, das ihn taumelig machte, als es seinen Kopf erreichte.

Er kehrte jählings ernüchtert um und ging zur Wasserstelle zurück. Dort sank sein Körper in den Lehm, er schlug die Arme vor das Gesicht und tat etwas, das er vorher nicht kannte: Er weinte hemmungslos und wunderte sich dabei, woher dieses neue Gefühl, der Schmerz in seiner Brust und all das viele Wasser in seinen Augen kam. Da saß er, der Barbar, weinte und löste den Schmerz in sich, der aus ihm floß wie Eiter aus einer plötzlich aufbrechenden Wunde.

Dieses absonderliche Verhalten wunderte Tehiptilla am meisten von allem, was ihr bislang widerfahren war. Sie stand auf und näherte sich behutsam dem blonden Riesen, dessen mächtige Schulterblätter zuckten und bebten. Sie schlang ihre Arme um seinen Hals und schmiegte ihren nackten Körper an ihn. Enkidu hob sein tränenüberströmtes Gesicht und blickte sie an. Tiefer Schmerz, ein Erwachen und eine erste Erkenntnis lagen in diesem Blick. Er sah sie an, als betrachtete er sie das erste Mal. Wie ein Kind saß er zu ihren Füßen und lauschte auf das, was sie sagte.

Tehiptilla strich sanft die Tränen aus seinem Gesicht. Zärtlichkeit war ihr Gefühl, und als sie sprach, wußte sie nicht, woher ihr die Worte zuflossen. Sie sprach, ohne nachzudenken, und sagte in diesem Moment doch das richtige: „Warum weinst du über das, was vergangen ist, und beklagst den Verlust der Steppe? Lauf nicht mehr den Tieren nach, es sind andere Wesen als du – Tiere eben, und du bist ein Mensch, Komm, ich führe dich hinein in das prächtige Uruk, die schöne, lebendige Stadt, die am fruchtbaren Ufer des Euphrat liegt. Zum heiligen Berg werde ich dich führen, zum Eanna, den die Götter segneten und auf dem die Menschen ihnen zu Ehren Tempel erbauten. Du wirst das strahlende Haus von Iluna sehen, der jüngsten Verkörperung Ischtars auf Erden. Keine Frau kommt an Schönheit ihr gleich. Und ich zeige dir Anus Tempel mit der Zikkurat, die als geschraubte Säule bis hoch in den Himmel reicht. Den Egalmach auch, den Sitz der weisen Mutter von Uruk, und den Palast des Königs, der gerade mit Blendsteinen umkleidet wird, damit er tagsüber leuchtet wie Schamachs Prachtwagen, die Sonne. Dorthin werde ich dich bringen, wo Gilgamesch, der Vollkommene, seinen Wohnsitz hat. Ich kenne ihn gut und weiß, daß er auf dich wartet. Zu ihm soll ich dich bringen, und du wirst es nicht bereuen, ihn kennenzulernen."

„Hah", stieß der Barbar in einer Wallung von Aufsässigkeit heftig hervor. „Der Vollkommene? Der Starke bin ich! Das soll jeder wissen: Wer wie ich in den Bergen geboren und in der Steppe aufgewachsen ist, der ist gewaltiger als jeder andere Mann! Ich will ihn zum Kampf fordern, wenn es soweit ist. Und rühmen werde ich mich in diesem Uruk. Ziehe ich mit dir dort ein, wird sich alles ändern. Denn niemandem gehe ich aus dem Weg, auch diesem Gilgamesch nicht. Wer sich mir in den Weg stellt, den fege ich beiseite."

„Du wirst staunen, Enkidu, wenn du erst Uruk, die gewaltige Stadt siehst. Tausendmal zehntausend Männer laufen dort gegürtet, mit Werkzeug und Waffen. Täglich wird da ein Fest gefeiert, mit Musik und Tanz und leckerem Essen. Täglich erdröhnt eine große Trommel, die das Blut der Menschen in Wallung versetzt. Und Mädchen gibt es, die eigens nur für die Freude erschaffen sind, eine schöner als die andere. Die lachen und jauchzen den ganzen Tag und sind in kostbare Gewänder gekleidet. Zwischen ihnen kannst du, wenn du Lust hast, jeden Tag wählen und jede Nacht eine andere für dein Liebeslager bestimmen."

Enkidu schüttelte ungläubig den Kopf. Tehiptilla fuhr fort und lenkte seinen Sinn erneut auf Gilgamesch, auf dessen Namen allein er bereits so heftig reagiert hatte.

„Gilgamesch will ich dir zeigen. Und wenn du erst in sein Angesicht schaust, wirst du mir zustimmen: Keinen Herrscher gibt es gleich ihm im weiten Erdenkreis. Männlich schön ist sein Antlitz und voller Würde, elastisch und wohlgebaut sein Körper. An Kraft aber ist er dir weit voraus, ob du es glauben magst oder nicht, du wirst es selber erkennen. Enkidu, gib deine Unarten auf und laß die verdörrte Steppe zurück! Was hast du hier noch verloren? Das Vieh flieht vor dir, du bist ihm fremd und unheimlich geworden. Selbst wenn du in die Wildnis zurückgehen willst – du findest dich nicht mehr zurecht und wirst ein Leben lang Sehnsucht nach Uruk und Gilgamesch haben. Was zögerst du also noch?“

Enkidu wiegte den Kopf hin und her, er war von Zweifeln geschüttelt. Tehiptilla aber umgarnte ihn weiter, schmeichelte seiner Männlichkeit und näherte sich ihm zärtlich.

Sie sagte: „Nimm mich, Enkidu, ich schenke mich dir, so wie du es magst, denn ich habe Gilgamesch und der schönen Iluna versprochen, alles zu tun, was du verlangst, um dir Lust und Freude zu bereiten.“

Sie begann, seinen Körper zu streicheln und erneut seine Begierde zu wecken. Der Barbar ergab sich der Wollust und nahm an, was Tehiptilla ihm bot. Ungestüm war er, aber seltsamerweise machte es Tehiptilla nun keine Angst mehr. Im Gegenteil, sie genoß es, so leidenschaftlich angenommen zu werden. Im Liebesspiel vereint lagen sie unter dem Sternenhimmel und vergaßen für weitere lange Stunden die Welt.

Vor allem aber, und dies war das Wichtigste, vergaß Enkidu, wo er geboren worden war. Neugier und Sehnsucht hatte sie in sein Herz gepflanzt, eine Sehnsucht, die nicht mehr zu stillen war.

Mehr als verständlich wäre es, wenn die Leseprobe so anregend gewirkt hat, dass mancher hier aussteigt und erst den „Löwen von Uruk“ liest, ehe er mit uns weiterfährt – mehr als verständlich ...

✳

Nun aber wollen wir uns dem Gedankengang selbst wieder zuwenden. Inwiefern handelt es sich beim „Gilgamesch-Epos“, das *Braem* so exzellent nacherzählt hat, implizit auch um eine, die erste Bildungstheorie, die wir kennen – nach dazu, wo Roman und Epos doch nicht identisch sind? Nun, zunächst einmal müssen wir daran erinnern, dass alle Epen, Sagen, Mythen, Legenden oder Märchen[8] erst dann zu ihrer vollen Geltung kommen, wenn sie in eine konkrete Situation und zu bestimmten Menschen trans*portiert* und trans*feriert* werden. Kein Zimmermann und keine Wäscherin hat die Tontafeln im Palast des Königs *Assurbanipas* gelesen, wohl aber den verschiedenen Erzählungen bzw. Erzählern gelauscht. Auch ein Kind „liest“ keine Märchen, jedenfalls nicht am Beginn seiner literarischen Bildung, sondern *hört* die Geschichten vom „Froschkönig“ oder von

„Sneewittchen“. Epen sind (immer wieder neu) zu erzählende Dichtungen und sie sind um so authentischer, je eindrucksvoller sie ihre Botschaft den Zuhörern überliefern. Deshalb ist der „Roman über Gilgamesch“ eine exzellente Präsentation der etwa 2000 überlieferten Verse, wie sie auf den Tontafeln verzeichnet sind. Viele weitere Verse sind verloren gegangen. Was für ein Muster, was für eine Struktur, was für eine „Systematik“ hat nun diese erste Bildungstheorie? Sie lässt sich wie ein Oktogon (wie ein Achteck) darstellen, in dessen Zentrum die Liebe wirkt:

Bildung als Geschehen vollzieht sich nicht im „stillen Kämmerlein“ und auch nicht in „Einsamkeit und Freiheit“ (wie *Humboldt* oft missverstanden wurde[9]). Bildung bedarf des An-Stoßes, der An-Regung, der Pro-Vokation – modern gesprochen: Bildung ist ein dialogischer, ein kommunikativer Prozess: *Enkidu* bliebe das wilde Tier ohne *Tehiptilla*, diese bliebe die reizende Tempelhure ohne *Gilgamesch* und dieser bliebe der herrische König ohne die Priesterin *Iluna*, ohne die Göttin *Ischtar.* Dieses dialogische Prinzip der Bildung bezieht den zu Bildenden ebenso ein wie den Bildner, denjenigen also, der Partner im Bildungsprozess ist – in diesem Fall die Liebesdienerin aus dem Lusttempel, „die gedacht hatte, schon viel im Tempel gelernt zu haben, aber doch wenig wusste“ [10]. Auf dem Weg zurück nach Uruk spürt auch *Tehiptilla* die Veränderung, die mit ihr geschehen ist: „Sie kam sich völlig verwandelt vor. Sie war nicht mehr die gleiche Tehiptilla, die von Uruk aufgebrochen war.“ [11] Indem wir Bildung gewähren, erfahren wir selbst Bildung. Sie ist keine kommunikative Einbahnstraße, keine Kultivierung meiner selbst, kein fröhlich-besessener Tanz um die eigene Egoität, sondern ein dialogisch-kommunikatives Geschehen, in dem ICH, DU und WIR wechselseitige Wirkungen ausüben und erfahren ...

Dieser Bildungsprozess ist zweitens ein Angebot, mitunter ein beängstigendes Angebot, dem wir oft skeptisch, widerstrebend oder auch mutlos gegenüberstehen – „ihr Herz wurde schwer ... Sie seufzte und nahm sich vor, tapfer zu sein“ [12]. Im Medium von Freiheit findet Bildung statt, und diese lockt und ängstigt zugleich ...

Bildung bedarf drittens des Mutes – bei dem, der Bildungsangebote macht und bei dem, der um Bildung sich bemüht. Ohne ein Vertrauen in die eigene Stärke würde *Tehiptilla* noch heute „hinter ihrem Schleier still vor sich hin“ [13] weinen, und ohne Selbstvertrauen würde *Enkidu* noch heute den Tieren nachlaufen. In einem Klima von Angst und Verzagtheit, von Misstrauen und Minderwertigkeitsgefühlen ereignet sich keine Bildung ...

Bildung gedeiht am besten viertens in einem sinnlichen Milieu. Fast 4000 Jahre später sollte ein moderner Erziehungswissenschaftler vom „Pädagogischen Bezug“ bzw. vom „Pädagogischen Eros“ sprechen (*Herman Nohl*[14]). Mit der Sinnlichkeit sind zum einen die Wahrnehmungen unserer sechs Sinne des Hörens, Sehens, Riechens, Tastens, Schmeckens und Sich-Bewegens gemeint, die prinzipiell allesamt (aber nicht permanent) am Bildungsprozess zu beteiligen sind. Zum anderen aber ist auch jene Sinnlichkeit bedeutsam, die unsere Sinne reizt – und zwar nicht durch dralle Darstellungsgesten, sondern durch schamhafte Verhaltensweisen. „Das Schamgefühl leiht der Liebe den Beistand der Einbildungskraft, und das erweckt sie zum Leben“ – schreibt *Stendhal*[15]. In der Gestalt der anmutig badenden *Tehiptilla* verkündet das „Gilgamesch-Epos“ just diese Botschaft: Über die leidige Wirklichkeit hinweg inspiriert uns am ehesten der Eros. „Tehiptilla floh aus dem Wasser, doch nur zum Schein, eher um ihn durch ihr Fliehen zu reizen“[16] ...

Ein Minimum an Erziehung muss derjenige erfahren bzw. erhalten oder auch zugemutet bekommen haben, der Bildungsangebote nutzen möchte. Dem Unerzogenen entzieht sich Bildung. So gesehen geht die – ohne einen Zwang nicht auskommende – Erziehung der Bildung voraus und begleitet sie nur noch zaghaft, gar scheu. Auch *Enkidu* konnte wenigstens sprechen, „wie ein Mensch fast“[17], so dass wir fünftens von den Zumutungen der Erziehung sprechen können, ohne die Bildung keinen Humus hat, in dem sie Wurzeln (Halt und Kraft) auszubilden vermag ...

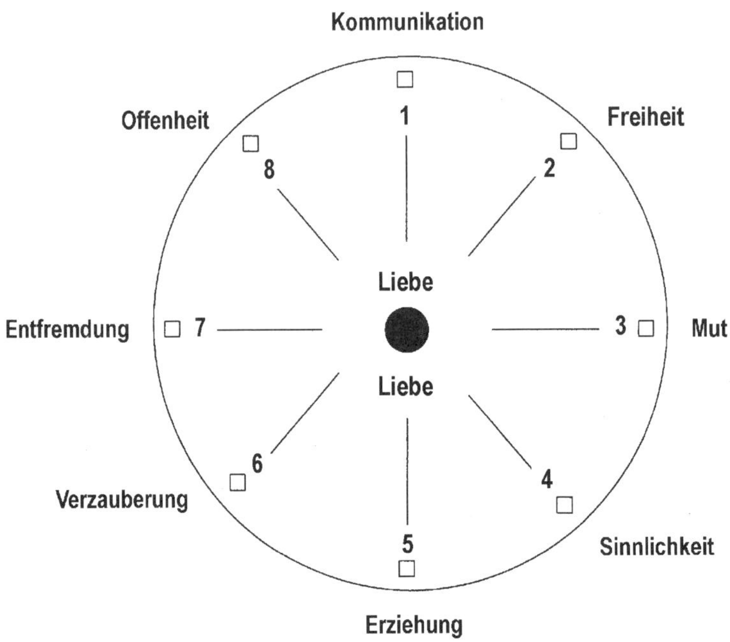

Abb. 7 Die Struktur der Bildungstheorie im Gilgamesch-Epos

Dann aber geschieht das eigentlich Phänomenale: Durch die liebende Hingabe wird der womöglich noch zaudernde, unsichere und ängstliche Mensch buchstäblich verwandelt: Etwas dreht oder haut ihn um; er sieht alles anders und wird auch von den anderen anders angesehen; Bildung verzaubert durch Bildung. Deshalb hielt *Bruno Bettelheim* die Märchen für hervorragende Bildungsgüter. Sein Buch „Kinder brauchen Märchen“ [18] trägt ja im Original nicht im Entferntesten diesen oberflächlichen Titel, sondern heißt: „The Uses of Enchantment“ – Der Gebrauch der Verzauberung. Bildung ist das, was nach der Liebe am stärksten entroht, veredelt, verzaubert: *Enkidu* fühlt – je länger der Prozess dauert desto stärker – das „Schwinden seiner einstigen Wildheit“ [19]. Über dem Hauptportal meiner Berliner Universität der Künste stehen in Stein gemeißelt drei Wörter:

ERUDIENDAE ARTIBUS JUVENTUTI

Im Lateinischen heißt *erudire* wörtlich: jemanden entrohen (*rudis*: roh, unbearbeitet) und erst im übertragenen Sinne: jemanden bilden bzw. unterrichten. ERUDIENDAE ist das Gerundivum des Verbs *erudire*, so dass man – relativ frei – diese Wörter wie folgt übersetzen könnte:

DER DURCH DIE KÜNSTE ZU BILDENDEN JUGEND

ist diese UdK gewidmet, dafür möchte sie tätig werden, ihnen (den jungen Menschen) will sie eine entsprechende Stätte sein.

Warum aber weint *Enkidu*, dieser kraftstrotzende Held? Es gibt ein bemerkenswertes Gedicht von *Rainer Maria Rilke* [20] (aus dem Jahre 1908) mit dem befremdlichen Titel

ARCHAISCHER TORSO APOLLOS

Wir kannten nicht sein unerhörtes Haupt,
darin die Augenäpfel reiften. Aber
sein Torso glüht noch wie ein Kandelaber,
in dem sein Schauen, nur zurückgeschraubt,

sich hält und glänzt. Sonst könnte nicht der Bug
der Brust dich blenden, und im leisen Drehen
der Lenden könnte nicht ein Lächeln gehen
zu jener Mitte, die die Zeugung trug.

Sonst stünde dieser Stein entstellt und kurz
unter der Schultern durchsichtigem Sturz
und flimmerte nicht so wie Raubtierfelle;

und bräche nicht aus allen seinen Rändern
aus wie ein Stern: denn da ist keine Stelle,
die dich nicht sieht. Du mußt dein Leben ändern.

So ist es mit der Bildung: Sie lässt niemanden gleichgültig, kalt, unbeeindruckt – im Gegenteil: Sie lässt uns nicht nur die Dinge, die Tiere, Pflanzen und Mitmenschen neu sehen, sondern sie verändert auch uns selbst und fordert uns auf und heraus: *Du musst dein Leben ändern.* „Diastrophé" – Umkehr werden diese Erfahrung lange nach dem „Gilgamesch-Epos" die Griechen jene Bildungsbewegung nennen, von der hier die Rede ist ...

Unmittelbar damit verbunden ist eine spezifische Form der Entfremdung – so ein siebtes Merkmal. Denn diese Bewegung führt uns fort von den lieb gewordenen Gewohnheiten, Ansichten, Personen, die uns plötzlich nicht mehr zu kennen scheinen: „Vor ihm flüchtete alles Getier, als ob er ein ganz normaler Mensch sei, ein Jäger womöglich, der auf Suche nach Beute in ihre Lebenszonen eingedrungen war."[21] Bildung macht nicht unbedingt glücklich, vor allem nicht in einem vordergründig-hedonistischen Sinn, wohl aber ermöglicht sie Lebenssinn, und in diesem gründet bekanntlich Lebenskunst und Lebensglück[22] – *eudaimonia*, nicht aber *hédoné* ...

Und schließlich ist Bildung ein nicht endendes Geschehen. Niemand ist und bleibt gebildet oder kann das Produkt seiner Bemühungen quasi in Besitz nehmen. Bildung öffnet Horizonte, Erfahrungen, Ansichten, Wissensbestände, Könnensbereiche und bleibt generell unabgeschlossen. Das spürt auch *Enkidu*: „Neugier und Sehnsucht hatte sie in sein Herz gepflanzt, eine Sehnsucht, die nicht mehr zu stillen war."[23] Damit ist kein romantisches Schwelgen gemeint, keine herzzerreißende Stimmung, denn auch *Enkidu* will und wird handeln, die Einsichten also zur Verwirklichung bringen, die Sehnsüchte praktisch werden lassen: „Sehnsüchte führen zu Taten"[24]. Um Bildung bemühte Menschen kümmern sich um die Bildung von Menschen. Trotz vieler Niederlagen und Enttäuschungen ist Bildung gleichsam in die Hoffnung, in die Sehnsucht, in das Gelingen verliebt, sie erklärt die Hoffnung zu ihrem leitenden Prinzip[25].

Der große und in die USA emigrierte Kinderpsychiater *Bruno Bettelheim* (1903–1990), über den nach seinem Tod üble Verdächtigungen verbreitet wurden, hat 1950 sein vielleicht wichtigstes Buch publiziert – sicherlich auch geprägt von seinen schlimmen Erfahrungen im KZ Dachau und von den Erlebnissen in der von ihm in Chicago gegründeten *Orthogenic School.* Sein Titel: *Love is not Enough*/ „Liebe allein genügt nicht"[26]. Das ist absolut richtig. Und es hat nichts mit Sentimentalität zu tun, wenn ich den Titel programmatisch wie folgt variiere: Ohne Liebe ist alles umsonst ...

Damit wollen wir es bewenden lassen – vielleicht mit einem kleinen Tipp zum Schluss: Wenn Sie Geschmack an orientalischen Erzählungen gefunden haben, sollten Sie eine Rast einlegen und diesem einiges gönnen:

- Lesen Sie z. B. die „Märchen aus 1001 Nacht"[27] –
- Oder andere Märchen, vor allem orientalische, wie sie der Insel- oder der Eugen-Diederichs-Verlag herausgeben –

- Wenn sich dann immer noch der Lesehunger meldet, greifen Sie zu den Büchern von *Rafik Schami*, dessen libanesisch-arabische Fabulierkunst die deutsche Literatur enorm bereichert (hat)[28] –
- Und sollten Sie unterwegs sein oder sich in einem eunoischen Zustand des Halbwachenden und Halbträumenden befinden, sind entsprechende Hörkasseten bzw. CDs durchaus empfehlenswert – z. B. solche mit Aufnahmen des aufwühlenden Oratoriums „The Epic of Gilgamesch" des genialen tschechischen Komponisten Bohuslav Martinu (1890–1959), der dieses Epos 1955 vertonte.

Und natürlich wollen und müssen wir eine zweite Erkenntnis auf unsere(r) weitere(n) Reise mitnehmen, denn die nächsten Stationen liegen im heutigen Griechenland und dort brauchen wir sie, die

2. ERKENNTNIS

Die Bildung des Menschen ist eine Möglichkeit seines Daseins, die von einer Reihe von Faktoren und Elementen abhängt, in deren Zentrum jedoch die Liebe wirkt, ohne die sich keine Bildung ereignen kann.

Anmerkungen

1 *Bruno Bettelheim*: Kinder brauchen Märchen. (Or. 1975) Stuttgart: Deutsche Verlags-Anstalt 1977. S. 105.

2 Vgl. dazu *Otto Koenig*: Kumulationseffekt im Kulturbereich. In: Pädagogische Rundschau, 36 (4/1982), S. 349–366, bes. S. 363.

3 *Hans Jonas*: Der Gottesbegriff nach Auschwitz. (Or. 1984) Frankfurt/M.: Suhrkamp Taschenbuch 1987, S. 23.

4 Das Gilgamesch-Epos. Übersetzt von *Albert Schott*. Stuttgart: Reclam 1988, bes. S. 3–14 (Einleitung).

5 *Harald Braem*: Der Löwe von Uruk. Roman. (Or. 1988) München: Piper 5.1992.

6 Das Gilgamesch-Epos, a. a. O., S. 19f. (gekürzt).

7 *Harald Braem*, a. a. O. S. 122–130 (gekürzt).

8 Zu den verschiedenen literarischen Gattungen und ihren Absichten (etwa wie die Märchen trösten, wie die Legenden zur Nachfolge aufrufen oder wie die Mythen deuten) vgl. *Max Lüthi*: Märchen. Stuttgart: Metzler 6.1976.

9 *Wilhelm von Humboldt* spricht zwar immer wieder in seinen bildungspolitischen Schriften vom Wesen universitären Arbeitens, zu dem „notwendig Freiheit" gehört und „hülfereich Einsamkeit" ist. Diese „vorwaltenden Principien" sind jedoch nicht als Lebensführungen gemeint (im Gegenteil fordert er von jedem Wissen Schaffenden eine „enge Gemeinschaft mit Gleichgesinnten"), sondern als der Wissenschaft dienliche Einstellungen. Vgl: *Ders.*: Werke In Fünf Bänden. Hrsg. von *Andreas Flitner* und *Klaus Giel*. Bd. IV. Darmstadt: Wissenschaftliche Buchgesellschaft 2.1969, spez. S. 191.

10 *Harald Braem*, a. a. O. S. 127.

11 Ebd., S. 131.

12 Ebd., S. 123.

13 Ebd., S. 124.

14 *Herman Nohl*: Ausgewählte pädagogische Abhandlungen. Hrsg. von *Josef Offermann*. Paderborn: Schöningh 1967, bes. S. 49, 69 u. 88.

15 *Stendhal*: Über die Liebe. (Or. 1822) München: Piper 1961, S. 39.

16 *Harald Braem*, a. a. O. S. 126.

17 Ebd., S. 127.

18 *Bruno Bettelheim*: Kinder brauchen Märchen. Vgl. Anm. 1.

19 *Harald Braem*, a. a. O., S. 127.

20 *Rainer Maria Rilke*: Gedichte. Eine Auswahl. Stuttgart: Reclam/Insel 1959, S. 36.

21 *Harald Braem*, a. a. O., S. 127.

22 Vgl. dazu den exzellenten Reader von *Andrea Löhndorf* (Hrsg.): Glück. Ein Lesebuch zur Lebenskunst. München: Deutscher Taschenbuch Verlag 2002.

23 *Harald Braem*, a. a. O., S. 130.

24 *Stendhal*, a. a. O., S. 40.

25 Vgl. dazu *Ernst Bloch*: Das Prinzip Hoffnung. 3 Bde. Frankfurt/M.: Suhrkamp 1959.

26 *Bruno Bettelheim*: Liebe allein genügt nicht. (Or. 1950) Stuttgart: Klett 3.1979.

27 Z. B.: Märchen aus 1001 Nacht. 2 Bde. Hrsg. von *Heinz Grotzfeld*. München: Eugen Diederichs Verlag 2.1995 sowie Reinbek: Rowohlt Taschenbuch 1995. Und die erste Neuübersetzung der ältesten arabischen Fassung (um 1450) bietet folgender, fast 700 Seiten umfassende Prachtband: Tausendundeine Nacht. Nach der ältesten arabischen Handschrift in der Ausgabe von *Mühsin Mahdi* erstmals ins Deutsche übertragen von *Claudia Ott*. München: C. H. Beck 2004.

28 Z. B.: *Rafik Schami*: Der erste Ritt durchs Nadelöhr. Noch mehr Märchen, Fabeln & phantastische Geschichten. Kiel: Neuer Malik Verlag 1985. Oder: Erzähler der Nacht. Weinheim-Basel: Beltz 1989. Und schließlich sein grandioser Roman über: Die dunkle Seite der Liebe. München: Hanser 2004, eine mitreißende Familiensaga voller poetischer Geschichten, ein Epos über die Liebe – jenseits von Hass und Gewalt, von Diktatur und Mord …

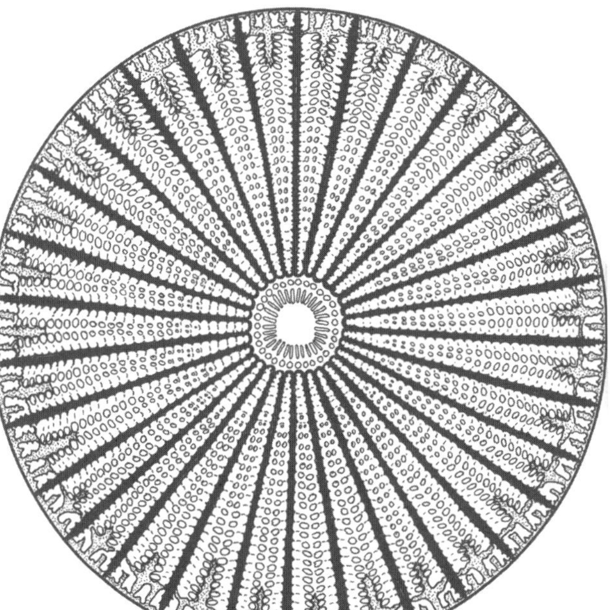

IN ATHEN, SPARTA UND ANDERSWO – im 1. Jahrhundert v. Chr.

Die Phantasie des Menschen

III. Station: In den Höhlen Platons und den spartanischen Schulen oder: Wenn Rabaukis von Odysseus träumen

Wir verlassen das Reich der Sumerer, segeln den Tigris (denn der Euphrat ist nicht schiffbar) flussaufwärts bis Mossul, durchqueren Kleinasien (die heutige Türkei), und irgendeines der vielen Fischerboote wird uns zwischen großen und kleinen Inseln hindurch über das Ägäische Meer bis nach Athen bringen – wir schreiben das 9./8. oder auch 7. Jahrhundert v. Chr. Warum führt unsere Reise gerade hierhin und nicht, sagen wir, in den Orient? Etwa zu den Anfängen der chinesischen Kultur, die bis ins 3. Jahrtausend v. Chr. zurückreicht? In die Tschou-Dynastie (seit dem 11. Jahrhundert)? Ins chinesische Kaiserreich, das bis zum 2. Jahrhundert v. Chr. dauerte? Wäre nicht auch ein Besuch in Ägypten reizvoll? Zu den Pharaonen und Pyramiden? Warum segeln wir nicht nach Rom, das doch lange vor und lange nach der Zeitenwende Mittelpunkt der damaligen Welt war?

Zwei Motive sollten die Mit-Reisenden kennenlernen. Zum einen bestimmt die eingeschränkte Kompetenz des Reiseleiters die von ihm ausgewählte Route: Ich besitze einfach zu wenige Kenntnisse über die, sagen wir, chinesische Hochkultur oder die Lebensweisen in den Zeiten der (elf) „Ramses-Könige" der 19. und 20. Dynastie, um darüber hinaus die schwierige Frage nach der damaligen Bildung aufzuwerfen. Und zum anderen wird gegenüber dem Duplikat ausnahmslos das Original bevorzugt – wenn die Kompetenz hinreicht. Konkret: Gegenüber der griechischen Bildungstheorie ist die römische doch recht epigonal und häufig nicht nur ein Abguss, sondern gar nicht so selten eine nicht besonders gelungene Kopie. Damit ist nicht die gesamte römische Kultur gemeint, schon gar nicht die lateinische (gegenüber der griechischen) Sprache. Die Dichter, Philosophen und Politiker – sagen wir – *Horaz* (65–8 v. Chr.), *Seneca* (4 v.–65 n. Chr.) und *Cicero* (100–43 v. Chr.) können es durchaus mit – meinethalben – *Sophokles* (496–406 v. Chr.), *Heraklit* (550–429 v. Chr.) und *Perikles* (500–429 v. Chr.) aufnehmen ... Aber *Sokrates* (496–399 v. Chr.), sein Schüler *Platon* (427–347 v. Chr.) und dessen Schüler *Aristoteles* (384–322 v. Chr.) sind nun einmal unübertroffen und ein einzigartiges Dreigestirn, das heller am antiken Firmament leuchtet als jedes andere Gestirn. Auch die fast alle Bildungsvorstellungen beider Kulturen erheblich beeinflussenden religiösen Deutungen kennzeichnen die römische Götterwelt eher als zweitrangig. Wer, sagen wir, *Zeus* und die griechischen Gottheiten kennengelernt hat, muss sich nicht auch noch um *Jupiter* und seine Mitwirkenden bemühen – dann jedenfalls nicht, wenn er am „Prinzip des Exemplarischen"[2] bei seinen Lehrbemühungen festhält. Deshalb fahren wir zunächst nach Attika, zur südöstlichen Halbinsel Griechenlands, und danach segeln wir an Argolis vorbei und landen auf dem Peloponnes, der Halbinsel des *Pelops*, Sohn des *Tantalos* und

Ahnherr der Pelopiden. Unsere Reise führt also nicht nach Ägypten, nicht nach Theben oder zur Chinesischen Mauer – bei allem Respekt vor den dortigen Kulturen.

Abb. 8 Das Dreigestirn Aristoteles, Platon und Sokrates

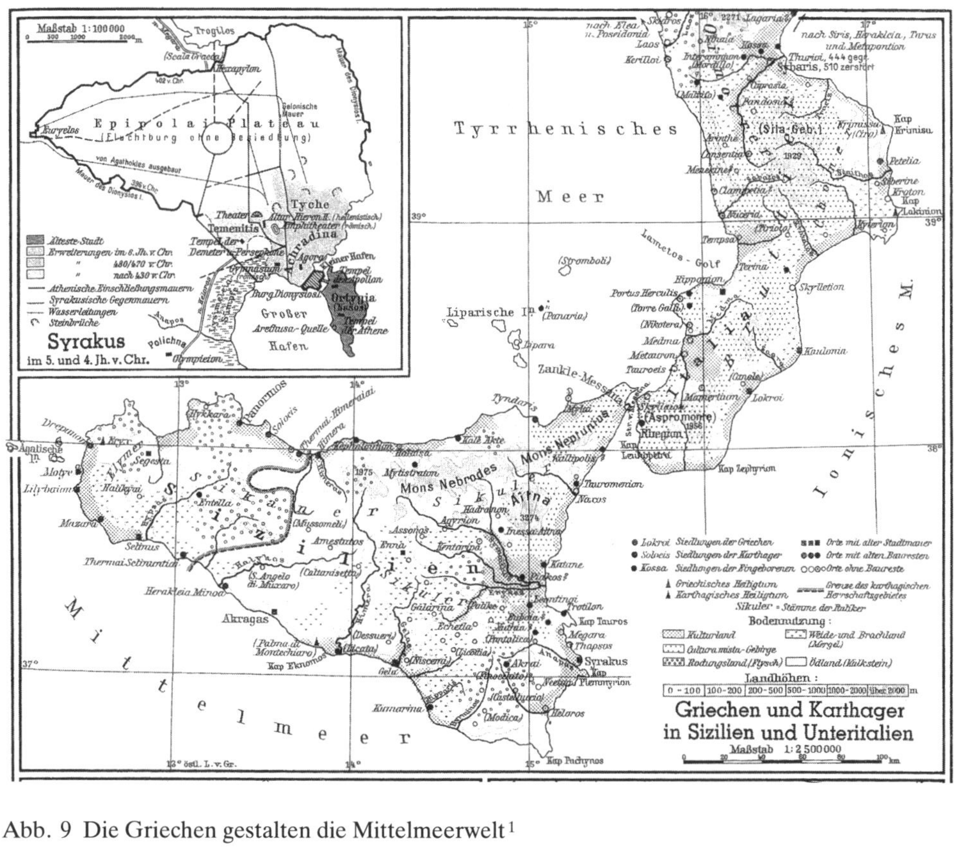

Abb. 9 Die Griechen gestalten die Mittelmeerwelt[1]

Diesmal steht unser Beispiel am Beginn der (dritten) Etappe, die uns in gar seltsame Gefilde führen wird. Und es geht auch auf meine Unterrichtstätigkeit in der EGG zurück. Zeitpunkt: Oktober 2000.

2. Beispiel: Odysseus und Nausikaa[3]

Wie ihr wisst war *Athena* die treueste Beschützerin unseres Helden *Odysseus* – auch als er in tiefem Schlummer, entkräftet und schier hoffnungslos am Gestade des Phäakenlandes lag. Was hatte er nicht alles auf seiner Irrfahrt von Troja nach Hause erlebt: Der Kampf mit dem einäugigen *Kyklopen*, die Zauberkünste der Nymphe *Kirke / Circe*, die uns das Verb becircen hinterlassen hat, seine Fahrt zwischen Skylla und Charybdis und ... Nun liegt er hier am Ufer des Phäakenlandes, wo ihn eine stürmende Woge an die Mündung eines Flusses geschleudert hatte, dorthin, wo das Ufer niedrig und ohne Felsen und das Gestade seicht genug war, um am Rande eines Wäldchens ermattet zu Boden zu sinken ...

Athena aber eilte vom Olymp herab zum Palast des Königs *Alkinoos*, in das Gemach seiner schönen Tochter *Nausikaa* und gab ihr im Schlaf die Traumbotschaft ein: Gehe morgen mit deinen Mägden und Gespielinnen zum Flusse und wasche die Gewänder, auf dass sie rein und luftig werden wie die Wolken des Himmels ... Und so geschah es. Kaum waren die Tücher und Gewänder gewaschen und zum Trocknen ausgelegt, kaum hatten die Mädchen gegessen und getrunken, sich und die Königstochter mit edlen Ölen gesalbt, begannen sie ein Ballspiel: singend und jauchzend sprangen sie umher. Davon erwachte *Odysseus*. Neugierig trat er aus dem Dickicht heraus und: Wie versteinert blieb er vor einer jungen Frau stehen, die schöner war als die Göttin *Artemis* und mutiger als *Athena*, denn just diese hatte ihr den Mut in die Seele gelegt, nicht wie ihre Gespielinnen laut schreiend vor Angst davonzulaufen. So standen sie sich beide gegenüber und ...

*

„Fortsetzung folgt, in der zweiten unserer heutigen Doppelstunde“, so unterbreche ich meine Erzählung und ernte ein theatralisches Stöhnen. „Zunächst gehen wir noch einmal die Fallbestimmungen durch ...“ 23 Achtklässler machen sich ohne Murren, aber augenzwinkernd an die Arbeit. Seit zwei Wochen vertrete ich Frau *Kioscha*, ihre Lateinlehrerin und schon geht's los: lupus, lupi, lupo, lupum, lupo / der Wolf, des Wolfes, dem Wolf, den Wolf, durch den Wolf; Nominativ, Genitiv, Dativ, Akkusativ, Ablativ; the wolf, of the wolf (the wolf's), to the wolf (the wolf), the wolf, by the wolf; und – die „Franzosen“ unter euch helfen: le loup, du (de le) loup, au (à le) loup, le loup, par de loup ...

„Soll ich euch verraten, was *Odysseus* die schöne *Nausikaa* gefragt hat? Er hat ja nicht Deutsch oder Türkisch, sondern Griechisch gesprochen, ein ganz altes Griechisch ... „Wem gehört dieser Ball?“, so fragte *Odysseus* die Unbekannte. *Tíni estìn haute hé sfraîrha*? Wir bilden weitere Fragen: Wer wollte Rotkäppchen haben? *Der* Wolf. Wessen Zähne sind scharf? Die Zähne des Wolfes ... Qui est animal mysticum? Cuius nomen est lupus? . – . – . Voller Begeisterung gehen meine Gelsenkirchener Rabaukis mit, schreiben das Tafelbild ab und hören zum Schluss das Gedicht von *Christian Morgenstern*[4], bei dessen Vortrag sogar die noch allzu häufig auf eine Störung erpichte *Meleke* ins Staunen gerät.

DER WERWOLF

(Christian Morgenstern, 1871–1914)

Ein Werwolf eines Nachts entwich
von Weib und Kind und sich begab
an eines Dorfschulmeisters Grab
und bat ihn: „Bitte, beuge mich!"

Der Dorfschulmeister stieg hinauf
auf seines Blechschilds Messingknauf
und sprach zum Wolf, der seine Pfoten
geduldig kreuzte vor dem Toten:

„Der Werwolf", sprach der gute Mann,
„des Werwolfs, Genitiv sodann,
dem Werwolf, Dativ, wie mans nennt,
den Werwolf, – damit hats ein End."

Dem Werwolf schmeichelten die Fälle,
er rollte seine Augenbälle.
„Indessen", bat er, „füge doch
zur Einzahl auch die Mehrzahl noch!"

Der Dorfschulmeister aber mußte
gestehen, daß er von ihr nichts wußte.
Zwar Wölfe gäbs in großer Schar,
doch 'Wer' gäbs nur im Singular.

Der Wolf erhob sich tränenblind –
er hatte ja doch Weib und Kind!!
Doch da er kein Gelehrter eben,
so schied er dankend und ergeben.

In der kurzen Wechselpause sprechen mich *Emile* und *Baric* an: „Wird es gleich spannend?" fragen sie. „Tjaaa", rede ich mich heraus, „spannend eigentlich nicht, eher zärtlich, verführerisch!" Und während *Baric* sanft errötet, schenkt mir *Emile* ihr strahlendes Lächeln ...

✳

Nun, warum habe ich diese Lateinstunde, die gleichzeitig eine Einführung in die griechische Mythologie sein sollte, mit Hilfe meiner Tagebücher noch einmal Revue passieren lassen? Es ging und geht ja hier nicht um die Fallbestimmungen, um Sprachvergleiche, um den Helden *Odysseus* oder die schöne *Nausikaa* – jedenfalls nicht nur, sondern allenfalls auch. Es ging und geht hier auch nicht um die didaktisch-methodischen Bemühungen des Lehrers *Winkel*, um den Satiriker *Morgenstern* oder *Meleke*, *Baric* und *Emile* – jedenfalls nicht nur, sondern allenfalls auch. Es ging und geht hier um die Frage: Wie ereignet sich Bildung? Was ist überhaupt Bildung? Und was hat sie mit (dem) (L)lehren und (dem) (L)lernen zu tun?

Das Scherzen und Staunen, das Anstiften und Geleiten, die Mühe und Konstanz sind immer auch Symptome einer Suchbewegung, die nicht mehr im Medium von Erziehung, sondern von Bildung stattfinden. An meinem „Wenn-dann-Arrangement" lässt sich dieses Merkmal exemplarisch erläutern: „Zunächst gehen wir noch einmal die Fallbestimmungen durch ..." so hatte ich die Einleitung zu der Odysseus-Sage unterbrochen. In einem 5. Schuljahr wäre dieser didaktische Kniff (zwar auch kein Trick, wohl aber) unter Umständen ein Disziplinierungsmittel gewesen: Um die Voraussetzungen für ein anstrengendes Lernen bzw. für ein notwendiges Üben zu schaffen, werden sie an eine lohnende Folge geknüpft: die Fortsetzung der spannenden Geschichte. Das mag die eine oder andere Kritik hervorrufen, unter erziehlichen Absichten ist eine solche Kondition legitim. Erwünschtes Verhalten wird belohnt, unerwünschtes (zwar nicht unbedingt bestraft, aber) wenig beachtet. So erziehen wir uns tagtäglich, und so werden wir erzogen – von klein (auf) bis groß. Solche edukativen Akte sind aber nicht identisch mit Bildungsprozessen, die sie allenfalls voraussetzen: Nur der immer schon erzogene und sich permanent der Erziehung überantwortende Mensch kann sich der Bildung aussetzen. Deshalb war mein „Zuerst" kein Konditionalsatz, sondern eine beiderseitig gewollte bzw. akzeptierte Vereinbarung. Wir wollten zuerst unsere Pflicht tun und anschließend die daraus resultierende Lernfreude genießen. Was also in einer 5. Klasse ein mehr oder weniger fragwürdiges Erziehungsmittel ist, kann im 8. oder 9. Schuljahr (ja sogar beim Training einer Fußballmannschaft) ein Bildungsmedium sein, dessen Umkehrung eben die intendierte Bildung (wenn nicht gar verunmöglicht, so doch) gewiss enorm erschwert hätte. Und ich erinnere mich an mehrere Revisionen, in denen unsere Lehrer just diese Unterschiede machten und dennoch bei der examinierenden Kirchenrätin kein Verständnis fanden – wie sollte sie auch ein solches haben: kommend, gaffend, urteilend? Hätte sie den unterrichtenden Schulleiter zu revidieren gehabt, sie wäre nicht weniger ahnungs- und gnadenlos gewesen ...

Um Bildung durch Literatur ging und geht es also in unserem 2. Beispiel, das darüber hinaus auf ein weiteres Merkmal hinweist: Bildung benötigt ein vertrauensvolles Klima, eine wechselseitige Akzeptanz, die keine Gleichberechtigung, wohl aber eine gleiche Würdigung zum Ausdruck bringt. Solange ich meine mittlerweile großen Rabaukis, die ich ins 5. Schuljahr aufgenommen hatte, wie zu bändigende „Raubtiere“ oder wie „Faultiere“ behandele, diese in mir den „Dompteur“, den „scharfen Hund“ oder auch den fertigzumachenden „Schlaffi“ sehen, ist Bildung schier unmöglich. Sie setzt nämlich zweitens eine anthropologische Basis voraus, die man altmodisch gegenseitigen Respekt nennen könnte – *Reinhard* und *Anne-Marie Tausch* haben daraus im Anschluss an *Carl Rogers* und seine „Humanistische Psychologie“ die Trias abgeleitet: Empathie (Einfühlungsvermögen), Wertschätzung (Achtung) sowie Echtheit (Selbstkongruenz).[5] Ich würde diese drei psychotherapeutischen Merkmale gern um das pädagogische des Humors ergänzen – eingedenk des Wortes: Humor ist, wenn man trotzdem lacht. Weil dieses Verhältnis häufig fehlt oder nicht intakt ist, im richtigen Takt ist[6], misslingt Bildung allzu oft. Mehr noch: Niemand kann anderen zu mehr Bildung verhelfen als er selbst um Bildung bemüht ist – vergleichbar einem Psychotherapeuten, der auch keinem Kranken zu mehr Gesundheit verhelfen kann als er selbst gesund ist ... Kurz: Bildung setzt Erziehung, Lernen-wollen, Arbeiten-können etc. voraus. Darüber hinaus bedarf Bildung des wechselseitigen Respektes, Vertrauens, Humors. Konkret: Nur wer lesen lernen will und kann, erfährt die Chance einer literarischen Bildung. Und schließlich kann sich Bildung durch Literatur nur dann ereignen, wenn im Unterricht einer Schulklasse die „Pädagogischen Bezüge“ stimmen. Voraussehbar, planbar, messbar usw. sind diese Prozesse freilich nicht – auch wenn die auf Qualitätssicherung Versessenen noch so sehr darauf beharren: Sie zählen, messen, wiegen und korrelieren alles mögliche, nicht aber Bildung ... Als wir übrigens zur großen Pause aufbrachen, huschte *Baric* hinter mir her und meinte: „Gestern Nacht habe ich von *Odysseus* sogar geträumt, vielleicht kommt ja heute die schöne *Nausikaa* hinzu.“ Und seltsam: Er bekam gar keinen roten Kopf – aber neben ihm stand ja auch nicht die *Emile* ...

*

Nun aber zu den Griechen und ihrer Auffassung von Bildung. In einem der schönsten Liebesromane, die ich kenne, in der mitreißenden Erzählung über „Die Liebe in den Zeiten der Cholera“, lässt sich nicht nur *Leon XII.*, sondern auch der Autor *Gabriel Garcia Márquez* von der Überzeugung leiten, „daß die Menschen nicht immer an dem Tag geboren werden, an dem ihre Mütter sie zur Welt bringen, sondern daß das Leben sie dazu zwingt, sich noch einmal oder auch mehrere Male selbst zu gebären.“[7] Diese Auffassung hätte auch ein Mann äußern können, der 2.355 Jahre vor dem begnadeten kolumbianischen Romancier geboren wurde. *Platon*. Natürlich hat er keine Begriffsanalyse vorgenommen, auch kein System hinterlassen – geschweige denn eine Monographie über die „Pädagogik als Bildungslehre“[8] verfasst, wie *Theodor Ballauff* 1986. Er hat auch nicht Kollegen und Schüler angesprochen, um (wie *Heinz-Elmar Tenorth* ebenfalls 1986) ein Sammelwerk über „Allgemeine Bildung“[9] vorzulegen. Nein, der Nachfahre des legendären *Homer*, des im 8. Jahrhundert lebenden (wohl blinden) Erzählers und Autors (der Epen „Ilias“ und „Odyssee“), hat seine Bildungstheorie *erzählt* und in ein grandioses Bild gefasst – in das sog. Höhlengleichnis [10].

4. **Quellentext:** Platons Höhlengleichnis

1. „Und nun“, fuhr ich fort, „mache dir den Unterschied zwischen Bildung und Unbildung in unserer Natur an dem folgenden Erleben gleichnishaft klar. Stelle dir die Menschen vor in einem unterirdischen, höhlenartigen Raum, der gegen das Licht zu einen weiten Ausgang hat über die ganze Höhlenbreite; in dieser Höhle leben sie von Kindheit, gefesselt an Schenkeln und Nacken, so daß sie dort bleiben müssen und nur gegen vorwärts schauen, den Kopf aber wegen der Fesseln nicht herumdrehen können; aus weiter Ferne leuchtet von oben her hinter ihrem Rücken das Licht eines Feuers, zwischen diesem Licht und den Gefesselten führt ein Weg in der Höhe; ihm entlang stelle dir eine niedrige Wand vor, ähnlich wie bei den Gauklern ein Verschlag vor den Zuschauern errichtet ist, über dem sie ihre Künste zeigen.“

„Ich kann mir das vorstellen“, sagte Glaukon.

„An dieser Wand, so stell' dir vor, tragen Menschen mannigfache Geräte vorbei, die über die Mauer hinausragen, dazu auch Statuen aus Holz und Stein von Menschen und anderen Lebewesen, kurz alles mögliche, alles künstlich hergestellt, wobei die Vorbeitragenden teils sprechen, teils schweigen.“

„Merkwürdig sind Gleichnis und Gefesselte, von denen du sprichst.“

„Sie gleichen uns! Denn sie sehen zunächst von sich und den anderen nichts außer den Schatten, die von dem Feuer auf die gegenüberliegende Mauer geworfen werden, verstehst du?“

„Natürlich, wenn sie gezwungen sind, ihre Köpfe unbeweglich zu halten, ihr Leben lang.“

„Dasselbe gilt auch von den vorübergetragenen Geräten, nicht?“

„Gewiß!“

„Wenn sie sich untereinander unterhalten könnten, da würden sie wohl glauben, die wahren Dinge zu benennen, wenn sie von den Schatten sprechen, die sie sehen.“

„Notwendigerweise!“

„Wenn nun weiter das Gefängnis ein Echo hätte von der Wand gegenüber, und wenn einer der Vorübergehenden etwas spräche, denn käme – so würden sie glauben – der Ton von nichts anderem als von dem vorübergehenden Schatten, nicht?“

„Ganz so, bei Zeus!“

„Alles in allem: diese Leute würden nichts anderes für wahr halten als die Schatten der Geräte.“

„Notwendigerweise!“

„Überlege nun Lösung und Heilung aus Ketten und Unverstand, wie immer das vor sich gehen mag – ob da wohl folgendes eintritt. Wenn etwa einer gelöst und gezwungen würde, sofort aufzustehen und den Kopf umzuwenden, auszuschreiten und zum Licht zu blicken, wenn er bei alledem Schmerz empfände und wegen des Strahlenfunkelns jene Gegenstände nicht anschauen könnte, deren Schatten er vorher gesehen – was, glaubst du, würde er da wohl antworten, wenn man ihm sagte, er habe vorher nur eitlen Tand gesehen, jetzt aber sehe er schon richtiger, da er näher dem Seienden sei und sich zu wirklichen Dingen hingewendet habe; wenn man ihn auf jeden der Vorbeigehenden hinwiese und zur Antwort auf die Frage zwänge, was das denn sei? Würde er da nicht in Verlegenheit sein und glauben, was er vorher erblickt, sei wirklicher als das, was man ihm jetzt zeige?“

„Gewiß!“

2. „Und wenn man ihn zwänge, ins Licht selbst zu blicken, dann würden ihn seine Augen schmerzen, und fluchtartig würde er sich dem zuwenden, was er anzublicken vermag; dies würde er dann für klarer halten als das zuletzt Gezeigte, nicht?“

„So ist es!“

„Wenn man ihn“, fragte ich weiter, „von dort wegzöge, mit Gewalt, den schwierigen und steilen Anstieg hinan und nicht früher losließe, bis man ihn ans Licht der Sonne gebracht hätte, würde er da nicht voll Schmerz und Unwillen sein über die Verschleppung? Und wenn er ans Sonnenlicht käme, da könnte er wohl – die Augen voll des Glanzes – nicht ein einziges der Dinge erkennen, die man ihm nunmehr als wahr hinstellte.“

„Nicht sofort wenigstens!“

„Er brauchte Gewöhnung, denke ich, wenn er die Oberwelt betrachten sollte; zuerst würde er am leichtesten die Schatten erkennen, dann die Spiegelbilder der Menschen und der anderen Dinge im Wasser, später sie selbst; hierauf könnte er die Dinge am Himmel und diesen selbst leichter bei Nacht betrachten, aufblickend zum Licht der Sterne und des Mondes – als bei Tag die Sonne und ihr Licht.“

„Natürlich!“

„Zuletzt aber könnte er die Sonne, nicht ihr Abbild im Wasser oder auf einem fremden Körper, sondern sie selbst für sich an ihrem Platz anblicken und ihr Wesen erkennen.“

„Notwendigerweise!“

„Und dann würde er durch Schlußfolgerung erkennen, daß sie es ist, die die Jahreszeiten und Jahre schafft und alles in der sichtbaren Welt verwaltet und irgendwie Urheberin ist an allem, was sie gesehen haben.“

„Klar, soweit würde er allmählich kommen!“

„Nun weiter! Wenn man ihn dann an seine erste Wohnung, an sein damaliges Wissen und die Mitgefangenen dort erinnerte, würde er sich dann nicht glücklich preisen wegen seines Ortswechsels und die anderen bedauern?“

„Gar sehr!“

„Wenn sie damals Ehrenstellen und Preise untereinander ausgesetzt haben und Auszeichnungen für den Menschen, der die vorbeiziehenden Gegenstände am schärfsten erkannt und sich am besten gemerkt hat, welche vorher und welche nachher und welche zugleich vorbeizogen, und daher am besten auf das Kommende schließen könne, wird da nun dieser Mann besondere Sehnsucht nach ihnen haben und jene beneiden, die bei ihnen in Ehre und Macht sind? Oder wird es ihm gehen, wie Homer sagt, er begehre heftig Arbeit um Lohn zu verrichten bei einem ärmlichen Mann auf dem Lande ... und alles eher zu erdulden, als wieder nur jene bloßen Meinungen zu besitzen und auf jene Art zu leben?“

„Lieber wird er alles über sich ergehen lassen als dort zu leben!“

„Und dann überlege noch dies! Wenn ein solcher wieder hinabstiege und sich auf seinen Sitz setzte, hätte er da nicht die Augen voll Dunkelheit, da er soeben aus der Sonne gekommen ist?“

„Und wie!“

„Und wenn er dort wieder im Unterscheiden der Schatten mit jenen immer Gefesselten wetteifern müßte, zur Zeit, da seine Augen noch geblendet sind und sich noch nicht umgestellt haben – und diese Zeit der Gewöhnung wird nicht kurz sein! –, würde er da nicht ausgelacht werden und bespöttelt, er sei von seinem Aufstieg mit verdorbenen Augen zurückgekehrt; daher sei es nicht wert, den Aufstieg auch nur zu versuchen. Und wenn er sie dann lösen und hinaufführen wollte, würden sie ihn töten, wenn sie ihn in die Hände bekommen und töten könnten!“

„Sicherlich!“

3. „Dieses Bild“, fuhr ich fort, „mußt du nun, mein lieber Glaukon, als Ganzes mit unseren früheren Darlegungen verbinden. Die Welt des Gesichtssinnes vergleiche mit der Wohnung im Gefängnis, das Feuer in ihr mit der Macht der Sonne. Wenn du dann den Weg hinauf und die Schau der Oberwelt als den Aufstieg der Seele zur Welt des Denkbaren annimmst, dann verfehlst du nicht meine Absicht, da du sie ja zu hören wünschst. Nur Gott weiß, ob sie auch richtig ist. Das ist nun meine Meinung: in der Welt des Erkennbaren ist die Idee des Guten die höchste und nur mit Mühe erkennbar; wenn man sie aber erkannt hat, dann ergibt sich, daß sie für alles Rechte und Schöne die Ursache ist; sie schafft in der sichtbaren Welt das Licht und seinen Herrn, in der Welt des Denkbaren ist sie selbst die Herrin und hilft uns zu Wahrheit und Einsicht; sie muß jeder schauen, der im eigenen wie im öffentlichen Leben vernünftig handeln will.“

„Ich stimme zu, soweit ich es beurteilen kann.“

„Wohlan, stimme auch noch im folgenden zu und wundere dich nicht, wenn die Menschen, die einmal diese Höhle erstiegen, sich nicht mehr um die Angelegenheiten der Menschen kümmern wollen; vielmehr drängen ihre Seelen nach oben, um dort immer zu verweilen; denn das ist natürlich, wenn es dem erzählten Gleichnis entsprechen soll.“

„Natürlich!“

„Hältst du es dann weiter für verwunderlich, wenn einer, der von dieser göttlichen Schau herabsteigt in die Jammerwelt der Menschen, sich dann ungeschickt benimmt und recht lächerlich erscheint; noch halb blind und noch nicht an die Dunkelheit ringsum gewöhnt, wird er schon gezwungen, vor Gericht oder anderswo zu streiten über die Schatten des Rechts oder über Bildwerke, deren Schatten sie sind, und sich herumzuschlagen mit den Rechtsauffassungen der Leute, die niemals die wahre Gerechtigkeit gesehen haben.“

„Darüber braucht man sich nicht zu wundern!“

„Wer vernünftig ist, denkt immer daran, daß es zwei Arten und zwei Gründe für die Sehstörungen der Augen gibt, den Übergang vom Licht zum Dunkel und umgekehrt. Denselben Vorgang erkennt er nun bei der Seele, wenn er sie verwirrt sieht und unfähig, etwas anzusehen, dann ist er nicht so unvernünftig, darüber zu lachen, sondern überlegt, ob sie aus dem strahlenden Leben kommt und, noch nicht ans Dunkel gewöhnt, darin tappt, oder ob sie aus tieferer Unkenntnis ins hellere Leben steigt und vom funkelnden Lichtglanz geblendet ist; danach würde er die eine beglückwünschen zu ihrem Leben und Erleben und die andere bedauern. Und wenn er schon über dies lachen wollte, dann wäre sein Lachen hier weniger lächerlich, als wenn er über die andere lachte, die von oben aus dem Licht kommt.“

„Das sagst du sehr richtig.“

4. „Wenn das nun richtig ist, dann müssen wir zu der Überzeugung kommen, daß die Erziehung nicht so ist, wie sie manche in ihren Ankündigungen beschreiben. Sie sagen: das Wissen, das nicht in der Seele ist, das pflanzen sie ein, wie wenn sie blinden Augen die Sehkraft einsetzten.“

„Das behaupten sie allerdings!“

„Unsere jetzige Überlegung aber hat uns dies gezeigt: diese geistige Kraft in der Seele eines jeden und das Organ, mit dem jeder lernt, das muß man, genauso wie beim Auge, das man nicht anders als mit dem ganzen Körper vom Dunkel ins Licht wenden kann, mit der ganzen Seele aus der Welt des Werdens herumdrehen, bis sie fähig ist, den Blick in das Seiende, ja in das Hellste des Seienden, auszuhalten: dies Hellste aber ist, wie wir sagen, das Gute. Nicht?“

„Ja!“

„Darum geht nun die Erziehungskunst, um diese Umwendung, und zwar um die leichteste und erfolgreichste Art, nicht um die Kunst, ihm das Sehen einzupflanzen, sondern da er ja die Kraft besitzt, nur sie nicht richtig gewendet hat und nicht dorthin blickt, wohin er soll, eben dies (die Umwendung) zu bewirken.“

„So scheint es.“

„Die übrigen Fähigkeiten, die man der Seele gewöhnlich zuschreibt, haben mit den Fähigkeiten des Körpers etwas Nahverwandtes; sie sind tatsächlich zunächst nicht vorhanden und werden erst, früher oder später, durch Gewöhnung und Übung beigebracht; die Fähigkeit des Denkens aber hat offenbar mehr als alles andere etwas

Göttliches in sich, das seine Kraft nie verliert und durch die Umdrehung brauchbar und nützlich wird, andernfalls aber unbrauchbar und schädlich. Oder hast du noch nicht die schlechten, aber verschmitzten Leute beobachtet? Wie scharf schaut ihre arme Seele und zergliedert genau die Dinge, denen sie sich zuwendet, da ja ihre Sehkraft nicht schlecht, sondern nur gezwungen ist, der Schlechtigkeit zu dienen; je schärfer sie daher blickt, um so größeres Unheil verursacht sie. Nicht?"

„Ganz gewiß!"

„Wenn nun dieses Denkorgan einer solchen Natur gleich von Kindheit an beschnitten und jener Bleigewichte entledigt würde, die der Welt des Werdens zugehören, und die durch die Lust an Essen und ähnlichem und durch die Schwelgereien anwachsen, die Sehkraft der Augen jedoch nach abwärts ziehen – wenn es davon also befreit wäre und sich dem Wahren zuwendete, dann würde dieses gleiche Organ der gleichen Menschen auch jene höhere Welt aufs schärfste erkennen, ebenso scharf wie die niedere Welt, der sie jetzt zugewendet ist."

„Offensichtlich!"

„Nun weiter! Aus dem bisher Gesagten folgt nun mit Wahrscheinlichkeit, ja mit Notwendigkeit dies: weder sind die Leute, die ungebildet und der Wahrheit unkundig sind, zur Verwaltung eines Staates fähig, noch jene, die man bis ans Ende ihres Lebens ihrem Studium leben läßt; die einen nicht, weil sie in ihrem Leben kein festes Ziel besitzen, nach dem sie sich im Privat- wie im Staatsleben bei allen ihren Handlungen richten; die anderen nicht, weil sie aus freien Stücken überhaupt nicht mit dem praktischen Leben in Berührung kommen wollen, in dem Glauben, schon bei Lebzeiten auf die Inseln der Seligen verpflanzt zu sein."

„Richtig!"

„Unsere Aufgabe als Gründer ist es nun, die besten Naturanlagen zu zwingen, sich jener Wissenschaft zu widmen, die wir vorher als die höchste bezeichnet haben: das Gute zu erschauen und jenen Aufstieg zu gehen; wenn sie dann dort oben hinreichend gelebt haben, dann dürfen wir ihnen nicht erlauben, was man ihnen heute erlaubt."

„Nämlich?"

„Daß sie dort bleiben und nicht wieder zu jenen Gefangenen herabsteigen wollen und teilnehmen an ihren Mühen und Ehren, an den nichtigen wie den gewichtigen."

Ehe diese in der abendländischen Geschichte uns als erste überlieferte „Theorie der Bildung" aus heutiger Sicht durchdacht, erläutert und auf bleibende Erkenntnisse hin befragt wird, sei noch einmal an einen Gedankengang erinnert, der auf unserer ersten Etappe entstanden ist: Die in den Wäldern Afrikas lebenden Hominiden hatten eine lebensbedrohende Gefährdung zu überstehen. Aufgrund dramatischer Klimaveränderungen war ihr Lebensraum substantiell bedroht – die

Anpassungsbereitschaft (*Jean Piaget* nennt sie die Fähigkeit zur „Assimilation“ [11]) allein ermöglichte nicht mehr und nicht länger ein Überleben dieser Katastrophe. Sie mussten eine neue Umwelt suchen und d. h. diese andere Natur an ihre Möglichkeiten kognitiv und pragmatisch anpassen (eine Fähigkeit, die *Piaget* „Akkomodation“ nennt [12]). Diese aber setzte Lernen voraus, d. h.: alte Gewohnheiten aufgeben und neue Erfahrungen suchen. Das Verb lernen kommt aus dem Althochdeutschen *lirnên*: etwas verlieren, zurücklassen, verlassen und Neues erkunden, erfahren, wissen-wollen und können-mögen. Ohne diese (nicht selten) aus einem schrecklichen Dilemma, einem Mangel resultierende Lernbereitschaft und Lernfähigkeit wären diese Urmenschen zu Grunde gegangen, ausgestorben – wie andere Gattungen und Rassen auch (von den Dinosauriern bis zu den Neandertalern). Mit dieser „Gabe“ verließen sie das Tierreich und wurden Menschen. Als religiös Gebildete (ob Christ oder Moslem, ob Buddhist oder Jude) glauben wir, dass diese „Potenz“ uns nicht der Zufall oder eine Laune der Natur verschafft hat, weder ein bloßer Quantensprung in der Evolution noch eine zwangsläufige Ent-Wicklung der Lebensformen, sondern dass diese Mensch-Werdung letztlich Gottes Wille war und ist, der uns nach seinem Ebenbilde schuf. Aber – und dieser Gedanke ist entscheidend für die gesamte hier vorgelegte Untersuchung – diese Mensch-Werdung ist die eine Seite des Mensch-Seins, der die andere, die Mensch-Bleibung hinzukommen muss: Wir alle sind (jeder von uns, ist) Mensch geworden – phylogenetisch und ontogenetisch, als Gattungs- und als Einzelwesen. Um aber Mensch zu bleiben, bedarf es mehr als dieses einmaligen und immer wieder am Individuum sich vollziehenden „Schöpfungsaktes“. Die Mensch-*Werdung* wäre und ist ohne „Gott“ nicht denk- und realisierbar; die Mensch-*Bleibung* jedoch bedarf der Bildung des Menschen durch den Menschen. Ohne sie würden wir gleichsam immer wieder vertieren, zurückfallen in animalische Lebensführungen, ja in tierische Aussehens- und Gestaltungsformen. Dass zum Beispiel *Enkidu* im „Gilgamesch-Epos“ die Chance erhielt, potenziell ein Mensch zu werden, verdankt er der Göttin *Ischtar*; dass er realiter Mensch wurde und blieb, ist das Verdienst der ihn liebenden und erziehenden *Tehiptilla* und seines darauf aufbauenden eigenen Bildungsstrebens. Menschen wurden und werden wir ohne unser Zutun, Menschen bleiben wir nur mit Hilfe unserer Bildungsbemühungen. Das zentrale anthropologische Proprium des Menschen, sein eigentliches Wesensmerkmal als Mensch, ist der Anspruch an sich selbst, aus seiner Möglichkeit Wirklichkeit werden zu lassen, mit anderen Worten: Mensch zu werden und trotz widriger Umstände („Versuchungen“) Mensch zu bleiben. Nun aber zu *Platon*!

*

Dass der Mensch nicht Mensch bleiben kann ohne Wahrheit, dass er seine Menschlichkeit verliert, wenn er in der Lüge lebt (also sich und andere betrügt, von anderen belogen und betrogen wird), war *Platon* klar. Was aber ist die Wahrheit? *Quod est veritas*? – So gellt der Schrei des Menschen nicht erst seit *Pilatus* (*Joh* 18,38) durch sein Schicksal. Gibt es überhaupt – *die* Wahrheit, irgendeine Wahrheit? Haben nicht die Konstruktivisten in der Nachfolge von *Jean-François Lyotard* Recht, auch und gerade die in der pädagogischen Zunft [13], die da meinen, alle Wirklichkeit sei eine Resultante der Wahrnehmung (meiner oder deiner Wahrheit) und folglich gäbe es so viele Wirklichkeiten/Wahrheiten wie Wahrnehmende? Also: *Anything goes* ... Von solch einem Relativismus hielt *Platon* nichts. Sicher, geblendet werden und sind wir alle, aber: Unfrei, unwissend, ungebildet leben wir in unserem primären Zustand, den *Platon* als „unterirdischen, höhlenartigen Raum bezeichnet. Dieser ist die Behausung des Menschen, sein Zu-Hause, sein In-Sein (wie *Heidegger* es nennt [14]). Damit ist unser alltägliches Dasein von vornherein widersprüchlich, anti-nomisch, ambi-valent. Denn einerseits haben wir uns zu Hause eingerichtet, sind wir mit allem und jedem vertraut, fühlen wir uns hier wohl ... Andererseits sind wir „gefesselt an Schenkeln und Nacken" (an Haus und Hof), ist uns nur ein Lichtstrahl gewährt, der von einem Feuer her kommt, das in unserem Rücken brennt und glüht und das uns ahnend sehen lässt, dass hier nicht alles so ist, wie es scheint ... Sicher, zwischen dem Feuer und uns Gefesselten läuft ein Weg, von einer halbhohen Mauer begrenzt, hinter der wie von Gauklern „mannigfache Geräte" vorbeigetragen werden, so dass wir sie als Schattenbilder, „die von dem Feuer auf die gegenüberliegende Mauer geworfen werden", wahr-nehmen: hübsche Dinge, nett anzusehen – gewiss ... Dann aber dringt in diese Behaglichkeit und Lüge bergende Wirklichkeit eine umwälzende Möglichkeit: „Wenn etwa einer gelöst und gezwungen würde, sofort aufzustehen und den Kopf umzuwenden, auszuschreiten und zum Licht zu blicken ..." Wenn da jemand plötzlich nach-denkt, die Offenheit sucht, es genauer wissen will, sich auf-macht, das Vertraute infrage stellt, den Gaukelbildern misstraut – kurz: nach dem Wissen strebt, dann ... *Dieser* „Mensch wird auf seine eigenste Möglichkeit freigegeben" [15], so *Theodor Ballauff* in seiner glänzenden Interpretation des „Höhlengleichnisses". Auch wenn dieser Versuch beim ersten Mal (und immer mal wieder) misslingt, die Sehnsucht nach dem Vertrauten uns zurückeilen lässt, bleibt doch die Möglichkeit des Auswegs grundsätzlich offen. Jeder der gefesselten und geblendeten, der betrogenen und (über Echos) belogenen Menschen ist potenziell ein in das Wissen und die Bildung gelangender Mensch, wenn – ja, wenn er die Ent-Fesselung zulässt, den Licht-Schmerz erträgt und zu den anderen zurückkehrt, um auch ihre Hinaus-Führung zu bewerkstelligen.

Gleichnisse sind, das lehrt uns nicht nur die Bibel, Illustrationen der Wahrheit. Will der Mythos deuten bzw. die Wahrheit auslegen, die Sage der Verehrung des Helden dienen, das Märchen trösten, die Legende zur Nachahmung einladen, so will das Gleichnis belehren. Im *platonischen* Sinne lassen sich folgende Lehren ziehen – freilich unter dem Vorbehalt, dass jede Zeit neu ihre Lehren ziehen muss:

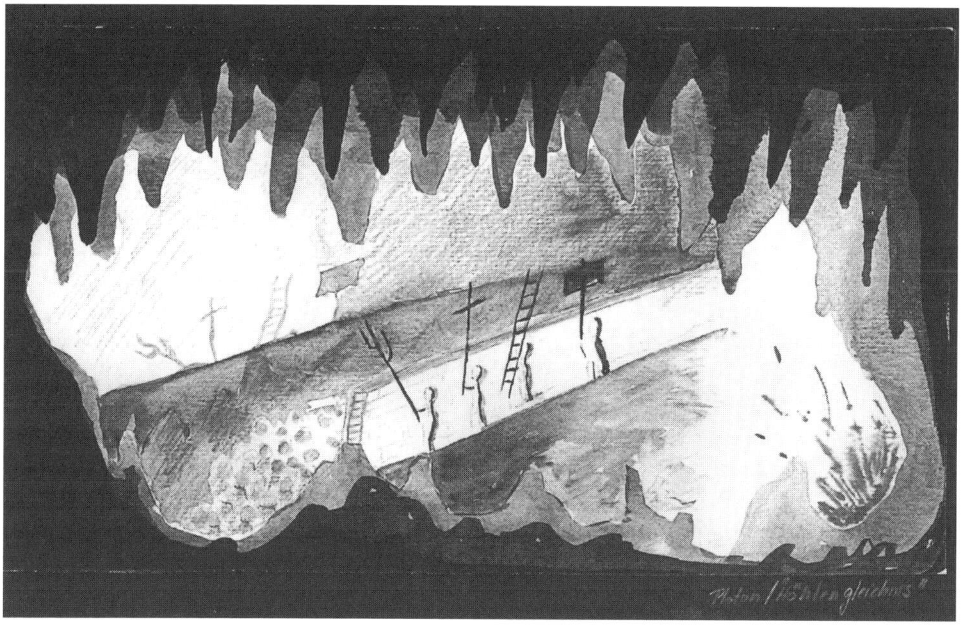

Abb. 10 Platons Höhlengleichnis – gemalt von einem Verehrer

- Da ist zunächst der *Alltag* des Menschen: scheinbar wohlgeordnet, heimelig und problemlos. Aber der Schein trügt. Wir sind eben nicht nur von guten Dingen und Menschen umgeben, sondern auch von der *Doxa*, dem Ge-Rede, dem Ge-Schwätz, der Schein-Heiligkeit – *Heidegger* spricht von der „Diktatur des Man“: Wir „lesen, sehen und urteilen ..., wie *man* sieht und urteilt“,[16] so dass es zum Verfall möglichen Daseins kommt. Aktueller kann diese Diagnose kaum gedacht werden: Seit es das Fern-Sehen gibt, sind die kritischen Nah-Sinne verkümmert, schwatzen wir halt so nach, was die Kommentatoren der Bilder so reden und meinen und halten die ausgewählten, am Schneidetisch zurechtgemachten und in den Studios aufgemotzten Bilder für die Wirklichkeit bzw. Wahrheit: Wie in einem Kino erleben wir die Wirklichkeit ...

- Da ist zweitens unser *Selbstbetrug*: „Spieglein, Spieglein an der Wand, wer ist die Schönste im ganzen Land?“ so fragt die eitle Königin im Märchen vom „Sneewittchen“[17]. Und wer will nicht die ihm genehme (nicht gemäße) Antwort hören?! Allzu gerne verfallen wir dem Schein, der gespiegelten, also verzerrten, retuschierten, von uns und anderen geschönten Wirklichkeit. Man könnte eine Anregung des dänischen Schriftstellers *Peter Høeg* aufgreifen[18] und geradezu eine „Geschichte des Spiegels“ schreiben: Sie würde vielleicht mit dem lateinischen Dichter *Ovid* (43 v. Chr. – 17/18 n. Chr.) beginnen, der in seinen „Metamorphosen“ schreibt, der schöne Jüngling *Narziß* (*Narkissos*) habe sich deshalb in sein Spiegelbild verliebt, weil die Göttin *Nemesis* (zuständig für Gerechtigkeit und Vergeltung) den Wasserspiegel anders justiert habe. Wir könnten den 1. Korintherbrief nehmen, in dem *Paulus* um 55 n. Chr. einer ganzen Gemeinde einen entlarvenden Spiegel vorhält. Oder: Vo dem Beginn dieser (BILDUNGS-)Reise hatte ich darum gebeten, sich einige durchaus widersprüchliche Beobachtungen zu vergegenwärtigen, Erlebnisse, die wir in christlicher Tradition zu sieben guten und sieben bösen Taten geordnet haben. Eine dieser „Todsünden" lautete „Hoffahrt" (Hochmut, Überheblichkeit, Eitelkeit), lat. *vanitas*, der leere Schein, der noch in den allegorischen Sinnbildern (Emblemata) der mittelalterlichen Bücher als Spiegel dargestellt wird. Auch die Spiegel in den Andersen-Märchen [19] oder bei „Alices Abenteuer im Wunderland" [20] sind nicht ungefährlich, weil täuschend ... Wir täuschen gern andere und vor allem uns selbst und der Spiegel ist unser bevorzugtes Medium: „Wer in einen Spiegel blickt", so noch einmal *Peter Høeg*, „sieht, was er zu sehen wünscht oder fürchtet" [21].

- Da ist drittens ein *Ausweg*, eine Möglichkeit aus der Wirklichkeit heraus. Die Wahrheit (griech. *Alétheia*) ist uns zwar oft genug verborgen, aber potenziell zugänglich. Zu ihr führen eben nicht (wie nach Rom) viele Wege, sondern nur ein beschwerlicher und steiler Anstieg führt zur Wahrheit, mit anderen Worten: Lernen macht nicht nur Spaß, macht überhaupt keinen Spaß – allenfalls Freude, Freude nach der Anstrengung. Denn Freude ist gleichsam Spaß mit Sinn (nicht aber mit Lust) und bleibt als Empfindung zurück, nachdem die Anstrengung längst hinter uns liegt.
- Da ist viertens nach *Platon* die *Entfesselung* des Menschen. Unfrei sind wir, der Wirklichkeiten beraubt, weil der Realität allzu sehr verhaftet. Diese Befreiung gelingt nur mit Hilfe eines anderen Menschen, der bereits entfesselt ist, den „eitlen Tand" durchschaut hat und mir zu helfen bereit und in der Lage ist. Erziehung geht nicht ohne Erzieher, Bildung gelingt nicht ohne Bildner, *Paideia* benötigt den *Paidagogos*, den, der mich an die Hand nimmt, mich begleitet, mir zur Selbst-Bildung verhilft.
- Da ist fünftens die Notwendigkeit zur *Klarheit*, zur Änderung der Blickrichtung, zur Umkehr, zur *Diastrophé*. Wer dem bloßen Widerschein und Widerhall, der Spiegelung und der Schattenhaftigkeit entgehen will, kann dies nicht ohne Verneinung der bisherigen Ansichten und Lebensführungen tun. Nur in der Um-Wendung des Menschen, die von den Griechen *Periagogé* genannt wurde, ist die Sichtlosigkeit des Menschen (die *Aphrosýne*), seine Verblendung zu heilen. Dass dieser Bildungsgedanke tiefe Spuren (auch) im Christentum und seiner „Sündenlehre" bzw. seiner Aufforderung zur „Umkehr und Buße" hinterlassen hat, sei nur am Rande erwähnt.
- Da ist sechstens die Betonung des *Einzelnen*. Bildung vollzieht sich nicht in der Masse, Menge oder Gruppe, sondern nur im und am Individuum selbst. In der Höhle sind wir im Dunstkreis aller, auf dem Weg zur Bildung aber sind wir

allein. Das heißt nicht, dass nicht alle Menschen zur Bildung aufgerufen sind, aber nicht alle zusammen oder auf einmal. Bildung ist keine „Volksbewegung“, keine „nationale Kraftanstrengung“ und schon gar keine „Heilsarmee“, wohl aber sind alle gefordert, ist jeder Einzelne gefordert, den Weg, „zum Heil“ zu wagen.

- Da ist siebtens ein gewisser *Zwang*, man möchte fast sagen: eine Form von Nötigung, von Gewalt, vor allem am Beginn des Bildungsprozesses – *Platon* spricht von *Anánke*. Damit wird man sich heute, im Zeitalter der Selbstregulierung, Selbstbestimmung und Selbstverwirklichung wohl am schwersten tun, wenn da gezogen und gezerrt wird, unerbittlich gezogen und gezerrt wird. Nun darf man dies nicht missverstehen und – eingebunden in das moderne Man („Man-ist-so-frei“) – aufgrund dieser Befremdlichkeit gleich das ganze „Höhlengleichnis“, womöglich gleich den ganzen *Platon* auf den Müllhaufen unliebsamer Geschichte werfen, zumal er diesen Bildungsweg in besonderer Weise jenen zumuten wollte, die sich „zur Verwaltung eines Staates“ berufen fühlen, den Politikern also. Immerhin ist das „Höhlengleichnis“ das siebte von insgesamt zehn „Büchern“ (Kapiteln) einer Schrift, die den Titel trägt POLITEIA, der Staat. Was also hat es auf sich mit „der Freiheit bei dem Zwange“[22]? Schöne Gewohnheiten aufgeben, Ent-Täuschungen hinnehmen, sich Wahrheiten zumuten – all diese Akte der Aufklärung sind immer auch schmerzhaft, belastend, verletzend. Vor allem die eigene Eitelkeit muss sich Desillusionen gefallen lassen. Und auch der – von der Psychoanalyse so trefflich beschriebene – Widerstand macht sich breit, meldet lautstarke Bedenken an, rechtfertigt, wehrt sich, will zurück zur gewohnten Lebensführung. Suchttherapeuten wissen um dieses Dilemma, dem sie oft genug hilflos gegenüberstehen. Schlimmer noch: Den bereits vorhandenen Schmerzen fügt der gute Therapeut noch die Schmerzen der Therapie hinzu. Ähnlich der Pädagoge, denn auch er kann dem auf Bildung angewiesenen Menschen einen doppelten Schmerz nicht ersparen. Denn wenn es stimmt, dass er seine (zwar bequeme, aber letztlich) verlogene Welt verlassen soll, muss und darf ..., wenn es stimmt, dass er das anfangs ihn quälende Licht der Sonne (der *Alétheia*) schauen soll, muss und darf ..., „würde er da nicht voll Schmerz und Unwillen sein über die Verschleppung?“ Wer je auch nur einem einzigen nörgelnden Kind, sagen wir an der Kasse des Supermarktes, widerstanden hat, wer je auch nur einer einzigen jugendlichen Fernseh- oder Internetsüchtigen, sagen wir an einem Sonntagvormittag, just diese Verblendung klarzumachen versuchte, spürt, dass *Platon*s „Höhlengleichnis“ kein Aufruf zur gewaltsamen Erziehung beinhaltet, wohl aber eine Theorie der Bildung illustriert, die um deren Zumutungen weiß. Vergleichbar dem, der einen Ertrinkenden rettet und mit aller Kraft gewaltsam aus dem Wasser zieht, bemüht sich der Pädagoge um seinen Mitmenschen. Und *Platon*, der eigentlich *Aristokles* hieß, wusste auch diesbezüglich, von was er redete. Immerhin gründete er eine eigene Akademie, ein Gymnasium am Kephissos im Nordwesten von Athen (direkt neben seinem Landhaus und Garten) und scharte viele „Studenten" um sich – u. a. seinen berühmtesten Schüler *Aristoteles*. Ihm war u. a. daran gelegen, die politische Situation seiner Zeit über Erziehung und Bildung zu verbessern. Im 4. Jahrhundert v. Chr. kündigte sich der Verfall des (Stadt-)Staates an: Korruption, Machtmissbrauch und Unterdrückung waren damals in Athen an der Tagesordnung[23]. Sogar sein verehrter Lehrer *Sokrates* wurde 399 v. Chr. von den Korrupten seiner Zeit wegen „Gottlosigkeit" und „Verführung der Jugend"[24] angeklagt, zum Tode verurteilt und musste den Schierlingsbecher (mit dem hochgiftigen Koniin) trinken. In solchen Zeiten beobachten wir immer auch eine pädagogische und moralische Inflation. Was also lag näher, als die allgemeine Untugend anzuprangern und Tüchtigkeit (*Areté*) von jedermann zu fordern! Von jedermann, von jedem Mann. Das ist hier wörtlich gemeint. Denn von den Frauen hielt *Platon* (den Göttern sei's geklagt) nicht viel, im Gegenteil: Er behauptete, „die Frauen stünden an Tugend weit hinter den Männern zurück"[25]. Auch über seine Ideenlehre oder seine Staatsphilosophie wird man heute kritisch urteilen müssen, sein „Höhlengleichnis" aber bleibt bezüglich dieser Einsicht unerbittlich, weil der Wahrheit verpflichtet: Bildung ist nicht ohne schmerzhafte Erfahrungen zu bewerkstelligen und zum Nulltarif schon gar nicht zu haben.

- Da ist achtens die *Dialektik der Freiheit*. Einerseits verneint *Paideia*, lässt sie nicht locker, stellt sie Forderungen und sagt „Nein!" zur leidigen (aber nicht zu jeder) Wirklichkeit. So gesehen erfährt der Mensch Unfreiheit, wenn damit die Absage an Beliebigkeit gemeint ist. Andererseits eröffnet sie den Horizont eines neuen Daseins, offeriert sie Wissen, Können und Tugend und sagt „Ja!" zur besseren (nicht aber zu jedweder) Möglichkeit. In schwankendem Modus einer „Befreiung von ..." und einer „Freigabe zu ..." vollzieht sich Bildung. „Der aus den Fesseln gelöste Einzelne wird nicht sich selbst überlassen und damit einer absoluten Willkür überantwortet, sondern sein Befreitwerden heißt: in eine neue, härtere Bildung hineingestellt werden"[26] – die *Aléthéa* selbst ist die verpflichtende Instanz, mit der sich nicht handeln und über die auch nicht in (auf Konsens genormten) Kommissionen abgestimmt werden kann.

- Da ist neuntens das Risiko des *Scheiterns*. Zurück in das schützende Dunkel der Höhle will der gerade erst hinaufgeführte Mensch. Als wäre er überfordert sehnt er sich nach Vertrautem – auch in dem Wissen, dass dort unten alles verlogen ist, vorgegaukelte Heimeligkeit. Bildung bietet also keine Gewähr; sie kann jederzeit wieder im Stich gelassen, verraten und verkauft werden. Deshalb ist sie gefährdeter als die Erziehung, die zu relativ stabilen Einstellungen und Verhaltensweisen führt. Wer einmal akzeptiert hat, dass es unerzogen ist, in ein Theater, sagen wir, wie in ein Freibad zu gehen, wird diese Gewohnheit beibehalten. Wer demgegenüber als gebildeter Mensch mit zwei Kontrahenten einen fairen Kompromiss aushandelt, wird just diese Fairness unter Umständen völlig preisgeben, wenn er selbst, sagen wir, vor einem Scheidungsrichter gegen seinen einstigen Ehepartner erbarmungslos „um seine Rechte" kämpft. Unstetig sind nicht nur die Formen, sondern auch die Inhalte der Bildung – auch und gerade darauf weist das Gleichnis hin.

- Und schließlich sei ein zehntes Merkmal der Bemühung des Menschen für den Menschen aufgezeigt, die von den Griechen *Paideia* genannt wurde: Bildung ist auf *Fortsetzung* angelegt. Der Gebildete will und muss auch die noch nicht Gebildeten und in ihren Gewohnheiten Gefangenen „lösen und hinaufführen" – selbst wenn sie ihn auslachen, bespötteln, ja töten wollen. Bildung ist also, darauf weist das deutsche Wort mit der Endsilbe *ung* deutlich hin, ein Prozess und zugleich ein Zustand. Vergleichbar anderen „ung-Wörtern" (Knechtung, Dehnung, Stauung etc.) weist es auf ein Geschehen hin, das in einen Zustand mündet: Jahrelang mag die Unterdrück*ung* gedauert haben – am Ende kuschen die als solche verharrenden Knechte. Aber: dieser Zustand muss nicht so bleiben. Die Gegenbewegung der Auflehn*ung* mag einsetzen, so dass an deren Ende freie Menschen über ihr weiteres Leben bestimmen. Folglich ist es nicht abwegig, wenn wir einem Menschen Bildung zusprechen. Wir meinen dann das Produkt ungezählter Bemühungen, zu denen freilich auch die Bescheidenheit gehört, mit dieser erworbenen Bildung nicht eitel hausieren zu gehen. Es ist aber auch ebenso legitim, mit der Bezeichnung Bildung den langen Weg dorthin zu kennzeichnen, von dem *Platon* meinte, dass er ein beschwerlicher und gar mühevoller, ja „holpriger" ist. Dem in diesem Sinne Gebildeten bleibt jedoch die nie enden wollende Verpflichtung, „alle auf den Weg zur *Alétheia* zu bringen. Er muß versuchen, sie frei zu machen. Er darf ihnen die Wahrheit nicht vorenthalten"[27] – selbst dann nicht, wenn er als „Gotteslästerer", „Jugendverführer" oder „Verrückter" erscheint. Deshalb stehen die Gebildeten aller Berufe (ob Bäckermeister oder Ärzte, Finanzbeamte oder Pfarrer, Gärtner oder Journalisten) gleichsam unter pädagogischem Vorbehalt: Als gebildeter Mensch ist der Mensch *per se* ein pädagogischer Mensch, dem die Bildung seiner Mitmenschen eine Sache des Herzens, des Verstandes und des Tuns ist.

Wer sich diese zehn (und womöglich weitere) Merkmale des „Höhlengleichnisses" vergegenwärtigt, muss noch lange kein *Platoniker* werden, um dem Urteil eines anderen Philosophen und Pädagogen zuzustimmen, eines Mannes, der die Neuzeit ähnlich überragte wie *Platon* die Antike. 2179 Jahre nach der „Politeia" urteilte er in seinem 1762 erschienenen Buch „Emile ou de l' éducation" über diese Schrift und speziell das besagte „Höhlengleichnis" wie folgt: „Es ist die schönste Abhandlung über die Erziehung, die je geschrieben wurde."[28] Sein Name: *Jean-Jacques Rousseau*, den wir freilich noch genauer kennen lernen werden – wenn wir in Fortsetzung unserer Reise in der Schweiz und in Frankreich eingetroffen sein werden.

*

Mitunter fragen mich (nicht nur) Schüler oder Studenten, warum ich so gerne Geschichten erzähle, wo doch die Theorien viel bedeutsamer sind. Diese Frage könnten wir gleich an *Platon* weitergeben, denn auch er war und ist ein erzählender Theoretiker, dessen Schriften vor allem in Dialogen abgefasst wurden, in denen wiederum zahlreiche Erzählungen (Beispiele, Gleichnisse, Mythen usw.) eingebettet sind[29]. Diese Absage an systematische Abhandlungen bzw. diese Bevorzugung literarischer Formen ist bei *Platon* dreifach begründet:

Zum einen hatte er als Schüler seines Lehrers *Sokrates*, der ohne *Platon* uns mit keiner Zeile überliefert worden wäre, das Gespräch als bevorzugtes Medium der Erkenntnissuche kennen und schätzen gelernt. Das Symposion war immer beides: philosophisches Gespräch und festliches Mal bzw. feierlicher Umtrunk – *Feuerbach*s Gemälde von 1869 stellt dieses Milieu eindrucksvoll dar.

Wesensmäßige Sonderverwandtschaft geht durch den Magen. „Das Gastmahl des Plato" von Anselm Feuerbach (1869) Foto AKG

Abb. 11 Anselm Feuerbach: „Das Gastmahl des Plato"

Darüber hinaus will *Platon* ganz im Stile *Sokratischer Mäeutik* (Hebammenkunst) durch Fragen zum Nachdenken anregen, weniger fertige Erkenntnisse mitteilen. *Maieutiké* ist die Kunst des Hervor-Holens, des Ent-Bergens und das Zum-Vorschein-Bringens, nicht des Belehrens und Beweisens. Bekanntlich war die Mutter des *Sokrates* Hebamme und dürfte diesbezüglich Vorbild gewesen sein: Erzählungen regen an und manchmal auf, geben Anstöße und Impulse, aber sie liefern keine fertigen Beweise.

Und drittens schließlich macht uns *Wilhelm Dilthey*, der Begründer der modernen Geisteswissenschaften, in seinen Schriften immer wieder darauf aufmerksam: „Was der Mensch sei, sagt ihm nur seine Geschichte."[30] Ich möchte hinzufügen: ... und sagen ihm nur seine Geschichten. Das erzählende Wort transportiert Sinn, Lebenssinn, ohne den wir nicht gedeihlich leben können. Deshalb hat *Odo Marquard* Recht, wenn er darauf hinweist: „Je moderner die moderne Welt wird, desto unvermeidlicher werden die Geisteswissenschaften“[31] – die Schatzkammern unserer Geschichten, die manche Bildungspolitiker im Zuge einer Amerikanisierung unserer Universitäten und Schulen am liebsten abschaffen würden[32]. Die von Generation zu Generation überlieferten und, so gesehen, geschichteten Erlebnisse, Erfahrungen und Erinnerungen der Menschen gehören zu ihrem anthropologischen Haushalt: „Denn die Menschen: das sind ihre Geschichten. Geschichten aber muß man erzählen. Das tun die Geisteswissenschaften: sie kompensieren Modernisierungsschäden, indem sie erzählen; und je mehr versachlicht wird, desto mehr – kompensatorisch – muß erzählt werden“[33]. Wo und wenn das Erzählen von Geschichten ausbleibt oder verhindert wird, gehen die Menschen als Menschen zugrunde – sie sterben an narrativer Atrophie. So gesehen steht *Platon* in einer Tradition antiken Denkens, das der wohl profundeste Kenner dieser Materie, *Reimar Müller*, als ein anthropologisches und kulturentdeckendes bezeichnet hat[34]:

Der Mensch bleibt das nicht auf seine Realität festgelegte, sondern in seine Potenzialität berufene Wesen und: Die von ihm immer wieder neu zu schaffende Kultur wird gleichsam seine zweite Natur – zu welchem Wohl und Wehe auch immer. Darüber hinaus ist *Platon* seinem eigenen Bildungsanspruch treu geblieben. Erzählend erinnert er die Menschen an ihre eigene(n) Geschichte(n). Dabei war er durchaus ein politischer Mensch[35]: Aus einem alten Adel stammend reiste er als noch junger Mann nach Italien und Syrakus und unterbrach auch später seine Athener Lehrtätigkeit, um auf Einladung seines Schülers und Freundes *Dion* die Durchsetzung seiner Reform-Ideen im sizilianischen Syrakus zu versuchen – vergeblich. *Dion* wurde von dem Tyrannen *Dionysios II.* verbannt und ging nach Athen. Im Jahre 357 gelang es ihm zwar, *Dionysios II.* zu stürzen, 354 jedoch wurde er ermordet und – *Platon* blieb bei all diesen Ereignissen kein bloßer Zuschauer. Selbst mit dem Vater des Tyrannen, mit *Dionysios I.*, hatte er eine gute Politik zu machen versucht, aber dieser fand seine moralischen Lehren „greisenhaft“, er behandelte ihn wie einen Kriegsgefangenen und ließ ihn in Aigina, auf der gleichnamigen Insel im Saronischen Meerbusen, gar als Sklaven verkaufen ... *Platon* war also das, was wir heute einen „mündigen Bürger“ nennen: politisch hellwach, theoretisch fundiert und literarisch ein Meister seiner (Erzähl- und Schreib-)-Kunst. Deshalb muss es einen bedrücken, dass er in unseren heutigen Schulen kaum noch gelesen wird. Welcher Abiturient, welcher Lehrer kennt es noch – das „Höhlengleichnis“? Mir ist lediglich das „Lesebuch“ von *Luise Rinser* bekannt, die darin einen Text von *Platon* aufgenommen hat[36] – 1980 (!). Erzählen und Vorlesen, auch und gerade antiker Texte, sind ins Stocken geraten. Statt dessen testen wir unsere Schüler, platzieren unsere Schulen in Tabellen und quälen unsere

Lehrer mit umfänglichen Evaluationsmaterialien und lassen uns von beflissenen Politikern sowie Kultusbürokraten auch noch einreden, dies alles diene der „Bildung" unserer Jugend. Zum Erzählen und Nachdenken führt all dies jedoch nicht.

*

Nachdenken, Nach-Denklichkeit, in Ruhe überlegen, den Ursachen auf den Grund gehen ... Mit diesen und ähnlichen Worten nähern wir uns dem Ort, den wir *Schule* nennen: Wie nicht wenige der deutschen Wörter kommt auch das Wort Schule aus dem Griechischen – *s'cholé* nannten die Griechen die Bank am Rande der Arena von Athen. Auf sie setzten sich die Wettkämpfer, ruhten sich aus, dachten nach, überlegten, planten, kamen zur Be-Sinnung, fällten Entscheidungen. Es war der Ort der Muße, des Atem-Holens und Verweilens, des Überlegens und Lernens. Aber bereits bei der Latinisierung dieses Wortes ging viel von dieser ursprünglichen Bedeutung verloren. Es wurde gleichsam immer mehr institutionalisiert. Aus *s'cholé* wurde *schola*, der Ort des Lehrens und Lernens; dort lebten die *magistri et discipuli*, die Lehrenden und Lernenden – heute unterrichten beamtete Lehrer mehr oder weniger interessierte Schüler in Pflichtschulen ... Und gelegentlichen ahnen sie (z. B. in Projektwochen), was ihnen verloren gegangen ist: die Nachdenklichkeit. Der Berliner TAGESSPIEGEL zeigt auf seiner ersten Seite ein Emblem, das zum Motto der Schreibenden und Lesenden geworden ist. Es lautet: RERUM COGNOSCERE CAUSAS, die Ursachen der Dinge erkennen, den Dingen auf den Grund gehen, hinter die Kulissen schauen, die Wahrheit ergründen – kein Wunder, dass im 60sten Jahr seines Erscheinens die Existenz eines solchen Mediums zutiefst bedroht ist: Es ist ja ein Bildungsmedium. Und Bildung macht sich selten bezahlt. In den Höhlen des *Platon* hingegen verkauft sich alles bestens, steigen die Aktien, wird *à la hausse* und *à la baisse* spekuliert. Und vielleicht ist auch unser Plural berechtigt, denn es gibt nicht nur eine, die Höhle des *Platon*, sondern ungezählt viele. Die wenigsten davon sind unterirdisch oder verborgen, im Gegenteil: In den Palästen und Wolkenkratzern, in den Villen und Labors, in den Freizeitcentern und Stadien ... wo das Denken keine Zeit und keine Gelegenheit mehr erhält, ist die Bildung chancenlos und auf Hilfe von außen angewiesen ...

Ja, und die Schulen? Findet wenigstens in ihnen Bildung statt, also Wahrheitssuche um der Menschlichkeit willen? – Wer in die Geschichte der Schule(n) schaut[37], die Schriftsteller befragt[38] oder die Ergebnisse der Forschungen zur Qualität unserer Schulen zur Kenntnis nimmt[39], wird Zweifel anmelden. Dabei waren Schulen, Lehrpläne, Unterricht etc. von Anfang an nötig. Ursprünglich glaubten die *Graeculi* (*Homer* folgend), dass allein *Zeus* für die Ermöglichung von Bildung zuständig sei – vor allem um *Areté*, also um jene Tüchtigkeit, Werthaftigkeit, Leistungsfähigkeit, Tapferkeit und Klugheit, die allesamt Zeichen und Konkretionen von *Paideia* sind, zu verwirklichen. In diesem Substantiv *Paideia* verbirgt sich das Verb *paideuo*: sich mit einem Kind (*pais*) beschäftigen, um seine Tugend zu befördern. Den Adligen des 7. und auch noch des 6. vorchristlichen Jahrhunderts, den *Aristoi*, war diese Gabe gleichsam ein Göttergeschenk. Als aber im Zuge einer Demokratisierung (*demos*: das Volk; *kratein*: herrschen) diese Zwangsläufigkeit abhandenkam, musste etwas geschaffen werden, was *Areté* dennoch ermöglichte, wenn am Ziel einer umfassenden Bildung, einer *Enkyklios Paideia*, festgehalten werden sollte. Schulen, Orte gezielten Lehrens und Lernens, wurden nötig; Lehrpläne und Fächer entstanden; Unterricht beim Grammatisten, Kitharisten oder Paidotriben (dem sportlichen Knabentrainer) fand Zulauf – freilich nur für Jünglinge, für Griechen, für Knaben aus wohlhabenden Häusern. Eine der ersten Unterrichtsszenen findet sich in der berühmten „Schale des Duris“ (zu Beginn des 5. Jahrhunderts v. Chr.)[40]: Dieser auf der gewölbten Unterseite dargestellte „Lehrplan“ zeigt im Kreisrund (*enkyklios*!) den Schreibunterricht, das Flötenspiel, das Aufsagen eines Hymnus und die Übung beim Kitharisten (*Kithara*: altgriechisches Saiteninstrument). Glaube (*pistis*) allein war nicht länger hinreichend, organisiertes Lernen musste hinzukommen, wenn aus der *Doxa* (der bloßen Meinung) wirkliche Erkenntnis (*Noésis*) werden sollte. Dabei legte *Platon*, auch in seinem eigenen Bildungsplan, größten Wert auf den inneren Zusammenhang aller Lehrgegenstände, indem er in den „Gesetzen“ (den *Nomoi*), in seinem Alterswerk forderte: „Was man nun im einzelnen davon lernen soll und wieviel und wann, ferner was zugleich mit anderem und was abgesondert für sich zu erlernen ist, wie auch die in einander eingreifenden Verhältnisse dieser Dinge unter sich: dies muß man zuerst richtig erfassen, um dann an der Hand dieser Erkenntnisse im Lernen an das Weitere zu gehen.“[41] *Josef Dolch* hat in seiner zwar schon recht betagten, aber immer noch unübertroffenen Monographie zum „Lehrplan des Abendlandes“ anhand der Kompilation vieler Materialien den „Platonischen Lehrplan“ zusammengestellt, den es so natürlich nirgendwo kodifiziert gegeben hat, der aber in dieser (oder jener) Form als Handlungs- und Organisationsmuster mit hoher Wahrscheinlichkeit fungierte – und zwar vom „Kindergarten“ bis zum wehrpflichtigen Mannesalter, zur *Ephebie*[42]. Und: Auch wenn sich sein Autor mit *Dolch* und seinen Lehrplanuntersuchungen nicht auseinandergesetzt hat, ist seine umfängliche und aus dem Jahr 1966 stammende Schrift über „Platonisches Lehren“ gleichfalls immer noch lesenswert – handelt es sich doch in ihr um den Versuch, wesentliche Elemente der Bildungskonzeption *Platon*s auf gewiss ungewöhnliche Art und Weise zu aktualisieren bzw. zum Verständnis zu bringen: *Hartmut von Hentig*[43]. *Platon* war und ist – im Gegensatz zu seinem Lehrer *Sokrates* – kein Didaktiker, kein Verfasser einer wie auch immer gearteten Theorie der Didaktik, also des Lehrens (*didaskein*: lehren); er ist Mathetiker, dessen ganzes Werk um die Frage kreist: Wie wird und bleibt man durch

Lernen ein tugendhafter Mensch (*mathein* bzw. *manthanein* heißt: lernen[44])? Bei dieser Frage kommt der *Paideia* die entscheidende Aufgabe zu. Sie ist mehr als Bildung; sie ist die bildende Kultur schlechthin, weshalb nicht wenige Altertumsforscher *Paideia* synonym mit Bildung und Kultur übersetzen – zumal es im Griechischen für das Wort Kultur keinen gesonderten Begriff gibt.[45]

Abb. 12 Die Schale des Duris

(20.-21.)	(Ephebie)	
18.-19. 4. Stufe 16.- 17.	Höhere Arithm., Geom. u. Astronomie …………………… Elementare Arithmetik, Geometrie, Astronomie, unentbehrl. Kenntnisse für Krieg, Haus- u. Staatsverwaltung	Jagd zu Lande und im Wasser als Kriegsvorübung
3. Stufe 13.-15.	Leierspiel; Fortsetzung des literarischen Unterrichts, Beteiligung am Chor	Marschieren, Lagerschlagen, Bewegungen in der Rüstung
2. Stufe 10.-12.	Lesen und Schreiben, Poesie und Prosa, grammatischer Unterricht	Fortsetzung (Schwimmen), Tanz und Ringen
1. Stufe 7.-9.	Gesang und Spiel, gelegentlich Abzählübungen	Reiten, Bogenschießen, Speerwerfen, Schleuderschießen
3.-6. Lbj.	Kindergarten im ländlichen Bezirk	
Familiäre Entwicklung und Pflege der Gesundheit und des Gemüts vor allem durch Bewegung und heiteren Gleichmut		

Abb. 13 Der Platonische Lehrplan

Nun aber auf, nach Sparta! Und da das sämtliche Seewege kontrollierende Athen die Erlaubnis gegeben hat, müssen wir nicht heimlich und inkognito vom Hafen Piräus aus die Halbinsel Peloponnes, am Epidauros entlang, ansteuern. Wir ankern nach unserer Seefahrt in einer malerischen Bucht im Lakonischen Golf und legen den Rest der Reise zu Fuß zurück – das Gepäck tragen geduldige Maulesel.

Halten wir den Kalender an: An irgendeinem Tag im 5. Jahrhundert v. Chr. möge unser Blick herumschweifen. Keine große Stadt (wie Athen mit seinen etwa 20.000 Einwohnern) erwartet uns, auch kein Stadt-, sondern eher ein Dorfstaat, der aber um diese Zeit zwei Fünftel der gesamten Peloponnes beherrschte. Fachleute schätzen, dass maximal 5.000 Spartiaten etwa 500.000 Heloten und Periöken als Landarbeiter, Sklaven und Transporteure beschäftigten[46]. Wie war es dazu gekommen? Zwischen 950 und 800 v. Chr. waren die Dorier (aus dem albanisch-dalmatinischen Küstenbereich) hierher gezogen und eroberten immer mehr Landstriche. Sparta, das damals Lakedaimon hieß, wurde der zentrale Ort und die Unterworfenen zu Heloten und/oder Perioken. Im vollen Sinne Bürger waren nur die Spartiaten, nicht aber alle Spartaner, zu denen auch die zuletzt genannten „Ureinwohner“ zählten. In den folgenden Jahrzehnten (vgl. die Gründung des Peloponnesischen Bundes) stieg Sparta zur Vormacht ganz Griechenlands auf – nur Athen war noch ebenbürtig. Die Beteiligung an den Perserkriegen (490–448 v. Chr.) und der Peloponnesische Krieg (431–404 v. Chr.) ließ die Weltstadt Athen erzittern – sie musste sich schließlich geschlagen geben ... Ich erwähne dies deshalb, weil diese Konkurrenz, diese Rivalität und dieser Machtkampf auch einen Teil der anders akzentuierten Schul-Bildung bzw. Erziehungs-Praxis erklärt. Athen setzte auf den Handel, die Seefahrt, den Austausch, die Kultur, das Gesetz, den „Geist von Hellas“ ... Sparta betonte die Eigenständigkeit, das Landheer, die Eroberung, den Sport, die Macht, das „Ethos von Lakedaimon“. Das heißt nun wiederum nicht, dass im Umkreis der Akropolis nur „schöne“, „wahre“ und „gute“ Menschen lustwandelten, wie uns manche neuhumanistische Darstellung vorgaukelt: im Gegenteil – der griechische Geschichtsschreiber *Thukydides* berichtete gar Schreckliches über die Zustände in Athen, besonders während des 28 Jahre tobenden Krieges zwischen diesen beiden ungleichen Brüdern und während der 430 v. Chr. in Athen ausbrechenden Pest. Das heißt andererseits aber auch nicht, dass Sparta nur ein militärisches Planquadrat war, in dem ausschließlich Kolonnen schwerbewaffneter Krieger umherzogen, immer auf dem Sprung zu neuen Eroberungen. Sparta und Athen hatten viel mehr gemeinsam als wir landläufig meinen: Beide waren kein Staat, auch kein Staatenbund, sondern eine *Polis*, ein Stadtstaat also, mit nicht gerade demokratischen Verhältnissen. Allenfalls befanden sich beide auf dem Weg von der Monarchie hin zur Demokratie, blieben aber in der Oligarchie (in der Herrschaft einer kleinen Gruppe) verfangen. Beide schlossen bestimmte Gruppen vom politischen, kulturellen, religiösen und ökonomischen Gestaltungsrecht weitgehend aus. Und sowohl Athen als auch Sparta kämpften um die (damalige) Weltherrschaft, waren also alles andere denn pazifistisch gesonnen. Die ältere pädagogische (!) Geschichtsschreibung hat diese fundamentalen Gemeinsamkeiten kaum, vermeintlich unvereinbare Gegensätze jedoch ausschließlich gesehen. *Reble* z. B. (1910–2000) sprach 1951 ff. vom „ungeistigen Sparta“ [47], und *Blättner* (1891–1981) behauptete noch 1966, dass „die jungen Menschen (in Sparta) aufs Grausamste abgehärtet“ (mehr noch, dass), „sie mit Geißelungen und ungenügender Nahrung an die schlimmsten Zufälle des Feldzuges gewöhnt wurden.“ [48]. Solche und ähnliche einseitigen Sichtweisen sind natürlich auch generativ bedingt: Stellvertretend für die schrecklichen (aber von dieser Generation kaum aufgearbeiteten) Erfahrungen während des Nationalsozialismus in Deutschland (von 1933–1945) musste manche, mancher und manches herhalten – z. B. Sparta. Damit soll überhaupt nicht bestritten werden, dass diese *Polis* vieles anders akzentuierte, aber: die Akzente waren anders, nicht die Grundstrukturen. Auch in Sparta gab es Tempel (z. B. den der *Artemis*); es gab ein blühendes Kunsthandwerk; man nahm an den Spielen in Olympia teil; es gab grandiose religiöse Feste u. a.m. Dennoch ist es richtig zu betonen: In Sparta wurde die „Gemeinschaftserziehung" erfunden, in Athen die „Individualbildung". Dabei stand die „gymnastische" Erziehung, also die körperliche Tüchtigkeit, eindeutig im Vordergrund. Den Wettlauf, das Diskuswerfen, das Speerwerfen, den Ringkampf und den Faustkampf würden wir auf unserem Rundgang in jeder Schule Spartas sehen können – freilich würde auch Musik ertönen, ohne die der Körper barbarisch bleibt. Um das 6./7. Lebensjahr verlassen Knaben und Mädchen ihre Familien, um Jugendführern, sog. *Paidonomen*, übergeben zu werden. Diese bereiten sie auf das zukünftige Leben in der *Polis vor*: „Zu den fünf gymnastischen Hauptübungen ... kommen im engeren Sinne militärische Übungen. Die musische Ausbildung beschränkt sich auf Musik und Tanz"[49].

Wenn wir heute das Adverb oder das Adjektiv „spartanisch" benutzen, dann vergessen wir oft den historischen Kontext, in dem diese „physische Erziehung" entstand. Jüngere Historiker, wie *Klaus Prange* (Jg. 1939), denen die Stellvertreteranklage fremd ist, betonen deshalb zu Recht: „Nach der Niederschlagung des messenischen Aufstandes (ca. 550 v. Chr.) besinnen sich die Spartaner auf das, was sie erhält. Keine ästhetische Abschweifung soll die Jungen hindern, das erste und einzige zu besorgen, die Erhaltung des Gewonnenen. Erziehung als Bewahrung des Bestandes, das ist der Sinn der spartanischen Erziehung"[50] – nicht aber der „körperliche Drill" oder „die kriegerische Begeisterung"[51]. Folgerichtig könnte man in Sparta von einer *„archaia paideia"* sprechen, von einer „Erziehung entlang der Natur und ihren Erfordernissen, und zwar als Disziplinierung. Gehorsam ist ihr verbindendes Ethos."[52] Die spartanischen Schulen also flugs mit den „Napolas" des deutschen Faschismus gleichzusetzen[53], ist genau so fahrlässig wie die Unterstellung, *Platon* habe in seiner Bildungstheorie an die Stelle der „Diktatur des Man" die „Diktatur der Wahrheit" gestellt[54].

Richtig ist jedoch die Feststellung, dass spätestens seit dieser Zeit Bildung und Erziehung zweifach akzentuiert werden: mal mehr gestreng, mal eher freizügig; mal

paideia tracheia	⟷	paideia philiké
paideia sklera	⟷	paideia philofron/philanthropos
educatio severa	⟷	educatio liberalis
educatio strenua	⟷	educatio humana

tendenziell bewahrend, mal relativ verändernd; mal eher die sachlichen Anforderungen betonend, mal stärker an den kindlichen Bedürfnissen orientiert; logotrop versus paidotrop ... Auch Antinomien haben ihre historischen Wurzeln.

Auf zwei Sachverhalte möchte der Sie in den Kosmos der Griechen eingeführt habende Reiseführer noch hinweisen: auf die sog. *Päderastie* und auf die nicht weniger interessante *Gerusie*, zumal beide einen hohen Stellenwert sowohl in der pädagogischen Wirklichkeit Athens als auch Spartas hatten.

In einer (wenn auch nicht unumstrittenen, so doch) ungemein originellen Studie über die „Mythologie der Kindheit“ [55] hat mein Berliner Kollege *Dieter Lenzen* die Theorie von *Neil Postman* über das „Verschwinden der Kindheit“ [56] buchstäblich von den Füßen auf den Kopf gestellt. Dessen Generalthese (dass durch die Entzauberung durch die elektronischen Bildmedien nicht nur die Geheimnisse der Kindheit verschwinden, sondern auch literale Kultur durch die visuelle ersetzt wird) bezweifelt er nicht, wendet sie aber insofern radikal um, als er eine Infantilisierung der Erwachsenen diagnostiziert, also geradezu eine Persistenz von Kindlichkeit unter den Erwachsenen bei gleichzeitigem Verlust von Kindheit unter den Kindern belegt. In diesem Zusammenhang beschreibt er höchst anschaulich das „päderastische Grundmodell der Knabeninitiation“, das in Sparta nicht wesentlich anders als in Athen vollzogen wurde – vielleicht etwas stärker ritualisiert (dorischer) als im Umkreis der Akropolis. Zwischen dem 12. und 18. Lebensjahr, also während der Zeit, die wir Pubertät nennen, war es üblich, dass eine erotische Freundschaft zu einem bereits erwachsenen Mann gesucht wurde, wobei die Initiative von dem Älteren und in der Regel verheirateten Mann ausging und eine ganz praktische sowie eine ideelle Aufgabe hatte: Sie sollte den Heranwachsenden in die geschlechtliche Reife einweisen und darüber hinaus in dem jungen Mann das Bedürfnis nach Liebe wecken. Im platonischen Gastmahl heißt es, *Eros* („einen der ältesten Götter“) preisend: „Denn ich wüßte kein größeres Gut für den Menschen gleich in seiner Jugend zu nennen, als einen edelgesinnten Liebhaber, und wiederum für den Liebhaber seinen Geliebten. Denn was den Menschen, welcher sein Leben schön und würdig zubringen will, durch sein ganzes Leben leiten muß, das vermögen ihm weder Verwandtschaft, noch Ehrenstellen, noch Reichtum, noch irgend etwas anderes in dem Maße zu gewähren wie die Liebe.“ [57] Und die folgenden Ausführungen des *Apollodoros*' sind ein einziges Plädoyer für eine Bildung im Medium wechselseitiger Liebe – zu der auch die körperliche Liebe gehörte. Konkret sah dieses feierliche Initiationsritual so aus, „das es für einen Knaben aus gutem Hause als schimpflich galt, nicht von einem erwachsenen Mann geraubt zu werden. Deshalb wurde der ‘Räuber’ auch nur zum Schein verfolgt, und nach dem zweimonatigen Pubertätsexil wurden beide festlich empfangen.“ [58] Der *Erastes* war also ein erziehender Liebhaber und ein liebender Erzieher, der seinen „Geliebten“ reich beschenkte und der auch später in den Schlachten sein „Nebenmann“ wurde. In diesem Verhältnis gründet die *Päderastie*, die Knaben-Liebe, die mit dem sexuellen Missbrauch von Kindern freilich nichts zu tun und über den der britische Romancier *Gilbert Adair* einen erschütternden Roman (1999) veröffentlicht hat ... [59]

Im Umgang mit ihren Kindern und mit den Alten zeigt die Gesellschaft, zeigt jede Gesellschaft, ihr Bildungspotenzial – so auch die der griechischen *Poleis*, der zahlreichen Stadtstaaten. In einer gleichfalls faszinierenden Untersuchung hat der Bamberger Historiker *Hartwin Brandt* eine „Geschichte des Alters in der Antike“ [60] vorgelegt, die zu folgenden Aussagen berechtigt: Sowohl in Sparta als auch in Athen unterstanden die Männer bis zum 60sten Lebensjahr dem Militärdienst. Danach eröffnete sich ihnen die Möglichkeit, in den Ältestenrat, die *Gerusie*, aufgenommen zu werden. Sie waren nun *Gérontes*, keine Greise, wohl aber erfahrene, weise Männer. Wie ging man in der Antike mit ihnen um? Gab es Rentner? Altenheime? Gar Sterbekliniken? Nichts dergleichen! Auch und gerade die Geronten hatten Rechte und Pflichten. „Zur spartanischen Gerusie gehörten, neben den beiden Königen, 28 Geronten, die ... von der Volksversammlung auf Lebenszeit gewählt wurden und vor allem über alle dem Demos vorzulegenden Anträge zu beraten und zu beschließen hatten.“ [61] Darüber hinaus fungierte die Gerusie ähnlich wie der „Rat der Fünfhundert“ in Athen auch als Gericht in besonderen Fällen und sie überwachte die Einhaltung der Normen und Bräuche. Auch und gerade in der Erziehung (der *agogé*) hatten die älteren Spartiaten wichtige öffentliche Aufgaben. Schon die Neugeborenen wurden von ihnen geprüft. „Sie beobachteten die Wettkämpfe der Jungen, verhängten bei Bedarf Strafen, und sie hatten das Recht, jederzeit und allerorten die jüngeren Leute, die ihnen begegneten, nach Grund und Ziel ihres Treibens zu befragen. Da sie überdies – als Nutznießer der von Abhängigen Spartas, den Heloten, bestellten Landstücke – keinerlei ökonomischen Problemen selbst im höchsten Alter ausgesetzt waren, können die spartanischen Geronten geradezu als Ideal antiker Altersschicksale gelten.“ [62] Und auch die Frauen Spartas scheinen mehr geachtet worden zu sein, als wir dies in der von Männern dominierten *Polis* vermuteten – zumindest ist nachgewiesen, dass sie „über bisweilen beträchtliche Vermögen“ [63] verfügten und „in Sparta höheres Ansehen genossen und bessere Lebensbedingungen vorgefunden haben, als dies in den meisten anderen griechischen *Poleis* der Fall gewesen sein dürfte“ [64]. Einschränkend müssen wir jedoch in Erinnerung rufen, dass all diese Vorrechte für Spartiatinnen und Spartiater, nicht aber für die Periöken und schon gar nicht für die Heloten galten. Natürlich hatten die Alten auch Pflichten zu erfüllen: Ihnen war aufgetragen, Rat zu erteilen, Erfahrungen weiterzugeben, Streit zu schlichten, Recht zu sprechen – gewaltige Aufgaben in einer *Polis*, die aber von den Jungen ebenso akzeptiert wurden wie von den Alten. Deshalb gab es z. B. nicht nur in Athen das auf den Politiker und Dichter *Solon* (ca. 640–560 v. Chr.), einen der Sieben Weisen des antiken Griechenlands [65], zurückgehende Unterhaltgesetz, das jeden Bürger „dazu verpflichtete, für die Versorgung seiner Eltern im Alter aufzukommen“ [66]. Der Generationenvertrag wurde also nicht durch staatliche Sozialgesetzgebung festgeschrieben, sondern über gesellschaftlichen Konsens geregelt und d. h.: Es gab keinen Fixbetrag, keine generelle Bestimmung und auch keine Pauschalregelung, sondern eine allgemeine Erwartung, die von den Betroffenen – je nach ihren Verhältnissen – erfüllt wurde, erfüllt werden musste. Nicht der Staat subventionierte, sondern der Bürger, von dem der Staat dies freilich verbindlich erwartete. Unsere (Sozial-)Politik könnte eine Menge lernen von der griechischen *Politeia* – wenn sie denn wollte (in der Dialektik ihres aufgeklärten Bewusstseins) und wenn sie denn könnte (im Dickicht ihrer partikularen Interessenbefriedigung).

✳

Nun schlägt der Reiseleiter vor, entweder eine Rast einzulegen und z. B. den Berichten aus Tansania, Mesopotamien und Griechenland nachzulauschen, die eine oder andere Information zu verarbeiten oder bloß ruhen zu lassen, vielleicht aber auch die Staatlichen Antikensammlungen in München oder die Staatlichen Museen in Berlin zu besuchen oder einen entsprechenden Bildband durchzublättern ...

Wer hingegen mehr und Weiteres erfahren will, der sei zu einem ungewöhnlichen Abstecher eingeladen und breche mit mir auf nach Süditalien. Eine gewiss damals nicht ungefährliche und sehr teure Reise, für die *Platon* – wenn er denn wirklich in Syrakus gewesen ist – nicht nur einen großen Teil seines Vermögens opfern musste, aber ...

Zunächst ein paar geschichtliche Daten zur Erinnerung:

	v. Chr.	
□	***431***	***Beginn des Peloponnesischen Krieges (Sparta gegen Athen)***
□	***430***	***Ausbruch der Pest in Athen***
□	***429***	***Perikles stirbt***
□	***404***	***Athen kapituliert/ Herrschaftsgewalt liegt bei den Dreißig Tyrannen***
□	***399***	***Sokrates wird zum Tode verurteilt***
□	***389/88***	***Platons 1. Reise nach Syrakus***
□	***385***	***Platon gründet seine Akademie***
□	***384***	***Aristoteles wird geboren***
□	***367***	***Dionys I. stirbt/Nachfolger: sein Sohn Dionys II.***
□	***366/65***	***Platons 2. Reise nach Syrakus***
□	***361/60***	***Platons 3. Reise nach Syrakus***
□	***357***	***Dion stürzt Dionys II.***
□	***354***	***Dion wird ermordet***
□	***347***	***Platon stirbt***

„Der Marktplatz von Syrakus brodelte in einem heißen Atem. Vom Norden – einer Wildnis aus Felsengräbern, Höhlen und moderneren Quartieren – waren die Männer, an Steinbrüchen vorbei, den engen Felspfad herabgestiegen. Vom Inselchen Ortygia her waren sie über den schmalen Damm gekommen, der das kleine zipflige Eiland mit der sumpfigen syrakusanischen Bucht verband. Der Marktplatz von Syrakus, zwischen Morast und Stein, schwappte über von Lärm und Hast und Furcht.

Ein gewaltiger Schmerz hatte das Blut zum Herzen der Stadt gejagt – und hier toste es nun stürmisch: Die sizilische Stadt Akragas war gefallen. Es floß nicht viel Wasser zwischen den Städten Karthago und Akragas; die Nordküste Afrikas und die Südküste Europas sind hier wie die Lippen eines Mundes, der nur etwas offensteht. Man hatte zueinander gehört. Akragas hatte Ölbäume und Reben im Überfluß gehabt. Karthago war begierig gewesen nach Wein und Oliven. Karthago war satt geworden und Akragas sehr reich. Dann aber war den afrikanischen Händlern plötzlich eingefallen, daß man sich, auch ohne zu zahlen in den Besitz begehrter Früchte setzen konnte. In dunkler Nacht war die karthagische Streitmacht übers Meer geschwommen – ein lautloser Schatten, in dem Iberer, balearische Schleuderer, Mauretanier, Numider und Kampaner nicht mehr zu unterscheiden gewesen waren. Die Lichter an den Masten der Schiffe hatte man so gut gedeckt, daß nicht ein einziges Strählchen ausschlüpfen konnte. Und Akragas fiel.

Wer immer vom Süden übers Meer nach Sizilien gesegelt war, hatte hoch oben, auf der Spitze eines Berges, den Eingang zum Paradies erblickt – fünf leuchtende Tempel: Akragas, nach Selinus und Himera die schönste unter den sterblichen Städten. Vorbei! Und das Schicksal ganz Siziliens stand jetzt auf dem Spiel. Denn nun war die Reihe an Gela, Kamerina, Syrakus, Katana, Naxos und Messana. Flüchtlinge, die aus vielen sizilianischen Städten nach Syrakus gekommen waren, gaben der schlimmen Kunde das Gesicht des Schreckens und die Stimme der Furcht. Wer nicht gleich über die Meerenge bis nach Italien geflohen war, suchte in Syrakus Schutz – und verängstigte hier seine Beschützer. Auf dem Markte von Syrakus hämmerte die Angst des ganzen Landes Sizilien.“[67]

Dies sind, nach einem längeren Vorwort AN DEN LESER die beiden ersten Seiten eines grandiosen – Romans (?), einer imposanten Biographie (?), einer waghalsigen Utopie (?). Der Autor nannte dieses sein Buch eine Art „Rekonstruktion“, ein „Höchst-wahrscheinlich-ist-es-so-oder-ähnlich-gewesen“, eine schiere „Herausforderung“[68]*. Wie auch immer … Wer sich auf die Spuren Platons begeben will, genauer: Wer dreimal mit unserem Pädagogen und Philosophen, der sich in die Praxis einmischte, von Athen nach Syrakus, an den Hof der beiden Tyrannen Dionys I. und seines Sohnes Dionys II., begeben und erleben möchte, was sich dabei tat, der konsultiere den genialen und heute fast vergessenen Schriftsteller Ludwig Marcuse (8.2.1894–2.8.1971) – nicht zu verwechseln mit dem Sozialphilosophen und „Theoretiker“ der Studentenbewegung der 60er Jahre des 20. Jahrhunderts, mit Herbert Marcuse.*

Dionys I. hatte sich vom kleinen Stadtschreiber aufgrund seiner Redegewalt bis zum Strategos Autokrator durchgeschlagen – zum „Obersten Feldherrn“ und Diktator. Wesentlich mächtiger als Sparta oder Athen dominierte diese Militärmacht damals ganz Süditalien – nachdem auch Karthago in die Schranken verwiesen worden war. Während in Athen manche Freiheit blühte und mancher Missbrauch wuchs, gedieh in Syrakus die Unfreiheit und die schiere Herrschaft. Die starke Diktatur bedrohte die schwache Demokratie und man darf bei der Lektüre dieser Rekonstruktion durchaus an den Aufstieg Hitlers und die ahnungslose Weimarer Republik denken. Platon aber gedachte sich einzumischen: „Er war vor allem ein Mann, der leidenschaftlich erkannt hatte, daß es so mit den Menschen nicht weitergeht.“[69] Dreimal, so könnten wir das „Höhlengleichnis“ auf sein eigenes Leben anwenden, stieg er hinab und versuchte zu entfesseln, aufzuklären, herauszuführen, „aus dem Reich Syrakus, dem mächtigsten Militärstaat der Zeit, den gerechten Staat zu formen. Dreimal erlitt er Schiffbruch.“[70]

Seine erste Reise trat er noch voller Optimismus an: Dionys I. war der Machtpolitiker des 4. vorchristlichen Jahrhunderts – zwischen Perikles und Alexander dem Großen, der bekanntlich zeitweise von Aristoteles unterrichtet und erzogen (aber kaum „gebildet“ wurde). Beide waren Altersgenossen; als sie sich zum ersten Mal am Hofe des Tyrannen trafen, hatte Platon sein 39stes, Dionys sein 41stes Lebensjahr begonnen. Und weil der Athenische Philosoph, der bereits als 24jähriger erlebt hatte, dass und vor allem wie Sparta seine eigene Polis besiegt hatte, moralisch argumentierte, geriet der General in maßlose Wut und ließ ihn in die Sklaverei verkaufen, aus der er sich nur mühsam befreien konnte. Platons Antwort freilich war „Der Staat“, in dem bekanntlich das „Höhlengleichnis“ eine herausragende Passage einnimmt. Von Syrakus existieren heute allenfalls noch ein paar Felsbrocken und Steine; über die Politeia wird seit fast zweieinhalbtausend Jahren geredet, geschrieben, weitergedacht …

Aber auch die 2. Reise war ein Misserfolg. Der recht inkompetente, aber nicht weniger machtbesessene Sohn des Tyrannen, bekannt als Dionys II., lud den mittlerweile „welt“-bekannten Philosophen Platon ein weiteres Mal nach Syrakus ein. „Der zweite Dionys konnte den ersten nicht übertrumpfen, indem er noch mehr Macht häufte. Aber, so versicherte man ihm, er könne größer werden als der beneidete Erste: er könne ein vollkommener Herrscher werden, nach Platons Rezept. Da brannte der Ehrgeizige darauf, den Wundermann zu haben.“[71] Jedoch: Platon war gar nicht als Reformer gefragt, sondern als Zierleiste für das Unrecht, als schmückendes Beiwerk, als epitheton ornans. So wurde er zwar nicht als Sklave verkauft, aber: „auch aus der Höhle des Sohnes kam der unbequeme Ratgeber nur gerade mit einem blauen Auge davon.“[72] Und weil der athenische Theoretiker genug von Praxis, von dieser Praxis hatte, kehrte er in seine Akademie zurück – er, der bereits als 29-Jähriger erlebt hatte, dass und wie die Herrschenden seinen Lehrer Sokrates in den Tod trieben …

Und ein drittes Mal wurde der Philosoph auf abenteuerliche Weise Pädagoge – auf geregelte war und blieb er Paidagogos seiner Schüler, vor allem seines Lieblingsschülers Dion, der nach dieser dritten Mission gegen Syrakus zog, den verhassten Tyrannen stürzte und drei Jahre später selbst ermordet wurde, ohne den gerechten, den „Platonischen" Staat errichtet zu haben. Lange zögerte Platon – als fast 70-Jähriger widersteht man den Sirenengesängen, auch wenn man sich kein Wachs in die Ohren hat stopfen und an keinen Mast hat binden lassen. Andererseits ist da die Hoffnung auf …, „Das Glück der Hoffnung auf Glück" – um einen Vers aus dem wundervollen Gedicht von Erich Fried zu zitieren[73]*. Auch Platon hoffte noch einmal, seine Ideen verwirklichen zu können, mehr noch: „Da flackerte in dem Greis noch einmal die Sehnsucht seines Lebens auf: zum erstenmal seit dem Verschwinden des goldenen Zeitalters Menschlichkeit in das Leben der Menschen zu bringen."*[74]

Für Diktatoren aber gibt es immer eine Steigerung: Der nicht funktionieren wollende Platon wurde in eine Söldnerkaserne gesperrt, ausgerechnet zu den von ihm am meisten verachteten Feinden. Mit Mühe entging er, der wie kein Zweiter unter den Fesseln litt, dem Tod …

Warum nun scheiterte Platon in diesem seinen Bemühen? Er wollte den gerechten Staat, den vollkommenen Menschen, die totale Wahrheit – und hatte es, wie wir alle, mit einem leidigen Gemeinwesen zu tun, mit unvollkommenen Menschen, mit den Splittern von Wahrheit. Wer auf das Perfekte, das Optimum, die Totalität ausgerichtet ist, wird in der Praxis am Imperfekten, am Melior, an der Relativität scheitern. Ihm fehlte die Akzeptanz des Menschlich-Allzumenschlichen, des Schmuddeligen, des Kompromisses, der Halbheit und Nachgiebigkeit. Aber, was sag' ich da! Ludwig Marcuse hat uns eine viel trefflichere Geschichte eines um Demokratie und Wahrheit ringenden pädagogischen Philosophen bzw. philosophischen Pädagogen und darin eingewoben die Doppelbiographie zweier Diktatoren hinterlassen, mitreißend erzählt, so dass man den sich quälenden Athener genauso plastisch vor sich stehen sieht wie die zynisch lachenden Tyrannen.

Nicht als Zusammenfassung, wohl aber als mitnehmenswerte Erkenntnis wollen wir uns ein drittes Mal einer Einsicht vergewissern, von der zu hoffen ist, dass sie eine allgemeine (wieder) werden mag.

Die vorangegangene hatte während unserer II. Station die Bildung des Menschen nicht als ein zwangsläufiges Naturgeschehen, sondern als eine von vielen kulturellen Möglichkeiten herausgearbeitet, die zwar nicht beliebig und quasi zur freien Verfügung uns an die Hand gegeben ist, wohl aber als eine *condition humaine*: Wir können (aber müssen nicht) Menschen bleiben – leider nur im Medium von Bildung. Und diese Bildung vollzieht sich, wenn überhaupt, in der sich und andere verwandelnden, verbessernden, veredelnden Kraft der Liebe. Das lehrte uns die (Tempel-)Hure *Tehiptilla* …

Unsere Besuche in Athen und Sparta (und womöglich auch in Syrakus) haben eine weitere Erkenntnis zu Tage gefördert: Was immer Wahrheit ist bzw. wie immer es zu wahren Sätzen kommt, ist eine ungemein schwierige (wenn nicht gar die schwierigste) philosophische Frage, die uns quält, seit wir Menschen sind und ein reflexives Bewusstsein entwickelt haben. Ob *Platon*s „Ideenhimmel“ existiert, darf dabei genauso in Frage gestellt werden wie der Hang unserer Zeit, wahre Sätze von der Mehrheitsentscheidung in von wem auch immer berufenen Kommissionen abhängig zu machen oder sie gleich in die Verfügungs*gewalt* (!) des einzelnen Subjekts zu lancieren. Dass aber die Wahrheit nicht ein bloßes Akzeptanzproblem ist und dass darüber hinaus – *Lyotard* hin, *Lyotard* her[75] – dem Menschen, jedem Menschen, die Wahrheit nicht egal sein oder werden darf, bleibt ein kulturelles Erbe, an dem keine Pädagogik, also auch keine Bildungstheorie, vorbeigehen kann.

Ehe wir deshalb unsere nächste Station ansteuern, lassen Sie uns eine dritte Erkenntnis festhalten – sie ist sicherer und haltgebender als mancher Segelmast, an den sich mit Vorliebe diejenigen anbinden oder auch anbinden lassen, denen die Wahrheit schon immer weiche Knie und schmerzende Ohren bereitet hat. Deshalb sei sie ausformuliert, unsere

3. ERKENNTNIS

Die Bildung des Menschen ist nicht nur eine Möglichkeit, sondern auch eine Notwendigkeit seines Daseins, die von vielen Umständen abhängt und an die Wahrheit gebunden ist – was immer diese sein und uns zumuten mag. Damit vollzieht sich Bildung unter einem in steter Bewegung sich verändernden Potenzialitäts- und Nezessitätshorizont, unter dem uns, wenn wir es gut mit uns meinen, zwei völlig gleichberechtigte, aber nicht gleichartige Schwestern leiten können: Die Liebe an der einen und die Wahrheit an der anderen Hand – die Paideia philofron bzw. philanthropos und die Paideia tracheia bzw. sklera.

Nun aber haben Sie sich Ruhe (*s'cholé*) redlich verdient, mögen entspannen, eigene Überlegungen anstellen und vielleicht einen Film ansehen oder ein Theaterstück. Jedenfalls hat Ihr Reiseleiter nichts gegen „Jenseits der Stille“ oder die „Iphigenie auf Tauris“, nichts gegen den „Pianisten“ oder die „Oresti“, nichts gegen „Die Blechtrommel“ oder den „Wallenstein“. Denn ausgeruhte Kräfte und auch Distanz gegenüber den Höhlen *Platon*s und den spartanischen Schulen oder den Herrscherpalästen in Syrakus werden wir nötig haben, wenn wir unsere Reise fortsetzen wollen nach – na, lassen Sie sich überraschen …

Anmerkungen

1 Die Karte ist entnommen dem von *Hans-Erich Stier* u. a. herausgegebenen Westermanns Atlas zur Weltgeschichte. Braunschweig: Westermann 1956, S. 11.

2 Vgl. dazu (trotz der gewiss bedeutsamen Arbeiten eines *Martin Wagenschein* oder *Wolfgang Klafki*) die immer noch unübertroffene Studie von *Ernst Meyer*: Praxis des Exemplarischen. Stuttgart: Klett 1962.

3 Vgl. die folgende Erzählung relativ frei nach: *Gustav Schwab*: Die schönsten Sagen des klassischen Altertums. (Or. 1838ff.) Reutlingen: Ensslin & Laiblin 1954, S. 239ff oder:
Heinrich Wilhelm Stoll: Die Sagen des klassischen Altertums. (6.1907) Stuttgart-Essen: Weltbild Bücherdienst o. J., S. 401ff.
Didaktisch hervorragend ausgearbeitete Nacherzählungen bietet die jetzt auch auf Deutsch erschienene Reihe „Helden – Mythen – Abenteuer" – so z. B. *Marie-Thérèse Davidson* und *Philippe Poivier*: Odysseus. Bindlach: Loewe 2002.
Und wer lieber ein Hör- einem Lesevergnügen vorzieht, dem empfehle ich: *Gustav Schwab*: Sagen des klassischen Altertums. Die besten Götter- und Heldensagen. Gelesen von *Hanns Zischler*. 2 CDs. Frankfurt/M.: Lido Verlag 2003 (148 Min.). *Gustav Schwab* wurde 1792 geboren, war später protestantischer Theologe und beendete seine Nachschrift der klassischen Sagen 1837, 13 Jahre vor seinem Tod im Jahre 1850. Wie kein zweiter ist es ihm gelungen, den archaischen Erzählstil der Sagen zu bewahren, was auch dem Schauspieler *Zischler* in hervorragender Weise gelingt.

4 *Christian Morgenstern*: Der Werwolf, in: *Ders.*: Alle Galgenlieder. Wiesbaden: Insel 1947, S. 90f.

5 *Reinhard* und *Anne-Marie Tausch*: Erziehungspsychologie. Göttingen: Hogrefe 9.1979 sowie: *Reinhard Tausch*: Gesprächspsychotherapie. Göttingen: Hogrefe 1.1960; 6.1974.

6 Vgl. dazu die immer noch beeindruckende Monographie von *Jakob Muth*: Pädagogischer Takt. (Or. 1962) Essen: Neue Deutsche Schule 3.1982.

7 *Gabriel Garcia Márquez*: Die Liebe in den Zeiten der Cholera. (Or. 1985) München: Deutscher Taschenbuch Verlag 3.1991, S. 237.

8 *Theodor Ballauff*: Pädagogik als Bildungslehre. (Or. 1986) Weinheim: Deutscher Studien Verlag 2.1989.

9 *Heinz-Elmar Tenorth* (Hrsg.): Allgemeine Bildung. Weinheim-München: Juventa 1986.

10 *Platon*: Der Staat. Übersetzt und herausgegeben von *Karl Vretska*. (Or. ca. 377 v. Chr.) Stuttgart: Reclam (Erstausgabe 1958) 1982, S. 327–334.
Oder: *Platon*: Sämtliche Werke. Bd. 3. In der Übersetzung von *Friedrich Schleiermacher* herausgegeben von *Walter F. Otto*, *Ernesto Grassi* und *Gert Plamböck*. (Rowohlts Klassiker Bd. 27) Reinbek: Rowohlt (Erstausgabe 1958) 1985, S. 224–228.

11 Vgl. dazu: *Jean Piaget*: Gesammelte Werke. Studienausgabe in 10 Bänden. Stuttgart: Klett 1975, bes. Bd. 1 u. 2.

12 „Unter Assimilation wird jener Prozeß verstanden, durch welchen jede neue Erfahrungsgegebenheit in die beim Kinde vorhandenen 'kognitiven Schemata' ... eingeordnet wird, jedoch ohne daß dadurch irgendwelche Änderungen an diesem Schema erfolgen ... Der Terminus 'Akkomodation' bezeichnet einen Prozeß, der den ersten ergänzt. Die neuen, in die bereits vorhandenen Schemata einbezogenen Daten verändern diese letzteren, indem die besagten Schemata jenen neuen und unerwarteten Aspekten angepaßt werden, die die Wirklichkeit aufweist." Vgl. *Guido Petter*: Die geistige Entwicklung des Kindes im Werk von Jean Piaget. Bern-Stuttgart: Huber 1966, S. 28f.

13 Als führende Vertreter eines pädagogischen Konstruktivismus gelten hierzulande *Karsten Reich*: Systemisch-konstruktivistische Pädagogik. Neuwied: Luchterhand 4.2002 und *Reinhard Voß* (Hrsg.): Die Schule neu erfinden. Systemisch-konstruktivistische Annäherungen an Schule und Pädagogik. Neuwied. Luchterhand 4.2002.

14 *Martin Heidegger*: Platons Lehre von der Wahrheit. Bern: Francke 1.1947; 2.1954. Und: *Ders.*: Sein und Zeit. (Or. 1927) Tübingen: Niemeyer 11.1967, bes. das 5. Kap.

15 *Theodor Ballauff*: Philosophische Begründungen der Pädagogik. Berlin: Duncker & Humblot 1966, S. 71.
Vgl. darüber hinaus › *Peter Kauder*: Der Gedanke der Bildung in Platons Höhlengleichnis. Baltmannsweiler: Schneider 2001.

16 *Martin Heidegger*, 11.1967, S. 126f.

17 *Brüder Grimm*: Kinder- und Hausmärchen. (Or. 1812) 3 Bände. Stuttgart: Reclam 1980, Bd. 1, S. 269.

18 *Peter Høeg*: Reise in ein dunkles Herz. Erzählungen. (Or. 1990) Reinbek: Rowohlt 2001, S. 75f.

19 *Hans Christian Andersen*: Andersens Märchen. Balve: Engelbert 1983. „... und vor dem Schloß standen Bäumchen um einen Spiegel, der einen See darstellte" – so heißt es gleich zu Beginn des Märchens „Vom standhaften Zinnsoldat".

20 *Lewis Carroll*: Alices Abenteuer im Wunderland. (Or. 1865) und die Fortsetzung: Durch den Spiegel und was Alice fand. (Or. 1871) Stuttgart: Reclam 1999 und Stuttgart. Reclam 2000.

21 Peter Høeg, a. a. O., S. 85.

22 So ein die Erziehung kennzeichnendes Wort von *Immanuel Kant*, in: Über Pädagogik. (Or. 1803) In: *Ders.*: Werke. Bd. XII. Frankfurt/M.: Suhrkamp-Insel 1964, S. 691–761, zit. S. 711.

23 Ausführlicher über die wechselnden Zeitläufte in Athen sowie im gesamten Altertum informiert optimal der Klassiker von *Eduard Meyer*: Geschichte des Altertums. (Or. 1884–1902), 8 Bde. Essen: Phaidon 1993.

24 Immer noch lesenswert, vor allem als Ein- besser Aufstieg in die philosophische Sphäre, ist das Buch von *Wilhelm Weischedel*: Die philosophische Hintertreppe. 34 große Philosophen in Alltag und Denken. München: Nymphenburger 1.1966, 5.1975, zit. S. 42. Das Buch ist auch als Taschenbuch im Deutschen Taschenbuch Verlag (20.1991) erhältlich.

25 Ebd., S. 45.

26 *Theodor Ballauff*, a. a. O., S. 72.

27 Ebd., S. 82.

28 *Jean-Jacques Rousseau*: Emile oder Über die Erziehung. (Or. 1762) Stuttgart: Reclam 1963, S. 114.

29 Vgl. *Platon*: Sämtliche Werke. 3 Bde. Köln: Jakob Hegner 5.1967.

30 *Wilhelm Dilthey*: Der Traum. In: *Ders.*: Gesammelte Schriften. Bd. VIII. Stuttgart und Göttingen: Teubner und Vandenhoeck & Ruprecht 4.1968, S. 220–226. Es handelt sich bei dem Text um den Entwurf einer Rede anlässlich seines 70.Geburtstages am 19.11.1903.

31 *Odo Marquard*: Apologie des Zufälligen. Stuttgart: Reclam 1986, S. 102.

32 Vgl. zu dieser Diagnose die exzellente Beweisführung der Hamburger Philosophin *Dorothea Freede*: Einmal englisch durchgebraten. Was deutschen Universitäten blüht: Hamburg als Exempel. In: Frankfurter Allgemeine Zeitung, Nr. 82, vom 7.4.2003, S. 35.

33 *Odo Marquard*, a. a. O., S. 105.

34 *Reimar Müller*: Die Entdeckung der Kultur. Welt- und Menschenbild der Antike. Düsseldorf: Artemis & Winkler 2003.

35 *Platon*. Dargestellt von *Uwe Neumann*. Reinbek: Rowohlt Taschenbuch Verlag 2001.

36 *Luise Rinser*: Mein Lesebuch. Frankfurt/M.: Fischer Taschenbuch Verlag 1980. (Darin findet sich auf den Seiten 34–40 der VII. Brief *Platon*s an die Verwandten und Freunde *Dion*s.)

37 Verwiesen sei wenigstens auf zwei ganz unterschiedliche, aber bedeutsame Quellen:
Josef Dolch: Lehrplan des Abendlandes. Zweieinhalb Jahrtausende seiner Geschichte. (Or. 1959) Ratingen: Henn 2.1965.
Heinrich Heppe: Geschichte des deutschen Volksschulwesens. 6 Bände. (Or. 1858ff.) Hildesheim: Georg Olms 1971.

38 Auch hier sei nur eine einzige Quelle genannt, nämlich die von *Martin Gregor-Dellin* (Hrsg.): Deutsche Schulzeit. Erinnerungen und Erzählungen aus drei Jahrhunderten. München: Nymphenburger 1979.

39 Aus der schier überquellenden Literatur weise ich auf folgende Publikation hin: Zeitschrift für Pädagogik, 41. und 45. Beiheft. Weinheim-Basel: Beltz 2000 und 2002 – mit exzellenten Beiträgen zur Qualität von Schule, Hochschule und Sozialpädagogik.

40 Reproduktion aus dem Buch von *Josef Dolch*, a. a. O., S. 19.

41 *Platon*: Die Gesetze. In: *Ders.*: Sämtliche Werke. 3 Bde., 3. Bd. Köln-Olten: Jakob Hegner 5.1967, S. 215–663, zit. S. 466.

42 *Josef Dolch*, a. a. O., S. 38.

43 *Hartmut von Hentig*: Platonisches Lehren. Bd. I. Stuttgart: Klett 1966, bes. S. 160–201.

44 Der im Gegensatz zum Begriff Didaktik heute kaum noch bekannte Begriff Mathetik geht auf ein griechisches Verb zurück: auf *mathein* bzw. *manthanein*. Beide Verbformen bedeuten lernen, stehen im Infinitiv. Aber die griechische Sprache kennt – wie übrigens auch die meisten slawischen Sprachen – zwei Infinitivformen: den Infinitiv Präsenz (*manthanein*) und den Infinitiv Aorist (*mathein*). Der zuerst genannte meint eine lineare, durative, abfolgende Tätigkeit; der zweite hingegen ein punktuelles, ingressives, plötzliches Tun. *Manthanein* will also auf einen Prozess des Lernens hinweisen; *mathein* auf ein plötzliches Erkennen; beide Verben aber bedeuten: lernen um der *Bildung* willen. Mathetik ist also die Theorie des Lernens, nicht aber eine Lerntheorie. Mathetik bedeutet Klärung des im Unterricht stattfindenden Lerngeschehens – und zwar hier und jetzt, aus der Sicht des Schülers.

45 So *Werner Jaeger*: Paideia. Die Formung des griechischen Menschen. 3 Bde. Berlin-Leipzig: Walter de Gruyter 1934, bes. 2. Bd.

46 So *Wolf Schneider*: Überall ist Babylon. Die Stadt als Schicksal des Menschen von Ur bis Utopia. Düsseldorf: Econ 1960, S. 132. Vgl. darüber hinaus den von *Ursula Grote* neu bearbeiteten Bildband über: Die römische Stadt. Köln: Rheinland-Verlag 1998.

47 *Albert Reble*: Geschichte der Pädagogik. (Or. 1951) Stuttgart: Klett 7.1964, S. 19 (12.1975).

48 *Fritz Blättner*: Geschichte der Pädagogik. (Or. 1951) Heidelberg: Quelle & Meyer 12.1966, S. 13 (14.1974).

49 *Albert Reble*, a. a. O., S. 18.

50 *Klaus Prange*, in: *Rainer Winkel* (Hrsg.): Pädagogische Epochen. Von der Antike bis zur Gegenwart. Düsseldorf: Schwann 1988, S. 17–58, zit. S. 24.

51 *Fritz Blättner*, a. a. O., S. 13.

52 *Klaus Prange*, a. a. O., S. 25.

53 Die Bezeichnung „Napolas" war im Volksmund populär; gemeint waren die Nationalpolitischen Erziehungsanstalten (NPEA): 1943 gab es 33 „Napolas" für Jungen und vier für Mädchen, „deutsche Mädels". Vgl. *Hans-Jochen Gamm*: Führung und Verführung. Pädagogik des Nationalsozialismus. Frankfurt/M.: Campus 2.1984, bes. S. 138f. und 380f.

54 So z. B. *Hannah Arendt* in der amerikanischen Zeitschrift „Social Research", 57. Jg., Heft 1/1990, wo sie unter dem Titel „Philosophy and Politics" von einem wahren Sündenfall *Platon*s spricht, dem sie eine „Tyrannei der Wahrheit" vorwirft.

55 *Dieter Lenzen*: Mythologie der Kindheit. Reinbek: Rowohlt 1985.

56 *Neil Postman*: Das Verschwinden der Kindheit. (Or. 1982) Frankfurt/M.: S. Fischer 1983.

57 *Platon*: Das Gastmahl. In: *Ders.*: Sämtliche Werke. 3 Bde. 1. Bd. Köln-Olten: Jakob Hegner 5.1967, S. 657–727, zit. S. 667.

58 *Dieter Lenzen*, a. a. O., S. 261.

59 *Gilbert Adair*: Blindband. (Or. 1999) Reinbek: Rowohlt 2001, bes. S. 192ff., als der mit 11 Jahren Missbrauchte seinen einstigen Lehrer an das 22 Jahre zurückliegende sexuelle Verbrechen erinnert – bevor er zu verwirklichen beginnt, was er seit dem Aufeinandertreffen vorhat – nämlich den jetzt blinden Schriftsteller zu töten.

60 *Hartwin Brandt*: Wird auch silbern mein Haar. Eine Geschichte des Alters in der Antike. München: C. H. Beck 2002.

61 Ebd., S. 44.

62 Ebd., S. 45.

63 Ebd.

64 Ebd.

65 Die Sieben Weisen des antiken Griechenlands waren laut *Plutarch*: *Kleobulos von Lindos* („Halte Maß!"), *Solon von Athen* („Tue nichts im Übermaß!"), *Chilon von Sparta* („Erkenne dich selbst!"), *Bias von Priene* („Die meisten Menschen sind schlecht!"), *Thales von Milet* („Alles ist voller Götter!"), *Pittakos von Mytilene* („Erkenne den rechten Zeitpunkt!") und *Periander von Korinth* („Begrenze deine Macht!").

66 *Hartwin Brandt*, a. a. O., S. 41.

67 *Ludwig Marcuse*: Plato und Dionys. Geschichte einer Demokratie und einer Diktatur. (Or. 1947/1950) Berlin: Blanvalet 1968, S. 33f.

68 *Ludwig Marcuse*, a. a. O. S. 10f.

69 Ebd., S. 15.

70 Ebd.

71 Ebd., S. 23.

72 Ebd., S. 24.

73 Es handelt sich um das folgende Gedicht, das sich in dem Bändchen findet: *Erich Fried*: Vorübungen für Wunder. Gedichte vom Zorn und von der Liebe. Berlin: Wagenbach. (Or. 1987) 30.1991, S. 28.

Bevor ich sterbe

Noch einmal sprechen
von der Wärme des Lebens
damit doch einige wissen:
Es ist nicht warm
aber es könnte warm sein.

Bevor ich sterbe
noch einmal sprechen
von Liebe
damit doch einige sagen:
das gab es
das muss es geben.

Noch einmal sprechen
vom Glück der Hoffnung auf Glück
damit doch einige fragen:
Was war das
wann kommt es wieder?

74 *Ludwig Marcuse*, a. a. O., S. 24.

75 *Jean-François Lyotard* (1924–1998) gilt mit seinem 1979 erschienenen Hauptwerk über „Das postmoderne Wissen" als „Vater der Postmoderne". Es gipfelt in der Aussage, dass jegliche Erkenntnis nicht an die Wahrheit, sondern an die Akzeptanz gebunden sei und damit als Ausdruck von Macht und Herrschaft gedeutet werden müsse. Dieser anti-aufklärerischen Beliebigkeitsphilosophie folgten nicht wenige Zeitgenossen, die sich „Konstruktivisten der Postmoderne" nannten, denen alle Wirklichkeit eine mehr oder weniger beliebig konstruierte Wirklichkeit ist.

ZWISCHEN JERUSALEM, ROM UND … – um die Zeitwende

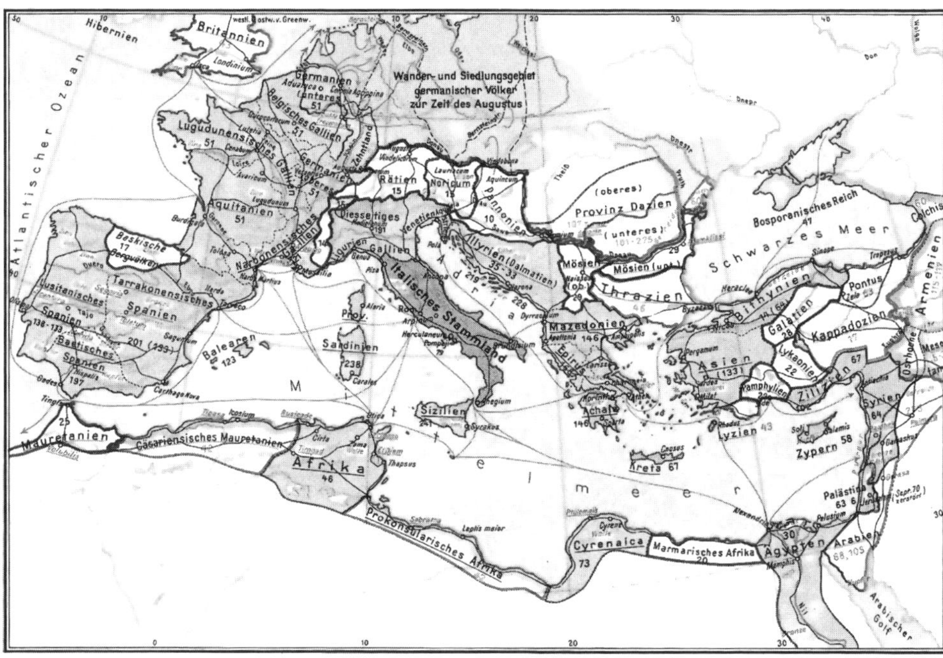

Abb. 14 Der Mittelmeerraum um die Zeitwende

„Si vis pacem, para bellum."
„Wenn du Frieden willst, rüste zum Krieg."

Röm. Sprichwort, kolportiert u. a. von Flavius Vegetius, röm. Militärschriftsteller, um 400 n. Chr.

vs.

„Auch wenn alles einmal aufhört –
Glaube, Hoffnung und Liebe nicht.
Diese drei werden immer bleiben;
doch am höchsten steht die Liebe."

Paulus, Apostel des Jesus von Nazareth und röm. Bürger, in seinem 1. Brief an die Korinther (1, 13.13), ca. 55 n. Chr.

„Unsere Liebe darf nicht nur aus schönem Wetter bestehen. Sie muß sich in Taten zeigen, die der Wahrheit entsprechen: der Liebe, die Gott uns erwiesen hat."
Johannes, vermeintlicher Apostel des Jesus von Nazareth und Leiter der Jerusalemer Urgemeinde, in seinem 1. Brief an alle Menschen (1, 3.18), gegen Ende des 1. Jahrhunderts

IV. Station: Mit Daidalos und Ikaros rund ums Mittelmeer oder: Zu hoch ist genauso gefährlich wie zu tief

Natürlich fällt es schwer, nicht nach Griechenland zurückzusegeln; nicht die kleine Stadt Stageira auf der Halbinsel Chalkidike aufzusuchen, wo er als Sohn des Leibarztes des Makedonenkönigs *Amyntas III.* im Jahre 384 v. Chr. geboren wurde; nicht neuerlich Athen aufzusuchen und mit ihm durch seine 335 gegründete Schule zu schreiten – die Wandelgänge (*péripatos*) entlang, weshalb man dieses Gymnasion peripathetisches Lykeion nannte; ihn nicht als Erzieher des jungen *Alexander* in der makedonischen Hauptstadt Pella zu erleben; nicht seine bahnbrechenden Schriften mit den Titeln „Politik" (ab 335 v. Chr.)[1] und die „Nikomachische Ethik" (ab ca. 325 v. Chr.)[2] vorzustellen; nicht die Unterschiede zwischen ihm und seinem dualistischen Lehrer herauszuarbeiten, für den nur die *Seele* vollkommen, nur die *Idee* des Menschseins göttlich, der Leib hingegen bloß eine „Masse von Fleisch und Bein"[3] war bzw. ist und das „Wohl des Ganzen, der Polis schwerer wiegt als das Wohl des Einzelnen"[4]; nicht seinen Vermittlungsvorschlag zu bedenken, das „Mesotes-Prinzip", jenen goldenen Mittelweg zwischen den Extremen zu beschreiten[5]; nicht die politischen Implikationen im Theoriegebäude des Lehrers und seines begabtesten Schülers zu bezeichnen (wie das die beiden Historiker *Helmut Kuhn* und *Peter Weber-Schäfer* getan haben[6]) . . . kurz: Es fällt schwer, *Aristoteles* nicht zu konsultieren . . . Wer aber eine lange Reise unternehmen will, kann nicht an jeder Station haltmachen, auch nicht an den mit Sicherheit nicht gerade unwichtigen. Und unsere Reise ist noch lange nicht zu Ende . . . Aber einen kleinen Rundflug wollen wir unternehmen, ehe wir dann in ein ganz anderes Zeitalter und zu ganz anderen Stationen aufbrechen.

Helfen soll uns dabei der Baumeister *Daidalos*, den es auf seiner Flucht vor den Häschern nach Kreta verschlagen hatte, wo König *Minos* ihm den Auftrag erteilte, für das grässliche Ungeheuer *Minotaurus* eine Unterkunft zu schaffen – das mit verwirrenden Gängen und Kammern ausgestattete *Labyrinthos.* Nun, bekanntlich ereilte *Daidalos* ein ähnliches Schicksal wie, sagen wir, den Alchimisten *Johann Friedrich Böttger* (1682–1719), der von seinem König *August dem Starken* auch nicht ganz freiwillig zur Entwicklung von Porzellan (dem weißen Gold) angestellt und zu diesem Zweck mehr oder weniger rabiat an- bzw. festgehalten wurde. Er wollte zurück nach Athen, jedoch: „Wo er ging und stand, umgaben ihn auf des Königs Geheiß mißtrauische Wachen. Unmöglich war es, zu Schiff die Insel zu verlassen. Der kunstreiche *Daidalos* aber wußte einen Ausweg . . . 'Mag Minos mir Land und Wasser versperren', rief er entschlossen, 'mir bleibt die freie Himmelslust!'"[7]

Auch uns bleibt sie, die freie Himmelslust, um in ihr ein wenig herumzufliegen und den Blick von oben auf die eine oder andere pädagogische Werkstatt zu werfen. Den Rat des *Daidalos* freilich wollen wir beherzigen, der seinem Sohn *Ikaros* auftrug, mit seinem aus Vogelfedern und Wachs kunstvoll hergerichteten Flügelpaar nicht zu tief zu fliegen (so dass „die Wellen dir die Flügel beschweren und dich hinabziehen“[8]), aber auch nicht zu hoch zu steigen (sonst „kommst du der Sonne zu nahe, deine Federn fangen Feuer, und das Wachs schmilzt in der Hitze“[9]). So könnte es auch uns ergehen, wenn wir uns zu sehr auf die einzelnen Details einlassen oder in allzu großer Höhe davonfliegen und die Bodenhaftung verlieren. Die folgende Zeitleiste möge deshalb unserer Orientierung dienen ...

Zeitleiste

v. Chr.

1400–1150	Griechenland: Spätmykenische Zeit; Aufschwung von Mykenä; kretische Malerei; Einfluss auf Kleinasien und den germanischen Norden
1400–1050	Babylonien: klassische Zeit der Literatur; im Zentrum: das überlieferte Gilgamesch-Epos
1292–1225	Ägypten: Höhepunkt ägypt. Macht; Pharao Ramses II.
1250	Rückzug des Josephstämme aus Ägypten; Moses; Aaron; 10 Gebote
um 1000	Palästina: Beginn der Niederschrift des AT und der Thora
1002–963	König David; Jerusalem Hauptstadt
963–925	König Salomon; Jerusalem durch Tempelbau festes Kulturzentrum; wirtschaftlicher Aufschwung
nach 925	Zerfall des Reiches in Nord- und Süd-Reich; Überfremdung der Religion; Baalskult; Propheten: Elia, Elisa, Jesaja, Jeremia
um 950	Griechenland: Gründung Athens
um 900	Gründung Spartas
1000–700	Iran: Zarathustra; Priesterkasten; Glaube an einen Schöpfergott als Träger des Guten
um 814	Gründung Karthagos als Handels- und Schutzmacht gegen die griechische Kolonisation im westl. Mittelmeerraum
776	Beginn der Olympiaden; Daidalos
760	Verfassung Spartas
ab 750	Entwicklung der griech. Polis und Kolonisation
753	(Sagenhafte) Gründung Roms
721	Eroberung Palästinas und Verschleppung seiner Bevölkerung nach Mesopotamien

640–559	Athen: Solon (Gesetzgebung regelt die soziale, wirtschaftliche und gesellschaftliche Neuordnung; Aufzeichnung des Privatrechts; Timokratie: Herrschaft der Besitzenden ohne Berücksichtigung des besitzlosen Standes, 3 Klassen)
605–587	Palästina und Mesopotamien: Nebukadnezar II.; Zerstörung Jerusalems; Verschleppung der Oberschicht; Babylonische Gefangenschaft; Höhepunkt der Macht des Mardukkults
um 585	Kleinasien: Thales von Milet
560–483	Indien: Buddha
559–529	Iran: Kyros II. erweitert Persien zum (nach damaliger Auffassung) Weltreich; Eroberung des Lyderreiches und Babyloniens (546)
551–479	China: Konfuzius
ab 539	Rückwanderung der Juden aus Babylon
525	Palästina und Ägypten werden pers. Provinzen
510	Rom: Ende der etruskischen Fremdherrschaft; Einführung der Republik
510–404	Blütezeit Griechenlands; attische Seebünde
490–406	Griechenland: Perserkriege
494	Kleinasien: Aufstand der ionischen Griechen gegen Persien; Zerstörung Milets
490	Sieg der Griechen bei Marathon
ab 480	Tragödien des Aischylos
480	Schlacht an den Thermopylen (Spartaführer Leonidas); Zerstörung der griech. Städte einschließl. Athens; Seeschlacht bei Salamis; Sieg Athens
479	Athen und Sparta schlagen die Perser mit deren griech. Verbündeten bei Plataia
um 451	Rom: Zwölftafelgesetz (lex duodecim tabularum)
443–429	Athen: Klass. Epoche unter Perikles
um 430	Hippokrates
ab 400	Kriegerische Auseinandersetzungen zwischen Athen, Sparta, Theben gegeneinander und gegen Persien; Hegemonie Thebens
343–340	Aristoteles: Erzieher Alexanders
356–323	Alexander der Große; Zerstörung Thebens (335); Ende der pers. Vorherrschaft mit der Schlacht bei Issos (333); Eroberung von Palästina, Ägypten, Indien; Gründung von Rhetorenschulen, Akademien und Gymnasien
323–280	Diadochenkämpfe um Alexanders Reich

340–268	Rom: durch Eroberungen Herrschaft in Italien
ab 323	Palästina: zunehmende Hellenisierung
ab 200	Übersetzung der vorliegenden Bücher des AT ins Griechische (Septuaginta)
264–133	Rom: Begründung der Weltherrschaft
bis 146	1., 2., 3. Punischer Krieg gegen Karthago endet bei Zama mit Sieg Roms über Karthago und Athen (202)
164	Palästina: Wiederherstellung des reinen Jahwekults nach Aufständen (Makkabäer)
133–123	Rom: Tiberius und Gajus Gracchus: Agrarreform und Gesetzgebung
120–70	Marius und Sulla; Krieg gegen Kimbern und Teutonen; Sklavenaufstand des Spartakus; Reaktionäre Gesetzgebung
70–44	Triumvirat: Caesar, Pompeius, Crassus
64	Palästina wird röm. Provinz
58–57	Caesar in Gallien und Belgien
48–47	Alexandrinischer Krieg; Einsetzung von Kleopatra als Königin in Alexandria
44	Ermordung Caesars
44–30	Bürgerkriege; Selbstmord von Crassus, Brutus, Antonius und Kleopatra; Sieg Octavians
30–14	Octavian wird Kaiser Augustus
0	Zeitwende
0–33	Jesus von Nazareth
45–58	Missionsreisen des Paulus
um 50	Seneca: Erzieher von Nero
ab 50	Niederschrift des NT
60–61	Paulus in Rom
64	Christenverfolgung unter Nero
70	Zerstörung Jerusalems

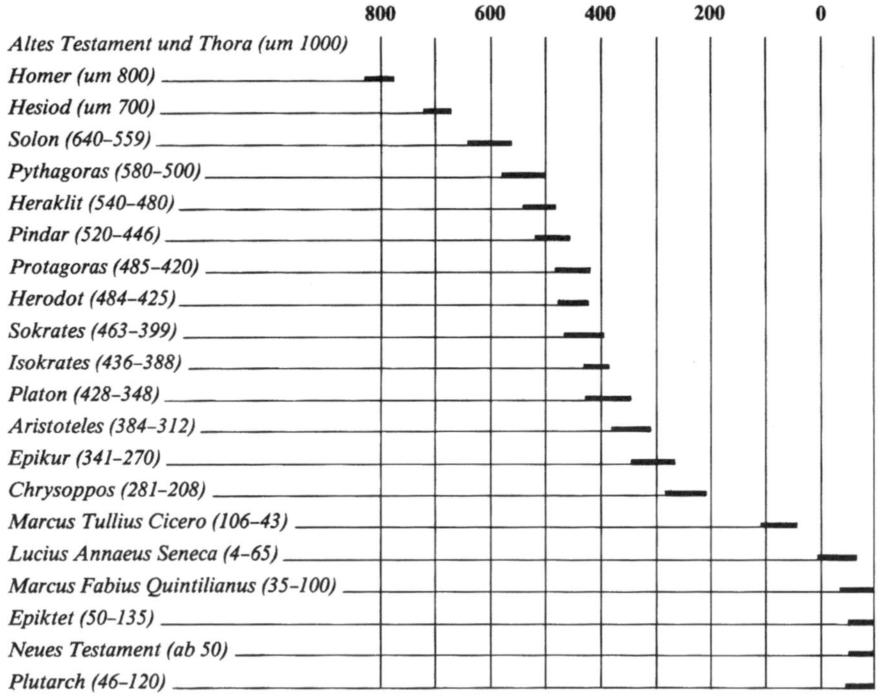

*

Schon seine Geburt ist einzigartig – bis hin zu der Tatsache, dass sie zum Anlass genommen wurde, die Jahre neu zu zählen. Die Griechen rhythmisierten die Zeit nach den Olympiaden und den Indikationen (den Steuererhebungen); die Römer begannen mit der Gründung Roms (753 v. Chr.) die Jahre zu zählen – *ab urbe condita*; der islamische Kalender beginnt mit der Auswanderung *Mohammeds* nach Medina im Jahre 622 n. Chr.; und die Juden legten den Beginn ihrer Zeitrechnung auf das Jahr 3.761 v. Chr. fest – damals, so ihre akribische Glaubensrechnung, soll Gott die Welt *er-* und den Menschen *ge*schaffen haben, so dass sie für das Jahr 2005 n. Chr. das Jahr 5.766 einsetzen. Der römische Abt *Dionysius Exiguus* jedoch rechnete (wenn auch nicht ganz exakt) 500 Jahre nach der Nacht von Bethlehem die Jahre der Geschichte rückwärts und vorwärts von jenem Tag an, als er in einem Stall das Licht der Welt erblickte: *Jesus*, den sie später *Jesus von Nazareth* nannten (aramäisch: *Jeşu Mşiho*) und noch später *Jesus Christus*. Wer war jener Mann, der die Welt bewegte und selbst von ihr zutiefst bewegt wurde? Ein politischer Aufrührer? *Joel Carmichael* stimmt dieser Kennzeichnung in seiner immer noch aufregenden „Jesus-Biographie" zu[10]. War er ein „politischer Messias"? *Wilhelm Dantine* vermutet hinter einer solchen Re-Judaisierung eine intendierte

Reduzierung[11]. Und *Rudolf Augstein* versuchte in seiner 511seitigen Monographie über „Jesus Menschensohn“ nachzuweisen, dass sich die Kirchen „auf einen Jesus berufen, den es nicht gab, auf Lehren, die er nicht gelehrt, auf eine Vollmacht, die er nicht erteilt und auf eine Gottessohnschaft, die er selbst nicht für möglich gehalten und nicht beansprucht hat.“ [12] Wer also war er, der als uneheliches Kind zur Welt kam, als Messias verehrt und verfolgt wurde, am Kreuz von Golgatha wie ein Verbrecher endete und als Begründer des Christentums gilt?

Tatsache ist, dass er keine Pädagogik hinterlassen hat, schon gar keine Bildungs-, Erziehungs- oder Schultheorie. Und doch sind all seine oder ihm geglaubten Predigten, Appelle, Gleichnisse ..., dennoch sind all seine realen und ihm zugeschriebenen Worte, Werke und Taten eine einzige Pädagogik. Wie das?

Wer das nachfolgende Dokument aufmerksam liest[13], dem wird einsichtig, dass dieser Glaube so radikal, so umfassend und so ausschließlich ist, dass er der Bildung gleichsam nicht mehr bedarf. Der Gläubige in der Nachfolge *Jesu Christi* ist dermaßen an das Verheißende gebunden, dass ihm alles andere zuteil wird: vor allem die Hoffnung und die Liebe. Er ist und wird erlöst. *Platon* hatte von der Lösung der Fesseln gesprochen, die uns daran hindern, aufzustehen und uns auf den Weg der bzw. zur Wahrheit zu machen. Nur der auf diese Weise Entfesselte bzw. Erlöste konnte denken, was wahr, konnte fühlen, was schön und konnte wollen, was gut ist. An dieser Stelle zeigt sich die Nähe zwischen Judentum und Griechentum, zwischen eher orientalischem und eher europäischem Denken, zwischen griechischer Mythologie und christlich-jüdischem Glauben. Wer über Palästina zur Zeit des *Jesus von Nazareth* fliegt, seinen Worten lauscht, seine Werke in Augenschein nimmt und seine Taten würdigt bzw. den geglaubten und seit fast 2000 Jahren überlieferten *Jesus* wahrnimmt, begibt sich womöglich auf den steinigen Weg einer religiösen Bildung, von der nur der Glaubende zu berichten weiß. Sie entzieht sich damit einer intersubjektiven Nachprüfbarkeit, ohne deshalb ihre Dignität einzubüßen. Geglaubte und bewiesene Wahrheiten sind nicht gleich*artig*, aber gleich*wertig* und stehen beide unter dem Toleranzgebot. Ich persönlich halte nicht viel bis gar nichts von einer christlichen Pädagogik (um so mehr von einer pädagogischen Christenheit). Auch ist mir eine religiöse Bildung nur im Ensemble anderer Bildungsdimensionen wichtig (der gesellschaftspolitischen, ökonomischen, naturwissenschaftlich-ökologischen, mathematischen, sprachlich-literarischen, historischen und der ästhetisch-sportlichen Bildungsdimension). Und schließlich kann ich mir nur dann eine religiöse Bildung vorstellen, wenn mit ihr die Bildung von Religion unter dem Horizont einer um Aufklärung bemühten Demokratie verbunden ist ... Kurz: *Jesus von Nazareth* war und ist und wird bleiben der Künder einer besseren (einer freien, gerechten und liebevollen Welt). Dass Bildung einen religiösen bzw. christlichen Bezugspunkt haben kann und sich in der Welt der Moderne nicht nur theologisch begründen lässt, sondern ein „weltlich Ding“ (*Martin Luther*) geworden ist, werden wir noch genauer in Augenschein nehmen – spätestens wenn wir das „Siebengebirge" des *Johann Amos Comenius* besteigen. Und noch etwas wird uns dort beschäftigen: Im modernen, im weltlichen, im anthropologisch-humanen Sinn ist der Mensch, ist jeder Einzelne ein *homo semper reformandus*, ein Mensch, der stets verbesserungswürdig ist, erzogen werden muss, gebildet werden kann. Im platonischen, im religiösen, im christlich-jüdischen Sinn ist der Mensch letztlich nicht verbeserungs-, sondern erlösungsbedürftig: Der Weg zum Licht, zur Wahrheit, zu Gott vollzieht sich nicht im Medium von Bildung, sondern im Medium von Glaube, Hoffnung und Liebe. Dass und wie *Comenius* eineinhalb Tausend Jahre später diese beiden Ansichten miteinander zu versöhnen versuchte, werden wir noch zu erkunden haben ... Orte haben ihre Zeiten, und Zeiten finden ihre Orte – so auch auf unserem Rundflug in hoffentlich richtiger Höhe und mit der angemessenen Geschwindigkeit. Eine zweite Zeitleiste (auf S. 107ff.) möge dabei wie ein Kompass gute Dienste leisten.

5. **Quellentext:** Die sog. Bergpredigt

DIE PREDIGT AM BERG (Luk 6,17–49)

Die Schar der Zuhörenden: die Apostel, die Jünger und das Volk

Jesus stieg mit den Aposteln den Berg hinunter. Auf einem ebenen Platz hatte sich eine große Menge seiner Jünger versammelt. Männer und Frauen und dazu noch viele Menschen aus dem ganzen jüdischen Land und aus Jerusalem und aus dem Küstengebiet von Tyrus und Sidon. Sie wollten ihn hören und sich von ihren Krankheiten heilen lassen. Menschen, die von bösen Geistern besessen waren, wurden von ihnen befreit. Alle wollten Jesus berühren, denn es ging heilende Kraft von ihm aus und machte sie alle gesund.

Wer sich freuen darf ...

Seligpreisungen und Weherufe

Jesus blickte auf die große Schar seiner Jünger, die Männer und Frauen, und sagte:

„Freut euch, ihr Armen!
Ihr werdet mit Gott leben in seiner neuen Welt.
Freut euch, die ihr jetzt Hunger habt!
Gott wird euch satt machen.
Freut euch, die ihr jetzt weint!
Bald werdet ihr lachen.

Freuen dürft ihr euch, wenn euch die Leute hassen, ja, wenn sie euch aus ihrer Gemeinschaft ausstoßen und beschimpfen und verleumden, weil ihr euch zum Menschensohn bekennt! Freut euch und springt vor Freude, wenn das geschieht; denn

Gott wird euch reich belohnen. Mit den Propheten haben es die Vorfahren dieser Leute auch so gemacht.

Aber weh euch, ihr Reichen!
Ihr habt euren Anteil schon kassiert.
Weh euch, die ihr jetzt satt seid!
Ihr werdet hungern.
Weh euch, die ihr jetzt lacht!
Ihr werdet weinen und klagen.

Weh euch, wenn euch alle Leute loben, denn genauso haben es ihre Vorfahren mit den falschen Propheten gemacht."

Die Feinde lieben

„Euch, die ihr mir zuhört, sage ich: Liebt eure Feinde; tut denen Gutes, die euch hassen; segnet die, die euch verfluchen und betet für alle, die euch schlecht behandeln. Wenn dich jemand auf die Backe schlägt, dann halte ihm auch die andere Backe hin. Wenn dir jemand den Mantel wegnimmt, dann gib ihm noch das Hemd dazu. Wenn jemand dich um etwas bittet, dann gib es ihm; und wenn jemand dir etwas wegnimmt, dann fordere es nicht zurück. Behandelt die Menschen so, wie ihr selbst von ihnen behandelt sein wollt.

Warum erwartet ihr von Gott eine Belohnung, wenn ihr nur die liebt, die euch auch lieben? Das tun sogar die Menschen, die nicht nach dem Willen Gottes fragen. Warum erwartet ihr von Gott eine Belohnung, wenn ihr nur die gut behandelt, die euch auch gut behandeln? Das tun auch die hartgesottensten Sünder. Warum erwartet ihr von Gott eine Belohnung, wenn ihr nur denen etwas leiht, von denen ihr wißt, daß sie es euch zurückgeben werden? Ausleihen, um es auf Heller und Pfennig zurückzubekommen, das tun auch die Sünder gegenüber ihresgleichen! Nein, eure Feinde sollt ihr lieben! Tut Gutes und leiht, ohne etwas zurückzuerwarten! Dann bekommt ihr reichen Lohn: Ihr werdet zu Kindern des Höchsten. Denn auch er ist gut zu den undankbaren und schlechten Menschen."

Niemand verurteilen

„Werdet barmherzig, so wie euer Vater barmherzig ist! Verurteilt nicht andere, dann wird Gott auch euch nicht verurteilen. Sitzt über niemand zu Gericht, dann wird Gott auch über euch nicht zu Gericht sitzen. Verzeiht, dann wird Gott euch verzeihen. Schenkt, dann wird Gott euch schenken: ja, er wird euch so überreich beschenken, daß ihr gar nicht alles fassen könnt. Darum gebraucht anderen gegenüber ein reichliches Maß; denn Gott wird bei euch dasselbe Maß verwenden."

Gegen blinde und überhebliche Besserwisserei

Jesus machte ihnen auch in Bildern deutlich, wovor sie sich hüten sollen; er sagte: „Kein Blinder kann einen Blinden führen, sonst fallen beide in die Grube. Kein Schüler steht über seinem Lehrer. Und wenn er ausgelernt hat, soll er wie sein Lehrer sein. Warum kümmerst du dich um den Splitter im Auge deines Bruders oder deiner Schwester und bemerkst nicht den Balken in deinem eigenen? Wie kannst du zu deinem Bruder oder deiner Schwester sagen: 'Komm her, Bruder; komm her, Schwester; ich will dir den Splitter aus dem Auge ziehen' und merkst gar nicht, daß du selbst einen ganzen Balken im Auge hast? Scheinheilig bist du! Zieh doch erst den Balken aus deinem eigenen Auge, dann kannst du dich um den Splitter in einem anderen Auge kümmern."

Der Baum und die Früchte

„Ein gesunder Baum trägt keine schlechten Früchte, und ein kranker Baum trägt keine guten. An den Früchten ist zu erkennen, was jeder Baum wert ist. Von Disteln kann man ja auch keine Feigen pflücken und von Dornengestrüpp keine Weintrauben ernten. Ein guter Mensch bringt Gutes hervor, weil er im Herzen gut ist. Aber ein schlechter Mensch kann nur Böses hervorbringen, weil er von Grund auf böse ist. Denn wovon das Herz voll ist, davon redet der Mund!"

Das Gleichnis vom Hausbau

„Was nennt ihr mich immerzu 'Herr', wenn ihr doch nicht tut, was ich sage? Wer zu mir kommt und meine Worte hört und sich nach ihnen richtet – ich werde euch zeigen, wem er gleicht: Er gleicht einem Menschen, der ein Haus baute und dabei tief grub und die Fundamente auf Felsgrund legte. Als das Hochwasser kam, prallten die Fluten gegen das Haus, aber es blieb stehen, weil es so fest gebaut war. Wer dagegen meine Worte hört und sich nicht nach ihnen richtet, ist wie ein Mensch, der sein Haus einfach auf das Erdreich stellte, ohne ein Fundament. Als die Fluten dagegen prallten, fiel es sofort in sich zusammen, und alles lag in Trümmern."

Zeitleiste

31–14	Kaiser Augustus, Ovid, Vergil, Horaz, Livius
0–33	Jesus von Nazareth
9	Schlacht im Teutoburger Wald; Rhein endgültige Grenze Roms
45–58	Missionsreisen des Paulus
70	Zerstörung Jerusalems; Rom neuer Mittelpunkt des Christentums; Bischofssitz
115	Kaiser Trajan; Höhepunkt der Macht; größte Ausdehnung und gleichzeitiger Verfall des röm. Imperiums

um 250	Alemannen durchbrechen den Limes und dringen in röm. Gebiet
250	Christenverfolgung unter Decius
284–305	Diocletian: Kaiserkult als Staatsreligion; allgemeine Christenverfolgung
305–337	Konstantin d. Große erringt Alleinherrschaft in Rom; Bekenntnis zum Christentum; Gründung von Konstantinopel als zweites Rom; Machtanstieg des Bischofs von Rom
325	Reichssynode v. Nicäa; Machtkampf zwischen Staat und Kirche deutet sich an
um 350	Bischof Ulfilas; Übersetzung des NT ins Gotische (Ulfilasbibel)
um 375	Einfall der Hunnen; Beginn der Völkerwanderung durch die Goten
395	Teilung des röm. Reiches in Ostrom und Westrom
440–462	Papst Leo I., der Große; Primat des Bischofs von Rom durch kaiserl. Gesetz anerkannt (445); Ravenna Hauptstadt
476	Odoakar setzt den letzten Kaiser Westroms ab und wird König von Rom
471–526	Theoderich besiegt Odoakar, erkennt Oberhoheit von Byzanz an
527–565	Ostrom: Justinian: (Corpus Juris Civilis)
um 529	Klostergründung Monte Cassino (Benedikt)
um 550	Kampf Ostroms gegen die Goten
um 600	Ende der Völkerwanderung
608–632	Verkündung des Koran durch Mohammed (570–632)
711	Untergang des Westgoten-Reiches
730–804	Alkuin; Kloster-, Dom- und Stiftsschulen
732	Schlacht bei Tours und Poitiers: Martell stoppt den islam. Vormarsch
751	Karolinger Pippin durch Bonifatius zum König gesalbt
754	Pippinsche Schenkung: Grundlegung des Kirchenstaates
742–814	Karl der Große (Aufbau eines Universalreiches von Franken, Langobarden, Sachsen, Bayern, Germanen)
800	Krönung Karls d. Großen
843	Vertrag von Verdun; Reichsteilung
871–895	Engl.: Alfred der Große; Gründung eines Reiches von ähnl. Bedeutung wie Karls
900–910	Gründung von Kloster Cluny (Benediktiner)
933	Sieg Heinrich I. gegen die Ungarn; Grenzsicherung, aber auch Erstarkung der Stammesherzogtümer
936–973	Otto I., der Große siegt gegen die Ungarn auf dem Lechfeld
1096	Beginn der Kreuzzüge

1099	Einnahme von Jerusalem durch die Kreuzritter
1056–1250	Investiturstreit; Kampf zwischen Kaiser und Papst um die Einsetzung der Bischöfe
1077	Heinrich IV.: Gang nach Canossa; Papst Gregor VII. hebt den Bann auf; Machtverlust des Kaisers; Errichtung von Schreib-, Lese- und Rechenschulen
1122	Wormser Konkordat: Trennung von geistl. und weltl. Machtgebieten; Herrschaft des Papstes fortan unangetastet; starkes Königtum
1119	Ordenshochschulen, Gründung der Universität Bologna
1152–1190	Friedrich I., Barbarossa: Verschmelzung des alten Reichsgedankens (Gottesgnadentum, Schutzgewalt über die Kirche) mit Vorstellungen des röm. Staatsrechts; Wiederaufleben des Kampfes Kaiser vs. Papst; Tod auf dem 3. Kreuzzug
1215	England: Magna Charta Libertatum: Grundlegung der engl. Verfassung
1215	Laterankonzil: Papst auf dem Höhepunkt kirchl. und weltl. Macht; Schaffung der Inquisition
1215–1250	Friedrich II. 'erobert' ohne Kampf im 5. Kreuzzug die hl. Stätten und gibt sie – dem eher kriegswütigen Papst Gregor IX. zum Trotz – der Christenheit zurück
1241	Mongolen unter Dschingis Chan bis Schlesien; Beginn ihrer 240jährigen Herrschaft in Osteuropa
1348	Gründung der Universität Prag
um 1350	Pestepedemien, bei denen ein Drittel der Menschen sterben; große Judenverfolgungen im Reich
1356	Goldene Bulle: Stärkung der einzelnen Landesfürsten; Königswahl durch Kurfürsten wird Reichsgesetz
1339–1453	Hundertjähriger Krieg zwischen England und Frankreich um die Erbfolge
1429	Jeanne d'Arc befreit Orléans
um 1450	Erfindung des Buchdrucks durch Johannes Gutenberg
1493–1519	Haus Habsburg unter Maximilian I. zur ersten Großmacht Europas
1453	Türken erobern Konstantinopel
1492	Fall der letzten maurischen Festung (Granada) in Spanien; Kolumbus entdeckt Amerika
1517	Luthers Thesenanschlag
1519–1556	Karl V., in dessen Weltreich die Sonne nicht untergeht
1509–1547	England: Heinrich VIII.; Begründung der engl. Staatskirche

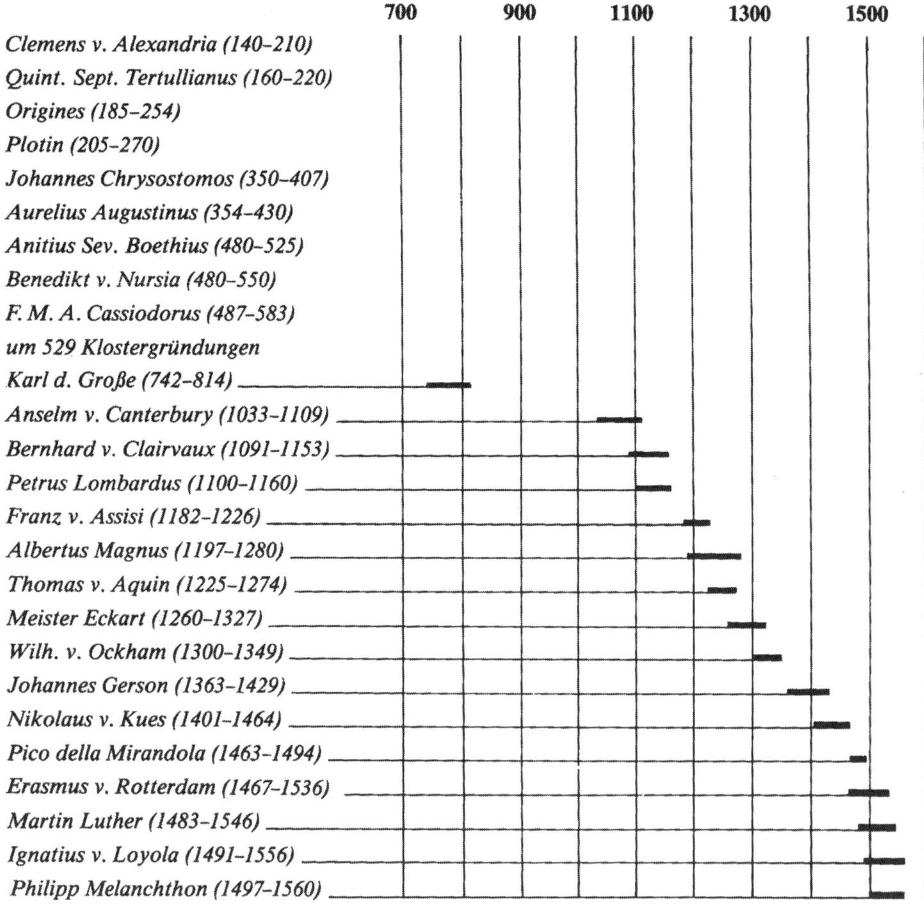

✳

Natürlich ist die Geschichte nicht (nur) die Geschichte bestimmter Menschen (und schon gar nicht die großer Männer) und doch machen die Menschen inmitten vieler – sich gegenseitig häufig brechender – Strukturen Geschichte: schichten das eine auf das andere – und sei es das bereits Abgeräumte.

Fliegen wir also in einem großen Bogen von Palästina nach Italien, vom Berge Golgatha nach Arpinum, wo er am 3. Januar 106 v. Chr. geboren wurde: *Marcus Tullius Cicero*. Schon ab dem Jahre 200 v. Chr. hatten sich die Römer griechische Lehrer („semigraeci“) kommen lassen, so dass es in den folgenden Jahren und Jahrzehnten zu einer Hellenisierung der römischen Kultur kam. Die „Gebildeten“ dieser Zeit lernten selbstverständlich die griechische Sprache und nach dem militärischen Sieg der Römer über die Griechen (im Jahre 146 v. Chr.) begann ein

Prozess, der in der Geschichte so selten nicht ist: Die besiegte Militärmacht eroberte die Kultur der Sieger. Als grandioser Vermittler, Interpret und Verschmelzer beider Kulturen gilt bis heute eben dieser *Cicero*, über den *Anthony Everitt* eine faszinierende Lebensbeschreibung vorgelegt hat[14]. Als Anwalt, Redner, Staatsmann und Konsul war er erfolgreich und scheiternd zugleich – *Antonius* ließ ihn im Jahre 43 v. Chr. sogar ermorden. Literarisch aber hat er bis heute überlebt, vor allem durch seine „Bücher über ...": den Redner („De oratore, 55 v. Chr.), den Staat („De re publica", um 52 v. Chr.), das Wesen der Götter („De natura deorum", 45 v. Chr.) und schließlich über die Gesetze („De legibus", posthum). Zwei Gedanken wenigstens wollen wir mitnehmen:

- In meinem schon recht zerfledderten Leseexemplar habe ich im Laufe der Jahre viele Stellen markiert – eine jedoch immer wieder zitiert: Wenn, so *Cicero* in seiner Schrift „Über das Wesen der Götter", niemand mehr über Gott-und-die-Welt nachdenkt, redet, streitet, schreibt, sind „die Menschen notwendigerweise im Zustand völliger Ungewißheit und in Unkenntnis all dessen, was wesentlich ist", – „*in maximarum rerum ignoratione versari.*"[15] Dabei sind nicht so sehr die Antworten wichtig, sondern die Fragen, hier: Die Frage nach Gott, den Göttern, der Religion ist eine Menschen-Frage, die ohne einen schlimmen Verlust an Menschlichkeit nicht unterdrückt, nicht dem Zufall überlassen, nicht aus dem Bildungskanon verwiesen werden darf. Noch einmal *Cicero*, dem nichts so ferne lag wie Beliebigkeit, Zufall oder Willkür, auch und gerade in der Frage nach dem rechten Maß der religiösen Bildung:
  „*Cum multae res in philosophia nequaquam satis adhuc explicatae sint, tum perdifficilis, Brute, quod tu minime ignoras, et perobscura quaestio est de natura deorum, quae et ad cognitionem animi pulcherrima est et ad moderandam religionem necessaria.*"[16]
  „In der Philosophie gibt es zwar, mein Brutus, noch Vieles, was der Aufklärung bedarf, aber zu den schwierigsten und dunkelsten Fragen in ihr gehört, wie Dir bekannt ist, die nach der Natur der Götter. Sie dient vortrefflich zur Erkenntnis unseres eigenen Geistes und ist unentbehrlich für die Einhaltung des rechten Maßes bei der Religion."[17]

  Und ein zweiter Gedankengang lohnt erinnert zu werden:

- Wer immer in der Öffentlichkeit (*res publica*) Verantwortung übernimmt, muss ein um Bildung (*formatio, institutio, eruditio*) sich bemühender Mensch sein, den vier Merkmale kennzeichnen: Er muss weise, gerecht, maßvoll und rhetorisch geschult sein – so eine der zahlreichen Bildungsgedanken in der Schrift „Über das Gemeinwesen"[18]. Diese Tugenden aber erwirbt nur jeder Einzelne in dem ihm gemäßen Bildungsprozess. Deshalb ist die *res privata* ebenso bedeutsam wie die *res publica*. In ihr lernen wir, dass es zwei Lebensführungen gibt, in der entweder Genuss bzw. Vergnügen (*otium resp. voluptas*) dominieren oder aber *virtus*: Tatkraft, Standhaftigkeit, Tugend, Sittlichkeit, Verantwortung ..., ohne die keine Gemeinschaft gedeihen kann. Jeder Einzelne ist mitverantwortlich für das Ganze, und die Gemeinschaft trägt Mitverantwortung für jeden Einzelnen, besonders den Hilfsbedürftigen. *Cicero* hat ein immenses Werk hinterlassen: Allein 19 Bücher, 780 Briefe von und 90 Briefe an ihn sind überliefert. Dabei sollte man ein Genre nicht vergessen: *Cicero* war auch ein humorvoller, gelassener, heiterer Schriftsteller, so dass denen, die ihn als solchen kennenlernen wollen, ein Büchlein, ein köstliches *libellum*, empfohlen sei: „Cicero zum Vergnügen“ [19] ...

✳

Nicht nur einmal habe ich ihn gehört, jenen „Oberstudiendirektor“ eines deutschen Gymnasiums (und seit geraumer Zeit auch manchen „Leiter“ einer Integrierten Gesamtschule), der am Ende seiner Abiturrede mit feierlicher Stimme in die „Aula“ (oder in das „Pädagogische Zentrum“) rief: „Und in diesem Sinne schließe ich mit *Seneca* und rufe euch jungen Abiturienten seinen Lebensrat zu: *Non scholae, sed vitae discimus*. Nicht für die Schule, sondern für das Leben lernen wir.“ Und jedes Mal zucke ich zusammen und möchte jenen „Direx“ (oder „die Schulleitung“) einladen, mit uns nach Korsika zu fliegen, wo er von 41–48 n. Chr. in der Verbannung lebte: *Lucius Annaeus Seneca*, d. J., Sohn des älteren *Seneca*, der im Gegensatz zu seinem Sohn kein herausragender Schriftsteller war. Hat er dies wirklich gesagt, geschrieben, gemeint? Noch nicht einmal gedacht hat er dies! Aber fragen wir ihn selbst ...

Um das 4. Jahr n. Chr. kam *Seneca* d. J. in Cordoba (der Hauptstadt der spanischen Provinz) zur Welt, erhielt seine Ausbildung in Rom, wurde Anwalt, Quaestor (Finanzbeamter) und gegenüber dem Kaiserhaus (unter *Caligula*) oppositionell eingestellter Rhetor. Fast wäre er zum Tode verurteilt worden. Unter der Regentschaft von *Claudius* wurde er auf Betreiben der Kaiserin *Messalina* für acht Jahre nach Korsika verbannt – dort wollen wir ihn besuchen und befragen.

„*Sedate*!“ wird er antworten. „Gemach, gemach!“ „Gott schuf die Zeit, von Eile hat er nichts gesagt. Kommt im Jahre meines Todes nach Rom, da könnt ihr meine Antwort hören und sogar lesen!“ Also verweilen wir hier ein wenig, beobachten den Mittvierziger in seiner Verbannung, die auch eine kritische Distanz zu den Umtrieben seiner Zeit einleitete, kehren mit ihm nach Rom zurück, wo er rasch Praetor (also Minister) wurde. Darüber hinaus vertraute die Kaiserin *Agrippina* ihm die Erziehung ihres 11jährigen Sohnes *Nero* an, die recht erfolgreich verlief, so dass dieser, als er im Jahre 54 n. Chr. den Thron bestieg, seinen einstigen Lehrer zu seinem ersten Minister machte, auf dass dieser die eigentliche Staatsgewalt in seinen Händen hielt. Eine offensichtlich beginnende Psychose des Kaisers und immer schlimmere Hofintrigen bewogen *Seneca*, sich ins Privatleben zurückzuziehen, um sein reichhaltiges literarisches Werk zu vollenden: Neun Tragödien hat er hinterlassen, philosophische Schriften (vor allem die „Epistulae morales“) und – 124 „Briefe an Lucilius“, 20 weitere scheinen verloren gegangen zu sein.

Seit 62 n. Chr. schrieb *Seneca* diese Briefe an den jungen *Lucilius*, der offensichtlich aus der Gegend von Neapel stammte und später Statthalter in Epirus, Makedonien sowie auf Sizilien war. Im Grunde aber ist jeder Mensch Adressat dieser einzigartigen Briefe, die zu fast allen bedeutsamen Lebensfragen Stellung nehmen: zu Krankheit und Tod, zur Wahrheit und Lüge, zum Wert und Unwert. Und mit Sicherheit ist *Seneca* der erste Philosoph, der dem (zu seiner Zeit immer stärker werdenden) Christentum nahestand – viele seiner ethischen Überlegungen und Lebensregeln sind zumindest von dorther beeinflusst worden. Uns aber interessiert hier der 104. Brief, in dem die vermeintliche Äußerung gemacht worden sein soll. Fragen wir ihn also, unseren fast 60jährigen Briefeschreiber, der – stoisch lächelnd – uns die entscheidende Textstelle zur Kenntnis bringt. Dort heißt es nämlich[20]:

„Latrunculis ludimus. In supervacuis subtilitas teritur: non faciunt bonos ista, sed doctos. Apertior res est sapere, immo simplicior: paucis est ad mentem bonam uti literis, sed nos ut cetera in supervacuum diffundimus ita philosophiam ipsam. Quemadmodum omnium rerum sic litterarum quoque intemperantia laboramus: non vitae, sed scholae discimus. VALE.“

Übersetzt lautet dieser Briefschluss: „Mit Steinchen spielen wir. Mit überflüssigen Fragestellungen jedoch nutzt man den Scharfsinn ab: nicht gut macht derlei, sondern bloß ‘gelehrt’. Eine klarere Sache ist es, weise zu werden, nein eine einfachere: wenig Wissenschaft braucht man für eine sittliche Seelenhaltung; doch wir verzetteln uns ins Überflüssige, sogar die Philosophen selbst. Wie in allen Dingen, so auch in der Wissenschaft, leiden wir an Maßlosigkeit: nicht für das Leben, sondern für die Schule lernen wir. LEBE WOHL!“

Wer diese Sätze liest, womöglich den ganzen Brief und darüber hinaus bedenkt, für was *Seneca* (s)ein Leben lang eingetreten ist (für ein tätiges und ethisch fundiertes, ein weises, um Selbstbildung bemühtes Leben nämlich), der kann diese Passage guten Wissens und Gewissens nicht für ein Plädoyer benutzen, das auf eine Ausrichtung der Schule an das Leben legitimiert. Denn was für ein Leben soll dies auch sein, für das wir angeblich lernen sollen? Für die Intrigen am Hof? Die Pisomische Verschwörung? Den Aufenthalt in den Thermen? Die blutigen Gladiatorenkämpfe im Collosseum? Für *panem et circenses*? Für Brot und Spiele also? Damals . . . Für den um sein Amt fürchtenden Minister? Die globalisierende Weltwirtschaft? Die Dogmen der Kirchen? Die Spaßkultur im Freizeitcenter? Die Bewältigung von 60-, 70-, 80.000 Fernsehstunden? Heute . . . Wie immer *Seneca* diesen Briefschluss gemeint haben mag (ob warnend oder ironisch, beschreibend oder normativ), an ein wie auch immer geartetes Leben wollte er mit Sicherheit die Schule *nicht* ausliefern. An ihrer Eigenständigkeit, ihrer relativen Unabhängigkeit, ihrer *dignitas* hat er festgehalten – so wie an seiner *vita*, die er, den wahnsinnig-rachsüchtigen *Nero* im Rücken, zu beenden gezwungen wurde: Man verdächtigte ihn kurzerhand, in die Verschwörung des *Calpurnius Piso* verwickelt gewesen zu sein, der *Nero* stürzen wollte, und deshalb zwang man ihn, sich die Pulsadern zu öffnen. In seinem 26. Brief an *Lucilius* schreibt *Seneca*, schon längst über den Pressionen stehend:

„Eine großartige Sache ist es, den Tod zu lernen. Überflüssig, denkst du vielleicht, das zu lernen, was man ein einziges Mal können muß: das gerade ist es, dessentwegen wir daran denken müssen; stets muß man lernen, wovon wir nicht erproben können, ob wir es verstehen. „Denke an den Tod": wer das sagt, heißt an die Freiheit zu denken. Wer zu sterben gelernt hat, Sklave zu sein hat er verlernt: oberhalb aller Macht steht er, bestimmt außerhalb jeder Macht. Was (können) gegen ihn Kerker, Gefangenschaft und Riegel? Einen freien Ausgang hat er. Eine Kette nur gibt es, die uns gebunden hält, die Liebe zum Leben, die wir zwar nicht von uns werfen dürfen, aber doch schwächen müssen, damit, wenn einmal die Sachlage es fordert, nichts uns festhält noch hindert, bereit zu sein, was einmal zu tun ist, sofort zu tun. Leb wohl." [21]

Von ihm, dem Stoiker, wäre dies zu lernen: Lernen, Erziehung und Bildung in der *Schule* und die jeweilige Wirklichkeit, Grandiosität und Erbärmlichkeit im *Leben* der Gesellschaft dürfen nicht in ein dependentes Verhältnis gedacht und gerückt werden – so als sei die eine Seite Zulieferungsbetrieb bzw. Herrin der anderen. Schule und Leben stehen in einem interdependenten Verhältnis: sie beeinflussen, korrigieren, relativieren ..., bilden sich (hoffentlich) wechselseitig anstatt sich gegenseitig zu bekriegen, zu unterdrücken, in Anspruch zu nehmen. Erst in der bei *Seneca* grundgelegten Dialektik kann sich die „Schule als Leben" [22] und kann sich das Leben als Schule begreifen und um der Bildung willen das Wohl des Einzelnen und des Ganzen verfolgen ...

*

Noch zweimal soll auf unserem Rundflug gelandet werden – zunächst im Osten Nordafrikas, im heutigen Algerien, damals Numidien, das ab 46 v. Chr. als *Africa Nova* eine römische Provinz war. Hier wurde er am 13. November 354 n. Chr. in Tagaste (im heutigen Souk-Ahras) als Sohn des heidnischen *Patricius* und der Christin *Monika* geboren; nicht weit von hier, genauer in Hippo Regius, starb er am 28. August 430 – im 76sten Lebensjahr. Tätig war er als Rhetorik-Lehrer in Karthago, Rom und Mailand. Nach einem recht ausschweifenden Leben bekannte er sich zum Christentum, ließ sich in der Osternacht des Jahres 387 von *Ambrosius* taufen, wurde drei Jahre später Priester, 396 Bischof von Hippo und durch seine Schriften sowie Auseinandersetzungen mit den Fragen seiner Zeit zum führenden Kopf des 1. nachchristlichen Jahrtausends. Zwei Schriften lohnen auch heute noch studiert zu werden: Seine „Bekenntnisse" (397/98) und sein Büchlein „Über das Glück" (386) – das Buch „De civitate Dei" (ab 413) mag lesen, wer will ... Sein Name: *Aurelius Augustinus.*

Vielleicht muss man die Hälfte seines Lebens schon überschritten haben, wenn man eine so schonungslose Lebensbeichte ablegen will, wie sie *Augustinus* abgelegt hat. Dabei bleibt er aber nicht stehen, sondern zielt darüber hinaus auf die alle Menschen quälenden Fragen – zum Beispiel:

- „Das alles stand gesichert und unerschütterlich fest in meinem Geiste, aber in Ängsten wälzte ich die Frage, woher das Böse sei" – *„unde sit malum."*[23] *Augustinus* verbindet also das Ich mit dem Allgemeinen: *Ich* (will dies wissen) und *das Allgemeine* (wird deshalb bedeutsam) ... Oder:
- „Nirgendwo kam meine Seele zur Ruhe, nicht im lauschigen Hain, nicht bei Spiel und Gesang, weder im salbenduftenden Bad, noch beim wohlbereiteten Mahl, noch in Lager und Bett mit ihrer Lust" – *„nec in voluptate cubilis et lecti"*.[24] Weder dieses (in meinem Leben) noch jenes (in deinem Leben) an Vordergründigkeiten lassen die Seele zur Ruhe kommen.

Auf der Scheitelhöhe zwischen (heidnischer) Antike und (christlichem) Mittelalter wirft *Augustinus* die alten Menschenfragen neu auf und bekennt sich zu Antworten – im Gegensatz zu *Cicero*, der für sich allenfalls die Kennzeichnung *„magnus opinator"* (ein großer Vermutender) zuließ. „Nicht Fragen aufzuwerfen ist jetzt die Zeit, sondern Dir zu bekennen" – *„sed confitendi tibi"*[25]. Was aber bekennt *Augustinus*? Vor allem seine und das heißt des Menschen Sündhaftigkeit, die uns seit *Adam*s und *Eva*s Sündenfall zu schaffen macht. Gut 1 ½ tausend Jahre später lässt *Büchner* in „Dantons Tod" die alte Menschenfrage neuerlich ertönen: „Was ist das, was in uns lügt, hurt, stiehlt und mordet?"[26] Ohne Erbarmen verweist *Augustinus* auf uns selbst: Wir, genauer gesagt: das von uns gewollte Böse ist die Ursache allen Elends und Leids. „Der Mensch bedarf nicht der Teufel – er schafft sich sein eigenes Inferno", so *Eric Malpass*[27].

Auf diese Weise und entlang einer solchen Weltanschauung kommt mit *Augustinus* eine recht pessimistische Anthropologie in die Bildungstheorie: Die Erbsünde und die darauf fußende Lehre lassen dem Menschen kaum eine Chance – nur die Gnade Gottes vermag ihn zu retten, nur in IHM und durch IHN und mit IHM gewinnt er sein Heil: „Ruhelos ist unser Herz, bis daß es seine Ruhe hat in Dir" – *„inquietum est cor nostrum, donec requiescat in te."*[28] Der Augsburger Erziehungswissenschaftler *Fritz März* spricht in diesem Zusammenhang von einer durch *Augustinus* eingeleiteten erziehungspessimistischen Epoche, die sich im Gegensatz zur Heiligen Schrift befand und das „Evangelium" nicht mehr mit „Frohbotschaft" übersetzt habe.[29] In der Tat: Auf Erziehung setzte *Augustinus* kaum, wohl aber auf den Glauben und die Gnade. Auch die Möglichkeiten des Lehrers sah er in seiner Schrift „De Magistro" (389) als recht begrenzt an[30]. „Für

AUGUSTIN", so schreibt *Theodor Ballauff*, „gibt es in strengem Sinn keinen Lehrer und auch kein Lernen."[31] Umso mehr interessierte ihn die Frage, wie dieser „verderbte Mensch" dennoch sein Glück finden kann. An seinem 42. Geburtstag führte er auf dem *rus cassiciacum*, dem Landsitz seines Freundes *Verecundus* am Comer See, ein philosophisches Gespräch, das er anschließend aufzeichnete und unter dem Titel „De beata vita" publizierte. Denn Glück ist und bleibt das Ziel menschlichen Strebens. Was aber ist Glück? Die Griechen hatten bekanntlich *hédoné* von der *eudaimonia* scharf unterschieden: Vordergründige Lustbefriedigung ist nicht identisch mit Lebensglück. Dieser fehlt der Sinn, jenes ist gleichsam Freude am und im Leben. Wo die Menschen auf das Reaktionsniveau eines Lurches herabsinken, sagen wir in einer Peepshow, gieren sie nach Lust; wo immer sie hingegen Lust (besser: Freude) im Medium von Liebe erfahren, beschenkt sie das Glück: *eudaimonia. Augustinus* bringt einen weiteren Gedankengang in diesen Diskurs: „Wer Gott hat, ist glücklich" – „*Deum igitur, inquam, qui habet, beatus est.*[32] Wer aber „hat" Gott? Nur der, „wer Gottes Willen tut" – „*quae deus vellet*".[33] Auf diese Perspektive richtet *Augustinus* seine Bildungstheorie aus; sie lässt ihn scharf unterscheiden zwischen „*nequitia*" (Ungebundenheit, Maßlosigkeit, Normlosigkeit), der „Mutter aller Laster", auf der einen und „*frugalitas*" (Mäßigkeit, Bescheidenheit, Besonnenheit), der „Mutter aller Tugend"[34], auf der anderen Seite.

Dieses Argument erinnert an *Aristoteles* und das Mesotes-Prinzip. Und in der Tat stellt *Augustinus* eine Reihe von Glücksregeln auf, die es auch heute noch wert sind bedacht zu werden.

Zum Beispiel:

- „Töricht ist es zu erleiden, was zu vermeiden wäre."[35]
- „Da du nicht kannst, was du willst, so wolle, was du kannst!"[36]
- „Nützlich vor allem im Leben sei dies: nichts zuviel."[37]

Glück ist also an die Erkenntnis gebunden, dass es nur ein einziges Heil gibt: das Heil in Gott ...

*

Diesem fast gänzlichen Ausgeliefertsein des Menschen an die Gnade Gottes hält ein zweiter Kirchenvater etliches entgegen. Ihn aufzusuchen ist nicht ganz leicht, denn er war viel unterwegs, studierte in Neapel, in Paris (bei *Albertus Magnus*) sowie in Köln; er lehrte in Paris, Orvieto, Viterbo und Rom und starb sogar unterwegs – auf der Reise zum Konzil von Lyon, am 7. März 1274, wohl 48- oder 49-jährig, genau wissen wir es nicht. Im Jahre 1225 oder 1226 wurde er als Sohn einer alten Adelsfamilie auf Burg Roccasecca bei Aquino, einem malerischen Ort in Latium geboren – etwa 1.225 Jahre zuvor hatte dort der römische Dichter *Juvenal* das Licht der Welt, seiner Welt erblickt. Sein Name: *Thomas von Aquin*, genannt *Doctor communis* oder auch *Doctor angelicus*, trat 1243 in den Dominikanerorden ein, wurde zu Lebzeiten heftig bekämpft, 1323 heilig gesprochen und 1567 zum Kirchenlehrer erhoben. Natürlich interessiert er uns hier nicht als Theologe, wohl aber in seinem Bemühen, den Erziehungspessimismus seines Konkurrenten *Augustinus* zu relativieren. Nicht ohne feinsinnige Absicht verfasste auch *Thomas* eine Schrift „De magistro", und zwar in der Quaestio „De veritate".[38] In vier Abschnitten entfaltet er eine ganz andere Theorie des Lehrens und Lernens, des Erziehens und Bildens, des Unterweisens und Wissenserwerbens:

- Kann ein Mensch einen anderen lehren und darf sich deshalb Lehrer nennen oder kommt dies allein Gott zu?
- Kann jemand auch sein eigener Lehrer sein?
- Kann der Mensch sogar von den Engeln belehrt werden? Und schließlich:
- Ist das Lehren ein Akt des tätigen oder des beschaulichen Lebens?

Der "Samen der Wissenschaft" bedarf nach *Thomas* zwar der Außenanregung um aufzugehen, aber – er liegt im Menschen selbst, in jedem Menschen. Beide Kräfte (*potentia activa* und *potentia passiva*) sind nötig, wenn es zum wissenden Glauben kommen soll. Von daher wird Unterricht nicht nur möglich, sondern geradezu notwendig, auch wenn die Wahrheit letztlich bei Gott bleibt. So gesehen wird auch Erziehung unverzichtbar: Tiere benötigen Ernährung (*nutritio*), Menschen Vorsorge (*providentia*) und Erziehung (*educatio*). Und der Mensch bedarf der Bildung, die bei *Thomas* Formgebung bedeutet (*informatio*) oder Prägung (*sigilatio*). „Erziehung ist das Hinaufführen aus der natürlichen Sphäre durch die gedankliche zur geistlichen, Bildung ist diejenige Formgewährung von oben, die der Erziehung entgegenkommen muss, wenn sie sinnvoll bleiben soll. Die Emporführung von unten und die Formgewährung von oben sind metaphysisch *ein* Geschehen."[39] Auf diese Weise gibt *Thomas* (auch) dem (sündigen) Menschen seine Würde zurück, die darin gipfelt, dass er ein lernendes, ein sich sehnendes, ein nicht festzulegendes Wesen ist. In seinem seiner früh verstorbenen Frau *Anna* gewidmeten Album besingt *Herbert Grönemeyer* bereits im ersten Song eben diesen nicht festzulegenden Menschen u. a. wie folgt[40]:

> Und der Mensch heißt Mensch.
> Weil er irrt
> und weil er kämpft.
> Weil er hofft
> und liebt.
> Weil er mitfühlt
> und vergibt.
> Und weil er lacht,
> und weil er lebt ...

Der Mensch heißt Mensch.
Weil er erinnert,
weil er kämpft.
Weil er hofft
und liebt.
Weil er mitfühlt
und vergibt.
Und weil er lacht,
und weil er lebt ...

Thomas lebte in einer Zeit, die aufzubrechen begann, sich zu befreien gedachte, die Herausforderung suchte – entsprechend brach er auf, befreite sich und andere und forderte die meisten heraus. Die sieben „Kreuzzüge“ (1096–99; 1147–49; 1189–92; 1202–04; 1228–29; 1248–54; 1270–91), die Konfrontation mit der kulturell dem christlichen Mittelalter weit überlegenen mohammedanischen Weltmacht sowie die Wiederentdeckung der aristotelischen Philosophie ließen ihn und das 13. Jahrhundert nicht zur Ruhe kommen. Die geoffenbarte Wahrheit galt es jetzt auch mit Hilfe der Vernunft zu begreifen und dabei sollten Philosophie und Pädagogik helfen. Wissenserwerb und Wissensanwendung werden erst im Thomismus bedeutsam, der damit den Augustinismus abzulösen begann, ohne freilich die zentrale Blickrichtung auf Gott hin zu verlieren. Deshalb behält die Verantwortung für Bildung und Erziehung einzig und allein die Kirche, die auch ausschließlich das Recht in Anspruch nimmt, Lehrer einzustellen. Noch ist *Thomas* nicht der neuzeitlichen Ansicht, dass erst Bildung und Erziehung, Schule und Lernen den Menschen als solchen konstituieren, aber: Diese „Mittel“ erleichtern den Zugang zu seinem Heil, seinem Gott, seinem Glück – noch steht der Satz: *DEUS docet*! Gott lehrt! Und zwar ER allein, aber: durch den Menschen. Der Glaube soll durch die Vernunft in eine begründete und sich begründende Erkenntnis überführt werden – ganz im Sinne des programmatischen Wahlspruchs von *Anselm von Canterbury* (1033–1109): *credo ut intelligam*: Ich glaube, damit ich einsehe bzw. um zu erkennen. So gesehen führt *Thomas* die Scholastik an die Antike und bleibt dennoch Christ. Bei *Platon* (und auch *Aristoteles*) hatte der auf den Weg zur Wahrheit sich aufmachende Mensch Anteil an dieser *Alétheia*, die keine geoffenbarte und folglich keine zu glaubende Wahrheit ist, sondern eine feststehende, also zu beweisende: *veritas est adaequatio ad rem* – die Wahrheit ist die Angleichung an die Sache. Bei *Thomas* sollen Bildung und Erziehung helfen zu *glauben*; bei *Platon* zu *erkennen*.

*

Beenden wir unseren Rundflug und lassen *Daidalos* mitsamt seinem Sohn *Ikaros* nach Athen, in ihre monumentale Heimatstadt, zurückfliegen, wohin sie sich so herzzerreißend zurücksehnten – vergleichbar jenem großen deutschen Kabarettisten, der einmal folgendes Bekenntnis ablegte:

„Kennt ihr das Land, wo die Ruinen blühn, das Griechenland? Ich kenne es leider nur vom Hörensagen oder noch besser: vom Sagenhören.

Aber führt mich mit verbundenen Augen nach Athen, nehmt mir dort die Binde ab und fragt: Wo steht die Akropolis? Dann zeige ich mit dem Finger, und ich wette, wo er hinweist, steht die Akropolis" – *Werner Finck*[41].

Was aber wollen wir mitnehmen auf unserer weiteren Reise? Vielleicht oder zumindest eine

4. ERKENNTNIS

Das Ausmaß des theoretischen Horizonts der Pädagogik sowie die Dimension ihres Handlungsraums hängt von der sie konstituierenden Anthropologie ab: Ist sie menschenverneinend, pessimistisch oder gar resignativ, sind Bildung und Erziehung am Ende – diese Einsicht müssen sich alle zumuten, auch Thomas von Aquin, Aurelius Augustinus und Jesus von Nazareth.

Bevor Sie unsere Reise fortsetzen, gönnen Sie sich einen Kriminal- und einen Liebesroman. Der eine führt Sie nach Irland, in das Jahr 666; der andere nach Frankreich, in die Frühscholastik des 11. und 12. Jahrhunderts. Während die Nonne *Fidelma* ein Verbrechen aufklärt, erfährt man viel über das noch frühe und von keltischen Mythen und Bräuchen beeinflusste Christentum – denn der Autor ist ein renommierter britischer Historiker ... Und während die hinreißend-tragische Liebesbeziehung zwischen *Petrus Abaelardus* und *Heloise* erzählt wird, nehmen Sie ebenso am „Universalienstreit" teil wie an dem Disput über „Gesinnungs- versus Verantwortungsethik" – denn die Autorin war ursprünglich Lehrerin ... *Peter Tremayne*: Die Tote im Klosterbrunnen. Historischer Kriminalroman. (Or. 1996) Berlin: Aufbau Taschenbuch Verlag 9.2004. *Luise Rinser*: Abaelards Liebe. Roman. (Or. 1991) Frankfurt/M.: Fischer Taschenbuch Verlag 1993.

Anmerkungen

1 *Aristoteles*: Politik. (Or. ab ca. 335 v. Chr.) Übersetzt und herausgegeben von *Olof Gigon*. München: Deutscher Taschenbuch Verlag 5.1984.

2 *Aristoteles*: Die Nikomachische Ethik. (Or. ab ca. 325 v. Chr.) Übersetzt und herausgegeben von *Olof Gigon*. München: Deutscher Taschenbuch Verlag 6.1986.

[3] *Platon*: Die Gesetze. (Or. um 350 v. Chr.) In: *Ders.*: Sämtliche Werke. 3 Bde. 3. Bd. Köln-Olten: Jakob Hegner 5.1967, S. 215–663, zit. S. 649.

[4] *Helmut Kuhn*: Plato. In: *Hans Maier* u. a. (Hrsg.): Klassiker des politischen Denkens. 2 Bde. 1. Bd. München: C. H. Beck 5.1979, S. 1–35, zit. S. 10f.

[5] Vgl. *Aristoteles*: Die Nikomachische Ethik, a. a. O., S. 89ff: *Aristoteles* beschwört seine Leser geradezu, die „Mitte zwischen Übermaß und Mangel" zu wahren, die „für alle Menschen eines und dasselbe" sei – wobei man die letztere Aussage wird bezweifeln dürfen.

[6] Vgl. Anm. 2, a. a. O., S. 1–35 u. S. 36–63. Darüber hinaus sei empfohlen die „Problemgeschichte der Pädagogik", Bd. I, von *Fritz März*, Bad Heilbrunn: Klinkhardt 1978, der unter wechselnden Fragestellungen (etwa der Erziehungsbedürftigkeit oder der Weltoffenheit) Klassiker der Pädagogik auf ihre diesbezüglichen Aussagen hin zur Sprache bringt – u. a. auch und in besonderem Maße *Platon* und *Aristoteles*. Gleichfalls lesenswert sind von demselben Autor seine „Pädagogenprofile", 2 Bde. Donauwörth: Auer 1982 (Bd. I); 1984 (Bd. 2).

[7] *Gustav Schwab*: Die schönsten Sagen des klassischen Altertums. Reutlingen: Ensslin & Laiblin 1954, S. 90.

[8] Ebd.

[9] Ebd.

[10] *Joel Carmichael*: Leben und Tod des Jesus von Nazareth. (Or. 1962) Frankfurt/M.: Fischer Bücherei 1968.

[11] *Wilhelm Dantine*: Jesus von Nazareth in der gegenwärtigen Diskussion. Gütersloh: Gerd Mohn 1974.

[12] *Rudolf Augstein*: Jesus Menschensohn. München-Gütersloh-Wien: C. Bertelsmann 1972, S. 7.

[13] Ich habe mich für die wesentlich kürzere Fassung der „Bergpredigt" bei Lukas, 6, 17–49, also gegen die bei Matthäus, 5–7 entschieden, weil hier das Gebot der Feindesliebe im Zentrum steht und nicht die rechte Auslegung des Moses-Gesetzes. Und ich habe den lesefreundlichen Text der Deutschen Bibelgesellschaft (Stuttgart 1998, S. 156–159) bevorzugt, die Anmerkungen jedoch weggelassen.

[14] *Anthony Everitt*: Cicero. Ein turbulentes Leben. Köln: DuMont Verlag 2003.

[15] *M. Tullius Cicero*: De natura deorum. Über das Wesen der Götter. (Or. 45 v. Chr.) Stuttgart: Reclam 1995, S. 8f.

[16] Ebd., S. 6.

[17] Da die deutsche Übersetzung im Reclam-Band (6881) nicht ganz korrekt ist, habe ich auf eine ältere zurückgegriffen: *Marcus Tullius Cicero*: Drei Bücher über die Natur der Götter. Übersetzt und erläutert von *J. H. v. Kirschmann*. Leipzig: Dürr 1874, S. 3.

[18] *Ders.*: De re publica. Vom Gemeinwesen. (Or. 54–51 v. Chr.) Stuttgart: Reclam 1979, bes. S. 316ff.

[19] *Marion Giebel*: Cicero zum Vergnügen. Stuttgart: Reclam 1997.

[20] *L. Annaeus Seneca*: Ad Lucilium Epistulae Morales. LXX-CXXIX (XXX). Hrsg. von *Manfred Rosenbach*. In: *Ders.*: Philosophische Schriften. Bd. 4. Darmstadt: Wissenschaftliche Buchgesellschaft 1984, S. 626f.

[21] A. a. O., Bd. 3, S. 226ff.

[22] Vgl. dazu *Jakob Muth*: Schule als Leben. Baltmannsweiler: Schneider 1992.

[23] *Aurelius Augustinus*: Confessiones. Bekenntnisse. Lateinisch und Deutsch. (Or. 397f.) München: Kösel 3.1966, S. 324f.

[24] Ebd. S. 156f.

[25] Ebd. S. 152f.

[26] *Georg Büchner*: Dantons Tod. (Or. 1835) Stuttgart: Reclam 1970, S. 40.

[27] *Eric Malpass*: Und der Wind bringt den Regen. (Or. 1978) Reinbek: Rowohlt 1979,S. 179.

[28] *Aurelius Augustinus*, a. a. O., 3.1966, S. 12f.

29 *Fritz März*: Problemgeschichte der Pädagogik. Band II. Bad Heilbrunn: Klinkhardt 1980, S. 24ff.

30 *Aurelius Augustinus*: Der Lehrer. De Magistro Liber Unus. (Or. 389) Paderborn: Schöningh 2.1964.

31 *Theodor Ballauff*: Pädagogik. Eine Geschichte der Bildung und Erziehung. Band I. Freiburg-München: Karl Alber 1969, S. 293.

32 *Aurelius Augustinus*: De beata vita. Über das Glück. (Or. 386) Stuttgart: Reclam 1982, S. 24f.

33 Ebd., S. 34f.

34 Ebd., S. 18f.

35 Ebd.,S. 45.

36 Ebd., S. 47.

37 Ebd., S. 59.

38 *Thomas von Aquin* bevorzugte die Technik der *quaestio*: Zunächst wird eine Frage aufgeworfen, eine These gestellt, sodann werden Argumente gegen diese These vorgetragen, die anschließend als Antwort auf die Frage formuliert wird; zum Schluss werden die Argumente widerlegt.

39 *Theodor Ballauff*, a. a. O., 1969, S. 423.

40 *Herbert Grönemeyer*: mensch. CD. GRÖNLAND 2002.

41 *Werner Finck*: Finckenschläge. Berlin: F. A. Herbig 1967, S. 135.

„Wenn sich eine Türe schließt,
öffnet sich ein Fenster."

✳

„Was ist eine Geschichte schon anderes
als eine goldene Lüge,
die die Wahrheit entlarvt."

✳

„Wir kommen mit geballten Fäusten
auf die Welt, die wir fest zuhalten.
Aber wir sterben mit offenen Händen …
Bis dahin müssen wir jeden Tag
ein bisschen üben."

Joel ben Izzy: Der Geschichtenerzähler oder
das Geheimnis des Glücks. (Or. 2003)
Freiburg: Herder 2005, S. 51, 76 u. 96.

INS TIEFSTE ODER SCHÖNSTE MITTELALTER – das 15./16. Jahrhundert

Ich kann, ich will, ich muß es tun.
Basta!

Abb. 15 Das selbstbewusste Kind

„Ich glaube eher, mein Charakter hat mir geholfen, zu entfliehen. Ich war ein willensstarkes, Kind, habe die Schikanen zu Hause erduldet und mir gedacht, wenn ich da weg bin, kommt etwas Besseres. Ich war ein Kind der Straße, daher kommt meine Kraft."

Angelika Domröse, 2003[1]

V. Station: Von Venedig bis Mantua oder: Das Geheimnis der Azteken

In der Rückschau auf das Mittelalter wird aus heutiger Sicht viel zu selten und viel zu wenig eine überaus bedeutsame Tatsache beachtet: Die romanisch-germanischen Völker hatten das Christentum nicht aus der Hand *Jesu*, sondern von den Römern (und in bescheidenem Ausmaß von den Griechen) empfangen, mit anderen Worten: Mitteleuropa wurde latinisiert und partizipierte an der Kultur des Mittelmeerraumes. Stichworte müssen hier genügen: Man bekannte das *Credo*, betete das *Pater noster* und las – als Geistlicher – die *Vulgata* (also die ins Lateinische übersetzte Bibel); die Schüler wurden vorbereitet auf die *septem artes liberales*, also Grammatik, Rhetorik und Dialektik (das *Trivium*) und Arithmetik, Geometrie, Musik und Astronomie (das *Quadrivium*); die Studenten besuchten die *universitas magistrorum et scholarium*, noch nicht die Bildungsstätte, an und in der die Fülle, die Einheit aller Wissenschaften gelehrt wurde, sondern Orte, wo in der Gemeinschaft von Lehrenden und Studierenden geforscht, gelehrt und gelernt wurde – ob in Parma, Neapel, Salamanca, Paris oder in Prag, die alle etwa zwischen der Mitte des 11. und 13.Jahrhunderts gegründet wurden[2]. „Als KARL IV. 1348 in Prag die erste Universität im Reichsgebiet gründete, gab es bereits 15 ältere Universitäten in Italien, 8 in Frankreich, 6 in Spanien, 2 in England."[3] Eines ihrer Hauptanliegen war, Glaube und Vernunft zu versöhnen, mehr noch: den Beweis anzutreten, dass es Gott gibt, *diesen* Gott gibt und alles seine Ordnung hat: *ordo christiana*. So entstanden Kloster-, Dom-, Parochial- oder auch Stadtschulen und – Lebensgemeinschaftsschulen. Eine davon wollen wir besuchen: die „casa giocosa" bei Mantua in der italienischen Lombardei, der nördlichen Poebene. Dorthin führen soll uns *Fritz Blättner*, dessen Worte zum aufkommenden Humanismus nicht nur treffend sind, sondern dessen „Geschichte der Pädagogik" noch immer lesenswert ist[4]:

„Um 1300 beginnt sich ein neues Lebensgefühl und ein neues Verhältnis zum Altertum auszubilden. *Petrarca* preist die Schönheit der Welt, die Fülle und den Adel des Menschengeistes. *Christus* selbst ist Mensch geworden, was gibt es darum Höheres in Gottes Welt als den Menschen? Was hat er Hohes, Schönes, Edles geschaffen! Die Alten, ihre Schriften, ihre Werke und Taten bezeugen es. Allmählich beginnt sich eine Art nationalen Selbstbewußtseins im italienischen Stadtbürgertum herauszubilden. Im Kampf gegen das Kaisertum und das Papsttum zugleich – gegen die beiden universalen Mächte – entsteht langsam ein Bewußtsein der italienischen Sonderart im Abendland; edelste, nämlich römische Abstammung beruft zur Herrschaft, zur geistigen und künstlerischen zumindest. Das *ciceronische Latein* wird nach dem Vorbild des neu entdeckten *Quintilian* kanonisch, als *das* Latein genommen. Das Latein der Scholastik, das sich in Sprache und Schrift den sich wandelnden Bedürfnissen des Gedankens angepaßt hatte, wird verachtet. Erst jetzt wird Latein eine tote, nicht mehr atmende und wachsende Sprache.

Die neuen humanistischen Gelehrten sind *poetae*, Meister der Sprache. Sie gehen auf die Quellen (*ad fontes*) zurück und entwickeln die Kunst der Textkritik und der *imitatio*. *Laurentius Valla* erweist die Konstantinische Schenkung als Fälschung. Aber alle Humanisten sind und bleiben trotz antiklerikaler und antipäpstlicher Gesinnung, trotz skeptischer Anwandlungen katholische Christen. Einen anderen sinnenfroheren Ton haben sie angeschlagen ...“

✳

Geboren wurde er in dem Städtchen Feltre (bei Venedig) als Sohn eines mittlerweile verarmten Adelsgeschlechtes, so dass nicht nur die großen gesellschaftlichen Rahmenbedingungen (Pest, Kriege, wirtschaftliche Rezession), sondern auch die erbärmlichen Familienverhältnisse diesem schmächtigen Kerlchen zu schaffen machten. *Vittorino* („kleiner Viktor“) wurde er gerufen: *Vittorino Rambaldoni da Feltre* lautete sein offizieller Name. Und gelebt hat er als „humanistischer Gelehrter, leidenschaftlicher Erzieher und Gründer einer seinerzeit berühmt geworden Erziehungsanstalt“[5] von 1378–1446. Früh machte er sich deshalb auf den Weg der (Eigen-)Bildung – nach Padua, neben Venedig und Florenz eines der geistigen Zentren des aufblühenden Humanismus. Wer waren diese neuen Himmelsstürmer und fröhlichen Gesellen, die so gar nicht in das gestrenge und mitunter düstere Mittelalter passen wollten?

In einer kleinen, aber grandiosen Studie hat der einstige Konstanzer Latinist *Manfred Fuhrmann* (Jg. 1925) diesen Sachverhalt u. a. wie folgt geklärt[6]:

Europa, diese etwa 3000 Jahre alte Kultur (nicht Geographie) ist auf den Fundamenten (nicht den Trümmern) von Babylon, Jerusalem, Athen und Rom erbaut worden und hat „sich in permanenter Orientierung um Vor- und Gegenbild der Antike entfaltet“[7], wobei seine beiden Kanones (seine verbindlichen Festlegungen) das Christentum und die humanistische Tradition wurden. Dreimal, so *Fuhrmann*, hat dieses Europa vor der Moderne seine Identität als kulturelle Einheit unter dem Horizont der Bildung als einer geistigen Orientierung herzustellen vermocht: Nach den Völkerwanderungen verlagerte sich im frühen Mittelalter des 6.–8. Jahrhunderts die politisch-kulturelle Macht vom Mittelmeerraum in die nordalpinen Gebiete, in ein Völkergewoge und -gemisch, das allein durch die katholische Kirche zusammengehalten wurde. Deren Gegebenheiten (Bistümer, Klöster, Pfarreien etc.) waren die einzigen Organisationsstrukturen, die dieser amorphen Ansammlung Zusammenhalt gaben. Strukturen aber allein verhindern noch keine Auflösung. Die Sprache, *die* Sprache musste zum inhärenten Ferment gemacht werden, zu einer regulierenden Verbindung, wenn dieses System kommunizierender Röhren überhaupt Gemeinsames transportieren und Unterschiedliches tradieren sollte. Folglich galt es, das Lateinische so zu lehren, dass es die gesprochene und geschriebene Sprache blieb bzw. dort, wo sie verballhornte, in eine allseits respektierte Form gebracht wurde. *Karl der Große* (768–814 n. Chr.) und die von ihm initiierte „Karolingische Bildungsreform" mit ihren Kloster- und Domschulen begründeten Europa, die europäische Bildung. In ihnen wurde vor allem das Trivium der Sieben Freien Künste gelehrt und gelernt, genauer: die Grammatik der lateinischen Sprache, die das Latein der Kirchenväter bzw. das der Bibel war – nicht das klassische Latein des *Cicero*.

Politisch mag *Karl der Große* gescheitert sein, zumal das von ihm geschaffene Reich bald nach seinem Tode zerfiel; kulturell und bildungsmäßig hat es hingegen Jahrhunderte überlebt. Freilich galt es, neuen Herausforderungen zu begegnen: ungewohnten Denkungsarten, Lebensgewohnheiten, Fragestellungen im Kontext von Kreuzzügen und Entdeckungen. Und wie so oft waren Universitäten die ersten Orte des neuen Denkens: Lehrgemeinschaften (*universitates docentium*) und Studiengemeinschaften (*universitates litterarum*) entstanden, zum Beispiel in Padua (1222), in Florenz (1321), in Prag (1348). Unterstützt wurden sie von gewaltig anwachsenden Bibliotheken (etwa in Venedig ab 1486). Dieser Wissensexpansion waren die traditionellen Kloster- und Domschulen nicht länger gewachsen, in diesem Dilemma befand sich „das Bildungswesen, als im 14. und 15. Jahrhundert südlich der Alpen jenes Aufbegehren gegen die Scholastik seinen Anfang nahm ... Den Humanisten gelang es, inmitten eines erstarrten, steril gewordenen Wissenschaftsbetriebes das ganz Alte als etwas ganz Neues durchzusetzen, und zwar nicht nur in den Bereichen der Sprache und Literatur, sondern auch in denen der Medizin, der Mathematik und"[8] – der Pädagogik. Die Renaissance der Antike begann, und wer von ihr ergriffen wurde, definierte sein Lebensgefühl entlang des Dreischritts: Antike (einstige Größe), Mittelalter (geistiger Niedergang) und Neuzeit (Wiederherstellung der einstigen Größe). Was also heute „ausgehendes Mittelalter" genannt wird, definierte sich damals als Aufbruch, als Neue Zeit, als Moderne: *Sic transit gloria mundi* – so vergeht der Ruhm der Welt[9] ... Zwei Umstände freilich kamen den Humanisten zugute: Der Fall von Konstantinopel (dem heutigen Istanbul) im Jahr 1453 und die Erfindung des Buchdrucks durch den Mainzer *Johannes Gutenberg* um 1450, mit dessen Hilfe sich die Gedanken der Humanisten überhaupt erst so rasant verbreiten und durchsetzen konnten – vergleichbar der Nachrichten- und Kommunikationsexplosion mit Hilfe der elektronischen Medien am Ausgang des 20. und zu Beginn des 21. Jahrhunderts. Um der lateinischen Sprache eines *Cicero*, *Seneca* oder *Vergil* zum Durchbruch zu verhelfen (und zwar ohne permanenten biblischen Bezug) sowie zur Re-Etablierung des Griechischen im schulischen Lehrplan, gründeten sie Lateinschulen, in denen eine Bildung ermöglicht wurde, die auf *sapientia* (Weisheit), auf *eloquentia* (Beherrschung der – lateinischen – Sprache in Wort und Schrift) sowie auf *pietas* (auf der Frömmigkeit) fußte.

Und schließlich trat im 19. Jahrhundert das neuhumanistische Gymnasium seinen Siegeszug an: Es „entstand im Horizont der Aufklärung. Die christliche Religion, in den Augen der Besten ihrer Zeit durch die Glaubenskriege des 16. und 17. Jahrhunderts kompromittiert, hatte aufgehört, die maßgebende Mitte des gesamten öffentlichen und privaten Lebens zu sein; an ihre Stelle waren das Ideal der von ihrer Vernunft geleiteten autonomen Persönlichkeit sowie der Nationalstaat als die das Denken und Trachten der ihm angehörenden Individuen bestimmende Macht getreten. Im Zuge der Säkularisierung aller Lebensbereiche vermochten sich große Teile der europäischen Kulturtradition aus der Umklammerung durch das Christentum zu lösen: die Philosophie und die Literatur, die Wissenschaften und die bildenden Künste. Was bislang religiös gedeutet worden war, das Weltbild, wurde nunmehr nach Maßgabe der Physik und Mathematik gedeutet, und was bislang im Namen der Bibel gefordert worden war, die Ethik, erhielt jetzt ein rein philosophisches Fundament." [10]

Wie der „alte" (vorreformatorische) Humanismus legte auch der neue Humanismus Wert auf die alten Sprachen (Latein und Griechisch), die fast die Hälfte der Schulstunden beanspruchten, aber: Er verzichtete auf das aktive Sprechen in den alten Sprachen und rückte die religiöse Bildung aus ihrer zentralen Position in das Schulfach Religion (später: katholische oder evangelische Religionslehre). Hatte das Mittelalter die Theologie als oberste Instanz angesehen und respektiert, so der Humanismus die Philosophie und der Neuhumanismus die Philologie – heutzutage fungiert als „Superwissenschaft" und quer zu allen anderen Disziplinen die Biologie. Latein freilich schaufelte sich quasi sein eigenes Grab, denn indem es auf den aktiven Sprechgebrauch verzichtete und sich allenfalls im Medium von heiligen Messen, Sprachreflexion und Lektüre artikulierte, schrumpfte es zu einem Mittel der formalen Bildung – durchaus im Sinne des Vaters des deutschen Gymnasiums: *Wilhelm von Humboldt* (1767–1835).

Exkurs: Wer war die Königstocher Europa?

Es gibt Lehrer, nicht nur (Ober-)Studienräte, die können sie noch erzählen – die Griechischen Sagen. Zum Beispiel die der wunderschönen Tochter des Königs *Agenor,* ***der fern von Griechenland in Phoinikien residierte, über die Städte Tyros und Sidon herrschte, die schon am Rande des mächtigen Erdteils Asien lagen. Ihr Name war*** *Europa,* ***und niemand – so heißt es bei*** *Gustav Schwab* ***– „war der Jungfrau an Schönheit gleich." Eines Tages aber schritt*** *Europa* ***mit den Gefährtinnen zum Spiel, um sich aufzuheitern. Denn ein schrecklicher Traum hatte sie gequält. „Asien stand vor ihr in der Gestalt einer schönen Frau und breitete die Arme über sie, um sie vor dem Griff einer Fremden zu schützen. Doch diese andere, ebenfalls ein Erdteil in Traumgestalt, drang heftig auf*** *Asia* ***ein, ihr den***

zarten Schützling zu entreißen. 'Laß mir mein Kind!' rief Asia bittend, 'denn ich bin es doch, die es zur Welt gebracht und aufgezogen hat! Laß mir meine geliebte Tochter!' Doch die Fremde war unerbittlich. Sie entriß der Widerstrebenden die Jungfrau und führte sie davon ..."

Nun, die Fortsetzung ist rasch erzählt: Zeus, der lüsterne Göttervater, hatte sich in die schöne Europa verliebt, denn Eros, der Liebesgott, hatte ihn mal wieder mit seinen Pfeilen getroffen. So schickte er den Götterboten Hermes auf die Erde, auf dass er die Viehherden des Königs Agenor zum Meeresstrand hinabtreibe. Er selbst aber verwandelte sich in einen Stier. „Wie Gold schimmerte das glatte Fell, kraftvoll zeichneten sich die Muskeln am Hals und Rücken ab, und die Hörner schienen wie von Meisterhand gedrechselt, so fein standen sie auf der hohen Stirne ..."

Und ich kenne keinen kleinen oder großen Schüler, keine Viertklässlerin oder auch keine Primanerin, denen die Fortsetzung der Erzählung (!) nicht großes Vergnügen bereitet: Der Stier lässt sich bewundern und bekränzen; seinerseits blickt er sehnsüchtig und einladend; zum Schluss jagt er, die Verehrte auf seinem Rükken habend, davon – über Land und Meer, durch Wälder und Wellen. Erst auf der Insel Kreta endet die Entführung und dort erst tritt ihr der sich in einen König zurückverwandelte Zeus entgegen, nimmt sie zur Frau und ... als Europa am anderen Morgen erwachte, war sie allein, in einem fremden Land. Und wäre da nicht Aphrodite mit ihrem Sohn Eros plötzlich aufgetaucht, um ihr Zuversicht einzuflößen, wer weiß ... „Ich selbst war es", so Aphrodite, „die dir dieses Geschenk im Traum ankündigte, und Zeus, der Göttervater selbst, hat dich zu seiner Gemahlin gemacht. Unsterblich sollst du hinfort sein, Europa, denn der Erdteil, der dich aufgenommen hat, soll für alle Zeiten deinen Namen tragen ..."

So weit die Sage. Was aber soll diese Geschichte hier in diesem Buch über Bildung? Mehr als 2000 Jahre nach der Zeitenwende? Inmitten von Börsenkursen, Fußballspielen, Wirtschaftskrisen, Kriegen, Katastrophen und Skandalen? Die Griechen wussten, warum sie einander, vor allem den Jüngeren, Sagen erzählten, Mythen, Märchen, Legenden, Gleichnisse. Wer so redet, beschreibt nicht nur die Wirklichkeit, sondern er deutet sie, legt sie aus, verleiht ihr Sinn – sucht ihre Wahrheit und fragt nach ihrem Warum. Deshalb waren die Geschichtenerzähler schon zu Homers Zeiten zwar gern gesehen (wenn ihre Erzählungen gut unterhielten), aber auch gefährdet (sobald ihre Wahrheiten andere entlarvten). Der dänische Schriftsteller Peter Høeg (Jg. 1957) lässt in seiner Erzählung über eine „Reise in ein dunkles Herz" einen solchen Geschichtenerzähler folgendes Bekenntnis ablegen: „Das mit der Wahrheit ... hat nur einen Haken, sie wird so ... höllisch schlecht bezahlt!"[11] Auch wenn sie also schlecht bezahlt wird, sollten wir – über Europa, seine Einheit und Vielfalt, seine Homogenität und Heterogenität, seine Identität und Fragwürdigkeit und speziell seine Schulen nachdenkend – heute wenigstens diese und morgen womöglich ein paar andere Wahrheiten aussprechen:

Die Wiege Europas liegt nicht in Europa, sondern eher in Kleinasien, in Mesopotamien, im Nahen und womöglich ferneren Osten: Ehe die Bibel war, war das Gilgamesch-Epos. Don't forget it Mr. Bush!

Verführt, geraubt und im Stich gelassen wurde Europa immer wieder – mit schönen Worten und brutaler Gewalt: Was Napoleon konnte, kann Putin allemal.

Auf Gott, die Götter und deren Gesetze haben sich viele berufen und verständigt: Die Kreuzritter des 12. Jahrhunderts ebenso wie die Globalisierer des 21sten. Dominus, da tibi lacrimas, Heiliger Vater!

Und schließlich, so unsere Sage, ist unser Ruhm zwar unvergänglich, aber unser Schicksal zwiespältig – Glück und Unglück liegen nah beieinander: Ohne die schöne Europa und ihren Bruder Kadmos gäbe es die Stadt Theben nicht, aber auch nicht den von der Göttin Artemis in einen Hirsch verwandelten und von den eigenen Jagdhunden zerfleischten Aktaion.

Was also tun? Der neuen Welt vertrauen? Der Pax Americana? Einer Kaugummi-Kultur, die weder etwas von Babylon weiß noch von Weimar? Den Wettbewerb inszenieren? Also Skandinavien und Frankreich, Großbritannien und Deutschland unter ein „National Curriculum" zwängen und gnadenlos testen? Die Türkei erst auf Westkurs trimmen, mit anderen Worten: zum amerikanischen Aufmarschgebiet machen und dann in die EG aufnehmen? Russland assoziieren und dabei nicht an Tschetschenien denken? Im eigenen Land immer fremder werden und wie die schöne Königstocher „entsetzt um sich blicken"? Sich abfinden? Resignieren? – Zum Auftakt der Bildungsmesse 2003 in Nürnberg sagte der damalige Oberbürgermeister dieser Stadt: „Wir können schlechter rechnen als die Finnen, schlechter schreiben als die Österreicher, langsamer reden als die Italiener – und Fußball spielen wir auch nur so gut wie Litauen." Recht hat er, der Ulrich Maly und doch … Er vergaß dabei nur eins: Wir können – lernen. Voneinander lernen, miteinander lernen, füreinander lernen. Bei allem Respekt vor Rangskalen und Prozentsätzen: Im Bildungsbereich gibt es keine Länder 2. Klasse (mehr), ebenso wenig wie im Fußball. Am 29. März spielte Deutschland (in Nürnberg) gegen Litauen 1:1 und das kleine Finnland schlägt in manchen Schulleistungen deutsche Schüler haushoch. Umgekehrt … Es gibt im größer werdenden Europa nur eine alle anderen Aufgaben überragende Herausforderung: Wie gehen wir mit unserer eigenen Heterogenität um? Mit der Vielfalt im Klassenzimmer und in der Disko? Mit den Differenzen zwischen den Firmen und in den Kindergärten? Und zwar so, dass niemand und keine Gruppe die eigene Identität verliert. Solange 4.288 Lehrpläne in Deutschland diese nationale Aufgabe nicht bedenken, bleibt Brüssel ein Verwaltungsmoloch, wird aber kein politisches Zentrum, bleiben EG-Staaten bloße „Erdentsprossene im wilden Bruderkampf aller gegen alle", um aus der Sage abschließend zu zitieren, aber sie werden keine Gefährten, keine Kollegen, keine Teams. Und schon gar nicht über ihre Schulen und deren „Bildung", die wir im Wahn des Testens gerade nicht ermöglichen werden. Learning to know, to do, to be, and to live together – lautet demgegenüber das Gebot europäischer Bildung …

In diesen Zusammenhängen will ein Mann wie *Vittorino da Feltre* verstanden werden; mit diesen Vorinformationen wollen wir ihn besuchen.

Abb. 16 Die Entführung der Europa durch den Stier, alias Zeus, dargestellt auf einer griechischen Vase von 470 vor Christus

Bis 1419 studierte dieser relativ mittellose, aber begabte junge Mann: Rhetorik, Dialektik, Astronomie ... die *studia humanitatis* und vor allem Mathematik. 1406 machte er seinen Magister Artium (M. A.) und zog zu seinem Lehrer *Gasparino da Barzissa* in dessen *Contubernium*, was damals nicht unüblich war: Man lebte gemeinsam, studierte gemeinsam und förderte sich gegenseitig – im Haus des ausgewählten Professors. Erst um 1420, also mit 42 Jahren, gründete *da Feltre* in Padua (35 km westlich von Venedig) sein eigenes *Contubernium*, nahm Kinder aus wohlhabenden und armen Familien auf, wobei die einen die anderen mitfinanzierten und galt rasch als einer der bedeutendsten Gelehrten seiner Stadt, so dass er 1422 als Nachfolger seines Lehrers *Barzissa* auf dessen Rhetorik-Lehrstuhl berufen wurde. Enttäuscht von den akademischen Zwängen gab er dieses Ordinariat jedoch nach einem Jahr wieder auf, schwankte zwischen einer freien Pädagogentätigkeit und einem Leben als Franziskaner, als ihn ein Ruf des Markgrafen *Gianfrancesco Gonzaga* von Mantua (in der Lombardei) erreichte, der einen Lehrer und Erzieher für seine sechs Kinder suchte: „*Vittorino* willigte nach längerem Zögern unter der Bedingung ein, dass ihm völlige Handlungsfreiheit bei der Erziehung der Fürstenkinder zugestanden würde.“ [12] Diese Tätigkeit war gleichzeitig der Beginn einer ungewöhnlichen Schulgründung, denn *Vittorino* wollte mehr und anderes als nur Adelskinder unterrichten. Eine Schule für alle Lernwilligen wollte er aufbauen: „Meine Schule, so habe ich es mir vorgenommen, soll eine Heimat alles Edlen sein. Das Schönste und das Höchste, was Menschengeist ersonnen, was Menschenherzen fühlen, will ich suchen, finden, weitergeben, nicht als Lehrer, sondern als Begeisterter, der andere um sich sammelt, Schüler, Söhne und Freunde oder wie man sie bezeichnen möchte“ [13]. Im Nu besuchten bis zu 80 Kinder seine Schule, die er *Casa Giocosa* nannte, ein Haus des Frohsinns. 23 Jahre leitete er sie – bis zu seinem Tod am 2. Februar 1446.

„Die Biographen *Vittorinos*, die aus seiner Reformschule hervorgingen, zeichneten von ihrem Lehrer mit der in Renaissancebildern üblichen Prachtentfaltung das Bild eines außergewöhnlich genialen Pädagogen. Vor allem seine Menschenfreundlichkeit und Güte, seine moralische Integrität und Tugendhaftigkeit, das unerschöpfliche Wissen und die Gelehrsamkeit sowie das tiefe Gottvertrauen und die Frömmigkeit hoben sie hervor und ließen ihn im Licht einer charismatischen Persönlichkeit mit großer Ausstrahlungs- und Gestaltungskraft erscheinen. Besonders einprägsam erscheint *Vittorinos* Liebe zum Menschen, die aus christlicher Überzeugung gewonnen war.“ [14]

Was aber war nun das Bemerkenswerte dieser „fröhlichen Schule“? Da ist zunächst *Vittorinos*

- **Menschenbild**: christlich-humanistisch wird man es nennen können, das heißt: An Gott gab es keinen Zweifel, aber: Gott galt es zu erkennen, über Wissen zu erfahren, mit Hilfe des Lernens zu entdecken. Die in der Schule zu bewerkstelligende Erziehung und die dort möglich gemachte Bildung sollten eine zweite Schöpfung des Menschen einleiten, eine *creatio secunda* – Bildung (*cultura animi et corporis*) überführt die Potentialität des Menschen in seine Realität ... Da ist zweitens seine

- **Bildungskonzeption**: idealistisch-humanistisch wird man sie nennen müssen, das heißt: Die Notwendigkeit von Bildung bzw. die Nezessität der Verbesserung des Menschen war ebenso unstrittig wie das Ziel, nämlich dem Menschen seine Ganzheit, die Balance seines Strebens, das Ideal einer harmonischen Persönlichkeit über Bildung zurückzugeben. Vor allem Leib und Seele galt es in ein gesundes Verhältnis zu rücken. Lange vor dem deutschen „*Turnvater Jahn* (1778–1852) betonte *da Feltre* die Leibeserziehung – nicht als vormilitärische Jungenerziehung (wie jener Freikorpskommandant), sondern um der körperlich-geistigen Gesundheit des Menschen, um seiner Leib-Seele-Einheit, seiner Individualität willen, wörtlich: seiner Ungeteiltheit. Damit ist nicht unbedingt das Bildungsideal der griechischen *Paideia* gemeint: *kalokagathos*, also die harmonische und in sich ruhende (männliche) Persönlichkeit, die *Humboldt* später (1792) als „die höchste und proportionierlichste Bildung seiner Kräfte zu einem Ganzen“[15] stilisierte, sondern die in einer richtigen Spannung befindliche, seine Sinne ausbalancierende Persönlichkeit: nicht die griechische Plastik war Vorbild, sondern der nach Ganzheitlichkeit strebende Mensch.
  Just diese Ganzheitlichkeit in Spannung konkretisierte er durch folgende Forderungen:
  - sittlich-religiöse *und* musisch-gymnastische Bildung
  - fachspezifische *und* enzyklopädische Bildung
  - allgemeine *und* berufliche Bildung
  - klassisch-antike *und* modern-christliche Bildung
  - aktive *und* kontemplative Bildung in einer *vita activa et vita contemplativa* sowie
  - Bildung *aller* Menschen, ob reich oder arm, männlich oder weiblich, jung oder alt ... Und schließlich ist da drittens seine

- **Schule**: anspruchsvoll-schülergemäß wird man sie nennen dürfen, das heißt: Unsinnige Gegensätze wurden erst gar nicht konstruiert, nicht zu leugnende Antinomien jedoch akzeptiert, das heißt: Die Wider-Sprüche des Lehrens und Lernens wurden aus- und durchgehalten. Kinder müssen bekanntlich spielen *und* arbeiten, Freiheiten erfahren *und* Grenzen, gefördert werden *und* gefordert, gelobt *und* kritisiert ...
  Wenn wir in die *Casa Giocosa* hineinschauen, wird uns u.a. Folgendes auffallen:
  Der Lehrplan umfasste nicht nur das mittelalterliche *Trivium* (Grammatik des Lateinischen und Griechischen, Poetik und Rhetorik), also die sprachlichen Fächer, sondern auch das *Quadrivium* (Arithmetik, Geometrie, Astronomie und Musik), mit anderen Worten: die naturwissenschaftlichen Fächer. Gleichwertig hinzu kamen praktisches Musizieren, Zeichnen sowie die Körperbildung. So gesehen betrieb er *enkyklios paideia* im antiken Sinne, eine ganzheitlich-vollständige Bildung. Nicht alles Mögliche bzw. vielerlei sollte gelehrt und

gelernt werden, sondern das Ganze: *non multa, sed multum*. Den umfassenden Bildungskreis (*orbis doctrinarum*) galt es im Auge zu behalten, ohne sich in den Details zu verlieren. Bei *Comenius* und seiner „Pampaedia" (Allbildung), bei *Pestalozzi* und der ihm zugeschriebenen „Kopf-Herz-und-Hand-Pädagogik", bei *Karl Marx* und der von ihm als unverzichtbar angesehenen „Polytechnischen (Aus-)Bildung" wird sich dasselbe Motiv ausfindig machen lassen. Ziel dieser Schul-Bildung war der *homo universalis*, der allseits gebildete Mensch, der nicht alles kennen und wissen muss, sondern das alles Verbindende, das gemeinsame Band zu knüpfen versteht, das alle Wissenschaften, Fächer und Künste zusammenhält. Von der „goldenen Kette der Bildung" sollte später *J. G. Herder* in seinen „Ideen zur Philosophie der Geschichte der Menschheit" (1784) sprechen [16] und damit just den Gedanken aufnehmen, der in der Antike wurzelt und von *da Feltre* schulpädagogisch konkretisiert wurde.
Der Urberuf des Menschen lautet: Mensch sein. So gesehen lehnte die *Casa Giocosa* eine spezielle Berufsbildung ab. Aber: Sie bereitete auch auf das Leben außerhalb ihrer selbst vor, indem sie nützliche Kenntnisse über Berufe vermittelte, die aber nicht utilitaristisch zu verstehen sind, sondern ausschließlich dem einzigen Beruf dienen, den die Schule im Auge zu haben und zu behalten hat, dem Beruf des Menschen.

Wer immer die Schule des Frohsinns besuchen würde, dem würden darüber hinaus aktive und stille Schüler begegnen: *in vita activa et contemplativa*. Auch hier ging es nicht um einen faulen Kompromiss zwischen zwei divergierenden Lebensführungen, sondern um einen echten Ausgleich, eine Synthese, um *vita mixta*, die beides zulässt und begrenzt: das Tun und das Nachdenken. *Theodor Ballauff* schreibt deshalb zu Recht: *Da Feltre* „will Menschen heranbilden, in denen sich, damit sie in und an der Welt fruchtbar wirken können, das Divinum und das Humanum gegenseitig durchdringen" [17]. Was heißt das? *Vittorino* hat über ein relativ modernes Stipendiensystem Kinder aller Gesellschaftsschichten in „seine" Schule aufgenommen, weil er nicht nur soziale Gerechtigkeit möglicher machen, sondern viel Entscheidenderes, nämlich Menschenbildung ermöglichen wollte. Diese Bildung bzw. diese „Tugendfähigkeit" durfte nicht an die Herkunft und die soziale Situation von Einzelnen gebunden bleiben, sondern hatte jedem Menschen zugute zu kommen. Freilich: Ohne die generöse Unterstützung des Grafen *Gonzaga* wären diese Intentionen bloße Absichten geblieben – Ideelles und Materielles, Inneres und Äußeres, Pädagogik und Politik müssen um der Menschen willen zusammenkommen, wenn sie Gutes bewirken wollen. Diese Gleichbehandlung bezog sich übrigens auch auf die Koedukation von Jungen und Mädchen, deren Selbstbewusstsein nicht nur den norditalienischen Schulreformer *da Feltre* am Herzen lag, sondern allen Humanisten aller Länder: Sie wollten alle Menschen erziehen (*omnes educare homines*) und: sich um den ganzen Menschen kümmern (*totum curare hominem*).

Die *Casa Giocosa* war kein Lusttempel, und *Vittorino* hat in kurzer Zeit sämtlichen Prunk aus dem ursprünglichen Gebäude, das vormals im Volksmund in der Tat „Casa Gioiosa“ (Haus des Vergnügens) genannt wurde, entfernen lassen. Umgeben von Wasser, Wiesen und Bäumen war die Schule ein Ort des Spielens und Arbeitens, des Angenehmen und Einfachen, der Entspannung und der Anstrengung. „Der ganze Tagesablauf war geprägt von einer asketischen Strenge und einem frommen Ernst bei der Arbeit einerseits sowie einer Atmosphäre der Heiterkeit und Ausgelassenheit beim täglichen Spiel und Sport andererseits.“ [18] Wie so viele andere „Pionierschulen“ erlitt jedoch auch die *Casa Giocosa* ihr leidiges Schicksal: Zwar führten einige seiner Schüler nach seinem Tod (1446) die Schule noch etwa zehn Jahre weiter, aber dann übernahmen sie die Jesuiten, gaben ihr ein anderes Gepräge, ehe das Gebäude dann 1480 abgerissen wurde. Was bleibt, ist die Erinnerung an eine Pädagogik der Freude, die sogar die Tanzerziehung in der Schule praktizierte, und zwar im 15. Jahrhundert, von dem noch heute viele meinen, es sei nichts anderes als das Ende des finsteren Mittelalters gewesen ...

*

Und wieder ist es ein Donnerstag, 161 Tage nach dem 9. Januar 2003, als mich der 29er Bus vom Halensee zum Gropius Bau bringt. Es ist „Fronleichnam“, jenes Fest der katholischen Christen, an dem sie die Verehrung des Leibes ihres Herrn *Jesus Christus* feiern (*Sollemnitas Sanctissimi Corporis Christi*) und auf ihren Prozessionen öffentlich bekennen, dass der Leib und das Blut *Christi* in der Eucharistiefeier (über die Wandlung) wirklich präsent sind und von den Gläubigen während der Kommunion gegessen und getrunken werden. „*Hoc est enim corpus meum* ... Dies ist mein Leib ... *Hic est enim calix sanguinis mei* ... Dies ist der Kelch meines Blutes“ – so spricht der Priester die Wandlungsworte und reicht anschließend (nicht symbolisch, sondern real-transsubstantiiert) Leib und Blut den gläubigen Christen. Noch einmal: Leib und Blut! Leib und Blut? Mit einem makabren Geschmack im Mund fuhr ich an jenem 19. Juni ein weiteres Mal zur Niederkirchnerstraße, um eine Ausstellung zu besuchen, die mit 500 Millionen EURO versichert wurde, publizistisch eindrucksvoll bekannt gemacht worden war [19] und fast alles hielt, was sie versprach – nämlich den Schleier über dem „Geheimnis der Azteken“ zu lüften, ein wenig zu lüften. Ich blende dieses kleine Erlebnis (mit einer großen Frage) hier nicht ein, weil über eine faszinierende Kultur- und Kunst-Ausstellung berichtet oder gar das Leben der Azteken beschrieben werden soll, wohl aber ... Warum unternahm ein Spanier namens *Hernando Cortez* eine unvorstellbar beschwerliche Atlantiküberfahrt (per Segelschiff), sammelte auf dem heutigen Kuba neue Kräfte, segelte nach Mesoamerika und marschierte im Jahre 1519 mit 500 Soldaten und 14 mitzuschleppenden Geschützen über das Hochland des heutigen Mexiko? Was wollte er hier, 9000 km von seiner Heimat entfernt? In Mittelamerika, das gerade erst (vor 27 Jahren) jener genuesische Seefahrer in spanischen Diensten namens *Christoph Kolumbus, Christoforo Colombo, Christóbal Colón* (1451–1506) entdeckt hatte, per Zufall bzw. aufgrund von Navigationsfehlern entdeckt hatte? König *Montezuma* seine Aufwartung machen? Forschungen betreiben? Nichts dergleichen! Ca. 5.000 Tonnen Gold stahl die spanische Krone über solche Konquistadoren den „Indianern" und finanzierte damit ihre Erbfolgekriege. Und als die Spanier vollends die lateinamerikanischen Länder erobert hatten (um 1650), waren 90 Prozent der Ureinwohner erschlagen, erschossen, massakriert worden. Verständlich, dass ich bereits als Kind und noch mehr als Jugendlicher mit heißem Herzen alle Bücher über die Olmeken, Mayas und Azteken las und mein Herz für diese tapferen Fremden schlug. Abbildungen aus dem 19. Jahrhundert, der Zeit des verherrlichenden Kolonialismus, mit Kannibalismus-Darstellungen und Menschenopfer-Zeromonien schenkte ich keinen Glauben. Zu Recht? 450 Exponate und kluge Texte in den Katalogen[20] belehrten mich freilich eines anderen: Zunächst registrierte ich mit großem Respekt die Tatsache:

- dass es nicht nur in Mesopotamien (und später in Jerusalem, in Athen und in Rom) eine Hochkultur gab, sondern 10.000 km östlich die Olmeken ab 1600 v. Chr. ihre Zivilisation aufbauten und um 1000 v. Chr. bereits Pyramiden errichteten ...
- dass um 500 v. Chr., also fast ein Jahrhundert vor *Platon*s Geburt, die ersten Hieroglyphen auftauchten (die bis heute niemand zu entziffern vermochte) ...
- dass ab dem 1. Jahrhundert n. Chr. das Reich der Mayas blühte, während *Konstantin der Große* von 306–337 residierte, *Augustinus* mit seinem Sohn *Adeoratus* im Jahre 389 über den Lehrer („De Magistro") diskutierte, die Goten (ab 402) in Italien einfielen und (410) unter *Alarich* Rom eroberten ...
- dass um 1200 n. Chr. Nomaden vom Norden aus in das Hochland von Mexiko einfielen und eine neue Dynastie begründeten, die der Azteken – vom heutigen Tula (im Nordwesten Mexikos) bis nach Guatemala ...

Wer aber waren diese kleinwüchsigen Menschen, mit brauner Haut und vorspringenden Wangenknochen, die ganze Ortschaften auslöschten und bereits im 15. Jahrhundert um die 50 Stadtstaaten unter ihre Kontrolle gebracht hatten? Vor allem diese bange Frage interessierte mich: Stimmte die Mär von den Menschen opfernden und Menschenfleisch essenden sowie Menschenblut trinkenden Azteken? An einigen Belegen kam ich vorbei und doch nicht vorbei:

- Offensichtlich verlangten etliche Götter der Azteken in der Tat Menschenopfer.
- In sogenannten Adlerschalen wurden Menschenherzen aufbewahrt.

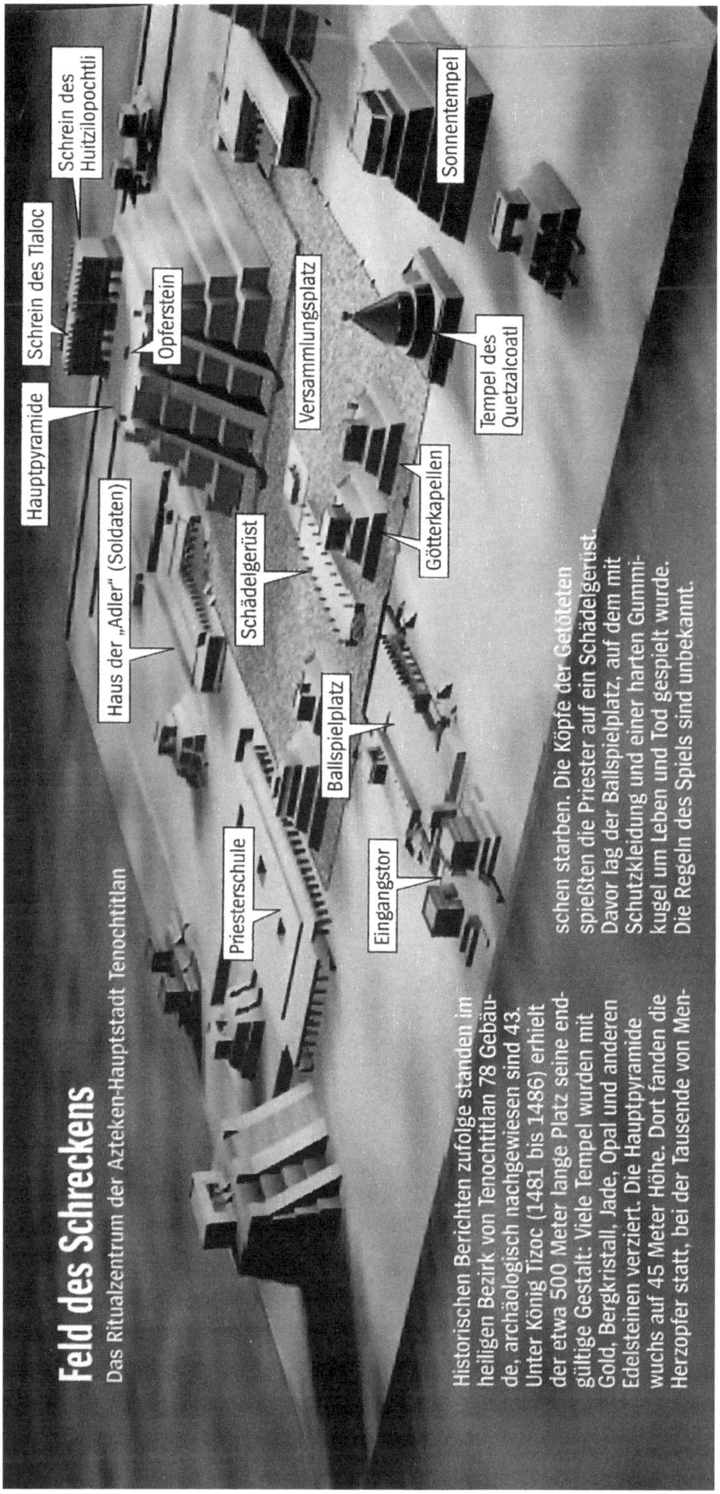

Abb. 17 Der heilige Bezirk der aztekischen Hauptstadt Technochtitlan um 1485

- Im heutigen Bezirk der Hauptstadt Tenochtitlan gab es nicht nur einen Versammlungs- und einen Ballspielplatz, eine Priesterschule und diverse Tempel, sondern auch einen Opferstein und ein Schädelgerüst, auf das die Priester die Köpfe von Geopferten spießten.
- Selbst ein so renommierter Ethnologe und Altamerikanist wie der Bonner *Hanns Prem* (Jg. 1941) hält die Leugnung von Menschenopfern, dargebracht von den Azteken, für nicht länger haltbar.
- Auch die Verspeisung von Körperteilen, besonders der mit Dolchen aus Obsidian (einem vulkanischen kieselsäurehaltigen Gesteinsglas) herausgeschnittenen Kinderherzen, gehörte offensichtlich zum religiösen Ritus der Azteken.
- Mit Totenköpfen verzierte Tonkelche wurden mit Blut gefüllt und Götterstatuen an den Mund gehalten.
- Und anlässlich der Neuweihe des berühmten „Templo Mayor" sollen Tausende buchstäblich geopfert worden sein.

Waren die Azteken also Unholde? Dieselben Menschen, die Astronomie und Mathematik betrieben, Augenoperationen durchführten und alle Kinder in Schulen schickten? Auch wenn das Geheimnis der Azteken und manche Vermutungen zukünftiger Forschung vorbehalten bleiben müssen, können wir an dieser Tatsache festhalten: Die Religion, die unaufgeklärte Religion, diente wie zu den Zeiten eines sein Volk mit äußerster Härte führenden *Gilgamesch*, eines seinen Sohn *Isaak* beinahe opfernden *Abraham*, zu den Zeiten der ihre Sklaven mundtot machenden Pharaonen oder der ihre Befreiungsparolen hinausposaunenden Kreuzritter ... die abergläubische Religion diente der Verbrämung und Vertuschung von Machtinteressen. Die Politik bediente sich allzu oft der Religion. Ein zweites Moment trat hinzu:

Die Religion, die unaufgeklärte Religion, diente wie zu den Zeiten der frühchinesichen Kaiser, die ihren gesamten Hofstaat mit ins Grab nahmen, der indischen Fürsten, deren Witwen verbrannt wurden, zur Zeit eines *Herodes I.*, der als Kindermörder von Bethlehem in die Geschichte eingegangen ist und nichts anderes wollte als potenzielle Nachfolger auszuschalten, zu den Zeiten der vor allem im 15.und 16. Jahrhundert wütenden und von der Hl. Inquisition betriebenen Hexenverfolgungen und -verbrennungen ... die dogmatische Religion diente der Verfolgung Andersdenkender, Andersglaubender, Anderslebender. Der Fanatismus bediente sich allzu oft der Religion. Und solange auch heute noch weder Christen noch Juden Bibelstellen wie *Ri 11,30ff* in Frage zu stellen bereit sind (*Jeftah* bringt, weil er ein Gelübde abgelegt hatte, seine einzige Tochter dem HERRN als Brandopfer dar.), solange sollten sie sich nicht über die Fatwa-Aufrufe hasserfüllter Ayatollahs entrüsten.

Eine solche Religion ist zutiefst bildungsfeindlich. Erst eine mit Hilfe der (wissenschaftlichen) Theologie sich aufklärende und aufgeklärte Religion verbündet sich mit der Pädagogik. Mehr noch: Nur wenn alle Religionen zu Hüterinnen der

Menschenrechte werden, können sie ihre liebende Kraft entfalten. Verstoßen sie jedoch gegen diese, bringen sie Leid und Elend unter die Menschen. So gesehen ist *Hans Küng* zuzustimmen, wenn er die Weltreligionen auf diesen Weg hinweist und von ihnen ein Weltethos auch und gerade gegenüber der Weltpolitik und Weltwirtschaft fordert ...[21]. Mit einem trockenen Geschmack im Mund trat ich hinaus, sah zum gegenüberliegenden Berliner Abgeordnetenhaus, dem früheren Preußischen Landtag, vor dem eine große Polizeieskorte (mit sieben Motorrädern und zwei Mannschaftswagen) aufgefahren war. Dann kam ein Pulk von Politikern heraus, angeführt von dem einstigen Regierenden Bürgermeister und jetzigem Senatspräsidenten *Walter Momper* und seinen südamerikanischen Gästen. Ob irgendeiner dieser hohen Herren (nein, nicht fünf, nicht vier, nicht drei, nicht zwei, sondern nur) eine einzige Stunde Zeit sich nehmen wird, um diese Ausstellung hier – vielleicht inkognito – zu besuchen und sich die alte Frage neu zu stellen: „Wie hast du's mit der Religion?"[22] Beklommen fuhr ich an jenem 19. Juni im Jahre 2003 – nein, nicht die 20 Stationen zu meiner Wohnung zurück, sondern nur 13 in die Universität der Künste, in mein Institut an der Bundesallee. Ein (Erinnerungs-)Ort grandiosen Kulturschaffens und des Grauens ruft bekanntlich die Sehnsucht nach einem (Jetzt-)Ort für und der Nachdenklichkeit hervor.

*

Ehe wir uns vom Mittelalter, seiner vermeintlichen (Nur-)Düsternis und seiner (Auch-) Helligkeit verabschieden, soll eine erste kleine Sammlung von Bildungsdefinitionen zum Nachsinnen einladen:

Worte zur Bildung des Menschen ①

„Die wissenschaftliche Bildung aber soll den Verstand, die Sprache und die Hand des Menschen ausbilden, damit er alles Nützliche vernünftig betrachten, ansprechen und verrichten kann."[23] *Johann Amos Comenius, 1657*

* * *

„Alle Einrichtungen der Menschen, alle Wissenschaften und Künste können, wenn sie rechter Art sind, keinen andern Zweck haben, als uns zu humanisiren d. i. den Unmenschen oder Halbmenschen zum Menschen zu machen und unserm Geschlecht zuerst in kleinen Theilen die Form zu geben, die die Vernunft billigt, die Pflicht fordert, nach der unser Bedürfniß strebet."[24] *Johann Gottfried Herder, 1793*

*

* *

„Die öffentlichen Schulen sind nicht daran interessiert, gebildete Menschen hervorzubringen."[25]
Robert Spaemann, 1994/95

*

* *

„Ihr Weiber seid darin sehr glücklich, Ihr könnt so mächtig auf nicht ganz unedle Jünglinge wirken, könnt sie für ihr ganzes Leben umbilden, könnt sie glücklicher machen, und dadurch glücklicher sein."[26]
Wilhelm von Humboldt, 1788

*

* *

„Keine Wissenschaft kann bestimmen, was heute als 'Bildung' zu gelten hat. In der Bildung geht es um existentielle Selbst-Entwürfe des Menschen, um darin wirksame Wertungen."[27]
Hans Wittig, 1982

*

* *

„Hast du je den ganzen Umfang eines anderen mit allen seinen Unebenheiten berühren können, ohne ihm Schmerzen zu machen? Ihr braucht beide keinen weiteren Beweis zu führen, daß ihr gebildete Menschen seid."[28]
Friedrich Schleiermacher, 1758

*

* *

„Und das ist das Geheimnis aller Bildung: sie verleiht nicht künstliche Gliedmaßen, wächserne Nasen, bebrillte Augen – vielmehr ist das, was diese Gaben zu geben vermöchte, nur das Afterbild der Erziehung. Sondern Befreiung ist sie, Wegräumung alles Unkrauts, Schuttwerks, Gewürms, das die zarten Keime der Pflanzen antasten will."[29]
Friedrich Nietzsche, 1874

*

* *

Unsere Bildungsanstalten sind Wissensvermittlungen, und gebildet ist, wer an diesen Anstalten allerhand Wissen in sich aufgenommen hat. Mit wirklicher Bildung hat alles wenig zu tun. Wesenhafte Bildung wurzelt nicht im Wissen, sondern im Sein."[30]
Romano Guardini, 1924/25

„Erzogen wurden wir in der absoluten Gehorsamkeit und kritiklosen und nicht erklärten Akzeptanz all dessen, was Eltern, und besonders Väter, sagten und taten. Wir hatten so zu sein, wie sich die Eltern das vorstellten, wurden, notfalls mit Gewalt, danach geformt. Wir hatten als Kinder keine Bedürfnisse zu haben. Danach wurde nicht gefragt oder gar danach gehandelt. Vaters Wille war Gesetz für die ganze Familie. Bei allem, was man tat, war es notwendig, sich an dem zu orientieren, was Vater sagte und meinte. Jedes andere Handeln wurde gnadenlos abgestraft.

Das führte natürlich dazu, dass man völlig unselbständig war, sich eigenes Denken nicht gestattete, ein willfähriges Werkzeug in der Hand des Vaters wurde. Das war natürlich gewollt und sehr bequem. Dieser Zustand von Tyrannei und Unterdrückung machte für jeden von uns vier Geschwistern das Leben nicht einfacher. Meine jüngeren Geschwister hatten den Vorteil, die Nazizeit nur im Kleinkindalter und damit nicht mehr prägend zu erleben. Bis sie denken konnten, hatten sich die Zeiten verändert, sie kannten den Vater nicht mehr als autoritären Nazi wie ich, sondern als frömmelnden Menschen. Vielleicht wollten sie auch ihr Verhältnis zu den Eltern nicht gefährden. Es war für sie leichter geworden.

Als Kind habe ich geglaubt und bin auch in dem Glauben belassen worden, ich könne mir durch Wohlgefallen Liebe und Zuneigung erdienen. Dies ist natürlich nicht der Fall."

Diese furchtbaren Sätze finden sich in dem Lebensbericht der 1931 geborenen und späteren Zahnärztin, Malerin und Politikerin *Haidi Streletz* – in ihrem erschütternden Buch „Mein Vater war Nazi"[31].Sie zeigen uns den winzigen Spalt, der zwischen *Er*ziehung und *Ver*ziehung liegt und der dennoch einen bodenlosen Abgrund verbirgt. Wer diese Autobiographie liest, ahnt die Berechtigung jener Einsicht, die von dieser tapferen Frau(enrechtlerin) in die Worte gekleidet wurden: Erziehung von Kindern bedeutet, „loslassen aus der autoritären Bindung, ein Auffangnetz bereithalten, aber auch eigene Wege der Kinder zu akzeptieren und zuzulassen, selbst wenn man sie für falsch hält."[32]. Ohne eine solche freilassende Erziehung, die nichts mit einer *Laissez-faire-Haltung* zu tun hat, kann es keine die Grundwerte des Menschen gewährleistende Bildung geben – also Freiheit, Gerechtigkeit und Geschwisterlichkeit ... Deshalb wollen wir auf unsere fortzusetzende Reise eine weitere Einsicht mitnehmen, die formuliert werden soll als

5. Erkenntnis

Wer junge Menschen stärken, ihre Probleme ernstnehmen, die ihnen zukommende Realität klären und ihre Zukunft sichern möchte, muss ihnen eine Bildung ermöglichen, die sie nicht ausliefert, schwächt oder erniedrigt und verführt, sondern zu sich selbst befreit, stärkt, mit Freude umgibt und sie ihren eigenen Weg gehen lässt.

Anmerkungen

1 *Angelika Domröse* in einem SPIEGEL-GESPRÄCH, in: DER SPIEGEL, Nr. 19, vom 5.5.2003, S. 162–165, zit. 163. Die Schauspielerin bezieht sich darin vor allem auf ihre Autobiographie „Ich fang mich selbst ein – mein Leben." Bergisch Gladbach: Lübbe 2003.

[2] Vgl. dazu: *Werner Fläschendräger*: Magister und Scholaren, Professoren und Studenten. Geschichte deutscher Universitäten und Hochschulen im Überblick. Leipzig-Jena-Berlin: Urania 1981.
Immer noch lesenswert ist darüber hinaus die Studie von *Helmut Schelsky*: Einsamkeit und Freiheit. Idee und Gestalt der deutschen Universität. Reinbek: Rowohlt 1963.

[3] Ebd., S. 17.

[4] *Fritz Blättner*: Geschichte der Pädagogik. (Or. 1951) Heidelberg: Quelle & Meyer 12.1966, S. 37. (In Abweichung vom zitierten Text wurden die hier üblichen Kursivierungen vorgenommen.)

[5] *Hans Peter Schöniger*: Die Bildung des ganzen Menschen. Zur Geschichte eines reformpädagogischen Ideals. Phil. Dissertation an der Universität der Künste Berlin 2002, S. 25. Jetzt auch: Baltmannsweiler: Schneider 2004. S. 29
Die folgenden Passagen fußen auf den Studien *Schönigers*, der als mein ehemaliger Mitarbeiter in seiner Dissertation diesem hierzulande weitgehend vergessenen Schulpädagogen ein angemessenes Denkmal gesetzt hat.

[6] Vgl. *Manfred Fuhrmann*: Bildung. Europas kulturelle Identität. Stuttgart: Reclam 2002.

[7] Ebd., S. 9.

[8] Ebd., S. 20.

[9] Aus einem lat. Kirchenlied, das im Rahmen einer Papstkrönung gesungen wird.

[10] *Manfred Fuhrmann*, a. a. O., S. 27.

[11] *Peter Høeg*: Reise in ein dunkles Herz. (Or. 1990) Reinbek: Rowohlt 2001, S. 7–72, zit. S. 37.

[12] *Hans Peter Schöniger*, a. a. O. S. 28 bzw. S. 32.

[13] *Otto Rombach*: Vittorino oder die Schleier der Welt. Stuttgart: 1947, S. 62. Diese romanhafte Darstellung des Lebens-Werkes *Vittorinos* bietet zwar keine wörtlichen Zitate, wohl aber sinngemäße.

[14] *Hans Peter Schöniger*, a. a. O., S. 28 bzw. S. 33.

[15] *Wilhelm von Humboldt*: Ideen zu einem Versuch, die Grenzen der Wirksamkeit des Staats zu bestimmen. (Or. 1792) In: *Ders.*: Werke in fünf Bänden. Bd. I. Darmstadt: Wissenschaftliche Buchgesellschaft 2.1969, S. 56–233, zit. S. 64. Vgl. auch: Stuttgart: Reclam 1967, S. 22.

[16] *Gottfried Herder*: Werke. Bd. 4. Berlin-Weimar: 1969, S. 243f.

[17] *Theodor Ballauff*: Pädagogik. Bd. I. München: Alber 1969, S. 526.

[18] *Hans Peter Schöniger*, a. a. O., S. 40 bzw. S. 45.

[19] Vgl. z. B.: DER SPIEGEL, Nr. 22, vom 26.5.2003, S. 160–175, immerhin als „Titelgeschichte".

[20] So z. B.: AZTEKEN. Austellungskatalog. Köln: DuMont Literatur und Kunst Verlag 2003. Vgl. darüber hinaus die fesselnden Romane von *Andreas Gößling*: Die Maya-Priesterin. Frankfurt/M.: Eichborn 2001. Oder: Im Tempel des Regengottes. Ebd. 2003.

[21] Vgl. dazu *Hans Küng*: Projekt Weltethos. München: Piper 1990.

[22] So eröffnet *Margarete* ihren liebevollen Disput mit *Faust* in *Martens* Garten in *Goethes* „Faust" (von 1808). *Johann Wolfgang von Goethe*: Faust. Erster Teil. In: *Ders.*: Werke. 3. Bd. Frankfurt/M.: Insel 1965, S. 101.

[23] *Johann Amos Comenius*: Große Didaktik. (Or. 1657) Stuttgart: Klett-Cotta 7.1992, S. 108f.

[24] *Johann Gottfried Herder*: Briefe zu Beförderung der Humanität. (Or. 1793–97) In: Sämtliche Werke. Hrsg. von *Bernhard Suphan*. 17. Bd. Berlin: Weidmannsche Buchhandlung 1881, S. 153.

[25] *Robert Spaemann*: Wer ist ein gebildeter Mensch? In: Scheidewege, Jg. 24/1994, S. 34–37, zit. S. 34.

[26] *Wilhelm von Humboldt* in einem Brief an seine damalige Verlobte *Caroline von Dacheröden* am 1.9.1788. In: *Wilhelm* und *Caroline von Humboldt* in ihren Briefen 1788–1835. Hrsg. von *Anna von Sydow*. Berlin: E. S. Mittler & Sohn 1935, S. 3.

[27] *Hans Wittig*: Bildung. Versuch einer Korrektur verhängnisvoller Mißverständnisse dieses Begriffs. In: Pädagogische Rundschau, 36 (3/1982), S. 277–302, zit. S. 277.

[28] *Friedrich Schleiermacher*: Fragmente Nr. 351. In: Kritische Friedrich-Schlegel-Ausgabe. Hrsg. von *E. Behler*. 2. Bd. München-Paderborn-Wien: 1967, S. 221.

[29] *Friedrich Nietzsche*: Schopenhauer als Erzieher. (Or. 1874) In: Ders.: Sämtliche Werke in 12 Bänden. Bd. II. Stuttgart: Kröner 1964, S. 197–299, zit. S. 203.

[30] *Romano Guardini*: Die Technik und der Mensch. Briefe vom Comer See. 9. Brief. Mainz: Matthias Grünewald 1981, S. 79f. (Or. 1924/25)

[31] *Haidi Streletz*: Mein Vater war Nazi. Frankfurt/M.: Verlag für Akademische Schriften 2003, S. 9.

[32] *Haidi Streletz*, a. a. O., S. 10.

JOYEUX NOEl 2000

WEGE IN DIE NEUZEIT – über das Comenianische Siebengebirge

Abb. 18 Johann Amos Comenius

Schule verbietet bauchfreie T-Shirts

Sehnde, 13.Juni (AP). Nach dem Willen einer niedersächsischen Gesamtschule sollen die Schüler nicht mehr mit bauchfreien T-Shirts, tiefen Dekolletés oder kurzen Röcken und Hosen zum Unterricht erscheinen. In einem Brief an Schüler und Eltern forderte die Schulleiterin Helga Akkermann der Kooperativen Gesamtschule aus Sehnde bei Hannover: „Wir möchten nicht, daß Mädchen oder Jungen während der Schulzeit mit Strand- oder Diskobekleidung auftreten." Zur Begründung hieß es: „Wir sind der Auffassung, daß dies die Lernsituation beeinträchtigt." Deshalb seien bauch- und rückenfreie T-Shirts oder sehr kurze Röcke und Shorts in der Schule nicht angebracht.

Aus: Frankfurter Allgemeine Zeitung, Nr. 136,
vom 14. Juni 2003, Seite 9

VI. Station: Warum sich J. A. C. mit Meta und Canel, Julia und Teresa über bauchfreie Mode unterhalten hätte

„Kleidung zeigt, wie du drauf bist“

Vier Berliner Schülerinnen über die Vor- und Nachteile bauchfreier Mode, die Blicke der Lehrer und den Nutzen von Schuluniformen

Meta und Canel, beide 13, besuchen nach den Sommerferien die 8. Klasse des Heinrich-Schliemann-Gymnasiums in Prenzlauer Berg; Julia und Teresa, beide 15, gehen in die 10. Klasse des Französischen Gymnasiums im Stadtteil Tiergarten.

SPIEGEL: Meta, Canel, Julia, Teresa – was haltet ihr davon, dass eine Schulleiterin in Niedersachsen Eltern schriftlich auffordert, ihre Kinder nicht in Strand- und Disco-Klamotten in die Schule zu lassen.

Meta: Ich finde, das sollte den Lehrern doch egal sein. Ich rege mich auch nicht darüber auf, wie die rumlaufen. Das ist auch nicht immer besonders toll.

Canel: Na ja, meine Mutter mag es auch nicht so gern, wenn ich Hüfthosen oder Stretchjeans in die Schule anziehe. Sie fürchtet, dass ich zu schnell reif werde. Aber ich mag es natürlich trotzdem.

SPIEGEL: Was für Kleidung tragt ihr normalerweise in der Schule?

Julia: Dieses Kleid hier habe ich mir erst gestern gekauft. Sonst trage ich oft Jeans. Die kombiniere ich aber mit ausgeschnitten T-Shirts, oft auch bauchfrei.

Meta: Ich finde, es ist kein so tolles Gefühl, wenn einem der Wind am nackten Bauch rumbläst. Mir ist schnell kalt. Aber wenn die anderen sich so anziehen wollen, ist mir das egal.

Teresa: Ehrlich gesagt, ist das jetzt mit 15 nicht mehr so die Frage, ob man bauchfrei rumläuft. Bauchfrei laufen bei uns eigentlich nur noch die Jüngeren rum. Die sind dann auch Fans von Britney Spears oder so und wollen die Stars halt nachmachen.

SPIEGEL: Was sagen eure Lehrer dazu?

Teresa: Nichts, aber man wird härter drangenommen, wenn man zu sehr auf sein Aussehen und seine Klamotten achtet. So nach dem Motto: „Mal sehen, ob sie mehr vorm Spiegel steht als in die Bücher guckt.“

Canel: Das ist bei uns auch so. Gestylte Mädchen machen eher einen schlechten Eindruck auf die Lehrer. Die denken dann: „Aussehen eins a, aber ob die auch was im Kopf haben?“

Julia: Es gibt aber auch Lehrer, die schauen gern mal länger hin, als sie müssten, wenn man was Enges anhat. Bei uns an der Schule gibt es so einen, der ist noch ziemlich jung, hat auch eine Freundin ...

SPIEGEL: Provoziert ihr ihn auch mal mit Absicht?

Julia: Nein, würden wir nie machen. (lacht)

Teresa: Wir machen uns eher einen Spaß daraus.

SPIEGEL: Gibt es Grenzen, was ihr in die Schule anziehen würdet und was nicht?

Meta: Klar sieht man beim Shoppen oft coole Sachen, mit denen man sich nicht zur Schule trauen würde.

Canel: Eng anziehen und Bauch zeigen, ja. Aber nicht zu krass. Man vergleicht sich auch mit den anderen. Da passt man sich an und achtet darauf, dass man nicht total auffällt.

SPIEGEL: Was glaubt ihr: Wie wirkt eure Kleidung auf die Jungen in eurer Schule?

Teresa: Es ist nicht so, dass sie im Unterricht die ganze Zeit gucken. Manchmal kommen nach der Stunde kleine dumme Bemerkungen ...

Julia: ... oder aber auch Komplimente. Wegen meinem neuen Kleid kamen viele in der Schule auf mich zu und sagten: „Wow, schönes Kleid. Das steht dir richtig gut." Auch Teresas Minirock kommt gut an.

SPIEGEL: Wie ergeht es Mädchen, die nicht die perfekte Figur haben?

Meta: Wir haben selbst eine gute Freundin, die von sich aus sagt: „O mein Gott, bin ich fett." Uns ist das aber egal, wir sehen sie als Person. Ich muss nicht die perfekten Freunde haben.

Canel: Dicke Mädchen haben es vor allem bei den Jungs schwerer. Die lästern. Wir nehmen sie dann in Schutz und schimpfen zurück. Aber man kennt das ja bei sich: Wenn ein Junge sagt, dass dein Hintern zu dick ist, dann bist du erst mal für ein paar Wochen am Boden zerstört.

Julia: Vor einem Jahr habe ich mich auch zu dick gefühlt. Jetzt habe ich elf Kilo abgenommen und finde mich okay. Ich trage mehr ausgeschnittene Sachen und Röcke als früher.

SPIEGEL: Ist es nicht anstrengend, immer gut aussehen zu müssen?

Canel: Bei einer Freundin von mir ist es schon krass. Sie muss sich jede Woche was Neues holen. Sie hat Angst, dass die anderen sonst über sie reden. Ich sage ihr dann immer, dass es wichtigere Sachen in der Schule gibt.

Teresa: In der achten Klasse gab es bei uns eine richtige Konkurrenz unter den Mädchen. Da versuchte jede, immer die besten und neuesten Klamotten zu haben.

Julia: Das hat sich aber jetzt in der Neunten verändert: Man zieht an, was man will. Wenn man älter wird, achtet man nicht mehr so auf die Klamotten, sondern eher auf innere Werte oder auf Freundlichkeit.

Teresa: Dann ändert man seine Meinung und seinen Geschmack auch nicht mehr ständig.

SPIEGEL: Einige Politiker haben vorgeschlagen, Schuluniformen einzuführen. Was haltet ihr davon?

Julia: Das ist ein heikles Thema. Gut an Uniformen ist, dass die Rivalität aufhört. Keiner wird mehr ausgeschlossen, weil er die falschen Klamotten trägt. Denn was sagen Klamotten schon aus?

Canel: Ja, wenn alle das Gleiche anhaben, kann man auch nicht mehr sehen, ob ihr Rock schöner und teurer ist als meiner.

Teresa: Jeder wird dann akzeptiert.

SPIEGEL: Dann seid ihr also dafür?

Julia: Nee, das auch wieder nicht. Ich würde nicht gern damit rumlaufen. Das schränkt einen ziemlich ein.

Teresa: Da geht ein wichtiger Teil verloren, denn mit deinen Klamotten drückst du ja auch deine Persönlichkeit aus.

Canel: In Schuluniform kann man die Leute nicht mehr so gut einschätzen. An der Kleidung sieht man, wie jemand so drauf ist. Man sieht zum Beispiel, ob ein Mädchen eingebildet ist.

SPIEGEL: Aber stimmt das denn immer?

Canel: Mich zum Beispiel haben am Anfang alle als Modepüppchen abgestempelt, weil ich mich geschminkt habe oder mal ein engeres Top anhatte. Jetzt, wo mich alle kennen, heißt es „Du bist ja wirklich voll nett" und so. Man will nicht so wirken.

SPIEGEL: Nach der Erfahrung müsstest du doch eigentlich für Schuluniformen sein.

Canel: Nee, das wäre todlangweilig.

Julia: Es macht auch Spaß, die Leute anzugucken, wie sie gekleidet sind. Ich bilde mir dann schon meine Meinung …

Teresa: … aber die kann sich ja auch wieder ändern, wenn man die Leute besser kennt. Ich finde es wichtig, dass man sich in der Schule wohl fühlt. Mein Tag fängt nicht erst nach der Schule an, sondern Schule ist ein ziemlich großer Teil meines Lebens. Deswegen möchte ich mich dort auch ganz normal kleiden. Viel wichtiger als die hirnrissige Diskussion um Schuluniformen ist aber, dass die Lehrer endlich mal guten Unterricht machen.

SPIEGEL: Was heißt das: guter Unterricht?

Teresa: Ich erwarte von den Lehrern, dass sie die Schüler unter Kontrolle halten können.

Julia: Ja, wenn man merkt, man kann Scheiße bauen, dann macht man es auch. Bei strengen Lehrern lernt man mehr.

SPIEGEL: Sind strengere Lehrer also generell die besseren Lehrer?

Meta: Nein, wichtig ist auch, dass der Unterricht Spaß macht. Man soll nicht nur hinhören, weil der Lehrer streng ist, sondern weil es interessant ist. Wir sind eine der unruhigsten Klassen, sagen die Lehrer. Aber in Geschichte passt jeder auf …

Canel: … weil unsere Geschichtslehrerin uns halt nicht nur den Stoff beibringt, sondern gut erzählt.

Julia: Die meisten Lehrer an unserer Schule sind überhaupt nicht pädagogisch. Die kommen rein, leiern ihren Unterricht runter und schreien, wenn man nicht aufpasst. Dann stöhnen sie: „O mein Gott, ich hab's geschafft." Ich dachte immer, man wird Lehrer, um Kindern was beizubringen. Aber viele unserer Lehrer hören gar nicht zu, wenn wir Probleme haben.

Teresa: Nur wenn die Lehrer uns respektieren, dann respektieren wir sie auch. Dann sollen sie aber auch respektieren, was wir anziehen.

Aus: DER SPIEGEL, Nr. 28, vom 7.7.2003, S. 130f.

Steht am Ende der Neuzeit wirklich nur der Ruf nach

SELBSTVERWIRKLICHUNG?

„So bitte ich die Leser um Vergebung,
wenn ich manchmal meine Beispiele
aus meinem eigenen Leben nehme, denn
wenn ich dieses Buch gut machen soll,
muß ich es mit Freude machen.“

Jean-Jacques Rousseau: Emile oder Über die Erziehung.
(Or. 1762) Stuttgart: Reclam 1963, S. 295.

*

„Verursacht ein umgestürzter Baum
im Wald Geräusche, wenn niemand
zugegen ist, um etwas zu hören?“

„Der Geschichte muss man Aufmerksamkeit
schenken, weil es ihr sonst an historischem
Inhalt mangelt. Unbeachtete Geschichte
besteht nur aus ... Dingen, die nacheinander
geschehen.“

Terry Pratchett, 1992[1]

Zeit-Zeugen sind wir nicht gewesen – weder in den Steppen der Savanne noch in den Städten Mesopotamiens, weder in Athen noch in Rom, weder in Venedig noch in Tenochtitlan ... Und Tatsachenberichte oder Polizeiprotokolle liegen uns auch nicht vor. Erinnerte Ereignisse und entschlummerte Geschehnisse sind immer gedeutete bzw. rekonstruierte Ereignisse und Geschehnisse, aber falsch sind sie deshalb nicht. Just genauso verhält es sich mit persönlichen Erlebnissen und Erfahrungen. Sie sind nur (gemeint: ausschließlich) im Medium von gedeuteter Erinnerung mitteilsam: Die je eigenen Empfindungen und Gefühle, Hoffnungen und Befürchtungen, Ängste und Aggressionen prägen ihre Qualität. *Bernhard Schlink* beendete seinen grandiosen Roman „Der Vorleser" mit dem Eingeständnis: „So gibt es neben der Version, die ich geschrieben habe, viele andere. Die Gewähr dafür, daß die geschriebene die richtige ist, liegt darin, daß ich sie geschrieben und die anderen Versionen nicht geschrieben habe."[2]

Dieses Merkmal trifft auch auf die drei folgenden Erinnerungen zu. Obgleich ich die Ereignisse bereits am Tage darauf notiert und später den „Zeugen" vorgetragen habe, sind und bleiben sie persönliche Erinnerungen. Auch das zuerst notierte Ereignis, das ein öffentlich bekannt gewordenes war, ist durch meine Darstellung gegangen, der andere mehr oder weniger entsprechen mögen. Falsch wird sie nur und erst dann, wenn ich mir andere Versionen zu eigen mache, will sagen: wenn ich meine Empfindungen verberge, verstecke, verbiege – durch fremde quasi ersetze. Vielleicht könnte man das Wesen solcher Erinnerungen *Pathomneme*, eine *katathyme* (von weitgehend unbewusstem Seelenleben gesteuerte) Erinnerung nennen: Nur die von Gefühlen durchdrungene Darstellung ist es, die aus dem Nacheinander bloßer Dinge erinnertes Leben macht und den umstürzenden Baum zum Gehör bringt, denn, so noch einmal *Pratchett*: „Immerhin befindet sich immer jemand in einem Wald, zum Beispiel ein Dachs, der sich über das sonderbare Knacken wundert. Oder ein Eichhörnchen, das sich verblüfft fragt, warum die Landschaft plötzlich nach oben kippt."[3] Freilich: Dass Dachse sich wundern und Eichhörnchen sich etwas fragen können, muss man schon glauben wollen ...

Mit diesem Hinweis seien zunächst die drei erwähnten Ereignisse erzählt, die unsere nächste Station gleichsam vorwegweisend markieren sollen:

Mittwoch, am 2. Juli 2003, kurz vor neun Uhr, 2. Stunde in der 8. Klasse der Realschule Coburg II. Laut Stundenplan ist das Fach Deutsch an der Reihe. Während die 41jährige Klassenlehrerin an der Tafel steht und dabei den Schülern den Rükken zukehrt, holt der 16-jährige Schüler *Florian K.* einen Revolver aus seiner Tasche und schießt. „Das Projektil durchschlägt die Tafel nur Zentimeter über dem Kopf der Lehrerin. Auch ein zweiter Schuss verfehlt knapp das Ziel. Panik bricht aus. Die Schüler verlassen fluchtartig das Klassenzimmer, ein Achtklässler springt aus dem Fenster. *Florian K.* zwingt einen 15-jährigen Mitschüler, bei ihm zu bleiben."[4] Während dessen korrigiert im Nebenraum die 52-jährige *Gabriele*

O. Klassenarbeiten. Die Lehrerin, zugleich auch als Schulpsychologin tätig, schreckt auf, eilt in den Raum der Klasse 8a und – dann überstürzen sich die Ereignisse: Zunächst versucht Frau *O.*, dem Schüler *Florian* die Waffe zu entwenden, vergeblich. Statt dessen schießt er auch auf sie, trifft sie im Oberschenkel, schwer verletzt kann sie flüchten. Dann holt *Florian* aus seinem Rucksack einen Colt Python vom Kaliber 357 Magnum, stößt den Lauf in seinen Mund und drückt ab. Blutüberströmt bricht er zusammen, im Raum der Klasse 8a liegt (s)eine Leiche ... Danach das übliche Programm: Polizei, Absperrung, Notfallpsychologen, herbeieilende Eltern, Presseleute, Politiker, denen die Persönlichen Referenten noch rasch Notizzettel zugesteckt haben, auf denen fast überall dasselbe steht: „Unheimlich betroffen ..." (Vor allem: unheimlich!) „Niemand konnte ahnen ..." (Wirklich: niemand?) „Ein bedauerlicher Einzelfall ..." (Der Amoklauf im Erfurter Gutenberg-Gymnasium, bei dem es 17 Tote gab, ist schon vergessen.) Die (damalige) Kultusministerin Bayerns, *Monika Hohlmeier*, sagt noch am Tatort: „Mein Mitgefühl gilt besonders den Angehörigen des toten Schülers und der verletzten Lehrerin."[5] Darin eingeschlossen ist natürlich auch der Vater des Jungen, aus dessen Waffensammlung *Florian* Revolver und Colt entwendet hatte, und natürlich auch sein Großvater, denn der ist Waffensachverständiger der Stadt Coburg. Und keine Frage: Auch den Lehrerinnen und den Mitschülern gilt ministerielles Bedauern, zumal die Klassenkameraden bereits in der 1. Stunde dermaßen verwirrt gewesen sein müssen, dass sie niemandem erzählten, dass *Florian* seine Waffen herumgezeigt hatte. Wie auch immer: Schule, Schul-Bildung, in Deutschland, im Sommer des Jahres 2003 ...

*

Mittwoch, am 2. Juli 2003, kurz vor 12 Uhr, bei GLOBUS in Bad Godesberg: Ein wenig verträumt schiebe ich, die Bluttat von Coburg noch nicht kennend, meinen Einkaufswagen umher, schaue hierhin und dorthin. Plötzlich entdecke ich einige Schülergruppen, die offensichtlich Wichtiges zu tun haben. Sie gehen die Regale und Vitrinen entlang, schauen, lesen, notieren, greifen nach dem einen oder anderen Artikel, notieren ein weiteres Mal, legen die Ware behutsam wieder zurück, befragen Verkäufer und Kunden, diskutieren, schlendern weiter ... Das interessiert mich. „Na, was macht ihr denn hier?", so meine erste Frage. Und schon erhalte ich eine Lektion in Sachen „Außerschulisches Lernen": „Eine Warenanalyse erheben wir", so eine 14- oder 15-Jährige. Und ihr Mitschüler ergänzt: „Preise und so ..." „Was heißt: und so?", will ich wissen. „Na, da ist ja auch was drin, und das wollen wir rauskriegen. Hier steht zum Beispiel *Säuerungsmittel* oder *Choles-te-rin*. Das wollen wir auch rauskriegen – erklärt mir ein kleiner Pfiffikus. Und schon eilen sie weiter. Nach einer guten halben Stunde halten sie eine kurze Besprechung ab, zwischen der Gemüse- und Käseabteilung. Ich bitte eine türkische

Schülerin, mir ihren „Erkundungsbogen“ zu zeigen, der voll von Notizen ist. Dann frage ich nach dem Namen ihres Lehrers und notiere, da ich ihn kenne, auf der Rückseite des 2. Blattes: *Ihre Schüler haben großartig gearbeitet. Mein Kompliment!*

Beglückt schlendere ich davon und höre jemanden sagen: „Der hat mir erklärt, was Natriumbenzoat ist!“ Wie auch immer: Schule, Schul-Bildung, in Deutschland, im Sommer des Jahres 2003 ...

*

Donnerstag, am 3. Juli 2003, bringt mich pünktlich um 6 Uhr 53 der Regional-Express 11106 nach Köln, wo ich um 8 Uhr 30 in der dortigen Universität einen Vortrag halten soll. Thema: SCHULQUALITÄT HAT EINEN NAMEN: MENSCHLICHKEIT. Um kurz nach acht bin ich vor Ort, inspiziere die Öffentlichkeit, bin entsetzt über den Schmutz, den Dreck, die heruntergekommenen Möbel, die Studentenmassen. Ein Kollege hat „seine“ Vorlesung für den Gastvortrag geöffnet. Fürchtete man zu wenige Interessenten? Der Hörsaal 1 füllt sich allmählich; etliche Kollegen kommen (warum wohl?); ein schlecht funktionierendes Mikrofon wird mir in die Hand gedrückt (Bitte stets vor den Mund halten!); ich beginne nach einer kurzen Einführung durch den gastgebenden Kollegen (im schmuddeligen T-Shirt-Outfit), der seine Studenten noch einmal darauf hinweist, möglichst keine Seitengespräche zu führen („Immerhin ist Herr *Winkel* extra aus Berlin gekommen ...“). Ich kam aus Bad Godesberg, also keine 50 Kilometer von Köln entfernt und doch wie aus einer anderen Welt. Etwa ein Viertel, so meine Schätzung, der letztlich bleibenden Hörer, kommt verspätet – fünf, zehn, fünfzehn, zwanzig, fünfundzwanzig, dreißig Minuten nach dem offiziellen Beginn. Den letzten Hörer begrüße ich, meinen Vortrag zum x-ten Male unterbrechend, um 9 Uhr 10. Er tröstet mich zwar nicht mit der heute üblichen Formel („Machen Sie ruhig weiter, das stört mich gar nicht!“), aber er begrüßt, heftig winkend und „Hallo“ rufend sowie einen Becher Kaffee haltend, etliche Kommilitonen. Mit Mühe bringe ich den Vortrag und die anschließende Diskussion zu Ende, wobei eine Studentin sich heftig meldet und als ihr der *Kollege X* das Wort erteilt, stöhnend bekennt: „Jetzt habe ich glatt vergessen, was ich fragen wollte!“ Nur schnell weg hier! – geht es mir durch den Kopf. Dem *Kollegen X* freilich gestehe ich mein Befremden, zumal während des Vortrages auch noch eine Anwesenheitsliste kursierte (nicht aber auslag), in die sich „selbstverständlich“ auch alle Zuspätkommenden eingetragen hatten, von denen einige, konsequent bleibend, auch früher gingen. Seine Antwort, wörtlich: „Ja, ja, in diesen Sachen bin ich etwas lax!“ Sprach’s und ließ mich gehen – hinaus in den Regen, zur S- und U-Bahn, die mich zum Hauptbahnhof zurückbrachten. Formen, Regeln, Rituale ... alles Teufelswerk in einer Spaßgesellschaft, die *Manfred Fuhrmann* (Jahrgang 1925!) einen riesigen „Vergnügungspark“[6] genannt hat. Auch das Studium unterliegt mittlerweile der Selbstregulierung (= Beliebigkeit); Vorlesungen müssen unterhaltsam sein (= Spaß machen); und Nichtwissen-äußern ist ein Zeichen von Ehrlichkeit (= Lockerheit). Und während ich da so vor mich hinstöhne, -jaule und auch -schimpfe, bekomme ich diesen Eindruck nicht aus meinem Kopf: Die deutsche Universität ist bis ins Mark hinein marode, verkommen und verdreckt und wird – wenn keine radikalen Reformen greifen – wohl nicht mehr zu retten sein. Und: Kollegen wie *Professor X* sind die eigentlichen Zerstörer dieser einstmals in der Welt beispiellosen Institution – ihre Laxheit, ihre Ideologie und ihre Machtgier haben den Zerfall von Studienkultur zumindest entscheidend mitverursacht. Wie auch immer: Bildung, Lehrer-Bildung, in Deutschland, im Sommer 2003 ...

✳

Nun, warum habe ich von diesen drei Ereignissen am Beginn unserer Weiterreise berichtet? Ich möchte durch sie auf dreierlei aufmerksam machen:

- Keine Zeit ist nur schlecht oder nur gut, im Gegenteil: Neben erbärmlichen Zuständen und Menschen gibt es großartige Verhältnisse und Verhaltensweisen – heute und damals.
- Was immer darüber berichtet wird, hängt auch von meinen An- und Aussichten ab: Erzählte Geschichte, aufbereitete Daten, geklärte Sachverhalte sind stets durch ein je spezifisches Bewertungsmedium gegangen – wir nannten es Pathomneme.
- Und schließlich verleiht just diese Form der Darstellung dem Gesagten bzw. Geschriebenen Offenheit, Perspektive, Entwicklung. Sie fixiert nicht und schließt keine Türen bzw. mauert sich und andere ein, sondern öffnet, trägt fort und bietet Chancen – um es mit *Fuhrmann* allgemeiner zu formulieren: „Alle Menschen sind Kinder ihrer Zeit und unterliegen einer hierdurch bedingten begrenzten Optik, und so müssen denn alle Stufen und Bereiche der Vergangenheit stets aufs neue für die je lebende Generation erarbeitet werden, weniger weil neuentdeckte Quellen das Bild verändern, als vor allem deshalb, weil die sich stets wandelnden Beurteilungsmaßstäbe neue Applikationen machen.“[7]

Mit diesen zitieren Worten im Gedächtnis besuchen wir einen Mann, der gleichsam zwischen Mittelalter und Neuzeit steht, in mancherlei Hinsicht die Geschlossenheit des gottgläubigen und bibelfesten Mittelalters noch bejahte und doch nicht müde wurde, an den kognitiven Voraussetzungen eben dieses geschlossenen Welt- und Gottverständnisses so zu arbeiten, dass die Sache des Menschen nicht länger nur von Gott abhängt, sondern auch und erst recht vom Menschen selbst, seiner Vernunft und Menschlichkeit: Wir besuchen *Johann Amos Comenius*.

Sonst hat sich in dieser Stadt (seit Öffnung der Mauer am 9.11.1989) so vieles verändert, die Nummer der U-Bahn von Spandau nach Rudow jedoch ist geblieben: Immer noch braucht sie als NW-SO-Verbindung 58 Minuten, und immer noch heißt ihre 30. Haltestelle (von 40) Karl-Marx-Straße. Morgens gegen halb acht fahren mit der U7 die gestylten Verkäufer und Friseusen, die Sekretärinnen und Schüler. Mich wie ein Tourist verhaltend frage ich einige, ob sie wissen, was an der Karl-Marx-Straße zu besichtigen sei. Niemand weiß es.

Nach acht füllt sich die U7 mit Anwälten und Beamten, mit den ersten Studenten und den letzten Nachteulen. Auch sie zucken die Schultern. „Das Böhmische Dorf" ist den meisten wirklich ein böhmisches Dorf – nur eine ältere Dame bewahrt mich vor Resignation. „Wenn Sie auf den Spuren von *Comenius* wandeln wollen, müssen Sie hinten aussteigen und dann linker Hand ..."[8]

Ich biege in den Herrnhuter Weg ein, gehe bis zur Richardstraße, überquere den Jan-Hus-Weg und komme in die Kirchgasse, an deren Ende ein Denkmal steht: König Friedrich Wilhelm I. von Preußen, der den 1737 aus Böhmen vertriebenen Flüchtlingen just hier in Rixdorf eine neue Heimat anbot. Und kaum einen Steinwurf von hier entfernt gelangt man zu einem mächtigen Findling, in den eine große, runde Bronzetafel eingelassen ist, auf der geschrieben steht: geb. *1592 – Amos Comenius – gest. 1670.* Und im inneren Kreis dieser Tafel ist er als Relief zu sehen, jener *Jan Amos Komenský*, der am 28. März 1592 im südmährischen Nivnice geboren wurde und am 15. November 1670 in Amsterdam starb, der als Exulant und Asylant, als Vertriebener und Eingeladener in vielen Ländern und Städten war – auch hier in Berlin. Was also haben die *Schudomastraße*, der *Wanzlikpfad* oder der *Herrnhuter Weg* ... was haben die hier wohnenden *Lischkas* und *Mareschs*, die Familien *Matschat* und *Krystek* mit dem Pädagogen *Comenius* zu tun?

„Alles ging uns verloren – nichts nahmen wir mit – nur die Kralitzer Bibel und das 'Labyrinth der Welt'."[9] Wir, das waren die böhmischen Protestanten, die nach der Schlacht auf dem Weißen Berg (1620) und nach dem 30jährigen Krieg aus ihrer Heimat vertrieben wurden und als Nachfahren der hussitischen Reformation (1457) die Brüder-Unität (*unitas fratrum*) gegründet hatten, um im Geiste der Urkirche an der re-formatio von Kirche und Welt zu arbeiten. Ihre gnadenlose Verfolgung unter *Ferdinand II* und *Karl VI* sowie der damit verbundene Re-Katholisierungsterror führten zum Exodus von 35.000 Familien, die vor allem in Sachsen, Polen und in Berlin Zuflucht fanden. „Die Kralitzer" war als tschechische Bibelübersetzung gleichsam die religiöse *communio* unter diesen Flüchtlingen, das „Labyrinth der Welt"[10] das irdische Einigungsband. Geschrieben hat es *Comenius* 1623; zu seinen Hauptwerken zählt es nicht; aber wer z.B. die „Briefe an den Himmel" liest[11], ahnt das Elend derer, die zwischen marodierenden Soldaten, exkommunizierenden Priestern und aufschreienden Exulanten herumirrten, Auswege suchten, den Frieden ersehnten. Und wer diese realgeschichtlichen Fakten übersieht oder nur kognitiv registriert, wird Schriften wie den „Engel des

Friedens“ (1668) [12] oder die Via lucis, den „Weg des Lichts“ [13] (1641), schlechterdings nicht begreifen können.

Das *Comenianische* Lebens-Werk ist immens; es auf wenigen Seiten darzustellen, schier unmöglich; und doch wird man keine Seite von ihm lesen, ohne das Ganze zu ahnen. Re-konstruieren freilich lässt es sich exemplarisch. Die folgenden sechs Bausteine gehören gewiss zu den tragenden seines Œuvres, die einzigen aber sind sie nicht. [14]

MIT-LEIDEN

Schon als Kind erfuhr *Jan Amos*, was Leid bedeutet und Mit-Leiden vermag: Der Vater, ein angesehener Böhmischer Bruder, starb früh, ebenso die Mutter und zwei Geschwister, so dass er bei der Schwester des Vaters aufwuchs. Was *„latchkey-children“* sind, Kinder, die ohne Vater, ohne Mutter, ohne feste Bleibe und ohne Sicherheit aufwachsen, musste der kleine *Jan* nicht erst lesen. In dem U. S. Bestseller von *David Elkind* über „The Hurried Child“ [15], 396 Jahre nach seiner Geburt erschienen, werden sie als mittlerweile in der Mehrzahl beschrieben – jene Kinder der „second-hand-families“ oder auch „patchwork-families“, denen Einsamkeit und Scheidungen, Umzüge und Sozialämter nicht mehr fremd sind. Die Jahrzehnte des Dreißigjährigen Krieges (1618–1648) und unsere Dezennien haben gewiss wenig gemeinsam; das Elend ihrer Kinder aber kennzeichnet sie beide und dürfte „nur“ bezüglich der Quanten verschieden sein. Und doch gibt es darüber hinaus einen gewaltigen Unterschied. Ob Aids oder das Ozonloch, ob Flüchtlingsströme oder hungernde Kinder ... unsere Zeit macht alles und jeden zum *infotainment*, zur Unterhaltung – selbst die härtesten *news* sind Mittel zum Zweck. Und damals? Als seine erste Frau 1622 an der Pest erkrankte, nahm sie das Söhnchen auf den Rücken und marschierte von Fulnek nach Brandeis, wohin ihr Mann geflohen war. Und als sie nicht mehr weiterkonnte, sagte sie zu ihrem Kind: „Lauf du nach Brandeis, kleiner Daniel, lauf – zum Vater!“ [16] Natürlich wissen wir nicht, ob dies ‘wirklich’ ihre letzten Worte waren. Aber sie hätten es sein können, denn ... im Gegensatz zu heute wurde Leid damals durch Mit-Leid gelindert, nicht aber in Tele-Visionen zur Schau gestellt. Und deshalb hat *Hans Künkel* der „Frau Pfarrerin“ zu Recht just diese Worte (aber kein „Tschüß“) in den Mund gelegt. *Comenius* hat – wie viele andere – furchtbares Leid erfahren, aber auch Mit-Leiden lernen können. In seinem Leben war jenes Element vorhanden, das *Martin Walser* in unserer Zeit kaum noch zu spüren vermag: „Es gibt“ – so sagte er in einem Interview [17] „zu wenig Liebe.“ So gesehen hat *J. A. C.* wie *Pestalozzi* im 18., wie *Diesterweg* im 19. und wie *Korczak* im 20. Jahrhundert auf das Leid mit Liebe geantwortet – keine vor Tränen blinde, sondern eine (im Sinne *Pestalozzis*) sehende, eine wissende, erzieherische, um Änderung bemühte, eine kämpferische Liebe.

Sein Zeitgenosse, der Dichter *Friedrich von Logau*, der von 1604 bis 1655 lebte, drückte diese damals wie heute gültige Lebenserfahrung in seinem Gedicht über „Die Gelegenheit“ wie folgt aus[18]:

„Es mangelt nie Gelegenheit,
was Gutes zu verrichten;
Es mangelt nie Gelegenheit,
was Gutes zu vernichten.“

UNTERWEGS-SEIN

Nach der Elementarschule trat *Comenius* als 16jähriger in die Lateinschule von Prerov ein, studierte von 1611–1613 in Herborn und Heidelberg, wurde 1614 Lehrer und Geistlicher in der Brüdergemeinde zu Fulnek, und danach begann wohl eines der unruhigsten Pädagogenleben, das wir kennen: 1621 fand das „Prager Blutgericht“ statt, das protestantische Königreich Böhmen wurde vom katholischen Kaiserreich zerschlagen, die „Ketzer“ und „Rebellen“ flohen in die Berge, auch *Comenius*, der darüber hinaus Haus und Hof, seine Frau und seine Kinder verlor. Im „Labyrinth der Welt“ hat er diese Odyssee auf erschütternde Weise beschrieben: Zusammen mit dem Begleiter „Überall-dabei“ macht sich der Pilger auf den Weg, die Eheleute und Gewerbetreibenden, die Gelehrten und die Ärzte, die Politiker und die Soldaten ... in Augenschein zu nehmen und – sinkt zum Schluß vor Scham und Schrecken zu Boden. Nichts als Elend, Leid und Blendwerk. Welche Konsequenz aber zieht er aus dieser Analyse, die ‘materialistischer’ nicht sein kann? Von den drei naheliegenden Lösungen wählt er keine, denn er zieht sich weder in die Wüste zurück, noch wirft er sein Leben fort, noch arrangiert er sich mit ‘Verhältnissen’ und gewinnt ‘Spaß’ am Leben. Nein, er hört die Stimme Gottes, die ihn dreimal auffordert: „Kehr um, von wo du ausgegangen bist, in das Haus deines Herzens, und schließ’ die Tür hinter dir!“[19] Denn daran lässt schon der 30jährige *Comenius* keinen Zweifel: Die Ursachen der schlimmen Verhältnisse liegen nicht in den Verhältnissen, sondern in den Menschen und ihrer Verkehrtheit bzw. Sündhaftigkeit. Natürlich hört(e) das niemand gern, weder 1622 (als man seine Bücher verbrannte) noch heute, wo viele im selbstgerechten Spaßduktus laut verkünden: Ich bin okay, du bist okay, wir sind alle okay!
J. A. C. hielt weder sich noch dich noch uns alle für okay; deshalb gab es für ihn, den protestierenden Christen, nur diese eine Konsequenz: „Und ich folgte dem Rat.“[20]

1627 mußte *J. A. C.* ins polnische Exil nach Lissa gehen, wo er u. a. die „Böhmische Didaktik“[21] schrieb und die „Janua linguarum reserata“[22] verfasste. Just diese „Geöffnete Tür zu den Sprachen“ machte ihn international bekannt; 1641 lud ihn das englische Parlament nach London ein – die Biographien, neben *Veit-Jakobus Dieterich*, *F. Hoffmann* oder *M. Blekastad*[23] haben all dies ausführlich beschrieben. Hier kommt es auf anderes an. *Comenius* war kein sesshafter Mensch, gleichwohl er nach Ruhe sich sehnte, sondern „ein Reisender in Sachen Pädagogik“. Von Schweden bis Deutschland, von Ungarn bis Holland reichte sein Wirkungskreis. Er war unterwegs im doppelten Sinn des Wortes: Auf der verzweifelten Suche nach einem Leben ohne Verfolgung und auf der sehnsuchtsvollen Suche nach – Gott. Ein Zweites kommt hinzu. Auch und gerade der heutige Mensch ist viel unterwegs, aber: als Tourist, als Voyeur, als Entertainer. Wo *Comenius* lebte, wirkte er auch. Für Schweden verfaßte er „Die neueste Sprachenmethode“ (ab 1644); im ungarischen Sárospatak errichtete er eine pansophische Schule (1650–1654); und hier entstand der weltberühmte „Orbis sensualium pictus“, „Die sichtbare Welt in Bildern“[24]; und selbst den holländischen Gastgebern, den Mitgliedern der Familie seines alten Gönners *de Geer*, die den abermals 1654 aus Polen vor den einfallenden schwedischen Truppen Fliehenden aufnahmen, ermöglichte der Alternde die Sammlung seiner Schriften. Ab 1657 konnten die „Opera didactica omnia“ (vor allem die „Didactica magna“) erscheinen sowie Teile der „Consultatio“, auf die noch einzugehen sein wird[25]. Im Reisen nehmen es heutige Menschen mit *Comenius* gewiss spielend auf. Was aber hinterlässt der Tourist, was hinterließ *Comenius*? Mehr noch: Mit welchen Augen schaute jener dort auf das Fremde, mit welcher Kamera filmt dieser hier das Neueste? Ist es von daher nicht verständlich, dass heutige Menschen zwar Tausende von Bildern in ihren Alben und Videotheken, aber keines in ihren Herzen haben? Im Gegensatz zu *Kant* oder auch *Herbart* war *Comenius* ein reisender Mensch; entsprechend ist sein Werk: eher offen, unsystematisch, mitreißend, appelativ, emotional ... Die Königsberger hinterließen geschlossene, systematische, abstrakte, wissenschaftliche und auf Rationalität sich gründende Werke. Dem gegenüber war und ist das Leben von *Comenius* sein Werk und sein Werk sein Leben.

ALLGEMEIN-DENKEN

1935 machte ein junger tschechischer Wissenschaftler namens *Dmitrij Tschižewskij* einen aufsehenerregenden Fund: in der Bibliothek des Waisenhauses zu Halle a. d. Saale fand er die Reste „De rerum humanarum emendatione consultatio catholica“, die verschollenen Teile jener „Allgemeinen Beratung über die Verbesserung der menschlichen Angelegenheiten“, die *Comenius* wohl ab 1642 im polnischen Elblag begonnen hatte. Ein monumentales Werk ist seither wieder zugänglich[26]. Es besteht, typisch barockhaft, aus sieben Teilen: Die Panegersia (der Universale Weckruf) eröffnet es; die Panaugia (die Universale Aufklärung bzw. Erleuchtung) begründet es; die Pansophia (die Universale Weisheit) soll es ermöglichen; im Zentrum, an der vierten Position, steht das Wichtigste: die Pampaedia (die Universale Bildung des Menschen); es folgen die Panglottia (die Universale Sprachpflege), die Panorthosia (die Universale Verbesserung) und die Pannuthesia (der Universale Mahnruf). Wer sich heute mit dieser wohl ab 1650 konzipierten Schrift „Pampaedia“ beschäftigt, ist von ihrer Aktualität beeindruckt: „Alle Menschen (sollen) durch das Ganze von Grund aus zur Vollkommenheit geführt werden“[27] Ob reich oder arm, schwarz oder weiß, Frau oder Mann, Christ oder Moslem, geboren oder ungeboren ... „Pampaedia meint die auf jeden einzelnen des ganzen Menschengeschlechts bezogene Pflege“[28]. Durch Denken, Reden und Tun soll er diese Bildung erfahren; folglich gilt es, „cogitata, dicta et facta“[29] zu ermöglichen – also nicht trockenes Bücherwissen und einseitige Verstandesschulung. Was aber ist das Ziel einer solchen allgemeinen Bildungstheorie? *Comenius* schreibt: „Homines ad assequendum Omnia desideria sua promovere“[30]. „Wir wollen die Menschen dahin bringen, daß sie alles erlangen, dessen sie bedürfen.“ Er schreibt nicht: ... alles, was sie haben wollen, sondern: „dessen sie bedürfen“; und er fährt fort: „Wir wollen die Menschen dahin führen, ihr künftiges Leben zu lieben und sich darum zu sorgen“[31]. Auf das Ganze, das Holos, das Pan ist Bildung angelegt. Auch die 1657 fertiggestellte „Didactia Magna“ ist ein grandioser Versuch, eine Theorie aufzustellen, die alle Menschen, ganzheitlich und angemessen durch Unterricht zu bilden erlaubt. Dabei ist das Maß der Dinge eben nicht der (selbstsüchtige) Mensch, sondern: In all seinem Wollen (*velle*), seinem Wissen (*scire*) und seinem Können (*posse*) ist er auf Gott bezogen. *A Deo, Per Deum, Ad Deum.* Alles kommt von Gott, alles ist durch Gott, alles kehrt zurück zu Gott, wenn – der Mensch die ihm anvertraute Welt und insbesondere die von ihm zu betreibende Schule als „Hominum Officina“[32], als Menschen-Werkstätte“[33] begreift ... ubi Omnes, Omnia, Omnino doceantur“[34], wo allen, das Ganze, von Grund auf lehrend erfahrbar gemacht werden soll, wie es in der „Großen Didaktik“ heißt[35].

Da ich auf die „Große Didaktik“ in etlichen Publikation ausführlich eingegangen bin[36] und hier keine Schul-, sondern eine Bildungstheorie vorzulegen ist, sei auf die zentrale Schrift des *Comenius* eingegangen – bildlich gesprochen lade ich also dazu ein, den mittleren, den gewiss höchsten Berg im comenianischen Siebengebirge zu besteigen, den er *Pampaedia* genannt hat: die Allgemeine, die Umfassende Bildung des Menschen.

MENSCHEN-BILDUNG

Mitten im heißen Sommer des Jahres 2003 druckte aufgrund diverser Vorkommnisse DER TAGESSPIEGEL ein Interview mit dem Bürgermeister von Berlin-Mitte und CDU-Landesvorsitzenden *Joachim Zeller* ab, das in vielerlei Hinsicht höchst bemerkenswert ist. Und weil die halbe Stadt in den Ferien war, wird es von relativ wenigen gelesen worden sein – und die meisten derjenigen haben es gewiss schon längst wieder vergessen. Geblieben aber sind die Probleme:

In einigen Innenstadtbezirken sind Spannungen zwischen Bewohnergruppen unterschiedlicher Herkunft normal geworden. Sozialforscher des Zentrums Demokratische Kultur haben in einer Studie über Kreuzberg-Friedrichshain massive Gegensätze zwischen deutschstämmigen Bewohnern und Migranten dargestellt. Sie fanden spürbare und sichtbare Ausländerfeindlichkeit und Radikalisierungstendenzen unter Migranten. Joachim Zeller, Bürgermeister von Mitte und Vorsitzender der Berliner CDU, hat eine solche Studie für Mitte in Auftrag gegeben.

Herr Zeller, warum soll das Zentrum Demokratische Kultur nun in Ihrem Bezirk forschen?

Weil die gleichen Phänomene auch in Mitte festzustellen sind, vor allem in Moabit, Gesundbrunnen und Wedding.

Welche Hinweise haben Sie?

Nicht nur die Studie „Bärenstark" über die Sprachkenntnisse von Schülern, auch Erkenntnisse in den Kindertagesstätten und Berichte von Erziehern, Lehrern und Sozialarbeitern zeigen uns, dass sich die Milieus immer weiter in sich selbst zurückziehen. Die Integration der Nachfolgegenerationen der Migranten kann in vielen Fällen als gescheitert angesehen werden.

In Friedrichshain und Kreuzberg schlagen angeblich Jugendliche öfter zu als früher, auch Mädchengruppen prügeln sich. Haben sich die Umgangsformen in Mitte ebenfalls zum Schlechten verändert?

Auch hier ist die Gewaltbereitschaft besonders der Jugendgruppen größer geworden. Es gibt die Tendenz, den Wohnblock, den engeren Kiez als die Heimat anzusehen, die es gegen andere zu verteidigen gilt. Dagegen wird ein Ausflug in andere Teile der Stadt wie ein Ausflug in eine fremde Umgebung gesehen.

Gibt es besonders problematische ethnische Gruppen, oder sind es die bekannten Konstellationen – Deutsche gegen Türken, Türken gegen Araber?

Deutsch-Nichtdeutsch ist oft auch ein Generationenproblem. In vielen dieser Stadtteile stammt die Jugend mehrheitlich aus Migrantenfamilien, während die ältere Bevölkerung deutsch ist. Durch gegenseitige Fremdheit entstehen Konflikte. Außerdem gibt es Konflikte zwischen den ethnischen Gruppen, insbesondere zwischen türkischen und arabischen Gruppen und zwischen diesen und Gruppen, die aus Südosteuropa stammen, beziehungsweise aus den Staaten der Ex-Sowjetunion.

Wie verhält es sich mit den radikalen Kräften innerhalb der islamischen Bevölkerung?

Wir haben mehr als 20 Moscheevereine im Bezirk, die eine rege Tätigkeit entfalten. Kontakte zu staatlichen Institutionen gab es bislang kaum, wie mir meine Besuche der Moscheevereine gezeigt haben. Einige scheinen islamistische Tendenzen zu fördern.

Woran liegt es, dass die Integrationsbereitschaft nachgelassen hat – und was kann man dagegen tun?

Bislang haben viele geglaubt, die Integration komme von allein. Das Gegenteil ist der Fall – wenn wir unter Integration die Teilhabe an der Kultur und am Leben der Mehrheitsgesellschaft verstehen. Dafür gibt es viele Gründe, ein gewichtiger ist sicher die hohe Arbeitslosigkeit in Bevölkerungsgruppen nichtdeutscher Herkunft. Viele Jugendliche haben wegen mangelnder Sprachkenntnisse schlechte schulische und berufliche Bildungsergebnisse, damit auch schlechte Voraussetzungen für das weitere Erwerbsleben. Ein weiteres Phänomen: Immer mehr hier lebende Migranten schließen Ehen mit Frauen oder Männern aus ihren Herkunftsländern. Die hier geborenen Kinder werden dann in der Sprache des Herkunftslandes aufgezogen. Die neu zugezogenen Ehepartner finden kaum oder gar keinen Kontakt zur Mehrheitsgesellschaft, wenn es in ihren Wohnvierteln bereits eine spezifische Migrantenkultur gibt oder anders gesagt: parallelgesellschaftliche Strukturen. Wir dürfen diese Dinge nicht länger auf sich beruhen lassen: Die Regelung der Zuwanderung tut Not, und für hier lebende Migranten muss der Erwerb der deutschen Sprache verpflichtend werden. Bundesregierung und Senat sind in der Pflicht, Kommunen und Bezirke sind damit überfordert.

Sind Teile der einheimischen Bewohnerschaft von Mitte ausländerfeindlich?

Nicht offen, aber es gibt enorm viel Druck im Kessel. Das äußert sich in bestimmten Gebieten durch zunehmende Staatsverdrossenheit. Selbst das vermittelnde Angebot der Quartiersmanager wird nicht mehr akzeptiert. Die hören dann: Da versucht der Staat wieder, Placebos zu verteilen.

In Teilen der Kreuzberger Migrantenszene gibt es eine radikale Intoleranz gegenüber bestimmten Gruppen. Es gibt die Verachtung von Frauen oder von Homosexuellen. Gibt es überhaupt noch so etwas wie einen Werte-Konsens in den Problemgebieten?

Es gibt unter Jugendlichen eine große Desorientierung. Da, wo Anknüpfungspunkte an eine Werteorientierung nicht gegeben sind, entsteht ein eigener Wertekonsens. Dessen Inhalt ist meistens Gruppenzusammenhalt nach innen und eine sinkende Hemmschwelle für Gewaltanwendung nach außen.

Dieser Tatsachenbeschreibung steht ein forderndes Wort gegenüber, das vor gut 350 Jahren niedergeschrieben wurde und das da lautet: „Wir wollen, daß alle Menschen Pansophen werden“. Sein Autor: *Johann Amos Comenius*, und die Quelle heißt: „Pampaedia“[37].

Wie alles, was *Comenius* schrieb, ist auch die *Pampaedia* (keine narrative, wohl aber) eine ausgesprochen argumentative Schrift: wohlgeordnet, symmetrisch, klar, fast paragraphenhaft – rund 180 Jahre später wird *Herbart* eine ähnliche Darstellung wählen – von vorn bis hinten systematisch. *Comenius* schrieb die *Pampaedia* ab 1650 auf Lateinisch, denn 1632 hatte er beschlossen, seine geliebte böhmische Sprache als Publikationsmedium aufzugeben – 1632, ein für ihn schreckliches Jahr: Der rehabilitierte *Wallenstein* wird zum kaiserlichen „Generalissimus“ ernannt und vertreibt die Sachsen aus Prag; der Brüderbischof *Jan Cyrill* stirbt; der schwedische König *Gustav II. Adolf* fällt bei Lützen; auch der böhmische Winterkönig *Friedrich V.* findet den Tod ... Die Anliegen der Protestanten standen also denkbar schlecht und die Wiederherstellung der böhmischen Freiheit bzw. die der *unitas fratrum* war schier aussichtslos geworden. Einerseits also dokumentierte *Jan Komenský* mit dieser Entscheidung seine Trauer über die wohl für lange Zeit verlorene Heimat, andererseits beanspruchte der 40-jährige *Jan Amos Comenius* mit dem Entschluss, hinfort auf Lateinisch zu publizieren, dies als Weltbürger, als *civis mundi*, zu tun. Sie, die *Pampaedia*, gliedert sich wie folgt:

SYNOPSIS PAMPAEDIAE

{ Introitus: docens quid Pampaedia sit, et intendat. .... Cap. I

{ { Demonstrans Necessitatem, Possibilitatem,
{ { Facilitatem, ut Homines doceantur
{ { OMNES .... Cap. II
{ { OMNIA III
{ Tractatio { OMNINO IV
{ { { SCHOLARUM V
{ { explicans requisita { LIBRORUM VI
{ { universalium { MAGISTRORUM VII

Pampaediae { { explicans particularem Omnium praxin
{ per aetates gradatim ceu Scholas septem:
{ Scholam videlicet 1. GENITURAE .... Cap. VIII
{ 2. INFANTIAE IX
{ 3. PUERITIAE X
{ 4. ADOLESCENTIAE XI
{ 5. JUVENTUTIS XII
{ 6. VIRILITATIS XIII
{ 7. SENII XIV
{ 8. MORTIS XV

{ Conclusi: ostendens rerum ita constitutarum per-
salutares Usus .... Cap. XVI

Übersicht über die Pampaedia

Die Einführung lehrt, was die Pampaedia ist und was sie beabsichtig. Kap .I

{ zeigt, wie notwendig, möglich und leicht es ist, die
{ Menschen zu lehren und zwar
{ einen jeden, ... II
{ das Ganze, ... III
{ wohlgegründet; IV
{ {Schulen, ... V
{ erläutert die {Büchern, ... VI
{ Forderung nach {Lehrern des Ganzen VII

Die Abhandlung selbst
{ erörtert die Durchführung all dessen im einzelnen,
{ abgestuft nach den Lebensaltern oder aufgegliedert
{ in sieben Schulen. Und zwar in die Schule
{ 1. des vorgeburtlichen Werdens, ... VIII
{ 2. der frühen Kindheit, ... IX
{ 3. des Knabenalters, ... X
{ 4. der Reifezeit, ... XI
{ 5. des Jungmannesalters, ... XII
{ 6. des Mannesalters, ... XIII
{ 7. des Greisenalters, ... XIV
{ 8. des Todes. XV

Der Schluß weist den überaus segenvollen Nutzen dieses
Vorhabens auf XVI

Abb. 19 Die Heimat des Comenius

Wer diese zentrale und endgültig erst ab 1656 z. T. edierte Schrift des *Comenius* heute liest, also bald ein viertel Jahrtausend später, ist von ihrer Aktualität beeindruckt. Im literarischen Siebengebirge („De Rerum Humanarum Emendatione Consultationis Catholicae“: Allgemeine Beratung über die Verbesserung der menschlichen Dinge) nimmt diese *Pars IVta* die mittlere und die höchstgelegene Position ein: Sie möchte nichts Geringeres als „jeglichen Menschen durch die ganze Wahrheit veredeln“ (S. 11) – erudire, wörtlich: ent-rohen. „Alle Menschen durch das Ganze von Grund aus zur Vollkommenheit führen“ (S. 15): „OMNES homines excoli, et OMNIBUS excoli, et OMNINO excoli“. Es geht in der *Pampaedia* zwar auch um viele Details, um viele einzelne Nachweise, um zahllose Argumente, aber diese haben nur dann einen Sinn, wenn ihr gemeinsamer Bezugspunkt avisiert wird: das Ganze eben, das alles zusammenhält, das die Teile an ihren jeweiligen Ort verweist, in dem letztlich alles koinzidiert. Deshalb immer wieder das Präfix *Pan*: der Bezug zum Ganzen. Allen soll das Ganze gründlich nahegebracht werden. Im Griechischen lautet die intendierte Trias: *pantes*, *panta*, *pantos*, die *Comenius* mit dem lateinischen Dreiklang *omnes*, *omnia*, *omnino* übersetzt. Was ist das nun, dieses *Pan*, dieses Ganze, diese Mitte? Dazu eine aktuelle, eine bedrückende Erläuterung als

3. Beispiel: Mit dem Dosenpfand gegen die Weltkatastrophe

Während ich an diesem Kapitel sitze, im August des Jahres 2003, hat Deutschland, hat ganz Europa, eine Hitzewelle gepackt. Und während exakt ein Jahr davor die Semper-Oper in den Fluten der Elbe unterzugehen drohte, spazieren jetzt die Dresdner und viele Touristen von den Brühl'schen Terrassen hinab durch das niedrige Flussbett fast trockenen Fußes in die Neustadt. Und wieder einmal lernen die Schüler und predigen die Medien,

- dass wir die Treibhausgase reduzieren müssen,
- dass wir die Regenwälder (z. B. in Brasilien) schützen sollen,
- dass die Ozonschicht gefährdet ist,
- dass wir die soziale und ökologische Erneuerung brauchen (also SPD und die GRÜNEN immer wieder wählen sollten),
- dass z. B. Dosenpfand und ähnliche „Reformen“ die Umwelt sicherer machen ...

Dass und dass und dass. Dabei werden viele Fakten mitgeteilt, viele Beweise angestellt, viele Rechnungen durchgeführt. Warum aber das alles not-tut, wo das Unheil her-kommt, wie alles mit allen von Grund auf zusammen-hängt, das bleibt nebulös. Dabei wissen wir doch, dass wir noch so viele Details verändern (die einen Daten reduzieren, die anderen progredieren) können, wenn aber das Ganze, der Koinzidenzpunkt, das Zentrum unverändert bleibt, ist alles Re-formieren bloße Makulatur. Im Zentrum *dieser* Problematik aber stehen keine Parteien und Gewerkschaften, keine Medien und Pfandsysteme, sondern alle Menschen (*omnes homines*), steht jeder einzelne Mensch (*singuli homines*). Solange sein Verhältnis zu sich selbst, zu einem anderen, zu allen, zu den Pflanzen, Tieren und den Dingen nicht in Ordnung ist; wenn ich nicht genug haben kann, du ohne Rück-Sicht bist, wir Solidarität mit Füßen treten ..., kann niemand und nichts genesen. Konkret: Wer außerhalb seiner Jahreszeit – sagen wir – aus Südafrika eingeflogene Erdbeeren essen will, kein Rauchverbot akzeptiert, Fahrradfahren allenfalls als Kompensation von Bewegungsmangel akzeptiert; wer Waffenbesitz als Bürgerrecht deklariert, pornographische Sendungen seinen Kindern verbietet, aber sich selbst gestattet, von einer Love-Parade zu anderen jettet oder schamlos der Telefonitis (per Handy und in aller Öffentlichkeit) frönt, der zerstört sein eigenes ICH, das Verhältnis zum DU, das gemeinsame WIR, der sieht „die Seele des Menschen nicht als ein Landgut der Ewigkeit" (*Comenius*, S. 27) an, sondern hält sie für Pfaffengeschwätz, das es zu betäuben gilt. Wenn nicht alles täuscht, steuern wir nicht auf einen 3. Weltkrieg zu, wohl aber auf eine globale Klimakatastrophe, die den drei Lebensressourcen (Luft, Wasser und Erde) irreparable Schäden zufügen wird. Wer also (wie unser momentaner grüner Umweltminister *Jürgen Trittin*) mit stolz geschwellter Brust und geblähten Backen lauthals verkündet, mit Hilfe des Dosenpfands einen entscheidenden Beitrag zur ökologischen Erneuerung geleistet zu haben, hat nichts begriffen. Ihm ist der Sinn des Ganzen ebenso verborgen geblieben wie der Zusammenhang zwischen durchaus nützlichen Einzelmaßnahmen und dem sinngebenden Ganzen. Just dieser aber erst vermittelt Bildung, Pan-Paedia, All-Bildung, eine bzw. die auf das All-Gemeine und auf die spezifischen Aspekte erst richtig hinzielende generelle Bildung: „Das Ganze bedeutet hier eine nach Maßgabe des Ganzen auf das Ganze bezogene Pflege" (S. 15), bedeutet *cultura universalis*. Und solange wir diese Kultur-Bildung nicht ebenso energisch betreiben wie – sagen wir – eine artgerechte Tierhaltung, werden wir nichts und niemanden retten.

Beispiele haben es an sich, nur einen einzigen Aspekt zu illustrieren und, wenn überhaupt, über die Analogie zu überzeugen, nicht aber entlang einer mitreißenden Erzählung oder eines schlagenden Beweises. Stimmt die Parallele nicht, sprechen wir von einem schiefen Vergleich. *Comenius* bediente sich bevorzugt des Vergleichens – *per analogiam naturae*. Vor allem aus der Tier- und Pflanzenwelt sowie der Erd- und Himmelskunde stammen seine *exempla*. Nachdem er die Bedeutung des Pan geklärt hat, erläutert er die Trias *omnes – omnia – omnino*. Ein Gedanke verdient besondere Beachtung: Im Kapitel III, Absatz 11 (S. 55) zählt er die 12 Urwünsche (*desideria*) des Menschen auf, die dann in den folgenden Absätzen erläutert werden:

„Jeder, der als Mensch geboren wurde, verlangt aus ureigenstem Antrieb seiner Natur danach

I. zu sein, d. h. zu leben,

II. kräftig zu leben, d. h. sich einer festen Gesundheit zu erfreuen,

III. wachen Sinnes durch die Welt zu gehen, d. h. zu wissen um das, was ihn umgibt,

IV. lichtvoll zu sein, d. h. aus seinen Gründen zu verstehen, was er weiß,

V. sich frei zu wissen, d.h. fähig zu sein, das erkannte Gute zu wollen und zu wählen, das Schlechte abzuweisen und zu verschmähen und über alles, sofern es in sein Ermessen gestellt ist, zu verfügen,

VI. tätig zu sein, d.h. alles, was er als gut erkannt und auserwählt hat, auch wirklich ins Werk zu setzen; denn sonst ist alles Erkennen und Erwählen vergeblich,

VII. vieles zu haben oder zu besitzen,

VIII. alles, was er hat, auch sorgenlos zu gebrauchen und zu nutzen,

IX. sich hervorzutun und Achtung zu genießen,

X. möglichst redegewandt zu sein, um sein Wissen und seinen Willen den anderen rasch und eindringlich mitteilen zu können,

XI. bei den Menschen beliebt zu sein und ihr Wohlwollen zu genießen, daß sie ihm nicht neidisch sind, sondern ein ruhiges, angenehmes und sorgenloses Leben wünschen, und

XII. einen gnädigen Gott zu haben; denn er ist seine größte Freude und die Gewißheit seiner Seligkeit.

So ist nun also klar, was man unter dem Ganzen zu verstehen hat, hinsichtlich dessen die Menschennatur selbst wünscht vollkommen zu werden."

Trefflicher kann man die Allgemeinbildung des Menschen kaum begründen, als not-wendig und realisier-bar kaum herausstellen. Zum ersten Mal sieht ein Pädagoge den Menschen unter einem Wirklichkeits-, einem Notwendigkeits- und einem Möglichkeitshorizont. Die Realität, die Nezessität und die Potenzialität bilden das den Menschen umgreifende Ganze. *Comenius* zeigt auf, was „für die menschliche Natur ... wirklich, wünschenswert und möglich ist" (S. 39) – „*naturalis/realis sicut optabilis et possibilis.*" Wenn eine dieser drei Seinsweisen fehlt, hört der Mensch auf Mensch zu sein. Wer keine Wirklichkeit hat (kein *esse*), der bedarf keiner Notwendigkeit oder Möglichkeit. Wem die Notwendigkeit (das *necesse*) nicht einleuchtet, der wird keine Möglichkeit suchen. Und wem alle Möglichkeit genommen wird (das *posse*), der wird seine Wirklichkeit nicht verbessern, nicht meliorieren können. Ungeschminkt (aber nicht lieblos) heißt es deshalb in der *Pampaedia* (S. 45): „Wer als Mensch geboren ist, soll wie ein Mensch zu leben lernen, oder er sollte aufhören, ein Mensch zu sein." Erinnert sei an unsere Unterscheidung zwischen Mensch-werden und Mensch-bleiben ... Getragen von einem großen Optimismus durchschreitet *Comenius* in den folgenden Kapiteln die sieben bzw. acht Schulen des Menschen, wobei in der Aufzählung die „Schule des Todes" mal mitgezählt oder auch weggelassen wird – erläutert wird sie in jedem Fall. Und wieder gilt, vor allem für die drei mittleren (die öffentlichen) Schulen des Knabenalters, der Reifezeit und der Jugend: Sie stehen unter öffentlicher Aufsicht („sub publica inspectione"; alle Kinder sollen das Recht zum Schulbesuch haben („ad quas suos mittere ius, fasque sit omnibus"); und in diesen

Schulen sollen nur die besten, die besonders ehrenwerten Männer und Frauen, die auserlesensten Lehrer lehren („honestissimorum Virorum et Matronarum ... selectissimis esse committendam“, S. 122ff). Trotz der erheblichen Unterschiede und trotz der verschiedenen Aufgaben, die den einzelnen Lebens-Schulen zugesprochen werden, bleibt das gemeinsame Anliegen einer Menschenbildung im Blick. „Das ganze Schulwesen soll wie eine Kette („catena“) sein, wo ein Glied das andere hält und so ein zusammenhängendes Ganzes entsteht“ (S. 135). In diesen pansophischen Schulen (PANSCHOLIA) werden nicht nur Bücher studiert, die als „Werkzeuge der vom Ganzen her bestimmten Vervollkommnung des Menschen dienen“ (S. 139), also PAMBIBLIA, sondern in ihnen wirken auch Lehrer des Ganzen (PANDIDASCALIA): Sie sollen so sein, wie ihre Schüler werden sollen; sie sollen die Kunst beherrschen, diese dorthin zu führen; und sie sollen allzeit eifrig in dieser ihrer Arbeit sein (vgl. S. 171). Ohne Scheu erteilt *Comenius* als Lehrerbildner entsprechende Ratschläge. „Jeder lerne das Ganze kennen“ (S. 175). – „Lehre gründlich!“ „Docere Omnino!“ (S. 177) – geleite die Schüler auf einen Weg, der zum Guten führt! (S. 185) – „Wir wollen erreichen, daß die Menschen alles freudig lernen.“ (S. 191) – „Wir wollen erreichen, daß die Zucht („disciplina“) den Schülern keine Angst vor dem Lernen bereite“ (S. 207). „Wir wollen zu erreichen suchen, daß Sinn, Geist und Hand des Schülers („sensus, mens, manus discentis“) sich das Ganze recht schnell zu eigen machen“ (S. 209). Noch sind die meisten Schulen des 17. Jahrhunderts „Stampfmühlen“ (pistrina) oder „Lernfabriken“ (officina), aber sie sollen Schritt für Schritt zu „universalen Spielstätten“ (universalis ludus) umgestaltet werden (S. 196f). Ob in irgendeinem heutigen Hörsaal solche und ähnliche Hinweise noch gegeben werden? Zweifel sind angebracht ...

In einer Zeit, in der weniger ein Konflikt zwischen Rassen, zwischen Klassen oder zwischen Geschlechtern droht, sondern zwischen den Generationen, erfährt die Schule des Greisenalters eine besondere Aktualität, das Altwerden als der letzte Teil des Lebens, als Nachbar des Todes: „ultima aetatis pars decrescens, mortique vicina“ (S. 418). Ohne Einschränkungen fordert *Comenius* von den Großen und den Starken: „Was schwach ist, muß geführt und gestützt werden ... Das Alter („senectus“) darf daher nicht allein und ohne Stütze gelassen werden“ (S. 421). Was er gegenüber den Kindern verlangte, verlangt er auch gegenüber den Alten und Sterbenden: Barmherzigkeit („misericordia“, S. 430). Dieses Ansinnen steht in krassem Gegensatz zu mancher gegenwärtigen Verlautbarung. An dem Tag, als diese Comenianischen Gedanken hier zu Papier gebracht wurden, las ich in der *Frankfurter Allgemeinen Zeitung* (Nr. 182, vom 8.8.2003, S. 3) dass und wie sich der 23 Jahre alte Jurastudent und Vorsitzende der Jungen Union *Philipp Mißfelder* zum neu auszuhandelnden Generationenvertrag äußert: „Ich halte nichts davon, wenn 85-jährige noch künstliche Hüftgelenke auf Kosten der Solidargemeinschaft bekommen. Das ist eine reine Frage der Lebensqualität. Das klingt zwar extrem hart, aber es ist doch nun mal so. Früher sind die Leute auch auf Krücken gelaufen ... Das auszusprechen, davor schrecke ich nicht zurück." Ich kann mir nicht vorstellen, dass dieser junge Mann je eine unter einer arthrotischen Hüfte leidenden Frau wenigstens zu ihrem Sessel geführt hat oder ob seine Eltern sich ähnlich äußerten, als er sich beim Skifahren das Bein brach, aber erinnern möchte ich ihn an das, was zum Generationenvertrag gehört: Die Bereitschaft nämlich, sich und anderen gegenüber einzugestehen, dass erst im Umgang mit ihren Jungen und Alten jede Gesellschaft das Potenzial ihrer Menschlichkeit dokumentiert und zu dieser gehört – Hilfe (nicht Mitleid) gegenüber den Schwachen und schon gar nicht yuppiehafter Zynismus in gut bezahlten Interviews. „Das Alter", so noch einmal *Comenius*, „ist noch kein Grab, kein vollkommenes Aufhören jeder Arbeit" (S. 425), weshalb er die Greise – je nach ihrem Vermögen – einbezogen wissen will in die Angelegenheiten aller, damit sie die „Schule des Todes" als Mensch betreten können. „Mit dem bloßen Sterbenlernen ist es also nicht getan, wir müssen lernen, gut zu sterben" – „BENE MORI" (S. 444f). Mit großen Buchstaben hat der Böhmische Bischof diese Forderung an uns gestellt. Wie aber sollen wir gut sterben lernen, wenn wir nicht(s) gut aus-leben dürfen?

✳

Mit dieser Frage wollen wir die Vorstellung der *Pampaedia* abschließen und uns einem fünften Merkmal des Comenianischen Lebens-Werkes zuwenden.

KONKRET-HANDELN

Bildung ist nach *Comenius* stets die Realisation jener allgemeinen Werte, die der Menschheit insgesamt zugute kommen. Erziehung hingegen setzt beim Einzelnen an, ist auf das Wahre und Gute hier und jetzt verwiesen und stets das Besondere des Allgemeinen. Am Beispiel der Friedenserziehung und der Schulpädagogik sei dies illustriert:

Der 1667 in Breda tagenden Friedenskonferenz, die den Seekrieg zwischen England und Holland beenden wollte, unterbreitet *Comenius* das Manifest „Angelus pacis" aus dem ich die folgende Passage zitieren möchte:

„Da wir, die christliche Welt in Europa, nicht die gesamte Menschheit umfassen, sondern neben uns es noch Hunderte von Nationen gibt, zerstreut über der ganzen Erde, und da es nicht genug ist, daß Christus der Heiland etlicher sei, sondern daß er das Licht und das Heil Gottes für alle Nationen bis an das Ende der Welt werde ... so ist es angebracht, darüber nachzudenken, auf welche Weise wir Christen der ganzen übrigen Welt und allen Nationen Heil, Frieden und Licht bringen könnten, nachdem wir untereinander Frieden geschlossen haben."[38]

In dieser kosmopolitischen Denkweise hat der Ireniker *Comenius* vieles vorweggenommen, was 1755 (also 88 Jahre später) *I. Kant* in seinem philosophischen Entwurf „Zum ewigen Frieden"[39] ausgedrückt hat. Friedenserziehung muss in das konkrete Handeln münden, und deshalb forderte er z. B. ein internationales Direktorium der Mächte sowie ein Friedensgericht und legte sogar eine Art Abrüstungsplan vor. Und man spürt den „Friedensengel" *Comenius* buchstäblich vor Zorn zittern und beben, wenn man in dem besagten Manifest weiter liest:

„Denkt man darüber tief nach, so kann man gar nicht in Zweifel sein, ob die europäischen Seefahrten in ferne Länder mehr Gutes oder Böses eingebracht haben. Es ist offensichtlich, daß wir zwar an Vermögen, an verschiedenen Raritäten und auch Delikatessen reicher, an schlimmsten Lastern aber schlechter geworden sind ... Es ist absolut notwendig, mit dem Trachten nach Seemacht Schluß zu machen. Das sei auch dir gesagt, Amsterdam, dir London, dir Lissabon und dir, Venedig: die Zeit wird kommen, da euer Hurenlohn mit allen Königreichen der Welt an Gott zurückkommt ..., so daß in Zukunft nicht einfach Privatleute ihre Schätze zu eigenem Nutzen sammeln werden, sondern daß alle, die vor dem Herrn auf Erden wohnen, werden essen und trinken und sich wohl kleiden und freudig den Herrn aller Erde loben."[40]

Das Allgemeine in der Friedensbildung liegt in der Re-Konstruktion der von Gott gewollten Wahrheit, Gerechtigkeit und Liebe; die Friedenserziehung muss sich im Herstellen dieser Werte hier und jetzt bewähren. Nur dann ist sie Pazifismus, wenn sie tatsächlich Frieden macht – *pacem facere*.

Nicht anders vollzieht sich Schulpädagogik, nämlich als Konkretion der Allgemeinen Pädagogik, die der Pflege des ganzen Menschengeschlechts verpflichtet ist. Folglich benötigt sie eine (das Gesamte umfassende) Schule, in der die Dinge, Lebewesen, Fakten und Ereignisse zunächst einmal gründlich studiert, auf ihr Da-Sein (*esse*) hin gelernt werden, damit sie ihrem möglichen So-Sein (*posse*) überantwortet werden können. Eine solche Schulpädagogik kann den Rohrstock ebenso wenig gebrauchen wie die Zensurenpeitsche, die Beliebigkeit ist ihr nicht weniger fremd als der bloße Spaß. Deshalb entwickelte *Comenius* in den berühmten Kapiteln 17 und 18 seiner Didaktik jeweils zehn Grundsätze zu leichtem und zehn Grundsätze zu dauerhaftem Lehren und Lernen[41]: Frühzeitig ist zu beginnen; vom Allgemeinen zum Besonderen, vom Leichten zum Schweren, vom Nahen zum Fernen ist voranzuschreiten; „nichts soll auf bloße Autorität hin gelehrt werden, alles vielmehr durch eine den Sinnen und der Vernunft zugängliche Darlegung"[42]; und zur „Dauerhaftigkeit" kann Lernen nur dann gelangen, wenn es durch „häufiges und geschickt angelegtes Wiederholen und Üben"[43] gekennzeichnet ist.

Comenius hat also immer beides im Auge: die Genera, das Allgemeine bzw. Universale und die Specifica, das Besondere und Konkrete.

VOLLSTÄNDIGKEIT-ERSTREBEN

Den großen Triadiker hat man *J. A. C.* genannt, einen in Dreiheiten denkenden Pädagogen, der in dieser Hinsicht nur noch von *Rudolf Steiner* und den Märchen tangiert wird. Dreifach ist das Dasein: *ens mentale, ens verbale, ens reale*; folglich sind drei Wissenschaften möglich: Logik, Grammatik und Pragmatik; sie erforschen die drei Wirkungsbereiche des Menschen: *religio, philosophia* und *politia*; und zwar über die Dreistufigkeit des Wissens als: *theoria, praxis et chresis*; denn die drei Prinzipien der menschlichen Natur gilt es nachhaltig auszubilden: Wissen, Tugend und Frömmigkeit, indem wir lernen: zu denken, zu reden und zu handeln: *cogitare, loqui et agere* ... In seinem gesamten Werk ist das Denken in Triaden geradezu konstitutiv, so dass man geneigt ist, von einem „Harmoniker" zu sprechen. Um bloße Harmonie geht es *Comenius* jedoch gerade nicht, dazu waren ihm die Welt und ihre Menschen als viel zu zerrissen und zerstritten bekannt. Worin also liegt der Grund für dieses dreischrittige Argumentieren? 1625 schrieb *Comenius* ein Buch, das er „Centrum securitatis" nannte und 1633 in Lissa veröffentlichte [44]. In dieser Schrift wird wie in kaum einer anderen ausführlich begründet, dass der Mensch verlassen ist, wenn er sich ganz auf sich selbst verlässt; dass seine Möglichkeit eben nicht in seiner Allmächtigkeit liegt; dass er einer anderen Mitte bedarf, wenn er seine Ruhe finden will. Die „Selbsteigenheit" nämlich ist es, jene „samosvojnost" [45], die den Menschen zu Grunde richtet: Wenn er „nur sein eigen will, nämlich nur sein eigener Ratgeber, sein eigener Führer, sein eigener Beschützer, sein selbsteigener Herr, und Summa: sein eigener Gott ..., ist das der Anfang allen Übels" [46]. In sich selbst findet der Mensch eben keine Vollkommenheit, sondern nur in Gott. Folglich ist ihm die *„imitatio dei"* aufgetragen, soll er sich an Gott orientieren, die Zerrissenheit und das Böse überwinden und der realen Imperfektibilität über die Verbesserung seiner selbst die mögliche Vollkommenheit zumuten. Hier liegt begründet, warum *J. A. C.* nicht in Antinomien, sondern in Triaden denkt, er zwischen bzw. über dem einen und dem anderen stets das Dritte sucht, jenes *tertium*, das – wie in der Dreifaltigkeit Gottes – die Vollkommenheit symbolisiert. Dieses Fundament seiner Pädagogik wird nicht jeder Zeitgenosse nachvollziehen mögen, aber niemand kann seine Pädagogik davon amputieren. So wenig wie *Steiner* ohne Anthroposophie, *Freinet* ohne Materialismus und *Montessori* ohne Katholizität zu denken sind, kann *Comenius* letztlich nur auf dieser Grundlage verstanden werden: Die Ursache, dass „nur allein in Gott Hilfe und Sicherheit zu finden sind, ist einzig und allein, weil Gott der Herr unser und der ganzen Welt Centrum ist; nämlich das Centrum der Allmacht und Stärke; das Centrum der Weisheit und des Rats; das Centrum der Barmherzigkeit und Erbarmung; das Centrum des Trostes und der Seligkeit." [47] So findet das Besondere des Menschen im Allgemeinen Gottes seine letzte Bestimmung; und so gesehen hat *G. R. Schmidt* zu Recht die *Comenianische* Pädagogik einen „religiös begründeten pädagogischen Optimismus" genannt [48].

Ein paar abschließende Hinweise mögen die Beschreibung dieses immensen pädagogischen Lebens-Werkes beenden: Auf der Gedenkfeier anlässlich des 300sten Todestages von *Comenius* hielt der unvergessene *Heinz-J. Heydorn* (1916–1974) in der Herborner Kirche am 15.11.1970 eine bemerkenswerte Rede[49]. *Heydorn* war Sozialist und hat aus seiner materialistischen Weltanschauung nie einen Hehl gemacht. Aber nicht trotzdem, sondern gerade deshalb stand er dem Böhmischen Bischof so nahe. Denn dass die Situation bzw. die Sache des Menschen (*res humana*) ebenso wenig in Ordnung ist wie seine Gesellschaft (*res publica*), war beiden klar. Und dass wir nur gemeinsam überleben oder gemeinsam zu Grunde gehen werden, hat *Comenius* ebenso entschieden betont wie *Heydorn*: „Ob Christen oder Mohammedaner, Juden oder Heiden ... Pythagoraer, Akademiker, Peripatetiker, Stoiker, Essäer, Griechen, Römer, Klassiker, Moderne, Doktoren oder Rabbiner – alle sollen zugelassen und gehört werden, was sie Gutes bringen mögen", „omnes, inquam, ut admittantur, et audiantur, quid boni ferant"[50], forderte *Comenius* im „Praeludium Pansophiae". Und *Heydorn* sagte auf der erwähnten Gedenkfeier: „Der Hinweis *Komenskýs* für die Zukunft richtet sich auf eine versöhnte Menschheit, die sich unter Überwindung aller bisherigen Grenzen als Völkergemeinde konstituiert."[51]

Zweitens schließlich setzten beide, *Jan Amos Nivnicensis* und der Frankfurter Pädagoge *Heinz-Joachim Heydorn*, auf (schulische) Bildung bei der Melioration des Menschen und seiner Verhältnisse. Darauf zu verzichten hieße (für beide), das humane Potenzial in jedem und in allen von uns schnöde zu verraten. Wem aber könnte dies dienlich sein?

Und schließlich: Als ich von meinem anfangs erwähnten Ausflug in die Universität zurückkam, fragte mich ein Student: „Na, wo waren Sie denn?" „Im Böhmischen Dorf" gab ich zur Antwort, ernst und nachdenklich. „Hören Sie mal", entgegnete der Student, „ich habe Sie anständig gefragt, da können Sie mir auch eine anständige Antwort geben!" Ich war zunächst wie vor den Kopf gestoßen und spürte erst nach einiger Zeit die Unbarmherzigkeit der Frage: Was haben wir nur in den letzten Jahren und Jahrzehnten in unserer Lehrerbildung versäumt, wenn jenes Dorf und dieses Werk für viele *terrae incognitae* geblieben sind? Was nur?

*

* *

Abb. 20 Lebensmotto des J. A. Comenius

Natürlich wäre es hilfreich, an dieser Stelle die *Pampaedia*, die *Didactica Magna* oder irgendeine andere Schrift von *Comenius* in Ruhe zu lesen (oder auch die „Rowohlt-Monographie“ mit Selbstzeugnissen und Bilddokumenten, die *Veit-Jakobus Dieterich* vorgelegt hat, zu studieren) – jedoch: Wem die Zeit hierzu fehlt, dem sei ein (fiktives) Interview angeboten. Ich stelle die Fragen, formuliere Einwände, gebe zu bedenken und *Comenius* antwortet, möglichst getreu seinen Schriften.

Seid gegrüßt, verehrter Comenius!

Salve, dominus meus!

Ich möchte Sie gerne interviewen ...

Ein schreckliches Verb ...

Besser: ein Gespräch mit Ihnen führen und dieses anderen zu lesen geben.

Wer sind die anderen?

Das sind größtenteils Erziehungswissenschaftler, Bildungspolitiker, Schulleiter, Pädagogen, Lehrerinnen und Lehrer, vielleicht auch Studenten.

Oh, mein Gott! Eine schwierige Klientel ... Und ein noch schwierigerer Ort, die Schule.

Wieso? Seid Ihr nicht gut zu sprechen auf die Schule?

Wie sollte ich!? Gemessen an dem, wie die Schule sein könnte, ist sie in keinem guten Zustand. Oder haben Sie andere Informationen?

Nun ...

Ehe Sie antworten, guter Mann, eine Frage: Sind Sie in der Schule tätig? Oder gehören Sie zu den klugen Leuten, die nur über die Schule nachdenken und dafür auch noch sehr viel Geld bekommen?

Nun, ich war gut zehn Jahre Lehrer in verschiedenen Schulen, mehr als zwanzig Jahre Hochschullehrer, gut fünf Jahre Gründungsdirektor einer Gesamtschule und ...

Das reicht! Dann reden wir beide über dieselbe Wirklichkeit, aber womöglich in verschiedener Absicht. Zurück zu Ihrer Frage: Nein, die Schule ist in keinem guten, eher in einem erbärmlichen Zustand!

Wir haben in Deutschland fast 40.000 Schulen, in denen rund 700.000 Lehrerinnen und Lehrer über neun Millionen Schüler unterrichten. Wollt Ihr all deren Bemühungen pauschal als erbärmlich bezeichnen?

Natürlich nicht, guter Mann! Es gibt enorme Unterschiede. Auch mir ist nicht entgangen, dass es in Deutschland gute, weniger gute und schlechte Schulen gibt. Ich habe sogar den Eindruck, dass – wenn es in Ihrem Land in den letzten Jahrzehnten eine tiefgreifende Schulreform gegeben hat – diese allenfalls in den Grundschulen stattgefunden hat, sich aber schon wieder zu pervertieren beginnt. Sie haben mich nach meiner Ansicht über die Schule gefragt, und deshalb bezieht sich mein Urteil auf eben diese Schule als ein – wie sagt Ihr heute so klug? – als ein Konstrukt, ein pädagogisches Konstrukt.

Lässt sich dieses Urteil wenigstens an bestimmten Sachverhalten belegen?

Aber natürlich! Nehmen Sie als exemplum das, was Ihr auch heute noch den „Stundenplan" nennt und vergleichen Sie diesen mit dem 4. Grundsatz in meiner „Didactica Magna". Dort habe ich wörtlich geschrieben: „Es ist deshalb eine Verirrung der Schulen, dass man den Schülern vieles auf einmal einprägt, z. B. lateinische und griechische Grammatik, vielleicht noch Rhetorik und Poesie, und wer weiß was alles! Wer wüsste nicht, dass in den klassischen Schulen den Tag über beinahe von Stunde zu Stunde der Stoff der Lektionen und Übungen gewechselt wird? Was soll man wohl Verwirrung nennen, wenn das keine ist? Das ist so, als wenn ein Schuhmacher sechs oder sieben Stiefel zugleich anfertigen wollte und immer einen nach dem anderen in die Hand nähme und wieder beiseite legte. Oder wie wenn ein Bäcker verschiedene Brote in den Ofen schieben und wieder herausnehmen wollte, so dass jedes mehrere Male in den Ofen hinein und wieder hinaus käme. Wer aber macht solchen Unsinn?"[52] Diese Frage habe ich im Jahre 1657 gestellt; ich wiederhole sie hier und heute: „Wer aber macht solchen Unsinn?"

Aber viele Kolleginnen und Kollegen vermeiden doch gerade diesen Unsinn.

Natürlich. Aber sie vermeiden diesen Unsinn in der Regel gegen die Zwänge ihrer Schule, gegen die Ansichten von Kollegen, gegen die Schulaufsicht, gegen die Eltern und gegen die an der Schule interessierte, aber geheim bleibende Lobby.

Was oder wen meint Ihr damit?

Nehmen Sie die geheime Botschaft der modernen Bild-Medien, die an einem gründlichen, einem verweilenden, einem nachdenklichen Lernen wenig Interesse haben. Umschalten ist erwünscht, durch die Programme zappen, vieles gleichzeitig tun: in einer Illustrierten blättern, einen aufregenden Film suchen, das Handy belauern und ein paar Chips essen ... Auf eine solche Wirklichkeit bereitet der „Fächersalat" und der „Häppchenunterricht" in der Tat besser vor als das von mir geforderte Lehren: *Omnes, omnia, omnino.* Allen, das Ganze, von Grund auf. Und zwar rasch, angenehm und gründlich: *compendiose, jucunde et solide*[53].

Andererseits kann doch die Schule diese außerschulische Wirklichkeit nicht ignorieren und muss unter anderem doch auch auf die Welt der Medien vorbereiten. Bedenken Sie bitte: In drei von vier deutschen Haushalten steht mittlerweile ein Personalcomputer; über 30 Millionen Deutsche sind Onliner, also Internet-Nutzer, die allein in diesem Jahr per Mausklick Produkte im Wert von mehr als 15 Milliarden EURO kauften. Wollen Sie all diese Menschen zu Nonlinern machen? Soll die Schule ihre Schüler also auf die Welt, so wie sie ist, überhaupt nicht vorbereiten?

Natürlich muss sie das. Als ich in Lissa unterrichtete oder in Sárospatak, von 1628 bis 1641 bzw. von 1650 bis 1654, habe ich meine Schüler auch auf die damalige Wirklichkeit vorbereitet – aber nicht dadurch, dass ich ihnen beibrachte, wie sie stehlen, lügen, brandschatzen und töten können, obgleich das damals die Wirklichkeit war. Die Schule soll gewiss nicht auf ein Wolkenkuckucksheim hin ausbilden, aber sie darf andererseits die Kinder auch nicht an die Wirklichkeit gleichsam ausliefern und nicht das lehren, was die schlechte Wirklichkeit noch verschlimmert.

Sie sind ja ein Anti-Modernist, der die elektronischen Medien verteufelt.

Gegen diesen Vorwurf wende ich mich entschieden. Ich bin nicht gegen das Fernsehen, den PC, das Handy oder das Internet. Anderenfalls hätte ich wohl kaum schon 1658 das erste bebilderte Schulbuch veröffentlicht.

Sie meinen den „Orbis Sensualium Pictus", „Die sichtbare Welt in Bildern"?[54]

Ja! Aber Sie finden darin nicht eine bloße Bilderfolge, die es zu begaffen gilt, sondern „Bildungen", „Benamungen" und „Beschreibungen", Werkzeuge zum Denken also, Bildungsmittel würdet Ihr sie heute nennen.

Mit anderen Worten ...

Ich bestehe darauf, dass Elternhaus und Schule nur dann die Kinder und Schüler an Bilder, die neuen Medien, Informationsträger oder Kommunikationskanäle heranlassen dürfen, wenn sie sich gleichzeitig um die Erziehung und Bildung dieser jungen Menschen bemühen. In der Hand eines erzogenen und gebildeten Menschen ist jeder PC ein Segen, in der Hand eines un- oder nichterzogenen jedoch ein Fluch. Die moderne und medial bestens ausgestattete **Bildungsschule** also fordere ich und nicht eine vorsintflutliche Buch- und Paukschule.

Was also soll diese Bildungs-Schule lehren? Was sollen die Schüler in ihr lernen?

Schön, dass Sie die beiden Fragen zusammen stellen. Die erste Frage zielt auf eine Didaktik hin, auf eine Theorie des Lehrens. *Didaskein* heißt im Griechischen: lehren, aber lehren um der Bildung willen. So gesehen habe ich eine Theorie des Lehrens geschrieben, die „Didactica Magna", eine lehrerorientierte Didaktik. *Mathein*, genauer *manthanein*, heißt im Griechischen lernen, lernen um der Bildung willen. Meine „Mathetik" ist ein Büchlein für die Schüler, die wissen wollen, was sie lernen müssen, wenn sie sich als um Bildung bemühte Schüler verstehen.[55]

Und was müssen sie lernen?

„Lernen", so habe ich in der „Mathetik" geschrieben, „lernen heißt, etwas suchen ..., das Wissen der Dinge suchen."[56] Dazu ist es nötig, sich drei Fragen zu stellen, nämlich erstens:

- Was ist da eigentlich alles vorhanden? Zweitens:
- Wodurch ist das alles vorhanden? Und drittens
- Wozu ist das alles da?

Quid, per quid und *ad quid*? – so lauten die drei mathetischen Fragen, ohne die es kein Lernen gibt.

Die „Mathetik" ist also eine Lerntheorie?

Nein, nein, und nochmal: nein! Sie ist eine Theorie des Lernens, aber keine Lerntheorie. Ich heiße doch nicht *B. F. Skinner*!

Warum reagieren Sie so heftig? Lerntheorien sind für die Erhellung des komplizierten Lehr- und Lernprozesses doch ungemein wichtig.

Ja? Also, ich bin ohne all diese Theorien ausgekommen – ohne Behaviorismus und Konnektionismus, ohne Gestalttheorie und Piaget, ohne Zensuren und Testverfahren. Deshalb habe ich diese Einsicht zu meinem Lebensmotto gemacht, die doppelte Forderung, die auf Erfahrung beruht: OMNIA SPONTE FLUANT. ABSIT VIOLENTIA REBUS: Alles fließe wie von selbst. Und: Gewalt sei ferne den Dingen. An die Welt anpassen, so wie sie ist, und dies auch noch mit Hilfe von Zensuren, Sitzenbleiben und ausgeklügelten Affirmationsritualen ...; die Welt, wie sie sein und werden könnte, aus den Augen zu verlieren – das ist das eigentliche Skandalon der modernen Schule.

Ich dachte bei meinem Einwand weniger an Skinner oder Pawlow und schon gar nicht an Schulleistungsuntersuchungen vom Muster der PISA oder IGLU-Studien. Ich dachte eher an Heinrich Roth und seine Arbeiten über die „Psychologie des Lehrens und Lernens"[57], die mit Hilfe einer „Pädagogischen Anthropologie"[58] fundiert sind.

Ich kenne leider nur die zweibändige „Pädagogische Anthropologie" über die beiden *Bs* und *Es* des Menschen, seine *B*ildsamkeit und *B*estimmung sowie seine *E*ntwicklung und *E*rziehung – ein exzellentes Werk. Wenn die Lerntheorie *Roth*s darauf fußt, leiste ich Ihnen gerne Abbitte und werfe nicht alle Lerntheorien in den Orkus ...

oder auf den Scheiterhaufen, wohin Ihr am liebsten die Hälfte der griechischen und lateinischen Schriftsteller werfen wolltet.

Sie beziehen sich gewiß auf das 25. Kapitel der „Didactica Magna", das – ich gestehe es – mir noch heute Schmerzen bereitet. Wenn ich je Polemisches und

Unsinniges geschrieben habe, dann gewiss in diesem Kapitel über „Die Benutzung heidnischer Bücher in der Schule“. Man sollte es schwarz einrahmen und darüber schreiben: Dringend revisionsbedürftig! Gleichwohl: Ein **Ovid** mit seinen schlüpfrigen Versen gehört ebenso wenig in die Schule, wie, sagen wir, **Harry Potter** oder Videospiele mit Gewalt- oder Sexszenen.

Zurück zur „Mathetik“! Reicht es nicht, in der Schule zu lernen, was da ist? Anders (und kritisch) gefragt: Habt Ihr die beiden anderen Fragen nicht deshalb gestellt, um Eure religiöse Weltanschauung in die Schule zu transportieren?

Ganz und gar nicht! Die Schule ist ein weltlich Ding. Darin unterscheide ich mich von der mittelalterlichen Ansicht, die Schule bekanntlich als einen Ort religiöser Belehrung, als Katechese betrachtet hatte. Noch bei **Thomas von Aquin** finden Sie diese Funktionsbestimmung. In der Schule, in der öffentlichen Schule, geht es zunächst darum, die Sachverhalte, die Dinge, die Lebewesen so zu ergründen, wie sie realiter sind – mit all ihren grandiosen, aber auch erbärmlichen Merkmalen. Im Grunde brachte mich mein großer Gegenspieler und Zeitgenosse **Descartes** darauf, dass diese erste mathetische Frage zwei weitere an sich binden muss. Als wir uns 1642 zu einem Gespräch auf Schloss Endegeest trafen (**Descartes** war damals 46, ich selbst gerade 50 Jahre alt), habe ich ihn darauf hingewiesen, wohin die Amputation der beiden anderen Fragen führt: in die Arroganz des Wissens nämlich.

Das müssen Sie mir erklären!

Nehmen Sie diesen Tisch hier, an dem ich sitze. Oder den Stuhl, den Sie mir freundlicherweise angeboten haben und der mir als Platz dient. Die Schule, genauer: der naturwissenschaftliche Unterricht, wird zunächst fragen: Aus was (**quid**) besteht dieser Tisch? Welche Form, Farbe, Eigenschaften besitzt dieser Stuhl? Jeder Stuhl? Da werden physikalische, biologische oder chemische Sachverhalte zu klären sein. Dabei aber darf Unterricht, wenn er um Bildung bemüht ist, nicht stehen bleiben. Eine zweite Frage ist in die erste einzubeziehen. Wodurch ist dieser Tisch ein Tisch? Dieser Stuhl ein Stuhl? Wer oder was hat ihn dazu gemacht? Warum? Und mit welchen Absichten? Wo kommt das Holz her? Hat es vielleicht jemand seinem Nachbarn gestohlen? Ist es aus Südamerika, wo es in seiner ursprünglichen Form als Baum dringender benötigt wird? Wer verdient an diesem Tisch? Solche und ähnliche Lernbewegungen werden erst dann möglich, wenn der Schüler die zweite mathetische Frage nach dem **per quid** stellen darf. Deshalb steht in der „Mathetik“ der an die Schüler sich wendende Satz: „Niemand darf gezwungen werden, auf die Worte des Lehrers zu schwören, sondern die Dinge selbst mögen die Einsicht fesseln, und man darf dann dem Lehrer nicht mehr Glauben schenken, als er durch seine Darlegung an der Sache verdient."[59] ***Nemo cogendus est iurare in Verba Magistri, sed res ipsae constringant intellectum: nec plus fidei habendum tunc Praeceptori, quam quantum esse habendum, re demonstraverit.***

Das klingt ja ausgesprochen schülerorientiert.

Abb. 21 René Descartes in Amsterdam um 1640

Wenn Sie darunter keine Spaß-Pädagogik verstehen, akzeptiere ich diesen Begriff. Es geht in dieser zweiten mathetischen Frage nämlich nicht um die vordergründige Befriedigung von Schülerinteressen, wohl aber darum, den Dingen auf ihren Grund zu kommen, damit die dritte Frage in den Horizont rückt. Und das ist die Frage nach dem Wozu, dem **ad quid**: Zu was ist dieser Tisch hier und jetzt Nutze? Welchen Sinn hat der Stuhl? In welchem Funktionszusammenhang stehen überhaupt Möbel? Verträgt es sich, auf einem Stuhl, vornehm gekleidet, Platz zu nehmen und dann wieder schmutzige Schuhe darauf zu stellen? Dient der Tisch als Ort des Essens, des Schreibens, der Dekoration oder des Spielens? Wenn ja: Wie ganz verschieden müssen dann Tische sein? – Gibt es nicht auch Situationen, in denen der Tisch zu Brennholz werden darf? Nicht weil das meine Willkür so will, sondern weil womöglich ohne diese scheinbare Zweckentfremdung ein Kranker frieren müsste und sich ein Hungernder keine Nahrung bereiten könnte ... Kurz: Ohne die Frage nach dem Wozu bleibt das Was ein sinnloses Faktum. Und weil in den Schulen diese Wozu-Fragen kaum noch gestellt werden und die Schüler folglich keine Antworten mehr erhalten, sind sie, die Schulen und die Schüler, PISA hin, PISA her, in einem erbärmlichen Zustand. Mit einer religiös-frömmelnden Didaktik hat das nichts zu tun, wohl aber mit einer kritischen Schulpädagogik.

Was habt Ihr eigentlich gegen den Spaß in der Schule? Lernen soll den Schülern doch Lust bereiten und Lehren soll den Lehrern doch Spaß machen.

Warum, verehrter Kollege, benutzen Sie nicht das Wort Freude? Wenn Lernen Freude bereitet, habe ich nichts gegen eine solche Bestimmung. Aber ...

Das ist doch dasselbe!

Oh, sagen Sie das nicht! Freude erwächst immer aus einem Sinnzusammenhang heraus; Spaß hingegen wird lediglich vom Kurzzeit-Nerv gekitzelt. Freude kann die anstrengendste Arbeit bereiten und strahlt in unser ganzes Leben hinein; Spaß jedoch bleibt peripher. Und eine Schule, die ihr gesamtes didaktisches und soziales Curriculum nur dann einlöst, wenn es über die niedrige Hürde von „Spaß-und-Lust" gehievt werden kann, wird sich tiefer und tiefer bücken müssen – bis sie darniederliegt und abgeschafft wird. Spätestens die Finanzminister werden dann vorrechnen, dass Aufbewahrungsanstalten in Form von Freizeitparks, Aquadromen oder Movie Worlds billiger und effektiver sind als Schulen, die ihr *proprium* aufgegeben haben: nämlich Bildung zu betreiben.

Das alles habt Ihr auch Descartes vorgetragen?

Dies und einiges mehr. Er aber blieb bei seinem „*cogito, ergo sum*". Ich denke, also bin ich. Das reichte ihm und der modernen Wissenschaft, die uns in den letzten Jahrhunderten vorgeführt hat, wohin dieser kognitive Imperialismus führt: in die Instrumentalisierung des Wissens und damit des Daseins.

Folglich verkündete der dritte im Bunde, der englische Philosoph Francis Bacon: Wissen ist Macht! Knowledge is power!

Sehr richtig. Beiden ist die Moderne gefolgt. Wissen zum Zwecke von ..., so lautet die neue Erkenntnistheorie. Der Mensch als Schöpfer, nicht als Geschöpf ..., so postulierte die Anthropologie der Neuzeit. Mich haben sie als Gipsfigur auf ihre Vertikos gestellt oder als Bronzestatuen in die Parkanlagen, aber gefolgt sind sie den Machern, denen, die haben wollten, nach Besitz gierten, die Beherrschung des anderen und der anderen verlangten, nicht aber die ihrer selbst. Anstatt Hüter des Daseins zu bleiben, wurden die Menschen erst seine Besitzer und dann seine Zerstörer. Globalisierung nennen sie diese Eroberung.

Jetzt aber schlägt Eure Pädagogik doch um in Religion, und Ihr macht es jenen Kritikern leicht, die hinter vielen Eurer Sätze eine verbrämte Metaphysik wittern.

Aber ich bitte Sie: Meine eben gemachten Aussagen haben doch überhaupt nichts mit Religion zu tun. Sie sind Gesellschaftsanalyse und Wissenschaftskritik und haben zu ihrer Rechtfertigung nicht die Unterstützung des lieben Gottes nötig.

Aber man hört diesen Vorwurf oft.

Natürlich. Weil er es leichter macht, mich in den metaphysischen Himmel zu heben, von wo man zwar fromme Sprüche herabrufen darf, ansonsten aber nicht ernstgenommen werden muss. Religion ist für eine ganz andere Fundierung notwendig, aber gewiss nicht für die Schule, die in erster Linie nach der Wirklichkeit und nach der Möglichkeit, also nach dem Sinn des Da-Seins zu fragen hat. Was nutzt es, zählen, messen und wiegen zu lernen, wenn nicht auch gelehrt wird, wann ein Mensch genug hat? Demgegenüber fragt Religion nach dem Schicksal des Menschen, also über das hiesige Leben hinaus, gleichwohl es mit ihm natürlich untrennbar verbunden ist. Und wenn ich solche Fragen aufwerfe, habe ich sie auch als solche kenntlich gemacht.

Als Lehrer frage ich mich natürlich auch, wie das vonstatten gehen soll. Nicht nur methodisch, auch medial, atmosphärisch, kommunikativ, strukturell ist meine Frage gemeint. In der „Großen Didaktik" habt Ihr die Schule als „praeludia vitae, als „Vorspiel des Lebens"[60], als einen „lieblichen Ort"[61], als „locus amoenus", bezeichnet, in der die goldene Regel (die „aurea regula") für alle Lehrenden zu gelten habe: „Alles", so schreibt Ihr dort[62]*, „soll wo immer möglich den Sinnen vorgeführt werden, was sichtbar dem Gesicht, was hörbar dem Gehör, was riechbar dem Geruch, was schmeckbar dem Geschmack, was fühlbar dem Tastsinn." Das klingt wie ein Plädoyer für ganzheitliche Erziehung, für Projektunterricht, für die Nutzung moderner Medien, für vernetztes Lernen und ähnliche didaktische Evergreens.*

Sie sagen es. Aber solche und ähnliche Sätze hat man oft aus dem Zusammenhang gerissen und als Belege für eigene Ansichten ausgegeben. Ja, die Schule, die öffentliche Schule, ist ein Vor-Spiel des Lebens, noch nicht der ganze Ernst des Lebens. Sie ist zweitens eine angenehme Stätte und drittens eine Sinnes-Schulung. Was meine ich damit? Schulung ist etwas anderes als Benutzung, gar Unterhaltung. Sehen, hören, riechen, schmecken, fühlen und sichbewegen bedürfen der Bildung. Ich bin also überhaupt nicht gegen moderne Medien. Zu meiner Zeit galt ich bekanntlich mit der Einführung des „Orbis Pictus", also mit der Einführung des ersten bebilderten Schulbuches, geradezu als didaktischer Ketzer – auch und gerade bei den frommen Zeitgenossen. Ich bin nicht gegen elektronische Medien und nur für gedruckte Bücher. Beides sind übrigens Medien und als solche missbrauchbar – von den Produzenten und den Konsumenten in gleichem Ausmaß missbrauchbar. Das schreckliche Buch „Mein Kampf" jenes „Größten Feldherrn aller Zeiten" und „Böhmischen Gefreiten" [63], der zum schlimmsten Verbrecher aller Zeiten wurde, diese Buch wurde als **Buch** zu einer furchtbaren Waffe, die von Millionen **Lesern** als Waffe benutzt wurde. Und das Radio, in den Händen seines Propagandaministers[64], verbreitete Hetze, Lügen und Hass. Das Medium selbst ist – wie meine Hand – offen für alles: Es kann Gutes bewirken, aber auch Böses; die Hand kann schenken und stehlen, streicheln und morden, fluchen und beten. Ähnlich die Medien: Sie können aufklären und verdummen, die Wahrheit sagen und lügen, für das Gute eintreten und Herzen töten.

Das klingt wie Schicksal oder Zufall oder Gnade.

Hat aber nichts damit zu tun.

Mit was aber dann?

Mit eben jener Schule, über die wir seit geraumer Zeit sprechen, genauer: über die dort entweder ermöglichte oder verunmöglichte Bildung. Ein ungebildeter Mensch wird, wenn er zu Büchern greift, den Kitsch- und Schundroman wählen und in die **virtual reality** von – sagen wir – **Rosamunde Pilcher**[65] flüchten. Bekommt er ein Radio oder einen Walkman in die Nähe seines Ohres, lässt er sich vom Schwachsinn der Moderatoren, den Phonstärken der Töne oder der Sturheit eines Rhythmus betäuben. Und der ungebildete Teleflaneur wird so lange durch die Programme zappen, bis er Gewalt, Sex und Crime, Pornographie oder – je nach momentaner Bedürftigkeit – Rührseliges vor Augen hat. Ihr nennt das dann scheinheilig „Programmvielfalt“ oder die „Freiheit der Fernsehzuschauer“ und unterschlagt dabei die Tatsache, dass auch die modernen Medien nur dann Gutes bewirken können und werden, wenn sie in den Händen von gebildeten Menschen liegen.

Ich höre da eine gewisse Skepsis heraus. Seid Ihr Pessimist?

Nein, ganz und gar nicht! Aber Realist. Lassen Sie mich zurückfragen: Haben Sie den Eindruck, dass in unseren Programmdirektionen und Aufsichtsräten, in den Werbeabteilungen und Multimedia-Firmen ausreichend gebildete Menschen ihre Entscheidungen treffen? Um die letzten von 40.000 Soldaten und Polizisten bewachten Olympischen Spiele weltweit sehen zu dürfen, bezahlten die Fernsehanstalten dem Internationalen Olympischen Komitee über 800 Millionen US-Dollar. Fußballweltmeisterschaften sind sogar noch teurer. Haben Sie irgendeinen Beweis dafür, dass auch nur ein einziger dieser 800 Millionen Dollars der Alphabetisierung eines Gettokindes diente oder wenigstens zur Stillung des Hungers einer einzigen Flüchtlingsfrau ausgegeben wurde? Und solange sich niemand in den Medien solche Fragen stellt, bleibe ich skeptischer Realist, der aber voller Optimismus den Lehrern in der Schule zuruft: Arbeitet an der Bildung eurer Schüler! Sie ist die stärkste und einzige Waffe gegen Dummheit und Schlechtigkeit.

Das klingt gut, bleibt aber in Zeiten einer restriktiven Haushaltspolitik eine arge Zumutung.

Das sehe ich genauso; nur leider sehe ich keine Alternative. Denn Resignation oder Zynismus kann ja wohl nicht die Antwort der Pädagogen sein. Außerdem können wir Lehrer als Lehrer (!) an diesem Dilemma unmittelbar kaum etwas ändern, weshalb das Lamentieren wenig nutzt. An und in unserer Schule jedoch können wir eine Menge ändern.

Zum Beispiel?

Ehe man etwas ändert, sollte man fragen: warum? Ich habe in den letzten Jahren gerade in Ihrem Land viele gute Aktivitäten gesehen. Aber waren es auch Reformen? Aktiv ist auch ein Känguru: es springt hierhin und dorthin. Aber ändert es seinen Weg und sein Ziel? Reformen müssen aus einer Gesamtschau der Dinge kommen, aus einer Theorie also. Solange wir uns darüber nicht verständigt haben, entlocken Sie mir keinen einzigen Reformvorschlag.

Wenn ich bedenke, welche Ansichten über Schule noch meine eigenen Lehrer hatten und was heutige Lehrer zu verwirklichen versuchen, dann könnt Ihr die Unterschiede im Ernst doch nicht leugnen!

Das tue ich auch nicht. Mir ist nicht entgangen, dass gerade die deutsche Schule bis weit in die 50er und 60er Jahre des 20sten Jahrhunderts allzu oft eine reine Buch-, Pauk- und Drillschule gewesen ist, in und an der viele Schüler gelitten haben – übrigens auch nicht wenige Lehrer. Seit Jahren beunruhigt mich nicht die Korrektur dieser Fehlentwicklung, sondern eine neue Einseitigkeit. Wenn man die Verlautbarungen mancher Lehrerverbände liest, Eltern zuhört, Professorenbücher liest, hat man den Eindruck, die Deutschen sind mal wieder dabei, das Paradies auf Erden zu schaffen. Da ist in jedem dritten Satz von „Selbstregulierung“ und „Lust“, von „Bedürfnisbefriedigung“ und „Abenteuer“, von „Offenheit“ und „Ganzheitlichkeit“, von „Autonomie“ und „Kinderglück“ die Rede und – keine Frage – von dem „Spaß“, den jeder haben will und alle gierig erleben wollen. Gleichzeitig sollen natürlich Höchstleistungen erbracht werden, wollt ihr bei allen Vergleichsstudien die ersten Plätze erobern. Aber diese Rechnung geht nicht auf. Euch Deutschen fehlt die Gesamtschau, und deshalb gafft ihr mal hier hin, mal dort hin.

Was meint Ihr mit „Gesamtschau“?

Euch ist der Sinn des Lebens abhanden gekommen – vielleicht weiten Teilen dieser Welt. Wir kommen um die Einsicht nicht herum: Der Mensch kommt ursprünglich von Gott, ist durch Gott entstanden und kehrt letztlich zurück zu Gott – a DEO, per DEUM, ad DEUM.

Also doch eine religiöse Fundierung der Schule?

Nein, und nochmals nein! Den Sinn unseres Lebens vermag ich zwar letztlich nur religiös zu begreifen, aber die Schule ist keine religiöse Veranstaltung, sondern ein Ort des Lernens, der Erziehung und Bildung. Gott hat keine tumben Toren geschaffen, sondern Menschen, die als aufgeklärte Menschen um die Dinge Bescheid wissen können, dürfen und sollen. Bloßer Glaube ist des Menschen nicht würdig. Viel wissen, können und tun erst macht aus dem **Non-Homo** einen wahren, einen gebildeten Menschen.

So steht es in der Tat in der „Pampaedia“, in der ich lese: „Es kommt in hohem Maße darauf an, daß die Menschen lernen und auch fähig werden, in eigenem Ermessen die recht erkannten Dinge frei auszuwählen und frei darüber zu verfügen ...“[66]

Und ich habe fortgesetzt: „Wird dem Menschen diese Freiheit genommen …, dann wird aus dem Wollen das Nicht-Wollen, aus dem Menschen ein Nicht-Mensch – **ex Homine Non-Homo**[67]. Mit anderen Worten: Wissen, Aufklärung, Bildung tun not.

Was aber ist das, was Ihr Bildung nennt?

Eine schwierige Frage, für deren Beantwortung ich ein ganzes Buch benötigt habe – die „Pampaedia" bekanntlich. Bildung ist ohne Widersprüche, ohne Antinomien, ohne das Aushalten von Spannungen nicht denkbar. Am vorausgegangenen Abschnitt unseres Gesprächs lässt sich dies illustrieren: Lernen soll Freude bereiten, gewiss, und ist doch ohne Anstrengung nicht zu haben – weshalb wir in der Schule von „Lernarbeit" sprechen sollten. Dazu sind Freiheiten einzuräumen und Grenzen zu markieren – was mich den Begriff „Freiheitsbindung" bevorzugen lässt … Kurz: Bildung ist der mitunter verzweifelte Versuch, die Widersprüche des Menschen aushaltbar zu machen. Nur so entsteht Kultur: Wirklichkeit und Möglichkeit, Gut und Böse, Individuum und Gemeinschaft, Männliches und Weibliches, letztlich das Leben mit dem Sterben zu versöhnen. Der **schola geniturae**, der Schule des vorgeburtlichen Werdens, entspricht die **schola mortis**, die Schule des Todes, ich würde heute besser von der Schule des Sterbens sprechen.

Da fällt mir ein Gedicht ein, das mein Vater seinen Kindern des öfteren vortrug und das da lautet[68]:

Die Lebensstufen

Zehn Jahr, ein Kind,
Zwanzig Jahr, jung gesinnt,
Dreißig Jahr, rascher Mann,
Vierzig Jahr, wohlgetan,
Fünfzig Jahr, stille stahn,
Sechzig Jahr, geht's Alter an,
Siebzig Jahr, ein Greis,
Achtzig Jahr, schneeweiß.
Neunzig Jahr, gebückt zum Tod,
Hundert Jahre, Gnad' bei Gott!

Just dieses Zusammengehören aller Lebensabschnitte aber ist heute vielen Menschen fremd – und zwar deshalb, weil wir es ihnen nicht mehr vermitteln, weder in unserem Denken, noch Fühlen, noch Handeln. Wir leben wie in Einbahnstraßen, denken nicht mehr in Antinomien und fühlen die Ganzheit nicht mehr.

Das alles sagt Ihr als Triadiker? Als ein Pädagoge, der wie kein anderer in Dreiheiten gedacht, geschrieben und gehandelt hat?

Darin lag ja „die List meiner Vernunft". Als ich spürte, wie das Mittelalter, dieser vermeintlich monolithische Block aus geglaubten (aber nicht gewussten) Sätzen, über mir zusammenbrach, ahnte ich unser aller Bedrohung und unsere Chance. Aus den Antinomien der *vitae humanae* gibt es nur um den Preis von Ideologie oder Sektenkult einen Ausweg. Wer beides nicht will, muss nach dem *tertium* suchen, die Bindestriche zwischen dem Sowohl-als-auch, die das Einerseits-andererseits markieren.

Für Euch, als Böhmischer Bischof, war dieser Bindestrich Gott, nicht wahr?

Gewiss. Jetzt sind Sie auf der richtigen Spur. Aber ich möchte niemanden darauf verpflichten. Ich erinnere den Menschen nur daran, dass er einen solchen Halt, einen solchen Sinn, ein solches **tertium** suchen muss, wenn er nicht halt-los, nicht sinn-los sowie ohne eine zentrierende Mitte dahinvegetieren will. Deshalb habe ich auch in der „Didactica Magna" von den drei angestammten Bestrebungen des Menschen gesprochen, den **genuina Hominis**[69], die man nur mit aller Vorsicht als „Bedürfnisse des Menschen" ausgeben sollte. Ich spreche dort und an anderen Stellen erstens von der Ent-Rohung, der Ver-Edelung, der gelehrten Bildung (**eruditio**), zweitens von der Sittlichkeit (**mores**) und drittens von der Frömmigkeit (**religio**). Und um Missverständnisse – zumindest – zu erschweren, habe ich die erläuternden Sätze hinzugefügt:

„Dabei verstehen wir unter **gelehrter Bildung** die Kenntnis aller Dinge, Künste und Sprachen; unter **Sittlichkeit** nicht nur den äußeren Anstand, sondern das ganze innere und äußere Verhalten; unter **Religiosität** jene innere Verehrung, durch welche der Geist des Menschen mit der höchsten Gottheit sich verknüpft und vereinigt."[70]

Also doch eine religiöse Sinngebung?

Ja und Nein! Wenn Sie diese christlich oder gar konfessionell einengen, lautet meine Antwort: nein! Wenn damit auch der die Dinge bezweifelnde (also der lernende) Schüler, der um ein gutes (also sittliches) Leben sich bemühende Zeitgenosse sowie der mit dem Sinn seines Daseins ringende (also der nach „Gott" suchende) Atheist gemeint ist, dann lautet meine Antwort: ja!

Ehe Ihr uns entfleucht – zurück zur Schulreform! Was ratet Ihr mir? Was ratet Ihr uns?

Als in die Triaden Verliebter und zum Optimismus Verurteilter rate ich zu dreierlei Bemühen.

Erstens: Haltet an einer Schule fest, die um Bildung sich bemüht! Die **schola humana** ist entweder eine Bildungsschule oder abschaffenswert.

Zweitens: Was immer ihr dann tut, ob ihr die Schulhöfe gestaltet oder Projektunterricht einführt, euch der **community education** zuwendet oder den behinderten Kindern, bedenkt immer auch die notwendigen Pendants. Konkret: Zu einer guten Gruppenarbeit gehört der gute Frontalunterricht; ohne Belehrung keine Erfahrung; der „Offene Unterricht" (als **vita activa**) benötigt auch das sich zurückziehende Lernen (also **vita contemplativa**); und die Integration behinderter Kinder schließt deren separate Förderung ein und nicht aus.

Und drittens schließlich: Betreibt die Reform der Schule in kleinen Schritten! Überfordert euch und die Schule nicht! Der Mensch ist und bleibt ein unvollkommenes Wesen, ein **homo imperfectus**. Und die Schule ist und bleibt ein leidlich Ding, ein notwendiges Übel. Gewiss war es schlimm, die Schule wie eine Kaserne zu führen. Aber es ist nicht weniger gefährlich, sie mit paradiesischen Hoffnungen zu befrachten, die letztlich zu schlimmen Enttäuschungen führen werden. Lehren und Lernen sind nach dem Lieben die aufregendsten Tätigkeiten des Menschen und von tausend Widersprüchen durchzuckt, die wir auszuhalten und produktiv zu gestalten haben. Dazu aber sind Behutsamkeit und Augenmaß nötig, nicht aber Hektik und Radikalität.

Und gewiss Lehrerinnen und Lehrer, die dazu aus- und fortgebildet werden.

Oh, ja! Die Lehreraus- und -weiterbildung ist – nicht nur in Deutschland – ein ganz entscheidender Faktor ...,

über den in Euren Schriften viel zu wenig zu lesen ist.

Ich sagte doch: Jeder ist ein „homo imperfectus", also auch ich bin ein unvollkommener Mensch gewesen, mit Grenzen und mit Schwächen. Natürlich gehört die Erziehung der Erzieher, die Belehrung der Lehrer, die Bildung der Bildner zu einer Theorie der Bildung, jedoch ...

Ich hab' schon verstanden.

Darf ich auch mal eine Frage stellen?

Natürlich.

Warum wollen Sie das eigentlich alles wissen?

Ich sitze an einer „Theorie und Praxis der Bildung".

Großer Gott! Da haben Sie sich aber etwas vorgenommen. Eine solche zu schreiben, war ja schon im 17. Jahrhundert nicht einfach. So viele kluge und auch weniger kluge Bücher und Autoren galt es zu verarbeiten. Demgegenüber ist die Menge der heute zu verarbeitenden Informationen schier überwältigend und eher zu Fluchtreaktionen animierend.

Ihr sagt es!

Darf ich – als mittlerweile über 400 Jahre alter Mann – Ihnen einen Rat geben?

Ich bitte darum.

Wenn Ihr eigenes Buch eines jener PANBIBLIA werden soll, also zu den Büchern gerechnet werden möchte, die für die am Ganzen orientierte Vervollkommnung des Menschen eintreten, dann erinnern Sie sich bitte an meinen Rat aus der „**Pampaedia**“, der da lautet:

„Wer schreibt, schaffe ein Buch, keinen Lumpenrock. So sollte auch der Brauch aufgegeben werden, zu allem und jedem fremde Autoren zu zitieren. Kleingeisterei und Prahlsucht haben diese Gewohnheit eingeschleppt. Manch einer fürchtet, daß man ihm nicht glaubt oder ihm den Lohn entzieht, wenn er nicht für das, was er zu sagen hat, bedeutende Zeugen anführt; vielleicht will er auch den Anschein erwecken, viel gelesen zu haben. So belädt er seine Gedanken, Sätze und Worte mit Hinweisen. Von all der Plackerei wird dem Leser nur übel, und die Sache, die viel kürzer gesagt werden könnte, wird durch Lappalien entstellt. Man sollte daher dafür sorgen, daß dies künftig aufhört. Die Sache muß vor Augen gestellt werden, nicht die Meinungen darüber.“ [71]

Danke! Tibi gratia habenda est.

* * *

Wer während der Konzipierung dieses Kapitels, das heißt in diesen extrem heißen Augusttagen des Jahres 2003 ein wenig Kühlung und Ruhe suchte, sollte (nicht die Seen, Freibäder oder Küsten, sondern) die Wälder oder Stadtparks aufsuchen – zum Beispiel den rund um die Godesberger Redoute, den ich nun, vier Jahrzehnte nach meinem ersten Studiensemester, neu entdecke. Damals hielt der noch junge Privatdozent *Klaus Schaller* (Jg. 1925) eine faszinierende Vorlesung über *Johann Amos Comenius* und sein siebenteiliges Hauptwerk „Emendatio de rerum humanarum ...“ Eines Tages brachte er einen imposanten, großgewachsenen, älteren Herrn mit, den er als denjenigen vorstellte, der die Handschrift dieses verschollenen Werkes 1935 im Archiv der Hauptbibliothek des Frankeschen Waisenhauses in Halle entdeckt und kürzlich zusammen mit *Heinrich Geißler* und in Gestalt der zentralen Schrift veröffentlicht habe.

Ihr Titel:

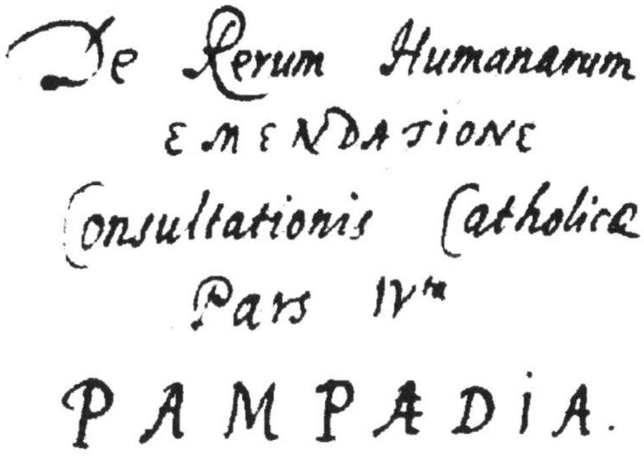
De Rerum Humanarum
EMENDATIONE
Consultationis Catholicæ
Pars IVta
PAMPADIA.

Sein Name: *Dmitrij Tschiżewskij* (geb. 1894, gest. 1977).

Und als ich an jenem Sommerabend vor exakt 40 Jahren vom höchsten Platz des Redoutenparks aus über den Rhein auf das Siebengebirge schaute, auf den Petersberg, den Nonnenstromberg, den Ölberg, den Lohrberg, die Löwenburg, die Wolkenburg und den Drachenfels, da hatte ich als blutjunger Student den Eindruck, jenseits dieses und jenes Siebengebirges, jenseits des *Lohrberg* und der *Pampaedia* läge eine schier grenzenlose Welt des Geistes, der Aufklärung, des Fortschritts. Berge und Höhen, Täler und Schluchten, Wälder und Wiesen, Flüsse und Seen, Dörfer und Städte ... wollte ich erkunden. Schon zu Beginn des Wintersemesters 1964/65 brach ich meine Zelte in Bonn bzw. in Bad Godesberg ab und zog – warten Sie es ab. Einstweilen und zunächst gilt es innezuhalten und eine weitere Einsicht mitzunehmen als –

6. Erkenntnis

Bildung als Verbesserung des Menschen bedarf nicht nur eines Glaubens an Gott und die Welt, sondern auch und erst recht der Aufklärung, des Wissens, der Theorie, der Wissenschaft also, ohne die keine Praxis zu meliorieren ist: Mit ungebildeten Ignoranten können weder Gott noch die Welt etwas anfangen – wer immer diese sein mögen.

Mit diesem Hinweis mögen Sie ein wenig aus-ruhen, nach-denken, inne-halten. Vielleicht hören Sie Musik aus jener Zeit, als der hier zur Sprache gebrachte *Comenius* lebte, wirkte, durch halb Europa herumirrte und fern seiner geliebten Heimat starb: am 15. November des Jahres 1670. Ich empfehle Musik von:

- *Johann Christoph Demantius* (1567–1634);
- *Valerius Otto* (1579–1612) oder:
- *Andreas Hammerschmidt* (1611–1675).

Auch die Jahrzehnte danach haben großartige Musikwerke zu präsentieren – zum Beispiel:

- Die Motette für Chor und Orgel („Adoramus te Christe") von *Claudio Monteverdi* (1557–1643);
- Die vier Jahreszeiten („Le Quattro Stagioni") von *Antonio Vivaldi* (1678–1741) oder:
- Die Orgelwerke von *Johann Sebastian Bach* (1685–1750).

Wenn Sie aber die Welt nicht so gerne über das Hören in sich eindringen lassen, sondern über das Sehen erobern wollen, empfehle ich Ihnen einen Bildband der Gemälde von *Peter Paul Rubens* (1577–1640) oder den Besuch einer „Rubens-Ausstellung". Kaum ein Maler hat Menschen in ihrer Begierde und ihrem Hass, ihrer Angst und ihrem Zorn, ihrer Verzweiflung und ihrer Trauer so drall dargestellt wie dieser Altmeister der flämischen Barock-Malerei. Von den über 600 Gemälden dieses Zeitgenossen von *Shakespeare* und *Comenius* betrachte man womöglich diese:

- „Saturn frißt eines seiner Kinder"
- „Amazonenschlacht"
- „Raum der Töchter des Leukippos"
- „Judith mit dem Haupt des Holofernes" oder die
- „Beweinung Christi".

Anmerkungen

1 *Terry Pratchett*: Einfach göttlich. Ein Scheibenwelt-Roman. (Or. 1992) München: Goldmann Taschenbuchausgabe 1995, S. 6.

2 *Bernhard Schlink*: Der Vorleser.(Or. 1995) Zürich: Diogenes Taschenbuch 1997, S. 205.

3 *Terry Pratchett*, ebd.

4 Es hätte auch eine andere Quelle sein können als DIE WELT, vom 3.7.2003, S. 32.

5 Ebd.

6 *Manfred Fuhrmann*: Bildung. Europas kulturelle Identität. Stuttgart: Reclam 2002, S. 71.

7 *Manfred Fuhrmann*, a. a. O., S. 87.

8 Vgl. zum Böhmischen Dorf bzw. Garten: *Manfred Motel*: Das Böhmische Dorf in Berlin. Einst und Jetzt. Berlin: Deutsche Comenius-Gesellschaft 2001 und: *Ders.*: Chronik von Rixdorf. Berlin: Förderkreis Böhmisches Dorf 1999 sowie:
Henning Vierck: Der Comenius-Garten. Berlin: Edition Hentrich 1992.

9 *Jan Milič Lochmann* in: *Werner Korthaase* (Hrsg.): Das Böhmische Dorf in Berlin-Neukölln. Berlin: 1987, S. 255.

10 *Jan Amos Komenský*: Das Labyrinth der Welt und andere Schriften.(Or. 1631, geschr. 1623) Leipzig: Philipp Reclam jun. 2.1984.

11 Ebd., S. 28ff.

12 *Johann Amos Comenius*: Der Engel des Friedens. In: *Gerhard Arnhardt/Gerd-Bodo Reinert* (Hrsg.): Jan Amos Comenius. Bd. II. Donauwörth: Auer 1996, S. 645–670 (gekürzt).

13 *Ders.*:Der Weg des Lichts. Via Lucis.(Or. 1668; geschr. 1641) Hamburg: Felix Meiner 1997.

14 Umfassender informieren die Schriften von *Veit-Jakobus Dieterich*: Johann Amos Comenius mit Selbstzeugnissen und Bilddokumenten. Reinbek: Rowohlt 1991 und: *Gerhard Arnhardt/ Gerd-Bodo Reinert* (Hrsg.): Jan Amos Comenius. Bd. I. Donauwörth: Auer 1996, bes. S. 136–288.

15 *David Elkind*: Das gehetzte Kind. (Or. 1988) Hamburg: Kabel 1991; und als Taschenbuch: Bergisch-Gladbach: Lübbe 1992.

16 *Hans Künkel*: Das Labyrinth der Welt. Der Roman des Comenius. Stuttgart: Reclam 1951, S. 60.

17 *Martin Walser* in einem Gespräch mit *Christa von Bernuths*. In: DIE ZEIT, Nr. 33, vom 9.8.1991, S. 46.

18 *Friedrich von Logau*: Die Gelegenheit. In: *Theodor Echtermeyer/Benno von Wiese* (Hrsg.): Deutsche Gedichte. Düsseldorf: August Bagel 1966, S. 88.

19 *Jan Amos Komenský*: Das Labyrinth der Welt und andere Schriften., a. a. O., S. 145.

20 Ebd.

21 *Jan Amos Comenius*: Böhmische Didaktik. (Or. 1632) Paderborn: Schöningh 1970.

22 Janua linguarum reserata. (Geöffnete Tür zu den Sprachen.) Prag: Böhmische Akademie der Wissenschaften 1959.

23 *Franz Hofmann*: Jan Amos Comenius. Köln: Pahl-Rugenstein 1976. Milada Blekastad: Comenius. (Or. Oslo-Prag: 1969) Berlin: Walter de Gruyter 1992.

24 *Jan Amos Comenius*: Orbis sensualium pictus. (Or. 1658) Osnabrück-Meisenheim: Hain 1964.

25 *Ders.*: Opera Didactica Omnia. (Or. 1657) 3 Bde. Prag: Academiae Scientiarum Bohemoslovenicae 1957 und: *Ders.*: Große Didaktik. (Or. 1657). Stuttgart: Klett 8.1993.

26 *Ders.*: Opera Omnia. Prag: Böhmische Akademie der Wissenschaften 1969ff.
Bisher sind von den geplanten 50 Bänden erst ein Dutzend erschienen. Auch die Deutsche Comenius-Gesellschaft (mit Sitz in Berlin) betreibt eine umfangreiche Werkausgabe, die im Schneider Verlag erscheinen soll. Zur Verfügung stehen deshalb z.Zt. nur die „Ausgewählten Werke“ (3 Bde.) im Hildesheimer Hain Verlag, 1973ff.

27 *Ders.* Pampaedia. Heidelberg: Quelle & Meyer 2.1965, S. 15.

28 Ebd.

29 A. a. O., S. 52.

30 A. a. O., S. 72.

31 A. a. O.,S. 73.

32 *Ders.*: Didactica Magna. In: Opera Didactica Omnia. Tomus I., a. a. O., Sp. 48.

33 *Ders.*:Große Didaktik, a. a. O., S. 59.

34 *Ders.*: Didactica Magna, a. a. O., Sp. 49.

35 *Ders.*:Große Didaktik, ebd.

36 Eingebettet in eine umfassende Schultheorie findet sich die „Große Didaktik“ referiert in dem Buch: *Rainer Winkel*: Theorie und Praxis der Schule. Oder: Schulreform konkret – im Haus des Lebens und Lernens. Baltmannsweiler 1997, bes. S. 69ff.

37 *Johann Amos Comenius*: Pampaedia. Lateinischer Text und deutsche Übersetzung. Nach der Handschrift herausgegeben von *Dimitrij Tschižewskij* in Gemeinschaft mit *Heinrich Geissler* und *Klaus Schaller*. Heidelberg: Quelle &Meyer 2.1965, S. 20.
Um die Lesbarkeit der folgenden Referierung nicht zu beeinträchtigen, werden wörtliche Zitate aus dieser Schrift nicht in gesondert numerierten Angaben aufgeführt, sondern als jeweilige Seitenzahlen in Klammern belegt. An einigen Stellen habe ich mich nicht an die von den Über-

setzern vorgelegte Translation gehalten – vor allem dort nicht, wo aufgrund gewandelten Verständnisses nicht mehr das assoziiert wird, was *Comenius* gemeint hat. Zwei Beispiele:
Wenn *Comenius* (auf S. 54) die *desideria Hominis* aufzählt oder (auf S. 70) den *duodecim Cordis nostris desideriis* seine Aufmerksamkeit zuwendet, dann sollte man diese nicht mit „dem Menschen angeborenen Bedürfnissen" bzw. mit den „zwölf Bedürfnissen unseres Herzens" übersetzen, denn es geht nicht um Bedürfnisse, sondern um Sehnsüchte, Wünsche oder allenfalls ein natürliches Verlangen. Oder: Auf S. 55 übersetzen die Herausgeber die Forderung des *Comenius* an den Menschen (*Uti frui omnibus quae habet, et quidem securè*) mit den Worten: „Alles, was er hat, sorglos zu gebrauchen und zu nutzen." Wir assoziieren bei dem Adjektiv bzw. Adverb *sorglos* eine Attitüde der Leichtlebigkeit bzw. der Lässigkeit oder Fahrlässigkeit. *Comenius* aber meint *securus* (*secure, se cura*): ohne Sorge, sorgenlos, gefahrenlos, unbesorgt und nicht sorglos im heutigen Sinn.
Darüber hinaus seien zwei Interpretationshilfen angeboten: *Klaus Schaller*: Die Pädagogik des Johann Amos Comenius und die Anfänge des pädagogischen Realismus im 17. Jahrhundert. Heidelberg: Quelle & Meyer 2.1967 sowie: *Reinhard Golz* u. a. (Hrsg.): Comenius und unsere Zeit. Baltmannsweiler: Schneider Verlag, 1996.

38 *Jan Milič Lochmann*, in: Werner Korthaase (Hrsg.), a. a. O. 1987, S. 61 f.

39 *Immanuel Kant*: Zum ewigen Frieden. In: Ders.: Werkausgabe. Bd. XI. Frankfurt/M.: Insel-Suhrkamp 1977, S. 191–251.

40 *Jan Milič Lochmann*, a. a. O., S. 262.

41 *Johann Amos Comenius*: Große Didaktik, a. a. O., 8.1993, S. 96–118.

42 Ebd., S. 113.

43 Ebd., S. 116.

44 *Johann Amos Comenius*: Centrum Securitatis. (Or. 1633) Heidelberg: Quelle & Meyer 1964.

45 Ebd., S. 77.

46 Ebd.

47 Ebd., S. 93.

48 *Günter Rudolf Schmidt*: 3. Epoche: Reformation und Gegenreformation. In: *Rainer Winkel* (Hrsg.): Pädagogische Epochen. Von der Antike bis zur Gegenwart. Düsseldorf: Schwann 1988, S. 89–120, zit. S. 116.

49 *Heinz-J. Heydorn*: Bildungstheoretische Schriften. 3 Bde. Bd. 2. Frankfurt/M.: Syndikat 1980, S. 197–202.

50 *Jan Amos Comenius*: Didactica Omnia. Bd. 1, a. a. O., Sp. 428 f.

51 *Heinz-J. Heydorn*, 1980, a. a. O., S. 200.

52 *Johann Amos Comenius*: Große Didaktik, a. a. O., 8.1993, S. 90.

53 A. a. O., S. 3 und im Lateinischen: Anm. 24, S. 7.

54 *Johann Amos Comenius*: Orbis sensualium pictus. Die sichtbare Welt. (Or. 1658) Osnabrück: Otto Zeller 1964. Faksimiledruck der Ausgabe von 1658. Oder: *Ders.*: Orbis Sensualium Pictus Quadrilinguis. Die sichtbare Welt in vier Sprachen. Prag: SPN 1958. Photographischer Nachdruck der Ausgabe Levoča 1685.

55 *Ders.*: Mathetica, d. h. Lernkunst. (Or. 1680) In: *Reinhard Golz* u. a. (Hrsg.): Comenius und unsere Zeit. Baltmannsweiler: Schneider 1996, S. 130–148.

56 A. a. O., S. 130.

57 *Heinrich Roth*: Pädagogische Psychologie des Lehrens und Lernens. Hannover: Schroedel 1.1957; 16.1983.

58 *Ders.*: Pädagogische Anthropologie. Bd. 1: Bildsamkeit und Bestimmung. Hannover: Schroedel 1966. Bd. 2: Entwicklung und Erziehung. Hannover: Schroedel 1971.

59 *Johann Amos Comenius*: Mathetica, a. a. O., S. 137. Die lateinische Fassung beruht auf der von *C. Th. Lion* 1898 besorgten Ausgabe.

[60] *Johann Amos Comenius*: Große Didaktik, a. a. O., S. 133 und im lateinischen Original: Didactica Magna. In: Opera Didactica Omnia. Tomus I. Prag: Academia Scientiarum Bohemoslovenica 1966ff, Sp. 48.

[61] Ebd., S. 99 u. Sp. 80.

[62] Ebd., S. 136 u. Sp. 115.

[63] Gemeint ist *Adolf Hitler*, den vor allem Kritiker in der Wehrmacht scheinheilig-zustimmend den *Gröfaz* nannten, den „Größten Feldherrn aller Zeiten". Demgegenüber betitelte Reichspräsident *Paul von Hindenburg* den an die Macht drängenden Hitler gelegentlich als „Böhmischen Gefreiten". Vgl. darüber hinaus *Adolf Hitler* mit seiner Schmähschrift: Mein Kampf. (Or. 1925; 1927) München: Eher 820.1943.

[64] Gemeint ist der Reichsminister für „Volksaufklärung und Propaganda" *Joseph Goebbels.*

[65] Diese (Viel-)Schreiberin gilt hier nur als Exempel – *Comenius* hätte auch *Hedwig Courths-Mahler* oder *Johannes Mario Simmel* nennen können.

[66] *Johann Amos Comenius*: Pampaedia, a. a. O., S. 61.

[67] A. a. O., S. 60f.

[68] Dieses volkstümliche Gedicht fand damals Aufnahme in viele Lesebücher – auch in das, das mein Vater benutzte: Lesebuch für die Oberklassen katholischer Volksschulen. Hrsg. im Auftrage des Königlichen Provinzial-Schulkollegiums zu Münster: Dortmund: Crüwell 1912, S. 175.

[69] *Johann Amos Comenius*: Große Didaktik, a. a. O., S. 29 und im lateinischen Original: a. a. O., Sp. 23.

[70] Ebd.

[71] *Johann Amos Comenius*: Pampaedia, a. a. O., S. 149.

„Die Erinnerung tut weh. Wie Weinen.
Aber still und tief. Wenn die Erinnerung
in die Haut steigt, darf niemand
mich berühren. Alles tut mir weh,
meine Knochen schmerzen, meine Zähne
lockern sich im Gaumen, meine
Nase blutet."

Fred D'Aguiar: Die längste Erinnerung.
Roman. (Or. 1994) Berlin: Berlin Verlag 1995, S. 8.

GLANZ UND ELEND DES MODERNEN EUROPA – vom 18. bis zum 20. Jahrhundert

Es gibt keine Antworten. Nur Querverweise

„Die Wahrheit ist keine Hure, die sich denen an den Hals wirft, welche ihrer nicht begehren: vielmehr ist sie eine so spröde Schöne, daß selbst wer ihr Alles opfert, noch nicht ihrer Gunst gewiß seyn darf.“

Arthur Schopenhauer, 1844[1]

✳

„Es ist nun einmal so, daß die Wahrheit nicht tolerant sein kann, keine Kompromisse und Einschränkungen zuläßt.“

Sigmund Freud, 1933[2]

✳

„Wer aber die Wahrheit liebt, muß den Zweifel heiraten.“

Hans Kudszus, 1967[3]

✳

„Der Standpunkt des Betrachters oder der Betrachterin ist entscheidend, er definiert die Wahrnehmung.“

Andrea Fischer, 2003[4]

VII. Station: Wenn das Gutenberg gewusst hätte oder: Zwei Jahrhunderte Optimismus, Aufklärung, Fortschritt

Zu Anfang der 80er Jahre des 20. Jahrhunderts las ich ein Büchlein, das nicht nur mich erheblich erschütterte. Sein Titel: „Suchbild. Über meinen Vater". Sein Autor: *Christoph Meckel*[5]. Mein eigener Vater, dem ich längere Passagen daraus vorlas und mit dem ich über viele der darin oft nur angetippten Sachverhalte diskutierte, gehörte derselben Generation wie jener *Dr. Eberhard Meckel* (geb. 1907, gest. 1969) an – er wurde etwas früher, im Jahre 1901, geboren, war damals (als sein Sohn ihm vorlas) noch ein rüstiger „Alter Herr" und starb im 90. Lebensjahr. *Christoph Meckel* kam 1935 zur Welt und rechnet in diesem Buch gnadenlos mit seinem Vater ab: Er „war ein ausgespucktes Kind" (S. 17) und „hielt für seine Kinder Strafen bereit..., ein System von Strafen, ein ganzes Register" (S. 39). Er war ein Provinzliterat, ein Ästhet, ein Mitläufer und doch – ein Tyrann: „Das offene Wort gegen ihn hatte einen Herzanfall zur Folge" (S. 75), der Ehefrau und den 1935, 1939 sowie 1943 geborenen Söhnen „fehlte die Luft im Familiengefängnis" (S. 98): „Es gab nur den Untergang oder das Stärkerwerden" (S. 100) – *Christoph Meckel* wurde stärker und gilt heute als einer der anspruchsvollsten Schriftsteller, Lyriker und Erzähler deutscher Sprache, dessen graphisches Œuvre nicht weniger bemerkenswert ist. Auch mein Vater war von den ihm vorgelesenen Passagen zutiefst ergriffen, aber auch verwirrt und irritiert. Immer wieder kam er auf seine eigenen Eltern, seinen Vater, seine Mutter zu sprechen, an denen er mit inniger Liebe hing... Zwanzig Jahre später publizierte *Christoph Meckel* ein zweites „Suchbild: Meine Mutter"[6]. Hatte mich das Buch über den Vater erschüttert, so raubte mir das über die Mutter fast den Verstand. Immer nur in kurzen Abschnitten vermochte ich zu lesen, was da ein mittlerweile 67jähriger Mann über seine Mutter schrieb. Schon der allererste Satz schlägt einem mitten ins Gesicht. Er lautet: „Ich habe meine Mutter nicht geliebt." (S. 7)

Nun, warum lade ich zu Beginn unserer Weiterreise dazu ein, zwei in der Tat schreckliche (aber literarisch großartige) Bücher zu lesen? Die Antwort bedarf einiger Erläuterungen:

Nachdem wir das (Mittelalter und Neuzeit endgültig trennende) Siebengebirge hinabgestiegen sind (ein paar Längsschluchten und verborgene Pfade gibt es natürlich auch), eröffnet sich uns nun ein riesiger Kontinent neuen Denkens und Empfindens, Handelns und Entdeckens, so dass mancher erst einmal staunend stehenbleibt – nicht wissend, welche Richtung er einschlagen soll. Unser Ziel ist nicht die, sagen wir, Entwicklung der Mathematik oder der Medizin, die Errungenschaften der Physik oder der Biologie ... Wir haben auch nicht die Literatur, die Musik oder die Malerei vor Augen ... Und selbst die Philosophie, die

Politik oder die Theologie liegen nicht in unserem primären Interesse – so wichtig all diese Innovationen und Umbrüche sein mögen und so gewiss sie die uns allein zu beschäftigende Frage neu aufwerfen: Wie hält es diese neue Zeit mit der Bildung ihrer Menschen? Mit der Erziehung ihrer Kinder? Mit der Ausbildung ihrer Schüler? Mit der Qualifikation ihrer Lehrer? Mit der Weiterbildung der Gebildeten? – Die Pädagogische Frage also wollen wir verfolgen, freilich: im Kontext all der anderen neuzeitlichen Überlegungen. Dabei gilt es, das Wesentliche im Auge zu behalten; für Details sind andere, spezielle Studien zuständig. Das Wesentliche neuzeitlichen Denkens und Handelns auf dem pädagogischen Weg ist die Entdekkung von Vater(sein), Mutter(sein) und Kind(sein), ist „Die Geburt der modernen Familie“, über die *Edward Shorter* gründlich geforscht und mitreißend erzählt hat[7]. Die mittelalterliche, weitgehend bäuerlich organisierte Lebens- und Wirtschaftsgemeinschaft löste sich im Zuge neuer Formationen mehr und mehr auf und an die Stelle der Großfamilie, die in der Regel drei oder gar vier Generationen unter einem Dach beherbergte und die relativ autark war, trat die Kleinfamilie, in der sich erst das entwickeln konnte, was wir, in soziologischer Sprache ausgedrückt, „die Erwärmung des familiären Binnenklimas“ nennen. *Heirate, den/die du liebst*! Ein solcher Appell drückt eine andere Wirklichkeit aus als das Gebot: *Heirate, mit dem du/mit der du deinen Hof vergrößerst*! Auch die Kindheit ist, wenn *Neil Postman* Recht hat[8], eine Erfindung der Neuzeit, genauer: die Folge bestimmter Erfindungen – zum Beispiel die der gedruckten Sprache, also der Bücher, die man mühsam lesen lernen musste. Mittelalterliches Lernen fand zum größten Teil im Rhythmus von Vormachen und Nachmachen statt, per Imitation durch unmittelbare Anschauung also: Vater/Mutter macht's vor, der Sohn/ die Tochter macht es nach! Lesen und schreiben aber kann man nicht durch Zuhören oder Zusehen lernen, gleichwohl das Vorlesen und Vorschreiben wichtige Schritte zum selbständigen Erwerb der Schriftsprache sind. Als der Mainzer *Johannes Gutenberg*, der eigentlich *Gensfleisch zur Laden* hieß und etwa von 1400–1468 lebte, um 1455 mit Hilfe von beweglichen Metallbuchstaben die ersten Drucke vorlegte (etwa die 42zeilige und mit Hilfe von 299 Buchstaben und Zeichen hergestellte „Gutenberg-Bibel“), war das moderne Kind geboren, ein Schul-Kind, das nur über die literale Kultur der Bücher in die Welt der Erwachsenen Einlass finden konnte. Kinder hörten auf, kleine Erwachsene zu sein; Kinder wurden pädagogisch neu entdeckt. Kein Wunder also, dass das berühmteste pädagogische Buch der Neuzeit den Namen eines Kindes trägt: „Emile“ (wenn auch eines fiktiven Kindes) und erst im Untertitel verrät, um was es geht: um seine bzw. um die Erziehung nämlich, „de l' éducation“. Sein Autor: *Jean-Jacques Rousseau*[9], den wir natürlich aufsuchen werden. Dieser Siegeszug des Kindes, getragen, gepuscht und gesteuert von der kleinbürgerlich-patriarchalischen Familie, feiert um die Wende vom 19. zum 20. Jahrhundert seine größten Triumphe. Die schwedische Journalistin *Ellen Key* (1849–1926), von *Rilke* heftig verehrt, schrieb gar ein Buch mit dem Titel „Das Jahrhundert des Kindes“, das im

Dezember 1900 in Schweden und ein Jahr später in Deutschland erschien. Darin finden sich Sätze wie diese: „Bevor nicht Vater und Mutter ihre Stirne vor der Hoheit des Kindes in den Staub beugen; bevor sie nicht einsehen, daß das Wort Kind nur ein anderer Ausdruck für den Begriff Majestät ist ..., werden sie auch nicht begreifen, daß sie ebenso wenig die Macht oder das Recht haben, diesem neuen Wesen Gesetze vorzuschreiben, wie sie die Macht oder das Recht besitzen, sie den Bahnen der Sterne aufzuerlegen.“ [10] Als diese Hymnen in Deutschland erschienen (1901), wurde mein Vater gerade geboren. Seine Eltern haben jedoch gewiss nicht ihre Stirnen „vor der Hoheit“ dieses Kindes und auch nicht die Knie vor den übrigen vier „Majestäten“ gebeugt, aber – sie haben dieses Kind, das ein behindertes war, geliebt. Und diese Liebe wurde bis in die letzten Lebenstage erwidert. Über dem Bett meiner Mutter (geb. 1917, gest. 1981) hing zum Beispiel das folgende Gedicht, in einem schlichten Glasrahmen, ohne Angabe des Verfassers, aber in einer uns Kinder anmutenden altdeutschen Schrift. Und da wir täglich fühlten, wie sehr sie an ihrer Mutter *Erna Saternus* (1883–1951) gehangen hat, ist es uns bis heute im Gedächtnis geblieben:

Mutter

Wenn deine Mutter alt geworden
Und älter du geworden bist,
Wenn ihr, was früher leicht und mühlos,
Nunmehr zur Last geworden ist,
Wenn ihre lieben, treuen Augen
Nicht mehr wie einst ins Leben sehn,
Wenn ihre Füße, kraftgebrochen,
Sie nicht mehr tragen nun beim Geh'n,
Dann reiche ihr den Arm zur Stütze,
Geleite sie mit froher Lust,
Die Stunde kommt, da du sie weinend
Zum letzten Gang begleiten mußt.
Und fragt sie dich, so gib ihr Antwort,
Und fragt sie wieder – sprich auch du,
Und fragt sie nochmals – steh' ihr Rede,
Und kann sie dich nicht recht verstehen,
Erklär' ihr alles frohbewegt,
Die Stunde kommt, die bittre Stunde,
Da dich ihr Mund nach nichts mehr frägt.

Das ist, noch einmal, eine andere Sprache und Gesinnung als jene bereits schon einmal (auf S. 168f.) zitierte flapsig-böse Bemerkung des momentanen Vorsitzenden der Jungen Union, der – auf den Generationenvertrag hin angesprochen – wörtlich meinte:

„Ich halte nichts davon, wenn 85jährige noch künstliche Hüftgelenke auf Kosten der Solidargemeinschaft bekommen. Das ist eine reine Frage der Lebensqualität. Das klingt zwar extrem hart, aber es ist doch nun mal so: Früher sind die Leute auch auf Krücken gelaufen. Das auszusprechen, davor schrecke ich nicht zurück.“[11]

Man fragt sich allen Ernstes, vor was dieser 23-jährige Jurastudent im Laufe seines hoffentlich noch langen Lebens und hoffentlich ohne Krücken noch alles nicht zurückschreckt. Ich bin mit fünf Erwachsenen und in einer Schar von insgesamt acht Kindern aufgewachsen und mir sicher, dass wir dem dreisten Schnösel die Ohren langgezogen hätten – Krüppel habe ich jedenfalls nach dem Krieg so viele gesehen, dass mir noch heute jede Prothese wie ein Geschenk des Himmels erscheint ... Nun, dieses Gedicht habe ich, kurz bevor unser Elternhaus 1993 ohne große Veränderungen in ein Museum umgewandelt wurde, auf nicht ganz legale Weise stibitzt, und seitdem hängt es in meinem Arbeitszimmer ...

Aber auch unser Vater hatte eine innige Beziehung zu seinen Eltern, besonders zu seinem Vater – die ihn in seinem letzten Lebensjahr pflegten, wissen, mit welcher Intensität er alle paar Minuten nach seinem „Papa" rief. Immerhin: Uns Kindern brachte er ein Muttergedicht bei, das in seinem alten Lesebuch stand [12] und das wir „Buben und die Mädels" am Muttertag auswendig aufsagten, wobei wir, „frisch gewaschen, gebügelt und (die Haare mit Salatöl) frisiert" wie die Orgelpfeifen vor ihr standen:

Wenn Du noch eine Mutter hast.

Friedrich Wilhelm Kaulisch

1. *Wenn du noch eine Mutter hast, so danke Gott und sei zufrieden!*
Nicht allen auf dem Erdenrund ist dieses hohe Glück beschieden.
Wenn du noch eine Mutter hast, so sollst du sie mit Liebe pflegen,
Daß sie dereinst ihr müdes Haupt in Frieden kann zur Ruhe legen.

2. *Sie hat vom ersten Tage an für dich gelebt mit bangen Sorgen;*
Sie brachte Abends dich zur Ruh und weckte küssend dich am Morgen.
Und warst du krank, sie pflegte dein, den sie mit tiefem Schmerz geboren;
Und gaben alle dich schon auf, die Mutter gab dich nicht verloren.

3. *Sie lehrte dich den frommen Spruch, sie lehrte dich zuerst das Reden;*
Sie faltete die Hände dein und lehrte dich zum Vater beten.
Sie lenkte deinen Kindessinn, sie wachte über deine Jugend;
Der Mutter danke es allein, wenn du noch gehst den Pfad der Tugend!

4. *Und hast du keine Mutter mehr, und kannst du sie nicht mehr beglücken;*
So kannst du doch ihr frühes Grab mit frischen Blumenkränzen schmücken.
Ein Muttergrab, ein heilig Grab, für dich die ewig heil'ge Stelle!
O, wende dich an diesen Ort, wenn dich umtost des Lebens Welle!

Mir kommt es hier und im folgenden überhaupt nicht auf eine Nostalgie, geschweige denn auf eine Renaissance einstiger familiärer Strukturen und Lebensweisen an – im Gegenteil: Wir wissen heute ziemlich genau, dass und warum zum Beispiel

- vor 20- oder 30.000 Jahren es üblich und sinnvoll war, dass der Übervater einer aus vielen Familien bestehenden Sippe mehrere Frauen hatte, so dass sich die gefragtesten Gene am häufigsten fortpflanzen konnten; dass und warum zum Beispiel
- Hirten- und Nomadenvölker (wie die Stämme Israels) die lebenslängliche Ehe verlangten, angesichts einer Lebenserwartung von maximal 30 oder 40 Jahren; dass und warum zum Beispiel
- der Erstgeborene in einer bäuerlichen Gesellschaft eine herausgehobene Stellung einnahm, so dass der Landbesitz ungeteilt vererbt werden konnte ...

Wir wissen also heute um die Relativität und den geschichtlichen Wandlungsprozess menschlicher Lebensformen recht gut Bescheid und sollten Bewertungen sehr behutsam vornehmen, sie weniger an den Formen als an den Inhalten bzw. Qualitäten festmachen, mit anderen Worten: Dort, wo etwa Liebe erfahrbar wird, sind die sie ermöglichenden Strukturen (nicht unwichtig, aber) sekundär. Leider neigen wir dazu, das zu verglorifizieren, was wir noch gerne hätten und nicht mehr haben, das schlechter zu machen als es war, was uns nicht mehr genehm ist, aber auch das misstrauisch zu beäugen und mit entsprechend abwertenden Begriffen zu beklagen, was uns noch Unbehagen bereitet. Man schaue sich nur eine Liste derjenigen Kürzel an, mit denen heutige Lebensformen bezeichnet werden. Und wenn man darüber hinaus bedenkt, wer sie mit welcher Absicht benutzt bzw. kolportiert, ahnt man die hier gemeinten Zusammenhänge und Ideologien:

Neue Formen von Partnerbeziehungen

Die LAT-Beziehung:	Living Apart Together (z. B. die Wochenendbeziehung)
Die LDR-Beziehung:	Long Distance Relationship (z. B. die Bonn-Berliner-Fernbeziehung)
Die CC-Beziehung:	Das Commuter Couple (also die Pendelbeziehung nach dem Muster: diese Woche München, nächste Woche Frankfurt)
Die DINK-Beziehung:	Double Income No Kids (Doppelverdiener mit Hund)
Die DIOK-Beziehung:	Double Income One Kid (mit Tagesmutter oder Ganztagsschule oder Landerziehungsheim)
Die TLF-Beziehung:	Two Location Family (hierzulande auch Spagatfamilie genannt)

Von der vermeintlichen Patchwork- oder Second-hand-Family sei hier ebenso wenig die Rede wie von Alleinerziehenden oder gleichgeschlechtlichen Partnerschaften. Mir kommt es lediglich auf die Offenheit und Toleranz gegenüber neuen Lebensformen an, aber auch in gleicher Stärke auf die schonungslose Prüfung der darin gelebten Gefühls- und Sozialqualität: In einer sich traditionell aufführenden „Festungsfamilie“ paranoiden Zuschnitts, wie sie zum Beispiel *Horst-Eberhard Richter* dargestellt hat [13], kann es nicht weniger grausam zugehen als, sagen wir, ein einer Lebensgemeinschaft von zwei lesbischen Frauen, denen das von ihnen aufgezogene Kind nichts anderes ist als ein „umstrittener Bundesgenosse“ [14]. Umgekehrt: Dort, wo Fürsorge, Geborgenheit, Weltoffenheit und Liebe dominieren, sind den Segnungen Tür und Tor geöffnet. Das gilt auch für den vermeintlichen Single-Kult, dem – so wird behauptet – immer mehr Zeitgenossen selbstsüchtig frönen. Dagegen steht die Erfahrung: Es gibt sensible und sozial hochgebildete Singles, und es gibt stumpfe oder auch brutale Mitmenschen, die aus einer vordergründig intakten Mehrpersonen-Familie kommen – und umgekehrt. Erst die Qualität der gemachten Erfahrungen befindet über die Güte der jeweiligen Lebensform. Festhalten wollen wir den Hinweis, dass die zentrale pädagogische Entdeckung der Neuzeit das Kind gewesen ist – das Kind freilich im Milieu einer zumeist christlich geprägten und patriarchalisch verfassten Familie, die in der Regel „kinderreich“ war. Hatte das Mittelalter also kaum zwischen Kindheit und Erwachsensein unterschieden (eine Entdifferenzierung also gelebt), werden nun Kindheit und Jugend als eigenständige Lebensphasen begriffen, die besondere Rechte, aber auch besondere Pflichten aufweisen: Kinder werden im Schonraum bürgerlicher Erziehung einerseits geschützt, andererseits sind sie von vielen Rechten der Erwachsenen noch ausgeschlossen. Erst im Laufe des 20. Jahrhunderts endete der Siegeszug dieser Familienerziehung, und zu Beginn des 21. Jahrhunderts werden neue Lebensformen immer häufiger – die damit verbundenen Probleme natürlich auch und gravierender. Das belegt der Auszug aus einem Artikel, den DIE ZEIT immerhin auf ihrer ersten Seite publizierte und der eine starke Resonanz erfuhr [15]. Dass gerade DIE ZEIT in der zurückliegenden und von ihr heute kritisierten Zeitspanne just das lautstark propagiert hatte, was sie heute (mit ihren um ihre Rente fürchtenden 68er-Journalisten) heftig-polemisch kritisiert, wollen wir bei der Lektüre dieses bemerkenswerten Quellentextes nicht vergessen.

6. Quellentext: Wo sind die Kinder? Im Land der Egoisten: Kein Nachwuchs, keine Rente

Wo in dieser Republik, in welchem Panzerschrank, wird eigentlich der Generationenvertrag aufbewahrt? Wer die aufgeregte Debatte über Generationengerechtigkeit verfolgt, könnte glauben, dieses Dokument existiert tatsächlich, lege rechtsverbindlich die künftigen Lebensbedingungen der heute 20- bis 30-Jährigen fest – und sei von „den Alten" eiskalt gebrochen worden. Sie erlaubten sich regelwidrig, immer zahlreicher zu werden, unverschämt lange zu leben, medizinische Luxusversorgung zu konsumieren, stetig steigende Renten zu verprassen und jedwede Politik zu verhindern, die etwas daran ändern wollte. Alles auf Kosten der Jungen, natürlich.

Was für eine Scheindebatte! Der Generationenvertrag ist in Wirklichkeit ein ideelles Konstrukt, das gesellschaftliches Einvernehmen über zwei Dinge beschreiben soll: zum einen, dass die Erwerbstätigen mit Beiträgen aus ihrem Einkommen für die Alten sorgen, die das Gleiche schon für ihre Eltern getan haben. Zum anderen, dass die junge Generation die Kinder bekommt und großzieht, die ihnen später ihre eigene Rente erwirtschaften werden.

Die Ästhetik des Single-Lebens

Alle Deutschen, die 60 Jahre und älter sind – von der Generation der Achtundsechziger aufwärts –, haben beide Verpflichtungen eingehalten: Sie haben für die Eltern die Rente gezahlt, und sie haben sich bevölkerungspolitisch korrekt vermehrt. Dennoch ist die soziale Sicherung der zukünftigen Rentner in Schieflage geraten. Das hat viele Gründe: Auf die Alten wartet heute ein längeres Leben nach der Arbeit … Damit wächst die Belastung der nachfolgenden Generation. Ist das ein Vertragsbruch? Oder einfach eine Veränderung, auf die die Politik konventionell sozialpolitisch reagieren könnte, ohne gleich den Generationenkrieg auszurufen? Immerhin hat die Bundesregierung mit der Riester-Rente ein Modell vorgelegt, das die demografisch riskante staatliche Daseinsvorsorge um private Sicherung ergänzt. Doch die jüngere Generation nimmt die Riester-Rente nicht an. Sie jammert lieber.

Deutschlands geburtenstarke Jahrgänge reichen bis in die Mitte der sechziger Jahre. 1964 brachte ein Frau, statistisch gesehen, 2, 54 Kinder zur Welt. Die Nettoreproduktionsrate lag bei 1,18 – das heißt, dass diese Eltern durch ihre Kinder mehr als ersetzt wurden. Die narzisstische Lebensideologie der Achtundsechziger hat zwar zur Auflösung von Traditionsfamilien beigetragen – aber sie haben viele Kinder bekommen.

Die neue planmäßige Kinderlosigkeit – von ungewollter ist hier nicht die Rede – beginnt erst in den siebziger Jahren. Sie ist oft mit dem Emanzipationswunsch der Frauen erklärt worden; heute kommt ganz offensichtlich eine neue Bindungsunwilligkeit der Männer dazu. Die Entwicklung erreichte ihren dramatischen Tiefpunkt

1994: Da lag die Nettoreproduktionsrate bei 0,59. Frauen bekommen heute im Schnitt 1,35 Kinder und sind beim ersten Kind schon 29 Jahre alt. Eine Wende ist nicht in Sicht, in der Gesellschaft dominiert die Single-Ästhetik. Nicht die Alten haben den Generationenvertrag gekündigt. Ausgestiegen sind, höchst effektvoll, die heute 30- bis 45-Jährigen.

Alle bekannten Finanzierungsprobleme der Rentenversicherung sind Peanuts im Vergleich zum Mega-Trend: Eine ganze Elterngeneration reproduziert sich nur noch zur Hälfte. Während heute drei Erwerbstätige für einen Rentner aufkommen, wird es, setzt man nicht irrsinnige Einwanderungszahlen voraus, im Jahr 2050 ein Berufstätiger sein, der für einen Ruheständler zahlen muss. Der Wohlfahrtsstaat von einst wird nicht wiederzuerkennen sein …

Der Staat, „die" Politik, kann den gesellschaftlichen Individualisierungsprozess nicht aufhalten. Dieser ist ein kulturelles Problem, das sich normalen Gesetzesinitiativen entzieht. Wenn die Menschen als Singles leben wollen, kann niemand sie daran hindern. Aber mutige Politiker müssten ihnen unverblümt sagen, dass ihre individuelle Entscheidung gegen Kinder, die sich mit Millionen von gleichgerichteten Entscheidungen zum Massenphänomen summiert, nicht folgenlos bleiben wird. Wer, als Kinderloser, die halbe Million Euro (Existenzminimum), die zum Großziehen von drei Kindern mindestens nötig wäre, im Frühling des Lebens für Tauchurlaube ausgibt, kann nicht im Herbst die Sparbücher seiner Eltern plündern; die werden überdies leer sein …

So ernst die Lage in mittlerer Zukunft auch werden wird, das aktuelle Gerede über den „Zusammenbruch" der Sozialsysteme und den „radikalen Systemwechsel", der angeblich nötig sei, um Renten-, Pflege- und Krankenversicherung zu retten, hat einen schrillen Ton. Der war schon immer typisch für politische Großmoden in Deutschland. Sein Lärm übertönt die entscheidende Frage: Wollen wir weiter so leben wie bisher? Heißt das Zukunftsmodell: Allein, ohne Kinder, privat versichert?

Darüber ließe sich eine produktive, eine große gesellschaftliche Auseinandersetzung führen. Eine ehrliche Debatte über die vielfältigen Gründe unserer Kinderlosigkeit könnte allerdings noch viel bitterer verlaufen als das kleine Generationengerangel dieser Tage. Denn der Verdacht liegt nahe, dass uns Kinder – jenseits aller finanziellen Argumente – einfach zu anstrengend sind. Weil wir andere Prioritäten setzen, beweglich sein müssen, aber auch wollen; weil wir Konsum für angenehmer halten als nervtötende Stunden mit Holzbauklötzen – und unseren Nachtschlaf schätzen.

Doch es hilft alles nichts: Die einzige Zukunftssicherung, die zuverlässig funktioniert, sind Kinder, nichts anderes. Sie erwirtschaften die Sozialversicherungsbeiträge, die Steuern, die Zinsen, den Wohlstand, von dem wir leben werden; wenn wir alt sind. Den demografischen Abwärtstrend, der in Deutschland die Bevölkerungspyramide auf den Kopf stellen wird, könnten höhere finanzielle Transfers für Familien und bessere Betreuungsangebote für die Kinder berufstätiger Eltern verlangsamen. Aufhalten oder gar umkehren kann ihn aber nur ein revolutionärer Mentalitätswechsel, ein kultureller Wandel dieser Gesellschaft. Man kann es aber auch ganz altmodisch sagen: Was spricht eigentlich gegen die Wiederentdeckung der tröstlichen Erfahrung von jener Liebe, die Eltern erleben? …

Ehe wir nun einige derjenigen Pädagogen aufsuchen, die vom Optimismus, der Aufklärung und dem Fortschrittsglauben des halben 17., des ganzen 18. und des halben 19. Jahrhunderts geprägt wurden und diese Zeit prägten, seien im tabellarischer Übersicht wieder einige historische Daten in Erinnerung gerufen und eine Abfolge herausragender Pädagogen präsentiert.

Zeitleiste zur Epoche der Aufklärung

1648	Westfälischer Friede zu Münster und Osnabrück; Ende des 30-jährigen Krieges
1643–1715	Ludwig XIV.: Höhepunkt des Absolutismus und der franz. Klassik, höfische Barockkultur, Merkantilismus, Kolonialismus (Amerika), Streben nach Grenzerweiterung (Reunionen, Niederlande); Machtpolitik
1651	Engl.: Navigationsakte; im Seekrieg zwischen England und Holland wird England erste Seemacht
1640–1688	Preußen: Der Große Kurfürst: Einigung der verstreuten Landesteile zu einer Staatsnation, verhältnismäßige Toleranz in Religionsausübung
1659	Pyrenäenfrieden zwischen Frankr. und Spanien sichert Frankr. die Großmachtstellung und besiegelt das Ausscheiden Spaniens aus der Reihe der europ. Großmächte
1660	Frieden von Oliva sichert Schwedens Großmachtstellung im Norden und begründet Preußens Aufstieg zur Großmacht
ab 1663	Immerwährender Reichstag in Regensburg: Das Reich entwickelt sich zur Fürstenaristokratie; Einschränkung der Landeshoheit nur durch Reichsgerichtsbarkeit; Reichstag ein Gesandtenkongress aus drei Kurien, Schwächung des Reiches (kein Reichsheer)
1679	Engl.: Habeaskorpusakte – Sicherheit des engl. Bürgers gegen willkürliche Verhaftung; Neuordnung in England nach Militärdiktatur Cromwells und Auseinandersetzungen zwischen Krone und Parlament
1683	Türken vor Wien endgültig zurückgeschlagen (Prinz Eugen); Begründung der Habsburger Großmacht an der Donau
1685	Aufhebung des Edikts von Nantes, Hugenotten finden Aufnahme in Holland und Brandenburg
1688	Engl.: „Glorreiche Revolution“: Wilh. III. begründet konstitutionelle Monarchie, wird bedeutendster Gegenspieler Ludwigs XIV.
1689	Declaration of Rights: Gleichgewicht zwischen Krone und Parlament

1694	(Neu-)Gründung der Universität Halle
1697	August der Starke von Sachsen wird König von Polen; Höhepunkt des Barocks in Dresden; höfische Baukunst, Förderung von Kunst, Musik, Wissenschaft, Wirtschaft
1701	Friedrich I. wird König in Preußen, höfische Barockkultur, Förderung der Wirtschaft, Aufbau eines Beamtenstaates; strenge Sparsamkeit; aufkommender Militarismus
1709	Schlacht bei Pultava; Russland nimmt Schweden die Großmachtstellung über die Ostsee (1721 Friedensschluß); Russl. unter Peter dem Großen eine slawisch-orthodoxe Großmacht auf der Grundlage absoluter Herrschergewalt (Despotismus und Cäsaropapismus), Öffnung nach Westen
um 1710	In Berlin gab es 1017 Häuser (pro Haus 16,6 Personen); insgesamt 16.832 Einwohner, von denen die meisten ein erbärmliches Leben fristeten; Preußen aber unterhält ein Heer von 40.000 Mann und gab bei einer Bevölkerung von 1,672 Mill. Einwohnern 2,2 Mill. Taler für militärische Ausgaben aus (die gesamten Staatseinnahmen betrugen 4,10 Mill. Taler)
1713	„Pragmatische Sanktion“: Hausgesetz der Habsburger sichert die weibliche Nachfolge für Maria Theresia und fordert Unteilbarkeit der habsburgischen Länder
1713–1740	Preußen: Friedr. Wilhelm I. sittenstrenger Diener seines Staates, äußerster Fleiß und strengste Sparsamkeit, straff organisiertes Beamtentum und Heer
1740–1786	Friedrich II., gen. der Große; aufgeklärter Absolutismus, gebildeter König, erfüllt aber nicht die in ihn gesteckten Friedenserwartungen
1740–1780	Maria Theresia: österreichischer Erbfolgekrieg zugunsten Marias entschieden, ihr Ehemann wird Kaiser des Reiches
1737	Gründung der Universität Göttingen
1756–1763	Siebenjähriger Krieg in Europa und Amerika; im Frieden von Hubertusburg sichert Friedr. den Bestand des preuß. Staates, erhält Schlesien von Österreich; im Frieden von Paris erhält England von Frankr. die nordamerikanischen Besitzungen, einschließl. Florida; Ende Frankreichs als amerikanische Kolonialmacht
1755	Am 1.11. Zerstörung der Stadt Lissabon aufgrund eines Erdbebens und in dessen Folge eines verheerenden Brandes und Tsunamis, ca. 30 000 Tote.

1763	Preußisches General-Landschul-Reglement (von Friedr. II. am 12.5. bestätigt und am 3.11.1765 auch auf Schlesien ausgedehnt): es regelt in 26 bzw. 73 Paragraphen die Schulpflicht, die äußere und innere Ordnung der Schule sowie die Qualifikation der Lehrer
1762–1796	Russl.: Katharina II., gen. die Große, wichtigste machtpol. Frau der Neuzeit; Russ. Ausdehnungspolitik gegen Polen (zus. mit Preußen) und der Türkei
1776	Unabhängigkeitserklärung der Vereinigten Staaten (13) von Nordamerika
1781	Toleranzedikt von Kaiser Joseph II., Aufhebung der Leibeigenschaft
1787–1789	Amerikanische Verfassung
1789	Ausbruch der Franz. Revolution; Erklärung der Menschenrechte; von der konstitutionellen Monarchie über den Sturz der Diktatur (Robespierre) zur Direktorial-, über die Konsulatsverfassung zur Militärdiktatur und zum Kaisertum Napoleons
1796–1815	Napoleon I.: Neuordnung in Frankreich (Code civil, Code pénal), religiöse Toleranz, wirtschaftlicher Aufschwung, Vorherrschaft Frankreichs in Europa durch Eroberungskriege (Italien, Spanien, Holland, Österreich, Preußen)
1805	England siegt bei Trafalgar (Nelson)
1806	Ende des Hl. Röm. Reiches Deutscher Nation; nach der Schlacht bei Austerlitz verzichtet Franz II.; er nennt sich nur noch Kaiser von Österreich Bildung des Rheinbundes: Unterordnung der dt. Mittelstaaten unter Napoleons Politik Schlachten bei Jena und Auerstedt: Unterwerfung Preußens
1807	Frieden von Tilsit; Besetzung Preußens und Kontinentalsperre gegen England Engl.: Verbot des Sklavenhandels
1812	Franz. Feldzug gegen Russland scheitert
1813	Völkerschlacht bei Leipzig: Napoleon wird geschlagen; Erwachen des Freiheitswillens der Völker; Napoleon nach Elba verbannt
1810	Preußen: Universität Berlin durch Wilh. v. Humboldt gegründet; Schaffung des neuhumanistischen Gymnasiums; Blütezeit der deutschen Klassik: Schiller, Goethe, Hölderlin, Humboldt, Fichte, Schleiermacher u. a.
1812	Erscheinen der Grimm'schen Märchen

1807–1815	Wiederaufbau Preußens: Stein/Hardenbergsche Reformen (allg. Landrecht, Rechte für Bauern und Bürger, Bürgerrechte für Juden)
1815	Napoleons 100 Tage; Schlacht bei Waterloo: Blücher und Wellington schlagen Napoleon; N. auf die Insel St. Helena verbannt, wo er 1821 stirbt
1814–1815	Wiener Kongress: Neuordnung Europas unter Metternichs Führung; Leitlinien sind Restauration, Legitimation, Souveränität; Frankr. in den Grenzen von 1792 unter altem Herrscherhaus der Bourbonen; Entschädigungen Preußens durch Westfalen, Pommern, Nordsachsen, Ostpreußen, Danzig, Thorn; Russland durch Polen; Schweden durch Norwegen; Österreich durch Teile Italiens; Schaffung des Königreichs der Vereinigten Niederlande, des Deutschen Bundes (35 Fürsten und 4 Freie Städte) und des Bundestags in Frankfurt; Politik gegen liberale und nationale Bewegungen.
1817	Wartburgfest – Allg. dt. Burschenschaft, Verbrennungen von reaktionären Schriften; Ermordung Kotzebues
1819	Karlsbader Beschlüsse: Verbot der Burschenschaften, Universitäten unter landesherrliche Aufsicht, Bücher- und Zeitschriftenzensur, Entlassungen (Vorgehen gegen Jahn, Arndt, Schleiermacher) Engl.: Einschränkung der Kinderarbeit in den Baumwollspinnereien
1823	Monroe-Doktrin: Ablehnung der Einmischung europ. Mächte in Amerika
1830	Pariser Julirevolution: Studenten und Arbeiter gegen reaktionäre Regierung; Wahl Ludwig Philipps zum König, Sieg der Volkssouveränität, Trikolore wird Nationalflagge
1830	Unabhängigkeit Belgiens – konstitutionelle Erbmonarchie
1830	Aufstände in Polen
1832	Hambacher Fest (27.–30.5.): Kundgebung mit mehr als 30.000 Demokraten, die für Volkssouveränität, die Einheit Deutschlands, Demokratisierung und Menschheitsverbrüderung eintreten, worauf der Dt. Bund mit neuen Unterdrückungen („Demagogenverfolgungen“) reagiert
1834	Deutscher Zollverein: Vereinfachung des Grenzverkehrs innerhalb Deutschlands
1837	Sieben Göttinger Universitätsprofessoren protestieren gegen Verfassungsbruch in Hannover, werden entlassen (darunter die Brüder Grimm) und z. T. des Landes verwiesen

1844 Weberaufstand in Schlesien

1848 Schweiz durch neue Verfassung ein Bundesstaat

1848 Erscheinen des Kommunistischen Manifests von Marx und Engels

1848 Deutschland: Forderungen (nach Pressefreiheit, Schwurgerichten, Volksbewaffnung, Parlament) führen zu Protesten und Straßenkämpfen; Metternich flieht, Preußen hebt die Zensur auf, verspricht Verfassung
Frankfurter Vorparlament beschließt Wahl einer verfassunggebenden Nationalversammlung; Mai 1848 Nationalversammlung tagt in der Paulskirche

1849 Engl.: Gründ. d. Bergarbeitergewerkschaft

1848 Frankr.: Ausruf der zweiten Republik; Verfassungsgebende Versammlung scheitert an sozialen und industriellen Problemen und der Zerrissenheit der Parteien; Wahl von Louis Napoleon, der sich

1852 zum Kaiser der Franzosen erhebt

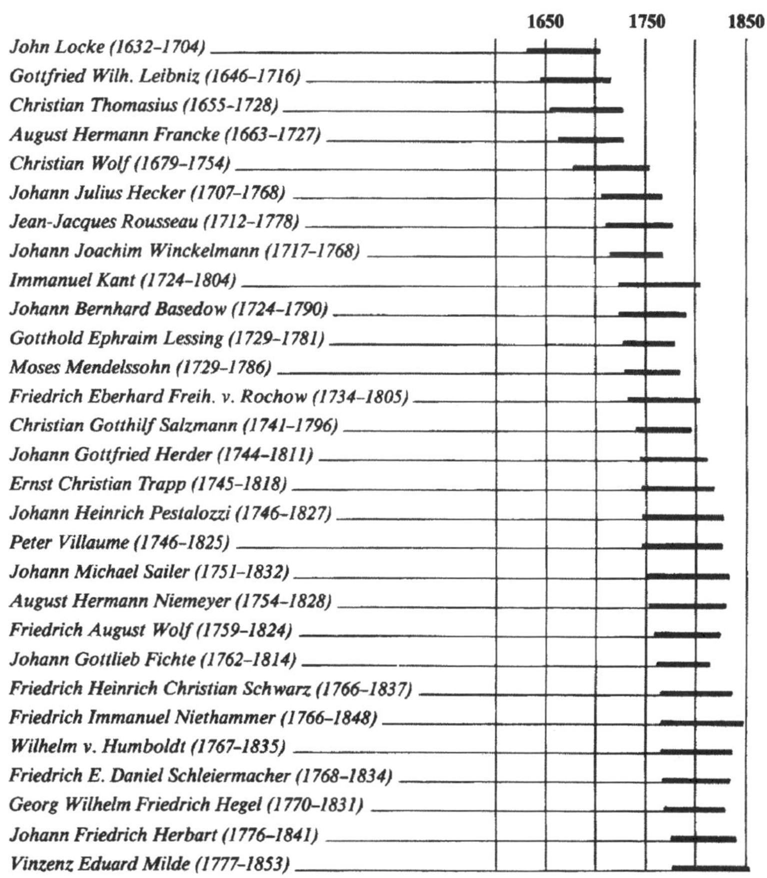

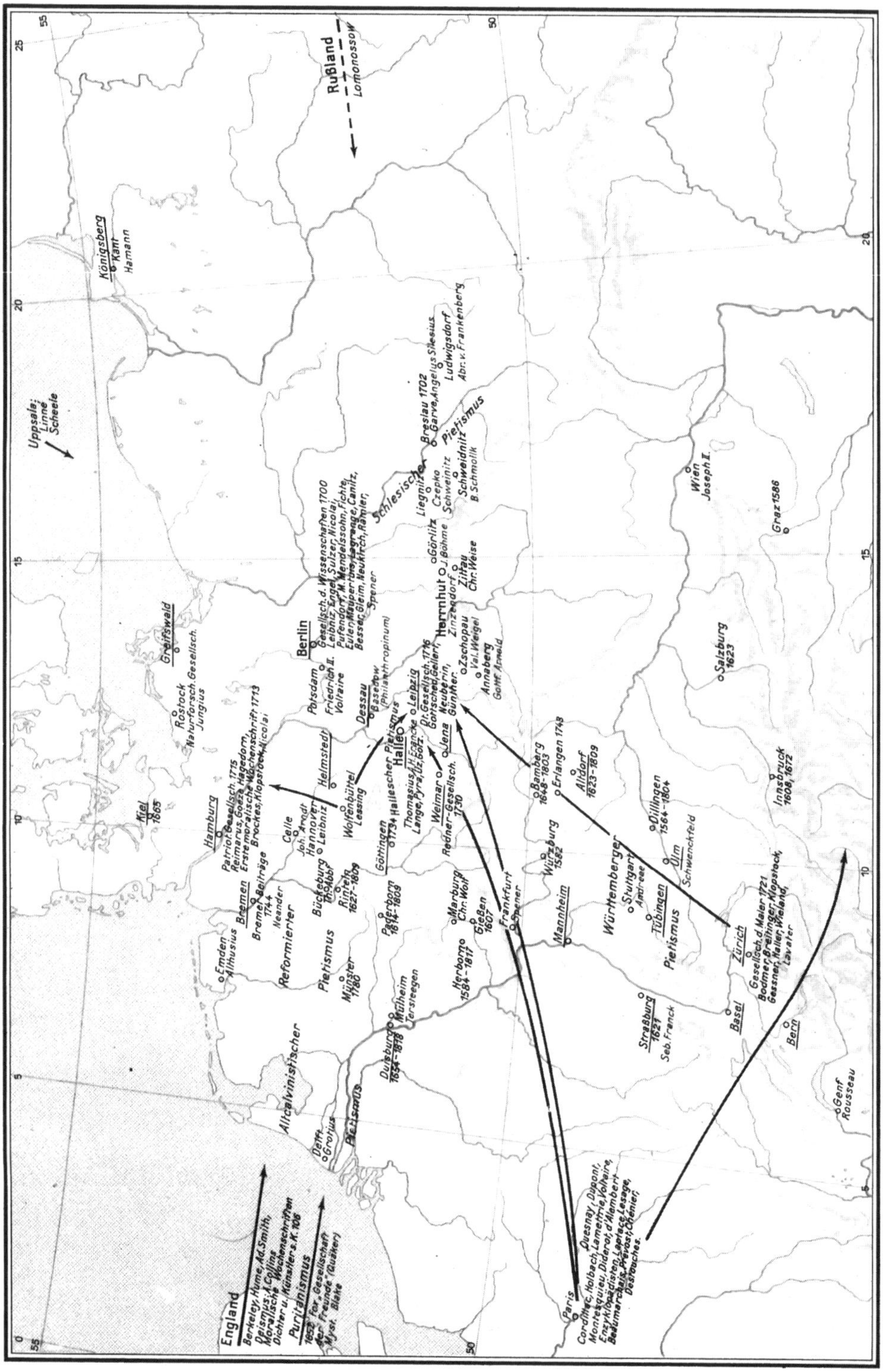

Abb. 22 Die Universitäten des 17. und 18. Jahrhunderts

Drei Besuche werden wir in diesem Abschnitt machen und uns dabei nicht an die Lebensdaten der Gastgeber, sondern an die innere Systematik ihres gemeinsamen und doch auch unterschiedlichen Denkens halten: *e pluribus unum*, aus den Unterschieden das Gemeinsame ermitteln. Dabei sei jene kulturelle Trias nicht vergessen, die unser Schicksal geworden ist: Erst war bzw. ist da ein schier grenzenloser Optimismus bezüglich möglicher Verbesserungen, dann der nüchterne Nachweis einer notwendigen Aufklärung über verdunkeltes Wissen sowie unliebsame Grenzen und schließlich die Beschwörung eines bescheidenen Fortschritts – wenn auch nur des zwischen zwei Buchdeckel passenden Fortschritts. Zur Erinnerung:

Wir befinden uns in einer Zeit, die man zu Recht die Klassik, „Die Deutsche Klassik", genannt hat und in der wie sonst zu keiner Zeit überragende Schriftsteller, Künstler, Wissenschaftler und Politiker gelebt haben. Am Silvesterabend des Jahres 1799 hätte *Goethe* u. a. mit folgenden „Herrschaften" den Beginn des 19ten Jahrhunderts in seinem Wohnhaus am Frauenplan in Weimar feiern können: *Ludwig Börne*, *Immanuel Kant*, *Friedrich Schiller*, *Johann Heinrich Pestalozzi*, *Johann Gottlieb Fichte*, *Wilhelm und Alexander von Humboldt*, *Friedrich Schleiermacher*, *Friedrich Hölderlin*, *Johann Friedrich Herbart*, *Joseph Haydn*, *Ludwig van Beethoven*, *Caspar David Friedrich*, *Karl Friedrich Schinkel* ... Zu ihnen hätten sich u. a. folgende „Damen" gesellen können: *Charlotte von Stein*, *Charlotte von Kalb*, *Corona Schröter*, *Herzogin Anna Amalia*, *Caroline von Schelling*, *Madame de Stael*, *Frau von Cotta* oder auch *Rahel Varnhagen* und *Johanna Schopenhauer* – an ihrer Hand womöglich die fast dreijährige *Annette von Droste-Hülshoff* ... An herausragenden Gastgebern gab es um 1800 wahrlich keinen Mangel. Drei suchen wir auf.

1. Besuch: bei Johann Gottfried Herder (1744–1803)

Jede neue Epoche ist von Vor-Denkern visioniert, von Vor-Läufern mal tastend, mal stürmend betreten oder von Skeptikern bzw. Gegnern beredt bis erbittert bekämpft worden. So auch die Epoche der Aufklärung, die – wie jede Epoche – kein Anfangsdatum und keinen Endpunkt kennt, wohl aber fließende Ankommensströme, die auf manche Hindernisse treffen und die ihre Ausläufer haben. Deshalb unterscheidet z. B. die lateinische Sprache zwischen dem datumsmäßigen Anfang (*initium*), sagen wir, eines Krieges und ihrem tieferliegenden Beginn, der fortwaltet (*principium*). Ähnlich lassen sich geistige Epochen begreifen. Und natürlich gibt es immer viele, die für eine bestimmte Epoche stehen. Wer, sagen wir, in 300 Jahren die Ökologische Epoche der GRÜNEN oder die Frauenbewegung der letzten Jahrzehnte beschreiben will, kann dies exemplarisch an, meinethalben, *Jutta Ditfurth*, *Joschka Fischer*, *Petra Kelly* und *Antje Vollmer* aufzeigen; andere bevorzugen *Daniel Cohn-Bendit*, *Angela Davis*, *Doris Lessing* und *Klaus Töpfer*. Entscheidend sind nicht die jeweiligen Repräsentanten, sondern dass sie das repräsentieren, was typisch für ihre Zeit gewesen ist. So wurde auch die *geschichtliche Epoche* der Aufklärung, die immer auch als ein *allgemeines Prinzip* verstanden werden muss, von vielen vorbereitet, bekämpft, gestaltet und überwunden – aufgehoben im dreifachen Sinn des Wortes, also emporgehoben, bewahrt und beseitigt. Wir besuchen zunächst *Herder*, der sich übrigens (wie *Schiller*) ab 1802 *von Herder* nennen durfte. Hatte die griechische Kultur ihr Dreigestirn *Sokrates-Platon-Aristoteles*, so die deutsche Literatur bzw. Klassik ihr Triumvirat: *Johann Gottfried von Herder* (25.8.1744–18.12.1803), *Johann Wolfgang von Goethe* (28.8.1749–22.3.1832), der bereits 1782 in den Adelsstand erhoben worden war, und *Friedrich von Schiller* (10.11.1759 – 9.5.1805), der ebenfalls 1802 geadelt wurde. Dass *Goethe* die beiden überragt, mag annehmen wer will, beruflich gefördert und nach Weimar geholt (den älteren als Generalsuperintendent, den jüngeren als Geschichtsprofessor) hat er sie ohne jeden Zweifel.

In den Jahren 1793 bis 1797 (*Goethe* war ein Mittvierziger, *Schiller* ein Mittdreißiger) schrieb *Herder* seine „Briefe zu Beförderung der Humanität" (ohne r!)[16]. Er war damals schon um die Fünfzig und hatte nur noch weniger als zehn Jahre zu leben. Insgesamt 127 fiktive Briefe (in zehn Sammlungen) legte *Herder* der Öffentlichkeit vor. Die Französische Revolution (ab 1789), die er gerne mit der Reformation verglich, war ihm dabei der politisch-moralische Hintergrund. Natürlich hatte *Goethe*s Bericht über die „Campagne in Frankreich" ihn skeptischer werden lassen, denn die Blutgerichte der radikalen Jakobiner und Girondisten um *Robespierre* konnten seine Zustimmung nicht finden, aber an der grundsätzlichen Unterstützung der demokratisch-republikanischen Revolution ließ er keinen Zweifel aufkommen – freilich: Dieser politischen Befreiung musste eine pädagogisch-anthropologische zur Seite treten, mit anderen Worten: nicht nur die Politik war gefragt, sondern auch die Bildung. Zwei imaginäre Briefpartner tauschen so ihre Meinungen aus, dass dem Leser eigene Urteile bleiben: *Benjamin Franklin*s Leben als Entfaltung „gesunder Vernunft" (1. Samml., S. 8) steht gegen *Jean-Jacques Rousseau*, den „die Phantasie fast immer irre führte" (ebd.) In den Mittelpunkt der 2. Sammlung rückt er *Martin Luther*: dieser große patriotische Mann soll als Lehrer Deutschlands und als Führer zur Humanität endlich (wieder) gehört werden. Was spricht dagegen? – Nach diesen Eingangssätzen kommt *Herder* auf sein eigentliches Anliegen zu sprechen: die Menschen zu bilden, d. h. ihre Menschlichkeit zu befördern. Aber hängen wir nicht einem „bloßen Traum" an, wenn wir von „einer fortgehenden, oder fortschreitenden Vervollkommnung des Menschengeschlechts" (2. Samml., S. 113) reden? „Was heißt (überhaupt) Vervollkommnung?" (ebd.) Geht nicht der eine vorwärts, der andere rückwärts? Der eine „wächst culminirt ... Ein andrer ... nimmt, was er etwa erworben hatte, ins Grab?" (ebd.) Bedeutet Vervollkommnung „Vermehrung der Kräfte"? (ebd.) Oder „eine Vermehrung von Werkzeugen und Mitteln zum Gebrauch menschlicher Kräfte?" (ebd.) Teilhaben lässt *Herder* seine Leser an den

Fragen des Menschen(geschlechts), das er sich moralisch besser erhofft. Bei den Griechen heißt der Mensch *anthropos* (ανδρωπος), wörtlich: der nach oben Schauende, der Aufwärtsblickende. Daran erinnert uns mit allem Nachdruck der Weimarer Philosoph, Theologe, Dichter und Pädagoge, der Oberkonsistorialpräsident, Hofprediger, Anthropologe und Literaturforscher in Deutschlands kultureller Hauptstadt des ausgehenden 18. und beginnenden 19. Jahrhunderts. „Der Mensch muß nach etwas Höherem streben, damit er nicht unter sich sinke" (ebd. S. 114), also unter seinen Möglichkeiten bleibt. Humanität versteht *Herder* in einem doppelten Sinn als „Menschheit" und „Menschlichkeit". Und dass der „Zustand der Gesellschaft" (ebd., S. 115) mit dem erreichten Niveau der Erziehung des einzelnen Menschen untrennbar verbunden ist, will er nicht bestreiten. Wer den Einzelnen verkommen lässt, lässt alle verkommen; umgekehrt: Wem die Bildung der Menschheit egal ist, wird auch das Individuum geringschätzen. Dieser Traum nach „Perfectibilität" ist also kein Schaum, sondern notwendige Realität. Entsprechend dieser realistischen Sicht beharrt *Herder*, ganz Antinomiker, auf den Individualrechten und –pflichten: „Der Name Menschen*rechte* kann ohne Menschen*pflichten* nicht genannt werden" (3. Samml., S. 137). Wir wissen heute, dass und wie und warum die Moderne einseitig auf die Rechte setzte – bitter hat sie für die vielen von dorther sich legitimierenden Raubzüge bezahlt, vor allem in dem blutigsten Jahrhundert der Menschheitsgeschichte: im 20. Im Sinne der Aufklärer war dies gewiss nicht. Sie setzten auf die Vernunft des Menschen, auch und gerade bei der Bildung des Menschen und der Menschheit. Religion, religiöse Bildung, wurde zwar nicht überflüssig, wohl aber vor den Richterstuhl der Vernunft gebeten und das heißt: an ihrer Wahrheit und Menschlichkeit gemessen: „Diese Regel ist Vernunft, bei Handlungen Billigkeit und Güte" (2. Samml., S. 119). Nichts wird diesem aufwärtsblickenden und emporschreitenden Menschen (man denke an *Platon*s „Höhlengleichnis") geschenkt. Zwar ist die Humanität „der Charakter unseres Geschlechts; er ist uns aber nur in Anlagen angebohren, und muß uns eigentlich angebildet werden" (3. Samml., S. 138). So gesehen ist jeder Mensch zugleich Geschöpf und Schöpfer: In der Potenzialität seiner Anlagen ist er Kreatur; in der Ausbildung seiner Möglichkeiten Kreator: „Er constituiret sich selbst; er constituirt mit andern ihm Gleichgesinnten ... eine Gesellschaft" (ebd., S. 143). Lange vor *Martin Buber* skizziert *Herder* eine anthropologisch-pädagogische Rekonstruktionstheorie, die in den heute leider kaum noch bedachten Satze mündet: „Der Mensch wird am Du zum Ich."[17] Vernunft *und* Humanität, Wahrheit *und* Menschlichkeit, Wissen *und* Glaube – sollten den und die Menschen 'beherrschen', 'ordnen', 'lenken': „Die Menschen sind um einander willen da" (heißt es in der 3. Samml., S. 146). Auch diese soziale Dimension der Aufklärung haben die Aufgeklärten (vor allem des 19. und 20. Jahrhunderts) gründlich vernachlässigt: „Zum Besten der gesammten Menschheit kann niemand beitragen, der nicht aus sich selbst macht, was aus ihm werden kann und soll; jeder also muß den Garten der Humanität zuerst auf dem Beet, wo er als Baum grünet, oder als Blume blühet, pflegen und warten" (ebd., S. 153). Umgekehrt, und den ganzen Garten im Auge habend, fordert *Herder* von uns: „Alle Einrichtungen der Menschen, alle Wissenschaften und Künste können, wenn sie rechter Art sind, keinen anderen Zweck haben, als uns zu humanisiren, d. i. den Unmenschen oder Halbmenschen zum Menschen zu machen, und unserem Geschlecht zuerst in kleinen Theilen die Form zu geben, die die Vernunft billigt, die Pflicht fordert, nach der unser Bedürfniß strebt." (ebd.) Das bedeutet nichts anderes als die Vorwegnahme der Einsicht: *Die Natur des Menschen ist seine Kultur.*

Nicht der Optimismus der Aufklärung hat also versagt, sondern der diesen Optimismus ignorierende Mensch. Er war und ist bis heute nicht oder allzu selten ins Gelingen verliebt und setzt(e) auf die Welt, die einzelne Person in der Verfassung, wie sie ist – nicht wie sie sein und werden könnte. Daran hat sich bis heute nicht viel bzw. Wesentliches geändert. Anthropologien und Gesellschaftstheorien vom *Herder*'schen Muster gelten als „idealistisch", „geschichtlich widerlegt", „obsolet", „unmodern", „nicht der Rede wert". Statt dessen betet die Postmoderne ihre Säulenheiligen an – zum Beispiel den Bielefelder Soziologen und Systemtheoretiker *Niklas Luhmann* (1927–1998). Seine Schüler und Jünger nennen ihn einen „Theoriekünstler", der ein „gigantisches Gebäude der Gesellschaft" erbaut, ein „Mammutwerk", ja einen „Theoriepalast" und „Denktempel"[18] errichtet habe, den zu betreten eine eigene „Luhmann-Language" erfordere, die zwar „immer wieder ironisch, aber zugleich äußerst komplex und recht weit von der Alltagssprache"[19] ist. Tatsache ist, dass die „Sozialen Systeme"[20] *Luhmann*s, zu denen auch „Das Erziehungssystem der Gesellschaft[21] gehört, „nicht aus Menschen bestehen, sondern aus Kommunikationen: Nur die Kommunikation kann kommunizieren, nicht aber der Mensch."[22] Eine solche Gesellschaft aber, mag sie noch so viel akademisch beweihräuchert werden, ist un-menschlich. Entsprechend platt ist seine gesellschaftliche Vision – von der Pädagogik hielt er schon gar nichts. In einem Interview sagte *Luhmann* 1987: „Eine Vorstellung, wie die Gesellschaft gut oder auch nur besser sein könnte, habe ich gar nicht"[23] – sehr zum Leidwesen seines exponierten Kontrahenten *Jürgen Habermas*, dem er, weil ihm dessen linke Utopie bzw. Konsens-Theorie nicht gefällt, einfach „Moralkonservatismus oder eine alteuropäische Konfiguration"[24] vorwirft. So menschelt es also auch bei den 'großen' Systemtheoretikern: hier ein herabsetzender -ismus und dort ein negativ besetztes Präfix, und schon erstrahlt man selbst in flotter Modernität und akademischer Brillanz – *Herder* würde den Kopf schütteln.

Aber wir wollten nicht nach Bielefeld oder Oerlinghausen zu *Niklas Luhmann*, sondern nach Weimar zu *Johann Gottfried Herder*, dem man kaum seinen Optimismus vorwerfen kann, wohl aber die Tatsache, dass er die Schwäche des Menschen, seine Borniertheit und seinen schieren Egoismus allzu wenig beachtet und in ein vernünftiges Kalkül gezogen hat. Dabei hätte er von einem anderen Weimarer lernen können – von *Friedrich Schiller*, der in den zusammen mit *Goethe* gedichteten Xenien 1796 folgendes Distichon verfasst hatte[25]:

Würde des Menschen

Nichts mehr davon, ich bitt euch. Zu essen gebt ihm, zu wohnen;

Habt ihr die Blöße bedeckt, gibt sich die Würde von selbst.

So blieb manches bei *Herder* in der Tat allzu edel ... Immerhin: „Humanität ist der Schatz und die Ausbeute aller menschlichen Bemühungen, gleichsam die Kunst unseres Geschlechtes. Die Bildung zu ihr ist ein Werk, das unabläßig fortgesetzt werden muß; oder wir sinken, höhere und niedere Stände, zur rohen Thierheit, zur Brutalität zurück“ [26]. Hat er wirklich so Unrecht (behalten) – unser erster Gastgeber?

2. Besuch: bei Immanuel Kant (1724–1804)

Abb. 23 Immanuel Kant

So einfach, beschwingt und unterhaltsam unser Besuch in Weimar gewesen sein mag, so schwierig wird er in Königsberg werden. Denn *Kant* (geb. am 22.4.1724, gest. am 12.2.1804, jeweils in Königsberg) ist ein mitunter schrulliger, wenig geselliger (aber diskursfähiger) und gänzlich immobiler Mensch gewesen, dessen Laufradius sich in seinen täglichen Königsberger Spaziergängen erschöpfte.[27] Immerhin gehörte *Herder* 1762–64 zu den Hörern von *Kant*s Vorlesungen und war von diesen enorm beeindruckt. Mit seinen drei Kritiken („Kritik der reinen Vernunft“, 1781; „Kritik der praktischen Vernunft“, 1788; und „Kritik der Urteilskraft“, 1780) hat er die (epochal und systematisch zu verstehende) Aufklärung – zumindest in ihrer deutschen Version – europa- und weltweit zur Sprache gebracht. Man könnte diesen drei Schriften auch drei verschiedene Fragen zuordnen: Wie gelangt der Mensch zu seinen Erkenntnissen? Wie soll ich handeln? Und: Mit welchen Folgen muss ich rechnen? Oder – in der Originalsprache *Kant*s:

„1. Was kann ich wissen?
2. Was soll ich tun?
3. Was darf ich hoffen?“ [28]

Entlang dieser drei Fragen entfaltet er die gesamte Aufklärung: Wissen kann ich nur dann erlangen, wenn ich mich meines Verstandes bediene, denn: „Aufklärung ist der Ausgang des Menschen aus seiner selbst verschuldeten Unmündigkeit. Unmündigkeit ist das Unvermögen, sich seines eigenen Verstandes ohne Leitung eines anderen zu bedienen.“ [29] *Sapere aude*! Habe deshalb Mut, dich eben dieses deines eigenen Verstandes zu bedienen!

Und dann? Was nutzt die beste Erkenntnis, wenn sie nicht zum richtigen Handeln führt? Im „Kathegorischen Imperativ“ gibt *Kant* eine allgemeingültige Antwort. Zunächst 1785 in der „Grundlegung zur Metaphysik der Sitten“:

„Handle nur nach derjenigen Maxime, durch die du zugleich wollen kannst, daß sie ein allgemeines Gesetz werde.“ [30] Einige Seiten weiter präzisiert er diese Forderung wie folgt:

„Handle so, daß du die Menschheit sowohl in deiner Person, als auch in der Person eines jeden andern, jederzeit zugleich als Zweck, niemals bloß als Mittel brauchst.“ [31] Und schließlich lautet die knappste und weltweit zitierte Formulierung drei Jahre später in der „Kritik der praktischen Vernunft“:

„Handle so, daß die Maxime deines Willens jederzeit zugleich als Prinzip einer allgemeinen Gesetzgebung gelten könne.“ [32]

Das erinnert an das Bibelwort bei *Mt* 19, 19: „Du sollst deinen Nächsten lieben wie dich selbst!“ Und viele Jahrhunderte bevor *Matthäus* sein Evangelium schrieb, heißt es (im Vers 4, 16) bei *Tobias*: “Was du nicht willst, daß man dir tu, das füg‘ auch keinem anderen zu.“

Wir behaupten oft, dass unsere europäische Kultur auf dem Judentum, der Antike und dem Christentum aufgebaut wurde – hier haben wir einen (wenn auch winzigen) Beweis für die Richtigkeit dieser These. Wir könnten, wie *Harald Braem*, sogar noch weiter zurückgehen, der in seinem „Gilgamesch-Epos“ den Weisen des Königs *Inschunaram* folgende Version sagen lässt:

„Handle in allem stets so, daß es dem Tod, der zusieht, gefällt.“ [33]

Freilich: *Kant* begründet das moralische Gesetz des Kategorischen Imperativs nicht jüdisch, christlich oder religiös, sondern wissenschaftlich, vernünftig, diskursiv, durch nachprüfbare Sätze und Beweise. Wer, sagen wir, in einem Kaufhaus stiehlt, dehumanisiert sich selbst *und* schädigt die Gemeinschaft – und müsste, da er das Individuum über die Gemeinschaft setzt, jedem anderen dieselbe Untat zubilligen. Umgekehrt: Nur wenn ich selbst etwas Bestimmtes unterlasse oder tue, habe ich ein moralisches Recht, dieses von meinen Mitmenschen zu verlangen.

Und was darf ich schließlich hoffen, erwarten, ersehnen? Alles „Hoffen“, so *Kant*, geht auf Glückseligkeit ... (sie) ist die Befriedigung aller unserer

Neigungen ...: Tue das, wodurch du würdig wirst, glücklich zu sein."[34] Mit „Glückseligkeit" ist natürlich keine vordergründige Lustbefriedigung (gar Spaßhascherei) gemeint, sondern Eins-sein mit dem Sittengesetz, d.h. mit dem, was mir und dir und uns gut tut. Ähnlich wie die Griechen *hédoné* von *eudaimonia* unterschieden, trennt *Kant* Glückseligkeit von Lustbefriedigung. Im Kaufhaus stehlen mag Spaß machen und die Lust auf nicht bezahlten Besitz befriedigen, aber ein solches Tun macht nicht glücklich. Denn es ist weder 'billig' (also gerecht) noch vernünftig (also generalisierbar). So weit ein paar Vorbemerkungen, ohne die wir sein (1783 für 5500 Gulden erworbenes) Haus nicht betreten wollen – es liegt am Schlossgraben, in der Prinzessinstraße, nicht weit vom Schloss und vom Stadtgefängnis Königsberg (dem heutigen Kaliningrad) entfernt. Wir suchen uns die Zeit aus, in der *Kant* mit wenigen ausgesuchten Freunden und Bekannten zu Mittag speist, ab 13 Uhr. Es gibt sein Lieblingsgericht: Kabeljau mit dicken Erbsen und Teltower Rübchen, dazu einen guten Wein (niemals Bier) sowie Brot, Käse und Gartenfrüchte. Und natürlich besuchen wir ihn erst als Emeritus, also erst ab 1797. Eine kleine (nur 157 Zentimeter große) und zarte Gestalt mit einem extrem groß wirkenden Kopf empfängt uns in dem im oberen Stockwerk gelegenen Esszimmer, neben seiner Bibliothek und seinem Schlafzimmer. Wir schlagen als Tischgespräch seine Vorlesungen „Über Pädagogik" vor, die er viermal ab dem WiSe 1776/77 bis zum WiSe 1786/87 an der Königsberger Universität gehalten hat, also vor und während seiner Abfassung der kritischen Schriften[35]. Und da man mit *Kant* nicht so einfach plaudern kann, wird er unsere Fragen und Impulse zum Anlass nehmen, aus eben diesen Vorlesungen längere Passagen zu zitieren.

Unsere erste Frage lautet: *Wieso müssen Tiere nicht, Menschen aber sehr wohl erzogen werden?*

„Der Mensch", so *Kant*s allererster Satz in seiner Vorlesung „Über Pädagogik" und auch zu Beginn unseres heutigen Gesprächs, „ist das einzige Geschöpf, das erzogen werden muß ... Die Tiere gebrauchen ihre Kräfte, sobald sie deren nur welche haben, regelmäßig, d.h. in der Art, daß sie ihnen selbst nicht schädlich werden. Es ist in der Tat bewunderungswürdig, wenn man z.E. die jungen Schwalben wahrnimmt, die kaum aus den Eiern gekrochen, und noch blind sind, wie die es nichts desto weniger zu machen wissen, daß sie ihre Exkremente aus dem Nest fallen lassen. Tiere brauchen daher keine Wartung, höchstens Futter, Erwärmung und Anführung, oder einen gewissen Schutz. Ernährung brauchen wohl die meisten Tiere, aber keine Wartung. Unter Wartung nämlich versteht man die Vorsorge der Eltern, daß die Kinder keinen schädlichen Gebrauch von ihren Kräften machen. Sollte ein Tier z.E., gleich wenn es auf die Welt kommt, schreien, wie die Kinder es tun: so würde es unfehlbar der Raub der Wölfe und anderer wilder Tiere werden, die es durch sein Geschrei herbeilockt."[36]

Und was ist Erziehung?

„Unter Erziehung verstehen wir die Wartung (Verpflegung, Unterhaltung), Disziplin (Zucht) und Unterweisung nebst der Bildung. Dem zufolge ist der Mensch Säugling, – Zögling, – und Lehrling“ (ebd.).

Wenn Erziehung generell nicht nur wirklich, sondern auch möglich und notwendig ist, ist dann, so unsere nächste Frage, die dritte Bestimmung die wichtigere?

Ganz richtig laut gedacht: „Disziplin oder Zucht ändert die Tierheit in die Menschheit um. Ein Tier ist schon alles durch seinen Instinkt; eine fremde Vernunft hat bereits alles für dasselbe besorgt. Der Mensch aber braucht eigene Vernunft. Er hat keinen Instinkt, und muß sich selbst den Plan seines Verhaltens machen. Weil er aber nicht sogleich im Stande ist, dieses zu tun, sondern roh auf die Welt kommt: so müssen es andere für ihn tun“ (ebd).

Deshalb läuft für den Pädagogen alles auf die zentrale Frage hinaus:

„Wie kultiviere ich die Freiheit bei dem Zwange? Eines der größten Probleme der Erziehung ist, wie man die Unterwerfung unter den gesetzlichen Zwang mit der Fähigkeit, sich seiner Freiheit zu bedienen, vereinigen könne. Denn Zwang ist nötig! Wie kultiviere ich die Freiheit bei dem Zwange? Ich soll meinen Zögling gewöhnen, einen Zwang seiner Freiheit zu dulden, und soll ihn selbst zugleich anführen, seine Freiheit gut zu gebrauchen. Ohne dies ist alles bloßer Mechanismus, und der der Erziehung Entlassene weiß sich seiner Freiheit zu bedienen. Er muß früh den unvermeidlichen Widerstand der Gesellschaft fühlen, um die Schwierigkeit, sich selbst zu erhalten, zu entbehren, und zu erwerben, um unabhängig zu sein, kennen zu lernen“ (a. a. O., S. 711).

Das wollen wir erst einmal festhalten: Ein Aufklärer predigt nicht die grenzenlose Freiheit des Menschen, sondern weist ihn auf die Notwendigkeit von Zwängen hin. Das klingt anders als bei *Rousseau*, der seinen „Emile“ mit dem berühmten Satz eröffnete: „Tout est bien, sortant des mains de l’auteur des choses; tout dégénère entre les mains de l’homme.“ – „Alles, was aus den Händen des Schöpfers kommt, ist gut; alles entartet unter den Händen des Menschen.“ [37] Bei *Rousseau*, dem ersten großen System- und Umweltkritiker, wird alles (auch das individuelle) Elend auf die misslichen Verhältnisse geschoben, bei *Kant* der einzelne Mensch in die Verantwortung genommen. Bekanntlich hat unser Gastgeber täglich um Punkt 19 Uhr seinen Abendspaziergang unternommen, so dass die Königsberger ihre Uhren danach stellten. „Nur ein einziges Mal hat *Kant* diesen Spaziergang versäumt, dieses Versäumnis auch offen eingestanden und damit begründet, er habe an diesem Tage *Rousseau*s „Emile“ gelesen und sei von der Lektüre so ergriffen worden, daß er das Buch ohne Unterbrechung bis zu Ende las.“ [38] Ich vermute: nicht nur vor Begeisterung. Aber wir wollen *Kant* zu Wort kommen lassen und eine weitere Nach-Frage stellen:

Was also kennzeichnet den Menschen als Menschen?

„Der Mensch kann nur Mensch werden durch Erziehung. Er ist nichts, als was die Erziehung aus ihm macht. Es ist zu bemerken, daß der Mensch nur durch Menschen erzogen wird, durch Menschen, die ebenfalls erzogen sind. Daher macht auch Mangel an Disziplin und Unterweisung bei einigen Menschen sie wieder zu schlechten Erziehern ihrer Zöglinge. Wenn einmal ein Wesen höherer Art sich unserer Erziehung annähme, so würde man doch sehen, was aus dem Menschen werden könne“ [39].

Freiheit und Zwang gilt es also miteinander zu versöhnen? Wie die Brennpunkte einer Ellipse als Einheit zu sehen? Antinomisch zu begreifen und auszuhalten?

Ja! Denn der „Mensch hat von Natur einen so großen Hang zur Freiheit, daß, wenn er erst eine Zeitlang an sie gewöhnt ist, er ihr alles aufopfert. Eben daher muß denn die Disziplin auch, wie gesagt, sehr frühe in Anwendung gebracht werden, denn wenn das nicht geschieht, so ist es schwer, den Menschen nachher zu ändern. Er folgt dann jeder Laune. Man sieht es auch an den wilden Nationen, daß, wenn sie gleich den Europäern längere Zeit hindurch Dienste tun, sie sich doch nie an ihre Lebensart gewöhnen. Bei ihnen ist dieses aber nicht ein edler Hang zur Freiheit, wie *Rousseau* und andere meinen, sondern eine gewisse Rohigkeit, indem das Tier gewissermaßen die Menschheit noch nicht in sich entwikkelt hat. Daher muß der Mensch frühe gewöhnt werden, sich den Vorschriften der Vernunft zu unterwerfen. Wenn man ihm in der Jugend seinen Willen gelassen und ihm da nichts widerstanden hat: so behält er eine gewisse Wildheit durch sein ganzes Leben. Und es hilft denen auch nicht, die durch allzugroße mütterliche Zärtlichkeit in der Jugend geschont werden, denn es wird ihnen weiterhin nur desto mehr, von allen Seiten her, widerstanden, und überall bekommen sie Stöße, sobald sie sich in die Geschäfte der Welt einlassen“ (a. a. O., S. 698).

Das hätte gewiss den Hörer Herder entzückt, aber 1764 kann er diese Vorlesung noch nicht gehört haben. Gleichwohl ...

„Dieses Prinzip ... von großer Wichtigkeit (ist). Eltern erziehen gemeiniglich ihre Kinder nur so, daß sie in die gegenwärtige Welt, sei sie auch verderbt, passen. Sie sollten sie aber besser erziehen, damit ein zukünftiger besserer Zustand dadurch hervorgebracht werde“ (a. a. O., S. 704).

Zur Erziehung gehören also ‘vier wichtige Stücke’: Disziplin (Zucht), Kultivierung (Belehrung), Unterweisung (Zivilisierung) und Bildung (Moralisierung).

Was aber ist das Wichtigste?

Es „kommt vorzüglich darauf an, daß Kinder denken lernen ...“ (a.a.O., S. 707). Und: „Das Kind muß also zum Arbeiten gewöhnt werden. Und wo anders soll die Neigung zur Arbeit kultiviert werden, als in der Schule? Die Schule ist eine zwangmäßige Kultur. Es ist äußerst schädlich, wenn man das Kind dazu gewöhnt, alles als Spiel zu betrachten. Es muß Zeit haben, sich zu erholen, aber es muß auch eine Zeit für dasselbe sein, in der es arbeitet ...“ (a. a. O., S. 730f.)

Mit dieser letzten Bemerkung wollen wir uns den leiblichen Genüssen unserer Tischgesellschaft zuwenden – der Kabeljau ist in der Tat nicht zu verachten.

3. Besuch: bei Jean-Jacques Rousseau (1712–1778)

Abb. 24 Jean-Jacques Rousseau

Rousseau aufzusuchen, gar ein ruhiges Gespräch mit ihm zu führen, ist schier aussichtslos – zu ruhelos, unstetig, labil und einsam war dieser *Citoyen de Genève*[40]: Am 28. Juni 1712 wurde er in Genf in einer Uhrmacherfamilie geboren; seine Mutter starb wenige Tage nach der Geburt, der Vater war wegen einiger Händel schon 1722 gezwungen, Genf zu verlassen; keine glückliche Kindheit also und eine geradezu verwahrloste und verwahrlosende Jugend durchlebte der hochsensible *Jean-Jacques*. Er kam mit 13 Jahren zu einem groben Kupferstecher in die Lehre, die er im März des Jahres 1728 abbrach – er floh aus Genf, ging auf Wanderschaft und begegnete in dem Voralpenstädtchen Annecy der 12 Jahre älteren *Madame de Warens*, in die er sich verliebte und die ihn entscheidend förderte, auch finanziell. Er wurde Lakai, Sekretär, Musiklehrer ... Bis nach Turin verschlug es ihn. Ab 1741 lebte er vorwiegend in Paris, lernte *Denis Diderot* und andere Enzyklopädisten kennen, schrieb den ersten *Discours*, wurde mit einem Schlag berühmt und doch: Das Fliehen nahm kein Ende. Da sowohl der „Emile“ als auch der „Contrat social“ vom obersten Gerichtshof (der sich „Parlament“ nannte) und dem Pariser Erzbischof verurteilt, er selbst sogar mit Haftbefehl gesucht wurde, floh er unter den Fittichen von *Friedrich II.* nach Neuenburg, später nach England zu *David Hume*; er reiste ruhelos umher und kehrte erst 1770 nach Paris zurück.

Sein immenses Werk umfasst musikalische, philosophische, pädagogische, religionskritische und literarische Arbeiten. Hier eine Auswahl: „Über Kunst und Wissenschaft“ (1750); „Der Dorfwahrsager“ (eine Oper, 1752); „Über den Ursprung der Ungleichheit unter den Menschen“ (1754); „Die neue Héloise“ (ein Liebesroman, 1759); „Der Gesellschaftsvertrag“ (im April 1762); der „Emile“ (im Mai 1762); und die „Bekenntnisse“ (1782 ff.) – ein breit gefächertes Interessengebiet also, das mal mit viel Pessimismus und Resignation bearbeitet wird (etwa der „Discours sur l'origine et les fondements de l'inégalité parmi les hommes“), mal voller Optimismus und Fortschrittsglauben glänzt (zum Beispiel der „Emile ou De L'éducation“). Auch privat sind die Widersprüche und Diskrepanzen, Sprunghaftigkeiten und Disharmonien Legion: Er bewunderte grenzenlos und attackierte ebenso scharf; er lebte mit der Dienstmagd *Thérèse Levasseur* zusammen, hatte mit ihr fünf Kinder, die aber alle ins Pariser Findelhaus gegeben wurden; er war Kalvinist, trat in die katholische Kirche ein und wieder aus – „Unruhig ist unser Herz ...“

Rousseau war und ist ein großer Anreger (kein Systematiker), ein einziger Widerspruch in sich selbst (kein eindeutiger Autor) und ein genialer Schriftsteller (mit manchen Irrtümern, Ungerechtigkeiten und Fehleinschätzungen behaftet – wie alle Genies). Es hat also keinen Sinn, diesen ruhelosen und seit 1765 immer häufiger und vehementer unter Depressionen und Verfolgungsängsten leidenden Menschen (wo auch?) aufzusuchen, um mit ihm ein ruhiges Gespräch zu führen. Statt dessen wollen wir ihn ruhen lassen – wieder einmal war er geflohen, nach Ermenonville, nördlich von Paris, wo der *Marquis de Girardin* ihm und seiner Frau *Thérèse* auf seinem Landgut ein Unterkommen gewährt hatte. Am 2. Juli, nur wenige Wochen nach diesem „Umzug“, brach *Rousseau* (66-jährig) am Frühstückstisch zusammen; jegliche Hilfe kam zu spät. Auf der kleinen Insel im See des Schlosses wurde er begraben, aber am 11. Oktober 1794 holten die Revolutionäre seine sterblichen Überreste nach Paris, um ihm endgültig (?) im Panthéon, neben *Voltaire*, die letzte Ruhe zu gewähren, wo er bekanntlich auch nicht blieb: 20 Jahre später wurden seine Gebeine ebenso wie die *Voltaire*s aus dem Panthéon heimlich entfernt und in eine Kalkgrube vor der Barrière de la Gare geworfen ... Lassen wir ihn, den Ruhelosen, also ruhen – *in pacem* ...

Seiner pädagogischen Hauptschrift aber wollen wir uns mit Neugier zuwenden, dem „Emile“. Nun hatte ich das große Glück, von drei exzellenten „Rousseau-Kennern“ in den „Emile“ eingeführt zu werden – nicht von den eigenen akademischen Lehrern (*Klaus Schaller* war der *„Comenius-Spezialist“* schlechthin; *Jakob Muth* auf *Herbart* und die Reformpädagogen ausgerichtet; und *Hans-Jochen Gamm* ein imposanter Interpret der Deutschen Klassik sowie der gesellschaftlichen Strukturen, Verwerfungen und Verhältnisse.). Den „Emile“ lernte ich kennen durch, der Reihenfolge nach, *Martin Rang*, geb. 1900; *Adalbert Rang*, geb. 1928; und *Otto Hansmann*, geb. 1948. Ich habe die jeweiligen Geburtsjahre dieser Interpreten deshalb mitgeteilt, um das Bleibende zu dokumentieren. Denn bei aller unterschiedlichen Interpretation dieses schillernden Lebens-Werkes sind sich diese drei „Spezialisten“ über ein halbes Jahrhundert darin einig: An der Originalität des „Emile“, seiner Einzigartigkeit und bis heute maßgebenden Anregung gibt es trotz mancher Ungereimtheiten, Irrtümer und Plattitüden keinen Zweifel.

Martin Rang habe ich zu einer Zeit (in Frankfurt) besucht, als es noch zu den Gepflogenheiten eines geradezu wissensgierigen Studenten gehörte, manche Autoren persönlich aufzusuchen, auch und gerade die Pädagogen. Ich wollte wissen, ob sie das hielten, was sie versprachen. Und so saß ich, sehr weit hinten oder oben, in manchem Hörsaal und lauschte den Vorlesungen von *Theodor W. Adorno*, *Theodor Ballauff*, *Wolfgang Klafki*, *Hans Scheuerl* ... und eben auch *Martin Rang*. (Nebenbei: Von manchen der hier nicht erwähnten Koryphäen habe ich seitdem nur mit Widerwillen das Nötigste oder gar nichts mehr gelesen!) *Rang*s 92seitige „Einleitung" in den „Emile" [41] und seine Monographie über „Rousseaus Lehre vom Menschen" [42] gehören mit zum Besten, was über *Rousseau* je geschrieben wurde – wer es ganz knapp haben will, den verweise ich an den glänzenden Aufsatz, den *Martin Rang* im von *Scheuerl* herausgegebenen „Klassiker-Band" geschrieben hat ... [43]

Viele Jahre später begegnete ich *Adalbert Rang*, dem Neffen von *Martin Rang*, gleich nachdem ich an die damalige Berliner Hochschule der Künste berufen wurde. Und obgleich *Adalbert Rang* ein ausgewiesener Pestalozzi-Kenner war [44] und bald darauf nach Amsterdam wechselte, lernte ich auch von ihm den „Emile" kennen – politischer freilich als von seinem Onkel.

Drittens verdanke ich *Otto Hansmann* manche neue Sichtweise. Auch er war an der einstigen HdK und jetzigen UdK tätig – als Wiss. Mitarbeiter und Assistent, bevor er auf Umwegen als Professor für Allgemeine Pädagogik an die Universität Bayreuth ging. Niedergeschlagen haben sich seine „Rousseau-Studien" und -„Lehrveranstaltungen" in dem zweibändigen Werk „Seminar: Der pädagogische Rousseau" [45] und in dem 1.Band der Historischen Reihe zum „Basiswissen Pädagogik" [46], der im Jahre 2002 erschien.

Und schließlich hat *Hentig* 2003 ein Büchlein über „Rousseau" vorgelegt – nach seinem eigenen „Geständnis" einen ursprünglich für ein Handbuch bestellten, aber ihm unter der Hand zu umfänglich geratenen Text [47]. Nun, „mit dem guten HvH" ist es ja so eine Freude und ein Leid zugleich: Einerseits ist keines seiner mehr als drei Dutzend Bücher und keiner seiner weit über 600 Aufsätze langweilig, überflüssig, ohne enorme Anregungen ... Andererseits geht es in all diesen Publikationen um *Hentig* und sonst niemanden. So auch hier: *Jean-Jacques* ist der Aufhänger, liefert die Stichworte, ist Mittel zum Zweck. Nicht weniger, aber auch nicht mehr ... Uns aber geht es hier und jetzt um *Rousseau* und nicht um *HvH*: Ich werde also zunächst den „Emile" in seiner Grundstruktur vorstellen und im Anschluß daran zentrale Aussagen referieren, an denen die fortwährende Aktualität dieses Mannes deutlich wird – eines Mannes, der 'von Haus aus' gar kein Pädagoge war und doch die meisten Pädagogen weit überragt.

Der „Emile" von 1762

Als sich *Napoleon* (am 2. Dezember 1804) in *Notre-Dame* zum Kaiser Frankreichs krönte, reiste ein damals 21jähriger Kreole mit seinem Lehrer durch Europa und rezitierte, wenn wir seinem Biographen und Romancier, dem Nobelpreisträger *Gabriel García Márquez*, folgen dürfen [48], ganze Passagen auswendig aus seinem Lieblingsbuch: dem „Emile“. Auch er sollte ein großer *Libertador* werden, der aber ebenfalls vor keiner Unterdrückung zurückschreckte, wenn – ja wenn es um die Befreiung der südamerikanischen Kolonien aus der spanischen Abhängigkeit ging. Sein Name: *Simón Bolivar.* Was faszinierte diesen 1783 in Caracas geborenen und 1830 bei Santa Marta gestorbenen Freiheitskämpfer an einem *Erziehungsroman*? Noch dazu aus einer Zeit, in der die Menschen unter Puderschichten, Perücken, Reifröcken, Westen und Beinkleidern wie erstarrt wirkten. Denn wir sind im Rokoko[49], jener Spätphase des Barock, etwa zwischen 1720 und 1780 (*Louis-quinze*), in die hinein Leben und Werk von *Rousseau* fallen. Umso befreiender wirkte das, *was* er schrieb und *wie* er sich ausdrückte. Kein gedrechseltes, piruettenhaftes Französisch mehr, sondern einer einfachen, bildhaften und klaren Ausdrucksweise bediente sich dieser Bürger (!). So vor allem im „Emile“, dem grandiosen Erziehungsroman, der sich in fünf Teile (Bücher/*livres*) gliedert:

Das 1. Buch wendet sich der Kleinkinderziehung zu, insbesondere den ersten Lebenswochen und -monaten. Adressatin ist die fiktive Mutter des fiktiven Kindes, ihr ruft er schon nach wenigen Sätzen den entscheidenden Unterschied ins Gedächtnis: „Die Pflanze wird durch Pflege aufgezogen, der Mensch durch Erziehung.“/„*On façonne les plantes par la culture, et les hommes par l'éducation.*“[50] Nur füttern, trockenlegen und für ausreichend Wärme sorgen reicht also nicht. Pampers allein machen aus keinem Säugling einen Menschen. „Wir werden schwach geboren und bedürfen der Kräfte; wir werden hilflos geboren und bedürfen des Beistands; wir werden dumm geboren und bedürfen des Verstandes. All das, was uns bei der Geburt noch fehlt und dessen wir als Erwachsene bedürfen, wird uns durch die Erziehung zuteil“ (S. 109) – oder auch nicht. Deshalb kritisiert *Rousseau* mit scharfen Worten jede Verzärtelung und Unterversorgung, jede Künstlichkeit oder Nicht-Erziehung seiner Zeit. Keine künstliche, sondern eine natürliche Erziehung fordert er. Und: „*La nature, crois-moi, n'est rien que l'habitude*“ (S. 110 bzw. 7). Auf die ursprünglichen Anlagen ist alles auszurichten, so dass Gewohnheit (*habtitude*) und Gewöhnung (accoutumance) einsetzen können. Vorbild ist ihm dabei die spartanische Erziehung – nicht im umgangssprachlichen (also negativen), sondern in dem auch im III. Kapitel dieses Buches hier gemeinten Sinn: einfache Nahrung, natürliche Bewegung, frische Luft etc. bilden eine gute Erziehung. Die seelische Zuwendung ist jedoch genauso wichtig. Deshalb benötigen auch die Sinne ihre Nahrung: hören, sehen, riechen, tasten, schmecken ... all dies will gelernt werden. „Ich wiederhole: die Erziehung des Menschen fängt mit seiner Geburt an“/„*Je le répète, l'éducation de l'homme commence à sa naissance; avant de parler, avant que d'entendre, il s'instruit déjà*“ (S. 156 bzw. 40). Deshalb müssen Mutter und Vater bzw. Amme und Erzieher[51] auch im kommunikativen Bereich auf der Hut, d.h. pädagogisch präsent sein. Ein Beispiel: „Die ersten Tränen des Kindes sind Bitten: wenn man sich nicht vorsieht, werden es bald Befehle. Anfangs lassen sie sich helfen und zum Schluß bedienen“ (S. 165). Aber mit derselben Entschiedenheit kritisiert *Rousseau* die Unterversorgung, die Missachtung der kindlichen Bedürfnisse. Auf das richtige Maß kommt es folglich an, weshalb er von den Müttern verlangt: Gebt Kindern *immer genug* und *niemals zuviel – toujours assez, et jamais trop*“ (S. 176 bzw. S. 54)! Vier „Maxime“ (verallgemeinerungsfähige Grund-Sätze) beschließen dieses 1. Buch:

- Kinder müssen den freien Gebrauch ihrer Kräfte lernen dürfen.
- Die Erwachsenen müssen ihnen dabei helfen und ergänzen, woran es ihnen fehlt.
- Bei all diesem Unterstützen muss man sich auf das beschränken, was den Kindern wirklich nutzt, mit anderen Worten, was sie weder über- noch unterfordert und das richtige Maß für sie ist. Und schließlich:
- Um all dies leisten zu können, müssen die Erwachsenen die Kinder sorgfältig studieren und das Natürliche vom bloß Launenhaften unterscheiden.

Das 2. Buch begleitet den kleinen *Emile* von seinem 2. bis zu seinem 12. Lebensjahr. Dementsprechend steht die Sprach-Bildung im Zentrum. Mindestens zwei Gefahren gilt es abzuweisen: Auf der einen Seite droht die schiere Anpassung bzw. Funktionalisierung, als müsse nun endlich Ernst gemacht werden mit der Ausrichtung des Kindes an die Welt der Erwachsenen. Das Gegenteil ist richtig: Die Kindheit besitzt ihren Eigenwert; keine Gegenwart darf der Zukunft geopfert werden (was nicht bedeutet, das Hier-und-Jetzt quasi anzubeten), und jedes Kind hat das Recht auf sein kleines Paradies. In ihm gedeihen weder Verwöhnung noch Verzärtelung, weder moralische Unterdrückung noch Bestrafung. Erfahrungen soll das Kind machen, nicht Belehrungen erdulden. Wieder ein Beispiel: „Zerbricht es die Fensterscheiben in seinem Zimmer – laß ihm Tag und Nacht den Wind um die Nase wehen und kümmert euch nicht um seine Erkältung, denn es ist besser, es hat einen Schnupfen, als daß es den Verstand verliert“ (S. 226). *Education négative* nennt *Rousseau* diese Einstellung, mit der er keiner Anti-Pädagogik oder Nicht-Erziehung das Wort reden will, sondern der vom Erzieher bereitgestellten Erfahrung, die natürlichen Folgen des Tuns oder Lassens auch zuzumuten, wenn, ja wenn eine zweite Gefahr dabei vermieden wird. Denn: „Es gibt ein Übermaß an Strenge und ein Übermaß an Nachsicht; eins wie das andere sind zu vermeiden.“/„*Il y a un excès de rigeur et un excès d'indulgence, tous deux également à éviter.*“ (S. 199 bzw. 70). Die Maßlosigkeit also ist genauso gefährlich wie die schiere Anpassung bzw. Instrumentalisierung. Bei der Spracherziehung selbst ist *Rousseau* scheinbar recht unmodern. Aber hat er (ganz wie sein großer Vorläufer *Comenius*) wirklich Unrecht, wenn er uns darauf aufmerksam macht, dass jeder Schüler erst in einer (seiner Mutter-)Sprache richtig zu Hause sein muss, ehe er andere Sprachhäuser betritt? Zwar mag man bestreiten, ob diese Kompetenz erst jenseits des 12. Lebensjahres erreicht wird, aber bedenkenswert ist sein grundsätzlicher Hinweis schon – auch und gerade in einer Zeit, in der viele Kinder mit immer mehr Sprachsystemen konfrontiert werden, ohne wenigstens eines gründlich zu beherrschen. Entsprechend bizarr ist ihr Wortsalat. Mutig sind darüber hinaus noch zwei wichtige Hinweise: Äußerst skeptisch ist *Rousseau* gegenüber denjenigen Erziehern, die meinen, Kindern ein Vor-Bild sein zu müssen, sein zu dürfen. Sicher: „Der Mensch ist der geborene Imitator ..., aber innerhalb der Gesellschaft entartet er zum Laster. Der Affe imitiert den Menschen ..." (S. 234) Sei kein Vorbild, wohl aber ein Beispiel, *un exemple* für bestimmte Ansichten und Lebensführungen! Und zweitens erinnert er uns daran, dass die Erziehung der und für Kinder gewiss viel Kraft und auch Geld erfordert, noch mehr aber Zeit: „Wenn man Kindern etwas beibringen will, muß man viel Zeit verlieren, um desto mehr zu gewinnen."/*L'instruction des enfants est un métier ou il faut savoir perdre du temps pour en gagner*" (S. 307 bzw. 146). Kann man Klügeres sagen?

Im 3. Buch begleitet der Erzieher seinen Zögling durch die Jahre der Pubertät, vom 13. bis zum 16.Lebensjahr. *Emile* lernt das Schreinerhandwerk und über das Notwendige und Nützliche hinaus das, „was angemessen und gut ist": „*convenable et bon*" (S. 354 bzw. 180). Nachdem Körper und Sinne hinreichend aus*gebildet* wurden, soll jetzt das Denken entfaltet werden. Er liest nicht ohne Grund den „Robinson"[52], denn Selbsttätigkeit, Lebensorientierung, Wissbegierde u. ä. m lauten jetzt die Stichworte. Auch die Natur-Wissenschaften soll er „nicht erlernen, er soll sie finden" (S. 356) – gleichsam neu erfinden. Wiederum lässt sich diese Pädagogik *Rousseaus*, die nun zu einer Didaktik wird, am besten an einem Beispiel illustrieren: „Ich nehme einen Stein auf und tue so, als ob ich ihn in die Luft legen wollte; ich öffne die Hand, der Stein fällt. Ich sehe, daß Emile aufmerksam zusieht und sage: Warum ist dieser Stein gefallen?" (S. 375) 200 Jahre später sollte diese Kopernikanische Wende in der Physikdidaktik ein Schüler des Reformpädagogen *Paul Geheeb*, ein ehemaliger Lehrer an der Odenwaldschule und Honorarprofessor an der Universität Tübingen neuerlich einleiten – sein Name: *Martin Wagenschein* (1896–1988)[53]. Das Staunen und das Fragen, das Stutzen und das Sich-wundern werden die Grundlagen des Lernens, das ein Suchen und Finden und neues Suchen ist. Die Sachen sollen reden, nicht die Münder. „Ich werde nie genug wiederholen können, daß wir den Worten zuviel Gewicht beilegen; mit unserer geschwätzigen Erziehung schaffen wir nur Schwätzer", so *Rousseau* (S. 380). Konsequenterweise kann ein solches Lernen nicht messend, zählend, wiegend beurteilt werden – und zwar im Vergleich zu anderen Schülern. Kategorisch verlangt *Rousseau*: „niemals Vergleiche mit anderen Kindern, keine Rivalen, keine Konkurrenten, selbst nicht beim Wettlauf ... Hundertmal lieber wäre mir, es lernte gar nichts als aus Eifersucht oder Eitelkeit" (S. 388). Bleibt der Lernfortschritt also beliebig, unbeachtet, zufällig? Ganz und gar nicht! *Rousseau* will, dass wir das Kind mit sich selbst, nicht mit anderen vergleichen. „Ich werde nur jedes Jahr seine eigenen Fortschritte vermerken; ich werde sie mit denen vergleichen, die es das nächste Jahr machen wird ..., ich habe gar nichts dagegen, daß es sein eigener Rivale wird“ (ebd.). Nur so verhindern wir Pädagogen jene Eigenliebe (*l'amour propre*), die nur sich selbst liebt, auf Kosten anderer wohlgemerkt, narzisstisch um sich kreist und sich im Spiegel der eigenen Schönheit sonnt ... Umgekehrt: Nur im Verzicht auf konkurrierendes Vergleichen ermöglichen Erzieher jene Selbstliebe (*l'amour de soi-même*), die das eigene Ich achtet und wertschätzt, weil es von einem liebenden Du geachtet und geschätzt wird – im doppelten Sinn geschätzt wird. Bekanntlich ist die moderne Schule ganz andere Wege gegangen – bis hin zur Zensurengebung, zur Testeritis, zu (inter-)nationalen Vergleichsstudien, zum Beurteilungswahn von allem und jedem. Man mag das befürworten oder für richtig befinden; nur eines kann man nicht: sich dabei auf *Rousseau* oder irgendeinen anderen namhaften Pädagogen berufen.

Das 4. und umfänglichste Buch begleitet *Emile* bis zu seiner Heirat: der sinnesgeschulte, der praktische und der denkende Mensch wird nun zum fühlenden und liebenden Wesen. Bewusst schiebt *Rousseau* dieses Werden so weit wie möglich hinaus, denn die bloßen Leidenschaften sollen nicht überhand nehmen. Wie aber lernt man Liebe? Nur wer sich selbst lieben gelernt hat, kann andere lieben. Und auf eben diese Liebe kommt es jetzt an. „Erst wenn sie anfängt, außerhalb seiner selbst zu wirken, wird er zunächst gefühlsfähig“ (S. 455), mit anderen Worten und modern gesprochen: Ohne Empathie, ohne die Orientierung auf ein Du hin, kann keine Liebe reifen. Deshalb ist es für den jungen Menschen so überaus wichtig, das Mit-Leid zu erfahren, eine Freundschaft zu schließen, mehr noch: religiöse Erfahrungen zu machen. „Güte, Menschlichkeit, Mitgefühl, Wohltätigkeit, das heißt alle liebenswerten und sanften Triebe in ihm anregen ... und verhindern, daß Neid, Begehrlichkeit, Haß, alle abstoßenden und grausamen Triebe in ihm keimen“ (S. 462), das obliegt in dieser Phase der Erziehung, die immer deutlicher in die Selbst-Bildung mündet, die wiederum eine Herzens-Bildung ist und ohne religiöse Bildung keine Sinnperspektive besitzt. Deshalb sein berühmt-berüchtigtes „Glaubensbekenntnis des savoyischen Vikars“ (S. 545ff.), das heftige Anklagen gegen die Kirche seiner Zeit enthält, aber ebenso ein leidenschaftliches Plädoyer für eine natürliche Religiosität. Sie mag man eine „deistische Vernunftreligion“ nennen[54], nur „dürr“ oder gar „vernünftelnd“ (wie *Reble* meint) ist sie mit Sicherheit nicht. „Ich nehme Gott in all seinen Werken wahr; ich fühle ihn in mir, ich sehe ihn überall um mich; sobald ich ihn aber in ihm selbst betrachten will, sobald ich erforschen will, wo er ist, was er ist, welche Substanz er hat, entgleitet er mir, und mein verstörter Geist erkennt nichts mehr“ (S. 567). Die sich bescheidende Vernunft ist es also, der *Rousseau* anhängt, nicht die sich zur Allmächtigkeit aufschwingende Rationalität. Der Logik des Herzens, der „logique du coeur“, wie sein (nicht mathematischer, sondern) philosophischer Vorläufer *Blaise Pascal* (1623–1662) es ausdrückte, gilt es auf dem religiösen Wege zu folgen – nicht der Logik des Verstandes, der „logique de la raison“. Deshalb sagt der savoyische Vikar am Ende seines langen Bekenntnisses (auf S. 635 bzw. 375): „Überdies, wozu auch immer du dich entschließen magst – bedenke, daß die wahren Pflichten der Religion von menschlichen Institutionen unabhängig sind; daß ein rechtschaffenes Herz der wahre Tempel der Gottheit ist“, *le vrai temple de la Divinité* ... Das und anderes mehr musste die in Institutionen und Dogmen erstarrte (katholische) Kirche bis auf's Blut reizen.

Im 5. Buch finden sich gewiss die kritikwürdigsten Stellen. *Rousseau* hat seinem *Emile* eine Frau gegeben, *Sophie*, und auch die gedenkt er, in seine Bildungskonzeption einzubeziehen – jedoch: Unser Autor vergisst, dass *Sophie* eine erwachsene Frau ist, die der Andragogik (der Erwachsenenbildung also) bedarf, nicht der Pädagogik (der Kinderbildung). Und: *Rousseau* löst sich noch zu wenig vom traditionellen Klischee der Mann-Frau-Ideologie. Sicher, an der prinzipiellen Gleichheit der Geschlechter ließ er keinen Zweifel aufkommen: „In dem, was sie gemeinsam haben, sind sie gleich“ (S. 720), aber: „in dem, was sie voneinander unterscheidet, sind sie unvergleichbar“ (ebd.). Und just darauf kommt es ja an. Selbst die strengste Feministin wird anatomische, biologische und andere endogen bedingte Differenzen zwischen den Geschlechtern nicht leugnen, aber zu Recht darauf beharren, dass alle exogen (also sozial, kulturell, religiös oder pädagogisch) vermittelten Unterschiede gleichsam geschlechtsneutral sind und den Mädchen bzw. Frauen allenfalls vermittelt, anerzogen, abverlangt, mitunter auch gewaltsam zugefügt wurden. Dem *doing gender* entspricht ein *done gender* und umgekehrt: Mann und Frau sind verschieden ausgestattet worden und sie machen sich verschieden – was jedoch nicht unterschiedlich bewertet werden darf. Wenn *Rousseau* aber zum Beispiel behauptet, „das eine (Geschlecht) muß aktiv und stark, das andere passiv und schwach sein“ (S. 721), dann betreibt er kritiklos Geschlechterideologie. Ähnlich war bekanntlich *Platon* noch ganz im anthropologischen Ständewesen verfangen geblieben, hatte Sklaven, Nicht-Griechen und Frauen eben nicht in die allen Menschen zugute kommende *Paideia* einbezogen. Insofern fällt *Rousseau* hinter *Comenius* wieder zurück und bleibt, was seine Frauen- bzw. Mädchenbildung betrifft, re-aktionär. Immerhin, an seiner Hochschätzung der Frauen lässt er nicht rütteln: „Wehe dem Jahrhundert, in dem die Frauen ihren Einfluß verlieren und wo ihr Urteil den Männern nichts mehr gilt!“ (S. 783) Es bleibt das Verdienst *Rousseau*s zumindest auf sechs Sachverhalte aufmerksam gemacht zu haben:

- Die Kindheit ist ein Wert an sich und darf nicht funktionalisiert werden.
- Auch die einzelnen Phasen – wie immer man sie rhythmisieren mag – wollen ausgelebt und nicht einander geopfert werden.
- Je „natürlicher“ die Erziehung (unverkrampfter, ehrlicher, gesünder, humorvoller etc.), desto besser ihre Resultate.
- Erfahrungen vermitteln sollte der Erzieher und Belehrungen vermeiden.

Abb. 25 Republikanisches Plakat von 1789

- Bei all ihrem Tun und Lassen müssen Mütter und Väter sowie Lehrer und Erzieher Wider-Sprüche, Antinomien, Gegen-Sätze aushalten und in ein rechtes Maß, eine vernünftige Balance, zu einem notwendigen Ausgleich bringen. Und schließlich:
- Zur letzten Sinnperspektive menschlicher Bildung trägt (nicht die dogmatische, institutionalisierte und herrschaftsgeladene Kirche, wohl aber) eine natürliche, einfache und lebensbejahende Religiosität bei.

Die Erziehung wird bei *Rousseau* (wie bei *Kant*) zum Ernst- und Testfall, zur Bewährungsprobe der Bildung und diese bedarf der Erziehung – beide Lebensabsichten und -erfahrungen, beide Bemühungen und Wagnisse aber konstituieren den modernen Menschen.

Der „Emile" ist und bleibt ein grandioses pädagogisches Buch, ein mitreißender Erziehungsroman, ein faszinierendes Bildungsepos – auch und gerade im letzten Teil, in dem *Emile* und *Sophie*, die sich trotz ihrer längeren Trennung nicht einem anderen hingegeben hat, in geradezu moderne Beziehungsprobleme geraten. In ihm ging und geht es um den „natürlichen Menschen", seine „ungebrochene Einheit", die „nur zu sich selbst oder seinesgleichen eine Beziehung hat" (S. 112) – um den einzelnen Menschen also. Was aber ist mit dem „bürgerlichen Menschen" (S. 112) bzw. dem *home civil* (S. 9), also dem von „gesellschaftlichen Einrichtungen" (S. 112) umgebenen Menschen? Als der letztlich scheiternde General *Simón Bolivar* 1830 zu seiner letzten Reise aufbricht, packte ihm sein Diener nur das Notwendigste zusammen: „zwei Garnituren abgetragener Unterwäsche, zwei Hemden zum Wechseln, die Feldjacke ... (und zu diesem) seinem Privatgepäck steckte *José Palacios* neben der Apotheke und ein paar Wertsachen den „*Contrat social* von Rousseau", so dass sich der General, wenige Monate vor seinem Tod, zu der makabren Äußerung veranlasst sah: „Das hätten wir nie geglaubt, mein lieber José, daß so viel Ruhm in einen Stiefel paßt."[55] Sprach's und brach auf ... Nun, *Rousseau* hat in der Tat auch ein *politisches* Buch geschrieben, einen Vertrag entworfen, der Gesellschaft eine Verfassung gegeben, die das Leben aller regeln soll. Er beginnt mit der berühmten Feststellung: „Der Mensch ist frei geboren, und überall liegt er in Ketten"[56]. Warum dies so ist, so gekommen ist, vermag *Rousseau* nicht zu beantworten: „Ich weiß es nicht", gesteht er. Wie diesem politischen Elend aber Abhilfe geschaffen werden kann ... „Diese Frage glaube ich beantworten zu können."[57]

Es ist zu vermuten, dass selbst unter den heutigen Lehrern relativ wenige den „Emile" gelesen haben; noch weniger Politiker, so meine Vermutung, haben je in den „Gesellschaftsvertrag" geschaut. Warum nicht? Die Folgen haben wir alle zu tragen.

Nicht vom „BON PÊTRE, dem fiktiven „savoyischen Vikar", stammt die abschließende kleine Erzählung, wohl aber von *Ernst F. Jochum*, einem ganz realen Pfarrer in der Christus-Gemeinde von Bad Godesberg[58]:

Gottes Aftershave

Während des Irak-Krieges.

Melanie ist fünf Jahre alt. Sie liebt ihren Großvater heiß und innig. Eines Tages muss der Opa ins Krankenhaus. Am Sonntag telefoniert Melanie mit ihm und erzählt ihm vom Kindergottesdienst.

Und: „Ich habe solche Angst wegen des Krieges." –

„Aber das brauchst Du doch nicht. Habt Ihr nicht im Kindergottesdienst darüber gesprochen, dass unser guter Gott uns behütet?" fragt der Großvater.

„Ja, schon: aber ich weiß doch gar nicht, ob es Gott überhaupt gibt. Ich kann ihn ja gar nicht sehen."

„Schau mal," sagt der Opa, „mich siehst du jetzt auch nicht, und ich bin doch da."

„Aber von Dir hängt ja auch eine Jacke hier bei uns, die riecht nach Dir. Wie heißt das noch mal, was da riecht?"

„Meinst du mein Aftershave?"

„Genau!"

Als der Großvater aus dem Krankenhaus entlassen ist, gehen die beiden im Park spazieren. Sie kommen an einem Rosenbeet vorbei. Plötzlich bleibt Melanie stehen und schnuppert den wundervollen Duft der Rosen. Dann sagt sie: „Opa, ich glaube, es gibt Gott doch. Ich rieche sein Aftershave."

Von einer „Dialektik der Aufklärung" [59] habe ich nie viel gehalten, sie statt dessen bezweifelt und für wenig historisch fundiert erachtet. Aber ich weiß, dass man die „Aufklärung", die es nicht nur als geschichtliche Epoche gab, sondern die auch ein anthropologisches Prinzip wurde, überfordern, verkürzen, missachten, verraten und verkaufen kann – so vielerorts und auch nach dem Tode *Kant*s immer wieder geschehen. Da mag *adornieren* wer will; wir halten fest eine

7. Erkenntnis

Die Bildung des Menschen kann nur gelingen, wenn auch und gerade seine Widersprüche, Ungereimtheiten und Antinomien gesehen, begriffen sowie aus- und durchgehalten werden – sei es die Antinomie zwischen Individuum und Gesellschaft, zwischen Natur und Kultur, zwischen Frau und Mann, zwischen Fordern und Fördern, zwischen Freiheit und Bindung oder zwischen einem Immer-genug und Niemals-zuviel.

„Wer rastet, der rostet!" – so sagt man. Aber auch das Gegenteil gilt: Wer rastet, schöpft neue Kraft. Ehe Sie also zu den nächsten Stationen aufbrechen, sollten Sie verweilen und zum Beispiel einen Roman lesen, der heute fast vergessen ist – wie sein Autor. Dieser schrieb nicht nur über das bewegte und bewegende Leben des Malers *Francisco Goya* (1746–1828), sondern auch über „Tod und Verklärung des Jean-Jacques Rousseau"[60]. Dieser grandiose Roman erschien 1951 und ist heute fast ebenso vergessen wie der Autor selbst, der 1884 geborene, von 1933 bis zu seinem Tod 1958 im Exil lebende Schriftsteller *Lion Feuchtwanger* – auch die „*Rousseau-Experten*" erwähnen diesen historischen Roman an keiner Stelle. Wer ihn liest, schüttelt nicht nur darüber den Kopf ...

Anmerkungen

1 *Arthur Schopenhauer*: Vorrede zur zweiten Auflage des Buches über: Die Welt als Wille und Vorstellung. (Febr. 1844) Erster Band. Leipzig: F. A. Brockhaus 1859, S. XXXXII.

2 *Sigmund Freud*: Neue Folge der Vorlesungen zur Einführung in die Psychoanalyse. (Or. 1933) In: Studienausgabe. Bd. 1. Frankfurt/M.: S. Fischer 1969, S. 588.

3 *Hans Kudszus*, in seiner Dankesrede anlässlich seiner Ehrenpromotion an der FU Berlin 1967.In: DER TAGESSPIEGEL, Nr. 15950, vom 13.4.1967, S. 26.

4 *Andrea Fischer*: Wir sind machtlos. In: Frankfurter Allgemeine Zeitung, Nr. 190, vom 18.8.2003, S. 29.

5 *Christoph Meckel*: Suchbild. Über meinen Vater. (Or. 1980) Frankfurt/M.: Fischer Taschenbuch Verlag 1983.

6 *Ders.*: Suchbild. Meine Mutter. München: Hanser 2002. Darüber hinaus empfehle ich › *Christoph Meckel*: Licht. Erzählung. (Or. 1978) Frankfurt/M.: Fischer Taschenbuch Verlag 1980.

7 *Edward Shorter*: Die Geburt der modernen Familie. (Or. 1975) Reinbek: Rowohlt 1977.

8 *Neil Postman*: Das Verschwinden der Kindheit. (Or. 1982) Frankfurt/M.: S. Fischer 1983.

9 *Jean-Jacques Rousseau*: Emile oder Über die Erziehung. (Or. 1762) Stuttgart: Reclam 1963.

10 *Ellen Key*: Das Jahrhundert des Kindes. (Or. 1900) Berlin: S. Fischer 2.1902, S. 181.

11 *Philipp Mißfelder*, zit. In: Frankfurter Allgemeine Zeitung, Nr. 182, vom 8.8.2003, S. 3.

12 Das besagte Gedicht findet sich im „Lesebuch für die Oberklassen katholischer Volksschulen". Hrsg. im Auftrage des Königlichen Provinzial-Schulkollegiums zu Münster. Dortmund: W. Crüwell 1912, S. 48.

13 *Horst-Eberhard Richter*: Patient Familie. Reinbek: Rowohlt 1970.

14 *Ders.*: Eltern, Kind und Neurose. (Or. 1963) Reinbek: Rowohlt 1969.

15 *Susanne Gaschke*: Wo sind die Kinder? In: DIE ZEIT, Nr. 34, vom 14.8.2003, S. 1.

16 *Johann Gottfried Herder*: Briefe zu Beförderung der Humanität (Or. 1793ff.) Riga: Johann Friedrich Hartknoch 1793. In: Herders Sämtliche Werke. Hrsg. von *Bernhard Suphan*. 17. Bd. Berlin: Weidmannsche Buchhandlung 1881, S. 1–414.

17 *Martin Buber*: Ich und Du. (Or. 1923) In: *Ders.*: Werke. 1. Bd. München-Heidelberg: Kösel-Lambert Schneider 1962, S. 77–170, zit. S. 97.

18 So z. B. *Christian Schuldt*, in: Systemtheorie. Hamburg: Europäische Verlagsanstalt 2003, S. 11, 41, 12.

[19] A. a. O., S. 10.

[20] *Niklas Luhmann*: Soziale Systeme. Grundriß einer allgemeinen Theorie. Frankfurt/M.: Suhrkamp 1984.

[21] *Ders.*: Das Erziehungssystem der Gesellschaft. Frankfurt/M.: Suhrkamp 2002.

[22] *Christian Schuldt*, a. a. O., S. 8.

[23] *Dirk Baecker/Georg Stanitzek* (Hrsg.): Archimedes und wir. Interviews mit Niklas Luhmann. Berlin: Merve 1987, S. 139.

[24] A. a. O., S. 152.

[25] Vgl. SCHILLERS WERKE IN FÜNF BÄNDEN. Ausgew. und eingel. von *Joachim Müller* 1. Bd. Berlin – Weimar: Aufbau Verlag 17.1984. S. 132. Zusätzlich empfohlen sei › *Rüdiger Safranski*: Schiller oder Die Erfindung des Deutschen Idealismus. München: Hanser 2004; *Sigrid Damm*: Das Leben des Friedrich Schiller – Eine Wanderung. Frankfurt/M: Insel 2004.

[26] Vgl. Anm. 16, 3. Samml., S. 138.

[27] Näheres zu seinem Leben vgl.: Immanuel Kant in Selbstzeugnissen und Bilddokumenten. Dargestellt von *Uwe Schultz*. Reinbek: Rowohlt Taschenbuch Verlag 1965. Und: *Felix Groß* (Hrsg.): Immanuel Kant. Sein Leben in Darstellungen von Zeitgenossen. (Or. 1912) Darmstadt: Wissenschaftliche Buchgesellschaft 1968 (Repr. Nachdruck).

[28] *Immanuel Kant*: Kritik der reinen Vernunft. (Or. 1781) In: *Ders.*: Werke in 12 Bänden. Hrsg. von *Wilhelm Weischedel*. Bd. IV. Frankfurt/M.: Insel/Suhrkamp 1964/68, S. 677.

[29] *Ders.*: Beantwortung der Frage: Was ist Aufklärung? (Or. 1784) In: Werke. Bd. XI., a. a. O., 1964/68, S. 51–6, zit. S. 53.

[30] *Ders.*: Grundlegung zur Metaphysik der Sitten. (Or. 1785) In: Werke. Bd. VII., a. a. O., 1964/68, S. 11–102, S. 51.

[31] *Ders.*: A. a. O., S. 61.

[32] *Ders.*: Kritik der praktischen Vernunft. (Or. 1788) In: Werke. Bd. VII., a. a. O., 1964/68, S. 103–302, zit. S. 140.

[33] *Harald Braem*: Der Löwe von Uruk. (Or. 1988) München: Piper 5.1992, S. 387f.

[34] *Imannuel Kant*: Kritik der reinen Vernunft. (Or. 1781) In: Werke. Bd. IV., a. a. O., 1964/68, zit. S. 677ff.

[35] Auf die textkritischen und philologischen Probleme der hier referierten Vorlesung *Kant*s „Über Pädagogik" wird nicht gesondert eingegangen – *Peter Kauder* und *Wolfgang Fischer* haben das in ihrem Buch „Immanuel Kant über Pädagogik" (Baltmannsweiler, Schneider Verlag, 1999) ausführlich getan und sind zu dem Schluss gekommen, dass trotz zahlreicher Vorbehalte und Einwände, die man gegenüber der „Ediererei" des Herausgebers und Vielschreibers *Theodor Rink* (1770–1811) haben muss, „mit der Pädagogik-Schrift Gedanken KANTs vorliegen, die mehr oder weniger sinnvoll und stringent rekonstruiert werden können ... Insgesamt gesehen hat man es mit einem Fragment zu tun, das bei allen Schwächen den 'Geist KANTs atmet', der selbst manchmal gar nicht, manchmal nur schemenhaft zu erkennen, aber manchmal auch sehr präsent ist" (a. a. O., S. 26f).

[36] *Immanuel Kant* über Pädagogik. Hrsg. von *D. Friedrich Theodor Rink* (1803). In: *Immanuel Kant*: Werke. Bd. XII. Hrsg. von *Wilhelm Weischedel*. Frankfurt/M.: Insel-Suhrkamp 1954/68, S. 691–781, zit. S. 697. Oder auch – für den schnellen Gebrauch: *Immanuel Kant*: Über Pädagogik. Hrsg. von *Hermann Holstein*. Bochum: Kamp 4. o. J.

[37] *Jean-Jacques Rousseau*: Emile oder Über die Erziehung. (Or. 1762) Stuttgart: Reclam 1963, S. 107.

[38] Vgl. Anm. 27: *Uwe Schultz*, a. a. O., S. 28.

[39] Vgl. Anm. 36: *Immanuel Kant*, a. a. O., S. 699.

40 Unter den zahlreichen Biographien über *Rousseau* sind die beiden folgenden die besten: *Georg Holmsten*: Jean-Jacques Rousseau mit Selbstzeugnissen und Bilddokumenten. Reinbek: Rowohlt (Or. 1972) 16.2000.
Jens-Peter Gaul: Jean-Jacques Rousseau. dtv-porträt. München: Deutscher Taschenbuch Verlag 2001.

41 Vgl. Anm. 37, S. 5–97.

42 *Martin Rang*: Rousseaus Lehre vom Menschen. (Or. 1959) Göttingen: Vandenhoeck & Ruprecht 2.1965.

43 *Hans Scheuerl* (Hrsg.): Klassiker der Pädagogik. 2 Bde. München: C.H. Beck 1979. Im Bd. 1, S. 115–134 findet sich der Aufsatz von *Martin Rang* über J.-J. Rousseau.

44 *Adalbert Rang*: Der politische Pestalozzi. Frankfurt/M.: Europäische Verlagsanstalt 1967.

45 *Otto Hansmann*: „Seminar: Der pädagogische Rousseau. Bd. 1: Materialien. Bd. 2: Kommentare, Interpretationen, Wirkungsgeschichte. Weinheim: Beltz 1993 und 1996.

46 *Otto Hansmann*: Jean-Jacques Rousseau. In: Basiswissen Pädagogik. Historische Pädagogik. Hrsg. von *Christine Lost* und *Christian Ritzi*. Baltmannsweiler. Schneider 2002.

47 *Hartmut von Hentig*: Rousseau oder Die wohlgeordnete Freiheit. München: C.H. Beck 2003. Um meine Bedenken wenigstens an einem Beispiel zu illustrieren, sei folgender Sachverhalt zitiert: Die zentralen Begriffe *Rousseaus* „l'amour de soi-même" und „l'amour propre" übersetzt *Hentig* mit den Begriffen „Selbsterhaltungstrieb" und „Selbstsucht" (S. 35) – an anderer Stelle spricht er gar von „Vitalität", „Ich-Stärkung" oder „primärer Motivation" (S. 57).Wer eine fremde Sprache so vergewaltigt, tut auch *Rousseau* Gewalt an. Um nicht missverstanden zu werden: Was *Hentig* dort und anderswo schreibt, ist in hohem Maße zustimmungsfähig, aber es hat mit seinem Gewährsmann (fast) nichts mehr zu tun.

48 *Gabriel García Marquez*: Der General in seinem Labyrinth. Roman. (Or. 1989) Köln: Kiepenheuer & Witsch 1989, S. 173.

49 Die Bezeichnung Rokoko leitet sich vom französischen *rocaille* ab, wörtlich: Geröll, Muschelwerk. In den 30er Jahren des 18. Jahrhunderts diente dies als Vorlage für muschelförmige Ornamente und später auch in anderen Ländern als Dekoration von Innenräumen und Außenfassaden. Der Rokoko gilt als Imitation höfischen Gehabes.

50 Vgl. Anmerkung 37, a.a.O. S. 108. Im folgenden werden (in Klammern) nur noch die jeweils zitierten Seitenzahlen angegeben. Gelegentlich wird auch aus folgender französischer Ausgabe zitiert: ÉMILE ou DE L'ÉDUCATION PAR J. J. ROUSSEAU. PARIS: LIBRAIRIE DE FIRMIN DIDOT FRÈRES, FILS ET CIE, zit. S. 6.

51 *Rousseau* denkt gerade im 1. Buch des „Emile" immer wieder an die natürlichen Erzieher. Auf S. 117 zitiert er gar den im 1. vorchristlichen Jahrhundert gelebt habenden römischen Dichter *Marcus Terentius Varro*, der das Wort prägte: *Educit obstetrix, educat nutrix, instituit paedagogus, docet magister.* Die Hebamme bringt (das Kind) zur Welt, die Amme zieht es auf, der Pädagoge erzieht und der Lehrer belehrt es.

52 *Daniel Defoe*: Das Leben und die Abenteuer des Robinson Crusoe. (Or. 1719) Freiburg: Stöger 8.1964. Oder: Frankfurt/M.: Insel Taschenbuch Verlag 1973.

53 Auf folgende Publikationen sei hingewiesen. *Martin Wagenschein*: Natur physikalisch gesehen. Braunschweig: Westermann 1975. *Ders. u. a.*: Kinder auf dem Wege zur Physik. Stuttgart: Klett 1973. *Ders.*: Erinnerungen für morgen. Eine pädagogische Autobiographie. Weinheim: Beltz 1983.

54 *Albert Reble*: Geschichte der Pädagogik. Stuttgart: Klett 7.1964, S. 146.

55 Vgl. Anm. 48, S. 46f.

[56] *Jean-Jacques Rousseau*: Vom Gesellschaftsvertrag oder Grundsätze des Staatsrechts. (Or. 1762) Stuttgart: Reclam 1977; neue Ausg. 1996, S. 6. Ich empfehle noch eine zweite Ausgabe, weil deren kluge Einleitung (von *Werner Bahner*) das nicht weniger kluge Nachwort (von *Hans Brockard*) trefflich ergänzt: *Jean-Jacques Rousseau*: Der Gesellschaftsvertrag. (Or. 1762) Leipzig: Philipp Reclam jun. 1981, S. 38.

[57] A. a. O., S. 5 bzw. S. 38.

[58] Diese kleine Geschichte wurde nicht nur uns Anwesenden erzählt, sondern auch publiziert im Gemeindebrief der Christus-Kirchengemeinde, August-September 2003, S. 1.

[59] *Max Horkheimer/Theodor W. Adorno*: Dialektik der Aufklärung. (Or. 1947) Frankfurt/M.: Fischer Taschenbuch 1971. Oder: *Dies.* in: *Theodor W. Adorno*: Gesammelte Schriften. Bd. 3. Frankfurt/M.: Suhrkamp 2.1984.

[60] *Lion Feuchtwanger*: Narrenweisheit oder Tod und Verklärung des Jean-Jacques Rousseau. Roman. (Or. 1951) Berlin: Aufbau Taschenbuch Verlag 3.2001.

VIII. Station: Keine Angst vor großen Namen oder: Die Skeptiker des 19. Jahrhunderts

Friedrich Adolph Wilhelm Diesterweg

Friedrich Daniel Ernst Schleiermacher

Friedrich Nietzsche

Worte zur Bildung des Menschen ②

„Mir ekelt vor diesem tintenklecksenden Säkulum, wenn ich in meinem Plutarch lese von großen Menschen."[1]

Friedrich Schiller, 1782

* * *

„Bildung ist jene Funktionsweise des Geistes, die bestehen bleibt, wenn alles vergessen wird, wodurch sie erzeugt wurde."[2]

Georg Kerschensteiner, 1926

* * *

„Wir sind ein tief ungebildetes Geschlecht."[3]

Romano Guardini, 1924/25

* * *

Ziel der Bildung nach einem alten Wort:
„Virtuos in Einem und Liebhaber für Alles"[4]

Johannes Tews, 1932

* * *

„Vierzehn Fächer stehen im Lehrplan unserer Gymnasien – vierzehn Fächer bilden in den Gehirnen der Schüler ein wirres Durcheinander. Was bleibt? Ein paar Kenntnisse auf verschiedenen Gebieten. Was fehlt? Das selbständige, produktive, kritische Denken, der Zusammenhang, die Einheit, die philosophische Vertiefung, kurz: die Bildung."[5]

Felix von Cube, 1960

* * *

„Gebildet ist ein Mensch, der in affekterregenden Lebenslagen über eine einigermaßen beständige Selbstsicherheit im Umgang mit den eigenen Triebregungen verfügt."[6]

Alexander Mitscherlich, 1963

*

* *

„Über die Bedingungen und Beschränkungen seiner Existenz hinauswachsen, das ist Bildung."[7]

Walter Erbe, 1967

*

* *

„Lesen, Schreiben und Arithmetik sind nur wichtig, wenn sie dazu beitragen, unsere Kinder menschlicher zu machen."[8]

Haim Ginott, 1974

*

* *

„Bildung läßt keinen Determinismus gelten, demzufolge alle Anstrengungen vergeblich seien, der Mensch über einen freien Willen nicht verfüge und allein unter der Knute niedergehalten werden könne."[9]

Hans-Jochen Gamm, 1983

*

* *

„Die einzige Kraft, die nach Abschaffung der Stände die Gesellschaft allgemein anerkannt zu gliedern vermag, ist weder Bildung noch Leistung, sondern das Geld."[10]

Asfa-Wossen Asserate, 2003

Wer die vorangestellten ‘Bildungsdefinitionen’ liest, über sie nachdenkt und ihre Bestätigung oder Widerlegung erprobt, wird früher oder später eine der Grundthesen dieses Buches bestätigt finden: Bildung lässt sich – ähnlich wie Liebe, Tod, Freude, Schmerz etc. – nicht definieren, festmachen, auf den Punkt bringen, sondern allenfalls umschreiben, betrachten, hin- und herwenden, auslegen, befragen usw. Sie ist Teil des individuellen und kollektiven Lebens, muss deshalb von jedem Einzelnen in seinem ganz persönlichen Leben immer wieder neu gewagt und bestimmt, muss aber auch von jeder Generation und jeder Gemeinschaft, jedem Volk und jeder Nation stets auf’s Neue gesucht und auf den Begriff gebracht werden. Bildung war, ist und bleibt, wie die Liebe, das Rätsel der Menschheit – den Definitionsakrobaten zum Trotz.

Ihm wird aber auch einsichtig werden, dass Bildung etwas anderes als Wissen oder Lernen ist. Im Herbst des Jahres 2003 begann der Harenberg Verlag in großformatigen Anzeigen sein neues „Kursbuch Bildung“ vorzustellen[11]. Sicher, in ihm werden 2000 Einträge präsentiert, noch dazu verknüpft mit 5000 Fragen; man erhält 15000 Antworten und findet 3000 Abbildungen (Und das alles für nur € 62,—!), aber: Es geht um Wissen, um *dates, facts and figures*, um die Voraussetzungen von Bildung also, ihre Methoden, Blickrichtungen, Resultate. Deshalb hat DIE ZEIT zum Beispiel ihr ursprüngliches BILDUNGS-Ressort in die Rubrik WISSEN umbenannt und lässt es von einer unter zehn Redaktionen von ganz verschiedenen Redakteuren gestalten[12]. Man mag Bildung von wechselnden Punkten und mit Hilfe ganz verschiedener Wissensbestände aus in den Blick nehmen – auf den Punkt bringen lässt sie sich ebenso wenig wie gleichsetzen mit eben jenen Fakten und Formen, Inhalten und Methoden des Wissens. Sie, die Bildung, ist in die Geschichte des Menschen und in das Wissen über diese Geschichte eingebettet, Teil ihres Werdens und geht deshalb mal vor-, mal rück-, mal auf-, mal abwärts. Die Historiker wissen, dass und warum es schwerer und leichter zugleich ist, über die Zeiten zu berichten, die an die Gegenwart heranreichen: Wer aus der Nähe schaut und weder kurz- noch weitsichtig, weder farben- noch nachtblind ist, sieht manches Detail scharf und deutlich, aber das Ganze bleibt noch weitgehend unstrukturiert. So auch hier. Das 19. und erst recht das 20. Jahrhundert sind auch und gerade pädagogisch recht gut und detailliert erforscht und doch sind uns die großen Linien noch nicht so recht klar. Mit dieser Relativierung wollen wir unsere Bildungsreise fortsetzen. Sie führt uns zunächst nach Berlin, in die Mitte Europas, in die Zeit nach der Französischen Revolution von 1789 ff.

In dem Roman „Tote Richter reden nicht“ des 1921 geborenen und 1989 verstorbenen italienischen Schriftstellers *Leonardo Sciascia* (gespr.: Sassa), der von 1944–1957 einfacher Volksschullehrer war, murmelt der Schriftsteller *Cusan* mehr vor sich selbst als zu einem anderen die Worte hin: „Es sind die Libertiner, die die Revolution vorbereiten, aber die Puritaner sind es, die sie machen“[13]. *Rousseau*, der wie kein Zweiter die Französische Revolution vorbereitet hatte (ohne sie selbst noch zu erleben), war ein Libertiner, ein freier Geist; *Robespierre*, der wie kein Zweiter die Französische Revolution exekutiert hatte (ohne ihre Hoffnungen zu erleben), war ein Puritaner, ein Rigorist – manche sagen gar: ein brutaler Terrorist, ein fanatischer Ideologe, ein machtgieriger Demagoge. Beide rieben sich an den erbärmlichen Zuständen und am Leid der Menschen. Und doch trennten sie Welten. Welten? Vielleicht trennte sie 'nur' etwas ganz Bescheidenes, ein mitunter winziges, kaum sichtbares Merkmal: Der eine hatte nicht nur den „Contrat Social" geschrieben und war ein politisch gebildeter Mensch, der die *volonté générale* (also den Gemeinwillen) über die *volonté de tous* (den Willen aller) stellte, die Partikularität des Einzelnen der Gesamtheit (*communauté*) aller unterordnete und zum Beispiel jedem nur so viel Besitz (speziell an Grund und Boden) zubilligte, wie er benötigte). *Robespierre*, der andere, setzte auf die Herrschaft, die Macht der Herren, die Mehrheiten, die es mit Hilfe eben jener Herr-schaft herzustellen galt. Das aber kann nur tun, wem die *polis* (die Stadt), die *commune* (die Gemeinde) oder die *civitas* (der Staat) letztlich egal sind, dem Politische Bildung nie zuteil geworden ist. Da haben es anschließend die Restauratoren einfach: *Napoleon* wurde der Vollstrecker von *Robespierre* und nicht von *Rousseau* und nahm mit dem „Code civil" von 1804 nicht nur den Frauen ihre gerade erworbenen Rechte wieder weg. Oder: *Fürst Metternich* (1773–1859) betrieb auf dem „Wiener Kongreß" 1814/15 nach dem Sturz *Napoleon*s keine andere als jene Unterdrückungspolitik, die er zu bekämpfen behauptet hatte und setzte sich in den „Karlsbader Beschlüssen" von 1819 ein makabres Denkmal rücksichtsloser Unterdrückung, weil – ihn nicht die politische Bildung leitete und das heißt verpflichtete, sondern die Gier nach Einfluss, Macht und Herrschaft, die zu allen Zeiten ohne dieses Ritual nicht ausgekommen ist: die Unterdrückung. Die sogenannte Aufklärung, die ja nicht erst mit *Kant* (1724–1804), sondern schon mit *Comenius* (1592–1670), *Leibniz* (1646–1716) oder *Christian Thomasius* (1655–1728) begonnen hatte, hat die Amerikanische Unabhängigkeit von 1776 ebenso evoziert wie die Französische Revolution von 1789 oder das Kommunistische Manifest von 1848 – um nur die drei bedeutendsten Kinder der Aufklärung zu nennen. Ihre vermeintliche Dialektik, d.h. ihr Umschlagen in das Anti-Aufklärerische, hatte nur dann eine Chance, wenn ihr die Politische Bildung abhanden kommen oder erst gar nicht zueigen werden sollte. Dann kann sie in der Tat in eine instrumentelle Vernunft umschlagen, in einen schieren Wissensimperialismus, eine Kolonisierung des Lernens und einen Utilitarismus der Zertifikate. Aufklärung ohne Bildung wird früher oder später nach der Restauration rufen, worüber uns das 19. Jahrhundert gründlich belehrt hat. In ihm liegen die Ursachen mancher Dilemmata und Katastrophen, die erst im 20. Jahrhundert ausbrachen, worüber ausführlicher noch zu schreiben sein wird. Hier nur ein einziger Hinweis: Wer zum Beispiel das neue Buch von *Jean Ziegler* über „Die neuen Herrscher der Welt" liest [14], erfährt (wenn er es noch nicht weiß) gar Schreckliches: Millionen von Menschen hungern – jeden Tag sterben an den

Folgen von Unterernährung etwa 100.000 Menschen (!); alle fünf Sekunden verliert in den sogenannten Entwicklungsländern ein weiterer Mensch infolge schwerer Mängel sein Augenlicht; die 225 größten Privateigentümer der Welt besitzen mehr Kapital als 2,8 Milliarden Menschen zusammen; und: mit Hilfe der weltweiten Agrarproduktion könnten nicht nur die momentan auf der Erde lebenden sechs, sondern gut und gerne zwölf Milliarden Menschen ernährt werden, wenn ... Scharf kritisiert *Ziegler* die Welthandelsorganisation (WTO) und den internationalen Währungsfonds (IWF), die mit Hilfe einer eiskalten „neoliberalen" Politik just dieses globale Elend verursachen. *Jean Ziegler* ist kein Revoluzzer, sondern reist als „UN-Sonderberichterstatter für das Recht auf Nahrung" rund um die Welt und kennt die grausame Realität in den Entwicklungsländern – als Schweizer Bürger und Soziologie-Professor freilich auch die Idylle. Und wer sich darüber hinaus die Mühe macht, die Dokumentationen von ATTAC zu studieren [15], dem muss man nicht die Einsicht abringen, dass oft erst die nachkommenden Generationen die Folgen des Tuns oder Lassens der vorausgegangenen Generation zu tragen haben, konkret: Wer ökonomische Gerechtigkeit nicht herstellen will (wie das 19. Jahrhundert), muss mit dem „Raubtierkapitalismus und seinen Folgen" [16] leben. Oder: Wer im Wettstreit der Nationalstaaten Usurpation betreibt, wird seinen Enkeln den Nationalismus bescheren. Und: Wem die Freiheit des Einzelnen über alles geht, muss sich nicht wundern, wenn die Bürgergesellschaft eine Chimäre bleibt, deren Gemeinschaftsrechte von den Individualrechten immer wieder beseitigt werden ... Damit ist nichts gegen die ökonomische Liberalität gesagt, auch nichts gegen den Stolz auf die eigene Nation oder gegen das Recht des Einzelnen auf Selbstbestimmung, wohl aber alles gegen Ausbeutung, Chauvinismus und antisoziales Verhalten.

Das 19. Jahrhundert hat eher auf die Schwadroneure als auf die Skeptiker gehört, so dass die Gurus des 20. ein leichtes Spiel hatten. Aber es gab auch warnende Stimmen, Kritiker, Gegner einer Entwicklung, die das Extreme wollte und letztlich alles verlor. Mit drei von ihnen sind wir verabredet – es hätten mehr und auch andere sein können.

1. Verabredung: mit Friedrich Daniel Ernst Schleiermacher (1768–1834)

„*Friedrich Daniel Ernst Schleiermacher*, begnadeter Prediger an der Berliner Charité, Publikumsmagnet, Weggefährte der Jenaer Frühromantiker, maßgebender Übersetzer *Platon*s, 'Kirchenvater des 19. Jahrhunderts', Begründer einer allgemeinen Theorie des Verstehens („Hermeneutik"), nicht einzuschüchternder Einmahner einer Konstitution beim preußischen König – er war auch ein bedeutender Philosoph" [17] und, so ist zu ergänzen, ein herausragender Pädagoge.

Deshalb hat ihn *Hans Scheuerl* zu Recht in seine Sammlung „Klassiker der Pädagogik“ [18] aufgenommen – als einen von insgesamt 44 vom 15. bis zum 20. Jahrhundert gewirkt habenden Pädagogen. Sein Leben darf als typisch für die Intellektuellen des 18./19. Jahrhunderts gelten [19]:

Geboren wurde er am 21.11.1768 in Breslau als Sohn eines Feldpredigers und der Tochter eines Berliner Hofpredigers. Da ihn die ältere Schwester wohl einmal hat fallen lassen, erlitt er eine Verkrümmung bzw. eine schiefe Schulterpartie, die später einen sogenannten Krummbuckel zur Folge hatte. Zunächst besuchte er das Gymnasium zu Pleß, aber im Frühjahr 1783 trat er in das Paedagogium zu Niesky (bei Görlitz) ein. Dieses gehörte (zu) der Herrnhuter Brüdergemeine, deren Ausbildungsstätten schon damals als exzellent galten. Wer waren diese Leute? Seit 1722 hatte *Nikolaus Ludwig Graf von Zinzendorf* den mährischen Exulanten auf seiner Berthelsdorfer Grundherrschaft eine neue Heimat gewährt; aus dieser An-Siedlung am Südhang des Hutbergs im Landkreis Löbau bei Dresden entwickelten die Nachfahren von *J. A. Comenius* und *Jan Hus* (1370–1415) ein auf christlicher Grundlage basierendes Gemeinwesen mit einer speziellen Sozialstruktur und einer streng biblisch orientierten Lebensweise (kein Kriegsdienst, kein Eid, keine Übernahme öffentlicher Ämter etc.). Dort muss der hochbegabte Knabe viel gelernt haben, zumal er 1785 (18-jährig) die Theologische Hochschule der Brüdergemeine Barby (ca. 60 km nördlich von Halle) besuchte. Sein aufwachender Geist aber sprengte manche der hiesigen Beschränkungen und verlangte gerade das zu studieren, was hier quasi auf dem Index stand bzw. der Zensur zum Opfer fiel. Begleitet, gequält und mitunter zermürbt von den Auseinandersetzungen mit dem allzu strenggläubigen Vater suchte er die Befreiung, die ohne gelegentliche depressive Verstimmungen nicht zu erlangen war. So studierte er an der damals als liberal geltenden Universität Halle a.d.S. Philosophie, Theologie und alte Sprachen – von 1787 bis 1790. Von den Schriften *Kant*s wurde er ebenso mächtig beeindruckt wie von seinen Lehrern *Friedrich August Wolf* (1759–1824), dem Altphilologen, und *Johann Salomo Semler* (1725–1792), dem Theologen. Nach dem 1790 bestandenen 1. Theologischen Examen wurde er, wie damals üblich, Hauslehrer und zwar auf dem Schloss des Grafen *Dohna* im westpreußischen Schlobitten (vom Oktober 1790 bis zum Mai 1793). Vor allem zu dem ältesten Sohn *Alexander* entwickelte sich ein intensives Verhältnis. Jahre später sollte *Alexander* mit *Wilhelm von Humboldt* (1767–1835) die Gründung der Berliner Universität in die Hand nehmen. Nach Ablegung des 2. Examens war er bis 1796 Hilfsprediger in Landsberg bei Küstrin, ehe er zum Prediger an der Berliner Charité avancierte. 1794 starb sein Vater, an dem er trotz mancher Auseinandersetzung sehr gehangen hat. Der schreckliche Despotismus der Französischen Revolution, die Abwesenheit der Geschwister, der frühe Tod der Mutter u. ä. m. ließen ihn vereinsamen bzw. in manche trübe Stimmung versinken, zumal die Lebensumstände recht bescheiden waren: 250 Taler Besoldung, eine (allzu) kleine

Wohnung, zu seinen Predigten kamen allenfalls einfache und wenige Leute aus dem Krankenhaus und seiner Umgebung – Berlin hatte im Jahre 1798 nur etwa 142.000 Einwohner. Umso wichtiger wurden die gesellschaftlichen Kontakte, die über *Henriette Herz* zu den Brüdern *Schlegel* und zu *Dorothea Veit* reichten. Jedoch: Seine erste Hauptschrift „Über Religion“ erschien 1799 und machte ihn, nachdem der Schleier vom zunächst anonymen Autor gezogen war, auf einen Schlag berühmt[20] – schon mit 31/32 Jahren. Neid, Missgunst und auch das Misstrauen seiner kirchlichen Vorgesetzten (vor allem des Oberkonsistorialrates *Friedrich Sack*), die ihm „Pantheismus“ und „Umgang mit verdächtigen Personen“ vorwarfen, womit vor allem jüdische Intellektuelle und Künstler gemeint waren, ließen ihn – fast fliehend – eine Stelle als Hofprediger im pommerschen Stolp annehmen, ehe er 1804 einen Ruf an die Hallenser Universität annahm. Zwei Jahre später besetzen bekanntlich die Truppen *Napoleon*s Halle; die Universität wurde geschlossen; *Schleiermacher* ging als Prediger nach Berlin zurück – an die Dreifaltigkeitskirche. „Er predigte bis zum Ende seines Lebens fast sonntäglich unter ungeheurem Zulauf. Sein Einfluß als Prediger verstärkte sich noch dadurch, daß viele seiner Kanzelreden nachträglich gedruckt verbreitet wurden.“[21] Von nun an ging's bergauf: *Humboldt* berief ihn zusammen mit *Süvern* in die Gründungskommission der Universität Berlin, deren erster Dekan der Theologischen Fakultät er wurde; ab 1811 war er Mitglied der Akademie der Wissenschaften; als Staatsrat Mitglied der Sektion des Kultus und öffentlichen Unterrichts im preußischen Ministerium des Innern; ihm gelangen große Lehrerfolge (unter noch mehr Hörern als bei *Hegel*) an der Universität; und noch 1809 hatte er die 21 Jahre jüngere 19-jährige Witwe *Henriette v. Willich* geheiratet; sie brachte zwei Kinder in diese Ehe, in der noch vier weitere geboren wurden ... Ansonsten lebte er nach seinem eigenen Diktum: „Wissenschaft und Kirche, Staat und Hauswesen, – weiter gibt es nichts für den Menschen auf der Welt“ [22]: Kaum vor Mitternacht ging er zu Bett; um 5 Uhr morgens stand er auf; er hielt ab 6 Uhr (im Sommersemester) seine erste Vorlesung und schrieb gewaltige Werke, die sich zu vier thematischen Schwerpunkten zusammenfassen lassen: theologische Schriften, philosophische Werke, philologische Arbeiten und pädagogische Entwürfe – eine kritische Gesamtausgabe liegt bis zum 10. Band bereits vor[23]. Trotz heftiger Auseinandersetzungen mit *Hegel*, mit kirchlichen Reformgegnern und dem von 1797 bis 1840 Preußen regierenden König *Friedrich Wilhelm III.* lehrte und schrieb er unablässig. Am 12. Februar 1834 starb er an den Folgen einer Lungenentzündung und, wie der Historiker *Leopold von Ranke* berichtet, es sollen 20- bis 30.000 Menschen seinem Sarg gefolgt sein. Sechs Jahre später starb seine Frau *Henriette*; beide wurden auf dem Dreifaltigkeitsfriedhof bzw. dem Halleschen Friedhof in Berlin beerdigt.

Ich habe diesen Lebenslauf deshalb relativ ausführlich nachgezeichnet, weil er einen *Bildung*sweg kennzeichnet, der typisch ist für das aufgeklärte Bürgertum dieses Säkulums, das so interessant ist, dass der 'Held' *Ole Reuter* in dem Roman „Er oder Ich“ von *Sten Nadolny*, halb besoffen, vor sich hin stöhnt: „Ach, könnte ich die Uhr zurückstellen bis ins neunzehnte Jahrhundert ...“ [24] Warum? *Schleiermachers* Werke werden es zeigen – zunächst in ihrer Übersicht.

Schleiermachers Theologie ist keine rationalistische, wenn auch eine aufgeklärte und in vielen Passagen vergleichbar der Studie „De natura deorum“ von *Cicero* – 1.845 Jahre vor ihm geschrieben. Denn Religion als das 'Gefühl der schlechthinnigen Abhängigkeit' gehört für ihn zum anthropologischen Haushalt des Menschen, zu seiner Verfassung, seinen Wesensmerkmalen. Dieses einzigartige Wesen, dieser Mensch, auf den sich nichts und buchstäblich auch kein anderes Wort reimt, ist gespalten: „Ihr wißt, daß die Gottheit durch ein unabänderliches Gesetz sich selbst genötigt hat, ihr großes Werk bis ins Unendliche hin zu entzweien, jedes bestimmte Dasein nur aus zwei entgegengesetzten Kräften zusammenzuschmelzen und jeden ihrer ewigen Gedanken in zwei einander feindseligen und doch nur durch einander bestehenden und unzertrennlichen Zwillingsgestalten zur Wirklichkeit zu bringen.“ [25]

Alles zeigt sich zwiespältig, widersprüchlich, antinomisch. *Nomos* heißt im Griechischen das Gesetz, *anti-nomos* ist das Gegen-Gesetz, das genauso viel Gültigkeit beanspruchen kann wie das zuerst genannte. Im Lateinischen kennen wir das Substantiv *nomen* (der Name, die Bezeichnung); *anti-nomen* ist der andere Name, die Gegenbezeichnung: Tag und Nacht, Mann und Frau, Freiheit und Bindung, gut und böse, hell und dunkel, warm und kalt, lieben und hassen, weinen und lachen, spielen und arbeiten ... Immer geht es um einen Sachverhalt, der sich in Zweiheiten entfaltet, Polaritäten aufweist, Duplizitäten kennt, antinomisch strukturiert ist. Diese Einsicht sollte die Grundlage des gesamten Lebenswerkes von *Schleiermacher* werden. Daraus resultieren ungeheure Spannungen, die konstruktiv oder destruktiv wirken können, produktiv gelöst und manchmal einfach nur aus- und durchgehalten werden müssen, wenn sie das Ganze nicht zerstören sollen.

Folglich gipfelt sein philosophisches Hauptwerk in seiner „Dialektik“ [26], die aber im Gegensatz zu der seines großen Gegenspielers *Georg Wilhelm Friedrich Hegel* (1770–1831) die Wider-Sprüche als These und Antithese in der Synthese nicht aufheben, im dritten Sinn des Wortes nicht auf-heben (also beseitigen), sondern zunächst einmal emporheben, aufbewahren und somit verstehen will [27]. Deshalb lief sein ganzes Trachten darauf hinaus, eine universale Methode des Verstehens zu entwickeln, eine Kunstlehre der Auslegung, eine Hermeneutik. Wie sind die Antinomien zu begreifen, auszulegen, zu deuten? Welchen Sinn haben Widersprüche? Worin liegt die Bedeutung des Lebens und Sterbens, des Erziehens und Bildens, des Glaubens und Zweifelns? Über *Wilhelm Dilthey* (1833–1911), *Rudolf Bultmann* (1884–1976), *Martin Heidegger* (1889–1976), *Hans-Georg Gadamer* (1900–2002) sowie die gesamte „Geisteswissenschaftliche Pädagogik“ (von

Wilhelm Flitner bis *Wolfgang Klafki*) hat dieses hermeneutische Bemühen alle Kultur- und Sozialwissenschaften nachhaltig geprägt.

*Schleiermacher*s philologische Leistungen gipfelten in der Übersetzung von *Platon*s Schriften, zu der ihn ab 1797 *August Wilhelm Schlegel*, mit dem er zusammengezogen war, 'angestiftet' hatte – diese grandiose Edition erschien ab 1804.

Und schließlich liegt ein umfängliches pädagogisches Œuvre vor – speziell seine „Pädagogischen Vorlesungen", denen wir uns nun zuwenden wollen.

Schleiermacher war nicht nur ein glänzender Schreiber, sondern auch ein begnadeter Redner, auf der Kanzel und dem Katheter, im Hörsaal also bzw. in seinen Vorlesungen – im Gegensatz zu *Hegel*, der schwäbisch nuschelte, aber auch im Gegensatz zu *Schopenhauer* (1788–1860), der unter der Popularität seines übermächtigen Philosophie-Kollegen dermaßen litt, dass er auch noch die wenigen Hörer, die er besaß, vergraulte. Reden, predigen, argumentieren ... hatte für *Schleiermacher* nichts Monologisches an sich, sondern war die Kunst einer Gesprächsführung, in die er antizipatorisch seine Zuhörer einbezog – sie war *dialégesthai*. Hatte er bereits 1799 das Verhältnis von Religion und Pädagogik insofern antinomisch gekennzeichnet, als die eine Bemühung für das Heil der Seele, die andere für die Besserung des Menschen zuständig ist, so wandte er sich dreimal in seinem Leben ausschließlich und recht ausführlich der Pädagogik zu und hielt in den Wintersemestern 1813/14 sowie 1820/21 und im Sommersemester 1826 an der noch jungen Berliner Universität „Pädagogische Vorlesungen"[28]. Dass *Schleiermacher*, ähnlich wie sein großer Zeitgenosse *Johann Friedrich Herbart* (1776–1841), ein Systematiker war und sein wollte, zeigt bereits die Gliederung dieser Vorlesung von 1826, die vom 17. April bis zum 1. September stattfand, sich also über 16 Wochen erstreckte – nicht wie heute über allenfalls 12. Ihre Hauptabschnitte lauten:

Einleitung:	Die Grundlegung einer Theorie der Erziehung
	Die nähere Bestimmung der Aufgabe der Erziehung
	Die weitere Differenzierung der so gestellten Aufgabe
Allgemeiner Teil:	Die verhütende Tätigkeit
	Die gegenwirkende Tätigkeit
	Die unterstützende Tätigkeit
Besonderer Teil:	Die Kindheit
	Das Knabenalter
	Die eigentliche Jugend

Diese Einteilung erinnert an *Rousseau*, auch was den zentralen Begriff Erziehung (*éducation*) betrifft. Von Bildung (*culture*) im engeren Sinn ist erst im letzten Teil die Rede, wenn es um die „Universalbildung und die Berufsvorbereitung“ (Bd. 1, S. 357ff.) geht. Erziehung und Bildung sind nun einmal nicht zu trennen; die eine mündet in die andere, und die andere setzt die eine voraus: „Wenn der Mensch mündig wird, dann hört die pädagogische Einwirkung auf“ (S. 15) und die Bildung seiner bzw. meiner selbst setzt ein. Basis dieser Lebensführungen ist für *Schleiermacher* das Generationenverhältnis mit all den daraus resultierenden Spannungen, Ungereimtheiten und Antinomien. „Auf dieser Grundlage des *Verhältnisses der älteren zur jüngeren Generation*, was der einen in Beziehung auf die andere obliegt, bauen wir alles, was in das Gebiet dieser Theorie fällt.“ (S. 9) Dieses vibrierende Verhältnis ist die Ursache mannigfacher Spannungen. Einerseits hat die Pädagogik zum Beispiel die Verbesserung des Menschen vor Augen (die Politik hingegen die Verbesserung seiner Verhältnisse), andererseits darf die Pädagogik eben nicht „aus dem Menschen machen ..., was sie will“ (S. 16) oder kann. Sie muss Grenzen aufzeigen *und* Freiräume gewähren, den Einzelnen *ebenso* im Auge haben wie die Gesamtheit, sie muss das Bewahrenswerte tradieren und *gleichzeitig* das Missliche reformieren, kurz: „Die Erziehung soll so eingerichtet werden, daß beides in möglichster Zusammenstimmung sei, daß die Jugend tüchtig werde einzutreten in das, was sie vorfindet, aber auch tüchtig in die sich darbietenden Verbesserungen mit Kraft einzugehen.“ (S. 31)

Mit dieser Pointe bringt *Schleiermacher* in der Tat einen neuen Gedanken in den Diskurs. Gewiss, an der Verbesserung des Menschen hält er fest. Aber über den Idealismus (etwa *Herder*s) hinausgehend weist er uns darauf hin, dass diese Melioration ohne Konflikte, Disharmonien, Schwierigkeiten und Unvollkommenheiten nicht möglich ist. Diese sind deshalb unvermeidbar, weil der Mensch selbst ein einziger Widerspruch ist. Folglich ist in den „Pädagogischen Vorlesungen“ immer wieder von „Widersprüchen“ (S. 48), „Duplizitäten“ (S. 56), „Zwiespalten“ (S. 60), „Gegensätzen“ (S. 71), „Teilungsgründen“ (S. 78) oder „Extremen“ (S. 86) die Rede. Sie alle gilt es weder zu leugnen noch abzuschaffen, weder zu bewerten noch zu vermeiden, sondern anzunehmen, auszuhalten und produktiv zu gestalten. Weil die meisten pädagogischen Sätze, Anforderungen, Einsichten in ihren logischen Zusammenhängen (Theorien also) in sich widersprüchliche Wahrheiten enthalten, die aber jede für sich partielle Gültigkeit beanspruchen dürfen, sind sie antinomisch. Wenn die eine *und* die sie negierende Aussage wahr sind, sprechen wir von einer Antinomie. Kinder, Schüler, Studenten lernen zu spielen *und* zu arbeiten, zu denken *und* zu handeln, ja zu sagen *und* nein; sie gilt es zu fordern *und* zu fördern, anzuspornen *und* zu bremsen, zu loben *und* zu kritisieren; sie brauchen Freiheiten *und* Grenzen, Entlastung *und* Belastung, Gegenwart *und* Zukunft ... Im schwankenden Modus der Sowohl-als-auch (nicht aber im unverbindlichen Nu-jaja, Nu-neenee) vollziehen sich Erziehung und Bildung, weshalb ich 1986 eine „Antinomische Pädagogik" in die Diskussion einzubringen versucht habe[29], für die freilich damals viele nur ein verstopftes Gehör übrig hatten. Die dort entfalteten 14 zeitgenössischen Antinomien sollen hier nicht eingeblendet werden, denn es geht um *Schleiermacher*, dem wir die systematische Einbeziehung antinomischen Denkens und Handelns in die Pädagogik verdanken. Zwischen (französischer) Revolution und (preußischer) Restauration lebend, seinen Vater liebend und ebenso heftig kritisierend, auf den Verstand setzend und doch auch das Gefühl als Gegengewicht akzeptierend, der gegenwärtigen Situation von jungen Menschen nicht weniger oder mehr Bedeutung zukommen lassend als ihrer zukünftigen ..., das kennzeichnet *Schleiermacher*s Pädagogik. Gerade Eltern und Lehrer neigen dazu, diese zuletzt erwähnte Balance zugunsten des einen oder anderen Gewichtes zu verschieben. Das köstliche Buch von *Asfa-Wossen Asserate* über „Manieren" beginnt mit dem unheilvollen Satz: „Mir scheint, als habe meine Erziehung von Kindesbeinen an kein anderes Ziel gehabt, als mich auf das vorzubereiten, was dann auch schließlich ... mein Schicksal wurde: ein Leben in Deutschland."[30] Solch eine (V)Erziehung setzt auf den einen oder den anderen Pol und zerstört damit die Ellipse als Ganzes. Sie ist eben nicht antinomisch, sondern ex-tremistisch, verfällt dem Entweder-oder und ignoriert das Sowohl-als-auch. Ganz anders *Schleiermacher*, der just zu dieser Problematik folgendes schreibt:

„Die Lebenstätigkeit, die ihre Beziehung auf die Zukunft hat, muß zugleich auch ihre Befriedigung in der Gegenwart haben; so muß auch jeder pädagogische Moment, der als solcher seine Beziehung auf die Zukunft hat, zugleich auch Befriedigung sein für den Menschen, wie er gerade ist. Je mehr sich beides durchdringt, um so sittlich vollkommener ist die pädagogische Tätigkeit. Es wird sich aber beides desto mehr durchdringen, je weniger das eine dem anderen aufgeopfert wird. Wollten wir sagen, daß die pädagogische Tätigkeit auch bei dem widerstrebenden Kinde rein und allein durchzusetzen sei, so daß das Kind um der Zukunft willen auf die Befriedigung des gerade gegenwärtigen Momentes zu verzichten habe: so wäre die Erziehung als sittliche Tätigkeit unvollkommen und sittlich schädlich. Sagen wir auf der anderen Seite, damit die pädagogische Einwirkung als sittliche Tat nicht verderblich sei, müssen wir von der pädagogischen Tätigkeit so viel nachlassen als zur Befriedigung des Augenblicks gehört: so würden wir die Schwierigkeit und den Widerspruch nur auf einen anderen Ort gebracht haben; oder mit anderen Worten, wir würden behauptet haben, damit die pädagogische Tätigkeit sittlich vollkommen sei, müsse sie technisch unvollkommen sein. Es ist also Aufgabe eine solche Vereinigung, bei welcher gar keine Aufopferung stattfindet."[31]

Friedrich Schleiermacher muss gespürt haben: „Ich bin kein ausgeklügelt Buch/ Ich bin ein Mensch mit seinem Widerspruch"![32] Der generelle Fortschrittsglaube der Pädagogik wird von *Schleiermacher* nicht negiert oder zurückgewiesen, wohl aber skeptisch betrachtet und gleichsam gebrochen wahrgenommen. Diese Skepsis wird umso größer, je kleiner die Menschen die Bildung ihrer selbst ansehen, eine Bildung, die nicht umfassend genug gedacht werden kann. Zu ihr gehört die literarische ebenso wie die politische, die geschichtliche genauso wie die religiöse Bildung. Und weil die letztere so sträflich vernachlässigt wurde, schrieb er als reformierter Pastor seine fünf „Reden an die Gebildeten unter ihren Verächtern" – nicht ohne Ironie, denn gebildet sind sie ja gerade nicht, die im Grunde jede religiöse Bildung verachten, keinen „Sinn und Geschmack fürs Unendliche"[33] haben und die „heilige Sage"[34] nicht mehr kennen. Dabei begründet *Schleiermacher* die Notwendigkeit dieser religiösen Bildung (genauso wie die des antinomischen Denkens) nicht theologisch oder philosophisch, sondern anthropologisch und bildungstheoretisch, wenn er schreibt:

„Der Mensch wird mit der religiösen Anlage geboren wie mit jeder andern, und wenn nur sein Sinn nicht gewaltsam unterdrückt, wenn nur nicht jede Gemeinschaft zwischen ihm und dem Universum gesperret und verrammelt wird – dies sind eingestanden die beiden Elemente der Religion –, so müßte sie sich auch in Jedem unfehlbar auf seine eigne Art entwickeln; aber das ist es eben, was leider von der ersten Kindheit an in so reichem Maße geschieht zu unserer Zeit. Mit Schmerzen sehe ich täglich, wie die Wut des Verstehens den Sinn gar nicht aufkommen läßt und wie Alles sich vereinigt, den Menschen an das Endliche und an einen sehr kleinen Punkt desselben zu befestigen, damit das Unendliche ihm soweit als möglich aus den Augen gerückt werde. Wer hindert das Gedeihen der Religion? Nicht die Zweifler und Spötter; wenn diese auch gern den Willen mitteilen, keine Religion zu haben, so stören sie doch die Natur nicht, welche sie hervorbringen will; auch nicht die Sittenlosen, wie man meint, ihr Streben und Wirken ist in einer ganz andern Kraft entgegengesetzt als dieser; sondern die Verständigen und praktischen Menschen, diese sind in dem jetzigen Zustande der Welt das Gegengewicht gegen die Religion, und ihr großes Übergewicht ist die Ursache, warum sie eine so dürftige und unbedeutende Rolle spielt. Von der zarten Kindheit an mißhandeln sie den Menschen und unterdrücken sein Streben nach dem Höheren."[35]

Gerade die Ach-so-Verständigen und die Stets-Wohlmeinenden, die Enorm-Viel-Wissenden und Zutiefst-Gläubigen, die Niemals-Spöttelnden und Hoch-Gebildeten also sind es in der Regel, die umfassende Bildung verhindern. Skepsis ist demzufolge angesagt – spätestens nach dem 15. April 1799, nach dem Abschluss der Reden an eben jene Verächter, die *Schleiermacher* noch in demselben Jahr von dem Berliner Verleger *Johann Friedrich Unger* veröffentlichen ließ, anonym veröffentlichen ließ – aus gutem Grund ...

Bevor wir uns zu unserer zweiten Verabredung auf den Weg machen, möge eine kleine Szene aus dem Alltag einer Schule die Bedeutung von Antinomien auch und gerade in der Praxis illustrieren. Und schließlich soll eine kleine Sammlung von Überlegungen zum Begriff des Antinomischen bzw. der Antinomie zum eigenen Denken und Notieren anstiften.

4. Beispiel: Die Gegenwart der Zukunft nicht opfern und die Zukunft nicht durch die Gegenwart zerstören

„In einer Klasse der Sekundarstufe I ergab sich nach Tschernobyl folgende Situation. Eine Schülerin forderte eine türkische Mitschülerin sehr aggressiv auf, endlich ihre Husterei zu unterlassen oder die Klasse zu verlassen. Sie wollte nicht infiziert werden. Einige Mitschüler waren über die Heftigkeit der Forderung erschrocken, andere ihrerseits ärgerlich.

Schnell breitete sich eine angespannte, aufgeladene Stimmung aus. Es wurde emotional, unlogisch argumentiert. Schließlich warf jeder jedem etwas vor. Gemeinsam war die allgemeine Verunsicherung, Angst und Aggression.

Die Schülerin versuchte, etwas Bedrohliches an der konkreten Person der Mitschülerin festzumachen, wollte es mit ihrer konkreten Person entfernen und dadurch selbst ungefährdet und sicher sein. Die darin enthaltene eigene Aggressivität ist durch die Begründung, sich schützen zu müssen, verdeckt. Diese Argumentationsweise kennen wir auf politischer Ebene in schärferer Form. Wir schützen uns vor der Gefährlichkeit der anderen, um unsere eigene Gefährlichkeit nicht wahrnehmen zu müssen. Die Angst vor einer möglicherweise tödlichen Bedrohung wird in der Angst vor der Infektion durch den Husten entschärft. Gleichzeitig wird dadurch auch die Bedrohung abwendbar gemacht. Die Unzulänglichkeit dieses Bewältigungsversuches war zunächst niemandem deutlich. Erst als sie gemeinsam am nächsten Tag verstehen konnten, daß die Bedrohung durch die Erkältung für die Gefühle des bedrohten Lebens der Kinder an sich stand, konnten sie sich allmählich mit ihren eigenen Gefühlen und Ängsten auseinandersetzen. Erst jetzt wurde die Aggressivität in der Forderung, das Mädchen solle die Klasse verlassen, deutlich erkannt und angenommen. Allmählich konnte jeder in sich Gefährliches und Gefährdetes, Böses und Gutes finden. Erst die Möglichkeit, sich mit der Gefahr für das eigene Leben zu konfrontieren, die eigene Angst zu spüren, schaffte die Möglichkeit, den anderen aus der Zuordnung „schlecht / gefährlich“ herauszulassen. Dieser Prozeß konnte auch deshalb stattfinden, weil die Lehrerin sich für das Kind einsetzte und es schützte. Damit machte sie die Aufspaltung in „bedroht und bedrohen“ nicht mit. Hier war es möglich, beide Seiten zusammen zu sehen, ein „Sowohl-als-auch“ zuzulassen, so daß alle die Möglichkeit hatten, ihre Ängste und Mechanismen, sich vor der Bedrohung zu schützen, besser zu erkennen. Somit konnte auch die Aggressivität angenommen werden. Erst dadurch, daß es gelang, das Gute und das Böse in jedem selbst wieder zusammenzubringen, konnte darauf verzichtet werden, diese beiden Anteile aufzuspalten.“[36]

Sentenzen zum Antinomischen

Der Mensch ist „zugleich unbedingt und beschränkt ..., das vollkommenste und unvollkommenste, das glücklichste und unglücklichste Geschöpf."[37]

Johann Wolfgang von Goethe, 1812

* * *

„Entweder ... oder – ihr versteht mich doch? Ein Drittes gibt es nicht."[38]

Georg Büchner, 1836

* * *

„Jedes System verstrickt sich in Antinomien."[39]

Wilhelm Dilthey, 1903

* * *

„Das ganze Leben ist ein verdaulicher Widerspruch."[40]

Friedrich Hebbel, 1838

* * *

„Von jeder Wahrheit ist das Gegenteil ebenso wahr! Nämlich so: eine Wahrheit läßt sich immer nur aussprechen und in Worte hüllen, wenn sie einseitig ist. Einseitig ist alles, was mit Gedanken gedacht und mit Worten gesagt werden kann ... Die Welt selbst aber, das Seiende um uns her und in uns innen, ist nie einseitig. Nie ist ein Mensch oder eine Tat ... ganz heilig oder ganz sündig."[41]

Hermann Hesse, 1922

* * *

„Das Ziel einer jeden Erziehung ist eigentlich ein zweifaches: sie soll die praktische Leistungsfähigkeit des Menschen (Tüchtigkeit im Lebenskampf) und die Glücks- oder Genußfähigkeit des Menschen gewährleisten … Eine allgemeine Erziehungslehre wird unbedingt beide Ziele vereinigen müssen. Ziel ist die 'Elastizität der Seele'."[42]

Alice Balint, 1932

✳
✳ ✳

„Eine Handlung des Ichs ist dann korrekt, wenn sie gleichzeitig den Anforderungen des Es, des Über-Ichs und der Realität genügt, also deren Ansprüche miteinander zu versöhnen weiß."[43]

Sigmund Freud, 1938

✳
✳ ✳

„Der starke Mensch vereint in sich eine lebendige Mischung starker Gegensätzlichkeiten."[44]

Martin Luther King, 1963

✳
✳ ✳

„So sehr wir uns auch mühen mögen, es ist schwierig, unser Universum als etwas Harmonisches anzusehen; statt dessen stehen wir überall vor Konfliktsituationen. Liebe und Haß, Produktion und Konsum, Schöpfung und Zerstörung – der dauernde Krieg widerstreitender Tendenzen scheint geradezu der dynamische Kern der Welt zu sein."[45]

Karl Menninger, 1978

✳
✳ ✳

„Alle Extreme in der Erziehung haben Mängel."[46]

Karl-Heinz Mallet, 1981

*

* *

„Zuwenig geben ist Diebstahl; zuviel geben ist Mord. Wenn ich einem Kind alles gebe, so daß es selber nichts mehr zu denken, zu tun oder sozial zu geben braucht, dann ermorde ich in ihm seine Humanität und meine in mir."[47]

Ruth C. Cohn, 1981

*

* *

„Gewiß brauchen wir beides, Freiheit und Bindung, Fremde und Heimat. Aber läßt sich denn keine Brücke erbauen oder endlich so etwas finden wie Mitte und Maß?"[48]

Christian Graf von Krockow, 1984

*

* *

„Extremes Denken ist in den Fanatismus verliebt, antinomisches Denken jedoch in die Gründlichkeit und Toleranz, denn es sieht immer auch das Berechtigte im jeweils anderen."[49]

Yehudi Menuhin, 1984; 1989

2. Verabredung: mit Friedrich Adolph Wilhelm Diesterweg (1790–1866)

Wenn man in Berlin jemanden fragt, wer *Diesterweg* war und ob er hier womöglich begraben liege, erntet man Achselzucken, Befremden, sogar das deutsche „Vogelzeichen" wurde mir demonstriert. Auch auf dem „Matthäi-Friedhof" konnte mir niemand sein Grab zeigen. Allein beim Verlassen desselben, kurz vor der U-Bahn-Station Yorckstraße, antwortete mir eine junge Türkin: „Ich kenne die *Diesterweg-Schule* ... Dann war er bestimmt ein berühmter Lehrer!" Sie sagte nicht Pädagoge, sondern Lehrer. Hätte sie hinzugefügt: „ein Lehrer der Lehrer", wäre ich froh und stolz nach Hause gefahren. So aber ließ ich in Gedanken noch einmal nicht jene lange „Odyssee der Lehrerschaft" (vom Küster bis zum Oberstudienrat) Revue passieren, eine Odyssee, die *Karl Bungardt* wie kein Zweiter eindrucksvoll nachgezeichnet hat[50], wohl aber die vier Etappen einer Lehrerbildung, in denen *Diesterweg* eine überragende Rolle spielte und die Thema unserer zweiten Verabredung sein soll – gleichsam am Grabe dieses bemerkenswerten Mannes.

Abb. 26 Am Grabe von *Fr. A. W. Diesterweg* auf dem Friedhof der St. Lucas- und Matthäus-Gemeinde in Berlin, Großgörschenstraße, auf einem der 189 Berliner Friedhöfe, die jährlich mehr als 4.000 Plünderungen zu ertragen haben

Wer war dieser Mann? Und, gewiss wichtiger: Was hat er uns, den nach der Bildung Fragenden, auch und gerade heute, zu sagen? Weder *Diesterwegs* Leben noch sein Œuvre sind bis dato abschließend erforscht bzw. allgemein verbreitet genug. Noch gibt es eben nur „den Bloth“[51], aber noch keine „rororo-bildmonographie“. Und auch die von führenden Forschern der einstigen DDR-Pädagogik 1956 begonnene Herausgabe seiner „Sämtlichen Werke“[52] konnte oder sollte (?) über die Deutsche Wiedervereinigung (am 3. Oktober 1990) nur mühsam hinübergerettet werden – immerhin: 17ff. Bände liegen (nicht nur) vor (mir). Und: Eine treffliche Auswahl aus dem immensen Lebens-Werk *Diesterwegs* hat *Gert Geißler* als Band 6 der von *Christine Lost* und *Christian Ritzi* herausgegebenen Reihe über „Historische Pädagogik“ vorgelegt[53].

Diesterweg war ein echter Siegerländer und wurde am 29. Oktober 1790 als 7. Kind einer alteingesessenen Familie in Siegen geboren. Der Vater war Advokat und Amtmann, die früh (1799) verstorbene Mutter die Tochter eines Stadtschultheißen – wir würden heute von einem Bürgermeister sprechen. In sein Leben fallen überaus wichtige Ereignisse des 19.Jahrhunderts wie zum Beispiel „der Sieg der napoleonischen Armeen bei Jena und Auerstedt 1806, die Aufhebung der Leibeigenschaft in verschiedenen deutschen Staaten, die Völkerschlacht bei Leipzig 1813, der Wiener Kongress 1815, das Wartburgfest 1817, die Julirevolution 1830 in Frankreich, die Lyoner Arbeiteraufstände 1831 und 1834. Er hörte vom Hambacher Fest 1832, von dem mutigen Aufbegehren der Göttinger Sieben 1837 und vom Aufstand der schlesischen Weber 1844. Er hatte die Mitte seines Lebens schon weit hinter sich, als er die Revolution 1848 erlebte. Von seinen Gegnern noch vor der Revolution amtsenthoben, war er Mitglied des preußischen Abgeordnetenhauses, als Otto Fürst von Bismarck 1862 zum preußischen Ministerpräsidenten berufen wurde und 1864 der deutsch-dänische Krieg ausbrach.“[54]

Hinzu kamen rasante Entwicklungen in den Naturwissenschaften, in der Medizin, der Technik ... Brüche und Verwerfungen in der Politik, Gesellschaft, den Familien ... Spannungen zwischen den verschiedenen Klassen, Religionen, Berufen ... Kurz: *Diesterwegs* Pädagogik ist nicht zuletzt von eben diesen sozial-politischen Umwälzungen zutiefst gekennzeichnet. Eingebettet in ein liebevolles Elternhaus lernte er die damalige Schule fürchten, die Natur lieben und die Studien (in Herborn, Heidelberg und Tübingen) achten. Fast ein Jahr lang (1811) war er Hauslehrer (in Mannheim), danach bis 1818 Lehrer für Mathematik, Geographie und Naturkunde in Worms und Frankfurt a.M. Während dieser Tätigkeit reifte in ihm der Plan, an eines der neuen Lehrerseminare zu gehen. Nachdem 1812 auch sein geliebter Vater (in einer Heilanstalt nach einer jahrelangen Depression) verstorben war und er selbst 1814 *Johanna Sabine Enslin* aus Wetzlar geheiratet hatte, bewarb er sich 1820 erfolgreich um die Leitung des neu gegründeten Lehrerseminars in Moers. „In diesem Amt“, so kennzeichnet *Bloth* zu Recht, „widmete er sich praktisch und theoretisch der Entwicklung eines Leitbildes vom

Lehrer, der nicht mehr bloß 'Schulmeister' oder auch 'Fachgelehrter' sein sollte, ... sondern als 'Wegweiser' zur Bildung und Erziehung, d. h. zur Mitarbeit an der 'Lebensfrage der Civilisation' sollten Schulen und Lehrer ausgerüstet werden."[55] 1830 erhielt er einen Ruf nach Berlin als Direktor des „Seminars für Stadtschulen" – ein Amt, von dem er sich viel versprach, zumal er immer wieder vom Ministerium gemaßregelt wurde, ja dieses schon 1823 seine Abberufung aus Moers gefordert hatte. Ausgedehnte Studienreisen, intensive Studien der pädagogischen Fachliteratur und die Herausgabe der ab 1827 erscheinenden „Rheinischen Blätter für Erziehung und Unterricht mit besonderer Berücksichtigung des Volksschulwesens" bestärken seine Absicht, die Verbesserung der Schulen über eine Verbesserung der Lehrerbildung zu betreiben. Er vertraute der Ordre des preußischen Königs *Friedrich Wilhelm III.*, der anfangs recht reformwillig war, ebenso fest wie der Zusage des Ministers *Karl von Altenstein*, eben dieses Stadtschullehrerseminar zum Muster für weitere Seminare zur Verbesserung des Bürger-(schul)wesens auf- und auszubauen, jedoch: Noch bevor er 1832 sein neues Amt antrat, waren die Weichen bereits anders gestellt worden. Das neue Preußische Prüfungsreglement von 1831 (re-)etablierte das starre und hierarchisch gegliederte Schulwesen: Volks-, Mittel- bzw. Real- und Höhere Schulen sollten keine Bürger-, sondern Standesschulen sein. So geriet *Diesterweg* in zahlreiche Konflikte und, auf seine ursprüngliche Intention 1850 zurückschauend, konstatierte er in seiner „Geschichte meines amtlichen Schiffbruchs": „Die kgl. Kabinettsorder vom Jahre 1829 über die Errichtung des hiesigen Seminars berechtigte zu dieser Erwartung. Diese Aussicht hat sich nicht realisiert"[56]. In der Binnenwirkung war *Diesterweg*, der ein begeisterter und andere begeisternder Lehrer gewesen sein muss, jedoch ausgesprochen erfolgreich. Die Besuche aus dem In- und Ausland nahmen zu, die anfängliche Unterstützung seines Dienstherrn entsprechend ab. 1835 entstand die erste Fassung des „Wegweisers zur Bildung für deutsche Lehrer" – übrigens zwei Jahre bevor *Georg Büchner* seinen „Woyzeck" schrieb, jenes soziale Drama einer gequälten Kreatur, die nur noch aufzuschreien vermag. Er konzipierte zahlreiche Schulbücher, engagierte sich verbandspolitisch (wir würden heute sagen: gewerkschaftlich) durch Gründung des Berliner Lehrervereins (1840) ... kurz: „Der Berliner Seminardirektor wurde zu einer bildungspolitischen und pädagogischen Autorität, die immer sichtlicher die Interessen der staatlichen Obrigkeit kreuzte."[57] Energisch, aber auch in wachsendem Maße verzweifelt stemmte er sich gegen die restaurativen Tendenzen: gegen die staatstragende Instrumentalisierung des Religionsunterrichts, gegen die politischen Bevormundungen, gegen die Etablierung von Standesschulen, die Spaltung der deutschen Lehrerschaft ... Der Argwohn der Herrschenden und der konservativen Kollegen wuchs; man ermahnte und verwarnte ihn; verbot ihm die Ausübung der Genehmigung, an der Berliner Universität Vorlesungen zu halten; man kritisierte heftig seine Schriften über die „Lebensfrage der Zivilisation" oder das „Verderben auf den deutschen Universitäten"; man beschuldigte ihn, ein „Feind der Religion, namentlich des Christentums“ sowie ein „Verführer der Jugend“[58] zu sein und, *horribile dictu*, „sozialistisch-kommunistischen und demagogischen Tendenzen“[59] Vorschub zu leisten: „Mein höchster Vorgesetzter hat mir einmal vorgehalten, daß ich, schreibend, keine Rücksichten kenne und mit dem Kopfe gegen die Wand renne“[60]. Seit *Sokrates* erfahren wir immer wieder diese Art der Unterdrückung, der Diffamierung und schließlich der Kaltstellung. Wer bis an die kranken Wurzeln des Elends langt, also radikal denkt und handelt (*radix*, lat. die Wurzel), dem geht es an den Kragen. Es wurde gefährlich, den Reformer *Rousseau*, den Visionär *Fichte* oder den Skeptiker *Schleiermacher* überhaupt nur zu erwähnen. Entschiedene, entschlossene Reformer haben auf der Basis einer skeptischen Grundhaltung zu allen Zeiten jene Position eingenommen, die *Rousseau* in seinem „Emile“ wie folgt ausgedrückt hatte: „Man hört nicht auf, mir zu wiederholen: Schlagen Sie vor, was durchführbar ist. Das ist, als ob man mir sagte: Schlagen Sie vor, was man schon tut, oder zumindest irgend etwas Richtiges, was sich mit dem bestehenden Unrecht verbinden läßt. Ein solches Verfahren wäre, was gewisse Dinge betrifft, noch irrealer als das meine. Denn bei dieser Verbindung verdirbt das Gute, und das Schlechte bleibt ungeheilt.“[61] So kam es, wie es kommen sollte, nicht musste: Exakt 25 Jahre nach seiner verspäteten Amtsbestätigung in Moers wurde er am 1. Juli 1847 vom Dienst suspendiert. Zwar pries er die Märzrevolution im Jahr darauf noch als ein „Auferstehungsfest“, an dem gerade „die Lehrer ... der deutschen Nation teilgenommen (haben und) dabei nicht die Letzten gewesen“[62] sind, aber: Sein pädagogisches Wirken war – zumindest in seiner Unmittelbarkeit – beendet.

Nun wäre *Diesterweg* nicht *Diesterweg*, würde er resignieren. In Abwandlung des geflügelten *Luther-Wortes* darf man ihm die Worte in den Mund legen: „Hier stehe ich und – kann auch anders!“ Er ging in die Politik, genauer: Er wurde Mitglied des „Konstitutionellen Clubs“, kandidierte für die verfassunggebende Versammlung Preußens und die Frankfurter Nationalversammlung, war von 1858–1866 (außer 1860) Mitglied des Preußischen Abgeordnetenhauses, wurde der schärfste Kritiker der sogenannten *Stiehl*'schen Regulative“[63], hielt drei Brandreden gegen diese restaurative Bildungspolitik (am 9.5.1859, 21.5.1860 und am 11.5.1861) und musste doch miterleben, dass und wie seine Skepsis mehr und mehr bestätigt wurde. Zwar blieb er trotz gelegentlicher depressiver Verstimmungen unbeugsam in seinen Überzeugungen und feierte am 29.10.1865 noch seinen 75. Geburtstag (wenn auch sich von den zahlreichen Gratulanten aus dem In- und Ausland zurückziehend), zwar wurde er noch am 3.7.1866 als Mitglied des Preußischen Abgeordnetenhauses wiedergewählt, aber: Vier Tage später, am Morgen des 7. Juli 1866, starb er – groteskerweise an der damals grassierenden Cholera ...

✳
✳ ✳

Nun aber zu seinem Lebenswerk, das ich, eingebettet in die Geschichte der modernen (also der neuzeitlichen und um Professionalität bemühten) Lehrerbildung, darstellen will. Andere Vermächtnisse *Diesterwegs* sind damit nicht gering(er) erachtet, wohl aber dem Exemplarischen gegenüber zurückgestellt. Und weil die Geschichte der (deutschen) Lehrerbildung vor *Diesterweg* begonnen hat und über ihn hinausgegangen ist, bleiben die folgenden Ausführungen auch nicht auf seine Lebensspanne begrenzt.

Ohne der Geschichte Gewalt anzutun, wird man von mindestens vier Markierungen unserer Lehrerbildung sprechen dürfen – von dem Lehrer als Mönch, Schreibmeister, Winkelschullehrer, Küster, Zuchtmeister, Winterlehrer, Dorfschullehrer, Hauslehrer u. ä. m. (über die *Heinrich Tuggener* und *Ursula Walz* glänzende Studien vorgelegt haben[64]), sei im Folgenden nicht die Rede. Denn just dieses Dilemma einer z. T. völlig unzureichenden Vor- bzw. Ausbildung provozierte den ersten Kritiker und Reformer der Lehrerbildung in Deutschland.

Ehe ein Gebäude errichtet, ein Studiengang entworfen, eine Schulordnung genehmigt, ein Verband gegründet oder ein Erlass bekannt gegeben wird, hat sich in den Köpfen der Menschen etwas getan. So ist – sagen wir – die Weimarische Schulordnung von 1619, in der zum ersten Mal ein Unterricht in drei verschiedenen 'Klassen' festgelegt wurde, das erste Lehrerbildungsseminar in Stettin 1732, die Gründung des Allgemeinen Deutschen Lehrerinnenvereins von 1850, die Studienordnung an der Berliner Pädagogischen Hochschule von 1958 bis 1970, die bekanntlich im sogenannten Didaktikum koinzidierte oder der berüchtigte „Radikalenerlass" vom 28.1.1972 ... so sind all diese und ähnliche Konkretionen überaus wichtig, und doch sind sie (lediglich) Konkretionen von Gedanken, Motiven, Interessen und Forderungen – die Praxen von Theorien also, über die zu schreiben nicht meine Aufgabe ist. Statt dessen möchte ich mich an das halten, was in den Köpfen vor(aus)ging und was gleichsam die fundierenden Überlegungen waren, die letztlich zu – sagen wir – den Bildnerhochschulen der Weimarer Republik oder den – sagen wir – Gesamthochschulen in NRW (ab 1972) führten. Deshalb sei hier eingegangen auf eine

1. Markierung: 1806

Vor *Karl Marx* war *Christian Gotthilf Salzmann*. Denn genau 39 Jahre bevor *Marx* in der „3. These über Feuerbach" die berühmte Formel schrieb, dass „der Erzieher selbst erzogen werden muß"[65], publizierte *Salzmann* sein „Ameisenbüchlein", das den Untertitel trägt: „Anweisung zu einer vernünftigen Erziehung der Erzieher"[66]. Wie kommt ein 62-jähriger Pädagoge, der immerhin seit 1784 ein Philanthropin, eine Erziehungsanstalt, leitete, dazu (nicht nur 1780 ein „Krebsbüchlein", eine „Anweisung zu einer unvernünftigen Erziehung der Kinder"[67], nicht nur 1796 „Konrad Kiefer oder Anweisung zu einer vernünftigen Erziehung der Kinder“[68], sondern auch), ein solches Libell zu schreiben? Mitten in seiner schon über 20 Jahre währenden Arbeit in Schnepfenthal und fünf Jahre vor seinem Tod? Übrigens in demselben Jahr, in dem auch *Jean Pauls* Erziehungslehre „Levana“[69] erschienen und die „Allgemeine Pädagogik, aus dem Zweck der Erziehung abgeleitet“[70] des 30jährigen außerordentlichen Professors für Philosophie und Pädagogik an der Universität Göttingen, des späteren *Kant*-Nachfolgers in Königsberg und des Begründers der ersten Universitätsschule, in demselben Jahr also, in dem auch das Hauptwerk von *Johann Friedrich Herbart* erschien?

Für den Thüringer *Salzmann* galt es als Philanthrop, das „Elend des Volkes“ tatkräftig zu beheben; und als Aufklärer kam es ihm darauf an, Schriften zu publizieren, die der „Vernunft“ zum Durchbruch verhelfen. Deshalb schrieb er trotz enormer Belastungen während seines Erziehungsalltags seine berühmten Kerbtierbücher. Geplant waren noch ein „Skorpionbüchlein oder Anweisung zu einer unvernünftigen Regierung der Völker“ sowie ein „Spinnenbüchlein oder Anweisung zu einer unvernünftigen Führung der Ehe“. Zu beiden *libelli* kam es nicht mehr – der 67jährige starb inmitten seiner Arbeit.

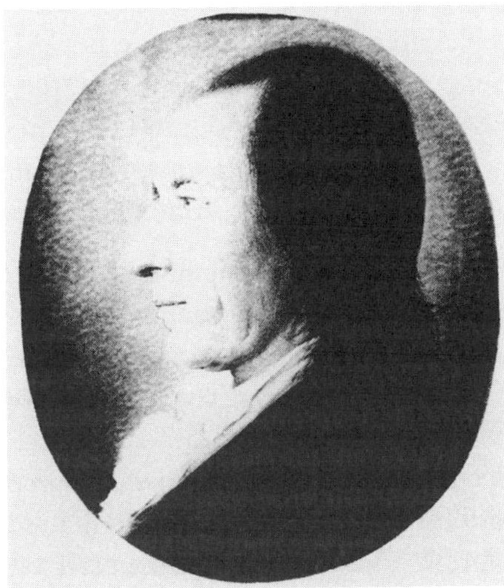

Abb. 27 Christian Gotthilf Salzmann

Nun, warum ist das „Ameisenbüchlein“ die erste wichtige Fundierung dessen, was wir die Lehrer(fort)bildung nennen? Und warum leitet es quasi eine erste Etappe in der „Erziehung der Erzieher“ ein?

Bis in die Mitte des 18. Jahrhunderts hinein gab es weder eine wissenschaftliche Fundierung noch eine systematische Planung noch eine institutionell verankerte Lehrerbildung: also weder eine eher theoretisch orientierte Ausbildung angehender Lehrer noch eine mehr praktisch orientierte Fortbildung (zwischen einer 1. und 2. Staatsprüfung) noch eine Lehrerweiterbildung als organisierte Form des *life-long-learning*. Und dieser Mangel resultierte primär nicht aus den fehlenden Gebäuden, Studiengängen, Ordnungen, Verbänden und Erlassen, sondern aus den defizitären Theorien über die Lehreraus-, Lehrerfort- und Lehrerweiterbildung. Weil sich in den Köpfen der Pädagogen noch nichts bewegt hatte, lag deren Profession im Argen. Dies überhaupt in Gang gesetzt und entscheidend vorangetrieben zu haben, ist in der Tat das Verdienst des evangelischen Pastors und aufklärerischen Pädagogen *Christian Gotthilf Salzmann*, dessen „Ameisenbüchlein“ in den letzten 40, 50 Jahren wie so vieles andere fast vergessen (oder verdrängt und auf den Ramschplatz der Geschichte geworfen?) wurde und das dennoch zu den wichtigsten pädagogischen Büchern einer fast 400-jährigen Pädagogik-Geschichte gehört. Ohne es hier im Einzelnen würdigen zu können, sei zumindest auf zwei theoretische Konstrukte hingewiesen:

□ *Salzmann* war kein Systematiker und entsprechend assoziativ ist seine Denk- und Schreibweise. Wer sich aber in den Text vertieft, erkennt zunächst einmal drei Argumente, mit denen *Salzmann* die „Erziehung der Erzieher" postuliert und legitimiert. „Der Erzieher", so *Salzmann*, „der sein Geschäft nicht als Broterwerb treibet, dem die Veredelung seiner Pflegebefohlenen Hauptzweck ist, muß schlechterdings ein guter, edler Mensch werden."[71] Dahinter steckt die auf *Seneca* zurückgehende Einsicht, die er im 7. Brief an *Lucilius* formuliert hat: *docendo discimus*[72] – indem wir lehren (unterrichten und erziehen) lernen wir (werden wir selbst belehrt, unterrichtet und erzogen): Durch Erziehung vollzieht sich also Selbsterziehung – *auch* Selbsterziehung.

Das zweite Argument hängt mit dem ersten eng zusammen. Zunächst wieder *Salzmann*[73]: „Du empfiehlst z. B. den Fleiß und bist doch selbst träge ...; setzest deine Lehrstunden unter dem Vorgeben aus, daß du krank wärst und bist doch nicht krank; forderst von deinen Zöglingen Verträglichkeit und zankst doch immer mit den Personen, die mit dir in Verbindung stehen." Hinter solchen und ähnlichen Sätzen verbirgt sich die bis in die moderne Psychiatrie und Psychotherapie hineinwirkende Einsicht, dass man niemanden weiter erziehen (heilen und therapieren) kann, als man selbst erzogen (geheilt und gesundet) ist. Wenn es also in der Erziehung um die Melioration, die „Veredelung" – wie *Salzmann* sagt – jedes einzelnen Menschen geht, aber auch um die „emendatio rerum humanarum", die Verbesserung der menschlichen Zustände, worauf *Comenius* immer wieder hingewiesen hatte, dann nur unter dieser Prämisse: Die Erziehung vollzieht sich zwischen Erzieher und Zögling und progrediert nur insoweit, als der Educator das einzulösen sich bemüht, was er vom Educandus erwartet. Beide Argumente gipfeln in einem dritten, in *Salzmann*s „Symbolum" und dem wohl folgenschwersten Satz, den je ein Pädagoge gesprochen, geschrieben sowie sich und anderen zugemutet hat. Er lautet[74]: „Von allen Fehlern und Untugenden seiner Zöglinge muß der Erzieher den Grund in sich selbst suchen." Eine vergleichbare Kränkung menschlicher Eitelkeit kennen wir erstens nur noch von *Nikolaus Kopernikus*, der bekanntlich das Ptolemäische Weltbild erschütterte und dem 16. Jahrhundert die Tatsache zumutete, dass sich die Planeten um die Sonne drehen; zweitens von *Charles Darwin*, der infantile Bibelinterpretationen zerfetzte und dem 19. Jahrhundert die Tatsache zumutete, dass der Mensch ein evolutionäres Lebewesen ist; und drittens schockte uns *Sigmund Freud*, indem er das Unbewusste entdeckte und dem 20. Jahrhundert die Einsicht abtrotzte, dass der Mensch auch ein Triebwesen ist. *Salzmann* sprach gegen die Arroganz der „halbierten Vernunft" (*J. Habermas*) sowie einer sich instrumentell verstehenden Aufklärung des ausgehenden 18. Jahrhunderts, und sein Symbolum wird eine – hoffentlich – permanente Beleidigung unseres Narzissmus sein. Denn *Salzmann* will keinem Pädagogen Schuldvorwürfe antragen oder nur noch in Sack und Asche gehende Lehrer sehen. Bekanntlich gehört zu dem bereits zitierten Satz ein zweiter, der Folgesatz, der da lautet[75]: „Meine Meinung ist nicht, daß der Grund von allen Fehlern und Untugenden seiner Zöglinge in dem Erzieher wirklich läge, sondern ich will nur, daß er ihn in sich suchen soll." Wenn wir dies generalisieren, dann lautet das dritte Argument: Die Erziehung vollzieht sich im Medium von Selbsterkenntnis und Selbstkritik.

□ Das zweite von *Salzmann* aufgestellte theoretische Konstrukt besteht in einem Katalog von Ansprüchen und Forderungen, hinter die heute niemand mehr zurückfallen kann, wenn er sich selbst nicht geschichtlich enterben will. Wer kann denn ernsthaft widersprechen, wenn da vom Erzieher gefordert wird[76]: „1. Sei gesund! – 2. Sei immer heiter! – 3. Lerne mit Kindern sprechen und umgehen! – 4. Lerne mit Kindern dich beschäftigen! – 5. Bemühe dich, dir deutliche Kenntnisse der Erzeugnisse der Natur zu erwerben! – 6. Lerne die Erzeugnisse des menschlichen Fleißes kennen! – 7. Lerne deine Hände brauchen! – 8. Gewöhne dich, mit deiner Zeit sparsam umzugehen. – 9. Suche mit einer Familie oder einer Erziehungsgesellschaft in Verbindung zu kommen, deren Kinder ... sich durch einen hohen Grad von Gesundheit auszeichnen! – 10. Suche dir eine Fertigkeit zu erwerben, die Kinder zur innigen Überzeugung von ihren Pflichten zu bringen! – Und schließlich 11. Handle immer so, wie du wünschest, daß deine Zöglinge handeln sollen!"

Nicht zuletzt dieser pädagogische Imperativ berechtigt zu der Kennzeichnung:

Die erste Etappe in der Geschichte der Lehrer(fort)bildung war eine die Erziehung der Lehrer pädagogisch fundierende.

Dass wir den Erziehungsauftrag der Hochschulen und Universitäten, der Studienseminare und Lehrerfortbildungsinstitutionen in den folgenden 200 Jahren akzeptierten und zu realisieren versuchten, ist ohne *Salzmann* gar nicht denkbar; dass wir ihn allzu oft hinter Ausbildungsprozeduren, Notenritualen, Examensvorschriften, Verwaltungsakten und kujonierenden Vorschriften versteck(t)en und vernachlässig(t)en, ein mit *Salzmann* zu erkennendes Dilemma. Und just dieses Dilemma fand jener Siegerländer vor, der von Anfang an das Uneinsichtige mit Skepsis betrachtete, das Unvernünftige bekämpfte und das Unerträgliche zu beheben sich bemühte.

2. Markierung: 1835

In dem Jahr, als das „Ameisenbüchlein“ erschien, kam das Fürstentum Siegen an das Großherzogtum Berg und 1815 an Preußen. Und just in Siegen wurde am 25. Oktober 1790 ein Junge geboren, der später als Mann die Lehrerschaft zutiefst aufrütteln und den Staat und die Kirchen nachdrücklich herausfordern und gleichzeitig in die Schranken weisen sollte: *Adolph Diesterweg.* 1808 begann er, so hatte ich es in seinem kurzen Lebenslauf erwähnt, an der Universität Herborn zu studieren; 200 Jahre früher hatte ein anderer junger Mann dort sein Denken ausgebildet: *Johann Amos Comenius.* Es folgten Jahre als Haus- und Schullehrer. Die Geschichte schrieb währenddessen ihre blutigen und restaurativen Daten: 1813 die Völkerschlacht bei Leipzig – oder 1819 die Karlsbader Beschlüsse, mit denen Maßnahmen zur Unterdrückung der liberalen und nationalen Bewegungen eingeleitet wurden. *Diesterweg* schrieb sein Hauptwerk nicht nur einmal, sondern mehrmals (um und neu); es spiegelt gleichsam seine Hoffnung und Skepsis, seine Leidenschaft und Nüchternheit. Erinnern wir uns noch einmal an diesen Lebensweg, der voller Zutrauen begann, die Skepsis als Begleiterin wählte und wenig hoffnungsvoll endete:

1840 war *Friedrich Wilhelm IV.* auf den preußischen Königsthron gekommen – der Berliner Seminarleiter *Diesterweg* war gerade mal 50 Jahre alt. *Wilhelm* regierte bis 1861 und hatte, je länger er an der Macht war, einen erheblichen Anteil an jener geistigen Reaktion sowie materiellen Unterdrückung, gegen die *Diesterweg* nicht müde wurde anzukämpfen.

Nach anfänglichen, wenn auch bescheidenen Erfolgen unter dem neuen Minister *Johann Albrecht Friedrich Eichhorn* (1779–1856), der immerhin bis zum Revolutionsjahr 1848 – wenn auch zögerlich und nur zeitweise – seine Hand über *Diesterweg* zu halten vermochte, lief sein pädagogisch-publizistisches Wirken auf die bekannte Tatsache hinaus: Der seit 1844 in das Ministerium berufene *Ferdinand Stiehl* nahm sich als Referent für Volksschul- und Lehrerbildungsfragen dieses „Aufrührers“ mit besonderer Freude an, erließ 1854 die berühmt-berüchtigten Regulativen und prägte immerhin bis 1872 die preußische Dekulturationspolitik. 1847 wurde *Diesterweg* „zur Disposition gestellt“, drei Jahre später, am 1. Juli 1850, unter dem neuen Minister *von Ladenberg*, zwangsweise pensioniert. Er wehrte sich gegen den Ungeist – publizistisch vor allem in dem von 1851 bis 1866 bestehenden „Pädagogischen Jahrbuch für Lehrer und Schulfreunde“, den seit 1827 erscheinenden „Rheinischen Blättern für Erziehung und Unterricht“ sowie in dem 1835 zum ersten Mal veröffentlichten „Wegweiser zur Bildung für deutsche Lehrer“. Politisch kämpfte er ab 1858 als Mitglied der Fortschrittspartei und an der Seite von *Friedrich Harkort* (1793–1880) im preußischen Abgeordnetenhaus vor allem gegen die *Stiehl*schen Regulative und für die Belange der um ihre Bildung betrogenen Lehrer – ein in wachsendem Maße schier verzweifeltes und verzweifelndes Bemühen. Als ihn 1861 *Leo Tolstoj*, der nicht nur ein großer Schriftsteller, sondern auch der Gründer und Gestalter der ersten russischen Reformschule „Jasnaja Poljana“ war, in Berlin besuchte, notierte dieser anschließend in sein Tagebuch: „Im Gespräch mit dem berühmten *Diesterweg* führte ich ihn auf die Frage der Bildung, der Erziehung und des Unterrichts. *Diesterweg* äußerte sich mit böser Ironie über die Menschen ... er ist verbittert“[77]. Am Samstag, dem 7. Juli 1866, starb er in Berlin – wenige Tage nach dem Tod seiner Frau und genau vier Tage nach der Schlacht von Königgrätz, in der Preußen unter *Helmuth Graf von Moltke* Österreich und Sachsen besiegte und damit „Die Deutsche Frage“ ein erstes Mal gewaltsam beantwortet wurde.

Ich habe dieses beschwerliche *curriculum vitae* deshalb noch einmal in Erinnerung gerufen, weil ohne dieses die Leidenschaft der *Diesterweg*'schen Plädoyers nicht hinreichend verstanden werden können.

Im Jahre 1835 erschien zum ersten Mal sein wohl wichtigstes Buch, der „Wegweiser für deutsche Lehrer“, das er in den folgenden Ausgaben betitelte „Wegweiser zur Bildung für deutsche Lehrer“. Ich halte mich im folgenden an die von ihm letztlich gewollte 4. Auflage[78] aus dem Jahr 1851. Auch hier wird niemand erwarten, dass eine der Hauptschriften *Diesterweg*s an dieser Stelle insgesamt und im Detail gewürdigt werden kann. Für unser Thema aber sind zwei Gedanken von entscheidender Bedeutung:

□ Bereits im allgemeinen Teil sagt *Diesterweg* über die „Bestimmung und Aufgabe des Menschen- und Lehrerlebens“, „daß der Mensch nicht leidend und duldend, in Selbstwegwerfung und Selbstvernichtung, sondern in Tätigkeit und Anstrengung seine Bestimmung anzutreten habe: sie spricht aus, daß der Mensch den Grund seines Strebens und Handelns in sich selbst zu suchen, aus sich heraus zu nehmen, daß er sich zu bestimmen habe, d. h. das Prinzip der freien Selbstbestimmung, die Freiheit, ist damit gesetzt“ (S. 16). Und so kann man den ganzen „Wegweiser“, ja das gesamte Schaffen dieses Seminardirektors als ein leidenschaftliches Bemühen sehen, der Freiheit des Geistes *um der Bildung der Menschen willen* die adäquaten Bedingungen zu schaffen. Die *Erziehung*, das wusste *Salzmann* im Anschluss an *Kant*, kreist allenfalls um die Frage: „Wie kultiviere ich die Freiheit bei dem Zwange?“[79] Die *Bildung* aber des Menschen, das erkannte *Diesterweg*, bedarf der *Freiheit*. Diese „Selbsttätigkeit im Dienste des Wahren, Schönen und Guten“ (S. 18) ist nicht umsonst zu haben, sie muss immer wieder gegenüber herrischen Mächten erkämpft und der eigenen Bequemlichkeit abgerungen werden. Kurz: Die Lehrer(fort)bildung bedarf nicht nur der „Erziehung der Erzieher“, sondern darüber hinaus der auf Freiheit angewiesenen und Freiheit intendierenden Bildung. Ein zweiter Gedankengang kommt hinzu:

□ In Preußen gab es, als der „Wegweiser“ in der 2. Auflage 1838 erschien, 45 Lehrerseminare: liberale und emanzipatorischen Bestrebungen gegenüber relativ aufgeschlossene Bildungsstätten, die dem Geheimrat *Stiehl*, dem König sowie einer wachsenden Zahl restaurativer Kräfte immer mehr zum Ärgernis wurden, Kräfte übrigens, die zum Teil schon Verbündete unter den Schulräten, Seminarleitern und Lehrern fanden – die „Kapos“ waren auch damals schon die schlimmsten. Noch vor Auflösung der Deutschen Nationalversammlung berief *Stiehl* eine Konferenz aller Seminardirektoren ein, auf der *Friedrich Wilhelm IV.* einleitend seine berüchtigte Ansprache hielt. Sie beginnt mit den Worten:

„All' das Elend, das im verflossenen Jahre über Preußen hereingebrochen, ist Ihre, einzig Ihre Schuld, die Schuld der Afterbildung, der irreligiösen Menschenweisheit ... Diese pfauenhaft aufgestutzte Scheinbildung habe Ich schon als Kronprinz aus innerster Seele gehaßt und als Regent Alles aufgeboten, um sie zu unterdrücken. Ich werde auf dem betretenen Wege fortgehen, ohne Mich beirren zu lassen; keine Macht der Erde soll Mich davon abwendig machen ...“ [80]

Die Bildung des Menschen, jenes zaghafte Bemühen im 19. Jahrhundert, die Freiheit des Geistes zu realisieren, wurde vom Kopf zum After gewiesen, als Schein diffamiert, gehasst sowie unter Kuratel gestellt – letztlich auf den Barrikaden niedergemacht. Dies aber konnte nur deshalb gelingen, weil die zweite im „Wegweiser“ enthaltene Botschaft nicht gehört wurde. Dort lese ich (S. XIX): „Ein Lehrer, der den Trieb, sich mit andern Lehrern zu verbinden, nicht empfindet, kann für sich ein geschickter Mann sein; ein würdiger Standesgenosse ist er nicht.“ Oder an anderer Stelle (S. 172): „Das rechte Verhältnis des Lehrers zu seinen Kollegen an derselben Schule oder zu anderen Lehrern bezeichnet das fremde Wort Kollegialität, d.h. freundliche Genossenschaft“. Und schließlich (S. 173): „Die Lehrer-Vereine, die pädagogischen Gesellschaften oder wie sie heißen, sind der äußere Ausdruck, die leibliche Erscheinung dieses treibenden Geistes ..., durch nichts zu ersetzendes Mittel der Anregung, Belebung, Erfrischung und Fortbildung der Lehrer.“

Und so kann man ein weiteres Mal den ganzen „Wegweiser“, ja das gesamte Schaffen dieses Seminardirektors als ein leidenschaftliches Bemühen sehen, Kollegialität unter den Lehrern um ihrer Bildung willen zu schaffen. Nur unter dieser Prämisse, so *Diesterweg*, würde es möglich sein, die Grabenkämpfe zwischen den „niederen“ Volksschullehrern und den „höheren“ Gymnasiallehrern zu beenden und die „Standeshochhaltungsschutzzäune“ [81] zu überwinden. Nicht X-, Y- oder Z-Lehrer wünschte er, sondern Kollegen in Kollegien. Diese Begriffe kommen aus dem Lateinischen: In ihnen verbergen sich nicht das Verb *colligere* (*colligo, collectum est*), also etwas zusammenlesen, einsammeln, eine Kollekte veranstalten, sondern die beiden Wörter *con* und *lex* (*legis*): sich gemeinsam ein Gesetz geben, es haben, beachten, danach leben. Dieses allen Lehrern gemeinsame Gesetz ist ein pädagogisches, denn sie sind dazu berufen, in sowie über Unterricht und Erziehung jungen Menschen Bildung zu ermöglichen. Und sie können dies nur dann, wenn sie ihre eigene, nie abgeschlossene Bildung *kollegial* betreiben.

Die preußische Reaktion war nicht zuletzt deshalb so erfolgreich, weil eben diese zweite Bedingung der Möglichkeit von Bildung fehlte, abhanden kam, zuschanden wurde. Die 45 Seminardirektoren ließen sich abkanzeln; alle standen sie stramm, und deshalb stand keiner auf und verließ unter Protest den Saal; keiner fragte höflich, wo denn der Kollege *Diesterweg* sei; und keiner hatte wenigstens den „Wegweiser" in der Hand und ein Lesezeichen über die Seite 26 geschoben, auf der geschrieben steht: „Der Lehrerstand ist ein Ganzes, wird von den Tüchtigsten als eine Einheit betrachtet. Die Lehrer bilden zwar noch keine Korporation mit bestimmten Rechten, aber jeder hat sich als ein Glied der großen Kette zu betrachten. Alle sollten sich als solidarisch verpflichtet betrachten, die eine große Aufgabe der Volksbildung ... zu lösen." Niemand murmelte wenigstens diese Worte ... Kurz: Die Lehrer(fort)bildung bedarf nicht nur der „Erziehung der Erzieher" sowie der Freiheit der Bildung, sondern darüber hinaus auch der Solidarität aller Kollegen, die freilich ohne Organisationsformen nicht realisierbar ist.

Nicht zuletzt diese Hinweise berechtigen zu der Kennzeichnung:

Die zweite Etappe in der Geschichte der Lehrerfortbildung war eine die Bildung der Lehrer pädagogisch fundierende und organisatorisch postulierende.

Dass wir den Bildungsauftrag der Hochschulen und Universitäten, der Studienseminare und Lehrerfortbildungsinstitutionen in den folgenden 150 Jahren akzeptierten und mit Unterbrechungen immer wieder zu realisieren versuchten, dass wir darüber hinaus Lehrerverbände, Gewerkschaften oder Arbeitskreise der Seminar- und Fachleiter besitzen, ist *ohne Diesterweg* gar nicht denkbar; dass wir die Errungenschaften allzu oft hinter Konkurrenz, vorauseilendem oder nachäffendem Bürokratiegehorsam, hinter Privatismus und Routine versteck(t)en und vernachlässig(t)en, ein *mit Diesterweg* zu erkennendes Dilemma.

„Menschenerzieher", „gebildete Bürger", die dem „Beruf ausschließlich ihr Leben widmen und demselben mit pädagogischem Geiste obliegen"[82] – sollten die Lehrer sein, denen *Diesterweg* viel zumutete, aber auch viel zu erkämpfen sich bemühte. Vielleicht hat er die Lehrer in ihren Möglichkeiten überschätzt, aber erwartet hat er nicht wenig und gewiss etwas anderes von ihnen als jene pädagogischen Sonntagsredner, die – zwischen zwei Buchsbäumen stehend – gerne jenen Satz von ihm zitieren, der gleichfalls aus dem „Wegweiser" stammt und der da lautet:

„Mit Recht wünscht man ihnen die Gesundheit und Kraft eines Germanen, den Scharfsinn eines *Lessing*, das Gemüt eines *Hebel*, die Begeisterung eines *Pestalozzi*, die Klarheit eines *Tillich*, die Beredsamkeit eines *Salzmann*, die Kenntnisse eines *Leibniz*, die Weisheit eines *Sokrates* und die Liebe *Jesu Christi*."[83] Und fast ist man geneigt zu ergänzen: ... und die Tapferkeit eines *Diesterweg*.

Er war Zeitgenosse von *Diesterweg* und ein Politiker und Schriftsteller noch dazu: *Henry Peter Brougham*, der von 1778–1868 lebte. Er kämpfte für die Abschaffung des Sklavenhandels und die Verbesserung des Schulwesens; er gründete zusammen mit anderen die Londoner Universität und setzte sich für die Emanzipation der in England unterdrückten Katholiken ein; er betrieb eine Wahl- und Strafrechtsreform und sagte am Ende eines langen Lebens: „Das Alphabet des Schullehrers ist mächtiger als das Bajonett des Soldaten!“ [84] Dieser Aussage, da bin ich mir sicher, hätte auch der alt und müde gewordene *Fr. A. W. Diesterweg* zugestimmt ...

Wir aber müssen, um *Diesterwegs* Lebensthema korrekt einzubetten, nicht nur die Etappe/n vor, sondern auch die nach seinem Wirken skizzieren, deshalb eine

3. Markierung: 1950

Als hierzulande die ersten Fernsehapparate in den Schaufenstern zu sehen waren, genauer: am 18. September 1950, hielt ein 17 Jahre vorher gleichfalls „wegen politischer Unzuverlässigkeit“ aus dem Dienst entlassener Pädagoge eine Rede – in Hamburg, zum 25-jährigen Jubiläum des dortigen „Instituts für Lehrerfortbildung“. Sein Thema lautete: „Die bleibenden Aufgaben der Lehrerfortbildung“.[85] Und obgleich zwischen 1850 und 1950 enorme Konkretionen der Lehrer(fort)bildung zu verzeichnen waren (Pädagogische Akademien, Hochschulen, Studienseminare, Prüfungsordnungen mögen hier als Stichworte genügen) und obgleich von 1933 bis 1945 die deutsche Lehrerbildung als Bildung liquidiert wurde, war in den Köpfen der Pädagogen bezüglich der Lehrer(fort)bildung recht wenig Neues entstanden – trotz *Eduard Spranger* und *Georg Kerschensteiner*, trotz *Peter Petersen* und *Carl Heinrich Becker*. Denn selbst *Petersen* konkretisierte in seiner Jena-Plan-Schule, die bekanntlich eine Universitätsschule war, das, was bei *Salzmann* und *Diesterweg* bereits vorausgedacht sowie bei *Herbart* und *Dewey* (in Ansätzen zumindest) bereits realisiert worden war. Dass der Jubiläumsredner übrigens schon etwas älter war, sah man ihm nicht unbedingt an, aber die Formulierung des Vortragstitels verriet ihn: ein wesentlich jüngerer hätte 1950, auf den Trümmern von Wahnwitz und Barbarei, gewiss über die „zukünftigen“ Aufgaben gesprochen.

Nun, der sich damals und dort über eben diese Aufgaben der Lehrerfortbildung Gedanken machte und sie als „bleibende“ deklarierte, war der 56-jährige Pädagogik-Professor an der Universität Göttingen und Nachfolger *Herman Nohls*, der 1894 geborene und 1961 gestorbene *Erich Weniger*. In diesem wichtigen Beitrag wird in der Tat eine dritte Etappe eingeleitet. *Weniger* verschränkt darin – essayartig – vier Argumente mit vier neuen Forderungen, die im Folgenden herausgestellt werden sollen:

☐ Jeder Lehrer muss als Didaktiker permanent aus seinem eigenen Bildungsrepertoire auswählen, gleichsam das Richtige zur rechten Zeit und in der richtigen Weise lehren. „Solchen Besitz aber", so *Weniger*[86], „kann sich der Lehrer zureichend niemals schon in der eigenen Jugendbildung, nicht *einmal* für immer erwerben, auch nicht in einer akademischen Lehrerbildung." Weil dies so ist, so sein erstes Argument, muss Bildung permanent und immer wieder neu erworben werden.

Daraus leitet *Weniger* seine erste Forderung ab, nämlich die Überwindung der vorherrschenden Theorie und Praxis, die der Unabschließbarkeit der Bildung keinen Raum und keine Gelegenheit geben. „Wissenschaftliche Bildung ist ihrem Wesen nach unabgeschlossen. Sie bedarf der stetigen Ergänzung durch die Fortbildung, die die Wissenschaft ständig mit dem Leben konfrontiert und andererseits immer wieder zu den Quellen der Erkenntnis zurückführt"[87].

☐ Das zweite Argument weist alle Ansichten zurück, die Theorie und Praxis auseinanderreißen oder auch in eins setzen. Verantwortlich denken und durchdacht handeln haben eine Menge miteinander zu tun, und doch sind Theorie und Praxis nicht identisch. Deshalb widerspricht er ebenso denen, die getrennte Ausbildungspraxen schaffen wollen, wie jenen, für die Lehrerbildung nichts anderes denn ein einziges Gebilde von unzureichender Theorie und kümmerlicher Praxis ist. Die Studienseminare besitzen ihre eigene Dignität, ja der wissenschaftlichen Bildung „muß eine eigentlich bildende Berufspraxis immer noch folgen"[88]. Die 1., 2. und 3. Phase sind also als eine differenzierte Einheit zu sehen, weil sie dem gemeinsamen Anliegen unterschiedliche Beiträge liefern. Von daher lautet *Wenigers* zweite Forderung: Die gesamte Lehrerbildung muss zwar rhythmisiert und strukturiert, aber auch als eine „Gemeinschaftsarbeit" aller Beteiligten gesehen werden.[89]

☐ Das dritte Argument läuft darauf hinaus: Lehrerbildung ist – unabhängig von dem phasenorientierten Zuschnitt – keine Pädagogik im strengen Sinn, also keine Erziehung und Bildung von Kindern. Sie ist Andragogik. So beharrt *Weniger* darauf, nicht zu vergessen, „daß die Lehrerfortbildung immer auch Erwachsenen- und Volksbildung ist, Selbstbesinnung auf das eigene Leben, Aufklärung über das gelebte Leben, Deutung seiner Zusammenhänge im Ganzen und aus dem Ganzen"[90].

Daraus leitet *Weniger* eine dritte Forderung ab, die er dreifach sieht:

Als Erwachsener benötigt der Lehrer erstens „Regeneration", also die ständige Erneuerung seiner Kräfte; er ist zweitens auf die „Kompensation", also den Ausgleich einseitiger Belastungen angewiesen; und drittens bedarf der Lehrer, wie jeder Erwachsene, der ständigen „Anpassung an neue Situationen"[91]. Skeptisch war und blieb *Weniger* gegenüber staatlichen Regelungen, wenn sie mehr oder anderes wollen als die Bereitstellung der Bedingungen einer zeitgemäßen Lehrerbildung. Nur auf den Staat vertrauend, den *Weniger* – mehr taumelnd als widerstehend – von 1933 bis 1945 als Schrecknis erfahren hatte, nur auf andere Unterstützungen setzend, also ohne die „Selbsthilfe der Lehrerschaft“[92], würde Lehrerbildung nicht zu realisieren sein.

□ Ein viertes Argument schließlich kann als ein persönlichkeitsspezifisches interpretiert werden. Als Lehrende sind wir in der Gefahr, zu vereinseitigen, zu verschrullen, gelegentlich auch zu infantilisieren. Wer sich rund um die Uhr mit Kindern beschäftigt; wer nur noch seine Lehramtsanwärter betreut; ausschließlich mit Studenten forscht – und bei all diesem Tun keine Kollegen an sich heranlässt, mit anderen Worten: die Türen schließt, dem drohen die drei *E*is, die typischen Gefahren des Lehrberufs, ob im 1. Schuljahr oder im Hörsaal: *Eitelkeit*, *Eifersucht* und *Einseitigkeit*. So wird *Weniger*s letzte Forderung verständlich, wenn er – die Einseitigkeit im Auge habend – schreibt: „Die Lehrerfortbildung muß sich vor allen Dingen den Kampf gegen die drei Grundgefahren des Lehrerberufs angelegen sein lassen, gegen den Pädagogismus, den Psychologismus und den Methodismus (kämpfen). Pädagogismus entsteht, wenn man *nur* auf das Kind und seine Interessen sieht und nichts vom objektiven Geist und von der Gesellschaft und ihren Anforderungen an die Erziehung weiß. Psychologismus liegt da vor, wo man die Verantwortung gegenüber dem Kind und seiner Individualität und vor der Sache und ihrer Geltung nicht sieht und die Aufgabe *nur* als eine psychologische und das einzelne Kind *nur* als einen mehr oder minder psychologisch interessierenden Fall betrachtet, der nach bestimmten Gesetzlichkeiten zu behandeln ist. Methodismus ist es schließlich, wenn man sich *nur* um die Formen der Vermittlung kümmert.“[93]

Und so kann man die ganze „Rede“, ja das gesamte Schaffen dieses Vollenders der von *Dilthey* begründeten „Geisteswissenschaftlichen Pädagogik“ als ein hartnäckiges Kämpfen gegen diese „nur“ ansehen, gegen die Einseitigkeit und den Extremismus in der Pädagogik, aber für ein Denken und Handeln in Widersprüchen, in sogenannten Antinomien[94].

Wir müssen im pädagogischen Denken und Handeln immer beides beachten: den Freiraum und die Grenze, die Ermutigung und die Kritik, die Offenheit und die Geschlossenheit ... Wir gewähren und verlangen, fordern und fördern, belasten und entlasten ... Deshalb sind wir großzügig und gestrenge, logotrop (sachlich) und paidotrop (kindorientiert), fröhlich und ernst ... Auf all diese Wider-Sprüche muss die Aus-, Fort- und Weiterbildung der Lehrer Rücksicht nehmen – in der Reflexion und im Engagement ... Kurz: *Die Lehrerbildung* bedarf nicht nur der „Erziehung der Erzieher“, der Freiheit der Bildung, der Solidarität aller Kollegen, sondern auch des Aushaltens und Ausbalancierens von unauflöslichen Spannungen und Widersprüchen. Sie kommt, das wusste *Weniger* im Anschluß an *Theodor Litt*, *Martin Buber* und *Friedrich Schleiermacher*, um die Frage nicht herum: „Wie sollen wir nun die verschiedenen Ansprüche ausgleichen?“[95] *Rousseau*s einstmals leitende Antwort in der berühmten 17. Anmerkung im 1. Buch seines

„Emile“, sicherlich zugleich eine der wichtigsten Einsichten dieses Erziehungsromans, war gründlich vergessen, verdrängt und verraten worden: „Toujours assez et jamais trop!“ – „(Gebt Kindern) Immer genug und niemals zuviel!“[96]

Nicht zuletzt dieser letzte Hinweis berechtigt zu der Kennzeichnung:

> Die dritte Etappe in der Geschichte der Lehrer(fort)bildung war eine, die die einzelne Persönlichkeit des Lehrers neu betrachtete und als Aufgabe der Erwachsenen- und Volksbildung sowie als ein antinomisches Bemühen interpretierte.

Dass wir diesen allgemeinen und personalen Bildungsauftrag der Hochschulen und Universitäten, der Studienseminare und Lehrerfortbildungsinstitutionen in den darauf folgenden Jahren und Jahrzehnten gründlich missachtet bzw. vernachlässigt haben, wird niemand bestreiten können. Dass wir in den 50er und 60er Jahren des 20. Jahrhunderts spät (aber hoffentlich nicht zu spät) die Tätigkeiten des Unterrichtens, Erziehens und Bildens als von unauflöslichen Antinomien gekennzeichnete Bemühungen wahrnahmen, ist *ohne Weniger* (zwar denk-, aber nicht) tradierbar; und: Die Tatsache, dass wir diese Errungenschaften allzu oft hinter dem Persönlichkeitskult, der Egomanie, dem Entweder-oder, der Harmoniesucht und der Müdigkeit trivialisier(t)en, ist ein *mit Weniger* bis heute zu erkennendes Dilemma.

4. Markierung: 2000 ff.

Mittlerweile ist auch diese dritte Etappe fast unbemerkt in eine vierte übergegangen. Man könnte sie die **V**ermarktung, die **V**eramerikanisierung, die **V**erschulung der deutschen Lehrerbildung im Speziellen und des deutschen Hoch- sowie Schulwesens im Allgemeinen nennen: Bachelor- und Masterstudiengänge werden eingerichtet; die Polyvalenz ist gefragt; Utilität gefordert; Bildung wird durch Lernen ersetzt; an die Stelle von Menschlichkeit tritt Verwertbarkeit; die Berufs*qualifizierung* in Kurzstudiengängen ist gefragt, nicht aber die Berufs*orientierung*; ökonomisches Denken löst pädagogisches ab ... Und all das vollzieht sich vor dem Hintergrund von zum Teil ‘schlechten’ Testergebnissen (PISA, IGLU etc.) und im vermeintlichen Reformeifer. Schlag-Zeilen sind häufig an die Stelle des Nach-Denkens getreten, mit denen sich anschließend die Talk-Shows beschäftigen – nicht aber die Gebildeten. Ein paar Streiflichter mögen genügen:

□ Offizielle Verlautbarungen und solche, die das Merkmal von Amtlichkeit gleichsam wie einen Duft ausströmen, stellen gerade den rund 700.000 deutschen Lehrern keine guten Zensuren aus – zum Beispiel der jüngste OECD-Bericht:

- „Bildung auf einen Blick“ (von 2003): Darin wird u.a. kritisiert und beklagt, dass Deutschland die ältesten Lehrer und die höchste Quote an Lehrerinnen hat sowie die längsten Ausbildungszeiten[97].
- In einer erschütternden Titelgeschichte über den „Klassenkampf“ an und in deutschen Schulen bzw. dem vermeintlichen „Horrortrip Schule“ resümierte DER SPIEGEL: „Immer mehr ausgebrannte Lehrer lassen sich in Spezialkliniken therapieren. Dort bekommen sie Ablenkung vom Berufsalltag – und nicht selten eine Empfehlung für die Frühpensionierung.“[98]
- Der rheinland-pfälzische Ministerpräsident *Kurt Beck* (SPD) ahnte die Ursachen und verkündete selbstsicher: „Was die Lehrer in einer Woche arbeiten, habe ich schon bis Dienstagabend geschafft.“[99]
- Gerade Deutschland betrachtet seine Lehrer wie „faule Säcke“ (um an ein Wort des damaligen niedersächsischen Ministerpräsidenten *Gerhard Schröder* zu erinnern), ein Wort, das er auch als Bundeskanzler nie öffentlich zurückgenommen hat.[100]
- Und die Auswege aus dem Dilemma führen alle in Richtung Westen, genauer: Richtung U.S.A.: Ausgearbeitete Curricula schon in die Grundschulen; Einschulungsalter schon ab dem 4. Lebensjahr; Vergleichsarbeiten und Leistungsdifferenzierung in die Sekundarschulen; Zentralabitur und universitäre Aufnahmetests; Anpassung der Hochschulen an die Arbeits- und Wirtschaftswelt – die Expertenstudie „Bildung neu denken“ (aus dem Jahr 2003) ist voll von solchen und ähnlichen Lösungsvorschlägen: „Die Taktschläger sitzen außerhalb Deutschlands auf dem globalen Markt – uns bleibt, wenn wir wettbewerbsfähig sein wollen, nichts anderes übrig, als auch das Tempo zu erhöhen“[101], so einer dieser „Experten“, die nur noch eine Reaktion zu predigen vermögen: Anpassen um jeden Preis! Um jeden?
- Der Präsident der Freien Universität Berlin, *Dieter Lenzen*, der von Haus aus Erziehungswissenschaftler und von der Herkunft her ein geradezu klassischer 68er ist (Jg. 1947), forderte jüngst:
  „Alle fünf Jahre sollte jede Schule auf ihre Gesamtqualität hin wissenschaftlich untersucht werden, vom Unterricht und Personal über das Management bis hin zur Ausstattung. Zusätzlich müssen in einem zweijährigen Rhythmus Unterrichtsqualität und Lerneffekte durch Lehrer aus anderen Bundesländern oder sogar anderen Ländern bewertet werden.“[102]

Dem ansonsten so klugen und originellen *Lenzen* ist nicht vorzuwerfen, noch nie als Lehrer in einer Schule tätig gewesen zu sein, wohl aber sich öffentlich und mit der Autorität eines überragenden Amtes über eine Wirklichkeit zu äußern, von der er offensichtlich keine Ahnung hat. Man müsste ja zurückfragen: Wie soll das eigentlich alles gemessen werden, was einen guten Lehrer auszeichnet? *Auch* auszeichnet? Zum Beispiel: Sein morgendliches Lächeln, noch vor der 1. Stunde; seine Geduld mit vielen schwierigen Schülern; seine Gelassenheit gegenüber gelegentlich recht rabiaten Eltern; seine tröstenden Ermutigungen und seine Fähigkeit zuzuhören; die abendlichen Vorbereitungen und die Korrekturen am Wochenende; das lange Telefonat mit der unsicheren Referendarin und die Materialbeschaffung ... Wer all dies nicht misst, wird die Qualität des Lehrerberufs gerade nicht verbessern, sondern relativ vordergründige Symptome mit tieferliegenden Merkmalen gleichsetzen und – entsprechend verhängnisvolle Vorschläge in die Diskussion einbringen. Denn darüber sollte auch hier keine Unklarheit aufkommen: Das Bildungssystem „lebt" in langen Zeiträumen, das heißt: Wer heute etwas verändert, wird die Folgen bzw. Resultate frühestens in 10 bis 20 Jahren erwarten dürfen. Und eventuelle Korrekturen an diesen (Fehl-)Entscheidungen benötigen (weil sie ohne einen entsprechenden Diskurs nicht legitimierbar sind) in einer Demokratie die doppelte Zeitspanne.

Ein weiteres Bedenken kommt hinzu: Im Zentrum pädagogischen Handelns gedeihen nicht die 'harten' Fakten, also die Notengebung und die Stundendeputate, die Anzahl der gezeigten Folien und die gewährten Entlastungsstunden u. ä. m., sondern die 'weichen' Formen, mit anderen Worten: die Ausstrahlung und die Begeisterung, die Güte und die Geduld, die Glaubwürdigkeit und die Empathie etc., im Letzten: der Humor und die Liebe. Und wer diese testen (also zählen, messen oder wiegen) will, wird sie gerade nicht vorfinden, denn sie entziehen sich dem Beweisen-Wollenden, schlimmer noch: Wer sich, sagen wir, der Liebe in der Attitüde des Verifizierens oder Falsifizierens nähert, zerstört sie. Das spricht nicht gegen das Messen des, sagen wir, Anteils der Lehrersprache während einer Schulstunde, wohl aber gegen die Absicht, die Qualität des, sagen wir, „Pädagogischen Bezugs" auf den Prüfstand des Beweisens legen zu wollen.

Und ein letzter Beleg darüber, wie falsch die Therapie ist, sei vorgelegt:

- Am 27.11.2003 beschloss das Berliner Abgeordnetenhaus ein neues Lehrerbildungsgesetz, das folgenden Wortlaut hat:

Artikel 1
Änderung des Lehrerbildungsgesetzes

Nach § 9 des Lehrerbildungsgesetzes in der Fassung vom 13.Februar 1985 (GVBl. S. 434, 948), zuletzt geändert durch Gesetz vom 03. Juli 2003 (GVBl. S. 252) wird folgender § 9 a eingefügt:

§ 9 a

(1) Ab dem Wintersemester 2004/2005 werden an den Berliner Universitäten modularisierte und mit Leistungspunkten nach dem Europäischen System zur Anrechnung von Studienleistungen (ECTS) versehene, gestufte lehramtsbezogene Studiengänge, die mit den Hochschulabschlüssen Bachelor und Master enden, durchgeführt. Durch diese Studiengänge werden neue Strukturen der ersten Phase der Lehrerausbildung (Studium) erprobt, die dazu beitragen sollen, die Studienqualität zu erhöhen, die Studierbarkeit zu verbessern, die Studiendauer zu reduzieren und die Verwendbarkeit der Abschlüsse zu erweitern.

(2) Die dreijährigen Bachelor-Studiengänge führen zu einem ersten berufsqualifizierenden Abschluss für bestehende und noch zu entwickelnde Berufsfelder außerhalb des Lehramtes. Gemeinsam mit diesen führen die daran anschließenden ein- oder zweijährigen Master-Studiengänge zu einem Abschluss, der auf der Grundlage von Absatz 3 einen Zugang zum Vorbereitungsdienst für ein Lehramt ermöglicht. Die Bachelor- und Master-Studiengänge werden nach Maßgabe der Studien- und Prüfungsordnungen in Module gegliedert. Zugangsvoraussetzung für lehramtsbezogene Master-Studiengänge ist ein Bachelor-Abschluss, der auf diese Master-Studiengänge bezogen ist, mit einem integrativen Studium von zwei Fachwissenschaften – darunter auch Lernbereiche der Grundschule sowie sonderpädagogische oder berufliche Fachrichtungen – und Berufswissenschaften (Erziehungswissenschaften und Fachdidaktik) sowie schulpraktischen Studien. An einen Bachelor-Abschluss mit mindestens 180 Leistungspunkten schließt sich ein Master-Studium an, in dem mindestens 60 oder 120 Leistungspunkte erworben werden müssen. Bis zum Abschluss des Master-Studiums sind im Umfang von mindestens einem Drittel Leistungspunkte in berufswissenschaftlichen und schulpraktischen Studien- und Prüfungsleistungen zu erwerben. Davon entfallen mindestens 30 bzw. höchstens 40 Leistungspunkte auf das Bachelor-Studium.

(3) Abweichend von § 9 Abs. 2 Satz 2 werden die nach Absatz 2 in dem konsekutiven Studiengang erworbenen Master-Abschlüsse durch das für das Schulwesen zuständige Mitglied des Senats in einem förmlichen Verfahren einer Ersten Staatsprüfung für ein Lehramt gleichgesetzt. Der sich anschließende Vorbereitungsdienst (§ 6) dauert für den gehobenen Dienst 12 Monate und für den höheren Dienst 24 Monate. Auf den letzteren können gleichwertige praktische Ausbildungszeiten während des Studiums bis zu 12 Monaten angerechnet werden.

(4) Die bis zum 30. September 2012 befristete Erprobungsphase für die in Absatz 1 genannten Studiengänge wird durch ein zeitlich gestuftes internes und externes Evaluationsverfahren begleitet. Die Universitäten legen mit Beginn des Wintersemesters 2004/2005 ein mit dem für das Schulwesen zuständigen Mitglied des Senats abgestimmtes Konzept über das Evaluationsverfahren vor. Umfang und Form der Evaluation richten sich nach den dafür zugewiesenen Mitteln.

(5) Die Universitäten und die für Schule zuständige Senatsverwaltung stimmen für die Dauer der Erprobung, insbesondere für die Durchführung der schulpraktischen Studien, Kooperationsformen ab.

(6) Voraussetzungen für eine Gleichsetzung der in Absatz 3 genannten Hochschulprüfungen mit der Ersten Staatsprüfung für ein Lehramt sind:

a) Studien- und Prüfungsordnungen mit Abschluss Master entsprechen im Wesentlichen den Anforderungen, die sich aus diesem Gesetz ergeben; sie bedürfen der Zustimmung des für Hochschulen zuständigen Mitglieds des Senats im Einvernehmen mit dem für das Schulwesen zuständigen Mitglied des Senats.

b) Die Studiengänge werden unter Beteiligung von Vertretern des für das Schulwesen zuständigen Mitglieds des Senats modularisiert. Darüber hinaus müssen geeignete Module für die Fort- und Weiterbildung der unterrichtenden Lehrerinnen und Lehrer einbezogen werden.

(7) Das für das Schulwesen zuständige Mitglied des Senats wird ermächtigt, Erfordernisse, die sich aus der Erprobung der Bachelor- und Master-Abschlüsse ergeben, im Einvernehmen mit der für die Hochschulen zuständigen Senatsverwaltung nach Anhörung der Hochschulen in einer Rechtsverordnung zu regeln, insbesondere

- die Zuordnung von Masterabschlüssen im Sinne von Abs. 3 zu einer entsprechenden Ersten Staatsprüfung für ein Lehramt,
- die Anrechnung von Studienzeiten und –leistungen solcher Studiengänge, die auf eine Erste Staatsprüfung der nach § 7 Abs. 3 Nr. 1 erlassenen Prüfungsordnung ausgerichtet sind, auf die Studiengänge des § 9 a.

Artikel II

Inkrafttreten

„Dieses Gesetz tritt am Tage nach der Verkündung im Gesetz- und Verordnungsblatt für Berlin in Kraft."

Zusatzbeschluss des Plenums des Berliner Abgeordnetenhauses am 27.11.2003 zu einer Initiative zur generellen Verkürzung des Referendariats in modularisierten Lehramtsstudiengängen mit Praxisanteilen (einstimmig)

1. Die Mitglieder der Kultusminister-Konferenz des Berliner Senats werden aufgefordert, sich dafür einzusetzen, die rechtlichen Grundlagen für die bundesweite Einführung bzw. Anerkennung eines 12-monatigen Vorbereitungsdienstes für Lehrerinnen und Lehrer, die in modularisierten Studiengängen mit Praxisanteil ausgebildet wurden, zu schaffen.
2. Der Senat wird aufgefordert, eine Bundesratsinitiative zur Änderung von § 14 BRRG mit dem Ziel einzuleiten, die Dauer des Vorbereitungsdienstes für Lehrkräfte des höheren Dienstes, die in modularisierten Studiengängen mit Praxisanteil ausgebildet wurden, auf zwölf Monate zu verkürzen.

Begründung:

Die Ausbildung für das Lehramt bedarf insgesamt der umfassenden Reformierung. Um lange Ausbildungszeiten, hohe Abbrecherquoten und den Praxisschock zukünftig zu vermeiden, müssen verstärkt praktische Inhalte bereits in frühere Phasen der Ausbildung implementiert werden. Zugleich kann und soll der obligatorische Vorbereitungsdienst auf ein notwendiges Maß reduziert werden. Mit dem zwölften Gesetz zur Änderung des Lehrerbildungsgesetzes hat das Abgeordnetenhaus diesem Ansinnen Rechnung getragen und den Vorbereitungsdienst auf zwölf Monate verkürzt, wie es bereits im Land Rheinland-Pfalz gesetzlich verankert wurde.

Im Falle der Verbeamtung der ausgebildeten Lehrerinnen und Lehrer steht dem allerdings das BRRG entgegen, nach dem der Vorbereitungsdienst für den höheren Dienst 24 Monate zu betragen hat. Zwar hat diese Vorschrift keine Auswirkungen auf angestellte Lehrerinnen und Lehrer, Probleme könnten sich allerdings bei der Anerkennung des Studienabschlusses in anderen Bundesländern ergeben, die durch den Antrag weitestgehend ausgeräumt werden sollen.

Dieser Gesetzestext wurde und wird hier und deshalb ungekürzt wiedergegeben, weil man die dahinter geführte und sich verändernde Bildungsdebatte nicht ernst genug nehmen kann. Wer, sagen wir, an die Stelle so schön klingender Worte wie „Module" oder „Leistungspunkte", „Verwendbarkeit der Abschlüsse" oder im Rahmen von „dafür zugewiesenen Mitteln" die tatsächlichen einfügt (also *Fächer* und *Portfolios*, *Polyvalenz auf dem Arbeitsmarkt* und bei *sinkenden Etats*), der wird der folgenden Einschätzung seine Zustimmung nicht verweigern:

In der vierten Etappe der Lehrer(fort)bildung wird vor dem Hintergrund ökonomischer Krisen der Versuch unternommen, das gesamte deutsche und europäische Hochschulsystem zu verschulen, auf College-Niveau herabzustufen, billiger zu machen, steuerbarer herzurichten und an die Interessen der Wirtschaft anzupassen, wobei die U. S. A. die globalen Wächter und eigentlichen Nutznießer dieses weltweiten Veränderungsprozesses sind: **V**ermarktung, **V**eramerikanisierung und **V**erschulung lauten die Stichworte – im Klima einer allgemeinen **V**ernebelung.

Auch wenn unsere VIII. Station im 19. Jahrhundert angesiedelt ist, legt das von *Diesterweg* aufgeworfene Problem der Lehrerbildung den Ausblick nahe, der bis ins 21. Jahrhundert reicht. Deshalb sei wenigstens der, meiner Ansicht nach, wünschenswerte Ausweg skizziert. Denn wenn es stimmt,

- dass es heutigen jungen Menschen immer schwieriger fällt, in einer mitunter taumelnden Welt aufzuwachsen –
- dass die Erziehung in unseren Familien längst eine geschrumpfte ist (weit über die Hälfte aller Kinder sind bereits Einzelkinder, wachsen also zunächst ohne

Geschwister, Nichten und Neffen, Onkel und Tanten und später ohne Cousinen und Cousins auf) –

- dass immer mehr Kinder aus „broken homes“ kommen (jährlich hinterlassen unsere Ehescheidungen weit über 100.000 Scheidungswaisen) ...

Wenn es stimmt,

- dass schulischer Unterricht heute in der Regel ein schwieriger, ein „gestörter Unterricht“ ist[103] –
- dass „Infotainment“ und die „Bud-Spencer-Allüren“ längst bis in die letzte Bank gedrungen sind ...

Wenn es stimmt,

- dass sich mancher Schul-, Seminar- oder Fachleiter lieber heute als morgen pensionieren ließe (weil die Probleme immer größer und die Ressourcen immer kleiner werden) –
- dass viele Professoren am liebsten in die Toscana flüchten (dort sitzen wenigstens keine brav gemachten Studenten) –
- dass Militarismus und Terrorismus, Umweltzerstörung und weltweiter Hunger, Bürokratismus und Skandale, Krisen und Gifte, Viren und menschliches Versagen uns immer mehr zu schaffen machen, wenn das alles stimmt,

dann ist Erziehung bedroht, Bildung nur noch kontrafaktisch denkbar, also gegen die leidige Wirklichkeit gerichtet; dann ist Unterricht ein mühsames Geschäft und die (Fort-)Bildung der Lehrer nötiger denn je. Dann helfen Verzagtheit und Larmoyanz, Privatismus und Utopien, Kulturpessimismus und Gewalt nicht weiter, sondern allein jenes „starke langsame Bohren von harten Brettern mit Leidenschaft und Augenmaß zugleich“[104], von dem *Max Weber* 1919 in seinem berühmtesten Vortrag über die „Politik als Beruf“ gesprochen hat.

An einem Beispiel sei mein Lösungsvorschlag illustriert. Er ist *nicht* modern, *nicht* modulierbar, *nicht* mit Leistungspunkten zu versehen und auch von *keinen* zugewiesenen Mitteln abhängig:

Gut fünf Jahre lang war ich Gründungsdirektor der Ev. Gesamtschule Gelsenkirchen und hatte u. a. jedes Jahr 10, 12, 14 Lehrer einzustellen. Schon während des 1. Schulhalbjahres bildeten wir einen *L*ehrer*F*indungs*A*usschuss (*LFA*), der sich über die vier Qualifikations- bzw. Auswahlkriterien völlig einig war. Die zu uns und den Schülern passenden Lehrer sollten:

erstens: das, was sie lehren, optimal kennen, können und verstehen;

zweitens: Schüler vital mögen und als zu ihrem eigenen Leben gehörend betrachten;

drittens: mit anderen (Lehrern, Eltern, Firmen, Vereinen etc.) kooperieren können; und:

viertens: Freude daran haben, zu lehren, selbst zu lernen, andere zu erziehen, ihren Mitmenschen und sich selbst Bildung zu ermöglichen bzw. zuzumuten.

Mit anderen Worten: Uns waren, um an die im Jahre 1981 zwischen *Hentig* und *Henningsen* ausgetragene Kontroverse zu erinnern[105], die „Klempner" wichtiger als die „Verkäufer", die „guten Handwerker" lieber als die „geschwätzigen Schauspieler", die „Pädagogen" willkommener als die „Fachlehrer". Darüber hinaus begegneten wir denen mit viel Vorbehalten, denen generell „die Menschen" lieb und teuer sind, nicht aber der *Maik* und die *Aische*, der *Gökhan* und die *Natascha* – geschweige denn der „verhaltensgestörte" *Ozgür*. Und Einzelkämpfer haben wir zwar gelegentlich bestaunt, ansonsten aber an die Waldorfschulen verwiesen, denn wir brauchten Teamlehrer und Kollegen, denen zumindest diese Einsicht *Diesterweg*s kein Unbehagen bereitete:

„*Lernen*, so schreibt er im „Wegweiser", „d. h. Nachdenken, Untersuchen, Forschen und *Lehren* und Üben müssen immer beisammen sein, wenn das Geschäft der Bildung recht gedeihen soll ... So entsteht ein gegenseitiges Empfangen und Geben, das zu den höchsten Bedürfnissen und Genüssen des Geistes gehört."[106]

Wir wussten, dass man andere nur dann begeistern kann, wenn man selbst begeistert ist und von daher der Beruf des Lehrers keine charismatische Erwekkung voraussetzt, wohl aber ein gründliches Studieren, eine permanente Selbstbildung und eine hohe soziale Sensibilität. Jeder in unserem *LFA* hatte ein Vetorecht; eine einzige ablehnende Stimme reichte aus, um einem Bewerber abzusagen; und solange ich Schulleiter und mein Kollege *Rolf-Olaf Geisler* Vorsitzender des *LFA* waren, haben wir alle neuen Lehrer einstimmig zur Anstellung vorgeschlagen – der EGG tat's gut.

Mitunter wurden wir – auch von Besuchern, speziell Studierenden und Referendaren – gefragt, woran wir eigentlich diese vier Qualifikationen festgemacht, wie wir sie gefunden, an welchen Symptomen wir sie erkannt hätten – zumal das Lehrerstudium diese doch kaum vermittelt hätte. Da mag jeder seine eigene Recherche anstellen, bei *einer* Verhaltensweise oder Einstellung jedoch wurden wir alle hellhörig: Wenn ein Bewerber Humor (nicht Ironie) ausstrahlte; wenn aus seinen Augen der Schalk (nicht der Sarkasmus) blitzte; wenn er lächeln oder lachen konnte (ohne Häme) und in jener Fröhlichkeit inmitten von mancher Bedrängnis lebte, die aus der Liebe zu Kindern kommt, ohne die Kinder weder zu erziehen, noch zu unterrichten, noch zu bilden sind. Lehrer, die das schwerste Fach gründlich studiert hatten, das Fach LIEBE, waren uns hochwillkommen ... Wir wurden hellwach, sobald jemand *trotzdem* lachte.

Wie bedeutsam diese innere Distanz und äußere Gelassenheit im Schulalltag sind und warum der Humor das wohl beste pädagogische Medium formt, demonstriert eine kleine Geschichte, die ich bei dem großen Kabarettisten *Anton Hinlegen* (alias *Wendelin Haverkamp*) fand[107].

Und solange die deutsche Lehrerbildung alles mögliche lehrt (von der Vermittlung des „Ohm'schen Gesetzes" bis hin zur Didaktisierung der „Progressive Form", den zentralen „Tugenden" des Lehrerberufes aber keine Erfahrungs- und Lerngelegenheiten bereitstellt, sind ihre Formen und Institutionen, ihre wissenschaftlichen Rituale und Prüfungen, ihre Aufnahmeprozeduren und Leistungsnachweise bedeutungslos – auch wenn dies das Berliner Abgeordnetenhaus nicht akzeptieren mag ... Nun aber zu der kleinen Episode einer großen Tugend:

„Wann immer Bundesjugendspiele anstehen bei uns am Karl-Heinz-Plum-Guminasium, wie ich zwischen Schlagballweitwurf, Steinstoßen und abschließendem Faustballturnier gern schon mal mit geschwollenem Unterarm ins gegnerische Feld schmettere: Jedesmal muß unser erprobter Sportpädagoge *Kreuzbein*, der so eine Vorliebe für ausgefallene Fremdwörter hat, einen Plan ausarbeiten, wer wo von wann bis wann dem Wettstreit der Edukanden als Schiedsrichter oder Hilfestellung beizuwohnen hat.

Und so kam ich letztens ahnungslos ins Lehrerzimmer und wollte in aller Ruhe ein Täßchen Kaffee trinken, da stürzt der *Kreuzbein* auf mich zu und ruft:

„Gut, daß ich Sie treffe, Herr *Hinlegen*, ich brauche dringend noch jemand für die Harke beim Weitsprung!"

Ich sag: „Lieber Kollege *Kreuzbein*, gucken Sie sich mal das Thermometer an! Es ist doch viel zu heiß für solche körperlichen Anstrengungen!"

„Ach was", meinte der *Kreuzbein*, „so schnell kollaboriert der Körper nicht! Außerdem haben die Kinder nach dem Urlaub eine gute Konföderation, und wenn sie mal ein bißchen transferieren, mein Gott, das hat noch keinem geschadet!"

Erst wollte ich fragen, was er da wohl gemeint haben könnte, aber ich habe es lieber gelassen – nur kein Ärger mit Kollegen, nuur kein Ärger! Schon gar nicht, wenn sie so eine Konföderation haben wie der *Kreuzbein*.

Na jedenfalls, am nächsten Tag stand ich bei brütender Hitze an der Weitsprunggrube und hielt mich verzweifelt an der Harke fest. Ein gnädiges Schicksal hatte es so gewollt, daß Monsignore *Stramm*, unser altgedienter Religionslehrer, an derselben Grube Dienst tat – allerdings am Bandmaß. Kein Wunder, daß bei dieser Besetzung die Ergebnisse im Weitsprung alle Erwartungen weit übertrafen.

Sie müssen sich das so vorstellen: Von weitem erklang die helle Sopranstimme unserer zarten Musikpädagogin, Fräulein *Müller-Siebenknick*: *„Dünnpul, Josef!"*

Dann ein Moment Pause, ein leises Trappeln, das anschwillt, nach Luft ringende Schüler erreichen mit letzter Kraft den Absprungbalken, stolpern, taumeln noch zwei, drei Schritte weiter und stürzen laut schreiend in den Sand.

Wer das einmal gesehen hat, der weiß, daß Schulsport nicht nur Gemeinschaftsduschen und Fußpilz, verschwitzte Umkleideräume und verschwundene Geldbörsen bedeutet, nein: Schulsport besitzt auch eine ganz eigene Art von Ästhetik. Und wie immer kommt es auch hierbei darauf an, den jungen Menschen zu motivieren.

„Was für ein schöner Sprung!" rief der Monsignore, jedesmal! Während ich so schnell wie möglich den Sand glattgeharkt habe, bevor er mit dem Meßband kommen konnte.

„Vier Meter zwanzig", rief er dann mit donnernder Stimme über die Anlaufbahn, und Fräulein *Müller-Siebenknick* trug das Ergebnis immer schön ordentlich in ihre Liste ein.

Es waren gut und gerne 20 Minuten vergangen, als der Monsignore eine Wettkampfpause anordnete und mich zu sich winkte:

„Meinen Sie nicht, Herr *Hinlegen*, daß in Anbetracht der mörderischen Witterung eine Erfrischung angebracht wäre, bevor der Körper einen zu hohen Substanzverlust erleidet?"

Hierbei lüftete er die Plane, die über dem Gerätewagen hing, öffnete eine gut getarnte Kühlbox und füllte zwei große Glaspokale.

„Ananasbowle", flüsterte er, „ein bißchen was Frisches! Und genau das Richtige beim Weitsprung!"

Und da hatte er recht: Bereits gegen 12 Uhr gelang *Bettina Wegtrat* aus der 10b trotz einer Zerrung im Kniegelenk, weshalb sie nur aus dem Stand springen konnte, eine Weite von 5 Meter 60! Und als bei sengender Mittagshitze der Unterprimaner *Rudi Hommelsheim* die Tagesbestleistung auf 7 Meter 30 schraubte, schien der Höhepunkt erreicht.

Schien – doch weit gefehlt: Gegen 16 Uhr 30, die Ananasbowle hatte bis auf einen kleinen Rest ihre Bestimmung gefunden, geschah die Sensation: Der Schüler *Franz Noppeney*, der seit vielen Jahren beim Schulgottesdienst dem Monsignore unverdrossen die Messe dient, wälzte sich nach einem scheinbar mißlungenen Sprung bereits mit schmerzverzerrtem Gesicht im Sand, als der Monsignore laut ausrief:

„Bravo, *Franz*! 9 Meter 80! Da bist du ja heute der Beste!"

„Halt Monsignore", hab ich gerufen, „das geht nicht, das wäre nämlich Weltrekord!"

Da war der Mann überhaupt nicht mehr zu bremsen: „Halleluja! Weltrekord! Halleluja!"

Rief es – und sackte in sich zusammen; ich konnte ihn gerade noch auffangen. Mit sechs Mann haben wir ihn dann in die Umkleidekabine getragen, wo der Notarzt freundlicherweise einen Sonnenstich attestierte.

Ich hab auf den Schreck natürlich erst mal den Rest der Ananasbowle in Sicherheit gebracht und bin dann sofort zum *Kreuzbein*:

„Herr Kollege, was ist denn nun mit unserem Weltrekord?"

Da brüllt der mich an: „Ihr Weltrekord? Den lasse ich noch heute wegen zu hohem Rückenwind ondulieren!"

Da wäre ich aber doch fast vor Schreck auf der Stelle kollaboriert."

✳

Auch und gerade der Humor, dieses „Wenn-man-trotzdem-lacht", gehört zu jedem Lehrer, zu jeder Schule, Hochschule, Universität; Humor gehört in jedes Kollegium, in jede Klasse, jede einzelne Schulstunde. Oder habe ich Unrecht?

Mit diesem Beispiel wollen wir uns von *Diesterweg* verabschieden. Er gehört gewiss zu jenen Deutschen, auf die wir stolz sein dürfen, und seine Werke und Taten sind bis heute ein Vermächtnis, das noch längst nicht eingelöst ist ...

Machen wir uns nun von Berlin aus auf den Weg nach Röcken bei Lützen in der damaligen preußischen Provinz Sachsen und gehen über Naumburg, Bonn, Basel, Venedig, Genua, Sils-Maria ... bis nach Weimar den Lebensweg eines Mannes mit, der auf der einen Seite mitfühlende Gedichte schrieb, von denen einige zu den schönsten der deutschen Sprache gehören und der auf der anderen Seite der herrschenden Moral, Religion und Bildungstheorie so viel Skepsis entgegenbrachte, dass er sie in seinen eigenen kulturphilosophischen Werken erbarmungslos kritisierte. Als sich *Diesterweg* schon im 55. Lebensjahr befand, kam er am 15. Oktober 1844 zur Welt – er, der dritte große Skeptiker des 19. Jahrhunderts: *Friedrich Wilhelm Nietzsche*, in der Familie *Fritz* genannt – einer Familie, in der es nicht nur „geknigget" zuging.

7. **Quellentext:** Aus dem „Knigge" (von 1788)[108]

„Der geringste Dorf-Schulmeister ... ist eine wichtigere und nützlichere Person im Staate als der Finanz-Minister".

Keine Wohlthat ist größer, als die des Unterrichts und der Bildung. Wer jemals etwas dazu beygetragen hat, uns zu weisern, bessern und glücklichern Menschen zu machen, der müsse unsers wärmsten Danks lebenslang gewiß seyn können! Hat er dabey nicht alles geleistet, was wir itzt, bey reifern Jahren, bey weitern Fortschritten in der Cultur, von einem Lehrer und Hofmeister fordern würden; so sollen wir doch nicht unerkenntlich gegen das Wenige seyn, so wir von ihm empfangen haben.

Ueberhaupt verdienen ja Diejenigen wohl mit vorzüglicher Achtung behandelt zu werden, die sich redlich dem wichtigen Erziehungs-Geschäfte widmen. Es ist wahrlich eine höchst schwere Arbeit, Menschen zu bilden, eine Arbeit, die sich nie mit Gelde bezahlen lässt. Der geringste Dorf-Schulmeister, wenn er seine Pflichten treulich erfüllt, ist eine wichtigere und nützlichere Person im Staate, als der Finanz-Minister, und da sein Gehalt gewöhnlich sparsam genug abgemessen ist; was kann da billiger seyn, als daß man diesem Manne wenigstens durch einige Ehrenbezeugung das Leben süß und das Joch erträglich zu machen suche? Schämen sollten sich die Menschen, die den Erzieher ihrer Kinder als eine Art von Dienstbothen behandeln! Mögten sie nur bedenken (wenn sie auch nicht fühlen können, wie unedel dies Betragen an sich schon ist), welchen nachtheiligen Einfluß dies auf die Bildung der Jugend hat! Es kann mir durch die Seele gehn, wenn ich den Hofmeister in manchem adelichen Hause demüthig und stumm an der Tafel seiner gnädigen Herrschaft sitzen sehe, wo er es nicht wagt, sich in irgend ein Gespräch zu mischen, sich auf irgend eine Weise der übrigen Gesellschaft gleichzustellen, wenn sogar den ihm untergebenen Kindern von Eltern, Fremden und Bedienten der Rang vor ihm gegeben wird, vor ihm, der, wenn er seinen Platz ganz erfüllt, als der wichtigste Wohlthäter der Familie angesehn werden sollte – Es ist wahr, daß es unter den Männern dieser Art hie und da Solche giebt, die eine so traurige Figur ausser ihrer Studierstube spielen, daß man nicht wohl auf einen bessern Fuß mit ihnen umgehn kann; allein das widerlegt nicht dasjenige, so ich von der Achtung gesagt habe, die man diesem Stande schuldig ist – Wehe den Eltern, die ihre Kinder solchen selbst nicht erzogenen Miethlingen anvertrauen!

Hast Du aber einen edeln Freund gefunden, der sich der Erziehung Deines Sohnes annimmt; so ist es auch nicht genug, daß Du ihm ausgezeichnet freundlich, ehrenvoll und dankbar begegnest; Du musst ihm auch freye Macht lassen, ohne Widerspruch seinen Erziehungsplan durchzusetzen; und von dem Augenblicke an, da Du Dein Kind in seine Hände lieferst, hast Du den wichtigsten Theil Deiner väterlichen Rechte auf ihn übertragen – Doch dies alles gehört mehr in ein Werk über Erziehung, als das hier der Ort wäre, weitläufig davon zu handeln. Ich schweige daher auch von dem Betragen der Lehrer und Hofmeister im Umgange mit ihren Untergebenen, und eile weiter.

3. Verabredung: mit Friedrich Wilhelm Nietzsche (1844–1900)

Von eben jenem preußischen König Friedrich Wilhelm IV., der im Gegensatz zu seinem Vater *Friedrich Wilhelm III.*, zu Beginn seiner Regentschaft (ab 1840) durchaus zu „sanften" Reformen bereit war und doch den preußischen Seminarleitern die Leviten las sowie die „Stiehl'schen Regulative" absegnete, von eben diesem „Romantiker auf dem Thron" erhielt *Carl Ludwig Nietzsche* 1843 die Pfarrstelle im Dorf Röcken bei Lützen, südwestlich von Leipzig – nicht weit entfernt von jenem Ort, wo 1632 die Schweden unter *Gustav II. Adolf* über *Wallenstein* siegten und dabei ihren König verloren ... Auch *Friedrich August Ludwig Nietzsche*, der Vater von *Carl Ludwig*, war ev. Pfarrer, so dass *Ivo Frenzel* Recht hat, wenn er schreibt: „Nietzsches Elternhaus war ein Hort protestantischer Frömmigkeit ... geachtet, gottesfürchtig, rechtschaffen und provinziell, verkörperte sie (die Familie) alle Tugenden und Überzeugungen des deutschen Pfarrhauses" [109]. Aber *Fritz* wuchs auch in einem reinen Frauenhaushalt auf. Als *Friedrich Wilhelm IV.* die Lehrer zusammenstauchte (1849), starb sein Vater, so dass seine Großmutter, seine Mutter, die beiden unverheirateten Schwestern seines Vaters sowie die 1846 geborene Schwester von *Fritz* (denn der 1848 geborene Bruder *Joseph* starb bereits wenige Monate nach dem Tod des Vaters) das Binnenklima bestimmten. Nun, von beiden Milieus sollte sich *Friedrich Nietzsche* weit entfernen: Gerade die kirchlich gewürgte und viele Menschen würgende und dabei scheinheilig daherkommende Religion bekämpfte er ein Leben lang und – zu Frauen und ihrer Liebe fand er (s)ein Leben lang keinen rechten, keinen unverkrampften, keinen beglückenden Zugang. Aber ehe wir sein Leben betrachten und sein Werk unter pädagogischen Fragestellungen vorstellen, sei ein weiteres

Beispiel geboten. Auf den ersten und womöglich auch auf den zweiten Blick hat es scheinbar nichts mit *Nietzsche* und seinem skeptisch-bissigen, seinem mitunter zynisch-entlarvenden Denken und auch nichts mit seinem emphatisch-zarten, seinem mitunter schier wimmernden Fühlen zu tun – und doch ...

5. Beispiel: Wenn die Fassade zum Inhalt wird

Samstag, am 22. November 2003, Berliner Universität der Künste, Fakultät 05: Erziehungs- und Gesellschaftswissenschaften. Ich besuche eine Gastveranstaltung mit dem Titel MEDIATION IN DER SCHULE, die eine ausgewiesene Expertin anbietet. Ca. 25 Studierende sind anwesend und eine Professorin. Nachdem vormittags die theoretischen Grundlagen dargeboten wurden, finden am Nachmittag u.a. Rollenspiele statt. Eines möchte ich genauer schildern: „Das verschwundene Buch" – eine häufig gewählte Form der Konfliktlösung (?), Streitschlichtung (?), Mediation (?). Da ich in der Ev. Gesamtschule Gelsenkirchen eine Sozialstation mitaufgebaut und auch die dort angesiedelte Mediation sukzessive eingeführt hatte, war ich gespannt, wie die Expertin die beiden Gefahren vermeiden würde: Die Überforderung der Schüler auf der einen und die Beliebigkeit der Konfliktlösung auf der anderen Seite ...

Die examinierte Mediatorin verlässt mit zwei Studentinnen den Raum, um ihnen die Rollen-Texte zu erläutern: Sie spielen *Marion* und *Carmen*, zwei Schülerinnen aus dem 9. Schuljahr einer Hauptschule. Vor einigen Woche hatte *Marion* ein etwa 20 € teures Buch aus der Bibliothek entliehen, weil beide mit seiner Hilfe ein Referat anfertigen wollten. Die Arbeit ging auch gut voran, das Referat konnte gehalten, das Buch zurückgegeben werden. Jedoch: Es ist unauffindbar. *Marion* behauptet, es *Carmen* zurückgegeben, diese jedoch besteht darauf, es nie erhalten zu haben. So kommt es zum Streit, zu wechselseitigen Beschimpfungen („Lügnerin" vs. „Schlampe" etc.), zur Aufkündigung der Freundschaft. Erst der dringliche Rat des Klassenlehrers bewegt beide, die schulische Mediation in Anspruch zu nehmen – unsere Expertin spielt die Rolle der Streitschlichterin. Stringent hält sie sich an die bekannten fünf Phasen:

- Begrüßung und Erläuterung (1)
- Darstellung des Konfliktes (2)
- Erhellung des Konfliktes (3)
- Lösung des Konfliktes (4)
- Vereinbarung (5).

Die Zuschauer sollen die vorausgegangenen Erläuterungen in der Praxis hautnah erleben: Keinen Richter, sondern einen „Konfliktlotsen"; keine Parteinahme, sondern „Allparteilichkeit" (wobei auch das traditionelle unparteiische Agieren zurückgewiesen wird); keine moralische Bewertung, sondern eine für beide Seiten befriedigende Kompromisslösung u.ä.m. Hier interessiert das Ergebnis der Bemühung: Nachdem beide „Schülerinnen" ihre jeweilige Darstellung des Streites um das (verschwundene, versteckte, nicht zurückgegebene oder doch ausgehändigte, oder verschlampte) Buch vorgetragen und mit Verve auf ihren Positionen gepocht haben, wurden sie müder, resignierter, einigungsbereiter. Die Mediatorin macht den Vorschlag: halbe-halbe. Jede gibt 10 € und das unauffindbare Buch kann auf diese Weise neu angeschafft werden.

Beide überlegen, *Marion* stimmt sofort und verstohlen lächelnd zu, *Carmen* sträubt sich noch, zumal sie selbst nur sehr wenig Taschengeld bekommt. Und wieder tritt unsere Kompromissexpertin auf: „Vielleicht kann dir deine Mutter die 10 € leihen, so dass …“ *Carmen* gibt nach und so wird die Vereinbarung fixiert. Die Studenten sind erleichtert, klatschen Beifall; die Kollegin lächelt anerkennend; und die Mediatorin bedankt sich bei den Spielerinnen – mit dem Zusatz: „Ich denke, das hat uns allen viel Spaß gemacht!“ Nur der Herr Professor zeigt ein ernstes, ein nachdenkliches Gesicht. Denn ihm gehen so einige Bedenken durch den Kopf:

Laut „Drehbuch“ hat eine der beiden Schülerinnen gelogen. Ist die Wahrheit unwichtig geworden? Mit dieser Lüge, mehr noch: mit einer eventuellen Unterschlagung bzw. einem Diebstahl oder einem Betrug ist Schuld verbunden. Spielt sie bei *Rogers*[110] oder *Watzlawick*[111], in der Humanistischen Psychologie oder Kommunikationstheorie, spielt sie bei *Schulz von Thun*[112] und seinen Konfliktlösungen keine Rolle mehr? Wird Moral in der Postmoderne eine bedeutungslose Sache? Der Spaß hingegen alles? Hauptsache, man einigt sich! Was ist mit der Gewissens*bildung* von jungen Menschen? Wird sie an Mehrheitsentscheidungen ausgerichtet? Von Vermittlern geeicht? Oder ganz aufgegeben? Ist die alte Menschheitsfrage nach „Gut“ und „Böse“ endgültig zu liquidieren? Altmodisches Pfaffengeschwätz? Süßsaures Moralin? Obsolet in einer modernen Welt? Geht es überhaupt noch um die Sache? Oder ist längst die Form der Konfliktbewältigung die neue Sache geworden? Haben das die Konstruktivisten gewollt? Beliebigkeit allüberall? Die seichte Okay-Philosophie? Das luftige Küsschen links? Und das luftige Küsschen rechts? Und die Leere in der Mitte? Nicht das Tun ist wichtig, sondern die Auflösung des Tuns …

Am Abend sehe ich mir in der Schaubühne *Georg Büchner*s „Woyzeck“ an – in der Inszenierung von *Thomas Ostermeier*, was einer Radikalisierung gleichkommt. Da schreit und wimmert, da tobt und tanzt, da schlägt und kopuliert, da weint und mordet eine gequälte Kreatur (gespielt von dem genialen Schauspieler *Bruno Cathomas*) ihr Leid, ihr Elend, ihre Schuld heraus – nicht jenseits von Gut und Böse, sondern mittendrin. Zitternd mache ich mich gegen halb elf auf den Weg nach Hause. Und mir geht die Vermutung nicht aus dem Kopf: Wenn die Gruppendynamik das Bedürfnis nach Wahrheitssuche endgültig narkotisiert haben wird, wenn uns die Konfliktlotsen elegant an allen möglichen Kontroversen vorbeigeführt haben sollten, wenn Schuld allenfalls eine Frage der Bereitschaft wird, Kompromisse einzugehen und Vereinbarungen einzuhalten, wenn die Mediatoren die neuen Priester der allenfalls therapiebedürftigen (aber nicht sündigen) Menschen geworden sind, dann wird es keine Literaten (wie *Georg Büchner*), keine Maler (wie *George Grosz*), keine Musiker (wie *Dmitri Schostakowitsch*), keine Bildhauer (wie *Alfred Hrdlicka*), keine Sänger (wie *Maria Callas*) und auch keine Schauspieler mehr (wie *Bruno Cathomas*) geben. Dann ist die „Brave New World“, jener emotionale und intellektuelle Infantilismus, den *Aldous Huxley* 1932 in seinem gleichlautenden Roman satirisch darstellte[113], längst Wirklichkeit geworden; dann gibt es nur noch auf Spaß versessene glückliche Lurche, aber keine Menschen mehr …

Nähern wir uns also jenem Mann, der kaum etwas mehr verachtete, ja hasste als das Schein-Heilige, das Fassadäre und das Verlogene. Bereits 1850 veranlasste die Großmutter *Nietzsche*s den Umzug von Röcken nach Naumburg an der Saale, fast auf der Hälfte der Strecke zwischen Weimar und Leipzig gelegen. Vom Dorf in die Stadt zog diese Frauschaft mit ihrem hochbegabten Sprössling, und zwar zu einer Zeit, als die großen politischen Träume des liberalen Bürgertums platzten (immerhin war die Nationalversammlung von 1848 gescheitert) und man sich als Bildungsbürgertum einzurichten begann – häuslich einzurichten begann. Die städtische Bürgerschule und auch das Domgymnasium zu Naumburg haben den Knaben *Fritz* eher abgestoßen (weil allzu sehr eingeengt) als die damals berühmte Fürstenschule, die „Anstalt Schulpforta“, wo er (als „Hochbegabter“) im Oktober 1858 eine Freistelle erhielt. Vom 14. bis zum 20. Lebensjahr blieb er in dieser ehemaligen Zisterzienserabtei, die ihn nachhaltig prägte, d. h.: „Die Gymnasialzeit in Schulpforta ließ ihn in diese Bildungswelt hineinwachsen und zugleich Ansätze distanzierender Kritik gewinnen. Schulpforta hat *Nietzsche*s Entscheidung für das Studium der Altphilologie präjudiziert“, so *Rainer Kokemohr*[114]. Danach studierte er zwei Semester in Bonn (recht unergiebig), dann aber ausgesprochen erfolgreich in Leipzig. Warum gerade Leipzig? Nun, 1865 nahm sein akademischer Lehrer *Friedrich Wilhelm Ritschl* (1806–1876) einen Ruf nach Leipzig an und *Nietzsche* ging, damals nicht unüblich, mit ihm. Neben der Altphilologie beschäftigte er sich mit der Theologie, der Kunst(-)Geschichte, der Philosophie und vor allem der Musik. Er vertonte, komponierte, dichtete, hielt Vorträge und schrieb erste wissenschaftliche Abhandlungen. So wurde der Name *Friedrich Nietzsche* „in der gelehrten Welt seines Faches schnell bekannt . . ., als ihm – wiederum auf Betreiben *Ritschl*s – 1869 noch vor Abschluss seiner Studien die Professur in Basel angetragen wurde“[115]. Die folgenden zehn Baseler Jahre waren, beruflich gesehen, seine erfolgreichsten. Auch in seinem persönlichen Umfeld gelang ihm, der eher ein Einzelgänger war, Bemerkenswertes: So zum Beispiel die Bekanntschaft mit dem Kulturhistoriker *Jacob Burckhardt* (1818–1897), die Freundschaft mit *Cosima* (1837–1930) und *Richard Wagner* (1813–1883) oder mit dem Theologen *Franz Overbeck* (1837–1905) und schließlich seine intellektuelle Begegnung, die geradezu in ein emotionales Ergriffensein mündete, mit dem philosophischen Werk *Arthur Schopenhauer*s (1788–1860), vor allem mit seinem Hauptwerk: „Die Welt als Wille und Vorstellung“[116]. Neben diesen kommunikativen Errungenschaften entstanden schon bald die ersten wichtigen Werke: „Die Geburt der Tragödie“, die „Zukunft unserer Bildungsanstalten“, die „Unzeitgemäßen Betrachtungen“, „Menschliches Allzumenschliches“ u. a. m. Von August bis zum Oktober 1870 war *Nietzsche* freiwilliger Krankenpfleger während des Deutsch-Französischen Krieges. Da er mit der Baseler Professur zugleich Schweizer Bürger geworden war, erteilten ihm die Behörden lediglich die unmilitärische Teilnahme an diesem (unnützen) Krieg, der nicht der erste vaterländische war und nicht der letzte sein würde. *Nietzsche* erkrankte an der Ruhr und Diphtherie, genas nur mühsam und kehrte an die Universität zurück. Mit noch nicht einmal 30 Jahren hatte er „fast alles erreicht, was im Verlauf einer akademischen Karriere erstrebenswert sein mag: Er war ein geachteter Gelehrter, dessen Wort und Urteil man ernst nahm, er hatte Schüler, denen er ein leidlich guter Lehrer war, er hatte früher als andere das Ordinariat und damit die oberste Stufe der Laufbahn erreicht, er konnte ein weitgehend unabhängiges Leben führen und hatte wirkliche Freunde.“ [117] Und doch brach in dieses Leben die Tragik hinein:

Schon als Schüler litt *Nietzsche* unter Kopf- und Augenschmerzen; ein Sturz vom Pferd ließ Brustschmerzen zurück; auch die überstandene Ruhr bescherte periodisch auftretende Unterleibsbeschwerden; Trennungen, Enttäuschungen, Brüche (wie etwa der mit *Wagner*) beantwortete er psychosomatisch – etwa mit Migräneanfällen und Erbrechen ... Kurz: *Nietzsche* war von klein auf ein kranker Mensch. Darüber hinaus ist nicht auszuschließen, dass er sich (womöglich noch während seiner Studentenzeit) mit der Syphilis infizierte, deren Spätfolgen in eine Progressive Paralyse einmündeten. Wie auch immer ... Nur eines ist nachzuweisen: Vor Ende der 80er Jahre, also etwa vor seinem 45sten Lebensjahr, war er mit Sicherheit *nicht* „geisteskrank“. Danach begann ein schubweiser Prozess der Wahrnehmungsverzerrung, der letztlich im Januar 1889 in Turin zum totalen Zusammenbruch führte. Zunächst aber gab er 1879 seine Baseler Professur auf (man gewährte ihm von seinem 4.000 Franken ausmachenden Jahresgehalt 3.000 als Pension) und so begann sein bekanntes Reise-Leben: Basel, Sorrent, Chur, Riva, Venedig, Lugano, Rapallo, während des Sommers häufig in Sils-Maria und Winters an verschiedenen Orten Italiens. Geschrieben freilich hat er überall – nur eben nicht kontinuierlich und, aufgrund fehlender Langzeiten, eher die kurzen Formen bevorzugend, also die Abhandlungen und Essays, die Aphorismen und Gedichte. Kein Wunder, dass eines seiner Werke den Titel trägt „Der Wanderer und sein Schatten“. Andere folgten in atemberaubender Abfolge und wie in einem Schaffensrausch entstanden – etwa: die „Morgenröte“ (1881); „Die fröhliche Wissenschaft“ (1882); „Also sprach Zarathustra“ (1883); „Jenseits von Gut und Böse“ (1886); die „Genealogie der Macht“ (1887); die „Götterdämmerung“ (1889); „Der Antichrist“ (1889); und, posthum (1908), „Ecce Homo“. Wer diesbezüglich mehr in Erfahrung bringen möchte, sei an die bereits zitierte Rowohlt-Monographie von *Ivo Frenzel* verwiesen [118] oder an das glänzend geschriebene Buch über „Nietzsche“ von *Rüdiger Safranski* [119]. Und wer auf einigen seiner Spuren buchstäblich wandern will, dem empfehle ich zunächst bzw. als Vademecum nachdrücklich die von *Paul Raabe* markierten, kommentierten und illustrierten „Spaziergänge durch Nietzsches Sils-Maria“ [120].

1888 war *Nietzsche*s letztes bewusstes Lebensjahr: Den Winter über hatte er in Nizza gelebt; Anfang April kam er nach Turin; im Sommer zog es ihn wieder ins Engadin, nach Sils-Maria – mehr krank als gesund. Am 21.September 1888 fuhr er wieder in sein geliebtes Turin, aber sein Zustand wurde immer bizarrer, ja wahnsinniger: Er will die Geschicke der Welt in die eigenen Hände nehmen; unterzeichnet eine Postkartennotiz an den Freund *Peter Gast* am 4. Januar 1889 mit „Der Gekreuzigte"; einen Tag vorher sah *Nietzsche*, gerade als er seine Wohnung verlassen hatte, wie ein rabiater Droschkenbesitzer sein eigenes Pferd misshandelte. Weinend und wehklagend warf sich *Nietzsche* dem Tier um den Hals und brach zusammen. *Franz Overbeck* eilte zu ihm, brachte ihn in die Baseler Nervenklinik, wo man eine „Paralysis progressiva" diagnostizierte. Mitte Januar kam seine Mutter, und zusammen mit *Overbeck* brachte man ihn nach Jena in die bekannte Klinik von Professor *Otto Binswanger* (nicht zu verwechseln mit dem Psychiater und Existenanalytiker *Ludwig Binswanger*, 1881–1966). Da sich zwar die Wahnvorstellungen verminderten, der intellektuelle Verfall aber voranschritt, erlaubte man der Mutter, ihn in häusliche Pflege zu nehmen. Als diese 1897 starb, übernahm seine aus Paraguay zurückgekehrte verwitwete Schwester *Elisabeth Förster-Nietzsche* die Betreuung des mittlerweile umnachteten Bruders – eine Frau, die nicht nur *Nietzsche*s einzige große Liebe zu *Lou Andreas-Salomé* (1861–1937) im Jahr 1882 hintertrieben hatte, sondern noch zu Lebzeiten den Nachlass des Bruders so zu präsentieren vermochte, dass wahre Legenden, aber kaum kritische Rezeptionen entstehen konnten. Am 25. August 1900 starb jener Mann, der in seinem kleinen 1882 entstandenen Gedicht ECCE HOMO bekannt hatte [121]:

Ja, ich weiß, woher ich stamme!
Ungesättigt gleich der Flamme
Glühe und verzehr ich mich.
Licht wird alles, was ich fasse,
Kohle alles, was ich lasse:
Flamme bin ich sicherlich!

Auf dem Friedhof in Röcken wurde er neben seinem Vater begraben, „der Narr des Schicksals", wie man ihn nannte [122].

Den Übergang zu seinem Werk unter pädagogischen Aspekten wollen wir mit Hilfe eines Gedichtes wagen, das – nach meinem Dafürhalten – zu seinen gelungensten zählt und gewiss stets neuerlich zu erschüttern und gleichzeitig zu trösten vermag. Es entstand im Herbst 1884, wurde zehn Jahre später im *Magazin für Litteratur* gedruckt und lautet wie folgt [123]:

FRIEDRICH NIETZSCHE

Vereinsamt

Die Krähen schrein
Und ziehen schwirren Flugs zur Stadt:
Bald wird es schnein –
Wohl dem, der jetzt noch – Heimat hat!

Nun stehst du starr,
Schaust rückwärts ach! wie lange schon!
Was bist du Narr
Vor Winters in die Welt – entflohn?

Die Welt – ein Tor
Zu tausend Wüsten stumm und kalt!
Wer das verlor,
Was du verlorst, macht nirgends Halt.

Nun stehst du bleich,
Zur Winter-Wanderschaft verflucht,
Dem Rauche gleich,
Der stets nach kältern Himmeln sucht.

Flieg, Vogel, schnarr
Dein Lied im Wüsten-Vogel-Ton! –
Versteck, du Narr,
Dein blutend Herz in Eis und Hohn!

Die Krähen schrein
Und ziehen schwirren Flugs zur Stadt:
– bald wird es schnein,
Weh dem, der keine Heimat hat!

*
* *

Die nun folgende Einführung in sein bildungstheoretisches Denken wäre ohne eine bestimmte Vor-Arbeit nicht möglich. Gemeint ist die Kasseler Dissertation von *Timo Hoyer* über „Nietzsche und die Pädagogik", die mittlerweile auch als Buch vorliegt[124], ein grandioses Werk von fast 700 Seiten.

In unserem Gedankengang haben wir von Anfang an die Erziehung von der Bildung an keiner Stelle völlig getrennt, im Gegenteil: sie gehen ineinander über, sind aufeinander bezogen, bedingen einander. *Ein* Unterschied jedoch bleibt: Während der Erziehung stets etwas Einschränkendes, eine gewisse Anpassung und nicht immer freiwillige Eingliederung anhaftet, gedeiht die Bildung nur unter dem Horizont von Freiheit bzw. im Medium der Selbstbestimmung. Erziehung führt in die Realität, Bildung in die Potenzialität des Menschen und seiner Verhältnisse, die freilich wiederum nach Verwirklichung verlangen. *Dietrich Benner* schreibt deshalb in seiner „Allgemeinen Pädagogik"[125]:

„Unter der *Theorie der Erziehung* wird ... eine Analyse und Anleitung pädagogischen Wirkens verstanden, welche die von der individuellen Seite der pädagogischen Praxis ausgehenden Wirkungen nicht losgelöst von denjenigen der gesellschaftlichen Seite, sondern beide in Beziehung zueinander erörtert". Demgegenüber unterscheidet sich die „*Theorie der Bildung* dadurch, daß in ihr nicht die richtige Art und Weise pädagogischen Wirkens, sondern die Aufgaben und die Zweckbestimmung der pädagogischen Praxis zur Diskussion stehen"[126] – unter ihrem Möglichkeitshorizont, ihrer die Wirklichkeit überschreitenden Entwurfperspektive, letztlich entfacht von ihrer dynamischen Freiheitlichkeit, so muss hinzugefügt werden. (Der Vollständigkeit halber und quasi in Klammern sei noch das dritte Theoriesegment moderner Pädagogik gekennzeichnet, denn die *Theorie pädagogischer Institutionen* fragt danach, „was denn der gesellschaftliche Ort sei, an dem die pädagogische Praxis unter Anerkennung der für sie konstitutiven und regulativen Prinzipien so ausgeübt werden kann, daß sie im Sinne der Theorie der Erziehung wirkt und ihre Aufgaben im Sinne der Theorie der Bildung verfolgt"[127].) So gesehen ist *Nietzsche* kein Erziehungs-, sondern ein Bildungstheoretiker, der die pädagogische Praxis einer scharfen Analyse unterzogen hat, um ihr neue Sichtweisen, Werte, Ent-Täuschungen, aber auch Aufgaben, Zweckbestimmungen, gar Prinzipien zuzumuten. Dies hat er nicht als Systematiker getan, sondern eher kursorisch-literarisch. Im strengen Sinne pädagogisch sind lediglich die fünf Baseler Vorträge „Über die Zukunft unserer Bildungsanstalten" aus dem Jahr 1872 anzusehen sowie die zweite und dritte von vier „Unzeitgemäßen Betrachtungen", betitelt „Vom Nutzen und Nachteil der Historie für das Leben" und „Schopenhauer als Erzieher", beide erschienen 1874. Darüber hinaus aber findet sich über das gesamte Œuvre *Nietzsche*s Pädagogisches, freilich: bruchstückhaft, andeutend, aphoristisch, pointiert, fast im postmodernen Stil unsystematisch. Jedoch – *Gerhard Mertens* hat zu Recht, den Postmodernismus des französischen Philosophen *Jean-François Lyotard* (1924–1998) im Auge habend, unsere Epoche als ein „Zeitalter der Fragmente und Fracta, der Parzellierung von Lebenswelten und Sprachspielen“ [128] gekennzeichnet, woraus mein Berliner Kollege *Christoph Wulf* den allzu voreiligen Schluss zog: „Für die Pädagogik ergibt sich daraus der Verzicht auf den Zwang, systematische Erziehungstheorien zu entwerfen und sie zur Grundlage pädagogischen Handelns zu machen“ [129]. Abgesehen davon, dass eine Theorie aufhört eine Theorie zu sein, wenn sie auf ihre historisch-systematische Fundierung verzichtet, wird hier just die Gegenposition vertreten: Gerade das Oszillierende, Aspektreiche und Antinomische, das Fließende, das Prozesshafte und Ungeordnete, das Fragmentarische, Schillernde und Schmuddelige in der pädagogischen Praxis ist der Gegenstand der pädagogischen, also erziehungswissenschaftlichen Theorie, die eben diese „Fracta“ und Ungereimtheiten auf ihre Begriffe zu bringen hat, auf diese Weise also Wissen schafft. Nur weil die Praxis unsystematisch strukturiert ist und sich entsprechend verhält, kann und darf die Theorie dieser Praxis (also ihre gedankliche Durchdringung) nicht auf Systematik verzichten, wenn sie im Zuge der daraus entstehenden Beliebigkeit nicht ihre eigene Abschaffung betreiben will. *Nietzsche* jedenfalls zeigt sich als ein herausragender pädagogischer Theoretiker, auch wenn er in den genannten drei Theoriesegmenten keine abgerundete Theorie hinterlassen hat. Wie auch?

Natürlich ist *Nietzsche*s Pädagogik, wenn man diesen gespreizten Titel überhaupt wählen darf, ohne seine Philosophie (des Nihilismus) nicht denkbar. Aber auch die Umkehrung gilt: Was bedeutet die Gott-ist-tot-Philosophie, die Zerstörung des christlichen Bewusstseins, mehr noch: die Entgöttlichung der Welt für die Bildung der in ihr und von ihr lebenden Menschen?

Beginnen wollen wir mit einer kleinen Sammlung von Bildungs- (nein: nicht -Definitionen), sondern -Kennzeichnungen aus der spitzen Feder unseres dritten großen Skeptikers und Zweiflers [130]:

Friedrich Nietzsche:

Kennzeichnungen von Bildung

- „Sie haben etwas, worauf sie stolz sind. Wie nennen sie es doch, was sie stolz macht? Bildung nennen sie's, es zeichnet sie aus vor den Ziegenhirten." (Bd. 6, S. 13)
- „Mit der richtigen Gangart der Sprache aber beginnt die Bildung: welche, wenn sie nur recht begonnen ist, nachher auch gegen jene 'eleganten' Schriftsteller eine physische Empfindung erzeugt, die man 'Ekel' nennt." (Bd. 2, S. 437)
- „Sehr viel muß der Mensch lernen, um zu leben, um seinen Kampf ums Dasein zu kämpfen: aber alles, was er in dieser Absicht als Individuum lernt und tut, hat noch nichts mit der Bildung zu schaffen. Diese beginnt im Gegenteil erst in einer Luftschicht, die hoch über jene Welt der Not, des Existenzkampfes, der Bedürftigkeit lagert." (Bd. 2, S. 468)
- „Bildung ist das Leben im Sinne großer Geister mit dem Zwecke großer Ziele." (Bd. 2, S. 524)
- „Die eine, gewiß sehr hohe Stufe der Bildung ist erreicht, wenn der Mensch über abergläubische und religiöse Begriffe und Ängste hinauskommt." (Bd. 3, S. 34)
- „Und das ist die längst gewohnte Taktik des Gymnasiums: je nach der Seite, von der aus der Ruf zum Kampfe erschallt, schreibt es auf sein nicht gerade mit Ehrenzeichen geschmücktes Schild eines jener verwirrenden Schlagworte „klassische Bildung", „formale Bildung" oder „Bildung zur Wissenschaft": drei gloriose Dinge, die nur leider teils in sich, teils untereinander im Widerspruche sind und die, wenn sie gewaltsam zusammengebracht würden, nur einen Bildungstragelaph[131] hervorbringen müßten. Denn eine wahrhafte „klassische Bildung" ist etwas unerhört Schweres und Seltenes und fordert eine so komplizierte Begabung, daß es nur der Naivität oder der Unverschämtheit vorbehalten ist, diese als erreichbares Ziel des Gymnasiums zu versprechen." (Bd. 2, S. 434f.)
- „Und nun, bei einem Rückblick auf den Weg des Lebens, ebenfalls entdekken, daß etwas nicht wieder gutzumachen ist: die Vergeudung unserer Jugend, als unsre Erzieher jene wißbegierigen, heißen und durstigen Jahre nicht dazu verwandten, uns der *Erkenntnis* der Dinge entgegenzuführen, sondern der sogenannten 'klassischen Bildung'! Die Vergeudung unserer Jugend, als man uns ein dürftiges Wissen um Griechen und Römer und deren Sprachen ebenso ungeschickt als quälerisch beibrachte, und zuwider dem obersten Satze aller Bildung, daß man dem, *der Hunger danach hat*, eine Speise gebe!" (Bd. 4, S. 162)
- „Nicht *deutsche Bildung*, sondern *Bildung des Deutschen* ist unser erstes Ziel." (Bd. 10, S. 73)

Zwei Merkmale demonstrieren bereits diese acht Kennzeichnungen von Bildung: Einerseits kritisiert *Nietzsche* ohne Erbarmen, aber mit viel Spott und Ironie, jene klassische Bildung, wie sie besonders das deutsche Gymnasium zu betreiben pflegte und die nichts anderes schuf als den „Bildungsphilister"; andererseits beharrt er auf einer Bildung, die an „Stelle des Historischen: die mythenbildende Kraft (setzt). An Stelle des Philostros-Weichlichen: das metaphysische Mitleiden. An Stelle des Gelehrtenhaften: die tragische Weisheit. An Stelle des Unästhetisch-Pathologischen: das freie Spiel. An Stelle des Kastenwesens: das Tribunal der Bildung. An Stelle des Schreibens: Denken und Sprechen. An Stelle der Dogmatik: die Philosophie" (Bd. 10, S. 73f.). *Nietzsche* setzt auf die Freiheit des Geistes und – auf die Kunst. Deshalb seine apodiktische Forderung: „Überwindung der Religionsmischung, des Asiatischen, Heilighaltung von Sprache und Musik" (ebd., S. 74).

Nun können während einer – und sei es noch so intensiven – Verabredung bzw. Begegnung nicht alle Themen zur Sprache kommen. Die entscheidende Grundfigur des pädagogischen Denkens von *Friedrich Nietzsche* aber muss am Ende des (Be-)Suchens deutlich geworden sein. *Schleiermacher*s herausragender Beitrag zur Aufklärung über pädagogische Probleme war sein schwankender Modus. Einerseits-andererseits war sein Denken in Antinomien, sein Plädoyer für ein Sowohl-als-auch. *Diesterweg* blieb skeptisch gegenüber jedweder Pädagogik, wenn sie nicht die Bildung der Pädagogen voraussetzte bzw. betrieb. Und *Nietzsche*? In das Einerseits-andererseits der ab dem 8. August 1873 erscheinenden „Unzeitgemäßen Betrachtungen" artikuliert er sein Ausgangsthema: seine ätzende Kritik am deutschen Bildungsbürgertum. Vordergründig geht es um eine Kritik an dem ev. Theologen *David Friedrich Strauß* (1808–1874) und dessen gerade erschienenem Buch „Der alte und der neue Glaube"; im Kern aber nimmt er sich eine ganz bestimmte Gruppe von Bürgern aufs Korn. Es sind die an die Macht gekommenen Eliten, die über Frankreichs Niederlage triumphierenden Deutschen bzw. all diejenigen, die da meinen, „daß auch die deutsche Kultur in jenem Kampfe gesiegt habe und deshalb jetzt mit den Kränzen geschmückt werden müsse" (Bd. 2, S. 3). „Diese Macht, diese Gattung von Menschen will ich bei Namen nennen – es sind die Bildungsphilister" (ebd., S. 9). Wer Bildung mit Macht gleichsetzt und angelerntes Wissen wie Waffen oder Trophäen vor sich herträgt, bleibt ein Barbar, ein ungebildeter Mensch. Das Schlimme liegt darin begründet, dass dieser Philister nicht ein seltenes Exemplar geblieben ist, sondern mit vielen anderen Gleichgesinnten eine ganze Schicht formte. Da er „überall Gebildete seiner Art vorfindet und alle öffentlichen Institutionen, Schul-, Bildungs- und Kunstanstalten gemäß seiner Gebildetheit und nach seinen Bedürfnissen eingerichtet sind, so trägt er auch überallhin das siegreiche Gefühl mit sich herum, der würdige Vertreter der jetzigen deutschen Kultur zu sein und macht dementsprechend seine Forderungen und Ansprüche" (ebd., S. 10). Wenn man hundert Jahre weiterdenkt und sich vorstellt, jemand hätte die 68er-Generation mit diesem Spott und Hohn überzogen, ahnt man das Ausmaß der Kritik *Nietzsche*s an der Arroganz der Schein-Bildung und man ahnt die Vehemenz der Zurückweisung, die ihm von eben jenen scheinbar Gebildeten zugefügt wurde.

In der zweiten „Unzeitgemäßen Betrachtung", die „Vom Nutzen und Nachteil der Historie für das Leben" handelt, kritisiert er einen weiteren Verfall der Bildung: die Geschichtswissenschaft und der auf diese sich berufende Geschichtsunterricht verunmöglichen geradezu die Bildung des Einzelnen und die Kultur der Gesellschaft. Nun muss man bedenken, dass die Geschichtswissenschaft im 19. Jahrhundert zur führenden Wissenschaft schlechthin in Deutschland geworden war – weltweit geachtet. Historiker wie *Leopold von Ranke* (1795–1886), *Johann Gustav Droysen* (1808–1884), *Theodor Mommsen* (1817–1903) oder *Heinrich von Treitschke* (1834–1896) verschafften ihrer Wissenschaft höchstes Ansehen und – große Macht. Wieder aber schaut *Nietzsche* genauer hin und sieht sie entweder als „monumentalistische Historie" (ebd., S. 123), in der die Heroen aneinandergereiht und bloßes Datenwissen kolportiert wird, wobei er schlussfolgert, „daß ein Übermaß der Historie dem Lebendigen schade" (ebd., S. 111) ... Oder aber sie betreibt antiquarische Historie, fühlt sich „dem Bewahrenden und Verehrenden" (ebd., S. 119) verpflichtet, so das sie „selbst in dem Augenblicke entartet, in dem das frische Leben der Gegenwart sie nicht mehr beseelt und begeistert" (ebd., S. 122f.). *Nietzsche* fordert und begründet statt dessen eine dritte Art, Geschichte in den Universitäten zu erforschen und in den Schulen zu lehren: Er nennt sie die „kritische Betrachtung" (ebd., S. 124ff.), die nicht heroisiert und mumifiziert, sondern kritisiert: „Nur aus der höchsten Kraft der Gegenwart dürft ihr das Vergangene deuten" (ebd., S. 151). Die Geschichte darf nicht Macht über uns gewinnen, sondern wir sollen die Herren der Geschichte werden – man ahnt das Unheil: „Die Aufgabe der Geschichte ist es ..., immer wieder zur Erzeugung des Großen Anlaß zu geben und Kräfte zu verleihen" (ebd., S. 177). Dabei setzt er ganz auf die Jugend, der er zuruft: „Land! Land! Genug und übergenug der leidenschaftlich suchenden und irrenden Fahrt auf dunklen fremden Meeren! Jetzt endlich zeigt sich eine Küste: wie sie auch sei, an ihr muß gelandet werden" (ebd., S. 184). Aus einer berechtigten Kritik heraus, der eine tiefe Skepsis innewohnt, entwickelt *Nietzsche* beachtliche Vorschläge, aber – er steigert sie ins Unermessliche, radikalisiert sie, taumelt ins Messianische und verheißt geradezu ein „Paradies" (ebd., S. 191), das es zu erreichen gilt. „Und hier erkenne ich die Mission jener Jugend, jenes ersten Geschlechtes von Kämpfern und Schlangentötern, das einer glücklicheren und schöneren Bildung und Menschlichkeit voranzieht" (ebd., S. 192).

„Ja, viel schlimmer als ein Tier ist der Mensch, wenn er nicht nach Menschenart lebt.“ Leo Tolstoi [132]

Wer sich in der (reform-)pädagogischen Literatur auskennt, wird sich an das zu seiner Zeit ungemein populäre Buch des Schriftstellers und Promotors der „Heimatkunst-Bewegung“ *Julius Langbehn* (1851–1907) mit dem Titel „Rembrandt als Erzieher“ [133] erinnern – es erschien (zunächst anonym) 1890, und da lebte *Nietzsche*, schon geistig umnachtet, in der Jenaer Wohnung seiner Mutter. Andernfalls hätte er womöglich heftig reagiert, denn an seinem 30. Geburtstag (am 15.10.1874) erschien die dritte „Unzeitgemäße Betrachtung“ unter dem Titel „Schopenhauer als Erzieher“ – und da war *Schopenhauer* bereits 14 Jahre tot. Nun, während man das Buch des „Rembrandtdeutschen“ ob seiner Schwülstigkeit und mancher antijüdischen Formulierung heute nur noch mit Kopfschütteln zu lesen vermag, ist der „Schopenhauer als Erzieher“ immer noch lesenswert. Allerdings darf man „keine Exegese der schopenhauerschen Philosophie erwarten und schon gar keine Analyse der vorhandenen pädagogischen Überlegungen“ [134], wohl aber „Nietzsche als Erzieher“, als „Bildungstheoretiker“ und als „Pädagoge“. Warum wählte *Nietzsche* ausgerechnet *Schopenhauer* als seinen Modell-Pädagogen aus? *Schopenhauer* war und ist der große Außenseiter der modernen Philosophie, dem „die schöne grüne Hegelei“ (Bd. 2, S. 295) jegliche Beachtung genommen hatte. In ihm, vor allem in einem solchen Leben und Denken erkennt sich *Nietzsche*, übertroffen nur noch von *Zarathustra*, dem altiranischen Propheten, der irgendwann zwischen 1000 und 600 v. Chr. gelebt und als Religionsstifter gewirkt haben mag. Diese dritte „Unzeitgemäße Betrachtung“ ist vor allem eine psychologische Studie *par excellence*, die vieles bloßlegt, was häufig erst späteren Bemühungen, etwa der Psychoanalyse, zugesprochen wurde. Wieder fragt er nach den Ursachen jener „Spaß- und Afterphilosophie“ (ebd., S. 230), die dumm-dreist daherkommt, sich wissenschaftlich gebärdet, pädagogisch zu sein behauptet und doch „nur das Afterbild der Erziehung“ (ebd., S. 203) darstellt. Besonders mit seinen Kollegen, den gelehrten Professoren, geht er hart ins Gericht – 13 „Eigenschaften“ wirft er ihnen vor (ebd., S. 263ff.): „Biederkeit“ bzw. „Ungeübtheit in der Vorstellung“; „Scharfsichtigkeit in der Nähe verbunden mit großer Myopie (Kurzsichtigkeit, *r. w.*) für die Ferne“ (also ein „sehr kleines Gesichtsfeld“); ein „Maulwurf im Maulwurfsloche“ zu sein; nur eine „Armut an Gefühl und (d. h.) Trockenheit“ zu besitzen; eine „geringe Selbstschätzung“; eine ergebene „Treue gegen ihre Lehrer und Führer“; stures „Fortlaufen auf der Bahn, auf welche man den Gelehrten gestoßen hat“; „Flucht vor der Langeweile bzw. Muße“; Wahrheitsdienlichkeit „um des Broterwerbs“ willen; „Furcht vor der Mißachtung“ der Kollegen; „Eitelkeit ... um als Kuriosität angestaunt zu werden; überall sieht er den spielerischen bzw. faulen Gelehrten, „der sich nicht zu sehr anstrengen mag"; und schließlich wirft er ihm seinen fehlenden oder kümmerlichen „Trieb nach Gerechtigkeit" vor. Nun wird niemand leugnen, dass es auch heute unter den Professoren solche Exemplare gibt. Und wer gut 30 Jahre in ihrer Zunft tätig war, könnte locker noch ein paar weitere Pejorativa hinzufügen. Das also soll nicht zurückgewiesen werden. Was aber macht *Nietzsche* aus dieser Diagnose? Ihm wird deshalb (!) die ganze Wissenschaft zuwider. Als ein „unmenschliches Abstraktum" verhindert sie geradezu „alles Nachdenken über sittliche Fragen" (ebd., S. 207). Verzogene und ungebildete Wissenschaftler können eben nur verziehen und Afterbildung betreiben. Allein wer aus diesem kurz vor dem Konkurs befindlichen Betrieb aussteigt bzw. gar nicht erst eintritt oder zumindest ein extremer Außenseiter bleibt, kann jene drei Eigenschaften kultivieren, die er an und bei *Schopenhauer* gefunden zu haben meint: Ehrlichkeit, Heiterkeit und Beständigkeit: „Er ist ehrlich, weil er zu sich selbst und für sich selbst spricht und schreibt, heiter, weil er das Schwerste durch Denken besiegt hat, und beständig, weil er so sein muß" (ebd., S. 213). Nicht an und entlang der Wissenschaft kann der Mensch sich bilden, sondern am und im Leben selbst – was immer dies sein mag. Aus der Ratio wird Mythos, aus Vernunft Deutung, aus Büchern das „sichtbare Leben": „Kant hielt an der Universität fest, unterwarf sich den Regierungen, blieb in dem Scheine eines religiösen Glaubens, ertrug es unter Kollegen und Studenten ... Schopenhauer macht mit den gelehrten Kasten wenig Umstände, separiert sich, erstrebt Unabhängigkeit von Staat und Gesellschaft" (ebd., S. 214). Um es noch einmal zu betonen: Als Diagnostiker misslicher Umstände und fassadärer Attitüden ist *Nietzsche* in der Regel uneingeschränkt zuzustimmen, in vielen seiner Folgerungen richtet er hingegen neuen und schlimmeren Schaden an. Als skeptischer Kritiker war und ist er grandios; als Prophet taugt er wenig. Er setzt zu Recht auf den Einzelnen: „Niemand kann dir die Brücke bauen, auf der gerade du über den Fluß des Lebens schreiten mußt" (ebd., S. 202), aber er ignoriert das Kommunikative, die Gefährtenschaft, den Mit-Menschen. Folglich wird aus dem einsamen Wanderer das heldenhafte Genie, aus dem Kritiker der Außenseiter, aus dem Individuum der Egomane. Maßlos wird sein Konzept, formlos seine Bildung, die doch beide Bestimmungen so sehr benötigt: Das rechte Maß und die gute Form(ung). *Nietzsche* schießt nicht nur über das Ziel hinaus, sondern sprengt gleichsam die Vernunft seiner Kritik – voll Verachtung, voll Wut, voll Hass? So fällt sein berühmtes Wort gegen ihn selbst zurück: „Mitunter ist es schwerer, eine Sache zuzugeben als sie einzusehen" (ebd., S. 250). Eingesehen hat *Nietzsche* diese Gefahren seines pädagogischen Denkens nicht. Dabei hätte er von *Schleiermacher* lernen können, dass man sich auch und gerade „im Leben" arrangieren muss (wenn man an ihm nicht zu Grunde gehen will). Und *Diesterweg* hätte ihn darüber aufklären können, dass der Einzelne der Solidarität aller bedarf bzw. dass die Gemeinschaft aller das Individuum hält – auf dass beide gedeihen: das ICH bzw. das DU und das WIR.

„Ich bin, weil wir sind,
und wir sind, weil du bist.“
Afrikanisches Sprichwort

In den folgenden Werken radikalisiert *Nietzsche* diese, seine pädagogische Grundfigur: „Einerseits ist und bleibt er bedingungslos orientiert am autonomen, souveränen Individuum. Auf der anderen Seite kennt er kein dringenderes Ziel als eine autokratische Führungskaste herauszubilden: eine intellektuelle Elite innerhalb eines hierarchisch-pyramidal gestaffelten Gesellschaftssystems.“ [135] Die von einem beispiellosen Industriekapitalismus entwurzelten Massen, die Mühseligen und Beladenen interessierten ihn nicht – wohl aber die Auserwählten. Damit aber verabschiedete er sich aus dem demokratischen Diskurs, den es auch zu seiner Zeit bereits gab – eine Zeit, eine Epoche, die er als „saeculum obscurum“ (ebd., S. 229) bezeichnete und zum größten Teil einer berechtigten Kritik unterzog. Dann aber setzt er auf eine neue Stärke, einen erbarmungslosen Willen, auf Kampf und Gewalt. Deshalb ist *Nietzsche* ein halbes Jahrhundert später von den Nationalsozialisten eben nicht *miss-*, sondern *ge*braucht worden. Er wurde von ihnen durchaus richtig verstanden …

Unsere drei Verabredungen haben uns zunächst einen antinomischen Anwalt des Pädagogischen, dann einem solidarischen Praktiker der Lehrerschaft und schließlich einem extremen Bildungstheoretiker nähergebracht und damit das 19. Jahrhundert als eine Epoche gezeigt, die riesige Probleme anhäufte und kaum eines wirklich löste. Das folgende Jahrhundert sollte es ausbaden müssen.

Einstweilen halten wir sie fest, eine

8. Erkenntnis

Gerade die Bildung des Menschen kann nur dann gelingen, wenn sie erstens die Widersprüche in jedem einzelnen Menschen sowie in den ihn umgebenden bzw. durchdringenden Verhältnissen wahrnimmt, aushält und produktiv gestaltet … Wenn sie zweitens dabei auf jeden Einzelnen und auf die Gemeinschaft setzt … Und wenn sie drittens nur mit solchen Mitteln solche Ziele verfolgt, die der Wahrheit und der Menschlichkeit unter dem Horizont einer demokratischen Verfasstheit verpflichtet sind … Harmoniesucht, Unsolidarität und Extremismus sind der Tod der Bildung.

Und wieder ist eine Pause angesagt, ein Nachsinnen und Verweilen. Mein Vorschlag: Unternehmen Sie entlang des folgenden Textes eine Fantasiereise, ein

Text, den Sie vorher auch auf ein Tonband sprechen und untermalt oder unterbrochen von Meditationsmusik dann als akustische Begleitung benutzen können. Diese Reise sollte so viel Zeit in Anspruch nehmen, wie Ihnen gut tut:

Vogel flieg: Eine Fantasiereise
Vorgestellt von: r. w.

Setz dich bequem hin ... Und schließe deine Augen ... Atme tief ein und aus ... Ein und aus ... Ein und aus ... Atme mehrmals ein und aus ... Bis dein Atem ruhig und gleichmäßig strömt ... Wenn du willst und wenn dies möglich ist, kannst du deinen Kopf auch auf deine Arme oder deine Hände legen ... Vielleicht möchtest du deinen Kopf lieber auf die Brust senken ... Vielleicht kannst du dich auch hinlegen und auf diese Weise entspannen ... Warte so lange, bis du dich wohlfühlst und zur Ruhe gekommen bist ...

Stell' dir nun vor, du bist ein Vogel ... Eine Amsel vielleicht oder eine Meise, ein Spatz oder ein Rotkehlchen ... Du darfst dich aber auch in einen Falken verwandeln oder in einen Adler ...

Du steigst auf und fliegst davon ... Ganz weit weg und recht hoch ... Alles lässt du hinter dir ... Dein Zuhause, deine Freunde, deine Verpflichtungen ... Auch das, was dich bedrückt, lässt du zurück ... Alles, was dir Sorgen macht, was dich ängstigt ... Weit spannst du deine Flügel aus ... Aber du musst sie immer seltener schlagen ... Denn der Wind trägt dich ... Er trägt dich weit über das Land ... Du spürst die frische Luft, den starken Wind, die warme Sonne ...

Unter dir liegt ein wunderschönes Land ... Du siehst Wiesen und Wälder, Flüsse und Seen, Berge und Täler ... Was siehst du noch? –·–·– Vielleicht siehst du noch etwas ... Etwas, was kein anderer sieht ... Vielleicht siehst du einen bestimmten Menschen? – Ein zurückliegendes Ereignis? – Oder gar ein mögliches Ereignis in der Zukunft? – Vogel flieg'! –·–·– Flieg' weit über das Land! –·–·–

Und wenn du nun genug gesehen hast, dann fliege wieder zurück ... Lass' dir Zeit dabei! ... Behutsam wirst du deinen Flug beenden ... Und ebenso behutsam wirst du auch deine Verwandlung in einen Vogel beenden ... Sei wieder ganz, der du bist ... Richte dich wieder auf ... Öffne deine Augen und kehre in die Gruppe oder auch nur zu dir selbst zurück.

Sodann lauschen Sie bitte einem Gedicht, das – bereits 1870 entstanden – schon schlimme Schatten vorauswirft[136]:

ADA CHRISTEN

PRAG

Auf dem alten jüdischen Friedhof

Sinnend stand ich bei dem Grabe
Rabbi Löws, des jüdischen Weisen,
Hörte wie im Traum den Führer
Seine toten Ahnherrn preisen.

Und warum, so frug ich staunend,
All die Juden, groß und kleine,
Auf das Grab mit leisem Murmeln
Werfen bunte Kieselsteine?

Und es wurde mir die Antwort:
„Um zu ehren ist geboten,
Daß wir Blumen streun Lebend'gen,
Steine auf das Grab der Toten."

Von solch heidnischem Gebrauche
Sind wir Christen längst gereinigt:
Wir bekränzen stets die Gräber
Jener, welche wir gesteinigt.

Abb. 28 Jüdischer Friedhof

Anmerkungen

1 *Friedrich Schiller*, in: Die Räuber. (Or. 1782) Stuttgart: Reclam 1962, S. 15.

2 *Georg Kerschensteiner*: Theorie der Bildung. Berlin – Leipzig: B. G. Teubner 1926, S. 29.

3 *Johannes Tews*: Geistespflege in der Volksgemeinschaft. (Or. 1932) Stuttgart: Klett-Cotta 1981, S. 93.

4 *Romano Guardini*, in: Die Technik und der Mensch. Briefe vom Comer See. 9. Brief. (Or. 1924/25) Mainz: Matthias-Grünewald, 1981, S. 80.

5 *Felix von Cube*: Allgemeinbildung statt produktiver Einseitigkeit. Stuttgart: Klett 1960, S. 87.

6 *Alexander Mitscherlich*: Auf dem Weg zur vaterlosen Gesellschaft. München: Piper 1963, S. 49.

7 *Walter Erbe*: Bildung und Bildungschancen in einer sich wandelnden Welt. In: UNIVERSITAS, 22 (8/1967), S. 827–838, zit. S. 829.

8 *Haim Ginott*: Takt und Taktik im Klassenzimmer. Göttingen: Vandenhoeck & Ruprecht 1974, S. 221.

9 *Hans-Jochen Gamm*: Materialistisches Denken und pädagogisches Handeln. Frankfurt/M.: Campus 1983, S. 167.

[10] *Asfa-Wossen Asserate*: Manieren. Frankfurt/M.: Eichborn 2003, S. 26.

[11] Kursbuch Bildung. Dortmund: Harenberg 2003.

[12] Momentan weist DIE ZEIT folgende Ressorts auf: Politik, Dossier, Wirtschaft, Wissen, Feuilleton, Literatur, Leserbriefe, ZEIT-Chancen, ZEIT-Läufte sowie Leben und Reisen.

[13] *Leonarda Sciascia*: Tote Richter reden nicht. (Or. 1971) München: Deutscher Taschenbuch Verlag 1988, S. 128.

[14] *Jean Ziegler*: Die neuen Herrscher der Welt. Gütersloh: Bertelsmann 2003.

[15] *ATTAC Deutschland* (Hrsg.):Eine andere Welt ist möglich! Hamburg: VSA-Verlag 2002. ATTAC ist das Anagramm für: **A**ssociation pour une **T**axation des **T**ransactions financières pour L'**A**ide aux **C**itoyen.

[16] A. a. O., S. 80ff.

[17] *Manfred Frank*: Wie aus dem Stegreif. In: DIE ZEIT, Nr. 39, vom 18.9.2003, S. 53.

[18] *Hans Scheuerl* (Hrsg.): Klassiker der Pädagogik. 2 Bde. München: C. H. Beck 1979, 1. Bd., S. 217–233 (dargestellt von *Günter R. Schmidt*).

[19] Vgl. dazu mehr in Friedrich Daniel Schleiermacher in Selbstzeugnissen und Bilddokumenten. Dargestellt von *Friedrich Wilhelm Kantzenbach*. Reinbek: Rowohlt 1967.

[20] *Friedrich Schleiermacher*: Über Religion. Reden an die Gebildeten unter ihren Verächtern. (Or. 1799) Stuttgart: Reclam 1969 u. 1980.

[21] Vgl. Anm. 18, a. a. O., S. 220.

[22] Vgl. Anm. 19, a. a. O., S. 101.

[23] *Friedrich Schleiermacher*: Kritische Gesamtausgabe. Berlin – New York: Walter de Gruyter 1984ff.

[24] *Sten Nadolny*: Er oder Ich. Roman. München: Piper 1999, S. 154.

[25] Vgl. Anm. 20, a. a. O., S. 6.

[26] *Friedrich Schleiermacher*: Vorlesungen über die Dialektik. In: *Ders.*: Kritische Gesamtausgabe. Bd. 10.1. u. 10.2. Berlin – New York: Walter de Gruyter 2003.

[27] *Hegels* Dialektik studiert man am besten in den Bänden 5 u.6 der „Werke in zwanzig Bänden", hrsg. von *Eva Mollenhauer* und *Karl Markus Michel*. Frankfurt/M.: Suhrkamp 1969ff., – in der „Wissenschaft der Logik" also, die *Hegel* in seiner Zeit als Rektor des Nürnberger Ägidiengymnasiums (1808–1816) abfasste.

[28] Es gibt zwei seriöse Editionen:
Friedrich Schleiermacher: Pädagogische Schriften. 2 Bde. Hrsg. von *Erich Weniger* unter Mitwirkung von *Theodor Schulze*. Frankfurt/M. – Berlin – Wien: Klett-Cotta im Ullstein Taschenbuch Verlag 1983f. Sowie: *Friedrich Schleiermacher*: Kommentierte Studienausgabe. Texte zur Pädagogik. 2 Bde. Hrsg. von *Michael Winkler/Jens Brachmann*. Frankfurt/M.: Suhrkamp 2000. Da in der zuerst genannten Ausgabe die meisten meiner Anmerkungen sind, wird im Folgenden aus eben dieser zitiert.

[29] *Rainer Winkel*: Antinomische Pädagogik und Kommunikative Didaktik. Düsseldorf: Schwann 1.1986; 2.1988.

[30] Vgl. Anm. 10, a. a. O., S. 8.

[31] Vgl. Anm. 28, 1. Bd., a. a. O., S. 48.

[32] *Conrad Ferdinand Meyer*: Huttens letzte Tage. Eine Dichtung. (Or. 1871) Leipzig: H. Haessel 1922, S. 11. Dieser Vers steht dem Versepos auf *Ulrich von Hutten* (1488–1523), den antipäpstlichen Reformator, als Motto voran.

[33] Vgl. Anm. 20, a. a. O, S. 36.

[34] Ebd., S. 60.

[35] Vgl. Anm. 20, a. a. O., S. 96f.

[36] *Annelies Arp/Christa Breiholz*: Die Zerstörung der Zukunft. In: Westermanns Pädagogische Beiträge, 38 (11/1986), S. 24–27, zit. S. 26f.

37 *Johann Wolfgang von Goethe*: Aus meinem Leben. Dichtung und Wahrheit. 2. Teil. (Or. 1812) Achtes Buch. Bd. I–III. Hrsg. von *W. Ziesemer/ G. Wackerl*. Frankfurt/M.: Insel 1975, S. 393.

38 *Georg Büchner*: Leonce und Lena. (Or. 1836; Uraufführung 1895) Bochum: Textbuch des Schauspielhauses 1984/85, S. 7. Dieses Wort sagt *König Peter* zu seinen Staatsräten.

39 *Wilhelm Dilthey*, in: Traum.(Or. 1903) In: *Ders.*: Gesammelte Schriften. VIII. Bd. Stuttgart – Göttingen: Teubner-Vandenboeck & Ruprecht 4.1968, S. 220–226, zit. S. 225.

40 *Friedrich Hebbel*: Werke. 5 Bde. Hrsg. von *Gerhard Fricke* u. a. 1963 ff. 4. Bd. Darmstadt: Wissenschaftliche Buchgesellschaft 1966, S. 231. Der Eintrag stammt vom 12.8.1838.

41 *Hermann Hesse*: Siddhartha. (Or. 1922) Frankfurt/M.: Suhrkamp 1974, S. 113 f.

42 *Alice Balint*: Versagen und Gewähren in der Erziehung. Vortrag, gehalten auf dem XII. Internationalen Psychoanalytischen Kongreß vom 4.–7.9.1932 in Wiesbaden. In: Zeitschrift für psychoanalytische Pädagogik, 10 (2/1936), S. 73–83, zit. S. 83.

43 *Sigmund Freud*: Abriß der Psychoanalyse. (Or. 1938) Frankfurt/M.: Fischer Taschenbuch Verlag 1984, S. 10.

44 *Martin Luther King*: Kraft zum Lieben. (Or. 1963) Konstanz: Christliche Verlagsanstalt 1974, S. 11.

45 *Karl Menninger*: Selbstzerstörung. Frankfurt/M.: Suhrkamp 1978, S. 15.

46 *Carl-Heinz Mallet*: Kennen Sie Kinder? Hamburg: Hoffmann und Campe 1981, S. 187.

47 *Ruth C. Cohn* im b:e – Gespräch. In: betrifft: erziehung. 14 (1/1981), S. 23–27, zit. S. 25.

48 *Christian Graf von Krockow*: Heimat. In: DIE ZEIT, Nr. 41, vom 5.10.1984, S. 73.

49 *Yehudi Menuhin*: Die Bestimmung des Menschen. (Or. 1984) In: *Rainer Winkel*: Gespräche mit Pädagogen. Weinheim: Beltz 1989, S. 45–54, zit. S. 48.

50 *Karl Bungardt*: Die Odyssee der Lehrerschaft. Sozialgeschichte eines Standes. Frankfurt/M.: Kern & Birner 1959. Hannover: Schroedel 2.1965.

51 *Hugo Gotthard Bloth*: Adolph Diesterweg. Sein Leben und Wirken für Pädagogik und Schule. Heidelberg: Quelle & Meyer 1966.

52 *Friedrich Adolph Wilhelm Diesterweg*: Sämtliche Werke. Hrsg. von *Heinrich Deiter* u. a. Berlin: Volk und Wissen Volkseigener Verlag 1956–1990. Ab Bd. 18 Neuwied: Luchterhand 1998 ff. unter neuer Herausgeberschaft von *Gert Geissler* u. a.

53 *Gert Geißler* (Hrsg.): Friedrich Adolph Wilhelm Diesterweg. Bd. 6 der Reihe „Historische Pädagogik". Baltmannsweiler: Schneider 2002.

54 Ebd., S. 3.

55 *Hugo Gotthard Bloth*: Adolph Diesterweg. In: *Hans Scheuerl* (Hrsg.): Klassiker der Pädagogik. Bd. I. München: C. H. Beck 1979, S. 283–298, zit. S. 287 f.

56 Vgl. Anm. 52, a. a. O., Bd. IX, 1967, S. 17–58, zit. S. 35.

57 Vgl. Anm. 53, a. a. O., S. 10.

58 Vgl. Anm. 52, a. a. O., Bd. VIII, 1965, S. 422.

59 Vgl. Anm. 52, a. a. O., Bd. IX, 1967, S. 45.

60 Vgl. Anm. 52, a. a. O., Bd. VIII, 1965, S. 422.

61 *Jean-Jacques Rousseau*: Emile oder Über die Erziehung. (Or. 1762) Stuttgart: Reclam 1963, S. 103 f.

62 Vgl. Anm. 52, a. a. O., Bd. VIII, 1965, S. 208.

63 *Ferdinand Stiehl* (1812–1878) war als Theologe und Pädagoge von 1844–1872 Referent für Volksschul- und Lehrerbildungsfragen im preußischen Kultusministerium und arbeitete im Auftrag des *Königs Friedrich Wilhelm IV.* eine 1854 erlassene „Regulative" aus, die in Gestalt dreier Verfügungen vom 1., 2. und 3. Oktober als eine der reaktionärsten Schulordnungen in die Geschichte des Schulwesens und der Lehrerbildung überhaupt eingegangen ist. Die 1. Regulative knebelte den Unterricht in den (ev.) Lehrerseminaren; die 2. reduzierte die Vorbildung der (gleichfalls ev.) Seminarpräparanden und die 3. schrieb die Grundzüge der Einrichtung und des

Unterrichts in den (ev. einklassigen) Elementarschulen fest. Schüler und Lehrer sollten von jeder anspruchsvollen Bildung ferngehalten werden. Erst 1861 wurden diese Regulative abgemildert und 1872 durch die „Allgemeinen Bestimmungen" in Form von fünf Erlassen des preußischen Kultusministers *Adalbert Falk* (1827–1900) ersetzt, die vor allem die Volksschule und ihre Lehrer von der Bevormundung durch die Kirchen befreite. *Falk* war von 1872–1879 preußischer Kultusminister und führte als verlängerter Arm *Bismarcks* den „Kulturkampf" – vor allem gegen die kath. Kirche. Vgl. dazu ausführlicher: *Berthold Michael/Heinz-Hermann Schepp* (Hrsg.): Politik und Schule von der Französischen Revolution bis zur Gegenwart. Bd. 1. Frankfurt/M.: Athenäum Fischer Taschenbuch Verlag 1973, S. 314–317.Diese einzigartige Quellensammlung ist für das Verständnis der damaligen Herrschaftsverhältnisse unverzichtbar.

64 Vgl. *Heinrich Tuggener*: Der Lehrer. Studien über Stand, Beruf und Bildung des Volksschullehrers. Zürich: EVZ-Verlag 1962 sowie:
Ursula Walz: Eselsarbeit für Zeisigfutter. Die Geschichte des Lehrers. Frankfurt/M.: Athenäum 1988.

65 *Karl Marx/Friedrich Engels*: Studienausgabe in 4 Bänden. Hrsg. von *Iring Fetscher*. Bd. 1. Frankfurt/M.: Fischer Bücherei 1966, S. 139.

66 *Christian Gotthilf Salzmann*: Ameisenbüchlein oder Anweisung zu einer vernünftigen Erziehung der Erzieher. (Or. 1806) Bad Heilbrunn: Klinkhardt 2.1964.

67 *Christian Gotthilf Salzmann*: Krebsbüchlein oder Anweisung zu einer unvernünftigen Erziehung der Kinder. (Or. 1780) Bad Heilbrunn: Klinkhardt 2.1967. Darüber hinaus empfehle ich folgende Studie: *Gudrun Burggraf*: Christian Gotthilf Salzmann im Vorfeld der Französischen Revolution. Germering: S. Stahlmann 1966.

68 *Ders.*: Konrad Kiefer oder Anweisung zu einer vernünftigen Erziehung der Kinder. (Or. 1796) Bad Heilbrunn: Klinkhardt 1960.

69 *Jean Paul* (d.i. *Johann Paul Friedrich Richter*): Levana oder Erziehungslehre. (Or. 1806) Bad Heilbrunn: Klinkhardt 1963.

70 *Johann Friedrich Herbart*: Allgemeine Pädagogik aus dem Zweck der Erziehung abgeleitet. (Or. 1806) In: *Ders.*: Pädagogische Schriften. 3 Bde. Hrsg. von *Walter Asmus*. 2. Bd. Düsseldorf – München: Küpper 1965, S. 9–155.

71 Vgl. Anm. 66, a.a.O., 2.1964, S. 8.

72 Vgl. *L. Annaeus Seneca*: Lucilium Epistulae Morales. I–LXIX. In: *Ders.*: Philosophische Schriften. Hrsg. von *Manfred Rosenbach*. Bd. III. Darmstadt: Wissenschaftliche Buchgesellschaft 1974, S. 38f. Dort heißt es freilich, gleichsam im Urtext: „homines, dum docent, discunt." – „Menschen lernen, indem sie lehren."

73 Vgl. Anm. 66, a.a.O. 2.1964, S. 17.

74 Ebd., S. 13.

75 Ebd.

76 Ebd., S. 51–66.

77 Vgl. Anm. 55, a.a.O. 1979, S. 298.

78 Vgl. *Adolf Diesterwegs* Wegweiser zur Bildung für deutsche Lehrer. Hrsg. von *K. Wacker*. Paderborn: Schöningh 1913. Sowie (eher wissenschaftlichen Ansprüchen genügend): *Adolph Diesterweg*: Wegweiser zur Bildung für deutsche Lehrer. Paderborn: Schöningh 1958. Nach dieser Ausgabe wird im Folgenden, bis auf eine Ausnahme (vgl. die röm. Ziffer), zitiert. (Gelegentlich wird der Vorname *Diesterwegs* fälschlicherweise am Ende mit *f* und nicht mit *ph* geschrieben!)

79 *Immanuel Kant*: Über Pädagogik. (Or. 1803) In: Ders.: Werke. Bd. XII. Frankfurt/M.: Insel 1964, S. 691–761, zit. S. 711.

80 Vgl. *Berthold Michael/Heinz-Hermann Schepp* (Hrsg.): Politik und Schule von der Französischen Revolution bis zur Gegenwart. Eine Quellensammlung. Frankfurt/M.: Athenäum Fischer Taschenbuch 1973, S. 313.

81 So der spätere *Paul Oestreich* (1878–1959) in: Die Schule der Volkskultur. Rudolstadt: Greifenverlag 2.1946, S. 146.

82 Vgl. Anm. 52, Bd. 7, a. a. O., 1964, S. 89.

83 *Adolph Diesterweg*: Wegweiser zur Bildung für deutsche Lehrer. (Or. 1835) Essen: Baedecker 3.1844, S. XII. Die meisten der aufgezählten Männer dürften bekannt sein – *Johann Peter Hebel* (1760–1826), Autor der „Kalendergeschichten" und des „Schatzkästleins" ist nicht zu verwechseln mit dem Dramatiker *Friedrich Hebbel* (1813–1863), der „Die Nibelungen" schrieb. Und der ev. Theologe *Paul Tillich* (1886–1965) kann natürlich nicht gemeint sein, wohl aber *Ernst Tillich* (1780–1808), der in seinem kurzen Leben Beachtliches leistete: Er war studierter Theologe, Lehrer, Gründer des „Leipziger Instituts" (einer im Sinne *Pestalozzis* wirkenden Elementarschule) sowie Autor zahlreicher Lehr- und Schulbücher über Arithmetik, Geometrie und Leseunterricht.

84 Zit. in: Zeitschrift für Pädagogik. 14. Beiheft. Weinheim: Beltz 1977, S. 258.

85 *Erich Weniger*: Die bleibenden Aufgaben der Lehrerfortbildung. In: Westermanns Pädagogische Beiträge, 3 (3/1951), S. 97–104.

86 A. a. O., S. 99.

87 A. a. O., S. 102.

88 Ebd.

89 A. a. O., S. 100.

90 A. a. O., S. 103.

91 Ebd.

92 A. a. O., S. 100.

93 A. a. O., S. 104.

94 Vgl. dazu ausführlicher Anm. 29 sowie: *Rainer Winkel*: Theorie und Praxis der Schule oder: Schulreform konkret – im Haus des Lebens und Lernens. Baltmannsweiler: Schneider 1997, das IV. Kapitel.

95 *Friedrich Schleiermacher*: Pädagogische Schriften I. Die Vorlesungen aus dem Jahre 1826. Frankfurt/M.: Klett-Cotta im Ullstein Taschenbuch 1983, S. 60.

96 Vgl. Anm. 61, a. a. O., 1963, S. 176.

97 Vgl. die Belege in: *Frankfurter Allgemeine Zeitung*, Nr. 214, vom 15.9.2003, S. 4.

98 Vgl. ausführlicher: DER SPIEGEL, Nr. 46, vom 10.11.2003, S. 46–68. Aber auch Fachzeitschriften widmen Themenschwerpunkte dem zu registrierenden Problem – etwa *PÄD Forum: unterrichten erziehen*, Heft 1/2004, mit der Titelage „Störende Schüler – Verstörte Lehrer – Gestörte Schule".

99 Vgl. *rheinland-pfälzische schule*, 54. Jg., 10/2003, S. 220.

100 Vgl. dazu *Josef Kraus*: Lehrerimage, Lehrernachwuchs und Lehrerbildung. Berlin: Bund Freiheit der Wissenschaft 2003.

101 So *Dieter Lenzen* in der Berliner Morgenpost, vom 13.11.2003, S. 3.

102 *Ders.* in der Berliner Morgenpost, vom 26.8.2003, S. 17.

103 Vgl. dazu *Rainer Winkel*: Der gestörte Unterricht. Neuausgabe: Baltmannsweiler: Schneider 7.2005.

104 *Max Weber*: Politik als Beruf. (Or. 1919) Berlin: Duncker & Humblot 4.1964, S. 67.

105 Die besagte Kontroverse erschien in der Zeitschrift *Neue Sammlung*, 21. Jg., Heft 2 u. 3.

106 *Adolf Diesterweg*: Schriften und Reden in zwei Bänden. Ausgewählt und eingeleitet von *Heinrich Deiters*. Berlin – Leipzig: Volk und Wissen Verlag 1950. 1. Bd., S. 47f.

107 *Anton Hinlegen*: Das endgültige Lehrer-Handbuch. Reinbek: Rowohlt 1993, S. 19ff.

108 *Adolph Freiherr von Knigge*: Über den Umgang mit Menschen. (Or. 1788) Repr. Nachdruck Darmstadt: Wissenschaftliche Buchgesellschaft 1967, Erster Teil, S. 267–269. *Knigge* lebte nur von 1752–1796, schrieb neben Romanen (kein Benimmbüchlein, sondern) dieses zutiefst pädagogische Buch, das heute womöglich den Titel trüge „Menschliche Kommunikation: Ihre leidige Wirklichkeit und herbeizuführende Möglichkeit".

Drei herrliche Aktualisierungen legten vor: *Hans-Jochen Gamm*: Umgang mit sich selbst. Grundriß einer Verhaltenslehre. München: List 1977. *Asfa-Wossen Asserate*: Manieren. Frankfurt/M.: Eichborn 2003. Und: Frech-Becker, Cornelia / Becker, Susanne: Fünfzig Jahre passé, Knigge ade, Schule oh je! Baltmannsweiler: Schneider 2005.

109 *Jo Frenzel*: Friedrich Nietzsche. Rowohlts Monographien Bd. 50634. Reinbek: Rowohlt Taschenbuch Verlag 1.1966; 32.2002, S. 8.

110 Vgl. dazu weiterführend: *Carl R. Rogers*: Die nicht-direktive Behandlung. München: Kindler 1972.

111 Vgl. dazu weiterführend: *Paul Watzlawick u. a.*: Menschliche Kommunikation. Formen, Störungen, Paradoxien. Bern – Stuttgart: Huber 8.1990.

112 *Friedemann Schulz von Thun*: Miteinander reden. 2 Bde. Reinbek: Rowohlt 1989f.

113 *Aldous Huxley:* Schöne neue Welt. (Or. 1932) Frankfurt/M.: Fischer Taschenbuchverlag 1953; 35.1983.

114 *Rainer Kokemohr*: Friedrich Nietzsche. In: *Hans Scheuerl* (Hrsg.): Klassiker der Pädagogik, 2. Bd. München: C.H. Beck 1979, S. 34–45, zit. S. 35.

115 Vgl. Anm. 109, a.a.O., S. 29.

116 *Arthur Schopenhauer*: Die Welt als Wille und Vorstellung. (Or. 1818) In: *Ders.*: Sämtliche Werke. Hrsg. von *Paul Deussen*. München: R. Piper 1911f. Erster Band, S. 1–487. Abgedruckt ist darin die 3. und letztlich gültige Auflage von 1859. *Schopenhauer* stellte dem Ersten Buch dieses vierteiligen Werkes als Motto den Aufruf *Rousseaus* voran, der da lautet: „Sors de l'enfance, ami, réveile – toi!" – „Verlasse die Kindheit, mein Freund, wache auf!"

117 Vgl. Anm. 109, a.a.O., S. 45f.

118 Ebd.

119 *Rüdiger Safranski*: Nietzsche. Biographie seines Denkens. München: Hanser 2000. Jetzt auch Frankfurt/M.: S. Fischer 2.2003.

120 *Paul Raabe*: Spaziergänge durch Nietzsches Sils-Maria. Zürich – Hamburg: Arche 1.1994; 5.2001.

121 *Friedrich Nietzsche*: Gedichte. Hrsg. von *Jost Hermand*. Stuttgart 1964, S. 64.

122 So *Rainer Wuthenow* in der *Frankfurter Rundschau*, Nr. 159, vom 14.7.1987, S. 7.

123 Vgl. Anm. 121, a.a.O., S. 64.

124 *Timo Hoyer*: Nietzsche und die Pädagogik. Werk, Biographie und Rezeption. Würzburg: Königshausen & Neumann 2002.

125 *Dietrich Benner*: Allgemeine Pädagogik. Eine systematisch-problematische Einführung in die Grundstruktur pädagogischen Denkens und Handelns. Weinheim – München: Juventa 1987, S. 108.

126 A.a.O., S. 122f.

127 A.a.O., S. 165f. Die Kursivierungen stammen von mir.

128 *Gerhard Mertens*: Verbindliche Argumentation in der Pädagogik? In: Pädagogische Rundschau, 45 (1/1991), S. 81–100, zit. S. 81.

129 *Christoph Wulf*: Einführung in die Anthropologie der Erziehung. Weinheim – Basel: Beltz 2001, S. 52f. Vgl. auch seinen exzellenten Aufsatz über „Das Böse im Denken Nietzsches". In: *Andreas Schirmer/Rüdiger Schmidt* (Hrsg.): Entdecken und Verraten. Zu Leben und Werk FRIEDRICH NIETZSCHES. Weimar: Hermann Böhlaus Nachfolger 1989, S. 353–360.

130 Im Folgenden werden Zitate aus *Nietzsches* Schriften folgender Ausgabe entnommen: *Friedrich Nietzsche*: Sämtliche Werke in zwölf Bänden. Stuttgart: Kröner 1964f. Um die Zahl der Anmerkungen nicht allzu sehr ansteigen zu lassen, wird im Text zunächst die jeweilige Bandzahl und darauf folgend die entsprechende Seitenzahl in arabischen Ziffern genannt, also z.B.: Bd. 1., S. 1. Diese ansonsten ausgezeichnete „Kröner-Ausgabe" besitzt nur einen Makel: An ihrer Edition hat *Alfred Baeumler* mitgewirkt, der zu jenen Intellektuellen gehörte, die dem Nationalsozialismus einen Anstrich von deutscher Geistigkeit gaben. Deshalb sei auf die Stan-

dardausgabe hingewiesen: *Friedrich Nietzsche*: Sämtliche Werke. Kritische Studienausgabe in 15 Bänden. Hrsg. von *Giogio Colli* und *Mazzino Montinari*. München – Berlin – New York: Walter de Gruyter 1988. Neuausgabe als Taschenbuchkassette: München: Deutscher Taschenbuch Verlag 1999. Ansonsten sind auch die Einzelbände (etwa im Insel-Verlag) oder Auswahlbände (im Hanser Verlag) empfehlenswert.

131 Ein Tragelaph ist ein altgriechisches Fabeltier, das die Eigenschaften und Merkmale verschiedener Tierarten in sich vereint, also ein Monstrum.

132 *Leo Tolstoi*: Die Kreutzer-Sonate (Or. 1891) Olten – Stuttgart – Salzburg: Fackelverlag o.J., S. 50.

133 *Julius Langbehn*: Rembrandt als Erzieher. (Or. 1890) Leipzig: C.L. Hirschfeld 84.1922.

134 Vgl. Anm. 124, a.a.O., S. 294.

135 A.a.O., S. 31.

136 Dieses Gedicht von *Ada Christen* (eigentlich *Christiane von Breden*, geb. *Frederik*), einer österreichischen Lyrikerin und Erzählerin, die von 1844–1901 weitgehend in Wien lebte, findet sich in dem Buch von *Bruno Brandl* (Hrsg.): Liebe zu Böhmen. Ein Land im Spiegel deutschsprachiger Dichtung. Berlin: Verlag der Nation 1990, S. 119.

IX. Station: „Gefährlich ist's, den Leu zu wecken ...“ oder: Hoffen und Leiden in der ersten Hälfte des blutigsten, des 20. Jahrhunderts

Als die meisten Deutschen im Frühjahr und Sommer 1945 (manche schon etwas früher) auf den Trümmern der Barbarei standen, saßen oder darniederlagen, reckte der eine oder die andere die Hände zum Himmel und schwor, alles zu tun, dass sich diese entsetzlichen Verbrechen nicht wiederholen. Auch mein Vater schrie auf den verkohlten Trümmern seines Dresdner Verlages und seines zerbombten Wohnhauses (s)ein „Nie wieder!“ zum Himmel: Nie wieder sollten braune Horden einen ganzen Kontinent in Schutt und Asche legen ... Und seinen Kindern sowie seiner Frau, seinem Bruder und seiner Schwägerin sowie deren Kindern, die er mit einer tollkühnen Dreistigkeit aus dem bedrohten Dresden kurz vor dem 13./14. Februar 1945 herausgeschmuggelt hatte, einer Großfamilie also, die sich bald darauf in Bielefeld eine neue Existenz aufbaute, jeder so viel er konnte, diesen Menschen las und trug er häufig *Schiller*s „Lied von der Glocke“ [1] vor. Bestimmte Verse sind mir noch heute tief ins Gedächtnis gedrungen, als wären sie dort eingebrannt worden:

Der Meister kann die Form zerbrechen
Mit weiser Hand, zur rechten Zeit,
Doch wehe, wenn in Flammenbächen
Das glüh'nde Erz sich selbst befreit!
Blindwütend, mit des Donners Krachen,
Zersprengt es das geborstne Haus,
Und wie aus offnem Höllenrachen
Speit es Verderben zündend aus.
Wo rohe Kräfte sinnlos walten,
Da kann sich kein Gebild gestalten;
Wenn sich die Völker selbst befrein,
Da kann die Wohlfahrt nicht gedeihn.

Weh, wenn sich in dem Schoß der Städte
Der Feuerzunder still gehäuft,
Das Volk, zerreißend seine Kette,
Zur Eigenhilfe schrecklich greift!
Da zerret an der Glocke Strängen
Der Aufruhr, daß sie heulend schallt
Und, nur geweiht zu Friedensklängen,
Die Losung anstimmt zur Gewalt.

Freiheit und Gleichheit! hört man schallen,
Der ruh'ge Bürger greift zur Wehr,
Die Straßen füllen sich, die Hallen,
Und Würgerbanden ziehn umher;
Da werden Weiber zu Hyänen
Und treiben mit Entsetzen Scherz,
Noch zuckend, mit des Panthers Zähnen,
Zerreißen sie des Feindes Herz.
Nichts Heiliges ist mehr, es lösen
Sich alle Bande frommer Scheu,
Der Gute räumt den Platz dem Bösen
Und alle Laster walten frei.
Gefährlich ist's, den Leu zu wecken,
Verderblich ist des Tigers Zahn,
Jedoch der schrecklichste der Schrecken,
Das ist der Mensch in seinem Wahn.
Weh denen, die dem Ewigblinden
Des Lichtes Himmelsfackel leihn!
Sie strahlt ihm nicht, sie kann nur zünden
Und äschert Städt und Länder ein.

Wie kam es zu solch' Schrecknissen, Verbrechen und solchem Leid? Vor allem: Was hat das mit Pädagogik und Schule, mit Bildung und Erziehung zu tun? Diese sind doch nur für die Balladen zuständig und die gleichschenkeligen Dreiecke, für die unregelmäßigen Verben und die Felgen am Reck ... Sind sie wirklich dafür zuständig? Nur dafür? In erster und letzter Linie?

Unsere vorletzte Reiseetappe wird an ganz verschiedenen Orten und zu ganz verschiedenen Zeiten Halt machen: in Abbotsholme und München, in Rom und Dornach, in Jena und Jerusalem ..., aber auch in Amsterdam und Auschwitz, in Berlin und in Treblinka ... Zeitspanne: um 1900 bis etwa zur Mitte des 20. Jahrhunderts. Vor allem in einem Land, das sogar die Glocken einschmolz, um daraus neue Waffen, Kanonen, herzustellen – in demselben Land, in dem *Schiller* 1799 den Ruf der Glocke erschallen ließ: *Vivos voco. Mortuos plango. Fulgura frango.* (Die Lebenden rufe ich. Die Toten beklage ich. Die Blitze breche ich.) Und ein letzter Hinweis vorweg: Im Gegensatz zu den drei ausführlichen Besuchen während unserer letzten Station können die folgenden nur Kurzbesuche sein, wenn wir mit möglichst vielen Pädagogen des 20. Jahrhunderts ins Gespräch kommen wollen – speziell mit den Repräsentanten der Reformpädagogik.

Wiederum gilt es aber zunächst, die Pädagogik als eine in den Gesamtzusammenhang der gesellschaftlichen Wirklichkeit eingebettete Bemühung anzusehen. Mit Hilfe von vier ganz verschiedenen Materialien habe ich dies – zunächst einmal für mein eigenes Bewusstsein – getan:

- Vor mir liegt ein faszinierender Bildband von *Herbert Reinoß* über „Unser 20. Jahrhundert“ – klug und sparsam kommentiert von *Ludwig Knoll*[2]. Da reckt sich seit der Pariser Weltausstellung von 1889 der Eiffelturm in die Höhe und auf einen selbst fällt der unbestechliche Blick von *Sigmund Freud*, dessen „Traumdeutung“ das Erscheinungsjahr 1900 aufweist ...
  Da steigt *Graf Zeppelin* in die Lüfte, und einer riesigen Menschenmenge brüllt *Kaiser Wilhelm II.* 1914 die Worte entgegen: „Ich kenne nur noch Deutsche!“ Wir sehen geschlagene Armeen und Charleston tanzende Paare während der „roaring twenties“. Da marschieren Wehrmachtskollonen und es fallen Bomben. Wir sehen Trümmerhalden und das erste Kabinett unter *Konrad Adenauer*, mit dem die Bundesrepublik Deutschland, damals (1949) von den meisten etwas spöttisch „Trizonesien“ genannt, ihren beispiellosen Aufstieg begann. „Die Helden von Bern“ schauen überall hin, nur nicht in die Augen des Betrachters, aber die RAF-Terroristin *Ulrike Meinhof* blickt entsetzt in die Kamera ...
  Ein einziges Foto wendet sich der Schule zu bzw. lässt uns in eine Mädchenklasse schauen: Strickstunden für „unsere Feldgrauen“, wie die Hurra-Patrioten 1914 genannt wurden.[3]

Abb. 29 In der Nähschule Ende des 19. Jahrhunderts

Waren Kinder, Schüler, Jugendliche unwichtig? Lästig? Allenfalls potenzielles Kanonenfutter? Oder hat man sie 'nur' vergessen? Dabei sollte, wie *Ellen Key* in ihrem Weltruhm erlangenden Buch gefordert hatte, dieses 20. Jahrhundert doch ein „Jahrhundert des Kindes“ [4] werden – ein Buch übrigens, das sie allen Eltern widmete, „die hoffen, im neuen Jahrhundert den neuen Menschen zu bilden“ und dem sie ein obskures Zitat aus *Nietzsche*s „Zarathustra“ voranstellte. Wie ernst also meinte es dieses Jahrhundert mit seinen, wie ernst meinten es die während dieser Zeit lebenden Generationen mit ihren Kindern? Wir werden sehen ...

- Da liegt zweitens vor mit der 4. Band von *Hans-Ulrich Wehler*s Deutscher Gesellschaftsgeschichte: fast eintausend Seiten dichter Text und darauf folgend 170 Seiten Anhang [5]. Das Seltsame sei sofort mitgeteilt: Sicherlich ist die Lektüre kein reines Lustvergnügen, aber eine ungemein lohnende und an keiner Stelle langweilende Arbeit. Die bewährten Zentraldimensionen bzw. Ordnungskonfigurationen (der Wirtschaft, der Sozialstruktur, der politischen Herrschaft und der Kultur) fungieren auch hier als die vier entscheidenden „Achsen“ in dem zwischen 1914 und 1945 sich immer mehr beschleunigenden und just durch sie beschleunigten Tranformationsprozess, „der Deutschland weiter in die Moderne katapultiert hat“ [6]. Man mag darüber trefflich streiten, ob und inwiefern es berechtigt ist, von einem „zweiten Dreißigjährigen Krieg“ zu sprechen, also von einer nur von kurzen Verschnaufpausen unterbrochenen Epoche der Gewalt (denn der 30jährige Krieg war ein religiöser Eroberungskrieg, der 2. Weltkrieg aber ein rassistischer Vernichtungskrieg); man mag die Parallelisierung von „rechtstotalitärem Faschismus“ und „linkstotalitärem Kommunismus“ in Frage stellen (zumal AUSCHWITZ die logische Konsequenz, das stalinistische Straflagersystem des GULAG jedoch die Pervertierung eines –ismus darstellt; man mag die eine oder andere Position von *Wehler* teilen oder kritisieren, die folgenden sieben Resultate dieser stupenden Forschungsarbeit dürften unwiderlegt sein:
  - ☐ Das 20. Jahrhundert fiel nicht nur den brutalen Gegnern jedweder Menschlichkeit zum Opfer, sondern auch ihren allzu laschen und schwachen Verteidigern.
  - ☐ In welchen Farben, Kleidern oder Marken auch immer – es sind die Extremisten auf den Wogen der Radikalismen, die Menschen um ihre Freiheit und Würde bringen.
  - ☐ So mächtig und bedeutsam die „charismatischen“ Herrscher auch sein mögen, ihre Wirkungskraft können sie nur dann entfalten, wenn die Massen ihre Prophetie ersehnen.
  - ☐ Ambivalent ist und bleibt eine bzw. die Moderne, wenn sie nur auf den Fortschritt, die Rationalität, die Verwissenschaftlichung, das Neue oder die Effektivität setzt. Die Nazis hielten sich auch für „fortschrittlich“, „vernünftig“ (sogar im Sinne der „Vorsehung“); sie stellten ihren Rassenwahn auf

eine „wissenschaftliche“ bzw. erbbiologische Grundlage, sprachen vom Beginn einer „neuen Zeit“ und waren äußert „effektiv“ – selbst bei der Vernichtung „unwerten Lebens“ und bei der Schaffung eines „neuen“ Menschen.

- ☐ Ohne verbindliche Werte, die für alle Menschen bekömmlich sind und die wir in der Trias „Freiheit – Gleichheit – Geschwisterlichkeit“ zusammenfassen, pervertieren selbst die besten Absichten, Bemühungen und Handlungen.
- ☐ Das Ausmaß der Verluste, die allein auf das Konto der braunen Horden gehen, ist so horrende, dass es unser Vorstellungsvermögen schier übersteigt: über sechs Millionen tote deutsche Soldaten, aber auch über sechs Millionen ermordete Menschen semitischer Herkunft bzw. jüdischen Glaubens sind zu beklagen; annähernd zwei Millionen Vertriebene (von insgesamt 12,4 Millionen) kamen auf der Flucht ums Leben[7], aber auch fast alle Sinti und Roma, deren man damals habhaft werden konnte (immerhin etwa 500.000)[8]; und auch Zahlen wie diese dürfen nicht unterschlagen werden: allein in den deutschen Konzentrationslagern waren etwa 300.000 deutsche Täter damit beschäftigt, Menschen umzubringen – davon 1,5 Millionen jüdische Kinder[9]. Und schließlich:
- ☐ Die wohl wichtigste Erkenntnis aus der Studie *Wehler*s liegt in der Einsicht begründet, dass jeglicher deutsche Sonderweg ins Unheil führt und unsere Wohlfahrt allein in der Völkerfamilie gedeihen kann, deren kleinste Einheit die private Familie, auch und gerade die multikulturelle Lebensgemeinschaft ist: Inmitten aller Schrecknisse und „an erster Stelle“, so *Wehler*, „bewährt sich die Familie als stabilisierende Institution“[10]. Und: „Mit allen Illusionen eines deutschen ‘Sonderwegs’, mit allen Weltmachtsträumen war es seither vorbei. Statt dessen konnten sich die Deutschen in einer Gesellschaft und in einem Staat – beide zweifelsfrei Geschöpfe der westlichen Tradition – auf Dauer einrichten, und erstmals scheint ihnen ihre politische und gesellschaftliche Ordnung zu gelingen:“[11] Freilich: Wachsamkeit bleibt angesagt – heute und morgen ...

- Ein drittes (fast bin ich geneigt zu sagen) Materialdepot lässt sich zu Beginn unserer Kurzbesuche ausbreiten. Es sind großformatige Bände aus der „Chronik-Bibliothek des 20. Jahrhunderts“[12], die wie gebundene Jahrgänge einer Tageszeitung ausschauen und doch etwas anderes sind: Jahr für Jahr hat der Gesamtherausgeber die bedeutendsten Ereignisse eines jeden Jahres gesammelt und dokumentiert – ob in Politik, Wirtschaft, Kultur, Sport, Alltag oder Gesellschaft, so dass man eine Chronologie der Ereignisse in Text und Bild vor Augen hat. Jeder Monat beginnt mit einem Kalendarium, das die wichtigsten Ereignisse chronologisch ordnet; es folgen Text und Bildbeiträge (z. T. als Faksimiles aus Zeitungen und Zeitschriften); Einzelartikel, graphische Darstellungen,

Fotos – sogar die Wetterberichte kann nachprüfen, wer will. Statistiken, Querverweise, Nekrologe, Kurzbiographien, Personenregister u. ä.m. bilden ein Dokumentationssystem, wie ich es bisher noch nie zur Verfügung hatte. Warum aber wurde es hier zu Rate gezogen? Zwei ganz verschiedene, scheinbar nichts miteinander zu tun habende „Nachrichten", die auf den hier folgenden Seiten abgedruckt sind, mögen die Antwort nahelegen. Im 1. Band (Jan. 1900, S. 24) findet sich – gewiss nicht ohne Stolz – eine Auflistung des Kolonialbesitzes der Großmächte. Im Monat darauf (Febr. 1900, S. 50) kann man Artikel, Fotos und Grafiken zum deutschen Bildungswesen studieren. Was aber hat das eine mit dem anderen zu tun? Sehen diesbezüglich nur Ideologen Zusammenhänge? Kolonien dort, Frauen an die Universitäten hier ... Was soll's? – Ja, was soll's? Reformen können eben auch zu Diensten, willkommen, gefragt sein, noch dazu, wenn sie der Modernisierung dienen. „Wir müssen nationalökonomische und finanzielle Kenntnisse uns aneignen, denn es gilt, Deutschland seine Stellung in der Welt, besonders auf dem Weltmarkt zu wahren." [13] Solche Worte klingen höchst aktuell, sie könnten hier und jetzt von jedem deutschen Bundeskanzler, Wirtschaftsminister, Ministerpräsidenten oder Verbandsfunktionär stammen und sind doch zu Beginn des 20. Jahrhunderts gesprochen worden: *Wilhelm II.*, „Deutscher Kaiser und König von Preußen", rief sie Kasselaner Gymnasiasten zu – schließlich galt er als jung, modern, fortschrittlich, dynamisch, weltoffen ... Hatte nicht er bereits 1899 für die Technischen Hochschulen das Promotionsrecht erstritten? Am 26.11.1900 die Gleichwertigkeit der Gymnasien, Realgymnasien und Oberrealschulen per Erlass amtlich anerkannt? Den Lateinunterricht zu Gunsten von mehr Deutschunterricht zurückgedrängt? – Dieses dritte Materialdepot ist deshalb so bedeutsam, weil es einem den Blick schärft für die Zusammenhänge zwischen der politischen und ökonomischen Macht auf der einen und den zaghaft um Bildung sich bemühenden Systemen bzw. Menschen auf der anderen Seite: Sie waren und sind nicht davor gefeit, in den Dienst genommen zu werden oder sich gar als gut belohnte Helfershelfer anzudienen. Damals nicht und heute nicht. Wenn man hautnah erlebt, dass und wie sich heutzutage Einzelne der pädagogischen Zunft einer auf Ökonomie fixierten Politik andienern und ihr die bildungs- bzw. schulpolitischen Strategien zur Unterstützung machtpolitischer Intentionen liefern, fühlt man sich an unheilvolle Jahre und an charakterlose Quislinge erinnert. Gerade das 20. Jahrhundert war von diesem Dilemma, dieser Mesalliance, nachdrücklich gekennzeichnet ...

Besitz der Kolonialmächte zu Beginn des 20. Jahrhunderts

Die folgende Aufzählung verzeichnet die wichtigsten Kolonialmächte mit einer Auswahl ihrer Kolonien im Jahr 1900.

Deutsches Reich

1884 Schutzbriefe für Deutsch-Südwestafrika, Togo, Kamerun und Kaiser-Wilhelms-Land.
1885 Schutzbriefe für Deutsch-Ostafrika und die Marshall-Inseln.
1898 Pachtung von Kiautschou in China.
1899 Erwerbung der Karolinen, der Marianen und Samoas.

Frankreich

1674 Martinique und Guadeloupe werden Kronkolonien.
1816 Endgültige Sicherung von Französisch-Guayana.
1830 Eroberung Algeriens.
1842 Tahiti wird Protektorat (1880 Kolonie).
1854 Senegal wird Kolonie.
1883 Tunis wird Protektorat.
1885 Madagaskar wird französisches Protektorat.
1887 Annam, Tonkin, Kambodscha und Kotschinchina – 1893 auch Laos – werden zum Protektorat Indochina vereinigt.
1891 Französisch-Kongo wird selbständige Kolonie.
1893 Errichtung der Kolonien Elfenbeinküste und Französisch-Guinea.
1894 Besetzung von Dahome.
1895 Errichtung der Kolonie Französisch-Westafrika.

Großbritannien

1612 Erwerbung der Bermudas.
1655 Eroberung von Jamaika.
1659 Besetzung von St. Helena.
1704 Besetzung von Gibraltar.
1763 Kanada wird Kolonie (1774 Provinz, 1867 Dominion).
1788 Gründung der Strafkolonie auf Australien (1900/01 Australischer Bund).
1796 Eroberung von Ceylon.
1800 Besetzung von Malta.
1806 Kapkolonie wird britisch.
1808 Sierra Leone wird britische Kronkolonie.
1810 Frankreich tritt Mauritius an Großbritannien ab.
1814 Frankreich tritt Tobago und Saint Lucia ab.
1826 Annexion von Assam (1874 Protektorat).
1839 Eroberung von Aden.
1840 Besetzung von Hongkong (1843 Kolonie Victoria).
1840 Proklamation der Souveränität über Neuseeland.
1843 Annexion von Natal (1893 Autonomie).
1861 Lagos wird Protektorat (1862 Kolonie).
1877 Britisch-Indien wird Kaiserreich.
1878 Zypern kommt unter britische Verwaltung.
1882 Besetzung Ägyptens (1899 britisch-ägyptisches Kondonium = Gemeinschaftsverwaltung).
1886 Birma wird Britisch-Indien eingegliedert.
1888 Trinidad und Tobago werden Kronkolonie.
1891 Rhodesien wird Protektorat.
1896 Uganda wird Protektorat.

Portugal

1456 Inbesitznahme der Kapverdischen Inseln.
1475 Beginn der Kolonisation von São Tomé mit Sträflingen.
1490 Besetzung von Angola.
1510 Eroberung von Goa.
1559 Eroberung von Daman.
1597 Gründung von Macau.
1609 Moçambique wird Gouvernement Portugals.

USA

1867 Kauf Alaskas von Rußland.
1898 Annexion von Hawaii.
1898 Spanien tritt Kuba, Puerto Rico, Guam und die Philippinen an die USA ab.
1899 Errichtung von Amerikanisch-Samoa.

Bildungswesen 1900:

Reform in der Schule – Frauen an Universitäten

Die Bildungsdiskussion in vielen Industriestaaten, am ausgeprägtesten im Deutschen Reich und in Frankreich, ist zu Beginn des 20. Jahrhunderts von der Auseinandersetzung zwischen der traditionellen klassisch-humanistischen und der modern-technischen Richtung geprägt. Von großer Aktualität ist auch das Bemühen der Frauen, ihre gleichberechtigte Zulassung zum Hochschulstudium zu erreichen.

Die Hinwendung zur Technik wird an der verstärkten Förderung technischer Hochschulen deutlich. So soll die Anstalt in Charlottenburg bei Berlin durch eine Neugründung in Danzig entlastet werden, auch mit der Stadt Breslau und den oberschlesischen Industriegebieten führt der preußische Staat Verhandlungen über die Gründung einer technischen Hochschule.

Vorreiter der sog. Reformschule sind Altona und Frankfurt am Main. Der von Karl Reinhardt entwickelte Frankfurter Plan, so genannt nach dem seit 1892 beim Goethe-Gymnasium in Frankfurt durchgeführten Modell, sieht die Vereinigung von Gymnasium und Realgymnasium zu einer Gesamtschule vor mit gemeinsamer Unterstufe, die zugleich Unterstufe für die Mittel- und Oberklassen lateinloser Real- und Oberrealschulen ist. In den drei unteren Klassen wird nur eine Fremdsprache gelehrt. Die Reformer halten es für bedenklich, wenn zu früh die Elemente mehrerer fremder Sprachen nebeneinander erlernt werden: »Die erste fremde Sprache, die der Knabe lernt, muß für mehrere Jahre die einzige sein, mit der er sich befaßt, und sie muß ihm auf möglichst empirischem, natürlichem Wege beigebracht werden.« Dies aber, so Reinhardt, sei nur möglich bei einer lebendigen Sprache, nicht bei Griechisch oder Latein. Die einzige lebendige Sprache, die sich dafür im Deutschen Reich eignet, sei das Französische.

Jeder deutsche Bundesstaat regelt das Unterrichtswesen selbständig. Preußen verfügt über kein Schulgesetz im eigentlichen Sinne, sondern hat das Schulwesen durch allgemeine Bestimmungen geordnet. Schulzwang besteht für Kinder des sechsten bis 14. Lebensjahres. Arme Schüler erhalten auf Kosten der Schulklasse einige Lernmittel unentgeltlich. Schulgeld wird nicht erhoben. In einer Klasse dürfen höchstens 70 Schüler sein. Das Schuljahr beginnt am 1. April bzw. nach Ostern. Die Aufsicht unterliegt weltlichen oder geistlichen Schulinspektoren, dem Gemeindeschulvorstand, der Regierung und dem Kultusministerium.

Das Schulwesen der anderen deutschen Staaten hat mit dem preußischen viel Ähnlichkeit, doch bestehen einige Unterschiede: In Bayern dauert die Schulpflicht vom sechsten bis zum 13. Lebensjahr für die Volksschule und bis zum 16. Lebensjahr für die Sonn- oder Feiertagsschule. In Sachsen dürfen in einer Klasse nicht mehr als 60 Schüler sein. In Württemberg dauert die Schulpflicht vom siebten bis zum 14. Lebensjahr, der Besuch der Sonntagsschule ist bis zum 18. Lebensjahr obligatorisch.

Zwei kleine Berlinerinnen auf dem morgendlichen Weg zur Schule

Praktischer Unterricht in der Küche einer Haushaltungsschule

In Österreich-Ungarn dauert die Schulpflicht vom sechsten bis zum 14. Lebensjahr. Kein Lehrer darf gleichzeitig mehr als 80 Kinder unterrichten. Das Schuljahr beginnt im Frühjahr. Anfang und Dauer der täglichen Schulzeit werden vom Ortsschulrat festgelegt. Die wöchentliche Schulzeit darf 32 Stunden nicht überschreiten. Die einzelnen Kronländer bestimmen den Lehrplan selbständig nach den vom Ministerium vorgegebenen Normen. Körperliche Züchtigung ist verboten. – Die sich auf die Volksschule aufbauende dreiklassige Bürgerschule vermittelt Kenntnisse, die auf die Bedürfnisse der Gewerbetreibenden und Landwirte zugeschnitten sind.

In der Schweiz regelt jeder Kanton sein Schulwesen selbst. Das Schulalter ist unterschiedlich, die jährliche Schulzeit liegt bei sechs bis zehn Monaten (Halb-, Dreiviertel-, Ganzjahresschulen). Die Höchstschülerzahl pro Klasse beträgt 52 bis 120. Der Bund ist am Schulwesen beteiligt durch die Rekrutenprüfungen, denen sich jeder Schweizer im Alter von 19 Jahren unterwerfen muß; hier werden die Kenntnisse in Lesen, Schreiben, Rechnen und Vaterlandskunde geprüft.

Der zweite große Trend des Jahres 1900 – neben der verstärkten Berücksichtigung des technischen Fortschritts in den Bildungseinrichtungen – ist die vermehrte Zulassung von Frauen zum Hochschulstudium im Deutschen Reich. Deutsche Frauen waren bisher im allgemeinen gezwungen, in der Schweiz zu studieren, und hatten erhebliche Schwierigkeiten, ihren Beruf im Deutschen Reich auszuüben. Dasselbe gilt für Österreich, das dem deutschen Beispiel zögernd folgt.

Seit 1896 nehmen einige deutsche Universitäten Gasthörerinnen auf, allerdings unter diskriminierenden Sonderbestimmungen. Seit 1899 dürfen Frauen im Deutschen Reich

Schweizerische Dorfschulklasse aus dem Tessin; mehrere Schülergenerationen werden in einem Raum unterrichtet

studieren. Dies gilt jedoch nicht für alle Fakultäten, und es steht den Professoren frei, dem weiblichen Geschlecht ihre Kollegien zu verschließen. Auch werden die Studentinnen meist nur als Hörerinnen zugelassen. Lediglich das Großherzogtum Baden erläßt am 28. Februar 1900 eine Verordnung, durch die Frauen, die die Reifeprüfung bestanden haben, uneingeschränkt zum Hochschulstudium zugelassen werden. Österreich-Ungarn, wo die Frage des Frauenstudiums bisher noch nicht zu einer größeren Diskussion geführt hat, erlaubt am 3. September 1900 Frauen den Zugang zum medizinischen Doktorat und zum Apothekerberuf. Die ablehnende Haltung, die zahlreiche Professoren dem Frauenstudium immer noch entgegenbringen, hat verschiedentlich zu dem Vorschlag geführt, eine eigene Frauenuniversität zu gründen. Für studierwillige Deutsche, Österreicherinnen und Russinnen bleibt die Schweiz vorerst aber weiter das Land, in dem sie ohne behördliche Schwierigkeiten studieren können. So zählt die Universität Bern im Wintersemester 1900/01 unter ihren 1239 Studenten 380 Frauen, von denen 301 das volle akademische Bürgerrecht genießen. Von diesen gehören 202 der medizinischen, 94 der philosophischen und fünf der juristischen Fakultät an. Nur 48 von ihnen sind Schweizerinnen. Zwölf kommen aus dem Deutschen Reich, drei aus Österreich und 227 aus Rußland; der Rest verteilt sich auf das übrige Europa, Asien und die USA.

Die Zahlen an den reichsdeutschen Universitäten sind 1900 rückläufig. Ende des Wintersemesters 1899/1900 waren in Berlin 431 Frauen eingeschrieben, im Sommersemester nur noch 301. Der Rückgang wird auf verschärfte Zulassungsbestimmungen zurückgeführt.

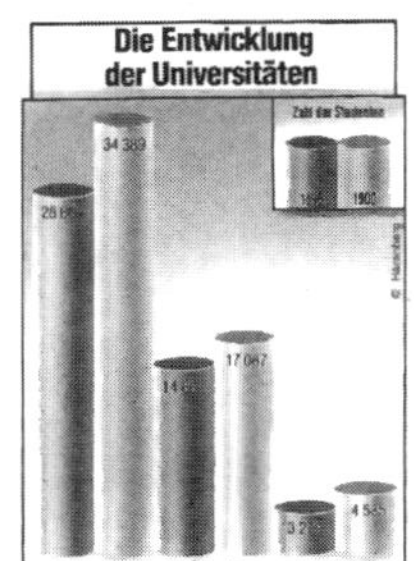

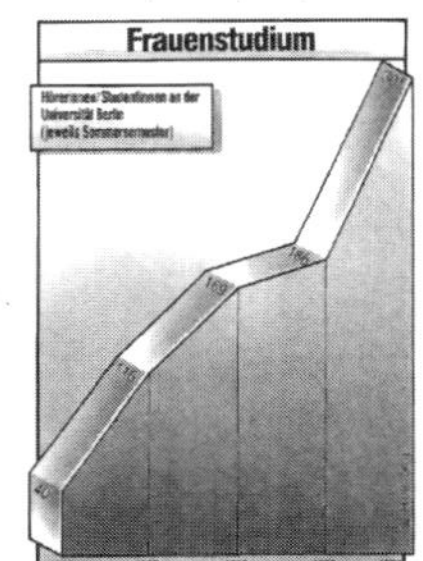

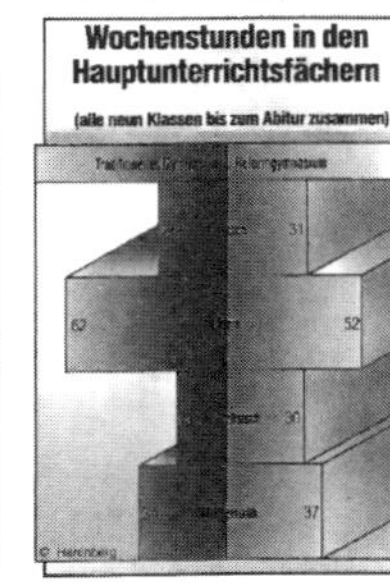

Und schließlich gehören zum „Zeitalter der Extreme" auch und gerade Schuld, Scham, Entsetzen, Verzweiflung, aber auch Reue, Verzeihen, Buße und Vergebung – die nichts mit dem Vergessen zu tun haben. Konkret: Zur Vorbereitung auf die Darstellung ausgewählter Bildungsprobleme des 20. Jahrhunderts habe ich auch die beiden Bücher des Berliner Historikers *Jörg Friedrich* (Jg. 1944) konsultiert: über den Bombenkrieg während des 2. Weltkrieges [14]. Nur längere Pausen erlaubten die vollständige Lektüre und den verweilenden Anblick. Dabei sind weniger die Zahlen so erschütternd und auch nicht die Trümmerhaufen, weniger die Geschwader und die Leichenberge als vielmehr die Gesichter der fotografierten Menschen, speziell der Kinder. Versteinerte Gelassenheit, disziplinierte Routine, aber auch Angst, Schmerz, Verzweiflung und Entsetzen ob eines unvorstellbaren Leids bleiben haften. Aus den Tätern wurden Opfer, und Opfer wurden zu Tätern. Es gibt keinen Tod erster oder zweiter Klasse: Ob ein Kind in einem Dresdner Luftschutzkeller erstickt oder in einer Lagerbaracke in Treblinka erfriert, hat gewiss völlig verschiedene politische und ideologische, moralische und gesellschaftliche Dimensionen, aber für das leidende, gequälte, verängstigte und zum Schluss sogar sterbende Kind bleibt dies unerkannt und bedeutungslos. Da gibt es auch nichts aufzurechnen und zu relativieren – im Gegenteil. Wo immer Menschen andere Menschen erniedrigen, beleidigen, unterdrücken, quälen, foltern und töten, schlagen sie nicht nur der Menschlichkeit ins Gesicht, sondern sind auch verantwortlich dafür, dass zumindest in einem konkreten Mitmenschen, in seinem Leib und in seiner Seele, Angst und Verzweiflung, Schmerz und Entsetzen ihr Unwesen treiben. Und weil das Böse wie das Gute zum anthropologischen Haushalt des Menschen, jedes Menschen, gehört, wird es zum pädagogischen Problem. Wenn es in *Schillers* „Wallenstein", genauer: in den „Piccolomini" (5. Aufzug, 1. Auftritt) heißt: „*Das eben ist der Fluch der bösen Tat,/Daß sie, fortzeugend, immer Böses muß gebären*", dann darf der Pädagoge nicht von der Umkehrung lassen, die da lautet:

Das ist der Segen einer guten Tat,

Dass sie, fortzeugend, durchaus Gutes mag gebären.

Mag, nicht *muß* gebären ...

*

* *

Nun aber zu unserer (reform)pädagogischen Rallye. Sie beginnt, nun ja,

in Abbotsholme: Noch ehe das hier pädagogisch zu kennzeichnende Jahrhundert begonnen hatte, machte sich ein noch nicht einmal 30 Jahre alter Lehrer auf nach England und besuchte die von *Cecil Reddie* (1858–1932) geleitete „New School Abbotsholme". Sein Name: *Hermann Lietz*, am 28.4.1868 auf Rügen (in Dumgenewitz) als Sohn eines kleinen Gutsbesitzers geboren. Was wollte er dort? Er, der in Greifswald und Stralsund zur Schule gegangen, in Halle und Jena Theologie und Philosophie studiert hatte, staatlich examiniert und akademisch promoviert worden war, als Oberlehrer an der renommierten Universitätsschule in Jena unterrichtete und dem, gefördert von dem damals einflussreichen Pädagogen *Wilhelm Rein* (1847–1929), eine glänzende Karriere geradezu auf den Leib geschnitten war? Was wollte dieser mecklenburgische Heißsporn in Mittelengland, nahe der Stadt Derby, auf einem ehemaligen Adelssitz, den *Reddie* 1889 zu einer neuen, einer anderen, einer alternativen (Privat-)Schule ausgebaut hatte?

Abb. 30 Hermann Lietz

Nun, *Hermann Lietz* gehörte einer Generation an, die unter der alten Schule des 19. Jahrhunderts ungemein gelitten hat. Man lese nur die Schulerinnerungen oder die literarischen Verarbeitungen von Schulerlebnissen, wie sie zum Beispiel *Thomas Mann* (1875–1955) in den „Buddenbrooks" (von 1901), *Rainer Maria Rilke* (1875–1926) in seiner „Turnstunde" (erschienen 1902) oder *Robert Musil* (1880–1942) in den „Verwirrungen des Zöglings Törleß" (erschienen 1906) vorgelegt haben und das Ausmaß der Drangsalierungen, der Ödnis, der Langeweile und der Angst wird deutlich.[15] Aber auch die ganz und gar unliterarischen, dafür aber extrem nüchtern-protokollarischen Kindheits- und Jugenderinnerungen des Begründers der deutschen Soziologie, des 1876 geborenen und 1969 verstorbenen *Leopold von Wiese,* mit dem bezeichnenden Titel „Kadettenjahre“[16], zu dem *Hentig* eine kluge Einführung geschrieben hat („In der Erziehung zählt das Urteil der Opfer.“), können hier exemplarisch als Beleg dafür herangezogen werden: In Deutschland im letzten Drittel des 19. Jahrhunderts zur Schule zu gehen, das hieß in der Regel: stures Pauken, devotes Kuschen, öde Langeweile, quälende Angst und lerntötende Rituale hinnehmen zu müssen. Wer den Bildband von *Horst Schiffler* und *Rolf Winkeler* durchblättert[17], wird diese Erkenntnis buchstäblich vor Augen haben. Diese geradezu vitale Abneigung gegenüber einer Pauk- und Drillschule sowie die Sehnsucht nach einer schülerfreundlichen Stätte des Lehrens und Lernens, des Miteinanderlebens und Gestaltens trieb *Hermann Lietz* außer Landes. Er hatte beide Welten kennengelernt: auf Rügen das einfache, gesunde, tätige Landleben und in den Städten das gekünstelte, ungesunde, ausschweifende Großstadtmilieu. Hier die Familie, dort die Institution; hier die Identifikation, dort die Entfremdung; hier die Gemeinschaft, dort die Vereinzelung. Deshalb betont *Peter Menck* in seiner „Geschichte der Erziehung“, die übrigens die einzige mir bekannte Erziehungsgeschichte ist, die gleichsam von vorne nach hinten verläuft, also in der damaligen Gegenwart (bei *A. S. Neill*) beginnt und bis zu *J. A. Comenius* reicht –, *Menck* betont zu Recht das eigentliche Verdienst des Begründers der Deutschen Landerziehungsheime, indem er schreibt:

„Wichtiger und folgenreicher ist die Entdeckung von Lietz, im Wandervogel, der Jugendbewegung insgesamt, daß die Gemeinschaft von Kindern und Jugendlichen von großer pädagogischer Bedeutung ist. Nach dem Muster der „Familie“ hatte schon Pestalozzi, hatte auch Wichern seine Anstalten organisiert. Auch Lietz benutzt diesen Begriff. Aber im Unterschied zu jenen sieht er – wie seine Zeitgenossen – die Sache so, daß „die Jugend die Jugend erzieht“, von „peer-group“ spricht man heute.“[18]

Schulprüfung in Bornstedt in Anwesenheit der kronprinzlichen Familie.

Abb. 31 Die preußische Pauk- und Drillschule
(Es handelt sich bei der Abbildung um die Visitation des preußischen Kronprinzen und späteren Königs von Preußen (als *Friedrich III.*) sowie des späteren Kaisers (als *Friedrich*), der von 1831–1888 lebte.
Auffallend ist u. a. die Simulation des Lehrers, der in seiner Haar- und Barttracht seinem Patron auffallend ähnelt.)

Voller Begeisterung kam *Lietz* nach Deutschland zurück und schrieb ein in der Tat mitreißendes Buch mit dem Titel „Emblohstobba. Roman oder Wirklichkeit?“ Emblohstobba – Abbotsholme: ein Anagramm, eine Buchstabenumkehrung wurde zum Fanal einer Epoche. Diese „Bilder aus dem Schulleben der Vergangenheit, Gegenwart und Zukunft“ erschienen 1897, sie sind längst vergriffen und weitgehend vergessen und doch verdienen sie zumindest in einer Hinsicht unsere Erinnerung.[19] *Lietz* hat sie zu drei Fragen und einer Forderung aufgeworfen:

„1. Läßt der Lehrer alles, was die Schüler finden und leisten können, diese thun, und leistet er bei dieser gemeinsamen Erarbeitung des Stoffes geschickt Hilfe? (Interesseerweckung.)

2. Befolgt der Lehrer das psychologische ABC, daß von der Anschauung zur Vorstellung, von dieser zum Denken fortzuschreiten ist; sorgt er für Anschaulichkeit,

Klarheit, innerlich lebhafte Wirkung und Festigkeit der Vorstellungen, indem er den erarbeiteten Stoff auf seine Gründe hin prüfen, beurteilen, vergleichen läßt und dann einprägt?

3. Verfährt der Lehrer individuell, berücksichtigt er alle Schüler, insbesondere auch die schwächeren?“ [20]

Ob die Beantwortung dieser Fragen zu Gunsten der Lehrer ausfallen würde, bezweifelt *Lietz*, denn, so seine Forderung:

„Erziehung, die nicht auf den Idealismus sich gründet, auf den Glauben an die Menschheit, auf die Güte der Menschennatur, auf die unbedingte Notwendigkeit des selbstlosen Thuns des Guten, auf den Sieg dieses Guten: ist wertlos.“ [21]

Lietz behauptet nicht, dass Erziehung und Bildung identisch mit diesem Glauben, dieser Güte, dieser Hoffnung seien, wohl aber sollen sie darauf gründen.

Den Rest seines relativ kurzen Lebens – er wurde gerademal 51 Jahre alt und starb am 12.6.1919 im Landschulheim Haubinda – war er rastlos tätig, um aus seinen Träumen Wirklichkeit werden zu lassen: Er gründete ein Landerziehungsheim nach dem anderen: in Ilsenburg/Harz (1898), in Haubinda/Thüringen (1901), in Bieberstein/Rhön (1904) und in Veckenstedt/Rhön (1914). Landerziehungsheime wohlgemerkt, Landschulheime, aber keine Schullandheime. Wenn, sagen wir, das Ratsgymnasium Bielefeld seine Schüler ab und zu für zwei oder drei Wochen in sein Schullandheim auf Langeoog fahren lässt, bedeutet dies etwas anderes als die internatsmäßige Schul-Bildung im Landerziehungsheim Bieberstein. Auf Langeoog durften wir Ratsgymnasiasten gleichsam Ferien vom traditionellen Schulalltag erleben und genießen (durchaus reformpädagogisch); in Bieberstein hingegen war bzw. ist die Reformpädagogik schulischer Alltag. *Lietz* wollte und realisierte keine Unterrichts-, sondern eine Erziehungsschule:

„Ganz anders, ja gerade entgegengesetzt, in Zielen wie in Mitteln, verfährt die Schule, welche die alte Unterrichtsschule ablösen wird oder hier und da schon abgelöst hat: die Erziehungsschule.

Nicht Kenntnisse, Wissen, Gelehrsamkeit, sondern Charakterbildung; nicht alleinige Ausbildung des Verstandes und Gedächtnisses, sondern Entwicklung aller Seiten, aller Kräfte, Sinne, Organe, Glieder und guten Triebe der kindlichen Natur zu einer möglichst harmonischen Persönlichkeit; nicht Lesen, Schreiben, Griechisch, sondern Leben lehren: das ist das ideale Ziel, welches die Erziehungsschule bei allem, was sie mit dem Zögling vornimmt, nie außer acht läßt.“ [22]

Bildung durch Erziehung in einer Lebens-Gemeinschaft – so lautete das pädagogische Programm von Hermann Lietz, der darüber hinaus der Ansicht war, dass just darin die einzige Möglichkeit läge, die deutsche Kultur zu erneuern, die moderne Zivilisation zu vermenschlichen und die rasselnde Nation vor Unheil zu bewahren. Dass er mit diesem Credo einseitig auf die Pädagogik setzte und damit die Politik missachtete, soll ebenso wenig verschwiegen werden wie sein mitunter allzu pauschaler Antimodernismus, sein penetranter Antiintellektualismus und auch sein gelegentlicher Antisemitismus, worauf *Fritz März* mit deutlichen Worten hingewiesen hat[23]. Vor allem sein Nachfolger und selbst ernannter Erbe *Alfred Andreesen*, der 1934 eine Biographie über *Hermann Lietz* publizierte[24], hat viel dazu beigetragen, dass aus gelegentlichen Bemerkungen, die durchaus zum gewohnten Sprachhabitus eines Deutschnationalen gehörten, eine schlimme und von *Lietz* mit großer Wahrscheinlichkeit nicht akzeptierte Kontinuität wurde. „Was Lietz pädagogisch erstrebte", so *Andreesen* 1934, „hat Hitler politisch durchgesetzt."[25] Dass auch solche peinlichen Anbiederungsversuche letztlich nicht die Gleichschaltung oder auch Auflösung verhindert, wohl aber eine jahrzehntelange Besudelung zurückgelassen haben, ist diesen devoten Mitläufern aufgrund ihrer Borniertheit auch dann noch nicht klar geworden, als das Verhängnis längst von allem und jedem Besitz ergriffen hatte. *Andreesen* jedenfalls, geboren 1886, starb am 3. Oktober 1944, ebenfalls auf Schloss Bieberstein bei Fulda und musste sich nicht mehr rechtfertigen bzw. verantworten – auch nicht gegenüber seinem vermeintlichen Vorbild und Freund *Hermann Lietz*, der ein streitbarer Mann war und von keiner fahrlässigen Bemerkung freigesprochen werden soll, der sich aber gegenüber einer nationalsozialistischen Vereinnahmung nicht mehr wehren konnte. Halten wir fest: **Bildung durch Erziehung in einer Lebens-Gemeinschaft ...**

*
* *

Natürlich könnten wir jetzt noch viele andere Landerziehungsheime besuchen, jedes von ihnen hat ein eigenes und interessantes Profil: die „Freie Schulgemeinde Wickersdorf" (*Gustav Wyneken*), die „Odenwaldschule" (*Paul Geheeb*), die einstige „Schule am Meer" auf der Insel Juist (*Martin Luserke*) oder die „Ecole d'Humanité auf dem Hasliberg (*Ruth C. Cohn*), das LEH „Schloss Salem" (*Kurt Hahn*) oder das „Landschulheim am Solling" (*Alfred Kramer*) ... Eine ganze Landerziehungsheimbewegung entstand, über die in den gängigen Geschichten der Pädagogik, speziell bei *Wolfgang Scheibe*[26] oder *Jürgen Oelkers*[27] Aufschlussreiches nachzulesen ist. Und wer die Festschriften oder Periodika dieser Landerziehungsheime studiert, sich die Dokumente und Bilder, die Berichte und Darstellungen anschaut[28], ist von der immanenten Pädagogik gewiss nachhaltig beeindruckt. Und doch sind sie nur ein Teil jener bizarren Reformpädagogik, die eine andere Erziehung, Bildung und Schule wollte als die herkömmliche. Aber auch dieses stimmt: Andere Reformpädagogen wollten auf andere Weise dieses Andere verwirklichen – zum Beispiel ein ehrgeiziger, leidenschaftlicher und aufmüpfiger Schulrat in **München**: Als *Hermann Lietz* 1886 nach Abbotsholme aufbrach, war er schon 42 Jahre alt und seit einem Jahr Münchener Stadtschulrat: *Georg Kerschensteiner*, geboren am 29.7.1854 in München und ebenda gestorben am 15.1.1932.

Über das Leben *Kerschensteiner*s gibt es (immer) noch keine wissenschaftlichen Ansprüchen genügende Biographie – seine zweite Frau *Marie* hat einen verehrenden Lebenslauf vorgelegt[29], ansonsten sind „Kerschensteiner-Interpreten" auf sein *curriculum vitae* nur en passant eingegangen.

Ich selbst fand zu *Kerschensteiner* auf eine sehr persönliche Art und Weise: Als ich nämlich im Schuljahr 1970/71 Klassenlehrer eines 8. Schuljahres wurde und diese Jugendlichen durch ein damals neu eingeführtes 10. Schuljahr entweder auf einen „Mittleren Abschluss" der Sekundarschule oder den „Berufseinstieg" vorbereiten sollte, stieß ich auf jenen Pädagogen, der allgemein als „Vater der Berufsschule" gehandelt wurde und – mehr wusste ich nicht. Und weil kurz darauf im Zuge meines Zweitstudiums erste Prüfungen an der Universität Bochum anstanden, ich von *Kerschensteiner* kaum eine Ahnung hatte, ihn aber kennenlernen wollte, trug ich als eines von mehreren Prüfungsthemen ohne mit der Wimper zu zucken ein: „Georg Kerschensteiner: sein Leben und sein Werk". Auf diese Weise war beiden gedient: meiner pädagogischen Neugier und den Prüfungsauflagen. Wer also war und ist dieser Reformpädagoge?

Abb. 32 Georg Kerschensteiner

Als ich mich in der Uni-Bo an die Recherche begab, begann meine Suche nicht bei den Pädagogen, sondern bei den Psychologen und Psychiatern, denn deren Wissenschaften studierte ich mit nicht geringerer Leidenschaft. In irgendeinem Regal der Bibliothek des Psychologischen Instituts fiel mir ein Buch in die Hände, das den Titel trug „Große Pädagogen". Geschrieben hatte es *Josef Rattner*[30] – „*der Rattner*", den wir als einen der kommenden Tiefenpsychologen intensiv studierten? Ich blätterte und staunte: Von *Erasmus von Rotterdam* (1467–1536) bis hin zu *August Aichhorn* (1878–1951) hatte der Autor 15 Pädagogen vorgestellt. Und *Rattner* war wirklich „*der Rattner*", freilich: Als er sein Vorwort (1956) schrieb, war er gerade erst mal 27 Jahre alt und noch als Erziehungsberater in Zürich tätig. Der darin abgedruckte und auch heute noch lesenswerte Essay über *Georg Kerschensteiner* beginnt mit den Sätzen: „Die europäischen Schulen haben ihren Ursprung im Humanismus des 15. und 16. Jahrhunderts und ihr Gepräge wird bis auf den heutigen Tag von dieser Herkunft her bestimmt. Die Humanisten waren Männer der Literatur; das Buch ist ein Symbol ihres Strebens und Wirkens, welches vor allem die Kultur der Sprache – namentlich auch durch die Pflege des Lateinischen und des Griechischen – in den Mittelpunkt stellte."[31] Und in den darauf folgenden sechs (nicht ganz kurzen) Sätzen gelingt *Rattner* die Verdeutlichung der Grundeinstellung *Kerschensteiner*s: Denn just gegen diese Vereinseitigung, diese Nur-Buch-, Nur-Pauk- und Nur-Sprachschule (nicht aber gegen die Humanistische Bildung) kämpfte *Kerschensteiner* (s)ein Leben lang. *Georg Kerschensteiner* wurde am 29. Juli 1854 in München geboren – in ärmlich-dürftige Verhältnisse hinein. Den einzigen Weg zum sozialen Aufstieg bot (damals) nach Absolvierung der Volksschule der Eintritt in ein Lehrerseminar (eine Präparandie), die Tätigkeit als Schulhelfer und danach (!) die Aufnahme in ein Gymnasium – so auch dem jungen *Georg K.* Diese Entbehrungen, diese autodidaktischen Bemühungen und diese jahrelangen Minderwertigkeitserfahrungen kann man sich heute kaum drastisch genug vorstellen. Und im Gegensatz zu manchem Parvenu hat sich *Kerschensteiner* stets sein leidenschaftliches Engagement für die Benachteiligten bewahrt. Er studierte, promovierte (in der Mathematik), wurde Gymnasiallehrer für Mathematik und Naturwissenschaften und kam aufgrund der in der Praxis täglich erfahrenen Defizite zu der sein ganzes späteres Leben beeinflussenden pädagogisch-didaktischen Einsicht: Mit trockenem Buchwissen allein war und ist keine Bildung möglich. So wie man ohne Wolle nicht stricken und in einem leeren Becken nicht schwimmen lernen kann, lässt sich ohne Experiment und Versuch, ohne tätige Arbeit und praktische Erfahrung kein vernünftiger, motivierender und bildender Unterricht realisieren. Anstelle der Buchschule versuchte er, auch durch erste Veröffentlichungen, die Arbeitsschule oder zumindest das seit *Pestalozzi* und der Industriepädagogik nicht unbekannte Prinzip des Arbeitsschulgedankens zu verwirklichen. Völlig überraschend wurde er 1895 zum Münchener Stadtschulrat gewählt und erhielt dadurch die einmalige Gelegenheit, das dortige Schulwesen (vor allem die Volksschulen) in diesem Sinne zu reformieren.

25 Jahre währte die „Ära Kerschensteiner“ und München wurde, wie seinerzeit die „Pestalozzianischen Anstalten“, das „Pädagogische Mekka“: Die Volksschulzeit wurde unter seiner Tätigkeit auf acht Jahre verlängert; der Werkstattunterricht für Jungen und Mädchen konnte eingeführt werden; ohne ihn gäbe es keine Berufsschule und keine Arbeitsgemeinschaften; der Gruppenunterricht, das Außerschulische Lernen, die Schülermitverantwortung u. a. m. wären noch lange Fremdlinge in der deutschen Pädagogik geblieben. Nach dem 1. Weltkrieg begann *Kerschensteiners* Theoriephase: Er wurde Honorar-Professor an der Münchener Universität und baute ein umfangreiches wissenschaftliches Œuvre über seine zum großen Teil fortbestehende Praxis auf. Hatten andere Pädagogen erst ihre Theorie ausgearbeitet und sie dann in der Praxis zu realisieren versucht, verlief *Kerschensteiners* Weg umgekehrt: Erst gestaltete er die Praxis und legitimierte sie anschließend theoretisch – vor allem in freundschaftlicher Auseinandersetzung mit dem von ihm so überaus geschätzten fast 30 Jahre jüngeren Kollegen *Eduard Spranger* (1882–1963), mit dem er nicht nur einen intensiven Briefwechsel pflegte [32], sondern vor allem nach seiner Wahl in den Deutschen Reichstag auch einen freundschaftlich werdenden persönlichen Kontakt – *Spranger* lehrte ab 1920 an der Friedrich-Wilhelm-Universität in Berlin und *Kerschensteiner* war seit 1911 für die Fortschrittliche Volkspartei MdR, Mitglied des Reichstages.

Berühmt gemacht haben *Kerschensteiner* nicht nur seine praktischen Reformen, sondern in seiner ersten Schaffensperiode auch seine drei Begriffsschriften:[33] „Der Begriff der staatsbürgerlichen Erziehung“ (1910); der „Begriff der Arbeitsschule“ (1912); und die Schrift „Charakterbegriff und Charaktererziehung“ (1912). Und ich kann mich noch sehr gut an den Widerwillen erinnern, mit dem einer meiner Pädagogik-Professoren das Exposé zu meiner Magisterprüfung las [34] und es mir mit den Worten zurückgab: „Da bin ich mal gespannt, wie Sie einen rechtskonservativen Pädagogen mit der „Kritischen Erziehungswissenschaft“ Ihres Magistervaters versöhnen wollen.“ Auch seine Alterswerke ließen *Kerschensteiner* vor allem in der Weimarer Republik ausgesprochen populär werden[35]: „Die Seele des Erziehers und das Problem der Lehrerbildung“ (1921); die Abhandlung über „Das Grundaxiom des Bildungsprozesses und seine Folgerungen für die Schulorganisation (2.1924) und seine „Theorie der Bildung“ (1926). Darüber hinaus sollen zwei Monographien erwähnt werden, die das Gesamtwerk *Kerschensteiners* würdigen: Zum einen die von *Gerhard Wehle*[36] und zum anderen die von *Theodor Wilhelm*[37] – beide bis heute unersetzt. Am 15. Januar 1932 starb *Kerschensteiner* in München, in seiner Vaterstadt, die erst 70 Jahre später bereit war, wenigstens eine Straße nach ihm zu benennen[38]. Ich betone diese diskrepante Rezeption deshalb, weil an ihr und durch sie ein weiteres Mal deutlich wird, wie ideologisch wir z. T. immer noch mit unserer Vergangenheit umgehen. Das international renommierte Werk *Kerschensteiners* hatte nach seinem Tod drei Schläge auszuhalten, die nach 1933 im Deutschen Reich sowie nach 1945 in

Deutschland-West und Deutschland-Ost publizistisch tödlich wirkten: Den Nationalsozialisten war er nicht „völkisch“ genug; in der DDR heftete man ihm spätestens nach dem Berliner Mauerbau am 13.8.1961 als Etikett „bürgerlich“ bzw. „nicht antifaschistisch genug“ an; und in der BRD galt er ab 1968 als „konservativ“ (allenfalls „scheißliberal“), was bei den 68ern gleichbedeutend war mit dem Verdikt „faschistoid“ und „Steigbügelhalter der Nazis“. Er durfte hüben wie drüben nicht mehr gelesen werden, und ich vermute, wenn ich 1971 nicht bereits ein bestallter Lehrer (und „Beamter auf Lebenszeit“) gewesen wäre, mein Prüfungsthema wäre glatt zurückgewiesen worden. Ähnlich wie *Peter Petersen* war *Kerschensteiner* einfach nicht salonfähig: Wer da von „Sachlichkeit“, „Werkgerechtigkeit“, „Fleiß“, „Sittlichkeit“ und ähnlichen Tugenden redet, schreibt und nach ihnen zu handeln versucht, wurde mit seinen Schriften auf den Index gesetzt – übrigens auch von denen, die heute nach „Elite-Universitäten“ ebenso lautstark rufen wie nach jenen Sekundärtugenden, die sie einstmals mitten in die Konzentrationslager gerückt hatten. Damit soll überhaupt nicht geleugnet werden, dass auch ein *Kerschensteiner* oder ein *Petersen* ihre Fehleinschätzungen, Einseitigkeiten, Fahrlässigkeiten, (wenn man so will) ihre Irrtümer zu verantworten haben. Aber auch bei *Platon*, bei *Augustinus*, bei *Luther*, *Comenius*, *Rousseau*, *Pestalozzi* oder bei *Herbart* finden sich viele längst überholte oder widerlegte Behauptungen. Das Skandalon liegt nicht darin, sondern in dem Hang, mit verschiedenen Maßen zu messen: Wer hierzulande erst einmal zum Säulenheiligen erklärt wurde wie jüngst – sagen wir – *Jean-Jacques Rousseau*, darf sicher sein, dass er auch von dem zur Zeit und hierzulande wohl populärsten Pädagogen nur verehrungsvoll dargestellt wird[39] und es allenfalls einem ins Exil vertriebenen Schriftsteller vorbehalten bleibt, Licht *und* Schatten dieses genialen und *gleichzeitig* irrenden Pädagogen und Gesellschaftskritikers aufzuzeigen[40]. Umgekehrt: Einmal unter Verdacht, immer verdächtig ... Dass und wie sehr es lohnt, *Kerschensteiner* auf seinen Bildungsbeitrag hin zu befragen, wollen die nun folgenden Hinweise belegen[41]:

*Kerschensteiner*s Hauptmotiv war das Beheben eines Defizits. Die einseitige sprachlich-theoretisch-enzyklopädische Bildung in der vermeintlich korrekten Realisierung *Humboldt*'schen Gedankengutes galt es zu Gunsten eines ganzheitlichen Bildungskonzeptes zu korrigieren. Der deshalb von *Kerschensteiner* immer wieder zum Kronzeugen angerufene Pädagoge war folglich nicht *Wilhelm von Humboldt*, sondern *Pestalozzi* (1746–1827), der von „allseitiger“ Bildung sprach – übrigens ebenso wie *W. v. Humboldt*. Sein Slogan einer Bildung von „Kopf, Herz und Hand“ lautet im Original zwar „Geist, Herz und Hand“, aber die Intention *Pestalozzi*s war schon korrekt wiedergegeben worden[42]: Kognitive, emotionale/soziale und praktische Bildung sollten eine unlösbare Einheit eingehen, konkret: Nur wenn der junge Mensch von Anfang an in seinem Bildungsprozess auch eine berufliche Orientierung erfährt, kann dieser den Anforderungen an Ganzheitlichkeit genügen, mit anderen Worten: Die Berufsbildung ist Teil der Allgemeinbildung.

Wie amputiert die Bildung (vornehmlich die „höhere“ Bildung) im 19. Jahrhundert geworden war, hatte bereits *Nietzsche* aufgezeigt; *Friedrich Paulsen* (1846–1908), der Doktorvater von *Eduard Spranger*, geißelte die „Halbbildung“ und kämpfte für die Gleichberechtigung der Realgymnasien mit den Humanistischen Gymnasien; und *Kerschensteiner* setzte bei der Behebung dieses Defizits auf die berufliche Bildung oder zumindest auf eine berufliche Orientierung der allgemeinen Bildung.

Bereits 1921 unterschied *Kerschensteiner* in einem kurzen Aufsatz Bildung als Formung bzw. Verfahren und Bildung als Form bzw. als einen Zustand[43]. Das Wachsen der Menschenseele bis hin zu ihrer „vollendeten Gestalt“ bewirkt die Formung, die so gebildete seelische Gestalt selbst ist die zuständige Bildung: „Immer höhere Werte erfassen zu lernen, in immer mehr Wertbereiche einzudringen, immer feinere Wertunterschiede erleben zu können, nach immer feineren Unterschieden das Handeln durchzuführen ..., das ist die Absicht der Bildung.“[44]

Bildung ist also einerseits Aneignung bzw. Assimilation der Kulturgüter, andererseits aber auch das Hineinwachsen des Menschen in eine bestimmte Kultur bzw. die Akkomodation an einen je spezifischen Wertehorizont – ein Gedanke, den Jahrzehnte später *Wolfgang Klafki* in seiner „Kategorialen Bildung“[45] wieder aufnehmen sollte. Ohne Erziehung ist eine solche Selbst-Bildung undenkbar, denn „Erziehung ist jener Kulturakt der Gemeinschaft, der bestimmte Kulturgüter (der Religion, der Moral, des Rechtes, des Wissens, der Kunst, der Technik, der gesellschaftlichen Sitten und Gebräuche) so an den Zögling heranbringt, daß sie nach Maßgabe seiner Veranlagung in ihm jenes Maximum von Kulturenergie für die Vermittlung der Gemeinschaft auslösen, deren er fähig ist.“[46] Zu dieser Befähigung bedarf es auch der berufsvorbereitenden Arbeit und der staatsbürgerlichen Erziehung. Als Individuum und als Gemeinschaftswesen ist der Mensch auf beides angewiesen: auf Arbeit und auf Politik. Nicht durch Belehrung oder das bloße Memorieren erfahren wir Bildung, sondern allein durch die Er-*Arbeit*ung der Sachverhalte – sei es kognitiv, handwerklich, sozial, musisch etc. So kommt *Kerschensteiner* zu fünf Merkmalen, die eine gebildete Persönlichkeit auszeichnen – Merkmale wohlgemerkt, nicht Charaktereigenschaften[47].

- Sie zeigt erstens eine Weite des geistigen Horizonts bzw. die Fähigkeit, die Zusammenhänge zwischen den Wertbereichen der Gemeinschaft herzustellen.
- Sie ist zweitens offen für neue Werte, Ideen, Kulturgüter und Herausforderungen.
- Sie begreift drittens den eigenen Bildungsprozess als niemals abgeschlossen.
- Sie lebt viertens aus einer seelischen Zentralität heraus; wir würden heute von einer personalen Mitte sprechen.

- Und die gebildete Persönlichkeit ist fünftens beweglich, hält also nicht starr an einstigen Beurteilungen, Mitteln und Wegen fest, sondern überdenkt und revidiert sie gegebenenfalls stets neu.

Im Konzept der „Arbeitsschule" schuf *Kerschensteiner* den seiner Ansicht nach geeigneteren Ort, um solch eine Bildung zu ermöglichen. Dabei kam es ihm nicht darauf an, allen Schülern gleichsam dasselbe vorzusetzen bzw. abzuverlangen. Ob in einem eher theoretischen, praktischen oder ästhetischen Bildungsgang ..., entscheidend war die Absicht, jedem Kind den ihm gemäßen Weg zur Wahrheit, zum Fleiß, zur Ausdauer, zur Werthaftigkeit zu eröffnen. Das in der Reformpädagogik um sich greifende Motto („Alles vom Kinde aus!" Oder auch: „Laßt alles wachsen und gedeihen!") konnte und wollte *Kerschensteiner* nur insofern akzeptieren, als damit dasjenige gemeint ist, was das jeweilige Kind in seinem Innersten antreibt – vom *Laissez-faire* hielt er absolut nichts. Ebenso entschieden hat er den Vorwurf der bloßen „Handwerkelei" zurückgewiesen – vor allem in Auseinandersetzung mit *Hugo Gaudig*, dem nicht weniger leidenschaftlichen Hallenser und Leipziger Seminardirektor (1860–1923) und seiner „Freien Geistigen Schularbeit"[48]. *Kerschensteiner* ging es nicht um das Werkeln, sondern die theoretisch durchdrungene praktische Arbeit und die auf Praxis hin orientierte Theorie. Auch sein Plädoyer für eine bereits in der Schule beginnende „Staatsbürgerliche Erziehung" wollte keine moralische Belehrung, gar ideologische Schulung inszenieren, sondern frühzeitig *und* realiter politische Bildung erfahrbar machen. Deshalb war er 1910 nach Amerika gefahren, hatte *John Dewey* (1859–1952) und sein Werk „Democracy and Education"[49] ebenso gründlich studiert wie das „Industrial Training" in diversen Schulen und wieder zu Hause die Schülerselbstverwaltung, den staatsbürgerlichen Unterricht sowie Arbeitsgemeinschaften eingeführt. Hinter diesen Reformen, zu denen noch eine Revolutionierung des traditionellen Zeichenunterrichts kam, stand groteskerweise ein Missverständnis: *Kerschensteiner* begründete nämlich diese Innovationen mit der These, die Schule sei ein „Staatsleben im Kleinen", eine *commune en miniature* – was hier und jetzt gelernt würde, hätte mittels Transfer Wirkungen dort und später. „Jede von unsern Schulen ist zu einem Staatsleben im kleinen (embryonic community life) zu machen, das durch seine Beschäftigungsarten das Leben der größeren Gesellschaft widerspiegelt, und das durchtränkt ist vom Geiste der Kunst, Geschichte und Naturwissenschaften"[50] – so schrieb er, *Dewey* übersetzend, in seinem Buch „Grundfragen der Schulorganisation". Dieser aber hatte in seinem Buch über „The School and Society" wörtlich geschrieben: „To make each one of our schools an embryonic community life, active with types of occupation that reflect the life of the larger society and permeatet throughout with the spirit of art, history and science."[51]

Die Schule ist mitnichten ein Staat im Kleinen, keine maßstabsgerechte Verkleinerung eines größeren Gemeinwesens, eine exakte Spiegelung des jeweiligen Ortes, der umliegenden Stadt, des Landes, der Nation, so dass die in ihr gelernten

Einsichten und Verhaltensweisen nur hinübergetragen (trans-feriert) werden müssen. Die Schule steht als Teil und *vis à vis* der Gesellschaft in keinem bloßen Spiegelverhältnis, sondern vielfach gebrochen in ihr und ihr gegenüber. *An embryonic community life* meint eine Elementarisierung späteren Lebens und nicht eine verkleinerte Abbildung. Der Embryo, also das ungeborene menschliche Wesen, lebt bis zum 3. Monat ein durchaus eigenständiges Leben, kein bloßes Größer-werden. Diese Kennzeichnung hat *Kerschensteiner* ebenso missverstanden wie die Gleichsetzung von (amerikanischer) *community* mit dem (deutschen) Staat, so das *Theodor Wilhelm* zuzustimmen ist, wenn er schreibt, dass der Münchener Stadtschulrat und spätere Honorarprofessor *Kerschensteiner* an *einer* grundlegenden Erkenntnis des Chicagoer Professors für die drei *P*s (*P*hilosophie, *P*sychologie und *P*ädagogik) und des Gründers der dortigen *Laboratory School* vorbeigegangen ist, dass nämlich „Leben in der Schule und Leben im Staat *wesenhaft verschieden* sind“ [52]. Die amerikanische highschool war für *Dewey* ein *social center*; von den deutschen Volksschulen erwartete *Kerschensteiner* aber, dass sie als „Buchschulen in Schulen praktischer Arbeit umzuwandeln (sind), indem wir überall da, wo es der Lehrgegenstand gestattet, den heutigen Buchbetrieb durch Arbeitsbetrieb ersetzen.“ [53] Nicht für eine generelle Umwandlung plädierte *Kerschensteiner*, wohl aber für eine Reform mit Augenmaß und Behutsamkeit zugleich. Diesem ersten Schritt müssen demnach noch drei weitere folgen, wenn die Schul- und Bildungsreform nicht bloße Kosmetik bleiben soll: Die „Umwandlung unserer Schulen in Arbeitsgemeinschaften, die sich, soweit die Reife der Jugend es zuläßt, selbst regieren und selbst verwalten“; die Einführung des staatsbürgerlichen Unterrichts und mit ihm bzw. durch ihn „die Tugenden der Gewohnheit in Tugenden der Einsicht umzuwandeln“; und viertens schließlich „die Einführung der Bürger in die Selbstverwaltung ihrer Angelegenheiten“ [54], so dass auch die Schulträgerschaft insofern aus dem weitgehenden Monopol des Staates entlassen und z. B. auch in eine freie Trägerschaft oder in die Hand der Eltern übergehen kann – nicht übergehen muss. *Kerschensteiner* begründete also *eine* seiner zahlreichen Reformen mit Hilfe eines missverstandenen oder zumindest nicht ganz korrekt verstandenen *John Dewey*, was nicht gegen seine praktischen Bemühungen spricht, wohl aber einen gewissen Vorbehalt gegenüber seinen theoretischen Überlegungen erlaubt, die er häufig nicht vor oder während seiner Reformarbeit anstellte, sondern dieser nachträglich – legitimierend hinzufügte ... Dies und anderes mehr faszinierte mich in meiner tastenden Arbeit in einem 8. und später 9. Schuljahr, dessen Schüler weder durch die „Iphigenie“ noch den „Macbeth“, weder durch die „Infinitesimalrechnung“ noch durch das „Deklinieren französischer Substantive“ Bildung erfahren würden, wohl aber –: Als erstes, und weil ich noch unsicher war, bauten wir *Kerschensteiner*s „Starenhaus“ nach [55]; es folgten „Segelschiffe bauen“ und das Projekt „Die Politiker unserer Stadt“. Zum Schluss des Schuljahres waren der „Epochen-“ und der „Gruppenunterricht“ ebenso fest etabliert wie das „Klassengericht“, die „außerschulische

Erkundung“ und das „Betriebspraktikum“. Und das 18x12 cm schmale Bändchen „Begriff der Arbeitsschule“ steckte fast täglich in meiner Jacketttasche. Der Herr Universitätsprofessor freilich, dem das 68er-Vokabular mehr zur Verfügung stand als die Argumente des Schulmannes *Kerschensteiner*, belächelte gnädig die Ausführungen des zu examinierenden Magisters. Aber was soll's ... Halten wir nach unserem zweiten Kurzbesuch die Einsicht fest:

Bildung vollzieht sich nicht nur durch Erziehung in einer Lebens-Gemeinschaft, sondern auch durch praktische und auf den Beruf hin vorbereitende Arbeit – sei es im handwerklichen, technischen, naturwissenschaftlichen, kaufmännischen, pflegerischen, künstlerischen oder einem sonstigen Bereich ...

*
* *

Um keine falsche Erwartungshaltung aufkommen zu lassen, sei noch einmal das Anliegen unserer Kurzbesuche bei ausgewählten Reformpädagogen verdeutlicht: Es geht dabei nicht um die Rekonstruktion der Reformpädagogischen Epoche, vor allem im ersten Drittel des 20. Jahrhunderts, sei es im In- oder im Ausland. Das hat im Jahre 2003 in bestechender Manier und auf den Vorarbeiten von *W. Scheibe*, *H. Röhrs* und *J. Oelkers* aufbauend *Ehrenhard Skiera*[56] geleistet. Bestechend ist dieses voluminöse Werk u. a. deshalb, weil es eben nicht bei der schwedischen Lehrerin, Schriftstellerin und Frauenrechtlerin *Ellen Key* (1849–1926) und ihrem Schlachtruf beginnt, sondern Schulen der Antike und des Mittelalters ebenso kennzeichnet wie die der Moderne und damit Reformpädagogik nicht nur epochalisiert, also zu bestimmten Zeiten und an bestimmten Orten wahrnimmt, sondern über diese Historisierung hinaus das Projekt Reformpädagogik gleichsam systematisiert, mit anderen Worten als ein Grundmotiv der Pädagogik generell kennzeichnet, der die Verbesserung des einzelnen Menschen und seiner Verhältnisse anheimgegeben ist. Darin und nirgendwo anders liegt ihre Legitimation. Vor diesem Hintergrund werden die von *Skiera* beschriebenen „Strömungen“ erst eigentlich verständlich, Reformvorhaben, die bei den vorausgegangenen Autoren und vor allem in den älteren Pädagogik-Geschichten mehr oder weniger in der Luft hängen – als da sind: die Landerziehungsheime, die Kunsterziehungsbewegung, die verschiedenen Reformschulen, die außerschulischen Reformbereiche u. a. m. Uns geht es im Folgenden um die Nachfrage: Was hat die klassische Reformpädagogik in Gestalt einiger ihrer Vertreter gedacht, getan, unterlassen ..., um die in eine Sackgasse geratene Bildung des Menschen aus der Selbstumkreisung, der Enge, der zum Teil selbst verschuldeten Gefangenschaft aus Arroganz, Einseitigkeit und Perversion herauszuführen? Welche Anregungen können uns *Hermann Lietz* oder *Georg Kerschensteiner* mit auf den weiteren Weg geben? Aber nicht nur diese beiden ...

*
* *

Ich weiß nicht mehr, nach welcher Exkursion und in welchem Kleinbus ein kurzes Gespräch stattgefunden hat, mit dessen erinnerter Wiedergabe unser dritter Kurzbesuch vorbereitet werden soll. Gleich zu Beginn eines Seminars über „Die Waldorfschulen" hatte ich mit meinen Studenten die „Hibernia-Schule" in Wanne-Eickel besucht, die „Rudolf-Steiner-Schule" in Bochum-Langendreer und natürlich auch das Wittener „Waldorflehrer-Seminar" und ihren exzellenten Leiter *Johannes Kiersch*, mit dem zu diskutieren (also auch zu streiten) stets ein Vergnügen war. Auf der Rückfahrt setzte ich mich eine Zeit lang neben einen Studenten, der mir schon mehrmals aufgrund seiner Reaktionen aufgefallen war. Er schien zwischen bewunderndem Staunen und schierem Entsetzen hin und her zu schwanken. Als ich ihn direkt fragte, wie er unsere Exkursion erlebt habe, gab er mir eine Antwort, die mir noch heute im Gedächtnis ist: „Ach, wissen Sie", sagte der junge Künstler, der die Formen und Farben mehr liebte als die Töne und Melodien, „entweder war dieser *Rudolf Steiner* ein Genie oder ein Idiot!" Und als ich ihn nach einer längeren Pause fragte: „Warum beharren Sie auf dem 'Entweder-oder'?", stellte er mir die Rückfrage: „Aber kann man denn auf beidem beharren?"

Nun, auch wenn die beiden Kennzeichnungen „Genie" auf der einen und „Idiot" auf der anderen Seite gewiss übertrieben bzw. deplatziert sind, so hat der Student doch eines richtig erkannt: Unser nächster Gesprächspartner ist eine schillernde Persönlichkeit und sein Lebenswerk ist von grandiosen Merkmalen ebenso gekennzeichnet wie von abstrusen Überlegungen, Absichten und Praxen: *Rudolf Steiner*, geboren am 25.2.1861 im kroatischen Kraljevec, auf der damals zur österreichisch-ungarischen Monarchie gehörenden Mur-Insel, und gestorben am 30.3.1925 im schweizerischen Dornach[57].

> „Eine Zeitlang ging sie in Vorträge von Rudolf Steiner. Was sie darüber berichtete, klang gar nicht nach ihr, es war, als spräche sie plötzlich in einer fremden Sprache. Ich wußte nicht, wer sie zum Besuch dieser Vorträge animierte, es kam nicht aus ihr, und als sie sich die Bemerkung entschlüpfen ließ, daß Rudolf Steiner etwas Hypnotisches habe, begann ich sie mit Fragen über ihn zu bestürmen."
>
> *Elias Canetti* (über seine Mutter) in: Die gerettete Zunge. Geschichte einer Jugend. Frankfurt/M.: Fischer Taschenbuch Verlag 1979, S. 191.

Im Herbst 1949, also 32 Jahre nachdem sich die Mutter des damals 12jährigen *Elias Canetti* besagte „Bemerkung" über *Rudolf Steiner* „entschlüpfen ließ", hörte ein anderer Junge zum erstenmal jemanden über „*den Doktor*“ (manchmal gar „*den Doktor Steiner*“) sprechen. Ich war 1949 sechs Jahre alt und sollte nach Ostern, also im April 1950, eingeschult werden ...

Irgendwann im Herbst des Jahres 1949 tauchte sie bei uns auf: Groß, schlank, fast hager; ihr Haar war wie eine Kappe eng über den Kopf gezogen und hinten fest zu einem Knoten gebunden; sie trug „Männerschuhe“, ein Lodenkostüm und hatte stets einen Schreibblock mit Bleistift in der linken Seitentasche des Jacketts stekken. Diesen Block nahm sie des öfteren heraus, notierte sich etwas „absolut Wichtiges“ oder las aus bereits gemachten Notizen „ein Partikelchen“ vor, und dabei leuchteten ihre grau-grünen Augen dermaßen, dass ich dieses blitzende Glühen (m)ein Leben lang nicht vergaß.

Sie hieß *Doris Nathan*, war die Nichte eines Herrn *Juhl*, von dem mein Vater 1938, als die Nationalsozialisten seinen Dresdner Zeitungsverlag immer wirkungsvoller zu strangulieren begannen, eine Wäschefabrik gekauft hatte („Bielefelder Leinen“ galt, zumindest 1938, politisch als „unbedenklich“!). Bekanntlich mussten jedoch alle jüdischen Geschäfte, die während der NS-Zeit von Deutschen gekauft worden waren, auf Grund der Restitutionsgesetze zurückgegeben oder aber – oft im Zuge jahrelanger Verhandlungen und gerichtlicher Auseinandersetzungen – „mit Zins und Zinseszins“ ein zweites Mal gekauft werden. Dieser *Otto Juhl* wollte nach dem („reellen“) Verkauf seiner Firma und noch vor der „Reichskristallnacht“ (am 9./10. November 1938) nach England oder in die USA emigrieren, er starb jedoch, bevor die Häscher ihn holten – Dutzende von „ausgewanderten“ Verwandten hinterlassend, von denen die meisten nach 1945 selbstverständlich „ein Stück vom Bielefelder Kuchen“ begehrten. Freilich: Es gab auch andere. Eine von „den anderen“ war *Doris Nathan*, die erst nach dem Tode ihres Onkels, wahrscheinlich im Sommer 1939, „auf abenteuerlichen Wegen“ nach England entkommen war. Sie wird damals „so um die 40 herum“ gewesen sein. Als ich sie zehn Jahre später zum erstenmal sah, kam sie mir etwa so alt wie mein Vater vor, und der ist 1901 geboren.

Wir nannten sie respektvoll „*Fräulein Nathan*“. Und wir wussten, warum sie uns *nicht* besuchen kam: Sie wollte weder Geld noch Gut, sie hatte keinen verständlichen „Hass auf alles Deutsche“, war aber – wie jener „australische Vetter“ – nach etlichen Verhaftungen (gar einem KZ-Aufenthalt?) zumindest „gelegentlich leicht verwirrt“. Sie kam aus Dankbarkeit, Neugier und – aus einem „pädagogischen Eros“ heraus, von dem im Folgenden noch einige Male die Rede sein muss.

Dankbar war sie, weil mein Vater, „dieser militante Zentrumsanhänger“, viel für die Juden getan hatte: hier ein paar Tipps, dort ein paar Geldscheine; den einen vermittelte, den anderen versteckte er (jahrelang); manchmal schaute er weg, ein anderes Mal sehr genau hin ... Kurz: Sie war dem Anti-Nazi aus einem vitalen Bedürfnis heraus dankbar.

Neugierig war *Fräulein Nathan* von Natur aus: Alles, was sie nicht (genügend) kannte, erregte sie über die Maßen. Und sie wusste nach dem Kriege einfach nichts über „den Ex-Verleger", „seinen lateinischen Bruder", die „14zimmrige Villa" und nichts über „die Frau mit der sächsischen Aussprache", meine Mutter also ... Kurz: Die Neugier gehörte zu ihr wie der „Dutt auf ihrem Nischel".

Pädagogisch erotisierte sie die Kinderschar. Wir selbst waren schon 1949 vier Geschwister; mein Onkel, der mit uns „die 14zimmrige" bewohnte, brachte es zusammen mit seiner Frau auf drei Kinder; die Nachbarskinder und Freunde gar nicht mitgerechnet. In der Regel also begrüßten *Fräulein Nathan* „sieben Zöglinge". Ihr besonderes Augenmerk galt – nicht nur dabei – „jenem blonden Bengel", der ihr gleichsam atemlos zuhören, sie grenzenlos bewundern, aber auch neugierig bespitzeln, ja: sie vor den anderen Geschwistern, Kusinen und Vettern gnadenlos lächerlich machen konnte ... Kurz: Sie erzog aus Leidenschaft.

Von einem hageren, großgewachsenen Doktor erzählte sie also zum erstenmal 1949, von einem Mann, der öffentlich ohne Manuskript sprechen konnte (was mein Vater nie gewagt hätte) und dessen Augen so warm zu glühen vermochten wie der Koks im riesigen Heizungsofen der „Firma Th. & G. Winkel". – In der Tat: Ich lauschte ihr und wagte kaum zu atmen ...

Sie erläuterte uns Pläne, in Palästina ein Land zu schaffen, „in dem Milch und Honig fließen", Juden und Araber „wie friedliche Lämmer nebeneinander weiden" und wo sie Schulen gründeten, in denen „die Weisheit der Menschen" gelehrt würde. – In der Tat: Meine Bewunderung kannte keine Grenzen ...

Aber ich schlich mich auch in ihr Zimmer, während sie in der großen Diele zu diskutieren beliebte, durchsuchte ihre Sachen (vom Koffer bis zur Handtasche), beschaute (anfangs) und las (später) ihre Notizen und Briefe, schnüffelte an noch nie gesehenen Fläschchen und Döschen herum und kolportierte bei Bedarf meine Informationen. Ja, ich äffte sie gelegentlich nach, baute mich zum Beispiel vor meiner (großen) Schwester auf und deklamierte, indem ich die Hände gen Himmel hob: „Du hast bloß die erste, ich aber bereits die zweite Stufe der '*exakten Clairvoyance*' erreicht!" Oder ich erschreckte meinen ein Jahr älteren Bruder, indem ich ihm meine noch vorhandenen Zähne zeigte, dann aber auf seine vordere Zahnlücke wies und triumphierend wiederholte: „In den Zähnen manifestieren sich die Gedanken, und du hast keine Zähne mehr!" Oder ich verwirrte meine Kusine mit dem imitierten *Nathan/Steiner*-Spruch: „Jeder kann als Ziege oder als Goethe wiedergeboren werden! Niemals aber ein anderes Geschlecht annehmen. Und du bist weiblich!" In der Tat: Ich kannte bei solchen und ähnlichen Auftritten keine Gnade ...

Nun wird sich mancher fragen: Was sollen diese Erinnerungen an ein *Fräulein Nathan*, wo es doch um einen Pädagogen und seine über die ganze Welt verbreitete Pädagogik, Lebensphilosophie bzw. Weltanschauung geht? Um die Anthroposophie, die bis heute glühende Anhänger und erbitterte Gegner findet? Helfen solche doch recht persönlichen Reminiszenzen das Pro und Contra einer schillernden Theorie und einer mitunter faszinierenden Praxis herauszuarbeiten? Bauen sie wenigstens ein paar Brücken der Verständigung? Dienen sie der Erkenntnis? Helfen sie, Ideologien als solche zu erkennen? Oder kolportieren sie lediglich ein paar Vorurteile, indem sie einige neue in Umlauf setzen? – Ich denke, ich hoffe nicht. Denn die Erinnerung an meine allererste Begegnung mit einer Anhängerin der Waldorfpädagogik lässt drei Tatsachen, zwei Hoffnungen und eine Notwendigkeit zurück:

- Es stimmt: Wie keine andere Pädagogik erschließt sich einem die Waldorfpädagogik *letztlich* nicht durch das Studium der gelehrten Literatur (die es auch dort gibt), sondern im unmittelbaren und lebendigen Zusammenhang entsprechender Lebensführungen.
- Es stimmt: Wie keine andere Pädagogik haftet der Waldorfpädagogik eine Faszination an, der zu verfallen ebenso möglich wie der gegenüber ein furchterregendes Fortlaufen absolut verständlich ist. Und –
- Es stimmt: Wie keine andere Pädagogik verdient die Waldorfpädagogik Zustimmung *und* Widerspruch, lehrt sie Wahres mit *derselben* Vehemenz *wie* Falsches, empfängt sie Bewunderung nicht *weniger* als Verächtlichmachung – ob 1909, 1929, 1949 oder heute. Zwei Hoffnungen, die bleiben:

– Von, durch und aus dem Munde von *Fräulein Nathan* empfing ich zum ersten Mal die Hoffnung, dass der Politik auch mit Hilfe der Pädagogik beizukommen ist; dass die Welt, die Dinge, die Verhältnisse (die „res humanae“) entroht, erzogen, gebildet werden können; dass die „emendatio rerum humanarum“, wie *Comenius* nicht müde wurde zu belegen, möglich ist; dass die Melioration des Menschen kein bloßer Traum ist, sondern einen Realitäts-, einen Potenzialitäts-, einen Nezessitäts- und einen Legitimationsgrund hat; dass daran etwas Wahres ist, was ich erst viele Jahre später auf den Begriff zu bringen vermochte: Dass nämlich der Mensch, ob er will oder nicht, immer schon (v)erzogen *wird* (vgl. *C. G. Salzmann*); dass er (v)erzogen werden *kann* (vgl. *J. F. Herbart*); dass er erzogen werden muss (vgl. *I. Kant* oder *P. Petersen*[58]) und dass er erzogen werden *darf* (vgl. *J. Oelkers/T. Lehmann*[59]); dass die *Natur* des Menschen seine *Kultur* ist. Von, durch und aus dem Munde von *Fräulein Nathan* hörte ich dies – freilich in einer anderen Sprache – zum ersten Mal. Und dies begründete eine bleibende Hoffnung.

– Von, durch und aus dem Munde vom *Fräulein Nathan* empfing ich darüber hinaus eine zweite Hoffnung, eine Zuversicht: Ihre Beschwörungen halfen mir damals (inmitten vieler Trümmerhaufen) daran zu glauben, dass verstehen, verständigen und versöhnen keine Schlagworte sind; dass „eine jüdische Anthroposophin“ einen überzeugten Christen gewiss nicht „erwecken“, dass umgekehrt ein „militanter Zentrumsanhänger“ eine deutsche Emigrantin auch nicht missionieren kann; dass hingegen zwischen beiden genügend Gemeinsamkeit an humanem Potenzial vorhanden ist und entwickelt werden will, um sie zu Verbündeten im „Kampf für ...“ zu machen; und dass Kontrahenten nicht nur Gegner, sondern auch Zusammenziehende („con-trahere“) und dass Antinomien aufeinander bezogene Gegensätze sind. Von, durch und aus dem Munde von *Fräulein Nathan* hörte ich dies zum ersten Mal – 1949.

Δ Eine Notwendigkeit freilich mahnt: Zwischen der Waldorfpädagogik und der akademischen Erziehungswissenschaft existiert(e) eine Mesalliance von Anfang an. Auf beiden Seiten beobachten wir Gleichgültigkeit und Desinteresse, Extremismus und Missionseifer, Arroganz und Insuffizienz, Polemik und Entstellung. *Rudolf Steiner* war Zeitgenosse so herausragender Erziehungswissenschaftler wie: *Wilhelm Rein* (1847–1929), *Paul Natorp* (1854–1924), *Wilhelm August Lay* (1862–1926), *Ernst Meumann* (1862–1915), *Friedrich Wilhelm Foerster* (1869–1966) oder auch *Aloys Fischer* (1880–1937), über den *Hermann Röhrs* eine exzellente Monographie vorgelegt hat[60]. *Steiner* wirkte in der Zeit, in der so bedeutende Reformpädagogen tätig waren wie der zuvor besuchte *Georg Kerschensteiner* (1854–1932), *Berthold Otto* (1859–1933), *John Dewey* (1859–1952), *Hugo Gaudig* (1860–1923), der gleichfalls hier vorgestellte *Hermann Lietz* (1868–1919) oder auch *Maria Montessori* (1870–1952). Und doch – so wie *Steiner* kaum Notiz von diesen nahm, so wenig kümmerte sich die offizielle Pädagogik um ihren Außenseiter. Die Geschichte dieser wechselseitigen Ignoranz wird noch zu schreiben sein. Und vielleicht trägt ja unsere Begegnung mit *Rudolf Steiner* ein klein wenig dazu bei, diese Mesalliance allmählich zu überwinden – jedenfalls liegt in dieser Absicht ein Grund, warum wir auch und gerade ihn und nicht einen anderen jener herausragenden Reformpädagogen aufsuchen.

Jede Pädagogik kann zumindest unter drei Gesichtspunkten betrachtet, analysiert, kritisiert und gelebt werden, denn jede Theorie von Erziehung, Schule und Bildung hat eine *fundierende*, eine *perspektivierende* und eine *generierende* Dimension. Was ist damit gemeint?

Eine Pädagogik, die keine Voraussetzungen, Prinzipien, Bedingungen, Prämissen etc. kennt, kein – „*Fundament*“ besitzt, hängt gleichsam in der Luft und amputiert sich von ihrem Wirklichkeits-, Möglichkeits-, Notwendigkeits- und Legitimationsfundus.

Jede Pädagogik will darüber hinaus bestimmte Ziele erreichen, Vergangenheit aufarbeiten, Gegenwart und Zukunft gestalten, bestimmte Werte, Normen, Sollensansprüche und Inhalte lehren, einen Horizont ausleuchten – „*Perspektiven*“ also vermitteln. Wo dies ausbleibt, verschwiegen wird oder der Beliebigkeit anheimfällt, denaturiert Pädagogik zur Anpassungsstrategie, pervertiert sie ins Indoktrinäre hinein und provoziert sie letztlich ihre eigene Abschaffung.

Und schließlich will jede Pädagogik etwas bewirken und hervorbringen, hat sie Entwicklungen des Einzelnen sowie aller vor Augen und zu berücksichtigen, benötigt sie Zeit, Maß, Stil und Form, eine bestimmte Art und Weise eben. Wo auf diese – „*Genera*“ – verzichtet wird, wo Inneres kein Äußeres erfährt oder Ziele auf inadäquaten Wegen angegangen werden, das Was kein korrespondierendes Wie zur Seite hat, ist Erziehung unmöglich, dominieren statt dessen Doublebinds, Hektik, Willkür und Brutalität ... Verziehung und Halbbildung.

Unter allen drei Dimensionen tauchen nun eine Fülle von einzelnen und miteinander zusammenhängenden Problemen auf, von denen im Folgenden lediglich drei diskutiert werden sollen. Dabei hat die leitende Frage zu lauten: *Inwiefern wird das jeweilige Problem von der Waldorfpädagogik überzeugend gelöst, inwiefern sind Skepsis, Ein- und Widerspruch seitens der Erziehungswissenschaft geboten?* Dass dabei vornehmlich (nur) diejenige Steiner-Literatur Berücksichtigung findet, die mir seit vielen Jahren zur intensiven Lektüre geworden ist, sei nicht verschwiegen[61].

□ Das Problem des Fundierens von Pädagogik

Die Waldorfpädagogik basiert auf einem Möglichkeitsgrund von Erziehung und intendiert *von dorther* die Melioration des Einzelnen und der Menschheit. Dies muss belegt werden:

Steiner hielt bekanntlich weit über 6000 Vorträge. Einer der bekanntesten klärt „Die Erziehung des Kindes vom Gesichtspunkte der Geisteswissenschaft“. Darin sagt der 46-Jährige, damals rastlos für die Theosophische Gesellschaft tätige *Steiner* 1907:

„Nicht eine graue Theorie soll sein, welche der bloßen Erkenntnisneugierde entgegenkommt, und auch nicht ein Mittel für einige Menschen, welche aus Selbstsucht für *sich* eine höhere Stufe der Entwicklung haben möchten. Sie *kann* sein ein Mitarbeiter an den wichtigsten Aufgaben der gegenwärtigen Menschheit, an der Entwicklung zu deren Wohlfahrt“ (DEdK, S. 8f). Kinder *können* erzogen, die Menschheit *kann* entwickelt werden. Die *Bildsamkeit* (um es *herbartianisch* auszudrücken) ist also die Bedingung der Möglichkeit von Erziehung. Ein Zweites kommt hinzu:

Grundlage der Pädagogik ist nicht nur diese anthro*pologische* Aussage, sondern – die Anthro*posophie* als „Erkenntnis des Geistigen und Seelischen“ (ebd. S. 48). In einem vom 21.8.–5.9.1919 in Stuttgart gehaltenen Vortragszyklus hat der 58-jährige die „Allgemeine Menschenkunde als Grundlage der Pädagogik“ konzipiert. Ohne auf die Fülle der dort ausgebreiteten Gedanken eingehen zu können, seien drei für unseren Gedankengang wichtige Sentenzen zitiert:

„Wir wollen uns bewußt werden, daß das physische Dasein hier eine Fortsetzung des Geistigen ist, daß wir durch Erziehung fortzusetzen haben, dasjenige, was ohne unser Zutun besorgt worden ist von höheren Wesen“ (AM, S. 21). Oder (AM, S. 17): „Daher wollen wir uns im Beginne dieser unserer vorbereitenden Tätigkeit zunächst darauf besinnen, wie wir im einzelnen die Verbindung mit den geistigen Mächten, in deren Auftrag und deren Mandat jeder einzelne von uns gewissermaßen wird arbeiten müssen, herstellen.“ Und schließlich (AM, S. 214): „Die Waldorfschule wird ein praktischer Beweis sein für die Durchschlagskraft der anthroposophischen Weltorientierung ... Alles müssen wir in den Dienst dieses Zieles stellen.“

Hier kann es nicht Aufgabe sein, die Anthroposophie bzw. die erkenntnistheoretischen Grundlagen der Waldorfpädagogik umfassend zu kennzeichnen (das haben kompetentere Autoren – wie *P. Schneider*, 1982 – getan). Aber auf einen zweiten Fundierungszug gilt es hinzuweisen: Die Anthroposophie ist nicht nur eine Erkenntnis*methode*, sondern auch eine Erkenntnis*theorie*, die ohne „Glaube“ nicht auskommt – ein Glaube freilich, der sich erstens nicht mehr an einen „persönlichen Gott“ wendet, sich zweitens in eine komplizierte „Wiedergeburtsauffassung“ einbettet und drittens im kritischen Dialog mit Nicht-Waldorfpädagogen eher verschwiegen, ja auch gelegentlich abgestritten bzw. als Glaube schlicht geleugnet und statt dessen für (wenn auch eine neue) „Wissenschaft“ ausgegeben wird.

Das Programm des *Comenius* lautete noch: „A Deo, Per Deum, Ad Deum“. Alles kommt *von* Gott, alles ist *durch* Gott, und alles geht zurück *zu* Gott. In vielen Triaden hat dieser christliche Pädagoge des ausgehenden Mittelalters die *darauf* fußende, die *das* beinhaltende und die *dorthin* zielende Pädagogik beschrieben, aber: Er hat aus seiner letztlich (aber nicht ausschließlich) sich religiös fundierenden Pädagogik keinen Hehl gemacht. Nicht zufällig sind auch *Steiner*s Argumentationsfiguren keine Antinomien oder dialektische Aussagen, sondern *Triaden* ... Und in immer neu ansetzenden Bemühungen denkt er – zu Recht – die Pädagogik fort, fort vom *rein* Physischen, *rein* Sinnlichen, *rein* Materiellen. Aber wohin? Die christlichen Ziele waren ihm, aus vielerlei Gründen, versperrt. Vor allem die katholische Kirche kritisierte er ähnlich scharf wie den Marxismus, hielt sie gar für „die Schöpferin des Materialismus“ (AM, S. 164). So blieb ihm nur der von *Goethe* vorgezeichnete (pantheistische) Weg, als dessen Vollender er sich mehr und mehr verstand. Wie in einer unendlichen Spirale wird die Waldorfpädagogik metaphysisch grundgelegt: *Spiritismus*, *Mystizismus*, *Geheimwissenschaft*, *Karma-Lehre*, *Seelenrätsel*, *Kosmologie* etc. sind nicht gerade Begriffe aus der Tradition nüchterner Aufklärung, sondern haben ihre Wurzeln in der Romantik, jener säkularisierten Religion und jener verbrämten Metaphysik, die bis in unsere Tage hinein ihre Wanderscharen (etwa in Gestalt moderner Sekten, Psychoschulen und politischer Bewegungen) findet.

Um Missverständnissen vorzubeugen: Der Waldorfpädagogik soll *nicht* der Vorwurf einer quasi-religiösen Fundierung gemacht, wohl aber die Kritik zugemutet werden, diese Grundlegung ihrer selbst nicht offen zu bekennen, sondern als „die bessere Wissenschaft“ auszugeben. Damit aber wird sie partiell, in diesem Bereich also, zur Ideologie, denn sie verschleiert und täuscht etwas vor, was sie nicht ist. Das Argument vieler Waldorfpädagogen, solch eine Kritik an ihr sei Ausdruck eines noch nicht genügend tiefen Verständnisses ihrer anthroposophischen Grundlagen, ist just die Folge ihrer unterschlagenen Metaphysik: Nachvollzug kann es deshalb letztlich nicht im Denken, sondern nur im „Anschauen“, im „Fühlen“, im „Intuitiven“ geben. So musste ihr Begründer seine Zuhörer immer wieder bitten, seine „Worte aufzufassen als eine Art Gebet zu denjenigen Mächten, die imaginierend, inspirierend, intuitierend hinter uns stehen“ (AM, S. 17). Vor allem *Marie von Sivers*, *Steiners* zweite Frau ab 1914, aber auch die stets zahlreicher werdende Gemeinde von Schülern und Verehrern haben an dieser Grundlegung mitgewirkt. Fast messianisch klingen z. B. die Einleitungsworte von *Marie Steiner* zu den „Ilkley-Vorträgen“ von 1923, die vier Jahre später unter dem Titel „Gegenwärtiges Geistesleben und Erziehung“ gedruckt wurden und in denen es (auf S. XXIX) heißt:

„Der Geist- und Weltenforscher, der uns die neue, dem heutigen Reifezustand der Menschheit entsprechende Wissenschaft der Anthroposophie gebracht hat ..., war auch der Einzige, der berufen sein konnte, eine neue Erziehungskunst der Menschheit zu geben.“

So kritisch hier auf das ideologische (weil *verdrängend-religiöse*) Moment hingewiesen werden muss, so ist andererseits und in einem dritten Gedankengang auf einen ausgesprochen sinnvollen Beitrag der Waldorfpädagogik unter ihrer fundierenden Dimension hinzuweisen, gleichsam die positive Seite der Kritik aufzudekken. Denn Waldorfpädagogik heißt immer auch, das Ganze im Auge haben, den Menschen von Grund auf wahrnehmen, im Mikrokosmos den Makrokosmos sehen, Sinn stiften und die Totalität auch und gerade in der Individualität erstreben. Die Waldorfpädagogik gibt (noch) Antworten und demonstriert damit das Elend der Erziehungswissenschaft unserer Tage, die sich weitgehend der Pädagogik entledigt hat. Auch hier muß auf den großen Vorläufer *Comenius* hingewiesen werden, dessen *Pan* stets das Ganze der Bemühung verdeutlichen möchte. Weil die Waldorfpädagogik umfassende Antworten gibt, Sinnaussagen macht, deutet und interpretiert, ist sie so attraktiv in einer Welt, der die Enttraditionalisierung und die Sinnlosigkeit zu schaffen machen. Die weltweit mehr als 400 Waldorfschulen (davon allein in der BRD über 100) signalisieren nicht unbedingt ein Bedürfnis nach einer „Erleichterungspädagogik“ (vom Muster der Zensurenfreiheit etc.), wohl aber ein Bedürfnis nach Sinn, nach Orientierung, nach Antwort auf drängender werdende Fragen. Dass die Waldorfpädagogik eine normative, eine sinnstiftende Pädagogik ist, soll hier also ausdrücklich gewürdigt werden; und dass sie auf dieser Sinngebung beharren soll, wird ihr kein ernsthafter Zeitgenosse streitig machen wollen; dass sie sich aber zu der letztlich nicht mehr wissenschaftlich zu belegenden Deutung des Seins bekennen muss (will sie der Ideologie nicht verfallen), wird man von ihr, die „Dialektik der Aufklärung“[62] im Rücken, verlangen müssen. Die Waldorfschulen sind, so gesehen, Weltanschauungsschulen! Dazu sollten sie stehen, darin liegt sogar ihre Stärke, und deswegen sind sie die große Provokation der staatlichen Regelschulen, die das wieder von den *Steiner*-Schulen lernen könnten: Pädagogik ist mehr als Erziehungswissenschaft, ja in ihrer letzten Fundierung entzieht sie sich wissenschaftlicher Belege und Beweise. Schulen, die sich ausschließlich erziehungswissenschaftlich begründen, können nur eine amputierte Pädagogik vermitteln und müssen folglich die daraus resultierenden Dilemmata verwalten. Unterricht und Erziehung, die auf keiner Pädagogik fußen, sind allenfalls Curriculumarrangements und Schul-Ordnungsrituale, aber keine geplanten Gelegenheiten nüchternen Denkens und menschlicher Bildung. Umgekehrt: Wo die Pädagogik aus der Kritik der Erziehungswissenschaft entlassen wird oder sich ihrer dadurch entledigt, dass sie sich selbst zur Wissenschaft und sonst nichts hypostasiert, betreibt sie Ideologie, graben sich dogmatische Züge in ihr Gesicht und wird sie letztlich zum Kult. So wenig die Waldorfpädagogik also etwas von ihren zum Teil großartigen Praxen zurückzunehmen oder gar aufzugeben hat, so wenig kann sie auf dem Rücken eines gebeugten Denkens den hier aufgezeigten Irrtum und die damit verbundene Lüge schleppen – jedenfalls nicht durch die Jahrhunderte hindurch ...

□ Das Problem des Perspektivierens von Pädagogik

Zu meinen deprimierenden Erfahrungen mit der Waldorfpädagogik gehört diese: So selten die wirklich gelungenen Auseinandersetzungen zwischen Befürwortern und Kritikern der Waldorfpädagogik sind, so zahlreich sind deren intellektuelle Vergegnungen. Eine ist abgedruckt in der renommierten *Z. f. Päd.* und ereignete sich 1986 zwischen dem damaligen Bayreuther Erziehungswissenschaftler *Klaus Prange* und dem Wittener Anthroposophen *Johannes Kiersch*[63]. Da wird gehörig unterstellt, generalisiert und polemisiert; da wird entsprechend zurückgefightet, aufgelistet und abgekanzelt. Solange die einen die andern für „auf Sand bauende“ Architekten von Ideologien halten und die anderen die einen für „verformende Textentsteller“, bleiben auf beiden Seiten in der Tat *fundamenta inconcussa*: Verstehen kann mich die Gegenseite erst, wenn sie der eigenen Überzeugung „abgeschworen“ hat. Denn man muss immer schon „Rationalist“ oder „Anthroposoph“ sein, wenn man den Rationalismus oder die Anthroposophie verstehen (und bejahen) will ... Fürwahr, an *Rudolf Steiner* scheiden sich bis heute die Geister! Dass dies nicht sein und bleiben *muss*, sondern einer differenzierten Auseinandersetzung Platz machen *kann*, möchte u. a. der folgende Abschnitt – bei aller Unvollkommenheit – aufzeigen.

Jede Pädagogik, so wurde weiter oben ausgeführt, besitzt nicht nur eine fundierende, sondern auch eine *perspektivierende* Dimension, die es genauso klar zu erkennen gilt wie die zuerst genannte, wenn sie der Prüfung der Kritik und damit der Verbesserung anheimgegeben werden soll. Worauf, so ließe sich fragen, läuft die Waldorfpädagogik letztlich hinaus? Aus dumpfen Vermutungen und gutgemeinten Predigten lassen sich bekanntlich keine vernünftigen Antworten ableiten.

Nun wird niemand erwarten, dass der von der Waldorfpädagogik angestrebte Horizont hier und jetzt ausreichend erhellt werden kann, aber einige wenige Stellen dieser gewaltigen Perspektive sollen und können ausgeleuchtet werden. Dieses sich beschränkende Vorhaben verbietet es, einzelne Zitate quasi „vorzuführen", um an und mit ihnen doch nur die eigenen Ansichten über die Waldorfpädagogik zu verifizieren. Natürlich lassen sich in dem voluminösen Werk *Steiners* treffliche Stellen finden, die geradezu als Vorläufer der „Kritischen Theorie"[64] oder auch als Belege einer „repressiven Erziehung"[65] angesehen werden können – geschenkt! Stattdessen wende ich mich den bereits erwähnten „Ilkley-Vorträgen" zu, aus denen zu zitieren ich mir deshalb gestatte, weil mir der Kontext der jeweiligen Stellen gegenwärtig ist und von daher Missdeutungen unwahrscheinlicher sind.

Steiners Perspektiven lassen sich dreifach kennzeichnen: Er hat an der Installierung des *Meliorationsprinzips* konsequent festgehalten; eine in allen Bereichen des Lebens herzustellende *Harmonie* intendiert; sowie drittens einer *transzendenten Vorstellung* das Wort geredet.

Bereits der Einleitungsvortrag vom 5.8.1923 weist auf die zahlreichen Irrtümer, Missstände, Dilemmata, das Defekte und Defizitäre der Gegenwart hin und betont dessen Überwindung, Verbesserung und Beseitigung – durch eine Versittlichung des Einzelnen und ein modernes religiöses Leben: „Das brauchen wir zur Erneuerung unserer Zivilisation" (GGuE, S. 16). Waldorflehrer müssen folglich „Propheten des späteren Menschentums werden, wenn (sie) in der richtigen Weise erziehen wollen" (ebd., S. 49).

Dies soll jedoch nicht im Konflikt und Dissens, über Verteilungs- und Klassenkämpfe (also politisch) und auch nicht durch (ebd., S. XXXII) „die Mächte der Verneinung, des Umsturzes und des Chaos" (also revolutionär-anarchistisch) geschehen, sondern pädagogisch: über Erziehung, Schule und Bildung, die Veredelung und Versittlichung des Einzelnen hinweg sowie durch die Ermöglichung der Versöhnung der Gegensätze. Deshalb plädierte *Steiner* unaufhörlich „für eine Harmonie zwischen Wissenschaft und Kunst" (ebd., S. 12), „eine Harmonie zwischen Erkenntnis, Kunst, Religion und Sittlichkeit" (ebd., S. 17), ein harmonisches Verhältnis zwischen „Körper, Seele und Geist" (ebd., S. 27) oder den Einklang zwischen den drei Stufen der „exacten Clairvoyance" (ebd., S. 66) bzw. für das „Einheit-erfüllte Denken" (ebd., S. 62) im Physischen Leib, im Ätherleib und im Astralleib, in der Imagination, Inspiration und Intuition. Seine Kritik am gegenwärtigen Kulturverfall war ähnlich scharf wie die von *Nietzsche*. Aber die

Überwindung sah er nicht im und durch den heroischen Übermenschen, sondern in der und durch die Aufhebung der Gegensätze.

Letztlich schwebte ihm der „ausgeglichene", der „einheitliche", der „ganzheitliche", ja: der „vollkommene" Mensch vor (bes. S. 58). In jedem Einzelnen spiegelt sich das Ganze, im Mikro- der Makrokosmos, im Menschen das Göttliche. Aber auch die Umkehrung gilt: Das Ganze verkörpert sich im Individuum, das All in jedem Subjekt, das Göttliche wird Mensch. Jeder Baum ist beseelt, jedes Gestirn hat menschliche Eigenschaften, und in jedem Menschen ist die Natur. Dieser *Anthropomorphismus* öffnet den Horizont der Waldorfpädagogik auf seine Re-Inkarnations- bzw. Karmalehre hin, die *Steiner* – durchaus offen für Zeitströmungen – mal „christlich", mal „fernöstlich" untermalte. Von daher sein häufiges Eingehen auf das *Johannes-Evangelium* und seinen ersten Vers: „Im Anfang war das Wort ..." *Steiner* kommentierte ihn so: „Alles, was an schöpferischen Kräften nicht nur im Menschen lebt, sondern in Wind und Welle, in Wolke und Sonnenschein und Sternenglanz lebte. Überall war die Welt und der Kosmos eine Offenbarung des Wortes ... Und der Logos starb" (ebd., S. 79). Dieser „Sündenfall" kann „repariert" werden, wenn die Menschen „wiederum kommen zum Verständnis des Wortes" (ebd., S. 81), wenn die „Erziehung nicht mehr das Menschliche zu Hilfe (nimmt), sondern nur noch das Außermenschliche" (ebd., S. 82), wenn wir in jedem „werdenden Menschen ein Göttergeschöpf" (ebd., S. 114) sehen, wenn „uns der Mensch in diesem Erdendasein das wertvollste Geschöpf der Götter ist" (ebd., S. 111): „Mit dieser Wiederentdeckung des Geistes, beginnt die neuere Ära der Erziehung" (ebd., S. 84).

Ich hoffe, deutlich gemacht zu haben, dass unter der zweiten Dimension jedweder Pädagogik, dass die perspektivierende Dimension der Waldorfpädagogik von einem transzendenten (nicht transzendentalen, also im *Kant*ischen Sinne nicht vor, sondern jenseits der bewußten Erfahrung liegenden) Zug charakterisiert ist, der – nicht anders als der unter der fundierenden Dimension herausgestellte normative Grundzug – gleichfalls eine Gefahr sowie eine Chance aufweist. Waren es dort die Vorteile des Vermittelns von bestimmten Werten und Normen und die Nachteile des möglichen Umschlagens in Dogmatik und Sektierertum, so sind hier unbestreitbar die Vorzüge eines *kritischen* Moments, aber auch die Gefahren eines nicht mehr generalisationsfähigen *Irrationalismus* zu nennen. Die Waldorfpädagogik ist folglich nicht nur eine Weltanschauungspädagogik mit der Potenzialität einer normativen *und* einer dogmatischen Fundierung, sondern zweitens eine *transzendente Pädagogik*, die im positiven Fall dezidiert an der Melioration des Menschen und seiner Verhältnisse arbeitet, im negativen jedoch irrationale Bekenntnisse abverlangt und damit hinter das Jahr 1781 zurückfällt[66], mit anderen Worten: den Konsens über die Notwendigkeit einer intersubjektiven Nachprüfbarkeit aller – Wissenschaftlichkeit beanspruchenden – Sätze aufkündigt und verrät. Welchen Weg die Waldorfpädagogen in Zukunft beschreiten werden, entscheiden sie und ihre Kritiker, indem sie dem Diskurs oder der Doxa folgen, dem Argument oder der Meinung. Und: Wer von den jeweiligen Kontrahenten auf diesem Weg der Vernunft eine Chance gegeben und wer der Ideologie Gehorsam abverlangt haben wird, entscheidet nicht der Schreiber dieser Zeilen, entscheidet auch keiner der in diesem Buch versammelten Autoren, entscheidet überhaupt kein Buch in diesen Tagen, Monaten oder Jahren, sondern einzig und allein die sich von Dogmatik und Irrationalität immer wieder befreiende oder zumindest um Befreiung sich bemühende Geschichte der Menschen.

□ Das Problem des Generierens von Pädagogik

Jede Pädagogik will, so sagten wir, etwas „bewirken“, „herstellen“, „hervorbringen“ und kann von daher unter ihrer *generierenden Dimension* analysiert werden – auch die Waldorfpädagogik. Nun ist sie in vielerlei Hinsicht *anders* als alle übrigen erziehungswissenschaftlichen Theorien und pädagogischen Praxen, *alternativ* in des Wortes etymologischer Wurzel, (lat. *alter-natus*) von einer ganz anderen Herkunft (Geburt) als die offizielle Pädagogik und die ihr zuzuordnende Regelschule. Das erschwert sicherlich den Zugang zu ihr ebenso wie die Sprache, in der sich ihr Begründer auszudrücken beliebte: kommunikativ ist die Waldorfpädagogik gewiss nicht.

Worin aber besteht nun der Kern ihrer Alternativität? Was will sie – im Gegensatz zu anderen – generieren? Auch hier muss sich der Hinweis bescheiden, aber kann zumindest auf zwei „Inhalte“ eingehen:

Wer den Vortrag über „Die Erziehung des Kindes vom Gesichtspunkt der Geisteswissenschaft“ (nicht nur einmal) studiert und sich darüber hinaus in die (von mir zu verantwortende) umseitige Abbildung vertieft, wird zu folgender Erläuterung in der Lage sein:

In frühkindlichen Lebensphasen bildet sich ein erster Teil der Menschennatur, der sogenannte *Physische Leib*. Damit ist das am und im Menschen gemeint, „was dieselben Stoffe nach denselben Gesetzen zur Mischung, Verbindung, Gestaltung und Auflösung bringt, die auch in der mineralischen Welt als Stoffe nach eben diesen Gesetzen wirken“ (DEdK, S. 10). Bis etwa zum Zahnwechsel muss „alles in den ersten Lebensjahren durch Nachahmung gelernt werden“ (GGuE, S. 88). Die *imitatio*, das Vorbild dominiert also in dieser „Phase“ (?). Danach kommt es – *Steiner* zufolge – zu einer zweiten Wesenheit im Menschen: Der *Äther- oder Lebensleib* bildet sich. „Er bewirkt, daß die Stoffe und Kräfte des physischen Leibes sich zu den Erscheinungen des Wachstums, der Fortpflanzung, der inneren Bewegung der Säfte usw. gestalten“ (DEdK, S. 13). Ohne einen intensiven „pädagogischen Bezug“ (wie *Herman Nohl* dies nannte[67]), ohne *auctoritas*, ohne Auseinandersetzung, Nachfolge und Gehorsam ist diese Wesenheit schlechterdings unmöglich. „Das dritte Glied der menschlichen Wesenheit ist der sogenannte Empfindungs- oder Astralleib. Er ist der Träger von Schmerz und Lust, von Trieb, Begierde und Leidenschaft usw. ... Man kann alles das Genannte zusammenfassen unter dem Ausdrucke: Empfindung" (ebd., S. 13). Und schließlich postuliert *Steiner* den *Ich-Leib*: Erst hier gründet das Denken, die Intellektualität, das Abstrahieren (vom Begreifen zu Begriffen). Hat der Mensch den ersten Leib mit den Mineralien, den zweiten mit den Pflanzen, den dritten noch mit den Tieren gemeinsam, so teilt er das vierte Glied seiner Wesenheit mit keinem anderen Erdenwesen: „Dieser 'Ich-Leib' ist der Träger der höheren Menschenseele" (ebd., S. 14), erst auf dieser „Stufe" (?) sagt der so entwickelte Mensch „sich gegenüber gewissen Neigungen und Lüsten: diesen darfst du folgen, andere zügelt er und unterdrückt sie" (ebd., S. 15), von hier gelangt er zur Weisheit, zur Sophia ...

Nun darf man nicht annehmen, diese Theorie sei eine *psychologische* Entwicklungslehre (sie wäre angesichts eines über 200 Jahre sich immer weiter entfaltenden Forschungsbetriebes auch gar nicht haltbar); sie ist eine *pädagogische* Theorie der Entwicklung des Kindes – nicht wie sie unbedingt *ist*, aber bedingt sein *könnte*, worin sich die Interdependenz aller drei Merkmale der Waldorfpädagogik (normatives, transzendentes und systematisches Denken und Handeln) dokumentiert.

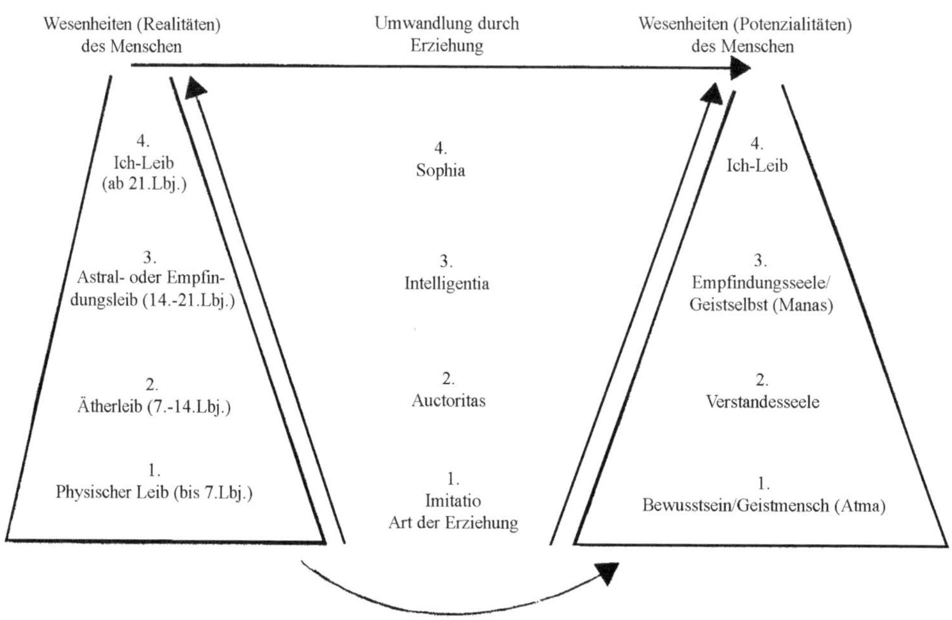

Abb. 33 Die Entwicklung des Kindes aus der Sicht der Waldorfpädagogik

In immer neuen Umschreibungen hat *Steiner* diese vier Wesenheiten zu kennzeichnen versucht, auch mit der Dreigliederung des *sozialen* Organismus zu kontrastieren sich bemüht, der bekanntlich in ein („freies“) Geistesleben, eine („gleiche“) Rechtsordnung und eine („brüderliche“) Wirtschaft gegliedert sein sollte (vgl. ZDdsO, bes. S. 50–58) und dabei zweifelsohne manche Waghalsigkeit unternommen. Hier ist zunächst jedoch eine innere Spannung zu referieren. Denn bei diesen vier Realitäten des Menschen soll es (aufgrund des Meliorationsprinzips) nicht bleiben, sie gilt es vielmehr in die Möglichkeiten eines Besseren zu überführen – und zwar im Medium von Erziehung, auch von Selbsterziehung. *Steiner* spricht von „Umwandlungen, welche der Mensch an seinen niederen Gliedern ... vollführt“ (ebd., S. 18). Wichtig ist dabei, dass die Möglichkeiten und Grenzen der einzelnen „Geburten“, „Wesenheiten“, „Lebensalter“, „Entwicklungsgesetze“ etc. Berücksichtigung finden. Nur wer sich also exakte Kenntnisse dieser sie kennzeichnenden „Geisteswissenschaft“ erworben hat, kann erziehen und das heißt: den jungen Menschen zu seiner möglichen Vollkommenheit im Hier und Jetzt führen, worauf seine spätere Wiedergeburt dann aufzubauen vermag ...

Eingebettet in diese Entwicklungs- und Erziehungslehre sind nun zweitens eine Fülle von nützlichen, durchdachten, das Wohl und Wehe des Kindes im Auge habenden edukativen sowie didaktisch-methodischen Maßnahmen, Regeln, Anregungen, Vorschriften und Empfehlungen zu registrieren: „Heitere Mienen der Erzieher“ (ebd., S. 26), „Takt“ (ebd., S. 29), „gedächtnismäßiges Einprägen“ (ebd., S. 35), „zuerst zu lernen, dann zu urteilen“ (ebd., S. 41) u. v. m.

Aber da gibt es auch schwer nachzuvollziehende, abstruse, übertreibende, esoterische und wissenschaftlich längst widerlegte Ansichten, Ratschläge, Schlussfolgerungen und Verkündigungen. Da wird z. B. ernsthaft behauptet: Die Kinder könnten bis zum Zahnwechsel „nur durch Nachahmung lernen“ (GGuE, S. 88); Stoffwechselkrankheiten seien „die Folge unliebsamen Gehenlernens“ (ebd., S. 93); die üblichen Spielzeuge wären „die furchtbarste innere Prügelei der Kinder“ (ebd., S. 95); vor dem Lesenlernen müsse man das Schreiben lernen (ebd., S. 131); der Ätherleib bliebe während des Schlafes beim Physischen Leib, trenne sich aber beim Tod von diesem (ebd., S. 150); „wenn wir dem Kinde dagegen etwas beibringen von Geschichte oder von Tierkunde ..., so wirkt das nur auf den astralischen Leib und die Ich-Organisation. Das nimmt der Mensch beim Einschlafen aus seinem physischen und Ätherleib hinaus mit in die geistige Welt“ (ebd., S. 150); mehr noch: Es ist nach *Steiner* „ein großer Unterschied, ob ich Schreiben oder Pflanzenkunde lehre, – das behält die körperliche und die ätherische Organisation im Bette zurück, das schwingt weiter – oder ob ich Geschichte oder Menschenkunde lehre. Die nimmt das Ich und der astralische Leib jedesmal beim Schlaf in die geistige Welt hinaus“ (ebd., S. 150 f); und immer wieder sind es die Zähne, denen *Steiner* alles mögliche zutraut und andichtet: sie sind vor allem

„die allerwichtigsten Denk-Organe" (ebd., S. 59) – *Freud* hätte fürwahr seine Freude gehabt – wenn er denn dies gehört, gelesen oder auf der Couch vernommen hätte ...

So zahlreich also die durchdachten, begründeten und hilfreichen pädagogischen Überlegungen sind, so sehr wimmelt es in der Waldorfpädagogik von Ungereimtheiten und abenteuerlichen Behauptungen. Und solange die (meisten) Anthroposophen ihre von *Steiner* geerbten Irrtümer ungeprüft behaupten und tradieren (als gäbe es keinen *Jean Piaget* und keinen *A. N. Leontév*, keine *Maria Montessori* und keinen *Peter Petersen*, keinen *Heinrich Roth* und keinen *Lawrence Kohlberg* ...) und solange andererseits die (vielen) Kritiker der Waldorfpädagogik die unstrittigen Einsichten dieser gewiss schillernden Pädagogik nicht würdigen bzw. anerkennen, solange dies so bleibt, wird die folgende und abschließende Kennzeichnung wohl aufrechterhalten werden müssen:

Unter dem dritten Gesichtspunkt bzw. in der generierenden Dimension zeigt sich die Waldorfpädagogik in ihren *systematischen Zügen*: *Rudolf Steiner* ordnete, gliederte und rhythmisierte gern (nicht nur, aber auch wegen vortragsdidaktischer Notwendigkeiten). Dieser Hang zur Systematik ist in sich ebenso ambivalent wie die beiden zuerst beschriebenen Merkmale: Denn er ermöglicht Übersicht, Klarheit und das Behalten in gleicher Weise wie manche Vergewaltigung des Lebendigen, die Beugung unter ein Schema und den Taumel in stets neue Untergruppierungen, Verästelungen und Teilaspekte. Auch unter diesem Aspekt wird man der Waldorfpädagogik folglich zwiespältig begegnen müssen: Sie verdient Aufmerksamkeit, Zustimmung sowie Unterstützung überall dort und immer dann, wo und wenn sie die positiven Momente ihrer Systematik lehrt und lebt, in ihren negativen Verlautbarungen hingegen muss sie mit entschiedenem Widerspruch rechnen.

In einer kleinen Übersicht sei der Extrakt unserer Überlegungen gleichsam eingefangen und aufgehoben: Unter der fundierenden Dimension zeigte sich der normative Zug der Waldorfpädagogik mit seinen Chancen einer progressiven Wertevermittlung, aber auch seinen Gefahren einer dogmatischen Ex-Cathedra-Attitüde, die wie ein Gebot Gottes daherkommt. Unter der perspektivierenden Dimension wurde ein transzendentes Merkmal deutlich, dem eine kritische Potenz ebenso anhaftet wie ein irrationales Moment. Und unter der generierenden Dimension konnte der systematische Charakter der von *Rudolf Steiner* begründeten und entwickelten Pädagogik herausgearbeitet werden, wobei die Vorteile eines übersichtlich gegliederten und geordneten Denkgebäudes ebenso wenig geleugnet werden (dürfen) wie die Nachteile des mitunter allzu krampfhaften Einbeziehens von immer mehr Einzelheiten unter einmal festgelegten Schemata.

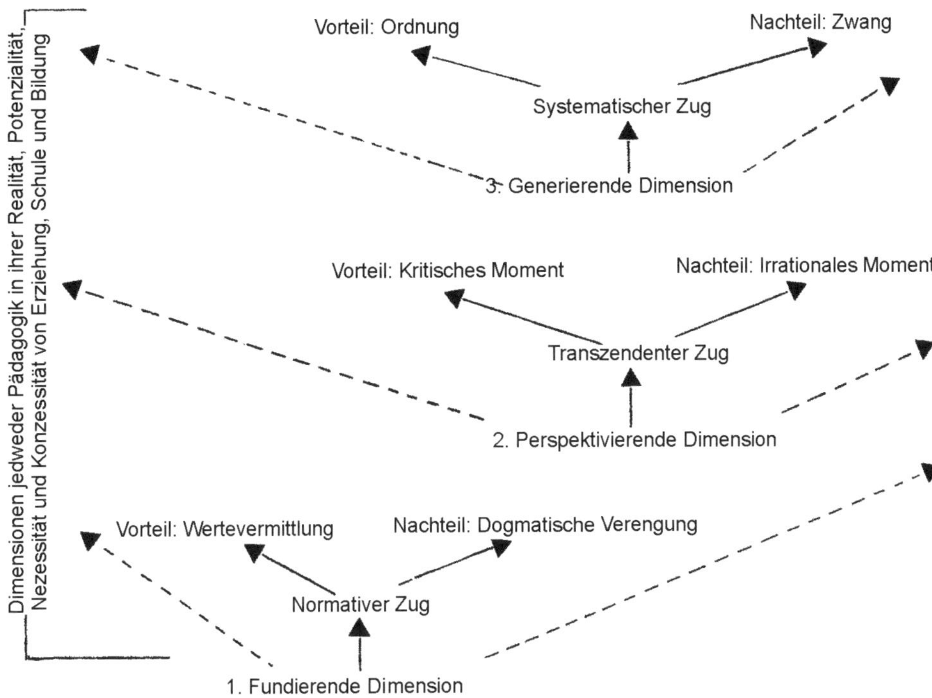

Abb. 34 Merkmale der Waldorfpädagogik

Von *Peter Schneider*, dem langjährigen Lehrer an und in der Hibernia-Schule und späteren Pädagogik-Professor an der Universität-Gesamthochschule Paderborn, stammt das treffende Wort der *Entlähmung*[68]. Es vermag wie kein anderes Vergangenheit, Gegenwart und Zukunft der Waldorfpädagogik zu kennzeichnen. Denn diese kann in der Tat erstarren, erlahmen, sich selbst lähmen also ver*steinern*; sie kann sich aber auch öffnen, verlebendigen, Kritik annehmen und zulassen und damit die unbestreitbaren Chancen nutzen, die in ihr schlummern. Vergleichbar der etwa zur selben Zeit entwickelten und ins Leben gerufenen Psychoanalyse wird man ihr die Mahnung mit auf ihren weiteren Weg geben mögen: *Die Waldorfpädagogik ist viel zu wichtig, als dass man sie allein den Waldorfpädagogen überlassen darf ...*

Ich hatte diesen Besuch bei *Rudolf Steiner* mit einer Reihe von persönlichen Erinnerungen begonnen – mit einer weiteren möchte ich ihn beenden: Als mein Vater in seinem 86sten Lebensjahr war, fragte ich ihn – gewiss nicht beiläufig – nach *Fräulein Nathan.* Ohne dass ich ihn jedoch *darum* bat, ging er mit mir „vom Herrenzimmer" über „den Anbau" und „die eiserne Wendeltreppe" hinab „in die Firma", wo er seine gesamte Korrespondenz aufbewahrte. Nach einigem Suchen fand er „die Akte Nathan“. Beim Blättern zeigte er mir einen der letzten Briefe dieser jüdischen Anthroposophin. Darin las ich u. a. die Sätze:

„Ich denke gerne an unsere vielen Diskussionen zurück. Heute würde ich Sie nicht mehr missionieren wollen oder Sie etwa mich? Heute weiß ich: eine Jüdin war, bin und werde ich bleiben – eine Anthroposophin ist man vorübergehend …“

Sollte uns bei aller notwendigen Erkenntnissuche dieses „Vorübergehende“ nicht gelassener machen, auch und gerade in der – sicherlich nötigen – Debatte um „Pro und Contra Waldorfpädagogik“ [69]? Denn gerade die Gelassenheit hat etwas mit Bildung zu tun und diese mit ihr. Über der Pforte eines alten Hauses in der schönen Stadt Bamberg (in der Oberen Karolinenstraße Nr. 1) steht geschrieben:

Der eine acht's, Der andre verlacht's,
Der dritte betracht's, was macht's?

Was macht's? Was soll's? – Gelassen-bleiben gebildete Menschen …

Halten wir am Ende unseres dritten reformpädagogischen Kurzbesuches den Merksatz fest:

Für *Rudolf Steiner* und seine Waldorfpädagogik bedeutet Bildung im Letzten und Entscheidenden: Bildung durch höherstrebende Vergeistigung! Bildung ist Kulturentwicklung und Personagenese …

*
* *

Des öfteren kann man in der ZEIT (z. B. am 15.1.2004, S. 70) oder in anderen Periodika eine Anzeige wie die folgende lesen:

Eine Alternative in der Schullandschaft: die bayerischen Montessori-Schulen suchen für das kommende Schuljahr

Lehrerinnen und Lehrer

für Grund- und Hauptschule, Realschule und / oder Gymnasium

Unsere Schulen zeichnen sich aus durch
- Freude an der Schule für Kinder, Lehrer und Eltern
- Selbstständiges Arbeiten als übliche Lernform
- Freiarbeit als Schwerpunkt des Schulalltags, keine Noten
- Realisierung eigener Initiativen, Arbeiten im Team-Kollegium
- Altersmischung, Integration, Toleranz, Persönlichkeitsentwicklung
- Lehren auf Grundlage neuester wissenschaftlicher Erkenntnisse und Forderungen
- Raum für Bildungswege der Schwachen wie der Starken.

Die Adressen erhalten Sie über den Montessori-Landesverband Bayern e.V.

www.montessoribayern.de Telefon 089/76772660 Dienstag bis Donnerstag
info@montessoribayern.de Telefax 089/76772662 10 bis 12 und 13 bis 14 Uhr

Montessori-Landesverband Bayern e.V.

Maria Montessori

Lehrerinnen und Lehrer werden gesucht; an „Montessori-Schulen"; „Alternativen in der Schullandschaft"; „*Maria Montessori*" ... Um was, um wen handelt es sich? Wer neugierig geworden ist, seinen PC befragt, in eine Buchhandlung geht oder eine erziehungswissenschaftliche Bibliothek aufsucht, wird rasch zwei Beobachtungen machen, die drei Sachverhalte erklären:

Es gibt erstens sehr viel Literatur und Materialien zur sogenannten Montessori-Pädagogik und zweitens: Gemessen an der Sekundärliteratur ist die Primärliteratur recht bescheiden, konkret: Wie bei den meisten Reformpädagogen existiert bis heute keine historisch-kritische Gesamt- oder wenigstens Werk-Ausgabe dieser exorbitanten Pädagogin – wohl die erste Frau in der Geschichte, deren Werk sich inmitten einer von Männern beherrschten pädagogischen Theorie und Praxis auch international durchsetzen konnte. (Nebenbei: Man kritisiere bitte nicht den Chronisten, wenn er dieses leidige Faktum nicht korrigieren und in seiner Darstellung erst an dieser Stelle auf die erste überragende Pädagogin eingehen kann!) Sicher, auch und gerade die Deutsche Reformpädagogik wurde von Frauen mitgeprägt: *Helene Lange* (1848–1930) und *Clara Zetkin* (1857–1933), *Gertrud Bäumer* (1873–1954) und *Clara Grundwald* (1877–1943), *Minna Specht* (1879–1961) und *Anna Siemsen* (1882–1951), *Sophie Friedländer* (1905–2000) und *Ruth C. Cohn* (1912) – über einige dieser Pädagoginnen vor und nach 1933 haben *Inge Hansen-Schaberg* und *Christian Ritzi* eindrucksvolle Studien geschrieben[70]. Und doch: Gemessen an *M. M.* erreichen all diese und andere Pädagoginnen weder die Originalität noch die Wirkung der am 31. August 1870 in Chiaravalle bei

Ancona (an der Ostkünste Mittelitaliens) als einziges Kind des Finanzbeamten *Alessandro* und seiner Frau *Renilde* geborenen und am 6. Mai 1952 in Nordwijk aan Zee (in den Niederlanden) verstorbenen *Maria Montessori*. Wer war sie? Was hat sie geschaffen? Inwiefern lohnt es, sie nach dem Wesen der Menschen-Bildung zu befragen? Zuvor aber noch die drei zu erklärenden Sachverhalte: Die klassische Reformpädagogik des In- und Auslandes war erstens eine stark an der Praxis orientierte 'Bewegung'. Deshalb sind die **„Bücher über ...“** erheblich zahlreicher als die **„Bücher von ...“**: „Erziehen mit Maria Montessori“ [71] interessiert Praktiker verständlicherweise mehr als die „Grundlagen meiner Pädagogik“ [72] von *Maria Montessori*, die auch wieder eine von einem Herausgeber besorgte Sammlung diverser Aufsätze darstellen. Darüber hinaus tut sich die akademische Erziehungswissenschaft schwer, historisch-kritische Ausgaben der Reformpädagogen zu besorgen. Offensichtlich hat dieses Desinteresse auch etwas mit der unterschiedlichen Bewertung von (hehrer) Theorie auf der einen und von (schmuddeliger) Praxis auf der anderen Seite zu tun. Und drittens schließlich konnten sich in der Geschichte der Pädagogik zum erstenmal in der „Reformpädagogischen Epoche“ vornehmlich im 1. Drittel des 20. Jahrhunderts Frauen nachdrücklich zu Wort melden und die Praxis mitgestalten, verändern, reformieren. Daraus wird man zumindest vermutend schlussfolgern dürfen, dass der Abbau von HERRschaftsverhältnissen, die Öffnung von alternativen Denk- und Handlungsperspektiven und ein Klima von Reformfreudigkeit generell Frauen anzieht, die wiederum just diese Liberalität auszugestalten beginnen – nicht selten mit einem immensen Engagement.

Nun aber zurück zu jener Frau, die man zu Recht als „die Mutter der Reformpädagogik“ bezeichnen kann – die väterliche Rolle würde ich, abwechselnd, *John Dewey* und *Georg Kerschensteiner* zusprechen. Wer war sie? Was hat sie uns, den nach der Bildung Fragenden, auch und gerade heute zu sagen?

Ihr Leben war auf- und anregend zugleich und dass es einmal ein pädagogisches werden würde, dürfte dem hochbegabten Mädchen niemand prophezeit haben [73]: Gerade erst war die staatliche Einheit Italiens hergestellt worden, als die Eltern ihr einziges Kind bekamen. Als Maria fünf Jahre alt ist, zieht die Familie nach Rom; *Maria* besucht die Grundschule, lernt die auch dort praktizierte Stock-, Buch- und Paukpädagogik fürchten und wechselt nach sechs Jahren im Herbst 1883 auf die „Regia Scuola Tecnica Michelangelo Buonarotti“ – währenddessen arbeitete *Nietzsche*, 39-jährig und schon umfleucht, am „Zarathustra“; *Kerschensteiner* wurde gerade mit 29 Jahren als Lehrerassistent für Mathematik und Physik am Nürnberger Melchanchthon-Gymnasium angestellt; und *Rudolf Steiner* stand mit 22 Jahren kurz vor seiner sechs Jahre dauernden Hauslehrertätigkeit in der Wiener Familie von *Ladislaus* und *Pauline Specht*. Die Schülerin *Maria Montessori* aber ist am Ingenieurberuf interessiert und wird darin nur von der energischen und liberalen Ideen gegenüber aufgeschlossenen Mutter unterstützt, die aus einer betuchten Gutsbesitzerfamilie stammt und als geborene *Stoppani* eine Nichte des bekannten Naturwissenschaftlers *Antonio Stoppani* ist. Dann aber keimt in ihr der Wunsch, Ärztin zu werden, und so sieht sich der gestrenge und eher konservative Vater 1890 „dem drängenden Wunsch seiner zwanzigjährigen Tochter konfrontiert, Medizin zu studieren und den Arztberuf ausüben zu wollen. Aber es gibt in Italien keine einzige Ärztin. Der Arztberuf ist absolute Domäne des Mannes.“ [74] Was also tun? Kämpfen (ital. *combattere*) und sich durchsetzen (ital. *convincere*), erst gegenüber dem eigenen Vater und dann gegenüber einer mächtigen Lobby, so lauteten ihre Antworten. In diesen biographischen Kontexten wurzeln viele ihrer pädagogischen Überzeugungen. Gut 30 Jahre später beantwortet sie in einem 1923 gehaltenen Vortrag die ihr immer wieder gestellte Frage, ob denn all das, was sie da über die aufzubauende „innere Kraft des Kindes“ ausführe, überhaupt möglich sei, kurz und bündig: „Es ist nicht nur möglich, es ist notwendig.“ [75] Zunächst aber belegt sie an der Universität Rom 'nur' Mathematik, Physik und Naturwissenschaften, ehe sie dann, wohl auch aufgrund einer Fürsprache von Papst *Leo XIII.*, zwei Jahre später das Medizinstudium aufnehmen darf. Am 29.7.1898 erhält sie als erste Frau Italiens die medizinische Promotionsurkunde. Als Assistenzärztin arbeitet sie zunächst in der Psychiatrischen Universitätsklinik mit kranken Kindern, vor allem solchen mit Sinnesstörungen und geistigen Defekten. Und doch korrigiert sie ihren Lebensweg eine weiteres Mal: Sie hätte in der Tradition der beiden französischen Ärzte *Jean-Marc Gaspard Itard* (1775–1838) und seines Schülers *Edouard Séguin* (1812–1880) eine reputierte Kinderärztin bzw. Kinderpsychiaterin werden können – sie will Pädagogin werden, gründet 1907 im neu gebauten Arbeiterviertel Roms, in San Lorenzo, ihre erste *Casa dei bambini*, ihr erstes Kinderhaus, in dem sie sozial vernachlässigte Arbeiter- bzw. Schlüsselkinder pädagogisch betreut. Hier entwickelt sie ihre Materialien, ihre Lernanreize, Übungen, Spiele ... ihre Didaktik und Methodik, ihre Pädagogik und Anthropologie. Ähnlich wie *Kerschensteiner* fand sie aus der (frühen) Praxis zur (späteren) Theorie, die auch als Erläuterungs-, Erklärungs- und Legitimationshintergrund zu verstehen ist. Hier, in Lorenzo, machte *Montessori* auch ihre berühmte Entdeckung, die seitdem als das sogenannte Montessori-Phänomen in die Pädagogik eingegangen ist: Sie beobachtete ein etwa 3-jähriges Mädchen, wie es so sehr in eine Übung mit hölzernen Zylindern versunken war, dass es sich weder vom Gesang der herumstehenden Kinder noch durch die Tatsache, dass man es zusammen mit seinem Stühlchen, den Zylindern und dem Holzblock auf einen Tisch hob, ablenken ließ, ja: Die junge Lehrerin (wir würden heute von einer Sozialpädagogin sprechen) sah, wie das Mädchen die Übung (nämlich die verschiedenen Zylinder in die entsprechenden Bohrungen einzusetzen) sage und schreibe 44mal wiederholte ... Nun, auch wenn *Montessori* später mit der Zahl 44 großzügig umging, entwickelte sie aufgrund dieser Beobachtung sowie ähnlicher 'Experimente' die Theorie der „Polarisation der Aufmerksamkeit“, über die noch gesprochen werden muss. Diese praktische Arbeit mit Kindern wurde rasch bekannt – in Rom, in Italien, zum Schluss in der ganzen Welt. Und da die Grundlagen dieser Pädagogik noch nicht schriftlich fixiert worden waren, aber ein großer Bedarf nach einer solchen Darstellung bestand, schrieb sie in wenigen Wochen ihr Buch „Il metodo della pedagogia scientifica“, das im Jahr 1909 erschien. Ein Jahr später veröffentlichte sie ihr zweites Buch, „L' Antropologia pedagogica“, so dass nun erste wissenschaftliche Fundierungen ihres Wirkens vorlagen. Diese waren u. a. deshalb so wichtig, weil sie ab 1896 immer häufiger Vorträge hielt und seit 1899 auch eine Dozentur am römischen Lehrerinnenseminar (für Hygiene und Anthropologie) übernommen hatte und seit 1904 sogar Vorlesungen über Anthropologie und Biologie am Pädagogischen Institut der Universität Rom hielt. Ein Ereignis aus diesem ersten Drittel ihres Lebens verdient noch Erwähnung: Am 31.3.1898 bringt sie einen Jungen zur Welt, *Mario*, unehelich – was sie jahrzehntelang wie ein Geheimnis hütet. „Es ist das Kind ihrer Beziehung zu *Dr. Guiseppe Montesano*, mit dem sie in der Psychiatrischen Klinik und dann am neu eröffneten medizinisch-pädagogischen Institut (mit Modellschule) zur Ausbildung von Lehrern für geistig behinderte Kinder seit 1900 eng zusammenarbeitet. *Maria* zieht das Kind zunächst einmal nicht selbst auf, sondern gibt es aufs Land zu Bekannten, besucht es aber häufig. 1913 wird sie *Mario* endgültig zu sich nehmen, und *Mario* wird ihr zuverlässiger ständiger Begleiter und Organisator der ‘Bewegung’“ [76] Sie lebte seitdem ohne Mann, trug nach dem Tod ihrer Mutter 1912 nur noch dunkle, lange Kleidung und soll so scheu, fast prüde, ja leibfeindlich und so voller „Ekel vor allem, was die Natur mit Haut bedeckt hat“ [77], gewesen sein, dass „sie niemals jemandem gestattete, hinter ihr die Treppe hinaufzugehen ... Noch als alte Frau, nachdem sie ein halbes Jahrhundert gelehrt und Vorlesungen gehalten hatte, wandte sie sich, bevor sie eine anatomische Zeichnung zeigte, um einen Vortrag anschaulicher zu machen, zu ihren Hörern und sagte: ‘Entschuldigen Sie, wenn ich Ihnen diese zeige.’“ [78] Die Anatomie und Chirurgie stießen sie ab, die Männer zogen sie nicht an, aber zu Kindern muss sie hinreißend gewesen sein: Aus der unerfüllten Liebe zu ihrem eigenen (aber geheimgehaltenen) Kind wächst eine grenzenlose Liebe zum Kind schlechthin. Und der „Verzicht auf eine eigene Familie ... wird ausgeglichen durch die familienähnlichen Beziehungen innerhalb der ‘Bewegung’ mit ihren engen Mitarbeitern, meist Frauen, die einen kindähnlichen Status erhalten“ [79]. „Mammolina“ wird sie genannt und so sehr sie die Selbständigkeit von Kindern fördert, so allergisch reagiert sie, wenn ihre eigenen Schülerinnen sich emanzipieren. In den folgenden Jahren und Jahrzehnten wird *Maria Montessori* das, was wir eine berühmte Persönlichkeit nennen – freilich ohne Fernsehen, Internet und Computer. Nach 1911 gibt sie ihre ärztliche Tätigkeit und auch die Dozentur auf, um sich durch Vorträge und Ausbildungskurse ganz der Verbreitung ihrer *Methode* zu widmen – im In- und Ausland. An die 5.000 Montessori-Lehrer bildet sie auf diese Weise aus, peinlich darauf bedacht, dass es keine Abweichungen gibt, was vor allem die geniale amerikanische Lehrerin *Helen Parkhurst* (1887–1959) zu spüren bekommt, die daraufhin in relativer Unabhängigkeit von *M. M.* den „Dalton Plan“ entwickelte und 1922 vorlegte[80]. Von Südamerika bis Japan, von Skandinavien bis Pakistan reicht ihr Einfluss, werden Montessori-Häuser und -Gesellschaften gegründet. Kurze Zeit sympathisiert sie mit dem *Duce* und muss doch hinnehmen, dass sowohl die Faschisten in Italien als auch die Nationalsozialisten in Deutschland ihre Schulen und Gesellschaften verbieten. 1936 siedelt sie nach Amsterdam um; 1939 verlässt sie Europa und lebt bis 1946 im indischen Adyar – *Gandhi* und *Tagore* unterstützen sie und ihre Bewegung; bereits 1946 kehrt sie sporadisch, drei Jahre später endgültig nach Europa zurück. Sie nimmt noch am 8. und 9. Internationalen Montessori-Kongress in San Remo und in London teil; aber die Kräfte sind erlahmt: Am 6. Mai 1952 stirbt sie im 82. Lebensjahr im holländischen Nordwijk. Auf dem dortigen katholischen Friedhof liegt sie begraben, übrigens nicht weit entfernt vom Grab eines anderen Exulanten und Pädagogen, eines anderen Kinderfreundes und Friedensstifters ... nicht weit entfernt vom Grab des *Johann Amos Comenius*, der seine letzte Ruhestätte in Naarden bei Amsterdam gefunden hatte – 282 Jahre vor ihr.

Abb. 35 Die Grabstätte von Maria Montessori in Nordwijk aan Zee

Als ich vor etlichen Jahren mit meiner Familie nicht nur die Grabstätte des *Comenius*, sondern auch die von *Maria Montessori* aufsuchte, fragte mich unsere Tochter: „Was steht da geschrieben?“ Und da ich das Italienische nur aus dem Lateinischen zu erschließen vermag, begann ich recht zögerlich: „IO PREGO ... Ich bitte ... BAMBINI ... heißt Kinder ...“ Eine ältere Dame trat neben uns und sprach, mit leichtem holländischen Akzent:

„Ich bitte die lieben Kinder, die alles können, mit mir gemeinsam für den Aufbau des Friedens zwischen den Menschen und in der Welt zu arbeiten.“ Sprach's, strich unserer *Lari* über's Haar und verschwand.

Nun aber stracks zur Pädagogik dieser einzigartigen Frau, der wir zwei Fragen stellen wollen.

1. Frage:

Vor aller Pädagogik rangiert die Anthropologie. Dieser Aussage würde *Montessori* mit Sicherheit zustimmen und deshalb unsere erste Frage wohl für berechtigt halten:

Welches Menschen-Bild, welches Bild vom Kind liegt Ihrer Pädagogik zu Grunde?

Im Jahre 1936 veröffentlichte *M. M.* ein Buch mit dem Titel: „The Secret of Childhood“: Das Geheimnis der Kindheit; im Italienischen: “Il segreto dell’ infanzia“. Leider machte daraus der deutsche (Klett-)Verlag den Titel „Kinder sind anders“ [81]. Natürlich sind Kinder anders als Erwachsene. Sie sind weder deren kleine Ausgaben noch deren Kopien, und – die Erwachsenen sind keine großen Kinder. Dazu vielleicht eine Episode: Bei ihren zahlreichen Besuchen in einem ihrer vielen Kinderhäuser wurde *Montessori* von einer Lehrerin gebeten, in ihre Klasse zu kommen, in der alles so vorbereitet war, wie es der „Montessori-Pädagogik“ entsprach. Die Lehrerin hockte sich zu den Kleinen auf den Fußboden und besprach die vorgesehene Freiarbeit, merkte aber bald, dass die große *Montessori* irgendetwas störte. Nach der Stunde fragte die begeisterte Schülerin, ob sie etwas falsch gemacht habe. *Montessori* schaute ihr tief in die Augen und gab ihr mit ihrer vollen und warmen Stimme die Antwort: „Ich hatte erwartet, 20 Kinder und eine Erwachsene vorzufinden ...“ Ganz in der Tradition *Rousseau*s betont *Montessori* immer wieder die Eigen-Art von Kindern, und doch hat sie keine kindertümelnde Pädagogik konzipiert. Ihr Respekt vor der Würde und dem Geheimnis eines jeden Kindes war so groß, dass sie allenfalls die behutsame Annäherung und Entdeckung erlaubte: „La scoperta del bambino“ [82].

Ähnlich wie ihr deutscher Zeitgenosse *Rudolf Steiner* hatte *Maria Montessori* kaum Zeit, um in Ruhe eine pädagogische Monographie zu schreiben. Auch ihr wohl populärstes Buch „Kinder sind anders" besteht aus überarbeiteten und kompilatorisch zu einem Ganzen geformten Texten, dessen innere Stringenz hingegen besticht. Bereits im „Ersten Teil" rückt sie zunächst die aktuellen Verhältnisse zurecht, ehe sie ihre Anthropologie skizziert. So laut und schön der Ruf vom „Jahrhundert des Kindes" auch klingen mag, bleibt er nach *Montessori* doch allenfalls ein frommer Wunsch – wie viele „prophetische Ausblicke", die sogar jener umstrittene König *Viktor Emanuel III.* (1900–1944/46) just in seiner Rede zur Thronbesteigung benutzt hatte, um Illusionen zu wecken statt Veränderungen herbeizuführen. Aber auch die ansonsten verdienstvolle Psychoanalyse ersetzt keine Anthropologie. Zwar konfrontiert sie uns aufgrund „klinischer" Beweise immer wieder mit den Ursachen schwerer Verletzungen, die bis in die frühe Kindheit reichen, aber: Kinderleid und Kinderelend sind mehr und etwas anderes als ungelöste oder nur destruktiv ausagierte Konflikte zwischen ES, ÜBER-ICH und ICH. Statt dessen beharrt *Montessori* auf einer Einsicht, die auch in und von unserem Gedankengang mitgetragen wurde:

„Alles Gute und alles Böse des Menschen im reifen Alter ist eng verknüpft mit der Kindheit, in der es seinen Ursprung hat. Alle unsere Irrtümer übertragen wir auf unsere Kinder, in denen sie unaustilgbare Spuren hinterlassen. Wir werden sterben, doch unsere Kinder werden an den Folgen des Bösen leiden, das ihren Geist für immer entstellt hat. Der Kreislauf ist geschlossen und läßt sich nicht unterbrechen. Auf das Kind einwirken heißt, den empfindlichsten Punkt eines Ganzen anrühren, das seine Wurzeln in fernster Vergangenheit hat und sich auf die grenzenlose Zukunft zubewegt. Auf das Kind einwirken heißt, den zartesten und vitalsten Punkt anrühren, an dem alles sich entscheiden und erneuern kann, wo alles von Leben strotzt, wo die Geheimnisse der Seele beschlossen liegen, weil dort sich der Aufbau des Menschen vollzieht." [83]

In jedem Menschen (also auch in jedem Kind) liegt und schlummert die Möglichkeit zum Guten *und* zum Bösen. Und welcher Potenzialität zur Realität verholfen wird, hängst entscheidend von der das Kind berührenden Pädagogik ab, die aber stets 'nur' Hilfe zur Selbsthilfe sein kann. In großer Demut (aber nicht im Stile einer anti-autoritären oder laissez-faire-haften Verziehung) haben wir uns dem Kind zu nähern: Nur so vermag es „selbst zu enthüllen, welches *der natürliche Bauplan* des Menschen ist" [84], *sein* natürlicher Bauplan. Für die Katholikin *Montessori* gab es keinen Zweifel, dass Gott jedem Menschen-Kind seinen individuellen Bauplan als Möglichkeit in Freiheit mitgegeben hat – wir würden, sei es modern oder traditionell, auch von einer „personalen Identität" oder einer „unsterblichen Seele" sprechen können. Diese anthropologische Fundierung ist deshalb so bedeutsam, weil sie jenes Missverständnis zu verhindern vermag, dem nach 1968 viele Reformpädagogen ausgesetzt wurden. Es geht bei *Montessori* nicht um eine vordergründige Selbst-Verwirklichung, um einfaches Los-Lassen oder schiere Selbst-Bestimmung. Auch das Kind bestimmt nicht eigenmächtig über sich selbst, sondern lernt, auf den ihm anheimgegebenen Bauplan zu lauschen, um ihn zu verwirklichen. Alles andere, was da gelegentlich auch heute noch in *Montessoris* Anthropologie hineingelegt oder auch aus ihr weggeräumt wird, ist ein platt gemachter *Neill* und ein verhunzter *Habermas*, eingetaucht in eine Schokoladensoße im großen Topf der Alternativpädagogik [85]. *Montessori* beharrt dagegen darauf: Weil die anthropologische Möglichkeit des Kindes eine antinomische und ambivalente ist, kann die Pädagogik nur im schwankenden Modus des „Stets-genug, aber niemals-zuviel" verantwortet werden. Kinder haben ein vitales Recht auf so viel Freiheit wie *möglich*, und wir, die Erwachsenen, haben die Pflicht, ihnen bei der Suche nach sich selbst so wenig Zwang wie *notwendig* abzuverlangen. Noch einmal *Montessori* im übersetzten Original, wo sie treffend verdeutlicht, dass jeder Mensch trotz helfender Erziehung letztlich nur sich selbst als Mensch verwirklichen kann [86]:

„Aber auch das Kind ist ein Arbeiter und ein Erzeuger. Kann es auch nicht an der Arbeit des Erwachsenen teilnehmen, so hat es doch seine ganz eigene große, wichtige und schwere Aufgabe zu erfüllen: die Aufgabe, den *Menschen* zu bilden. Ist aus dem untätigen, stummen, unbeweglichen Neugeborenen, das noch ohne Bewußtsein ist, ein fertiger Erwachsener geworden, mit einer Intelligenz, die sich mit den Errungenschaften des seelischen Lebens bereichert und mit dem strahlenden Licht des Geistes, so ist dies alles dem Kind zu verdanken.

Denn ausschließlich durch das Kind wird der Mensch aufgebaut. Der Erwachsene vermag in diese Arbeit nicht einzugreifen ... es ist eine unbewußte Arbeit, verwirklicht durch eine in der Entwicklung befindliche geistige Energie, eine Schöpfungsarbeit, die an jene biblische Darstellung erinnert, in der es vom Menschen nur heißt, er wurde geschaffen. Aber wie wird er geschaffen? Wie erhielt er, das lebendige Geschöpf, die Gabe des Verstandes und der Macht über alle Dinge der Schöpfung, obschon er aus dem Nichts hervorgegangen ist? Dieses Wunder können wir in all seinen einzelnen Zügen beim Kind, bei sämtlichen Kindern betrachten. Alltäglich dürfen wir es da bestaunen.

Was geschaffen wurde, wurde geschaffen, um in allen menschlichen Geschöpfen sich neu zu vollziehen, wenn sie zur Welt des Lebendigen gelangen: das Leben ist Frucht der Unsterblichkeit; denn alles, was stirbt, erneuert sich. Angesichts dessen, was uns die alltägliche Wirklichkeit offenbart, können wir nur immer wiederholen: Das Kind ist der Erzeuger des Menschen. Die gesamten Möglichkeiten des Erwachsenen hängen davon ab, inwieweit das Kind diese ihm anvertraute geheime Aufgabe erfüllen konnte. Dem Kind kommt die Stellung eines wirklich Schaffenden vor allem deshalb zu, weil es sein Ziel, die Bildung des Menschen, nicht durch bloßes Ruhen und Nachdenken erreicht. Nein, seine Arbeit ist Aktivität, ist fortgesetztes Schöpfertum. Und wir müssen uns vor Augen halten, daß es bei dieser Arbeit sich auch die äußere Umgebung nutzbar macht, eben die nämliche Umwelt, die der Erwachsene seinen Zwecken entsprechend verwandelt.“

Diese Grundlegung führt zu unserer

2. Frage:

Was für eine Pädagogik soll dieser Menschwerdung beistehen?

Die Stichworte einer solchen Selbstwerdung des Menschen lauten: Beachtung der „sensiblen Perioden“, eine „vorbereitete Lernumwelt“ und die „Polarisation der Aufmerksamkeit“. Was ist gemeint?

Wir alle machen die Erfahrung, wie leicht uns oder auch anderen hier und heute etwas fällt, was dort und morgen schier zur Quälerei wird: Wir lernen im Nu, sagen wir, mit fünf Jahren das Fahrradfahren und würden uns mit 50 dabei den Hals brechen; mit 10 Jahren lernen wir spielend neue Vokabeln, 30 Jahre später quälen wir uns; umgekehrt: mit 60 Jahren beherrschen wir, meinethalben, das Mühle- oder Schachspiel so gekonnt, dass uns kein 6-Jähriger gewachsen ist; und (erst) mit 50 verstehen wir den Selbstzerstörungsprozess des, sagen wir, *Imperium Romanum* so tiefgreifend, dass wir die gewonnenen Erkenntnisse auf ähnliche Phänomene beziehen können, während uns 10 Jahre zuvor dieselben Studien zu keinen solchen Einsichten verholfen haben ... „Es handelt sich“, schreibt *Montessori*, „um besondere Empfänglichkeiten, die in der Entwicklung, das heißt im Kindesalter der Lebewesen auftreten. Sie sind von vorübergehender Dauer und dienen nur dazu, dem Wesen die Erwerbung einer bestimmten Fähigkeit zu ermöglichen.“[87] Was bei *Steiner* jedoch zu anthroposophischen, mehr noch: zu theosophischen Festschreibungen führte, sind für *Montessori* Lernchancen, „einem Scheinwerfer vergleichbar, der einen bestimmten Bezirk des Inneren taghell erleuchtet ... Aufgrund dieser Empfänglichkeit vermag das Kind einen außerordentlich intensiven Zusammenhang zwischen sich und der Außenwelt herzustellen, und von diesem Augenblick an wird ihm alles leicht, begeisternd, lebendig.“[88] Auch wenn nach dem heutigen Forschungsstand manche Zeitangaben für bestimmte „sensible Perioden“ bei *Montessori* als überholt gelten können, bleibt es ihr Verdienst, die Lernsensibilität als eines von drei pädagogischen Chancen entdeckt zu haben. Viele Jahre später führte ein anderer Reformpädagoge diesen Gedanken neuerlich in die – zeitweise von der internationalen Diskussion weitgehend abgeschnittene – deutsche Pädagogik ein: *Friedrich Copei* mit seinem Buch „Der Fruchtbare Moment im Bildungsprozeß“[89]. Auch aus dieser Einsicht lässt sich eine Antinomie ableiten, denn sie steht gegen Überforderung ebenso wie gegen Unterforderung, plädiert für das Hier-und-Jetzt, aber auch für das „Dort-und-Dann“ und lässt folgende Schlussfolgerung zu: Schüler haben ein pädagogisch-didaktisches Recht, so viel wie möglich zur rechten Zeit und am rechten Ort zu lernen, und wir, die Lehrenden, haben die Pflicht, ihnen so wenig wie notwendig zeitloses Lernen zuzumuten. Wieder erkennen wir, welch großes Feingefühl, welch behutsame Sensibilität, welch auszubalancierenden und ausbalancierten „Pädagogischen Takt“ [90] *Montessori* vom Erzieher bzw. Lehrer erwartet, der dem Kind (dem „geistigen Embryo“ [91]) allenfalls helfen, nichts aber für es erledigen kann. Deswegen lautet der pädagogische Ursatz, den das Kind zur Erzieherin bzw. zum Lehrer spricht: „Hilf mir, es allein zu tun!“ [92] – „Aiutami a farlo da solo!“, so steht es im Original [93]. Die Übersetzung ist also korrekt und doch nicht optimal. „Hilf mir, es selbst zu tun!“ wäre, nach meinem Dafürhalten, sinngemäßer. Denn *Montessori* hatte stets das Subsidiaritätsprinzip vor Augen, nicht aber die Isolation des Kindes. *Aiutami a farlo da me! – Hilf mir, es selbst zu tun!* – so haben von alters her „die Kleinen ihr inneres Bedürfnis ... ausgedrückt“ [94].

Darüber hinaus kommt es darauf an, die Umgebung des Kindes, seinen Lebensraum, seine Lernumwelt zu optimieren, d. h. auf seine ‘Bedürfnisse’ (im Sinne der Selbstwerdung) zu gestalten. In ihrem Buch „Dem Leben helfen“ schreibt sie: „Die große Bedeutung der Umgebung für die Lebewesen ist von der Biologie mehr und mehr erkannt worden ... Wenn ein Mensch nicht in einer geeigneten Umgebung lebt, dann kann er nicht alle seine Fähigkeiten normal entwickeln, und er kann nicht auf dem Grund seiner eigenen Seele forschen und lernen, sich selbst zu erkennen.“ [95] Vom Mobiliar bis zur Hygiene, von den Lernmaterialien bis hin zur Ordnung, von der Nahrung bis zur Ästhetik, von den Formen bis zu den Farben reicht die zu gestaltende Umwelt des Kindes. Dabei kommt der „Montessori-Lehrerin“ eine entscheidende Bedeutung zu: „Die größere oder geringere Wirkung hängt von der Lehrerin ab“ [96]. Es ist also ein Missverständnis, sich die „Montessori-Pädagogik“ als eine bloß gewähren-lassende vorzustellen. Sie ist – im Sinne *Rousseaus* – „éducation indirecte“, mit den Worten *Montessoris*: „In unseren Schulen erzieht die Umgebung selbst das Kind. Die Lehrerin hat nur die Aufgabe, das Kind unmittelbar mit der Umgebung in Beziehung zu bringen“ [97], mit anderen Worten: diese Umgebung vorzubereiten, zu gestalten und ihre Lernanreize wirksam werden zu lassen. Und das ist nicht wenig!

Dieses Zu-seiner-Möglichkeit-Kommen benötigt ein drittes Element, eher ein Medium, ein Merkmal: Im Schmutz, in der Unordnung, im Krach und Stress, in Angst und Aggression kann niemand zu sich selber kommen, in sich hineinlauschen, mit und von anderen lernen, für sich und andere leben. Dazu bedarf es der Stille. Sie zu erfahren ist keine bloße Technik. Gegen Phantasiereisen oder Autogenes Training hätte *Montessori* gewiss nichts einzuwenden gehabt, wenn sie mehr und anderes sind als therapeutische Verfahren zur Ruhigstellung aufgeregter Gickel. Es geht um die Erfahrung von *vita contemplativa* (und *vita activa*), um das Hören der inneren Stimme, letztlich um das Wahrnehmen des Wortes Gottes. Deshalb ihre Stille-Übungen mit Kindern, die sie flüsternd bei ihren jeweiligen Namen zu sich ruft. Solch eine Ruhe kann man nicht herstellen, gleichsam machen wollen, man muss sie buchstäblich leben: Du sollst nicht Ruhe lehren, sondern Ruhe sein. Auf dieses Sein (dieses *esse*) kam es ihr an, nicht auf die Technik der Beruhigung. Zu einer unverwechselbaren Persönlichkeit (und darin liegt nach *Montessori* der Bildungsauftrag) kann man nur dann heranreifen, wenn man das Reden *und* das Schweigen, das Sprechen *und* das Zuhören, das Hinsehen *und* das Wegsehen ..., kurz: wenn man die Vielfalt aller Sinne (sinn-voll!) zu benutzen gelernt hat. Sich einer Sache ganz hingeben – das nennt sie *Polarisation der Aufmerksamkeit*: Sie ist mehr als Konzentration (also mehr als ein auf einen bestimmten Punkt hin ausgerichtetes Interesse), sondern bedeutet die Zuordnung aller Sinne auf ein bestimmtes Lerngeschehen. Auch beim Erlernen dieser Grundhaltung kommt den Erwachsenen nicht die Macher-, sondern die Helferrolle zu. „Die Freiheit des Kindes kann nicht darin bestehen, daß wir es 'sich selbst überlassen' oder es gar vernachlässigen. Nicht durch gleichgültige Untätigkeit helfen wir der kindlichen Seele bei allen Schwierigkeiten ihrer Entwicklung, sondern wir müssen ihr mit Umsicht und liebevoller Sorge beistehen."[98] Mit dieser unserer Hilfe lernt das Kind die drei Stufen der kontemplativen Lebensführung zu beschreiten: die „vorbereitende Stufe", die „Stufe der großen Arbeit" („die mit einem Gegenstand der äußeren Welt im Zusammenhang steht") und die dritte Stufe, „die sich nur im Inneren abspielt und die dem Kinde Klarheit und Freude verschafft."[99] Diese „kostbaren Augenblicke" zu erkennen, so *Montessori*, ist „der Schlüssel der ganzen Pädagogik"[100].

Natürlich können unsere beiden An-Fragen nicht das gesamte Spektrum der „Montessori-Pädagogik" erschließen – die folgende Abbildung möchte wenigstens einen Eindruck vermitteln, wie reichhaltig und vielfältig sie ist. Auch auf die „Freiarbeit" und deren praktische Verwirklichung bis in die gymnasiale Oberstufe hinein können nur Literaturhinweise eingehen[101]. Und gar „Montessori-Schulen" vorzustellen übersteigt unsere Möglichkeiten[102]. Wer jedoch Gelegenheit hat, einen „Montessori-Kindergarten" oder gar eine „Montessori-Schule" zu besuchen, sei ausdrücklich ermuntert. Als eine gute Vorbereitung darauf empfiehlt sich die Lektüre eines Beitrages von *Peter Ortling*, dem langjährigen Leiter der Krefelder Montessori-Schule (einer Gesamtschule), über „Maria Montessori und die nach ihr benannten Schulen"[103].

Kritik hat sich *Montessori* insofern gefallen lassen müssen, als ihre Pädagogik wenig Musisch-Ästhetisches enthält und kaum gesellschaftspolitische Überlegungen; auch der Sport- und der Gruppenunterricht bleiben eher randständig (bei ihr, nicht in den sich weiter entwickelnden Montessori-Schulen); und mit ihrer „Kosmischen Erziehung"[104] vermag ich persönlich wenig anzufangen, zumal sich diese über weite Passagen der intersubjektiven Nachprüfbarkeit entzieht – nicht in der Zielsetzung (also bezüglich der Verantwortung des Menschen vor der Schöpfung im Kontext einer Ethik der Liebe), wohl aber bezüglich ihrer Begründungen ... Ansonsten aber kann man der Kennzeichnung des ausgewiesenen

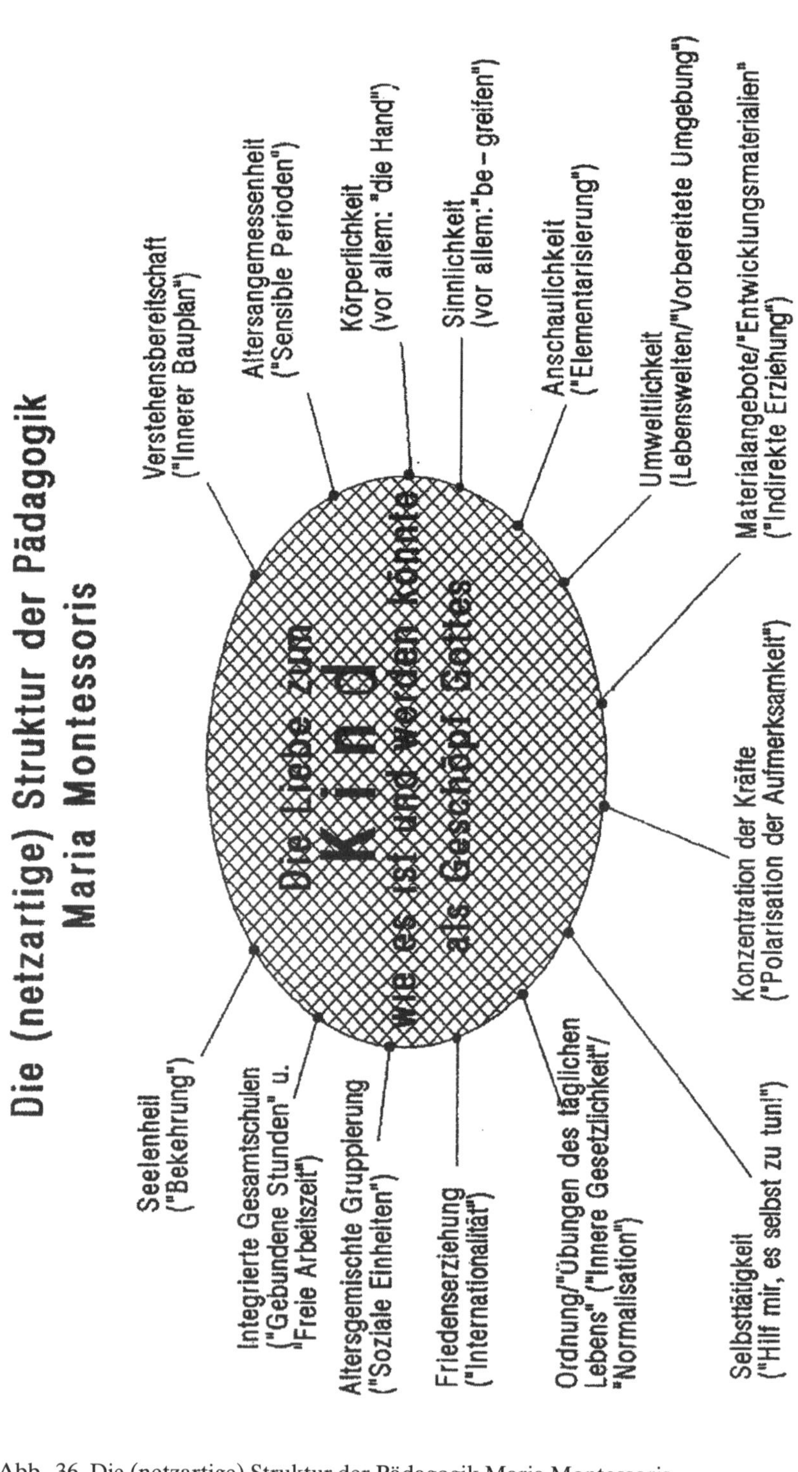

Abb. 36 Die (netzartige) Struktur der Pädagogik Maria Montessoris

Fachmannes für die Theorie und Praxis der „Montessori-Pädagogik" *Peter Ortling* nur zustimmen, wenn er schreibt: „Im Mittelpunkt der Montessori-Pädagogik steht das individuelle, unverwechselbare Kind, das wachsen und unabhängig werden will ... So wenig wir dem Kind sein körperliches Wachsen abnehmen können, so wenig können wir an Stelle des Kindes lernen und selbständig werden." [105]
So sei ein unseren vierten Kurzbesuch abschließender Hinweis erlaubt:

Für *Maria Montessori* ist Bildung Selbstbildung, und zwar durch Hilfe zur Selbsthilfe!

Ohne die Vielfalt reformpädagogischer Postulate, Theoreme, Theorien und Praxen ignorieren und ohne ihre Widersprüche, Ungereimtheiten, Erfolge und Versagungen leugnen zu wollen, seien im Folgenden die generellen, die verallgemeinerungsfähigen Erkenntnisse über die Reformpädagogik in ihrer historisch-epochalen und ihrer systematisch-programmatischen Dimension (zumal in Deutschland) vorgetragen.

*
* *

Am 31. Januar und 1. Februar des Jahres 1992 kamen auf Schloss Reinhardsbrunn, nordwestlich von Weimar, recht ungewöhnliche Pädagogen zu den sogenannten Ettersburger Gesprächen zusammen – eingeladen hatte die damalige Kultusministerin von Thüringen und wenige Tage später als Ministerin für Bundes- und Europaangelegenheiten nach Straßburg abgeschobene *Christine Lieberknecht*, eine dezidierte Reformerin. Von *Kurt Aurin* über *Hermann Röhrs* bis ... reichte die Teilnehmerliste und deren Vorträge, die unterschiedlicher kaum hätten sein können. Und doch: Uns einte das Bewusstsein, dass 16 Monate nach der Wiedervereinigung der beiden deutschen Teil-Staaten gerade von Thüringen aus eine Reform des gesamtdeutschen Bildungs- und Schulsystems zu initiieren sei: In Oberweißbach, auf den Höhen des Thüringer Waldes, war *Friedrich Fröbel*, von dem *Maria Montessori* wohl nichts zur Kenntnis genommen hatte, 1782 zur Welt gekommen; in Wickersdorf, auf der Höhe über Saalfeld bei Rudolstadt, hatte *Gustav Wyneken* zusammen mit *Paul Geheeb* 1906 die Freie Schulgemeinde Wickersdorf gegründet; *Peter Petersen* (1884–1952) wirkte von seiner Jenaer Universitätsschule aus zehn Jahre lang bis in viele Länder hinein; hier lebten am Ausgang des 18. und zu Beginn des 19. Jahrhunderts *Goethe*, *Schiller* und *Herder*; in Schnepfenthal hatte *Christian Gotthilf Salzmann* (1784) eine Erziehungsanstalt für die Ärmsten der Armen gegründet; und nicht weit von hier, in Haubinda, ist auf dem Kirchberg das Grab von *Hermann Lietz* zu finden, der dort am 12. Juni 1919 verstarb ... Das oder anderes wird dem einen oder anderen zum Bewusstsein gekommen sein, als *Andreas Flitner* die Tagung mit einem glänzenden Referat über „Die Themen der ‘Reformpädagogik’ und ihre Bedeutung für die heutige Schule“ [106] eröffnete. *Andreas Flitner* war damals bereits im 70. Lebensjahr und über seinen Vater mit der Reformpädagogik bestens vertraut: *Wilhelm Flitner*, der am 20.8.1889 in Berka bei Weimar geboren wurde, in Thüringen nachhaltig gewirkt hatte und am 21.2.1990 als über 100-Jähriger verstorben ist. Wir kannten ja dessen Darstellung der „drei Phasen der pädagogischen Reformbewegung“ (aus dem Jahre 1928) [107] und auch den eindrucksvollen Essay seines fast zehn Jahre älteren Weggefährten *Herman Nohl* (1879–1960) über „Die pädagogische Bewegung in Deutschland und ihre Theorie“ (aus dem Jahre 1933) [108], wohl die letzte unzensierte pädagogische Veröffentlichung zu Beginn einer furchtbaren Zeit ... Deshalb waren die 23 Ettersburger sehr gespannt, was uns der Tübinger Kollege *Andreas Flitner* zu erläutern gedachte. Den kleinsten gemeinsamen Nenner aller Reformpädagogen? Die größtmögliche Schnittmenge? Vielleicht gar einen Vergleich der Bemühungen während der ersten Epoche der Reformpädagogik im ersten Drittel des 20. Jahrhunderts und nun in seinem letzten Jahrzehnt? – Nichts dergleichen: *Flitner* unternahm es, die Tradition *und* die Gegenwart der Reformpädagogik auf ihre zentralen Themen (also ihre Impulse und Problemlösungen) hin zu befragen. Diese Übersicht ist bis heute so überzeugend, dass sie hier (nicht als Vorlage, wohl aber) als Folie der abschließenden Kennzeichnung unserer IX. Station herangezogen werden kann. Vorweg sei betont, dass der Begriff „Reformpädagogik" eine doppelte Bedeutung hat: Er kennzeichnet die klassische Epoche reformpädagogischer Bemühungen im ersten Drittel des 20. Jahrhunderts, und er meint das Prinzip einer steten Erneuerungsintention der Pädagogik generell, die sich selbst vor der Erstarrung nur dadurch bewahren kann, dass sie die Tätigkeit des *reformare*, des Neu-Formierens, der Erneuerung und der Verbesserung betreibt, immer wieder betreibt. Da sich Prinzipien zu bestimmten Zeiten und an bestimmten Orten zu verdichten pflegen und andererseits mal heute und hier nach neuen Reformen verlangt wird, sind beide Bedeutungen gemeint: die geschichtliche und die systematische, die epochale und die strukturierte.

(1) Die Reformpädagogik denkt vom Kinde her, nicht nur, aber erstlich und letztlich. Im Zweifelsfalle ist sie auf der Seite des jungen Menschen, *pro infante*, ohne die an das Kind zu stellenden Aufgaben preiszugeben. Dies aber kann sie nur vollbringen, weil ihre Anthropologie eine positive ist: Das Kind ist zum Guten, zur Leistung, zur Verbesserung seiner selbst und unserer Verhältnisse Schritt für Schritt fähig und in der Lage.

(2) Die Reformpädagogik sortiert Kinder, Jugendliche, Schüler nicht nach ihren vermeintlichen Begabungen, sondern sie begabt junge Menschen: Sie schafft Bedingungen und Voraussetzungen beim Lernen, die jedes Kind in die Lage versetzen, Fähigkeiten in sich zu entdecken, zu erproben, zu entwickeln, Sehnsüchte zu entfalten und Möglichkeit zu ergreifen, ohne einem Allmachtswahn anheimzufallen.

(3) Die Reformpädagogik sieht in keinem Kind ein passives Wesen, eine *black box*, einen leeren Trichter, in den es etwas hineinzustopfen gilt, auch keine *tabula rasa*, ein unbeschriebenes Blatt, auf das man alles Mögliche zu schreiben habe, sondern einen aktiven Partner im Lern-, Erziehungs- und Bildungsprozess. Nicht die rezeptive, sondern die produktive Haltung ist gefragt: „Erst die Verbindung mit dem eigenen Tun, dem eigenen Denken, eigenen Fühlen macht das 'Lernen' zur eigenen Sache." [109] Damit ist nicht gemeint, dass man nicht auch Fremdes zu lernen hat, dass jeder nur das Maß seiner selbst ist, dass nur den eigenen Bedürfnissen gefrönt werden soll, wohl aber jenes selbsttätige Lernen, das bei mir beginnt, ohne bei mir zu enden, das Belehrung und Erfahrung ausbalanciert und den Appell der Aufklärung ernstnimmt, der da lautet: „*Sapere aude!* Habe Mut, dich deines eigenen Verstandes zu bedienen!" [110]

(4) Die Reformpädagogik kann deshalb kein atomisiertes, zergliederndes oder einseitiges Lernen akzeptieren, sondern nur ein ganzheitliches: Mit allen Sinnen, allen Empfindungen und allen Perspektiven. Damit ist nicht das Fachliche, das Akzentuierte oder das Systematische zurückgewiesen, wohl aber an seinen rechten Ort gerückt. Denn ein solches Lernen ist nur dann sinnvoll, wenn es Zusammenhänge und Verknüpfungen, Bezüge und Komplexitäten,

Perspektiven und Assoziationen erlaubt. Dies zu ermöglichen, ist eine zentrale didaktische Aufgabe jedes Faches, jedes Lehrers.

(5) Die Reformpädagogik glaubt(e) nicht nur an die schöpferischen Kräfte im Kind, sondern gab und gibt ihnen Gelegenheiten der Entfaltung. Vor allem die Kunsterziehungsbewegung, die ja nicht nur einen besseren Zeichenunterricht verlangte, sondern – um *Hermann Röhrs* zu zitieren – eine umfassende „Gestaltung eines kunsterzieherisch motivierten Lebensstils“ [111], verdient hier Erwähnung. Wenn man bedenkt, dass Schüler bis weit ins 19. Jahrhundert in der Schule fast niemals frei gezeichnet, gemalt, geknetet, modelliert, musiziert, Texte hergestellt oder getanzt und lustvoll gesungen haben, sondern Körper, Geist und Seele in ein Korsett von Fächern zu zwängen hatten, in denen das Memorieren von Daten, Fakten und Vorlagen gedrillt wurde, ahnt man den revolutionären Impetus dieser und anderer Bewegungen.

(6) Die Reformpädagogik pauschal als unpolitische Knickerbocker-Pädgogik anzusehen, ist genauso falsch wie ihr den Vorwurf zu ersparen, dass sie gelegentlich an die Stelle notwendiger Politik die gutmeinende Pädagogik gesetzt hat. Die ihr gemäßen Begriffe lauten: Gemeinschaft, Kooperation, Gruppe, Team, Integration, Partnerschaften, Arbeitsgemeinschaften u. ä. m. Dass einzelne ihrer Vertreter von Jugend-, Volks- oder gar Blutsgemeinschaft redeten, gehört zu jenen Maßlosigkeiten, über die noch einiges zu sagen sein wird. Den machohaften, ellenbogenerfahrenen und egoistischen Einzelkämpfer jedenfalls hat sie zu keiner Zeit und an keinem Ort gewollt – durchaus aber das Wohl und Gute jedes einzelnen Kindes.

(7) Die Reformpädagogik hat sich nie mit dem reinen theoretischen Lernen begnügt, sondern diesem stets das praktische Lernen zur Seite gestellt: Arbeitsgemeinschaften und Werkstätten, Rettungsdienste und Biotope, Theateraufführungen und Exkursionen, Praktika und Schüleraustauschprogramme mögen hier wenigstens genannt werden. Warum setzt sie auch und gerade auf solche Reformen? Die Antwort ist einfach und anspruchsvoll zugleich: Weil nicht zuletzt inmitten solcher Aktivitäten gelernt wird, Entscheidendes und Entschiedenes gelernt wird – die Schule, Familie und Gesellschaft umgreifenden Verantwortungsbereiche nämlich. Wer, sagen wir, drei Monate lang Mitverantwortung in einer Vogelstation auf Spiekeroog erfahren hat, muss in seinem späteren Leben über die notwendige Balance zwischen den Individual- und den Gemeinschaftsrechten nicht mühsam und theoretisch (also weitgehend folgenlos) aufgeklärt werden. „Praktisches Lernen“ haben deshalb *Peter Fauser u. a.* dieses Programm genannt [112].

(8) Die Reformpädagogik kann nicht ein anderes Lernen und Lehren sowie eine andere Erziehung und Bildung fordern und gleichzeitig die traditionelle Leistungsmessung praktizieren. Mit der *Gauß*'schen Normalverteilung, der Notenskala, dem Sitzenbleiberritual oder der Testeritis werden die Reformen ins Gegenteil verkehrt. Das bedeutet ganz und gar keine Geringschätzung

oder gar Abschaffung der Leistungsmessung. Auch das andere Lernen bedarf seiner „Erweisbarkeit und Überprüfbarkeit", wie *W. Klafki* die notwendige didaktische Analyse nennt – wobei er das „Leistungsprinzip" einer scharfen Kritik unterzogen hat[113]. Lerndiagnostische Verfahren, lernzielorientiertes Beurteilen, beratendes Zensieren und pädagogische Beurteilungen treten an die Stelle einer „Fragwürdigkeit der Zensurengebung", die *K. Ingenkamp* nun wirklich als solche hinreichend zu kennzeichnen vermochte[114].

(9) Die Reformpädagogik hat das Element der Stille, der Konzentration, der Meditation als notwendige Lebenserfahrung entdeckt und zu allen Zeiten zu realisieren versucht. Und sie tut dies, weil der visuell oder auch akustisch missbrauchte, der gehetzte und gestresste, der ruhelose und wie in einer Hamstertrommel sinn- und richtungslos vor sich hinlaufende Mensch immer auch ein vor sich weglaufender ist. Ohne Stille ist Bildung in Nachdenklichkeit nicht zu erfahren; akustisch-visueller Terror schafft Sklaven, die in hohem Maße manipulierbar (nicht aber bildbar) sind.

(10) Die Reformpädagogik hat sich zu keiner Zeit als bloße Funktion der Gesellschaft angesehen, von der und in der sie freilich lebt. Umgekehrt ist auch die Gesellschaft keine abhängige Größe der Pädagogik, gleichsam ihr Exerzierfeld. Pädagogik und Politik, Schule und Gesellschaft, Lernen und Leben stehen in einem antinomischen Verhältnis zueinander, bedingen sich gegenseitig und müssen ihre vielfach gebrochene und nicht widerspruchsfreie Relation so gestalten, dass sie die ihnen anheimgegebenen Aufgaben zum Wohle der Menschen so gut es geht erledigen: also hier Bildung ermöglichen und dort die Voraussetzungen dazu schaffen oder altmodisch ausgedrückt: die Pädagogik hat die *res humana* jedes einzelnen Menschen auszugestalten, die Politik die *res publica* zu befördern – so mühsam dies auch ist und so unvollkommen dieses Bemühen auch bleibt.

(11) Die Reformpädagogik wird sich niemals mit der Welt zufrieden geben – so wie sie nun einmal ist. Statt dessen wird sie über sie und sich hinauswachsen – so wie sie sein und werden könnte. In ihrem Zentrum wirkt also eine Kraft, die wir schon des öfteren als Meliorationsprinzip bezeichnet haben. *Theodor Ballauff* sprach – die Schule vor Augen habend – von der „emendativen Funktion".[115] Im Lateinischen heißt gut *bonus* und die Steigerung zum Komparativ sowie zum Superlativ hin lautet *melior* bzw. *optimus*: gut, besser, am besten. In diesem Sinne spreche ich vom Meliorationsprinzip. Den Menschen und seine Verhältnisse nicht so belassen, wie sie immer schon sind, auch nicht zum Besten führen (das mag der liebe Gott denn tun), wohl aber zum Verbessern anleiten – und zwar über Aufklärung im Medium von Humor und Liebe. Wenn man dies bedenkt, ahnt man, was eine Gesellschaft verliert oder nicht gewinnt, wenn sie auf reformpädagogische Verbesserungen verzichtet bzw. diesen Verzicht sich zu leisten erlaubt – und sei es im Namen der Effektivität.

Nun ist die Reformpädagogik (von *August Aichhorn* über *Wilhelm Lamszus* bis hin zu *Kurt Zeidler*) mehr als die Addition dieser elf Themen, die gleichsam 'nur' ihre Theoriebestände und Handlungsfelder abstecken. Es hätten auch, je nach Einteilungsabsichten sechs, acht, vierzehn oder zwanzig sein können. Entscheidend ist und bleibt der Hinweis:

Im Zentrum reformpädagogischen Denkens und Handelns steht das lernende, das zu erziehende und das zur Bildung befähigte einzelne Kind – eingebunden in vielfältige soziale Bezüge.

Nun waren und sind sich Reformpädagogen ganz und gar nicht einig, vor allem nicht über die Gewichtung der einzelnen Aufgaben, aber auch nicht über deren Verwirklichung. Es gab und gibt Streit, zum Teil erbitterten Streit (etwa zwischen *Georg Kerschensteiner* und *Hugo Gaudig*), es gab und gibt Einseitigkeiten und extreme Forderungen (zum Beispiel bei *Ellen Key* oder *Paul Oestreich*). In der obigen Kennzeichnung wurde also mit voller Absicht bereits so formuliert, dass diese Akzentuierungen und Übertreibungen gar nicht erst in Erwägung gezogen werden können. Insofern ist unsere Charakteristik eine bereits ausbalancierte, die es so nicht immer gegeben hat. Drei warnende Stimmen freilich meldeten sich bereits in den 20er Jahren des 20. Jahrhunderts zu Wort, um vor destruktiven Auseinandersetzungen und Maßlosigkeiten zu warnen –

zuerst *Martin Buber* (8.2.1878–13.6.1965), der große jüdische Religionsphilosoph, Pädagoge und Literat. Bereits 1925 warnte *Buber* mit eindringlichen Worten in seinem Hauptvortrag auf der 3. Internationalen Pädagogischen Konferenz der *New Education Fellowship* in Heidelberg vor der Einseitigung, indem er seinen Vortag „Über das Erzieherische" mit den provozierenden Sätzen begann: „'Die Entfaltung der schöpferischen Kräfte im Kinde' – das ist der Gegenstand, über den auf dieser Tagung geredet werden soll. Zu ihrem Eingeleit vor Sie tretend, darf ich Ihnen nicht für einen Augenblick verschweigen, daß ich von den sieben Worten, in denen er ausgedrückt ist, nur die zwei letzten unfragwürdig finde."[116] Und dann entfaltet *Buber* ein anderes denn ein schöpferisches Prinzip, das allem Erzieherischen zu Grunde liegt. Er nennt es das *dialogische* Prinzip: Es ist ein Irrtum zu meinen, dass alles, was das Kind benötigt, in ihm gleichsam verborgen liege und lediglich herausgeholt werden müsste. Eine solche „auf der Ausbildung des Urhebetriebs allein begründete Erziehung würde eine neue, schmerzlichste Vereinsamung der Menschen bedeuten."[117] Der Mensch aber ist der Gefährte des Menschen, zur Verbundenheit aufgerufen: „Ich werde am Du; Ich werdend spreche ich Du."[118] – hatte er zwei Jahre zuvor formuliert. Weder der Erzieher noch der Zögling sind autark, perfekt, allmächtig; erst ihre Beziehung eröffnet ihre jeweiligen Chancen. Ihr *Inter-esse* an- und füreinander schafft eine neue

Wirklichkeit, begründet das Schöpferische. „Nicht die vermeintliche Potenz des Einzelnen ist das eigentlich Kreative, sondern die kommunikative Kompetenz. An die Stelle der einseitigen setzt *Buber* die wechselseitige Umfassung: „Der Mensch, das Geschöpf, welches Geschaffenes gestaltet und umgestaltet, kann nicht schaffen. Aber er kann, jeder kann sich und kann andere dem Schöpferischen öffnen. Und er kann den Schöpfer anrufen, daß er sein Ebenbild rette und vollende“ [119]. Mit diesen Worten beendete *Buber* seinen Vortrag und entließ eine konsternierte Zuhörerschaft in die Nachdenklichkeit – ausgerechnet er, der als dezidierter Reformer galt und zum Beispiel schon 1907 das Buch über „Die Schule“ von *Ludwig Gurlitt* (1855–1931) in seiner Reihe DIE GESELLSCHAFT publiziert hatte [120] ... Da ist sodann –

zweitens *Kurt Zeidler* (1888–30.12.1982), Vater des Juristen *Wolfgang Zeidler*, der von 1983–1987 Präsident des Bundesverfassungsgerichtes und im Alter von 63 Jahren an Silvester 1988 bei einem Unfall in den Bergen Südtirols ums Leben gekommen war ... *Kurt Zeidler* gilt nicht nur als ein Kind der (deutschen) Reformpädagogik, sondern als einer ihrer bedeutendsten Mitgestalter, gleichwohl ihn heute kaum noch jemand kennt – auch nicht in Hamburg, wo er seit 1909 im dortigen Schuldienst tätig war. Als dezidierter Reformer lagen ihm vor allem die ersten drei der oben herausgestellten Merkmale reformpädagogischen Denkens und Handelns am Herzen, buchstäblich am Herzen, denn er wollte vor allem die kommunikativen bzw. sozial-emotionalen Verhältnisse zwischen Lehrern und Schülern verbessern. Deshalb führte er das gemeinsame Wandern, Reisen, Spielen, Musizieren u. ä.m. sukzessive ein. 1919 wurde er Leiter der „Versuchsschule an der Breitenfelder Straße“, 1930 Schulrat, 1933 zunächst beurlaubt, dann entlassen und erst 1945 wieder eingestellt und danach war er – in seinem 6. Lebensjahrzehnt stehend – rastlos tätig, auf den Trümmern einer weitgehend zerbombten Stadt ein neues, ein demokratisches und reformfreudiges Schul- und Schulkindergartenwesen aufzubauen. Schwer genug. Nun, dieser *Kurt Zeidler* publizierte 1926 ein Buch mit dem Titel „Die Wiederentdeckung der Grenze“ [121]. Darin verabschiedete sich *Zeidler* nicht von der Reformpädagogik, aber er kritisierte ihre Einseitigkeiten und Übertreibungen: Die alte Lernschule „mit all ihrer Härte, Enge und Kraft“ [122] sollte und musste einer neuen Schule Platz machen: „Emanzipation“ befördern, eine bessere „Organisation“ aufbauen, „Vertrauen“ stiften, die „Elternschaft“ gewinnen, den „Unterricht“ im Sinne der „Arbeitsschule“ gestalten – so lauteten zu Recht die programmatischen Ansprüche. Jedoch: Die Übertreibungen und Einseitigkeiten, die bloßen Umkehrungen und Gewichtsverlagerungen sind es, die den Reformen gleichsam den Garaus machen. Zum Beispiel: Eine zu große Ausdehnung der Mitbestimmungsrechte der Eltern, zunächst geduldet, dann erlitten an und in seiner eigenen Versuchsschule. „Eine merkwürdige Verkehrung der Verhältnisse trat hier und da in Erscheinung: fast fühlten die Eltern sich als die Auftraggeber, fast kamen sie dahin, die Lehrer als ihre Organe zu betrachten.“ [123] Oder: Der Bildungsauftrag der Schule wird sich zwar am einzelnen Kind orientieren, aber dabei die soziale Dimension nicht verlieren dürfen. Die neue Schule hat „jedem Menschen zu der ihm gemäßen Ausbildung zu verhelfen, durch die allein ihm der größte Gemeinschaftswert mitgeteilt wird ... (Nur so, *r. w.*) sieht er den Gegensatz zwischen einer wahrhaft individuellen und ihrer Ausartung: einer individualistischen Bildung. Solchen Absichten kommen die Bestrebungen der Arbeitsschule, die sich auf den Gedanken der ursprünglichen Produktivität des Kindes stützen, weit entgegen.“ [124] Die um eine neue „Formgebung“ [125] ringende Schule galt es vor Übertreibungen zu schützen: Sie plädierte allzu oft für das Fördern und vernachlässigte das Fordern; sie wollte das Spontane und missachtete das Geplante; sie wollte gewähren lassen und diskreditierte das Eingreifen; sie hofierte das Gefühl und ironisierte mitunter die Vernunft ... kurz: *Zeidler* vermisste das Sowohl-als-auch, das Antinomische, das polare Zusammensein und kritisierte deshalb mit zum Teil harschen Worten das nicht selten lautstarke Entweder-oder, das Einseitige und Maßlose mancher allzu jugendbewegter Pädagogen.

36 Jahre später meldete sich der hochbetagte *Kurt Zeidler* noch einmal, nicht weniger leidenschaftlich, zu Wort und schrieb in seinem „Plädoyer für die Schule“: „Bildung ist eine strenge Herrin. Auch ihrem ergebensten Diener garantiert sie keinen klingenden Lohn. Zwar klingt es pathetisch, wenn man sagt, daß Bildung ihren Lohn ausschließlich in sich selber trägt; aber wahr ist es doch.“ [126] 1933 hat er für diese seine pädagogische Überzeugung mit der Entfernung aus der Hamburger Schulbehörde bezahlt – auch mit klingender Münze ... Und da ist –

drittens *Theodor Litt* (27.12.1880–16.7.1962), über dessen Leben und Werk *Albert Reble* und noch eindrucksvoller *Wolfgang Klafki* Monographien vorgelegt haben – der eine präsentierte 1950 eine Zusammenschau aus diversen Schriften *Litt*s an Hand ausführlicher Zitate [127], der andere veröffentlichte 1982 die bisher einzige Werkbiographie über den zunächst in Bonn lehrenden, ab 1937 vorzeitig emeritierten, von 1945–1947 in Leipzig tätigen und danach bis 1952 abermals an der Bonner Universität wirkenden Theodor *Litt* [128]: Ein „Herzrepublikaner“ vergegenwärtigte einen „Vernunftrepublikaner“ mit Hilfe einer grandiosen Studie über das „Führen oder Wachsenlassen“. Sollen, müssen wir unsere Kinder an die Hand nehmen und durch's Leben führen oder frei und ungebunden aufwachsen lassen? – so fragte *Litt* sich und seine Zeitgenossen 1927 und ließ mit seinem gleichlautenden Buch bis heute die Gemüter nicht zur Ruhe kommen [129]. Auch diese Schrift geht auf einen Vortrag zurück, den *Litt* im Herbst 1926 auf einem pädagogischen Kongress in Weimar gehalten hatte, wo die Apostel des Wachsenlassens plötzlich mehr Führung verlangten und die Führergläubigen das Wachsenlassen anmahnten – je nach politischer Willfährigkeit: Verlangte ein vermeintlich „Rechter“ auch das Wachsenlassen, forderten „die Linken“ prompt die Führung. Umgekehrt: Brachte „ein Linker“ die Forderung nach einer führenden Erziehung in die Diskussion ein, pochte ein „Rechter“ auf das organische Wachstum. *Litt* aber weist diese Instrumentalisierung der Pädagogik entschieden zurück, wirft beiden „einander befehdenden Heerlagern der pädagogischen Welt“ den Austausch von Parolen vor, mehr noch: eine pathologische Verwirrung der Geister [130] bzw. eine von ihnen nicht hinreichend geklärte Bedeutung der beiden Hauptbegriffe: *führen* auf der einen und *wachsenlassen* auf der anderen Seite. Um Klarheit aber geht es *Litt*, der nicht müde wird, diese Paradoxie, diesen scheinbaren Widerspruch zurückzuweisen. Natürlich gibt es keine Erziehung ohne Anleitung, Beeinflussung, Führung, aber: Die „Gleichsetzung von Erziehertum und Führertum (ist) gerade an der Stelle abzulehnen, an der sie den pädagogischen Reformern am entschiedensten geboten scheint: in dem Verhältnis des Erziehers zur *Zukunft*, zu derjenigen Zukunft, deren lebendige Träger unter seinen Augen und Händen dieser ihnen vorbehaltenen Szene des Lebensdramas entgegen wachsen.“ [131] Führung ja, nicht jedoch wenn es um die zukünftige Selbstverfügung des Heranwachsenden geht! Aber auch das Wachsenlassen hat seinen guten Sinn, wenn – es sich bescheidet, wenn auch die objektiven Anforderungen sich melden dürfen, das kulturelle Erbe, die Gegebenheiten in Vergangenheit und Gegenwart. Da darf nichts der Willkür, der Beliebigkeit, dem Zufall überlassen werden: Wachsenlassen ja, aber nicht wenn es um die Gefährdungen momentaner Lebensführungen, -einsichten und -aussichten geht. „Führen“ und „Wachsenlassen“ haben ihre guten und schlechten Seiten bzw. Wirkungen und erst die wechselseitige Bezogenheit bzw. ihre partielle Gültigkeit stärken die einen (die positiven) und schwächen die anderen (die negativen Kräfte). Es geht also um die Akzeptanz einer unauflöslichen Antinomie, die in der Reformpädagogik gelegentlich verlorenging: um die Antinomie nämlich, das Kind so weit wie möglich heran-*wachsen* zu lassen und so wenig wie notwendig anzuleiten bzw. anzu-*führen*. Nicht das Bindewörtchen oder löst das Problem, wohl aber die Konjunktion *und*. „Führen“ und „Wachsenlassen“ sind pädagogische Bilder, für *Litt* „Gleichnisse, die das Wesen des erzieherischen Tuns schnell und eindrucksvoll vor das innere Auge stellen sollen. Aber es gibt kein Gleichnis, das nicht das in ihm Dargestellte in Gefahr brächte, hinter dem Bilde zu verschwinden. Solches aber geschieht ... immer dann, wenn *eines* dieser Bilder, vom Gegenbilde abgelöst, den *ganzen* Sinn der Erziehung in sich auszusprechen beansprucht.“ [132] Just dies aber betreiben die Dogmatiker, die Extremisten und Propagandisten. Ihnen gibt *Litt* abschließend noch einmal das Bild der Waage an die Hand, indem sie folgenden Rat beherzigen mögen: „In verantwortungsbewußtem Führen niemals das Recht vergessen, das dem aus eigenem Grunde wachsenden Leben zusteht – in ehrfürchtig-geduldigem Wachsenlassen niemals die Pflicht vergessen, in der der Sinn erzieherischen Tuns sich gründet – das ist der pädagogischen Weisheit letzter Schluß. Beiden Motiven ihr volles Recht lassen, das heißt nicht, wie es unserer die Extreme suchenden Zeit scheint, die Geradheit des Wollens und die Entschlossenheit des Handelns einem faulen Kompromiß zum Opfer bringen, sondern aus Spiel und Gegenspiel ewig rivalisierender Antriebe das reine Wesen des Geistes herstellen.“ [133]

Abb. 37 Theodor Litts ausgewogene Pädagogik

Weil wir die Skeptiker des 19. Jahrhunderts (z.B. *Schleiermacher*, *Diesterweg* oder *Nietzsche*) nicht gehört oder ihnen allzu hörig gelauscht haben und weil wir im ersten Drittel des 20. Jahrhunderts die Mahnungen eines *Buber*, *Zeidler* oder *Litt* allzu schnell dem Trend der Zeit geopfert haben, konnte das entstehen, was *Hans-Ulrich Wehler* viele Jahre später das „Zeitalter der Extreme" genannt hat. Und deshalb müssen wir uns, wenn auch zaudernd, voller Ekel und Schmerz, auch jenen 13 Jahren zuwenden, die man eine Zeit der Hölle nennen kann und in der das Recht auf Bildung just mit und in der Sprache liquidiert wurde, in der es einstmals gefordert worden war – der deutschen, der Deutschen, die, seitdem ihnen dieses klar wurde, ihren Selbsthass immer noch nicht zu beheben vermocht haben – bis heute nicht.

Einstweilen sei festgehalten eine

> ***9. Erkenntnis***
>
> ***Reformerisches Denken und Handeln ist das Lebenselexier der Pädagogik, das sich aber vor Übertreibungen und Maßlosigkeiten ebenso hüten muss wie vor Einseitigkeiten und nicht beweisbaren Behauptungen.***

✳
✳ ✳

Ehe wir uns diesen schrecklichen Jahren und ihren Ereignissen nähern, empfiehlt der Reiseleiter ein Innehalten, denn: Mitunter helfen Distanz und Vergleich, Abstand und Kontrast, um allzu Nahes und allzu Leidvolles zu verstehen. Zum Beispiel:

Zwischen Münster und Osnabrück sind es gerademal 50 Bahnkilometer – im Nu heute (in 24 Minuten mit dem IC) durcheilt. In den 40er Jahren des 17. Jahrhunderts freilich waren dies jedesmal beschwerliche Reisen, die den Gesandten und Unterhändlern, den Bediensteten und Lakaien abverlangt wurden, die bekanntlich an beiden Orten darüber verhandelten, ob, wie und wann dem schon ins 3. Jahrzehnt gehenden Krieg eine Ende zu bereiten sei. Denn: *pax optima rerum* – Der Friede ist das beste aller Dinge, das höchste Gut, die wichtigste Sache. Am 15. Mai 1648 war es dann endlich so weit: „Der Westfälische Friede" wurde geschlossen und feierlich beschworen, ein Friede freilich, der kein besonders guter war. Jedenfalls hätte der Autor der Schriften „De re publica" oder „De legibus" ihm nicht die Qualität *cum dignitate otium* (ein mit Würde ausgestatteter Friede) zugesprochen. Ein öffentlicher Friede, so *Cicero*, bedarf nämlich der Freiheit aller und den gewährte „Der Westfälische Friede" von 1648 gerade nicht. Bereits ein Jahr später wüteten unter dem Anführer *Bogdan Chmelnitzki* die Kosaken, Tartaren und Ukrainer in der damals zu Polen gehörenden Ukraine und ermordeten Hunderttausende Juden – der Schriftsteller und 1986 mit dem Friedensnobelpreis geehrte *Elie Wiesel* (geb. 1928) hat darüber ein erschütterndes Theaterstück geschrieben, genauer: was an jenem 25. Februar 1649 im Prozess von Schamgorod zur Sprache kam [134]. Während dessen war *Comenius* ins polnische Leszno zurückgekehrt, wo seine Frau *Dorothea* starb, er zwar zum letzten Bischof der Brüder-Unität gewählt wurde, aber resignierend hinnehmen musste, dass seine böhmische Heimat just aufgrund dieses Friedensvertrages eben nicht die ersehnte Religionsfreiheit erhielt, sondern unter katholischer Herrschaft blieb und das hieß seit dem Augsburger Religionsabkommen von 1555: „cuius regio eius religio" – wessen Land, dessen Religion. So brach er bereits 1650 nach Sárospatak auf, um als immerhin schon fast 60-Jähriger die dortige Lateinschule im pansophischen

Sinne neu zu konzipieren ... Oder: In seiner Schrift „De re publica“, die 54–51 v. Chr. geschrieben wurde, fragt *Cicero* seine Leser, wie im Staat, wie in einem Gemeinwesen ein Zustand von Ausgewogenheit (*aequabilitas*) erreicht und durchgehalten werden kann, ohne den der Irrationalität und Gewalt Tür und Tor geöffnet sind. Er bedient sich bei der Beantwortung folgenden Vergleiches:

„Wie nämlich beim Saitenspiel oder der Flöte und im Gesang selbst und den Stimmen eine bestimmte Harmonie aus verschiedenen Tönen zu halten ist, die gebildete Ohren nicht ertragen können, wenn sie sich ändert oder disharmonisch wird, und diese Harmonie infolge der Abstimmung der verschiedensten Töne doch einträchtig und zusammenstimmend gemacht wird, so stimmt der Staat aus den höchsten und niedersten und den dazwischenliegenden Ständen wie aus Tönen durch maßvolle Vernunft im Zusammenklang der allerverschiedensten zusammen; und was von den Musikern beim Gesang Harmonie geheißen wird, das ist im Staate die Eintracht, das engste und beste Band der Unversehrtheit in jedem Gemeinwesen ...“ [135]

Nun könnte, ja möchte man annehmen, dass doch gerade die vereinnahmungssüchtigen Nationalsozialisten das Volk der Deutschen zu einem deutschen Volk geeint haben: aus der einstigen Zerrissenheit wurde Eintracht, aus der ‘parlamentarischen Schwatzbude’ ein strammer Reichstag, aus dem Parteiengezänk eine einzige nationale Bewegung – ein Volk, ein Land, ein Führer. Ist *Cicero*s Forderung nach einer *moderata ratio,* nach *concordia* und *harmonia* nicht allzu vordergründig, gar blauäugig? Nun, mit dem Zitieren ist das so eine Versuchung. Wenn man auch nur wenige Wörter auslässt, kann das Gegenteil von dem behauptet werden, was der Zitierte hat sagen wollen. In unserem Fall verschweigen die drei Pünktchen nur sieben Wörter und doch *Cicero*s eigentliche Aussage. Er fährt nämlich fort: „... und die kann ohne Gerechtigkeit nicht sein.“ [136]. Das „beste Band der Unversehrtheit in jedem Gemeinwesen ... kann ohne Gerechtigkeit nicht sein.“

Unschwer ist daraus die Einsicht zu gewinnen, dass kein Gemeinwesen gedeihen, kein Friede auf Dauer Bestand haben kann, keine Erneuerung eine wirkliche Verbesserung zu bewirken vermag ohne Gerechtigkeit in Freiheit – ob im 1. vorchristlichen, im 17. oder 20. Jahrhundert ...
Spätestens ab dem 30. Januar 1933, mit *Hitler*s Ernennung zum Reichskanzler (vorher schon durch gezielten Straßenterror), wurden in Deutschland Recht und Gesetz mit Füßen getreten, mit Knüppeln verjagt, außer Kraft gesetzt. Mal offendreist, mal versteckt-getarnt. Einem Mann wie *Theodor Litt* gewährte man eine Zeit lang „Narrenfreiheit“, beschnitt aber seine Wirkungsmöglichkeiten mit Hilfe von indirekten Restriktionen: „Es fanden sich ja genügend Hochschullehrer, die dem neuen Regime applaudierten, die akademisch einflußreiche Ämter übernahmen oder mindestens eine permanente direkte oder indirekte Kontrollfunktion in

den Fakultäten ausübten."[137] Boykotts von Vorlesungen und Prüfungen, Vortragsverbote, Seminarstörungen u.a.m. kamen hinzu, ehe dann, im Falle *Litt*, Ende September 1937 offiziell die vorzeitige Zwangsemeritierung ausgesprochen wurde.

Und auch hier sind Ähnlichkeiten nicht zu übersehen: Die gesamte erste Hälfte des 1. vorchristlichen Jahrhunderts war in Rom eine einzige Schreckensherrschaft mit laufend wechselnden Machtverhältnissen. Ob die Kriege gegen König *Mithridates* oder gegen die Seeräuber, ob die „Catilinarische Verschwörung" oder der „Pompejanisch-Caesarische Bürgerkrieg" ... Ein Advokat wie *Cicero* war nicht nur von ehrfürchtig lauschenden Zuhörern umgeben, sondern auch von machtgierigen, hinterhältigen und zum Teil skrupellosen Gesellen, die ihn zum Beispiel im Jahre 58 v. Chr. für 17 Monate ins Exil trieben, seine Häuser niederbrannten und im Jahre 43 gar ermorden ließen. *Anthony Everitt* schreibt in seiner Biographie über *Marcus Tullius Cicero*, den „Marianisch-Sullanischen Bürgerkrieg" im Auge habend: „Fast ein volles Jahrzehnt sollte es dauern, bis – im Jahre 82 – wieder so etwas wie Normalität einkehrte; innerhalb dieses Zeitraums kamen einer neuen Schätzung zufolge 200.000 von insgesamt 4.500.000 freien Bürgern der Stadt Rom und Italiens durch Waffengewalt ums Leben."[138] Das sind 4,4 Prozent der *civilitas*, die Opfer des Terrors wurden. Als gar das Triumvirat *Pompeius*, *Caesar* und *Crassus* (ab 60 v. Ch.) die Macht an sich riss, ehe es sich selbst zerfleischte und den Volkstribun *Clodius* in ihrem Sinne wüten ließ, auch gegen *Cicero* wüten ließ, fanden Straßenschlachten statt, heuerten zahlreiche Senatoren und Tribune Knüttelbanden, Schlägertrupps, Gladiatorentruppen u.ä. Terrorbanden an, so dass *Cicero* im Jahre 57 v. Chr. notierte: „Der Tiber füllte sich mit den Leichen unserer Mitbürger, die Abzugskanäle waren verstopft, und mit Schwämmen reinigte man das Forum vom vergossenen Blut."[139] Und wieder ist es die Gier nach Macht, nach Einfluss, nach Besitz und Herrschaft, die den Menschen gegenüber seinen Mitmenschen zum Wolf, zur Bestie, werden lässt: *homo homini lupus*. Der um Bildung gebrachte Mensch wird zum Un-Menschen ob im Jahre 43 vor oder 1933 nach Christi Geburt ...

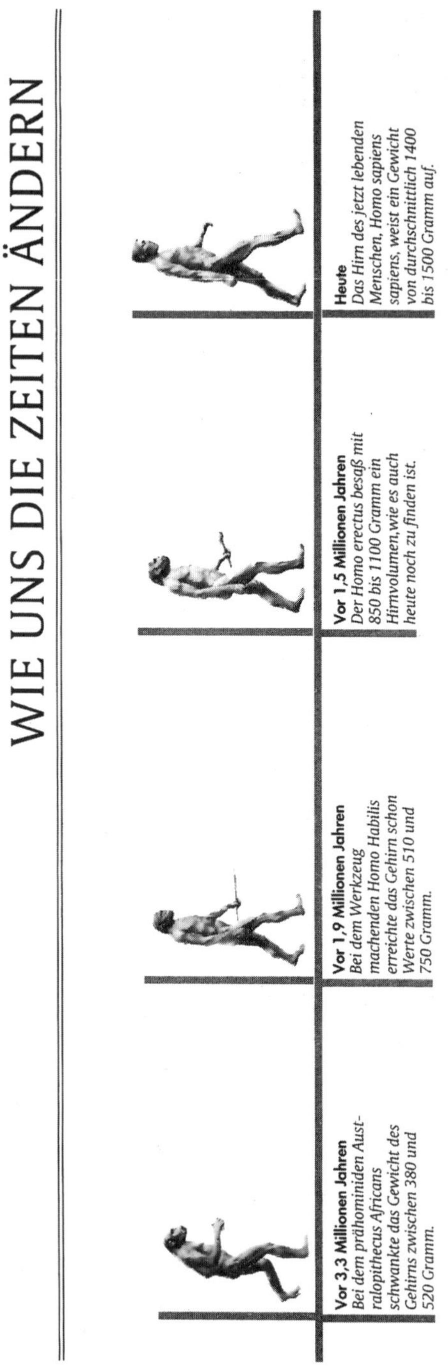

Abb. 38 Vom Vor- zum Jetzt-Menschen

„Wenn der Mensch ein denkendes, fühlendes und handelndes Wesen ist, müssen ihn alle Anforderungen beleidigen, die diese Freiheit nicht als Einheit berücksichtigen.

Hans-Jochen Gamm: Umgang mit sich selbst. München: List 1977, S. 106

Auch die erste Hälfte des 20. Jahrhunderts n. Chr. war eine gar schreckliche, barbarische, blutige – wenn nicht gar die blutigste in der Geschichte der Menschheit. Aber was bedeuten schon solche Superlative? Durch die Deportationen und Massaker an den Armeniern in den Provinzen des damaligen Osmanischen Reiches starben zwischen 1915 und 1918 etwa 1,5 Millionen Menschen, was die UNO als „Völkermord" anerkannt hat, aber bis heute von der Türkei geleugnet wird. Wollen wir im Ernst solche und andere Verbrechen aufrechnen? Armenier gegen Indianer? Indios gegen Juden? Katholiken gegen Protestanten? Wollen wir solche und ähnliche Verbrechen auf den drei Treppenstufen (Positiv, Komparativ und Superlativ) platzieren? Sie als Schuldscheine von Generation zu Generation weiterreichen? Womöglich daraus noch als Urenkel Gewinn erzielen? Ich halte solch einen Umgang mit dem Greuel des Menschen am Menschen nicht nur für scheinheilig und selbstgerecht, für gefährlich (weil zu neuem Unheil anstiftend), sondern auch für anthropologisch unhaltbar. Seit der *Australopithecus Africans* vor mehr als drei Millionen Jahren sich aufzurichten begann, lernte er seine Hände zweifach zu benutzen: in der einen trug er eine Waffe, in der anderen ein Geschenk; noch bedrückender: mit ein und derselben Hand vermag ein und derselbe Mensch, sie öffnend, Zärtlichkeit auszudrücken oder aber, zur Faust geballt, einen anderen zu erschlagen. Zutreffend schreibt deshalb *Romano Guardini*: „Der Körper ist Werkzeug und Ausdruck der Seele ... In besonderer Weise aber sind Antlitz und Hand Werkzeug und Spiegel der Seele."[140] Aber der Körper, speziell Gesicht und Hand, sind nicht nur Spiegel der Seele, sondern auch sichtbares Zeichen der Ambivalenz des Menschen, worauf *Maria Montessori* immer wieder hingewiesen hat. Die Hand (lat.: *manus*) ist für sie geradezu das Urbild des Menschen: „Wenn die Bewegung der Hand nicht biologisch festgelegt ist, wodurch wird sie geleitet?" – so ihre Ausgangsfrage[141]. Durch nichts anderes als die (von Gott uns gewährte und zugemutete) Freiheit, die über unsere Hand bestimmt: **Wir** können sie öffnen und schließen, mit ihr andere beschenken und/oder bestrafen, trösten und/oder schlagen, streicheln und/oder berauben ... Sie ist zu beidem fähig: Zur guten und zur schlechten Tat – weil wir zu beidem in der Lage sind. Noch einmal *Montessori*: „Man könnte sagen, daß, wenn der Mensch denkt, er mit den Händen denkt und handelt. Die Arbeit seiner Hände hinterließ Spuren sofort nach seinem Erscheinen auf der Erde."[142] Die Analyse greift also zu kurz, die da meint, allein die Verhältnisse und Konstellationen, die Pathologien und Ideologien, die Zwangsläufigkeiten und Spielräume hätten zu diesen oder jenen Schrecknissen geführt. Sicher, auch diese und andere Momente müssen berücksichtigt und vor allem besser gestaltet werden. Aber sie hätten keine Einfluss- bzw. Generierungschancen, wenn da nicht eine Ansprechbarkeit (als Verführbarkeit und Bildsamkeit) im Menschen wäre, die ihn zum Guten und zum Bösen instandsetzt. In den anthropologischen Haushalten des Menschen, aller und jedes einzelnen Menschen, dort müssen wir seine Potenzialität nutzen: die ihm gewährte und zugemutete, die von ihm erkämpfte und erlittene Freiheit befähigt ihn zu den anmutigsten Taten und zu den schrecklichsten Verbrechen. Diesbezüglich sind die Superlative angezeigt, nicht aber beim (inter-)nationalen Vergleich der Genozide. Es gibt kein Verbrechen dritter, zweiter und erster Klasse – in Respekt vor den Opfern!

So gesehen lohnt es, das 1. Jahrhundert v. Chr. genauso gründlich zu studieren wie das 20. und neben „den Anthony Everitt“ „den Hans-Ulrich Wehler“ zu legen, der abschließend eine treffliche Beurteilung vornimmt: „Da Hitler dieses tragende gesellschaftliche Fundament nahezu bis zum Ende besaß, konnte dieser Mann, in dem sich so viele zerstörerische Tendenzen des Zeitalters bündelten, die Wirkung eines ‘welthistorischen Individuums’ (*J. Burckhardt*) ausüben, das, statt außergewöhnlich positive Schöpfungskraft zu verkörpern, wie nie zuvor nur die Extreme des Negativen in sich vereinte.“ [143] Und es bedeutet keine Relativierung, wenn wir in solche und ähnliche Zitate auch andere Namen einsetzen: ob nun *Clodius*, *Stalin*, *Idi Amin* oder *Pol Pot* – sie waren Verbrecher und können, anthropologisch gesehen, keine Hierarchie beanspruchen.

> „Später haben Deutsche behauptet, sie hätten ‘nichts gewußt’. Was immer dies heißt, es entschuldigt sie nicht. Im Gegenteil, nicht gewußt zu haben, ist die Schuld, denn es bedeutet: nicht gefragt zu haben. Wenn heute mein Nachbar plötzlich und spurlos verschwindet, kümmere ich mich um seinen Verbleib. Es weiß jeder, warum er das damals unterließ.“
>
> *Hartmut von Hentig*[144]

Wissenschaftliches Arbeiten bzw. Denken und das darauf fußende Handeln müssen zumindest drei Kriterien erfüllen, wenn sie als solche Zustimmung erwarten wollen. Sie müssen

- erstens rational nachvollziehbar,
- zweitens methodisch kontrollierbar und
- drittens ethisch verantwortbar sein.

Im sogenannten 3. Reich konnte es aufgrund einer irrationalen Ideologie, einer willkürlichen Manipulation von Erkenntnissen und eines unmoralischen Handelns früher oder später keine Wissenschaft mehr geben, also auch keine Erziehungswissenschaft, keine Pädagogik, keine Bildungstheorie. Der Begriff „Nationalsozialistische Pädagogik“ ist eine *contradictio in adjecto*, ein Widerspruch im Beiwort, in sich paradox – vergleichbar dem viereckigen Kreis. Den Nazis ging es um die *Ver*ziehung, die *Un*bildung, die *Ver*führung und die *Gleich*schaltung. Deshalb gab es zwar zwischen 1933 und 1945 pädagogische, edukative oder auch didaktische Bemühungen (in Schulen, Familien, Kirchen – sogar in den Konzentrationslagern), aber stets kontrafaktisch, subversiv und häufig unter Lebensgefahr.

In dem Musical CLAIRE lassen die Autoren den Propagandaminister *Joseph Goebbels* die Worte schmettern:

> „Wird ein Mensch uns überdrüssig,
> Machen wir ihn überflüssig.“ [145]

Leute mit einem solch verachtenden Menschenbild können schlechterdings keine Pädagogen sein, sondern allenfalls Pädagogik missbrauchen und kujonieren. Deshalb kann es allenfalls eine „Pädagogik (*im* oder) und Nationalsozialismus“ geben, wie *Ulrich Herrmann* und *Jürgen Oelkers* ihren die entsprechende Forschung präsentierenden Band genannt haben [146]. Der folgende Abschnitt wird aus guten Gründen keine diesbezügliche Darstellung bzw. Aufarbeitung der NS-Zeit unter pädagogischen Aspekten anbieten, wohl aber anhand von insgesamt acht Textpassagen Täter und Opfer dieser wohl dunkelsten Zeit deutscher (ja: europäischer) Geschichte zur Sprache bringen.

— · — · —

1. Textpassage aus: „Hitlers Reden“

Vorbemerkung: Es ist historisch falsch, von einer Überrumpelung des deutschen Volkes durch die NSDAP zu sprechen; auch kam das Anti-Demokratische, Anti-Semitische, Anti-Klerikale nicht wie ein Blitzgewitter über Deutschland. Tief im 19. Jahrhundert wurde der Boden bereitet für Hass, Gewalt und Zerstörung. „Die Grundlagen des 19. Jahrhunderts“ von *Houston Stewart Chamberlain* (1855–1927) etwa, der seit 1908 mit *Eva*, der Tochter *Richard Wagner*s verheiratet war, hatten großen Einfluss auf die Rassenideologie der Nationalsozialisten und erschienen bereits 1899. Und der französische Schriftsteller und Diplomat *Joseph Arthur Comte de Gobineau* (1815–1882) hatte schon 1853–1855 in seinem vierteiligen „Essai sur l’inégalité des races humaines“ („Versuch über die Ungleichheit der menschlichen Rassen“) die Überlegenheit der arischen Rasse über alle anderen Rassen zu begründen versucht. Dass *Adolf Hitler* (geb. am 20.1.1889 im oberösterreichischen Braunau, gest. durch Selbstmord am 30.4.1945 im Bunker der Berliner Reichskanzlei) nicht nur auf eine entsprechende Tradition, sondern auch auf eine ihn beflügelnde Gegenwart setzen konnte, beweist u. a. das geradezu Furore machende Buch von *Alfred Rosenberg* (1893 in Reval geboren und 1946 hingerichtet in Nürnberg), dessen „Mythus des 20. Jahrhunderts“ Mitte der 20er Jahre konzipiert und 1930 veröffentlicht wurde, also drei Jahre vor der sogenannten Machtergreifung. Wie eindeutig, geradezu schamlos *Hitler* bereits auf seinen Propagandareisen kreuz und quer durch Deutschland seine Weltanschauung offenlegte, zeigt ein Auszug aus einer Rede über „Politik und Rasse“, die er erstmalig am 20. April 1923 und dann immer wieder gehalten hat.

8. Quellentext: Aus „Hitlers Reden“ (von 1923) [147]

„Es heißt, dass wir Radauantisemiten seien.
Jawohl, Sturm wollen wir erregen!“

Politik und Rasse.

„Warum sind wir Antisemiten?“

20. April 1923

Meine lieben deutschen Volksgenossen und Volksgenossinnen!

Der Friedensvertrag ist unerträglich, seine wirtschaftliche Durchführung bedeutet zwangsläufig unsere politische Versklavung; seine politische Durchführung führt zur wirtschaftlichen Versklavung. Darum ist die Beseitigung dieses Vertrages eine Notwendigkeit; sie ist die Voraussetzung zu jedem überhaupt möglichen Aufstieg.

Seit vier Jahren wurde nun eine ganze Reihe von Rezepten für seine Beseitigung angewendet. So wird von der rechten Seite der Ruf erhoben: „WIRTSCHAFTLICHER AUFBAU!“. Den Beweis für die Unausführbarkeit dieser Forderung braucht man nicht erst erbringen: wir sehen ihn rundum. Jede wirtschaftliche Erholung Deutschlands bildet ja für die anderen den Anlaß zu einer neuen Erpressung. So heißt das „Wirtschaftliche Aufbauen“ nichts anderes, als daß einer oder zwei deutsche Industrielle verdienen, das deutsche Volk aber zum Verhungern verurteilt ist.

Als weiteres Heilmittel schlägt man vor: „DAS DEUTSCHE VOLK MUSS POLITISCH DENKEN LERNEN.“ Ist nun im politischen Denken des deutschen Volkes auch nur irgend eine Besserung eingetreten? Links oder rechts? Man vergegenwärtige sich nur die Einstellung zur Revolution! Wer hat sie gemacht? Ein Bruchteil der Bevölkerung. Der große Teil des Volkes wollte ja Frieden, aber keinen Saustall. Diesen Frieden zu bringen hat sich die Revolution aber als vollständig unfähig erwiesen; im Gegenteil: sie wollte ihn gar nicht bringen. Also müßte dieser Bruchteil längst zum Nichts zusammengeschmolzen sein. Statt dessen sehen wir, wie er immer größer geworden ist. Und das „Politische Denken“ der Linken, worin bestand es nun? Im Hoffen auf andere. Auf dieser Hoffnung fußte der Verzicht auf die eigene Macht. Flucht man nicht heute noch dem, der erklärt, Deutschland werde erst frei, wenn es sich frei macht, das heißt seine Ketten sprengt und nicht wartet, bis sie abgenommen werden? Denkt unser Volk heute so? Nein, man reißt den herunter, der es wagt, diese Wahrheit auszusprechen. […]

Schließlich müssen wir in der politischen Einstellung noch unterscheiden zwischen rechts und links: Bourgeois – Proletarier. Das Proletariat von heute ist nach außen Pazifist und nach innen Terrorist, der Bourgeois hinwiederum möchte nach außen Terrorist sein und ist nach innen Pazifist. Von dem nach innen grundsätzlich pazifistisch Eingestellten ist noch weniger zu erwarten, als von dem Gegenteil. Sie reden alle nur „man muß“, aber die Einstellung zum Handeln, zur Tat fehlt. Ist seit 1918 etwa das Bürgertum straffer, draufgängerischer geworden? Um sich darauf eine Antwort zu geben, braucht man bloß einmal bei halbwegs leerem Magen in den Landtag hineinzugehen. Darin sitzt nämlich die Auslese des Bürgertums. Sie sind innerlich alle zu Demokraten geworden. Sie beten noch genau wie damals den toten Haufen der toten Zahl an. Sie sind unfähig in der Erkenntnis dessen, was notwendig ist und was getan werden muß. Ruhe und Ordnung oder Einheitsfront ist der letzte Ausdruck ihrer staatspolitischen Weisheit. Damit aber richten sie den Staat zugrunde. Bei dieser Ruhe und Ordnung bemogelt der eine den anderen, so gut es geht. […]

Warum kommt unser Volk nicht zum politischen Denken, warum nicht zur sittlichen Erneuerung? Das darf nicht der Nation selber überlassen bleiben, sondern muß ihr beigebracht werden. Das deutsche Volk war das Volk des klaren Denkens und der Einfachheit. Warum hat dieses Volk diese Eigenschaften verloren? Weil jemand da ist, der sie verfälschte. Wenn jemand das Volk frei machen will, kann es nur auf dem Wege geschehen, daß er es von dem befreit, der ihm das unsittliche Antinationale predigt. Die innere Erneuerung ist nur möglich, wenn wir uns darüber klar werden, daß es sich hier um ein Rassenproblem handelt. Aber gibt es denn in der „modernen Zeit“ noch Rassenprobleme? Nun z. B. wird in Amerika den Gelben die Ansiedelung untersagt. Und doch wiegt diese Gefahr leichter gegenüber der Gefahr, die heute ihre Hand ausstreckt über die ganze Welt: gegenüber der Judengefahr. In weiten Kreisen hält man die Juden nicht für eine Rasse. Gibt es aber ein zweites Volk, das so entschlossen ist, in der ganzen Welt seine Rasse aufrechtzuerhalten?

Tatsächlich kann der Jude niemals Deutscher werden, wenn er es auch noch so behauptet. Wollte er Deutscher werden, müßte er den Juden aufgeben. Und das ist nicht möglich; er kann sich zum Deutschen innerlich nicht durchringen, aus einer Reihe von Gründen; erstens dem Blute nach, zweitens dem Wesen nach, drittens dem Willen nach, und viertens in seinem Wirken. Sein Wirken bleibt jüdisch und arbeitet für die „größere Idee“ des jüdischen Volkes. Weil das so ist und nicht anders sein kann, deshalb beruht schon die bloße Existenz des Juden als Teil eines anderen Staates auf einer ungeheueren Lüge.

Er lügt den Völkern vor, ein Deutscher, ein Franzose usw. zu sein.

Welches sind nun aber die eigentlich jüdischen Ziele?

Ihren unsichtbaren Staat auszubreiten als oberste Spitzenthyrannei über die ganze Welt. Der Jude ist deshalb ein Völkerzersetzer. Um seine Völkerherrschaft zu ermöglichen, muß er nach zwei Richtungen arbeiten. Wirtschaftlich beherrscht er die

Völker, wenn er sie politisch und sittlich unterjocht. Politisch durch die Propagierung der Grundsätze der Demokratie und der Lehren des Marxismus, der den Proletarier zum Terroristen nach innen und zum Pazifisten nach außen macht. Sittlich zerstört er die Völker in religiöser und moralischer Hinsicht. Wer das sehen will, der kann sehen, und wer es nicht sehen will, dem ist nicht zu helfen.

Der Jude unterhöhlt so, ob gewollt oder ungewollt, ob bewußt oder unbewußt, die Plattform auf der eine Nation allein stehen kann.

An uns tritt nun die Frage heran: Wollen wir Deutschland wieder zu Freiheit und Macht bringen? Wenn ja, dann retten wir es zuerst vor seinem Verderber. Freilich, es ist ein schwerer Kampf, der hier gefochten werden muß. Wir Nationalsozialisten stehen hier auf extremem Boden; aber wir kennen nur ein Volk, für das wir streiten, und das ist das unsere. Es heißt, daß wir Radauantisemiten seien. Jawohl, Sturm wollen wir erregen! Die Menschen sollen nicht schlafen, sondern sie sollen wissen, daß ein Gewitter heraufzieht. Wir wollen vermeiden, daß auch unser Deutschland den Kreuzestod erleidet!

Mögen wir inhuman sein! Aber wenn wir Deutschland retten, haben wir die größte Tat der Welt vollbracht. Mögen wir Unrecht tun! Aber wenn wir Deutschland retten, haben wir das größte Unrecht der Welt wieder beseitigt. Mögen wir unsittlich sein! Aber wenn unser Volk gerettet wird, haben wir der Sittlichkeit wieder Bahn gebrochen.

*

* *

2. Textpassage aus: *Hitler*s „Mein Kampf"

Vorbemerkung: Nach dem gescheiterten „Münchener Putsch" vom 9. November 1923 wurde Hitler am 1. April des darauf folgenden Jahres zu einer Mindeststrafe von fünf Jahren Festungshaft verurteilt, von der er aber nur ein gutes halbes Jahr absitzen musste – in Landsberg am Lech. Hier begann er mit der Niederschrift bzw. dem Diktat seines politischen Programms. Der erste Band erschien 1925 mit dem Titel „Eine Abrechnung"; der zweite, nach der Haftentlassung niedergeschriebene, Teil lautete: „Die nationalsozialistische Bewegung" und erschien 1927. Große Teile hat er seinem mitinhaftierten Fahrer *Emil Maurice* diktiert, wobei auch *Rudolf Heß* mitstenografierte und ansonsten als Ideenspender fungierte. Erst 1930 erschien die einbändige Ausgabe unter dem Titel „*Mein Kampf*". „1939 hatte die Auflage von *Mein Kampf* bereits 5.450.000 Exemplare erreicht. Sie stieg bis 1943 auf 9.840.000 Stück." [148] Der Einband war, wie die damaligen Bibelausgaben, dunkelfarbig gewählt und bald erhielt jedes getraute Paar vom jeweiligen Standesbeamten ein Exemplar überreicht. In diesem Machwerk, dem man kaum den Begriff Buch zusprechen mag, wird in aller Deutlichkeit das Programm *Hitler*s und seiner NSDAP dargelegt: die antisemitische Weltanschauung, die propagandistische Erregung der Massen, die Eroberung neuen Lebensraumes im Osten und – die Gewinnung der Jugend.

Und ein letzter Hinweis sei vorab gestattet: Wer da meint, rechtsradikale Gesinnungen seien 60/70 Jahre nach dem Zusammenbruch dieses Unrechtsregimes ein für allemal aus Deutschland ausgewandert, leugnet die Tatsache, dass gerade in ökonomischen Krisenzeiten auch hierzulande immer wieder rechts geredet, gewählt und gewonnen wird – im sächsischen Landtag sitzen seit 2004 Abgeordnete der NPD! Wer sich und andere glauben machen will, alle Jugendlichen seien überzeugte Demokraten, sieht nicht genau hin – zum Beispiel auf ihre Jacken oder Sweatshirts, auf denen in großen Buchstaben der Firmenname LONSDALE prangt, den man natürlich auch so lesen kann: LO*NSDA*LE. Oder er schaut weder auf den Nacken noch die kurz geschorenen Haare mit den eintätovierten oder hineingeschnittenen Ziffern 88 (8. Buchstabe des Alphabets: **H**eil **H**itler!). Und schließlich ist der ein tumber Tor (oder ein Zyniker), der da meint, die Massenarbeitslosigkeit habe nichts zu tun mit rechtsradikalen Ansichten und Verhaltensweisen …

9. **Quellentext:** Aus *Hitlers* „Mein Kampf“ [149]

„Die gesamte Bildung- und Erziehungsarbeit des völkischen Staates muß ihre Krönung darin finden, daß sie den Rassesinn und das Rassegefühl instinkt- und verstandesmäßig in Herz und Gehirn der ihr anvertrauten Jugend hineinbrennt.“

Wenn wir als erste Aufgabe des Staates im Dienste und zum Wohle seines Volkstums die Erhaltung, Pflege und Entwicklung der besten rassischen Elemente erkennen, so ist es natürlich, daß sich diese Sorgfalt nicht nur bis zur Geburt des jeweiligen kleinen jungen Volks- und Rassegenossen zu erstrecken hat, sondern daß sie aus dem jungen Sprößling auch ein wertvolles Glied für eine spätere Weitervermehrung erziehen muß.

Und so wie im allgemeinen die Voraussetzungen geistiger Leistungsfähigkeit in der rassischen Qualität des gegebenen Menschenmaterials liegt, so muß auch im einzelnen die Erziehung zuallererst die körperliche Gesundheit ins Auge fassen und fördern; denn in der Masse genommen wird sich ein gesunder kraftvoller Geist auch nur in einem gesunden und kraftvollen Körper finden. Die Tatsache, daß Genies manches Mal körperlich wenig gutgebildete, ja sogar kranke Wesen sind, hat nichts dagegen zu sagen. Hier handelt es sich um Ausnahmen, die – wie überall – die Regel nur bestätigen. Wenn ein Volk aber in seiner Masse aus körperlichen Degeneraten besteht, so wird sich aus diesem Sumpf nur höchst selten ein wirklich großer Geist erheben. Seinem Wirken aber wird wohl auf keinen Fall mehr ein großer Erfolg beschieden sein. Das heruntergekommene Pack wird ihn entweder überhaupt nicht verstehen, oder es wird willensmäßig so geschwächt sein, daß es dem Höhenflug eines solchen Adlers nicht mehr zu folgen vermag.

Der völkische Staat hat in dieser Erkenntnis seine gesamte Erziehungsarbeit in erster Linie nicht auf das Einpumpen bloßen Wissens einzustellen, sondern auf das Heranzüchten kerngesunder Körper. Erst in zweiter Linie kommt dann die Ausbildung der geistigen Fähigkeiten Hier aber wieder an der Spitze die Entwicklung des Charakters, besonders die Förderung der Willens- und Entschlußkraft, verbunden mit der Erziehung zur Verantwortungsfreudigkeit, und erst als letztes die wissenschaftliche Schulung.

Der völkische Staat muß dabei von der Voraussetzung ausgehen, daß ein zwar wissenschaftlich wenig gebildeter, aber körperlich gesunder Mensch mit gutem, festem Charakter, erfüllt von Entschlußfreudigkeit und Willenskraft für die Volksgemein-

schaft wertvoller ist als ein geistreicher Schwächling. Ein Volk von Gelehrten wird, wenn diese dabei körperlich degenerierte, willensschwache und feige Pazifisten sind, den Himmel nicht erobern, ja nicht einmal auf dieser Erde sich das Dasein zu sichern vermögen. Im schweren Schicksalskampf unterliegt selten der, der am wenigsten weiß, sondern immer derjenige, der aus seinem Wissen die schwächsten Konsequenzen zieht und sie am kläglichsten in die Tat umsetzt. [...]

Die Schule als solche muß in einem völkischen Staat unendlich mehr Zeit frei machen für die körperliche Ertüchtigung. Es geht nicht an, die jungen Gehirne mit einem Ballast zu beladen, den sie erfahrungsgemäß nur zu einem Bruchteil behalten, wobei zudem meist anstatt des Wesentlichen die unnötigen Nebensächlichkeiten hängenbleiben, da das junge Menschenkind eine vernünftige Siebung des ihm eingetrichterten Stoffes gar nicht vorzunehmen vermag. [...]

Gerade unser deutsches Volk, das heute zusammengebrochen, den Fußtritten der anderen Welt preisgegeben, daliegt, braucht jene suggestive Kraft, die im Selbstvertrauen liegt. Dieses Selbstvertrauen aber muß schon von Kindheit auf dem jungen Volksgenossen anerzogen werden. Seine gesamte Erziehung und Ausbildung muß darauf angelegt werden, ihm die Überzeugung zu geben, anderen unbedingt überlegen zu sein ...

Ungeheuerlich war der Zusammenbruch unseres Volkes, ebenso ungeheuerlich aber wird die Anstrengung sein müssen, um eines Tages diese Not zu beenden. Wer glaubt, daß unser Volk aus unserer jetzigen bürgerlichen Erziehungsarbeit zur Ruhe und Ordnung die Kraft erhält, eines Tages die heutige Weltordnung, die unseren Untergang bedeutet, zu zerbrechen und die Kettenglieder unserer Sklaverei den Gegnern ins Gesicht zu schlagen, der irrt bitter. Nur durch ein Übermaß an nationaler Willenskraft, an Freiheitsdurst und höchster Leidenschaft wird wieder ausgeglichen werden, was uns einst fehlte. [...]

Der völkische Staat hat die körperliche Ertüchtigung nicht nur in den offiziellen Schuljahren durchzuführen und zu überwachen, er muß auch in der Nachschulzeit dafür Sorge tragen, daß, solange ein Junge in der körperlichen Entwicklung begriffen ist, diese Entwicklung zu seinem Segen ausschlägt. Es ist ein Unsinn, zu glauben, daß mit dem Ende der Schulzeit das Recht des Staates auf die Beaufsichtigung seiner jungen Bürger plötzlich aussetzt, um mit der Militärzeit wiederzukommen. Dieses Recht ist eine Pflicht und als solche immer gleichmäßig vorhanden. Der heutige Staat, der kein Interesse an gesunden Menschen besitzt, hat nur diese Pflicht in verbrecherischer Weise außer acht gelassen. Er läßt die heutige Jugend auf Straßen und in Bordells verkommen, statt sie an die Zügel zu nehmen und körperlich so lange weiterzubilden, bis eines Tages ein gesunder Mann und ein gesundes Weib daraus erwachsen sind.

In welcher Form der Staat diese Erziehung weiterführt, kann heute gleichgültig sein; das Wesentliche ist, daß er es tut und die Wege sucht, die dem nützen. Der völkische Staat wird genau so wie die geistige Erziehung auch die körperliche Ausbildung der Nachschulzeit als staatliche Aufgabe betrachten müssen und durch staatliche Einrichtungen durchzuführen haben. Dabei kann diese Erziehung in großen Zügen schon die Vorbildung für den späteren Heeresdienst sein. Das Heer soll dann dem jungen Mann nicht mehr wie bisher die Grundbegriffe des einfachsten Exerzierreglements beizubringen haben, es wird auch nicht Rekruten im heutigen Sinne zugeführt erhalten, es soll vielmehr den körperlich bereits tadellos vorgebildeten jungen Menschen nur mehr in den Soldaten verwandeln. Im völkischen Staat soll also das Heer nicht mehr dem einzelnen Gehen und Stehen beibringen, sondern es hat als die letzte und höchste Schule vaterländischer Erziehung zu gelten. Der junge Rekrut soll im Heere die nötige Waffenausbildung erhalten, er soll aber zugleich auch weitergeformt werden für sein sonstiges späteres Leben. An der Spitze der militärischen Erziehung aber hat das zu stehen, was schon dem alten Heer als höchstes Verdienst angerechnet werden mußte: In dieser Schule soll der Knabe zum Mann gewandelt werden; und in dieser Schule soll er nicht nur gehorchen lernen, sondern dadurch auch die Voraussetzung zum späteren Befehlen erwerben. Er soll lernen zu schweigen, nicht nur, wenn er mit Recht getadelt wird, sondern soll auch lernen, wenn nötig, Unrecht schweigend zu ertragen.

Er soll weiter, gefestigt durch den Glauben an seine eigene Kraft, erfaßt von der Stärke des gemeinsam empfundenen Korpsgeistes, die Überzeugung von der Unüberwindlichkeit seines Volkstums gewinnen.

Nach Beendigung der Heeresdienstleistung sind ihm zwei Dokumente auszustellen: sein Staatsbürgerdiplom als Rechtsurkunde, die ihm nunmehr öffentliche Betätigung gestattet, und sein Gesundheitsattest als Bestätigung körperlicher Gesundheit für die Ehe.

Analog der Erziehung des Knaben kann der völkische Staat auch die Erziehung des Mädchens von den gleichen Gesichtspunkten aus leiten. Auch dort ist das Hauptgewicht vor allem auf die körperliche Ausbildung zu legen, erst dann auf die Förderung der seelischen und zuletzt der geistigen Werte. Das Ziel der weiblichen Erziehung hat unverrückbar die kommende Mutter zu sein. Erst in zweiter Linie hat der völkische Staat die Bildung des Charakters in jeder Weise zu fördern.

Sicherlich sind die wesentlichen Charaktereigenschaften im einzelnen Menschen grundsätzlich vorgebildet: der egoistisch Veranlagte ist und bleibt dies einmal für immer, genauso wie der Idealist im Grunde seines Wesens stets Idealist sein wird. Allein zwischen den restlos ausgeprägten Charakteren stehen doch Millionen von verschwommenen und unklar erscheinenden. Der geborene Verbrecher wird Verbrecher sein und bleiben; aber zahlreiche Menschen, bei denen bloß eine gewisse Hinneigung zum Verbrecherischen vorhanden ist, können durch richtige Erziehung noch zu wertvollen Gliedern der Volksgemeinschaft werden; während umgekehrt durch schlechte Erziehung aus schwankenden Charakteren wirklich schlechte Elemente erwachsen können. [...]

Wie der völkische Staat dereinst der Erziehung des Willens und der Entschlußkraft höchste Aufmerksamkeit zu widmen hat, so muß er schon von klein an Verantwortungsfreudigkeit und Bekenntnismut in die Herzen der Jugend senken. Nur wenn er diese Notwendigkeit in ihrer vollen Bedeutung erkennt, wird er endlich, nach jahrhundertelanger Bildungsarbeit, als Ergebnis einen Volkskörper erhalten, der nicht mehr jenen Schwächen unterliegen wird, die heute so verhängnisvoll zu unserem Untergange beigetragen haben.

Die wissenschaftliche Schulbildung, die heutzutage ja eigentlich das Um und Auf der gesamten staatlichen Erziehungsarbeit ist, wird mit nur geringen Veränderungen vom völkischen Staat übernommen werden können. Diese Änderungen liegen auf drei Gebieten. Erstens soll das jugendliche Gehirn im allgemeinen nicht mit Dingen belastet werden, die es zu fünfundneunzig Prozent nicht braucht und daher auch wieder vergißt ...

Besonders muß eine Änderung der bisherigen Unterrichtsmethode im Geschichtsunterricht vorgenommen werden. Es dürfte wohl kaum ein Volk mehr an Geschichte lernen als das deutsche; es wird aber kaum ein Volk geben, das sie schlechter anwendet als das unsere. Wenn Politik werdende Geschichte ist, dann ist unsere geschichtliche Erziehung durch die Art unserer politischen Betätigung gerichtet. Auch hier geht es nicht an, über die jämmerlichen Ergebnisse unserer politischen Leistungen zu maulen, wenn man nicht entschlossen ist, für eine bessere Erziehung zur Politik zu sorgen. Das Ergebnis unseres heutigen Geschichtsunterrichts ist in neunundneunzig von hundert Fällen ein klägliches. Wenige Daten, Geburtsziffern und Namen pflegen da übrigzubleiben, während es an einer großen, klaren Linie gänzlich fehlt. Alles Wesentliche, auf das es eigentlich ankäme, wird überhaupt nicht gelehrt, sondern es bleibt der mehr oder minder genialen Veranlagung des einzelnen überlassen, aus der Flut von Daten, aus der Reihenfolge von Vorgängen die inneren Beweggründe herauszufinden. [...]

Gerade im Geschichtsunterricht muß eine Kürzung des Stoffes vorgenommen werden. Der Hauptwert liegt im Erkennen der großen Entwicklungslinien. Je mehr der Unterricht darauf beschränkt wird, um so mehr ist zu hoffen, daß dem einzelnen aus seinem Wissen später ein Vorteil erwächst, der summiert auch der Allgemeinheit zugute kommt. Denn man lernt eben nicht Geschichte, um nur zu wissen, was gewesen ist, sondern man lernt Geschichte, um in ihr eine Lehrmeisterin für die Zukunft und für den Fortbestand des eigenen Volkstums zu erhalten. [...]

Es ist im übrigen die Aufgabe eines völkischen Staates, dafür zu sorgen, daß endlich eine Weltgeschichte geschrieben wird, in der die Rassenfrage zur dominierenden Stellung erhoben wird.

Zusammenfassend: Der völkische Staat wird den allgemeinen wissenschaftlichen Unterricht auf eine gekürzte, das Wesentliche umschließende Form zu bringen haben. Darüber hinaus soll die Möglichkeit einer gründlichsten fachwissenschaftlichen Ausbildung geboten werden. Es genügt, wenn der einzelne Mensch ein allgemeines, in großen Zügen gehaltenes Wissen als Grundlage erhält und nur auf dem Gebiet, welches dasjenige seines späteren Lebens wird, gründlichste Fach- und Einzelausbildung genießt. Die allgemeine Bildung müßte hierbei in allen Fächern obligatorisch sein, die besondere Wahl dem einzelnen überlassen bleiben.

Die hierdurch erreichte Kürzung des Lehrplans und der Stundenzahl kommt der Ausbildung des Körpers, des Charakters, der Willens- und Entschlußkraft zugute.
[...]

Auch in der Wissenschaft hat der völkische Staat ein Hilfsmittel zu erblicken zur Förderung des Nationalstolzes. Nicht nur die Weltgeschichte, sondern die gesamte Kulturgeschichte muß von diesem Gesichtspunkt aus gelehrt werden. Es darf ein Erfinder nicht nur groß erscheinen als Erfinder, sondern muß größer noch erscheinen als Volksgenosse. Die Bewunderung jeder großen Tat muß umgegossen werden in Stolz auf den glücklichen Vollbringer derselben als Angehörigen des eigenen Volkes. Aus der Unzahl all der großen Namen der deutschen Geschichte aber sind die größten herauszugreifen und der Jugend in so eindringlicher Weise vorzuführen, daß sie zu Säulen eines unerschütterlichen Nationalgefühles werden. Planmäßig ist der Lehrstoff nach diesen Gesichtspunkten aufzubauen, planmäßig die Erziehung zu gestalten, daß der junge Mensch beim Verlassen seiner Schule nicht ein halber Pazifist, Demokrat oder sonst was ist, sondern ein ganzer Deutscher.

Damit dieses Nationalgefühl von Anfang an echt sei und nicht bloß in hohlem Schein bestehe, muß schon in der Jugend ein eiserner Grundsatz in die noch bildungsfähigen Köpfe hineingehämmert werden: Wer sein Volk liebt, beweist es einzig durch die Opfer, die er für dieses zu bringen bereit ist ... Die innige Vermählung von Nationalismus und sozialem Gerechtigkeitssinn ist schon in das junge Herz hineinzupflanzen. Dann wird dereinst ein Volk von Staatsbürgern erstehen, miteinander verbunden und zusammengeschmiedet durch eine gemeinsame Liebe und einen gemeinsamen Stolz, unerschütterlich und unbesiegbar für immer.

Die Angst unserer Zeit vor Chauvinismus ist das Zeichen ihrer Impotenz. Da ihr jede überschäumende Kraft nicht nur fehlt, sondern sogar unangenehm erscheint, ist sie auch für eine große Tat vom Schicksal nicht mehr ausersehen. Denn die größten Umwälzungen auf dieser Erde wären nicht denkbar gewesen, wenn ihre Triebkraft statt fanatischer, ja hysterischer Leidenschaften nur die bürgerlichen Tugenden der Ruhe und Ordnung gewesen wären.

Sicher aber geht diese Welt einer großen Umwälzung entgegen. Und es kann nur die eine Frage sein, ob sie zum Heil der arischen Menschheit oder zum Nutzen des ewigen Juden ausschlägt.

Der völkische Staat wird dafür sorgen müssen, durch eine passende Erziehung der Jugend dereinst das für die letzten und größten Entscheidungen auf diesem Erdball reife Geschlecht zu erhalten.

Das Volk aber, das diesen Weg zuerst betritt, wird siegen.

Die gesamte Bildungs- und Erziehungsarbeit des völkischen Staates muß ihre Krönung darin finden, daß sie den Rassesinn und das Rassegefühl instinkt- und verstandesmäßig in Herz und Gehirn der ihr anvertrauten Jugend hineinbrennt. Es soll kein Knabe und kein Mädchen die Schule verlassen, ohne zur letzten Erkenntnis über die Notwendigkeit und das Wesen der Blutreinheit geführt worden zu sein. Damit wird die Voraussetzung geschaffen für die Erhaltung der rassenmäßigen Grundlagen unseres Volkstums und durch sie wiederum die Sicherung der Vorbedingungen für die spätere kulturelle Weiterentwicklung.

Denn alle körperliche und alle geistige Ausbildung würde im letzten Grunde dennoch wertlos bleiben, wenn sie nicht einem Wesen zugute käme, das grundsätzlich bereit und entschlossen ist, sich selbst und seine Eigenart zu erhalten.

Im anderen Falle würde das eintreten, was wir Deutschen schon jetzt im großen beklagen müssen, ohne daß vielleicht der ganze Umfang dieses tragischen Unglücks bisher begriffen worden wäre: daß wir auch in Zukunft nur Kulturdünger bleiben, nicht nur im Sinne der begrenzten Auffassung unserer heutigen bürgerlichen Anschauung, die im einzelnen verlorenen Volksgenossen nur den verlorenen Staatsbürger sieht, sondern im Sinne der schmerzlichen Erkenntnis, daß dann, trotz all unserm Wissen und Können, unser Blut doch zur Niedersenkung bestimmt ist. Indem wir uns immer wieder mit anderen Rassen paaren, erheben wir wohl diese aus ihrem bisherigen Kulturniveau auf eine höhere Stufe, sinken aber von unserer eigenen Höhe für ewig herab. Übrigens hat auch diese Erziehung unter dem Gesichtspunkte der Rasse ihre letzte Vollendung im Heeresdienste zu erhalten. Wie denn überhaupt die Militärdienstzeit als Abschluß der normalen Erziehung des durchschnittlichen Deutschen gelten soll. […]

Es gibt heute vielleicht ein einziges Gebiet, auf dem wirklich weniger die Herkunft als vielmehr die eigene angeborene Begabung entscheidet: das Gebiet der Kunst. Hier, wo man eben nicht bloß „lernen" kann, sondern alles schon ursprünglich angeboren sein muß und nur später einer mehr oder weniger günstigen Entwicklung im Sinne weiser Förderung der vorhandenen Anlagen unterliegt, kommt Geld und Gut der Eltern fast nicht in Betracht. […]

Schöpferische Leistungen selbst können überhaupt nur entstehen, wenn Fähigkeit und Wissen eine Ehe bilden. Wie grenzenlos die heutige Menschheit in dieser Richtung sündigt, mag noch ein Beispiel zeigen. Von Zeit zu Zeit wird in illustrierten Blättern dem deutschen Spießer vor Augen geführt, daß da oder dort zum erstenmal ein Neger Advokat, Lehrer, gar Pastor, ja Heldentenor oder dergleichen geworden ist. Während das blödsinnige Bürgertum eine solche Wunderdressur staunend zur

Kenntnis nimmt, voll von Respekt für dieses fabelhafte Resultat heutiger Erziehungskunst, versteht der Jude sehr schlau, daraus einen neuen Beweis für die Richtigkeit seiner den Völkern einzutrichternden Theorie von der Gleichheit der Menschen zu konstruieren. Es dämmert dieser verkommenen bürgerlichen Welt nicht auf, daß es sich hier wahrhaftig um eine Sünde an jeder Vernunft handelt; daß es ein verbrecherischer Wahnwitz ist, einen geborenen Halbaffen so lange zu dressieren, bis man glaubt, aus ihm einen Advokaten gemacht zu haben, während Millionen Angehörige der höchsten Kulturrasse in vollkommen unwürdigen Stellungen verbleiben müssen; daß es eine Versündigung am Willen des ewigen Schöpfers ist, wenn man Hunderttausende und Hunderttausende seiner begabtesten Wesen im heutigen proletarischen Sumpf verkommen läßt, während man Hottentotten und Zulukaffern zu geistigen Berufen hinaufdressiert. Denn um eine Dressur handelt es sich dabei, genauso wie bei der des Pudels, und nicht um eine wissenschaftliche „Ausbildung". Die gleiche Mühe und Sorgfalt auf Intelligenzrassen angewendet, würde jeden einzelnen tausendmal eher zu gleichen Leistungen befähigen. [...]

Zum Erfinden genügt eben nicht eingetrichtertes Wissen, sondern nur das vom Talent beseelte. Darauf aber legt man bei uns heute keinen Wert; die gute Note allein soll es ausmachen ... Unsere geistigen Schichten sind besonders in Deutschland so in sich abgeschlossen und verkalkt, daß ihnen die lebendige Verbindung nach unten fehlt. Dies rächt sich nach zwei Seiten hin: Erstens fehlt ihnen dadurch das Verständnis und die Empfindung für die breite Masse. Sie sind zu lange schon aus diesem Zusammenhang herausgerissen, als daß sie noch das nötige psychologische Verständnis für das Volk besitzen könnten. Sie sind volksfremd geworden. Es fehlt diesen oberen Schichten aber zweitens auch die nötige Willenskraft. Denn diese ist in abgekasteten Intelligenzkreisen immer schwächer als in der Masse des primitiven Volkes. An wissenschaftlicher Bildung aber hat es uns Deutschen wahrhaftiger Gott nie gefehlt, desto mehr jedoch an Willens- und Entschlußkraft. Je „geistvoller" zum Beispiel unsere Staatsmänner waren, um so schwächlicher war meistens ihre wirkliche Leistung. Die politische Vorbereitung sowohl als die technische Rüstung für den Weltkrieg war nicht deswegen ungenügend, weil etwa zuwenig gebildete Köpfe unser Volk regierten, sondern vielmehr, weil die Regierenden überbildete Menschen waren, vollgestopft von Wissen und Geist, aber bar jedes gesunden Instinkts und ledig jeder Energie und Kühnheit ...

Hier kann die katholische Kirche als vorbildliches Lehrbeispiel gelten. In der Ehelosigkeit ihrer Priester liegt der Zwang begründet, den Nachwuchs für die Geistlichkeit statt aus den eigenen Reihen immer wieder aus der Masse des breiten Volkes holen zu müssen. Gerade diese Bedeutung des Zölibats wird aber von den meisten gar nicht erkannt. Sie ist die Ursache der unglaublich rüstigen Kraft, die in dieser uralten Institution wohnt. Denn dadurch, daß dieses Riesenheer geistlicher Würdenträger sich ununterbrochen aus den untersten Schichten der Völker heraus ergänzt, erhält sich die Kirche nicht nur die Instinktverbundenheit mit der Gefühlswelt des

Volkes, sondern sichert sich auch eine Summe von Energie und Tatkraft, die in solcher Form ewig nur in der breiten Masse des Volkes vorhanden sein wird. Daher stammt die staunenswerte Jugendlichkeit dieses Riesenorganismus, die geistige Schmiegsamkeit und stählerne Willenskraft.

Es wird die Aufgabe eines völkischen Staates sein, in seinem Unterrichtswesen dafür Sorge zu tragen, daß eine dauernde Erneuerung der bestehenden geistigen Schichten durch frische Blutzufuhr von unten stattfindet. Der Staat hat die Verpflichtung, mit äußerster Sorgfalt und Genauigkeit aus der Gesamtzahl der Volksgenossen das von Natur aus ersichtlich befähigte Menschenmaterial herauszusieben und im Dienst der Allgemeinheit zu verwenden.

* * *

3. Textpassage aus: *Goebbels*' „Tagebuchblättern"

Vorbemerkung: *Paul Joseph Goebbels* wurde am 29.10.1897 in Rheydt geboren und vergiftete sich und seine ganze Familie am 1.5.1945 in Berlin. Als promovierter Germanist und Journalist wurde er der ideale Propagandist der NS-Ideologie: Schriftleiter, Gauleiter, Reichsminister für Propaganda und Volksaufklärung, Vorsitzender der Reichskulturkammer, Generalbevollmächtigter für den totalen Kriegseinsatz, *Hitler*s Nachfolger als Reichskanzler und neben diesem sowie *Heinrich Himmler* wohl der dritte Hauptverantwortliche für die Verbrechen des nationalsozialistischen Regimes. Mit seiner geschliffenen Prosa und seiner messerscharfen Rhetorik war er der intellektuelle Kopf der Bewegung – gefürchtet bei Freund und Feind. Wie geschickt er Sentimentales und Schreckliches zu verknüpfen vermochte, zeigen etliche Tagebuchnotizen, die sich in seinem Buch „Vom Kaiserhof zur Reichskanzlei" finden.

10. Quellentext: Aus *Goebbels'* „Tagebuchblättern“[150]

„Morgens sind im Lustgarten die Berliner Schulkinder aufmarschiert. Schon die Anfahrt ist überwältigend. Wohin man schaut: Unter den Linden, im großen Lustgarten, Kinder, Kinder, Kinder.“

21. April 1933

Beim Führer, der vormittags nach Berlin zurückgekehrt, liegt das ganze Haus voll von Geburtstagsgeschenken. Es ist rührend, was die Menschen ihm nicht alles geschickt haben. Vom wertvollsten Präsent bis zur kleinen, bescheidenen Kinderzeichnung oder Stickerei eines alten Mütterchens aus dem Volk. Wie glücklich muß ein Mensch sich schätzen, der so von der Liebe des Volkes umgeben ist!

Der 1. Mai bereitet uns eine Unsumme von Arbeit. Aber ich glaube, auch der Erfolg wird dementsprechend sein.

Abends sitzen wir beim Führer. Göring ist aus Rom zurückgekommen und gibt ausführlichen Bericht. Er hatte dort große persönliche und politische Erfolge zu verzeichnen.

22. April 1933

Im Kabinett ist die Autorität des Führers nun ganz durchgesetzt. Abgestimmt wird nicht mehr. Der Führer entscheidet. Alles das geht viel schneller, als wir zu hoffen gewagt hatten.

Mit dem Führer zusammen im Flugzeug nach München. Der Stabschef ist mit dem Stahlhelm einig geworden. Der Stahlhelm wird nun der SA eingegliedert. [...]

25. April 1933

Sonntag:

Im Flugzeug nach Köln. Ein sehr stürmischer Flug. In drei Stunden allerdings sind wir schon da. Meine Fahrt in die Heimatstadt Rheydt gleicht einem einzigen Triumphzug. Ich nehme den großen Empfang in meiner Heimatstadt auf mich, meiner Mutter zu Ehren. Sie ist jahrelang in dieser kleinen Stadt verleumdet, umklatscht, mißachtet und verfolgt worden und hat darunter unendlich zu leiden gehabt. Man weiß ja, wie das in diesen kleinbürgerlichen Kreisen vor sich geht. Gesellschaftlich geächtet, das heißt am Lebensnerv getroffen. Es ist eine Qual für eine alte Frau, jahrelang nur Bedauern und Entrüstung zu vernehmen wegen des ungeratenen Sohnes, der mit Kirche, Staat und Gesellschaft in Feindschaft lebt.

Wenn so ein wehrloser Mensch dann obendrein noch zart besaitet ist, dann kann er vollkommen an diesen Gemeinheiten zerbrechen.

Ich hatte immer in Berlin noch Freunde und Mitkämpfer; ich konnte mich wehren. Ich hatte eine Presse, hatte Säle, in denen ich reden konnte, hatte ein Publikum, das mir zuhörte; ich war niemals ganz verlassen. Meine Mutter aber war schutzlos den Intrigen und Bosheiten einer feigen, dummen und gemeinen bürgerlichen Gesellschaft ausgeliefert. Eine jahrelange Qual und Gewissenspein soll nun nach meinem Willen mit einem großen Triumph ausbezahlt werden.

Deshalb bin ich nach Rheydt gekommen, um ihr an diesem Tag zu zeigen, daß alles, was sie in den ungezählten Tagen meinet- und unserer Sache wegen zu erleiden hatte, nicht umsonst gewesen ist.

Das ist eine Rehabilitierung, wie sie für eine einfache Frau eindringlicher gar nicht denkbar ist; daß die Menschen zehntausendweise in den Straßen stehen, daß eine ganze Stadt sich auf den Kopf gestellt hat, daß die Viertel in einem einzigen Flaggenmeer schwimmen.

Am Montag gehe ich in meine alte Schule, auf der ich 9 Jahre lang tagaus, tagein mit meinen alten Kameraden gelebt und gearbeitet habe, und rede von demselben Podium der Aula herunter, von dem ich als Abiturient meine erste, die Abschiedsrede meines Jahrgangs hielt. Damals, das ist nun 16 Jahre her, kam nach meinen Ausführungen unser alter Ordinarius, der nun längst schon unter der Erde liegt, zu mir, klopfte mir freundlich-jovial auf die Schulter und sagte: „Talentiert sind Sie ja, aber zum Redner leider nicht geboren."

Ein Beweis dafür, wie liebe- und verständnisvoll er sich mit meinem Charakter und mit meinen Anlagen in 9 Jahren beschäftigt hatte.

Ich rede nachmittags noch zweimal in Köln vor dem Rundfunk und vor der Presse und finde abends meine ganze Vaterstadt in einem unbeschreiblichen Taumel wieder. Es ist noch kein Jahr her, da haben sie mich mit Steinen beworfen.

Ich bin froh, als ich am Dienstag dem Trubel wieder entrinnen kann und nach Berlin zurückfliege.

Im Kabinett wird die neue Judengesetzgebung angenommen. Ein entscheidender Schritt vorwärts. […]

28. April 1933.

Ich arbeite tagelang an der technischen Durchführung des 1. Mai. Es soll ein Meisterwerk der Organisation und Massendemonstration sein.

Das Kabinett nimmt für die SA. ein Dienststrafgesetz an. Immer stärker dringt die Partei mit ihrer Organisation in den Staat ein.

Wir veranstalten im Lustgarten und auf dem großen Festplatz, dem Tempelhofer Feld, eine Art Generalprobe für den 1. Mai. Nach menschlichem Ermessen wird alles präzise und reibungslos verlaufen. In Tempelhof sind gigantische Anlagen gebaut worden. Sie bieten ein grandioses Bild nationalsozialistischen Gestaltungswillens. Der 1. Mai wird ein Massenereignis, wie es die Welt noch nicht gesehen hat.

Das ganze Volk soll sich vereinigen in einem Willen und in einer Bereitschaft. Im ersten Jahr unserer Revolution wird der Arbeit ihre Ehre und dem Arbeitertum seine Geltung zurückgeben.

Ein kompliziertes Räderwerk soll nun in Bewegung gesetzt werden. Jetzt kommt uns unsere vielfältige Erfahrung auf dem Gebiet der Massenführung zunutze. Keine andere Bewegung als die unsere, die Massen zu dirigieren versteht, wäre zu einer gleichen Riesendemonstration fähig.

30. April 1933.

Ich fahre den Sonntag über nach Potsdam und durch die Provinz. Alles steht schon in Flaggenschmuck. Ein ganzes Volk setzt sich in Bewegung. Es ist herrlich, an diesem Aufmarsch einer Nation mitwirken zu dürfen.

Aus dem ganzen Reich treffen schon die Arbeiterdelegationen in Berlin ein. Es soll ein Festtag des ganzen Volkes werden.

Nach Tempelhof ergießt sich schon eine wahre Völkerwanderung. Gigantische Lautsprecher sind aufgestellt, die die Rede des Führers auf das Feld der Hunderttausende übertragen. Von hohem Kommandoturm überschaut man das phantastisch flimmernde Gelände. Alles in fast schwindelnden Dimensionen aufgebaut und hergerichtet.

1. Mai 1933.

Der große Tag des deutschen Volkes ist angebrochen. Gestern drohte noch Regen, heute strahlt die Sonne. Richtiges Hitlerwetter! Nun wird alles zum besten verlaufen. Es kommt auch nicht mehr so sehr auf die Durchführung des Tages an; wichtig ist der Gehalt und Sinn, der hier zum Durchbruch kommt.

Morgens sind im Lustgarten die Berliner Schulkinder aufmarschiert. Schon die Anfahrt ist überwältigend. Wohin man schaut: Unter den Linden, im großen Lustgarten, Kinder, Kinder, Kinder.

Ich rede zu ihnen aus innerstem Herzen heraus.

Vor Kindern spricht's sich gut, wenn man Kinder versteht.

Dann ein Jubelsturm: im Auto erscheinen, nebeneinander sitzend, der Reichspräsident und der Führer. Alter und Jugend vereinigt. Ein wunderbares Symbol des neuen Deutschlands, das wir aufgerichtet haben.

Harald überreicht dem Reichspräsidenten einen großen Rosenstrauß. Er ist ganz stolz und glücklich.

Der Reichspräsident spricht zur Jugend, als wäre er einer aus unserem Alter. Er ermahnt zur Treue, Beharrlichkeit, Fleiß und Achtung vor der Vergangenheit. Der Führer bringt auf ihn ein dreifaches Hoch aus, in das die Jugend mit Begeisterung und Inbrunst einstimmt.

Die Durchfahrt durch die Massen der Jungens und Mädels gleicht einem Triumphzug. Auf dem Tempelhofer Feld herrscht ein unbeschreibliches Menschengewimmel. Der Berliner ist schon unterwegs mit Kind und Kegel, Arbeiter und Bürger, hoch und niedrig, Unternehmer und Untergebener, jetzt sind die Unterschiede verwischt, nur ein deutsches Volk marschiert.

Vor ein paar Jahren noch knatterten in Berlin die Maschinengewehre.

Auf dem Flugplatz empfangen wir die Arbeiterdelegationen aus dem ganzen Reich, die im Flugzeug nach Berlin gekommen sind. Auf den Gesichtern dieser ernsten, harten Männer steht die reinste Freude. Mittags sind wir beim Führer zum Essen eingeladen und werden danach vom Reichspräsidenten empfangen. Dieser Empfang ist erschütternd in seiner monumentalen Einfachheit. Der große Soldat dreier Kriege, der getreue Ekkehard der deutschen Nation, steht unter den Ärmsten des Landes und reicht ihnen seine Hand zum Bunde.

Nun wälzen sich die Menschenmassen durch Berlin. Ein unendlicher, nie abreißender Strom von Männern, Frauen und Kindern ergießt sich zum Tempelhofer Feld. Abends gegen 7 Uhr kommt die Meldung, daß ein und eine halbe Million Menschen hier aufmarschiert seien. Ähnliches wird aus den Städten und Dörfern des Reiches durchgegeben.

Ich sitze hinten im Wagen des Führers, als er im Triumphzug durch die Arbeitermassen fährt, die von der Reichskanzlei aus bis zum Tempelhofer Feld die Straßen umsäumt halten. Es ist unbeschreiblich. Auf dem Tempelhofer Feld kann man dies ungeheure Menschenmeer gar nicht mehr überschauen. Blitzend und leuchtend fahren die Scheinwerfer darüber hinweg. Man sieht nur Kopf an Kopf die grauen Massen stehen.

Ich eröffne kurz und lasse 1 Minute Schweigen eintreten für die in Essen am selben Tag verunglückten Bergleute. Nun steht die ganze Nation still. Die Lautsprecher tragen die Stille über Stadt und Land. Ein erschütternder Augenblick der Gemeinsamkeit und Verbundenheit aller Schichten und Stände.

Dann spricht der Führer. Noch einmal faßt er zusammen, was wir sind und was wir wollen. Er gibt der Arbeit ihr neues Ethos zurück. Das Arbeitertum umschließt jetzt alle guten Deutschen. Die Nation hat wieder einen Sinn bekommen.

Nun wollen wir arbeiten und nicht verzweifeln.

Es geht um Deutschland, um seine Zukunft und um die Zukunft unserer Kinder. [...]

Morgen werden wir nun die Gewerkschaftshäuser besetzen. Widerstand ist nirgends zu erwarten. Der Kampf geht weiter! [...]

Berlin will nicht schlafen gehen, und mit dieser Riesenstadt zittert noch das ganze Reich in seligem Erleben und wird sich der großen Stunde, die die Wende zweier Zeiten in sich schließt, bewußt.

Eben biegt eine Marschkolonne von der Voßstraße in die Wilhelmstraße ein. Unten vor der Reichskanzlei leuchten die Hakenkreuzstandarten auf, die roten Fahnen verneigen sich vor dem Führer und grüßen stumm und voll Ehrfurcht ihn und sein Werk.

Und aus den jungen Männerkehlen klingt Horst Wessels ewiges Lied:

„Nun flattern Hitlerfahnen über allen Straßen ..." [...]

*
* *

4. Textpassage aus: *Kriecks* „Nationalpolitischer Erziehung“

Vorbemerkung: „Flink wie Wiesel, zäh wie Leder, und hart wie Kruppstahl“ sollten sie sein, die neuen deutschen Jungen. Demgegenüber urteilte *Hitler* über Mädchen wie folgt: „Ein Mädel mit 18, 20 Jahren ist biegsam wie Wachs. Einem Mann muß es möglich sein, jedem Mädchen seinen Stempel aufzudrücken. Die Frau will auch nichts anderes!“ [151] Und seine Vorstellung von (V)Erziehung presste er wie in einem Schraubstock zusammen:

„Gerade unser deutsches Volk, das heute zusammengebrochen den Fußtritten der anderen Welt preisgegeben, daliegt, braucht jene suggestive Kraft, die im Selbstvertrauen liegt. Dieses Selbstvertrauen aber muß schon von Kindheit auf dem jungen Volksgenossen anerzogen werden. Seine gesamte Erziehung und Ausbildung muß darauf angelegt werden, ihm die Überzeugung zu geben, anderen unbedingt überlegen zu sein. Er muß in seiner körperlichen Kraft und Gewandtheit den Glauben an die Unbesiegbarkeit seines ganzen Volkstums wiedergewinnen.“ [152]

Wer eine solche Jugend will, muss auch entsprechende Erzieher und Eltern, Lehrer und Professoren haben: „Pädagogische Soldaten“ wurden sie damals genannt. Einer der prominentesten NS-Pädagogen war der 1882 im badischen Vögisheim geborene und 1947 in Moosburg a. d. Isar verstorbene *Ernst Krieck*: 1928 Professor an der Frankfurter Pädagogischen Akademie, 1933 an der dortigen Universität und ab 1934 Professor für Philosophie und Pädagogik an der renommierten Ruprecht-Karls-Universität Heidelberg, gewiss ein bis heute beschämender Makel. Dabei hat auch dieser Propagandist einer neuen „Menschenformung“ mit seiner Ansicht nie Verstecken gespielt – so der Titel seines bereits 1925 erschienenen und der Philosophischen Fakultät der Universität Heidelberg gewidmeten Buches, einer Fakultät, der damals Männer wie der Philosoph *Heinrich Rickert* (1863–1936) oder auch *Karl Jaspers* (1883–1969) angehört hatten. Und bereits 1929 nahm ihn *Emil Saupe* in sein Buch über „Deutsche Pädagogen der Neuzeit“ auf[153], gleichwohl seine völkischen Ausführungen schon zu diesem Zeitpunkt, also Jahre vor der „Machtergreifung“, vorlagen. Eingerahmt zwischen *Wilhelm Rein* (1847–1929), *Paul Oestreich* (1878–1959) und *Peter Petersen* (1878–1959) wurde *Ernst Krieck* auf diese Weise schnell salonfähig und wenige Jahr später *der* NS-Propagandist einer „totalen Erziehung“, die nichts anderes war als eine totalitäre Verziehung, für die verständlicherweise neue Lehrer benötigt wurden: „Pädagogische Soldaten“ eben.

11. Quellentext: Aus *Krieck*s „Nationalpolitischer Erziehung“[154]

„Jedenfalls hat die Bildnerhochschule ... unter alllen Umständen den völkisch-weltanschaulichen Lehrer (zu) bilden.“

Über Lehrerbildung

Die deutsche Zukunft braucht nicht in erster Linie Träger einiger Fachwissenschaften, sondern Lehrer der deutschen Bildung, deutsche Bildner mit weitem Blick und Sinn. Solche Lehrer für alle Arten und Gattungen der Schule zu bilden, ist die Aufgabe einer künftigen pädagogischen oder Bildnerhochschule. Dabei wird diese Hochschule, gleich allen andern Typen der Hochschulen, alles das, was für ihre Berufsgruppe nötig ist, in sich enthalten und in ihrer Lehre darbieten, und zwar nicht als eine Sammlung für sich selbst bestehender Wissenschaftszweige, sondern in der Weise, wie es für die Lehrer erforderlich ist: zusammengefaßt zu einer zielbewußten Gesamterziehungswissenschaft. Die Hochschule hat Lehrer auszubilden, die auf das nationalpolitische Ziel realistisch von den verschiedensten Seiten her ausschauen und die durch ihre bildende Arbeit in den Schulen bewußt mitwirken am Werden der Nation. Leitgedanke für die Bildnerhochschule sind also die Forderungen der völkischen Schule und Schulreform:

1. Ausrichtung der bildenden Arbeit in allen Schulen auf die Wirklichkeit in ihrer polaren Spannung zwischen dem Gegebenen und dem Aufgegebenen;

2. Weckung des nationalpolitischen Bewußtseins in den Schülern, deren Heraufführung zum völkischen Weltbild in seinen weiten Zusammenhängen und großen Zielen;

3. Zusammenschau der vielen Einzelheiten und Einzelaufgaben in lebendigen Ganzheiten und unterrichtlichen Einheiten, die von den verschiedenen Wissenschafts- und Sachgebieten aus in Angriff zu nehmen und zur Darstellung zu bringen sind;

4. Abwandlung dieser Ganzheiten nach den jeweiligen Bedürfnissen der gemeinbildenden oder der Berufsschulen im weiten Rahmen der gestuften und gegliederten nationalen Einheitsschule.

Die Bildnerhochschule ist so zu organisieren und auszustatten, daß sie den Lehrern aller Gattungen und Stufen die für ihre Zwecke erforderliche Bildung mit auf den Weg geben kann, nicht sowohl in der Meinung, es sollten aus ihr fertige Menschen und Lehrer, Meister ihres Berufes unmittelbar hervorgehen, die Meisterschaft soll vielmehr in der Schule erst erworben werden. Aber die Hochschule hat den jungen Lehrern das Bewußtsein der Ziele und Aufgaben, dazu das nötige Wissen und Können mitzugeben, das sie befähigt, die Wege zu diesen Zielen selbst zu finden und zu beschreiten, das Wissen vor allem, wie die Methoden zu bilden, wo die nötigen Güter und Mittel für den lebendigen Gesamtunterricht zu finden sind, damit die Lehrer dereinst als Meister ihre Bildungsgüter selbst wählen und gestalten, daraus die bildenden Einheiten zusammenordnen und die wirksamen Weisen der Belebung des Unterrichts beherrschen können. Auch die Hochschule ist nur Weg und Anleitung zu lebendiger Selbstbildung: gerade der innerlich freie Mensch weiß, daß er nie fertiger Mensch ist, sondern im Ringen um seine Aufgaben unausgesetzt wachsen muß. Offen bleibe dabei vorerst die Frage, ob die Lehrer an technischen und Handelsschulen erst zu Technikern (Ingenieuren, Architekten) und Volkswirten ausgebildet und erst von da aus zum Lehramt angeleitet werden, oder ob sie Verzweigungen vom allgemeinen Lehramt nach der fachlichen Seite hin darstellen sollen. Es ist organisatorisch die Frage, ob die pädagogische Hochschule von sich aus auch die Fachlehren für diese Lehrer darzubieten oder das Fachliche den Technischen und Handelshochschulen zu überlassen habe. Jedenfalls hat die Bildnerhochschule gegenüber den Fachlehrern aller Art nicht nur die pädagogisch-technische Aufgabe, das Lehren zu lehren, sondern sie soll unter allen Umständen den völkisch-weltanschaulichen Lehrer bilden. […]

Die Lösung kann nur darin liegen, daß auf die Allseitigkeit, auf die Vielfächerigkeit, überhaupt auf das Prinzip der Fächerung, und auf die angebliche „Harmonie" dieser enzyklopädischen „Allgemeinbildung" grundsätzlich verzichtet wird, daß sie ersetzt wird durch eine Realerkenntnis des deutschen Volkstums und Lebensraums, die an lebendigen Bildungseinheiten gesamtunterrichtlich dargeboten wird, wobei nun auch jeder Lehrer das Recht auf seine Eigenart in Auffassung und Darbietung hat: er soll nicht vorgeben und vorschwindeln, ein enzyklopädischer Alleswisser und Alleskönner zu sein, sondern er soll einzig und allein seinen Unterricht beleben und seine Schüler bildend führen mit Richtung auf das gesetzte Ziel. Das Idol der Gleichförmigkeit und Ausgeglichenheit, der Harmonie der Bildung, worunter doch nur eine oberflächenhaft schematische Vielwisserei von unnützen Einzelheiten herauskommt, ist endlich vom Altar zu stürzen. Das ist nun die gewiß nicht leichte – zumal nicht in den Anfängen – Aufgabe der Lehrerbildung und Hochschule, jene lebendigen Einheiten, in denen die Bildung vorschreiten soll, selbst zu gestalten, den Lehrer danach zu bilden und ihn anzuleiten, wie er sie in seinem Unterricht dereinst neu gestalten könne.

* * *

„Das Ziel der weiblichen Erziehung hat unverrückbar die kommende Mutter zu sein" – so hatte es in seiner missionarischen und diktatorischen Sprache *Hitler* in seinem Pamphlet „Mein Kampf" verkündet[155], während er vor allem vom schulischen Sportunterricht der Jungen verlangte, dass er „nicht nur dazu da (sei), den einzelnen stark, gewandt und kühn zu machen, sondern er soll auch abhärten und lehren Unbilden zu ertragen.“[156] Von einer Verstümmlung des Menschen wird man demzufolge sprechen müssen, wenn man als Pädagoge diese Zeit und ihre Ideologie zu beurteilen hat. Am Beispiel der von den Nazis und ihren Volksgenossen sowie Volksgenossinnen immer wieder beschworenen „Männlichkeit“ auf der einen und „Weiblichkeit“ auf der anderen Seite lässt sich diese Verstümmelung illustrieren: Die (arische) Frau wurde auf ihre Funktion als Mutter von (arischen) Kindern reduziert und damit zur „Gebärmaschine“ gemacht. Demgegenüber war es Aufgabe des (arischen) Mannes, möglichst viele (arische) Kinder zu zeugen und wie ein „Zuchtbulle“ zu funktionieren. Dass Mutter-sein eine *Potenzialität* von Fraulichkeit, dass Vater-sein eine *Möglichkeit* von Männlichkeit ist, geriet dabei völlig aus dem Blick und/oder wurde geleugnet. Aus dem *homo humanus* wurde der *homo biologicus*: ein auf schiere Reproduktion reduziertes Wesen. Eine solche Diskreditierung von Mutter- und Vater-sein zeigt bis heute ihre (Spät-)Wirkungen. Wer möchte schon in die Nähe einer Ideologie und Lebensführung geraten, die sich auch in dieser Hinsicht als un-menschlich erwiesen hat ...

Bevor diesen vier Textpassagen von Tätern entsprechende Dokumente der Opfer gegenübergestellt werden, empfehle ich, eine Erfahrung dazwischen zu schalten – zum Beispiel:

- Besuchen Sie das Jüdische Museum in Berlin-Kreuzberg, in der Lindenstraße 9–14.
- Oder verbringen Sie einen Tag in den v. Bodelschwinghschen Anstalten in Bethel bei Bielefeld.
- Aber auch der Besuch eines ehemaligen Konzentrationslagers und seiner Gedenkstätte dient der Bildung des Menschen und der Behebung seiner Verstümmelung: etwa das ehemalige KZ in Dachau (Bayern), Buchenwald (bei Weimar), Bergen-Belsen (in der Lüneburger Heide) oder Auschwitz (ca. 50 km westlich vom ehemaligen Krakau, jetzt polnischen Kraków).
- Und schließlich empfehle ich einen Film: WAS NÜTZT DIE LIEBE IN GEDANKEN (2004), von *Achim von Borries*, mit *Daniel Brühl*, *August Diehl* und *Anna Maria Mühe*. Diese neuerliche Verfilmung einer wahren Begebenheit, der „Steglitzer Schülertragödie“ von 1927 nämlich, zeigt eindrucksvoll die Halt- und Orientierungslosigkeit von Teilen einer bewegten Jugendgeneration, die zwischen Alkohol, Sex, Drogen, Mord und Suizid taumelnd am Ende widerstandslos den NS-Ideologen in die Arme fielen.

*

*   *

Die folgenden vier Texte stammen aus den Händen der Opfer: Auf ganz unterschiedliche Weise dokumentieren sie das Leiden am Verlust von Menschlichkeit, aber auch die Sehnsucht nach Freiheit, Gerechtigkeit und Geschwisterlichkeit aller Menschen. Damit beharren sie auf einer geschichtlichen Erfahrung, die irgendwann vor rund 100.000 Jahren irgendwo in den Steppen und Savannen Afrikas ihren Anfang nahm und die da lautet: Wir sind, wenn wir wollen, ein Leben lang nicht nur Bedeutungsschöpfer (inmitten eines zunächst einmal bedeutungslosen Daseins), sondern auch Sinnproduzenten (trotz oder gerade wegen allzu viel Sinnlosigkeit); wir sind Verbesserungsanwälte (gegenüber bedrängenden Schlechtigkeiten) und Kompromisskünstler (umgeben von rigorosem Fanatismus). Wie gesagt: Wenn wir wollen …

5. Textpassage aus: *Anne Frank*s „Tagebuch"

Vorbemerkung: Am 12. Juni 1929 brachte *Edith Frank*, Frau des jüdischen Kaufmanns *Otto Frank*, ihre zweite Tochter zur Welt: *Anne*, die Schwester von *Margot Frank*. 1933 flüchtete die Familie nach Amsterdam. Nachdem aber 1940 die Niederlande von Deutschland überfallen und besetzt worden waren und dort ab 1942 die jüdische Bevölkerung systematisch verfolgt wurde, beschloss die Familie *Frank* unterzutauchen: Zusammen mit einigen anderen Freunden (zum Schluss waren es acht Untergetauchte) versteckten sie sich im Hinterhaus an der Amsterdamer Prinsengracht 263. Im vorderen Teil des Hauses befand sich die Firma *Otto Frank*s mit dem Magazin, dem Lager und den Büroräumen, und hinter einem drehbaren Regal voller Aktenordner konnte man in das schmale Hinterhaus gelangen. Vom 6. Juli 1942 an waren die dortigen Räumlichkeiten das Versteck der Verfolgten – 25 Monate lang. Während dieser Zeit (vom 12.6.1942 – 1.8.1944) führte die damals 13/14jährige *Anne* ein Tagebuch, jedoch: Am 4. August 1944 wurde das Versteck verraten; die Untergetauchten wurden verhaftet und deportiert: *Peter van Pels* starb am 5.5.1945 in der Krankenbaracke von Mauthausen – wenige Tage vor der bedingungslosen Kapitulation Deutschlands; *Auguste van Pels* starb zwischen dem 9.4. und 8.5. in der Nähe von Theresienstadt; *Hermann van Pels* wurde im September oder Oktober 1944 in Auschwitz vergast; *Fritz Pfeffer* starb, völlig entkräftet, am 20.12.1944 in Neuengamme; *Edith Frank* konnte sich bis zum 6.1.1945 in Auschwitz-Birkenau am Leben erhalten; *Margot Frank* starb an Unterernährung und Typhus im März 1945 in Bergen-Belsen, wenige Tage nach ihr die drei Jahre jüngere *Anne Frank*. Als einziger überlebte *Otto Frank*. Gezeichnet von den Qualen im KZ Auschwitz kehrte er nach Amsterdam zurück und erhielt aus den Händen von *Miep Gies* und *Bep Voskuijl Anne*s Tagebücher und gut 300 lose Blätter, die sie vor der Konfiszierung gerettet hatten, so dass bereits 1947 die erste Ausgabe auf Niederländisch erscheinen konnte: *Het Achterhuis*.

Seither wurde dieses Dokument eines vor dem Terror sich versteckenden Kindes in mehr als 60 Sprachen übersetzt und heute kann *Das Hinterhaus*, in dem auch das Anne-Frank-Museum untergebracht ist, komplett besichtigt werden.

Abb. 39 Das Anne-Frank-Haus

12. Quellentext: Aus dem „Tagebuch" von *Anne Frank*[157]

„Es ist verflixt schwer, sich Menschen gegenüber, die man nicht ausstehen kann, vorbildlich zu benehmen, während man doch nichts davon so meint."

Samstag, 20. Juni 1942

Es ist für jemanden wie mich ein eigenartiges Gefühl, Tagebuch zu schreiben. Nicht nur, dass ich noch nie geschrieben habe, sondern ich denke auch, dass sich später keiner, weder ich noch ein anderer, für die Herzensergüsse eines dreizehnjährigen Schulmädchens interessieren wird. Aber darauf kommt es eigentlich nicht an, ich habe Lust zu schreiben und will mir vor allem alles Mögliche gründlich von der Seele reden.

Papier ist geduldiger als Menschen. Dieses Sprichwort fiel mir ein, als ich an einem meiner leicht-melancholischen Tage gelangweilt am Tisch saß, den Kopf auf den Händen, und vor Schlaffheit nicht wusste, ob ich weggehen oder lieber zu Hause bleiben sollte, und so schließlich sitzen blieb und weitergrübelte. In der Tat, Papier ist geduldig. Und weil ich nicht die Absicht habe, dieses kartonierte Heft mit dem hochtrabenden Namen „Tagebuch" jemals jemanden lesen zu lassen, es sei denn, ich würde irgendwann in meinem Leben „den" Freund oder „die" Freundin finden, ist es auch egal.

Nun bin ich bei dem Punkt angelangt, an dem die ganze Tagebuch-Idee angefangen hat: Ich habe keine Freundin.

Um noch deutlicher zu sein, muss hier eine Erklärung folgen, denn niemand kann verstehen, dass ein Mädchen von dreizehn ganz allein auf der Welt steht. Das ist auch nicht wahr. Ich habe liebe Eltern und eine Schwester von sechzehn, ich habe, alle zusammengezählt, mindestens dreißig Bekannte oder was man so Freundinnen nennt. Ich habe einen Haufen Anbeter, die mir alles von den Augen ablesen und sogar, wenn's sein muss, in der Klasse versuchen, mit Hilfe eines zerbrochenen Taschenspiegels einen Schimmer von mir aufzufangen. Ich habe Verwandte und ein gutes Zuhause. Nein, es fehlt mir offensichtlich nichts, außer die Freundin. Ich kann mit keinen von meinen Bekannten etwas anderes tun als Spaß machen, ich kann nur über alltägliche Dinge sprechen und werde nie intimer mit ihnen. Das ist der Haken. Vielleicht liegt dieser Mangel an Vertraulichkeit auch an mir. Jedenfalls ist es so, leider, und nicht zu ändern. Darum dieses Tagebuch.

Um nun die Vorstellung der ersehnten Freundin in meiner Phantasie noch zu steigern, will ich nicht einfach Tatsachen in mein Tagebuch schreiben wie alle andern, sondern ich will dieses Tagebuch die Freundin selbst sein lassen und diese Freundin heißt Kitty.

Meine Geschichte! (Idiotisch, so etwas vergisst man nicht.)

Weil niemand das, was ich Kitty erzähle, verstehen würde, wenn ich so mit der Tür ins Haus falle, muss ich, wenn auch ungern, kurz meine Lebensgeschichte wiedergeben.

Mein Vater, der liebste Schatz von einem Vater, den ich je getroffen habe, heiratete erst mit 36 Jahren meine Mutter, die damals 25 war. Meine Schwester Margot wurde 1926 in Frankfurt am Main geboren, in Deutschland. Am 12. Juni 1929 folgte ich. Bis zu meinem vierten Lebensjahr wohnte ich in Frankfurt. Da wir Juden sind, ging dann mein Vater 1933 in die Niederlande. Er wurde Direktor der Niederländischen Opekta Gesellschaft zur Marmeladenherstellung. Meine Mutter, Edith Frank-Hollander, fuhr im September auch nach Holland, und Margot und ich gingen nach Aachen, wo unsere Großmutter wohnte. Margot ging im Dezember nach Holland und ich im Februar, wo ich als Geburtstagsgeschenk für Margot auf den Tisch gesetzt wurde.

Ich ging bald in den Kindergarten der Montessorischule. Dort blieb ich bis sechs, dann kam ich in die erste Klasse. In der 6. Klasse kam ich zu Frau Kuperus, der Direktorin. Am Ende des Schuljahres nahmen wir einen herzergreifenden Abschied voneinander und weinten beide, denn ich wurde am Jüdischen Lyzeum angenommen, in das Margot auch ging.

Unser Leben verlief nicht ohne Aufregung, da die übrige Familie in Deutschland nicht von Hitlers Judengesetzen verschont blieb. Nach den Pogromen 1938 flohen meine beiden Onkel, Brüder von Mutter, nach Amerika und meine Großmutter kam zu uns. Sie war damals 73 Jahre alt.

Ab Mai 1940 ging es bergab mit den guten Zeiten: erst der Krieg, dann die Kapitulation, der Einmarsch der Deutschen und das Elend für uns Juden begann. Judengesetz folgte auf Judengesetz, und unsere Freiheit wurde sehr beschränkt. Juden müssen einen Judenstern tragen; Juden müssen ihre Fahrräder abgeben; Juden dürfen nicht mit der Straßenbahn fahren; Juden dürfen nicht mit einem Auto fahren, auch nicht mit einem privaten; Juden dürfen nur von 3-5 Uhr einkaufen; Juden dürfen nur zu einem jüdischen Frisör; Juden dürfen zwischen 8 Uhr abends und 6 Uhr morgens nicht auf die Straße; Juden dürfen sich nicht in Theatern, Kinos und an anderen Vergnügen dienenden Plätzen aufhalten; Juden dürfen nicht ins Schwimmbad, ebenso wenig auf Tennis-, Hockey oder andere Sportplätze; Juden dürfen nicht rudern; Juden dürfen in der Öffentlichkeit keinerlei Sport treiben; Juden dürfen nach acht Uhr abends weder in ihrem eigenen Garten noch bei Bekannten sitzen; Juden dürfen nicht zu Christen ins Haus kommen; Juden müssen auf jüdische Schulen gehen und dergleichen mehr. So ging unser Leben weiter, und wir durften dies nicht und das nicht. Jacque sagt immer zu mir: „Ich traue mich nichts mehr zu machen, ich habe Angst, dass es nicht erlaubt ist.“

Im Sommer 1941 wurde Oma sehr krank. Sie musste operiert werden und aus meinem Geburtstag wurde nicht viel. Im Sommer 1940 auch schon nicht, da war der Krieg in den Niederlanden gerade vorbei. Oma starb im Januar 1942. Niemand weiß, wie oft **ich** *an sie denke und sie noch immer lieb habe. Dieser Geburtstag 1942 ist dann auch gefeiert worden, um alles nachzuholen, und Omas Kerze stand daneben.*

Uns vieren geht es noch immer gut, und so bin ich dann bei dem heutigen Datum angelangt, an dem die feierliche Einweihung meines Tagebuchs beginnt, dem 20. Juni 1942.

✳

Freitag, 21. August 1942

Beste Kitty!

Unser Versteck ist nun erst ein richtiges Versteck geworden. Herr Kugler fand es nämlich besser, vor unsere Zugangstür einen Schrank zu stellen (weil viele Hausdurchsuchungen gemacht werden, um versteckte Fahrräder zu finden), aber natürlich einen Schrank, der drehbar ist und wie eine Tür aufgeht. Herr Voskuijl hat das Ding geschreinert. (Wir haben ihn inzwischen über die sieben Untergetauchten informiert, und er ist die Hilfsbereitschaft selbst.)

Wenn wir nach unten gehen wollen, müssen wir uns jetzt immer erst bücken und dann einen Sprung machen. Nach drei Tagen liefen wir alle mit Beulen an der Stirn herum, weil jeder sich an der niedrigen Tür stieß. Peter hat dann ein Tuch mit Holzwolle davor genagelt. Mal sehen, ob es hilft!

Lernen tue ich nicht viel, bis September mache ich Ferien. Danach will Vater mir Unterricht geben, doch erst müssen wir die neuen Schulbücher kaufen.

Viel Veränderungen kommt in unser Leben hier nicht. Heute sind Peters Haare gewaschen worden, aber das ist nicht so etwas Besonderes. Herr van Daan und ich sind dauernd zerstritten. Mama tut immer, als ob ich ein Baby wäre, und das kann ich nicht ausstehen. Peter finde ich noch immer nicht netter. Er ist ein langweiliger Junge, faulenzt den ganzen Tag auf seinem Bett, tischlert mal ein bisschen und geht dann wieder dösen. Was für ein Dummkopf!

Mama hat mir heute Morgen wieder eine elende Predigt gehalten. Wir sind immer genau gegenteiliger Meinung. Papa ist ein Schatz, auch wenn er mal fünf Minuten böse auf mich ist.

Draußen ist schönes, warmes Wetter, und trotz allem nutzen wir das so weit wie möglich aus, indem wir uns auf dem Dachboden auf das Harmonikabett legen.

Deine Anne

✳

Samstag, 27. Februar 1943

Liebe Kitty!

Pim erwartet jeden Tag die Invasion. Churchill hat eine Lungenentzündung gehabt, aber es geht ihm langsam besser. Gandhi, der indische Freiheitskämpfer, hält seinen soundsovielten Hungerstreik.

Frau van Daan behauptet, sie sei eine Fatalistin. Aber wer hat am meisten Angst, wenn geschossen wird? Niemand anderes als Petronella!

Jan hat den Hirtenbrief der Bischöfe an die Menschen in der Kirche für uns mitgebracht. Er war sehr schön und ermutigend geschrieben. „Bleibt nicht ruhig, Niederländer! Jeder kämpfe mit seinen eigenen Waffen für die Freiheit von Land, Volk und Religion! Helft, gebt, zögert nicht!" Das verkünden sie einfach von der Kanzel! Ob es hilft? Unseren Glaubensbrüdern bestimmt nicht. [...]

Vater hat für Margot und mich einen Karteikasten leer gemacht und Kärtchen hineingetan, die auf einer Seite noch unbeschrieben sind. Das wird unsere Bücherkartei. Wir schreiben nämlich beide auf, welche Bücher wir gelesen haben, von wem sie geschrieben wurden und das Datum. Ich habe gerade wieder was gelernt, „Bordell" und „Kokotte". Dafür habe ich mir ein besonderes Heft angelegt.

Neue Butter- oder Margarineverteilung! Jeder bekommt sein Stückchen Aufstrich auf den Teller. Aber die Verteilung läuft sehr ungerecht. Van Daans, die immer das Frühstück machen, geben sich selbst anderthalbmal so viel wie uns. Meine Eltern haben viel zu viel Angst vor Streit, um was dazu zu sagen. Schade, ich finde, dass man es solchen Leuten immer mit gleicher Münze zurückzahlen muss.

Deine Anne

*

Sonntag, 11. Juli 1943

Liebe Kitty!

Um zum soundsovielten Mal auf das Erziehungsthema zurückzukommen, muss ich dir sagen, dass ich mir sehr viel Mühe gebe, hilfsbereit, freundlich und lieb zu sein und alles so zu machen, dass aus dem Beanstandungsregen ein Nieselregen wird. Es ist verflixt schwer, sich Menschen gegenüber, die man nicht ausstehen kann, vorbildlich zu benehmen, während man doch nichts davon so meint. Aber ich sehe wirklich, dass ich weiter komme, wenn ich ein bisschen heuchle, statt meine alte Gewohnheit beizubehalten und jedem geradeheraus meine Meinung zu sagen (obwohl nie jemand nach meiner Meinung fragt oder Wert darauf legt). Natürlich falle ich sehr oft aus der Rolle und kann mir bei Ungerechtigkeiten die Wut nicht verbeißen, so dass wieder vier Wochen lang über das frechste Mädchen der Welt hergezogen wird. Findest du nicht auch, dass ich manchmal zu bedauern bin? Es ist nur gut, dass ich nicht nörglerisch bin, sonst würde ich versauern und meine gute Laune verlieren. Meistens nehme ich die Standpauken von der humorvollen Seite, aber das kann ich besser, wenn jemand anderes sein Fell vollbekommt, als wenn ich selbst die Gelackmeierte bin.

Außerdem habe ich beschlossen (es hat langes Nachdenken gekostet), Steno erst mal sausen zu lassen. Erstens, um meinen anderen Fächern noch mehr Zeit widmen zu können, und zweitens wegen meiner Augen. Eine elende Misere: Ich bin sehr kurzsichtig geworden und müsste längst eine Brille haben. (Buh, wie eulenhaft werde ich aussehen!) Aber du weißt ja, Versteckte …

Gestern sprach das ganze Haus von nichts anderem als von Annes Augen, weil Mutter vorgeschlagen hatte, Frau Kleiman mit mir zum Augenarzt zu schicken. Bei dieser Mitteilung wurde mir einen Moment ganz schwindlig, denn das ist auch keine Kleinigkeit. Auf die Straße! Stell dir vor, auf die Straße! Zuerst bekam ich eine Todesangst, später war ich froh. Aber so einfach ging das nicht, denn nicht alle Instanzen, die über einen solchen Schritt zu beschließen haben, waren so schnell damit einverstanden. Alle Schwierigkeiten und Risiken mussten erwogen werden, obwohl sich Miep direkt mit mir auf den Weg machen wollte. Ich holte schon meinen grauen Mantel aus dem Schrank, aber der war so klein, dass er aussah, als gehörte er einer jüngeren Schwester von mir. Der Saum war aufgegangen, und zuknöpfen ließ er sich auch nicht mehr. Ich bin wirklich neugierig, was passiert. Aber ich glaube nicht, dass der Plan ausgeführt werden wird, denn inzwischen sind die Engländer auf Sizilien gelandet, und Vater ist wieder auf ein „baldiges Ende“ eingestellt.

Bep gibt Margot und mir viel Büroarbeit, das finden wir beide wichtig, und ihr hilft es. Korrespondenz ablegen und Verkaufsbuch führen kann jeder, aber wir tun es besonders sorgfältig.

Miep schleppt sich ab wie ein Packesel. Fast jeden Tag treibt sie irgendwo Gemüse auf und bringt es in großen Einkaufstaschen auf dem Fahrrad mit. Sie ist es auch, die jeden Samstag fünf Bücher aus der Bibliothek bringt. Sehnsüchtig warten wir immer auf den Samstag, weil dann die Bücher kommen, wie kleine Kinder auf ein Geschenk. Normale Leute können nicht wissen, was Bücher für einen Eingeschlossenen bedeuten. Lesen, Lernen und Radio hören sind unsere einzige Ablenkung.

Deine Anne

*

Freitag, 23. Juli 1943

Bep kann im Moment wieder Hefte bekommen, vor allem Journale und Hauptbücher, nützlich für Margot, meine buchhaltende Schwester. Andere Hefte gibt es auch zu kaufen, aber frage nicht, was für welche und für wie lange noch. Hefte haben zur Zeit die Aufschrift „Markenfrei erhältlich". Genau wie alles andere, was noch „markenfrei" ist, sind sie unter aller Kritik. So ein Heft besteht aus zwölf Seiten grauem, schief- und engliniertem Papier. Margot überlegt, ob sie einen Fernkurs in Schönschreiben belegen soll. Ich habe ihr zugeraten. Mutter will aber auf keinen Fall, dass ich auch mitmache, wegen meiner Augen. Ich finde das dumm. Ob ich nun das mache oder etwas anderes, das bleibt doch gleich.

Da du noch nie einen Krieg mitgemacht hast, Kitty, und du trotz all meiner Briefe doch wenig vom Verstecken weißt, will ich dir zum Spaß mal erzählen, was der erste Wunsch von uns acht ist, wenn wir wieder hinauskommen.

Margot und Herr van Daan wünschen sich am meisten ein heißes Bad, bis zum Rand gefüllt, und wollen darin mehr als eine halbe Stunde bleiben. Frau van Daan will am liebsten sofort Torten essen. Dussel kennt nichts als seine Charlotte, und Mutter ihre Tasse Kaffee. Vater geht zu Voskuijls, Peter in die Stadt und ins Kino, und ich würde vor lauter Seligkeit nicht wissen, wo anfangen.

Am meisten sehne ich mich nach unserer eigenen Wohnung, nach freier Bewegung und endlich wieder nach Hilfe bei der Arbeit, also nach der Schule!

Bep hat uns Obst angeboten, aber es kostet ein kleines Vermögen. Trauben 5 Gulden pro Kilo, Stachelbeeren 1,40 Gulden, ein Pfirsich 40 Cent, ein Kilo Melonen 1,50 Gulden. Und dann steht jeden Tag mit Riesenbuchstaben in der Zeitung „Preistreiberei ist Wucher!"

*

„Manchmal glaube ich, daß ich ganz falsch aufgezogen worden bin.
Ich bin zu glücklich aufgezogen worden."

Peter Cameron (am. Schriftsteller, Jg. 1960),
in: So oder anders. Geschichten. (Or. 1986)
Zürich: Diogenes 1989, S. 63.

Abb. 40 Der versteckte Zugang zum Hinterhaus

Freitag, 21. Juli 1944

Liebe Kitty!

Nun werde ich hoffnungsvoll, nun endlich geht es gut. Ja, wirklich, es geht gut! Tolle Berichte! Ein Mordanschlag auf Hitler ist ausgeübt worden, und nun mal nicht durch jüdische Kommunisten oder englische Kapitalisten, sondern durch einen hochgermanischen deutschen General, der Graf und außerdem noch jung ist. Die „göttliche Vorsehung" hat dem Führer das Leben gerettet, und er ist leider, leider mit ein paar Schrammen und einigen Brandwunden davongekommen. Ein paar Offiziere und Generäle aus seiner nächsten Umgebung sind getötet oder verwundet worden. Der Haupttäter wurde standrechtlich erschossen.

Der beste Beweis doch wohl, dass es viele Offiziere und Generäle gibt, die den Krieg satt haben und Hitler gern in die tiefsten Tiefen versenken würden, um dann eine Militärdiktatur zu errichten, mit deren Hilfe Frieden mit den Alliierten zu schließen, erneut zu rüsten und nach zwanzig Jahren wieder einen Krieg zu beginnen. Vielleicht hat die Vorsehung mit Absicht noch ein bisschen gezögert, ihn aus dem Weg zu räumen. Denn für die Alliierten ist es viel bequemer und auch vorteilhafter, wenn die fleckenlosen Germanen sich gegenseitig totschlagen. Umso weniger Arbeit bleibt den Russen und Engländern, und umso schneller können sie wieder mit dem Aufbau ihrer eigenen Städte beginnen. Aber so weit sind wir noch nicht, und ich will nichts weniger, als den glorreichen Tatsachen vorgreifen. Trotzdem merkst du wohl, dass das, was ich sage, die Wahrheit ist, nichts als die Wahrheit. Ausnahmsweise fasele ich nun mal nicht über höhere Ideale.

Hitler ist ferner noch so freundlich gewesen, seinem treuen und anhänglichen Volk mitzuteilen, dass alle Militärs von heute an der Gestapo zu gehorchen haben und dass jeder Soldat, der weiß, dass ein Kommandant an diesem feigen und gemeinen Attentat teilgenommen hat, ihn abknallen darf.

Eine schöne Geschichte wird das werden. Der kleine Michel hat schmerzende Füße vom langen Laufen, sein Herr, der Offizier, staucht ihn zusammen. Der kleine Michel nimmt sein Gewehr, ruft: „Du wolltest den Führer ermorden, da ist dein Lohn!" Ein Knall, und der hochmütige Chef, der es wagte, Michel Standpauken zu halten, ist ins ewige Leben (oder ist es der ewige Tod?) eingegangen. Zuletzt wird es so sein, dass die Herren Offiziere sich die Hosen voll machen vor Angst, wenn sie einen Soldaten treffen oder irgendwo die Führung übernehmen sollen, weil die Soldaten mehr zu sagen und zu tun haben als sie selbst.

Verstehst du's ein bisschen, oder bin ich wieder vom Hundertsten ins Tausendste gekommen? Ich kann's nicht ändern. Ich bin viel zu fröhlich, um logisch zu sein bei der Aussicht, dass ich im Oktober wohl wieder auf der Schulbank sitzen kann! Oh, là, là, habe ich nicht gerade noch gesagt, dass ich nicht voreilig sein will? Vergib mir, ich habe nicht umsonst den Ruf, dass ich ein Bündelchen Widerspruch bin!

Deine Anne M. Frank

*
* *

6. Textpassage aus: *Jurek Becker*s „Jakob der Lügner"

Vorbemerkung: Am 27. April 1997 fand in der Berliner Akademie der Künste eine schlichte, aber bewegende Trauerfeier statt: Freunde (wie *Irene Dische*, *Günter Grass*, *Manfred Krug* und *Christa Wolf*) lasen Texte von *Jurek Becker*, der am 14. März 1997 verstorben war – wohl 59jährig. Wann genau er geboren wurde, wusste er selbst nicht. Irgendwann 1937/38 im polnischen Lodz, wo er bereits 1939, zusammen mit seinen Eltern, ins dortige Getto deportiert wurde. Wie durch ein Wunder überlebte er als Kleinkind, mittlerweile von seinen Eltern getrennt, die Aufenthalte in den Konzentrationslagern Ravensbrück und Sachsenhausen. Von seiner Familie entkamen nur eine entfernte Tante und sein Vater den Greueltaten der Nazis. 1969 erschien sein Roman „Jakob der Lügner", die Geschichte von Jakob Heym, dem Eisverkäufer; von Kowalski, dem Friseur; von Mischa und Rosa, den Verliebten; von Lina, dem 8-jährigen Waisenkind, das permanent versteckt werden muss oder von Professor Kirschbaum, dem Herzspezialisten, der nur so lange am Leben bleiben darf, wie er – als Arzt – dem Sturmbannführer Hardtloff nützlich ist ... Jakob nun lässt im Getto das Gerücht verbreiten, er besitze ein Radio und habe gehört, dass die Russen einen Sieg nach dem anderen erringen und die Befreiung nicht mehr lange auf sich warten ließe. Schlagartig hören die Suizide auf und – *fama crescit in eundo*: Jeder fügt den Gerüchten noch ein weiteres Lügelchen hinzu, so dass Jakob schließlich dementieren muss, überhaupt je ein Radio besessen zu haben ...

13. Quellentext: Aus „Jakob der Lügner" von *Jurek Becker*[158]

Lina „weint eigentlich selten, wer soll wissen, was in so einem kleinen Verstand vor sich geht, der den ganzen Tag alleine grübelt."

Abb. 41 Jurek Becker

Vor langer Zeit ist Jakob auf dem Flur mit ihr stehengeblieben, vor seiner Tür, und hat gesagt: „Paß jetzt gut auf, Lina, wenn irgendwas ist, damit du den Schlüssel zu meinem Zimmer findest", hat er gesagt. „Hier hinter dem Türrahmen ist ein kleines Loch in der Mauer, siehst du? Hier lege ich den Schlüssel rein, dann kommt der Stein wieder davor. Man kann ihn ganz leicht wegnehmen, wenn du dich auf die Zehenspitzen stellst, bist du groß genug. Versuch es." Lina hat es versucht, sie hat sich gereckt, den Stein fortgenommen, den Schlüssel mit allerletzter Mühe gegriffen und hat ihn stolz Jakob hingehalten. „Wunderbar", hat Jakob gesagt, „merke dir die Stelle gut. Ich weiß selbst nicht wozu, aber vielleicht ist es einmal wichtig. Und noch eins, verrate die Stelle keinem."

Lina muß sich inzwischen nicht mehr auf die Zehenspitzen stellen, zwei Jahre ist sie dem kleinen Loch hinter dem Türrahmen unermüdlich entgegengewachsen. Wenn was ist, hat Jakob gesagt, heute ist was, Lina holt sich den Schlüssel, sperrt auf und steht mit angehaltenem Atem im leeren Zimmer. Ein bißchen Angst hat sie schon, die wird verfliegen, wenn Jakob unerwartet hereinkommt, dann sagt sie ihm einfach, sie macht nur etwas Ordnung. Die Absichten, von denen sie getrieben wird, sind abenteuerlich, er wäre kaum mit ihnen einverstanden, aber was er nicht weiß, macht ihn nicht heiß.

Auf ihrem Weg gibt es zwei Hindernisse, da macht sie sich nichts vor, das erste ist das Versteck, das vorläufig unbekannte, das zweite ist, sie weiß nicht, wie ein Radio aussieht. Verstecke gibt es nicht unbegrenzt in diesem Zimmer, nach wenigen Minuten hat man es auf den Kopf gestellt, viel schwerer scheint das zweite Hindernis. Alles mögliche hat Jakob einem erklärt, sie könnte zum Beispiel fließend einen Omnibus beschreiben, obgleich sie ihm noch nie von Angesicht zu Angesicht gegenübergestanden hat, sie könnte Bananen erzählen, Flugzeuge, Bären, die zu brummen anfangen, wenn man sie auf den Rücken legt. Bei der Stromsperre damals ist Jakob mit ihr sogar den höchst geheimnisvollen Weg entlanggegangen, den das Licht vom Kohlenbergwerk bis in die kleine Lampe unter der Decke zurücklegt, aber von einem Radio hat er nie ein Wort verloren. Einige spärliche Anhaltspunkte hat man: Alle reden davon, sein Besitz ist verboten, es verrät einem Dinge, die man vorher nicht weiß, es ist so klein, daß man es gut verstecken kann.

„Zeigst du mir morgen dein Radio?" hat sie ihn gestern abend gefragt, als er nach Kowalskis mißglücktem Besuch zu ihr auf den Boden gekommen ist.

„Nein", hat er gesagt.

„Und übermorgen?"

„Auch nicht."

„Und überübermorgen?"

„Ich habe gesagt, nein! Und jetzt Schluß damit."

Selbst ihr sonst unfehlbarer Augenaufschlag ist ohne jede Wirkung geblieben. Jakob hat nicht einmal hingesehen, deshalb ihr neuer Anlauf nach einer verstimmten Pause:

„Zeigst du es mir überhaupt mal?"

„Nein."

„Und warum nicht?"

„Darum."

„Sagst du mir wenigstens, wie es aussieht?" hat sie dann gefragt, ihren Plan schon halb im Kopf. Aber auch darauf hat er die Antwort verweigert, und so ist aus ihrem halben Plan ein ganzer geworden.

Kurz und gut, Lina muß ein Ding suchen, von dem sie nichts anderes weiß, als daß Jakob es versteckt hält, ein Ding ohne Farbe, ohne Form und Gewicht, ein Glück nur, daß Jakob soviel unbekannte Dinge nicht im Zimmer haben kann. Das erste, das sie findet und noch nie gesehen hat, das muß nach menschlichem Ermessen den Namen Radio tragen.

Lina beginnt mit den vordergründigen Verstecken, unter dem Bett, auf dem Schrank, in der Tischschublade. Möglicherweise ist ein Radio so groß, daß es überhaupt nicht in eine Tischschublade paßt, vielleicht würde jeder, der zusieht, laut lachen, daß Lina dort ein Radio sucht. Aber es ist nicht ihre Schuld, daß Jakob so verstockt schweigt, und außerdem sieht keiner zu. In der Schublade ist es nicht, da ist gar nichts, unter dem Bett und auf dem Schrank liegt nur Staub. Bleibt noch der Schrank von innen, sonst gibt es kein Versteck, der hat zwei Türen, eine oben, eine unten. Die obere könnte man sich im Grunde sparen, dahinter stehen die vier Teller, zwei tiefe und zwei flache, die beiden Tassen, von denen Lina eine beim Abwaschen auf die Erde gefallen ist und den Henkel gelassen hat, dann noch ein Messer und zwei Löffel, die immer leere Zuckerdose, und das Essen liegt dahinter, sofern vorhanden. Hinter dieser Tür ist Lina zu Hause, oft deckt sie den Tisch, trägt auf und räumt ab, die könnte man sich sparen, aber das Unternehmen soll nicht an einem Flüchtigkeitsfehler scheitern. Sie sieht nach, die vier Teller, zwei Tassen, Zuckerdose, Messer und Löffel, dazu noch ein Stück Brot und eine Tüte Bohnen, keine Überraschung.

Also die untere Tür. Lina zögert, die Finger halten schon den Schlüssel und können sich nicht entschließen, wenn das Gesuchte da nicht ist, dann ist es nirgends. Unten im Schrank hatte sie bisher nichts verloren, „da ist mein Zeug drin", hat Jakob gesagt, das klang durch und durch unverfänglich. Sein Zeug, jetzt weiß man erst, was sich hinter zwei so harmlosen Worten verbirgt.

Das Zögern hält sich in Grenzen, Lina macht endlich auf, draußen im Flur laufen Schritte vorbei. Zuschließen geht nicht, wenn Jakob käme, würde er nicht fragen, was sie hier tut, er würde fragen, warum sie sich eingeschlossen hat, und darauf gibt es keine Antwort. Lina räumt aus, Hose und Hemd, Nadel und Zwirn, ein Topf, warum steht der nicht oben, Kasten mit Nägeln und Schrauben, ein leerer Bilderrahmen, das Buch von Afrika. Sie gönnt sich eine kleine Pause, das Buch hat mehr als nur Buchstaben zu bieten, auf die Jakob seit einiger Zeit so seltsam viel Wert legt, die Bilder verdienen einige Augenblicke Beachtung, trotz allem.

Die Frau mit den ungeheuer langen Brüsten, die so platt sind und wie getrocknet aussehen, und dem quer durch die Nase gezogenen Ring, dessen Sinn Jakob erst später erklären will. Die nackten Männer, die ihre Gesichter über und über bemalt haben, lange Speere in den Händen tragen und auf den Köpfen riesige Gebilde aus Federn, Haaren und Bändern. Oder die dünnen Kinder mit kugelrunden Bäuchen, Tiere mit Hörnern und Streifen und endlosen Nasen und noch längeren Hälsen, das alles kann einen schon aufhalten, aber doch nicht so sehr, daß man darüber sein eigentliches Ziel vergißt.

Lina kriecht bis zum Bauch in den Schrank, ein letztes Hindernis wird beseitigt, ein bescheidener Stoß Wäsche mit grünem Handtuch obenauf, und dann. Der Weg ist freigeräumt zu diesem niegesehenen Ding, stolzes Siegerlächeln, es steht unscheinbar hinten in der Ecke, geheimnisvoll und verboten. Sie holt es ans Licht, ein kleines zartes Gitter, Schräubchen, Glas und rund, sie stellt es ehrfürchtig auf den Tisch, setzt sich davor, jetzt will man was erleben. Sein Zeug, hat Jakob gesagt, über dem Anstarren verrinnen die Minuten, was wird man nun erfahren, daß man vorher nicht gewußt hat? Redet dieses Ding wie ein gewöhnlicher Mensch, oder gibt es seine Geheimnisse auf andere Weise preis, auf irgendeine wunderbare? Nach einigem Versuchsschweigen erkennt Lina, von alleine verrät es nichts, man muß es zum Sprechen bringen, vielleicht muß man es einfach etwas fragen. Wenn ja, dann hoffentlich nicht einer festgelegten Zauberformel wie etwa Ali Baba vor dem Felsen Sesam.

„Wie heiße ich?" beginnt Lina mit dem Einfachsten, doch schon damit scheint das Ding überfordert. Lina gibt ihm reichlich Zeit, umsonst, ihre Enttäuschung verliert sich in den Gedanken, man muß nach Unbekanntem fragen, nach etwas, das man vorher nicht gewußt hat, ihren Namen weiß sie doch. Sie fragt: „Wieviel ist dreißig mal zwei Millionen?" Da auch jetzt die Antwort ausbleibt, beschreitet sie neue Wege, sie denkt an das Licht, das man nach Belieben ein- und ausschalten kann, womöglich kann man das Ding genauso einschalten, versuchen wir es mit dem Schräubchen. Das ist eingerostet, läßt sich kaum bewegen, nach vieler Mühe nur ein leises Quietschen, und die Finger tun schon weh. Da steht Jakob in der Tür und fragt wie vorgesehen:

„Was machst du denn hier?"

„Ich", sagt Lina, „ich wollte", sagt sie, man muß sich von dem Schrecken erholen, „ich wollte doch bei dir aufräumen. Weißt du nicht mehr?"

Jakob weiß nicht, er sieht auf das Sodom und Gomorrha vor dem Schrank, zurück zu Lina, die aufräumen wollte, bevor er den Mund auftut, weiß sie, daß es so schlimm nicht werden kann. „Aber du bist hoffentlich noch nicht fertig?" sagt Jakob.

Natürlich ist sie noch nicht fertig, sie hat ja eben erst begonnen, sie springt auf und stopft Topf und Buch und Wäsche wieder in den Schrank, daß seine Augen nur mit Mühe folgen können. Den Bilderrahmen hinterher, die Nägel fallen in der Eile aus dem Kasten, schnell sind sie aufgesammelt, Nadel und Zwirn noch, wo sind Nadel und Zwirn, die werden sich beim nächsten Mal finden, die Tür fliegt zu, und schon ist die Unordnung vergessen. Bloß das Ding bleibt auf dem Tisch, gesehen hat er es ohnehin, da steht sein einziges Geheimnis, und er wartet immer noch mit dem Wütendwerden.

„Du bist mir doch nicht böse?"

„Nein, nein."

Jakob zieht die Jacke aus, wäscht sich die Hände vom Bahnhof, Lina wird langsam unruhig, und das Ding steht da und wird mißachtet.

„Und was wolltest du wirklich hier?“

„Gar nichts. Ich habe aufgeräumt“, sagt sie und weiß, daß es keinen Sinn hat.

„Was hast du gesucht?“

Jetzt wird er doch allmählich lauter, aber die Frage ist ihr zu dumm, er sitzt schon vor dem Ding und erkundigt sich scheinheilig, was man gesucht hat, darauf verweigern wir die offenkundige Antwort.

„Warum steht die Lampe hier?“

„Welche Lampe?“

„Die hier. Siehst du eine andere?“

Als Lina schweigt und große Augen macht, auf die angebliche Lampe starrt, und die großen Augen füllen sich gemächlich mit Tränen, da holt sie Jakob heran und fragt viel leiser:

„Was hast du?“

„Nichts.“

Er setzt sie auf sein Knie, sie weint eigentlich selten, wer soll wissen, was in so einem kleinen Verstand vor sich geht, der den ganzen Tag alleine grübelt. „Komm, sag mir, was los ist. Hat es was mit der Lampe zu tun?“

„Nein.“

„Hast du sie schon mal gesehen?“

„Nein.“

„Soll ich dir erklären, wie sie funktioniert?“

Lina hält die Tränen auf, schließlich trägt Jakob nicht Schuld an ihrem Irrtum, und außerdem, morgen ist auch noch ein Tag, irgendwie wird das Versteck gefunden werden, das sie heute übersehen hat. Sie bringt Augen und Nase mit dem Ärmel in Ordnung, der reicht nicht aus, Jakobs Taschentuch eilt zu Hilfe.

„Soll ich sie dir erklären?“

„Ja.“

„Paß auf. Dieses Ding ist eine Petroleumlampe …

*

* *

7. Textpassage aus: *Leonie Ossowski*s „Herrn Rudolfs Vermächtnis"

Vorbemerkung: Ob *Anna Seghers* (1900–1983) oder *Heinrich Böll* (1917–1985), ob *Siegfried Lenz* (geb. 1926) oder *Günter Grass* (geb. 1927) ... wer von unseren Schriftstellern den *zweiten* Dreißigjährigen Krieg [159], vor allem die Zeit der nationalsozialistischen Diktatur erlebt hat, konnte gar nicht anders als das ins Zentrum seines literarischen Schaffens zu rücken, was wir mit Stichworten wie „Krieg", „Bombenangriffe", „Vertreibung", „Schuld", „Angst", „Verfolgung", „Terror" u. ä. m. bezeichnen. „Das siebte Kreuz" (1942), „Wo warst du, Adam?" (1951), „Deutschstunde" (1968) oder auch der „Krebsgang" (2002) mögen wenigstens genannt sein. Zu dieser Generation deutscher Schriftsteller gehört auch die am 15.8.1925 im damaligen niederschlesischen Röhrsdorf (heute im polnischen Osowa Sień) geborene *Jolanthe Kurtz-Solowjew*, die unter ihrem Schriftstellernamen auch international große Beachtung fand: *Leonie Ossowski*. In ihrem Roman „Herrn Rudolfs Vermächtnis" schildert sie u. a. das Flüchtlingsdrama von sechs Waisenkindern, die im Kriegswinter 1944/45 durch Ostpreußen irren bzw. sich durch das verwüstete Land am Haff hungernd, frierend und voller Angst nach Westen durchzuschlagen versuchen: Die vier Geschwister Lotte, Ute, Stefan und Kurt sowie die beiden Vettern Thomas (8 Jahre) und sein Bruder Karli (4 Jahre). Ein wahrer Kinder-Kreuzzug, der auch Merkmale eines Kinder-Krieges trägt, wobei autobiographische Bezüge nicht verschwiegen werden sollen.

14. Quellentext: Aus „Herrn Rudolfs Vermächtnis" von *Leonie Ossowski*[160]

„Wo ist Mama, wollte Karli wissen und weinte,
wie er immer weinte, wenn er die Mutter vermißte,
laut und unaufhaltsam."

Eines Morgens erhielten alle den Befehl, das Gasthaus zu räumen und sich auf den Weg zu machen in den fünfzehn Kilometer entfernten Ort Baumgart. Dort würden sie in einem Lager untergebracht. Die Aufregung war groß. Fünfzehn Kilometer sind lang, wenn man Hab und Gut mitschleppen muß, und wer hatte schon einen Handwagen. Es wurden Bündel und Säcke geschnürt, und selbst die Kleinsten mußten mit ran. Drei Stunden, hatten die Russen gesagt, drei Stunden hatte man Zeit, dann war Abmarsch. Und wer bis dahin nicht fertig war, der … Eine Handbewegung reichte aus, um wissen zu lassen, was dann passierte.

Wie die Ameisen liefen die Frauen durcheinander, jammerten, rangen die Hände, zogen ihren Kindern die Sachen drei- und vierfach übereinander, damit das Gepäck nicht zu schwer wurde.

Wo ist Mama, wollte Karli wissen und weinte, wie er immer weinte, wenn er die Mutter vermißte, laut und unaufhaltsam. Tommy hatte zwar schon alle Taschen, die sie besaßen, und den Rucksack gepackt, aber die Hälfte der Sachen lag noch unverstaut auf den Betten. Geh, such sie, sagte die Tante schließlich, sonst nimmt es mit deiner Mutter noch ein böses Ende. Diesmal nahm sich Tommy keine Zeit, suchte nicht umständlich nach Spuren. Er lief einfach in die Richtung los, in der die Mutter zuletzt gesehen worden war.

Ein Hauch von Vorfrühling lag über dem Schnee, obwohl es immer noch nicht taute. Aber das Sonnenlicht war stärker geworden, hatte an Milchigkeit verloren und leuchtete hell über den Dächern. Tommy kannte mittlerweile jeden Weg und jeden Strauch. Und die russischen Soldaten, die kannten ihn. Manche lachten, manche drohten ihm, aber keiner von ihnen tat ihm etwas zuleide. Es war auch schon vorgekommen, daß sie ihm die Richtung wiesen, wo er die Mutter suchen solle. Matka, riefen sie dann, nickten und fuchtelten mit den Armen, bis er den richtigen Weg einschlug. Heute war kein Russe zu sehen. Es war ruhig im Dorf, viel zu ruhig. Weder gackerte ein Huhn, noch war aus den Ställen ein Laut zu hören. Vielleicht hatten die Russen das Vieh weggetrieben, vielleicht zogen sie ab, und andere Soldaten kamen her. Tommy wußte es nicht. Die Ruhe machte ihn nervös. Es kam ihm vor, als liefe er unter einer Käseglocke im Kreis, abgeschnitten von Tier und Mensch, allein zwischen Himmel und Erde und in der Einsamkeit eingeschlossen wie eine Fliege im Bernstein.

Angst lähmte seine Füße, und er fing an zu rufen. Mama, schrie er und hielt dabei seine Hände trichterförmig an den Mund. Mama, wo bist du?

Keine Antwort, nicht einmal ein Echo in dieser Totenstille. Nur ein paar Krähen glitten vorbei. Vom Haff her kam ein Wind auf. Der blies Tommy so heftig ins Gesicht, daß er es aufgab, noch weiter zu rufen. Er drehte sich plötzlich um und lief, wie vom Wind getragen, über ein Feld zu einem Birkenwäldchen, von dem er eigentlich wußte, daß in ihm keine großen Bäume wuchsen, an denen die Mutter sich festklammern konnte. Aber darüber dachte er nicht nach, folgte vielmehr dem Wind, der ihm im Rücken saß und ihn vorwärts trieb.

Und dann sah er sie. Es hätte nicht viel gefehlt, und er wäre über sie gestolpert, denn sie stand nicht wie sonst vor einem Baum, flüsternd den Stamm liebkosend, sie lag im Schnee in einer seltsamen Haltung. Tommy nahm alles ganz langsam wahr. Sein Blick fiel als erstes auf ihre gestreckten Arme, die mit einem Strick an eine der Birken gefesselt waren, was aussah, als hielte sie sich an dem Stämmchen fest. Ihr Kopf mit den weit aufgerissenen Augen saß merkwürdig verdreht auf den Schultern und als er sich vorsichtig über sie beugte, sah er, daß jemand der Mutter die Kehle durchgeschnitten hatte. Der Hals klaffte zentimeterbreit und blutlos auseinander, wie er es bei getöteten Tieren gesehen hatte.

Jemand hatte die Mutter geschlachtet.

Ihre Kleider waren nach oben geschoben. Die zerfetzte Unterhose gab ihren Leib frei, den Tommy nackt nicht kannte. Mit seinen acht Jahren hatte er überhaupt noch keine nackte Frau gesehen. Die Beine der Mutter waren ein wenig angewinkelt und gespreizt. Er konnte nicht anders, er mußte mitten hineinstarren in diesen Spalt, dessen krauses Haar widerlich milchig verklebt war. Sein Magen stülpte sich um. Aber da er nichts gegessen hatte, löste sich nur ein kläglicher Speichelfaden von seinen Lippen und tropfte in den Schnee. Und dann hörte er sich schreien. Er schrie den Schrei, zu dem die Mutter dem Anschein nach nicht mehr gekommen war. Der weit geöffnete Mund saß ihr schief im Gesicht, als sei er im Entsetzen zur Seite verrutscht.

Irgendwann hörte er auf zu schreien, und das einzige, was ihm einfiel, war, die Mutter von dem kleinen Birkenstamm loszubinden. Der Strick ließ sich leichter lösen, als er dachte. Aber die Arme blieben gestreckt, waren eiskalt und ließen sich nicht bewegen. Ihn packte das Grausen. So, wie die Mutter da lag, entstellt und furchterregend, hatte sie für ihn plötzlich nichts mehr mit der Mama zu tun, die ihn und Karli nachts im Adlernest liebkoste und mit Brotstückchen fütterte. Er rannte los, quer über die Felder bis ins Dorf, wo sich die ersten Flüchtlinge schon zum Abmarsch ins Lager nach Baumgart versammelten.

Und, fragte die Tante, hast du deine Mutter gefunden? Tommy schüttelte nur den Kopf. Er hätte nicht gewußt, wie er der Tante und all den anderen Frauen beschreiben sollte, in welchem Zustand er die Mutter vorgefunden hatte. Ihm fehlten die Worte, und er wußte schon damals, daß er sie nie mehr in seinem Leben dafür finden würde.

Die Tante, eine resolute Frau, machte kurzen Prozeß. Dann kommt ihr beiden erst mal mit uns mit, sagte sie und wies Lotte und Ute an, den Jungen beim Zusammenpacken zu helfen. Die Sachen der Mutter blieben zurück und hätten, so wie sie da auf einem Haufen lagen, ein komplettes Adlernest ergeben …

* * *

8. Textpassage aus: *Jean Amérys* „Jenseits von Schuld und Sühne"

Vorbemerkung: Ich kann mich noch gut an jene Stimmung erinnern, die mich sofort umhüllte, als am ersten Tag der Frankfurter Buchmesse die Nachricht verbreitet wurde, er habe sich das Leben genommen: *Jean Améry*, am 18.10.1978 im Zimmer eines Salzburger Hotels. Einige Wochen zuvor hatte ich seinen Essay „Hand an sich legen"[161] gelesen und war gerade dabei, die „Bewältigungsversuche eines Überwältigten" durchzuarbeiten – „Jenseits von Schuld und Sühne" …

Jean Améry (nicht zu verwechseln mit dem Schriftsteller *Carl Amery*, 9.4.1922–24.5.2005) kam unter dem Namen *Hans Mayer* am 31.10.1912 in Wien zur Welt und emigrierte als Jude (gleichwohl katholisch erzogen) nach der „Einverleibung Österreichs" am 12.3.1938 nach Belgien, nach Antwerpen, in die Stadt *Rubens'*. Wenige Tage nach der Besetzung Belgiens wurde er im Mai 1940 verhaftet und ins französische Lager Gurs deportiert. Er konnte im Juni 1941 fliehen, tauchte in Brüssel unter, wurde am 23.Juli 1943 neuerlich verhaftet (wegen „antinazistischer Propaganda"), ins Festungslager Breendonk verschleppt, schwer gefoltert (zumal er in der belgischen Résistance tätig gewesen war und man Hintermänner von ihm erfahren wollte), schließlich in die Konzentrationslager Auschwitz-Monowitz und Bergen-Belsen verlegt, wo er im April 1945 befreit wurde – 642 Tage und Nächte hatte er in deutschen Vernichtungslagern verbracht. Nach dem Krieg ließ er sich in Brüssel nieder, publizierte unter dem Anagramm *Améry* und dem französischen Vornamen *Jean* Essays, Kritiken, Aufsätze zur Philosophie, arbeitete für den Rundfunk und diverse Zeitungen, schrieb eine Autobiographie – als ein unbestechlicher Intellektueller höchster Güte prägte er vor allem in den 60er und 70er Jahren den kritischen Diskurs der Bundesrepublik Deutschland. Seitdem war und ist es recht still um ihn geworden. Umso begrüßenswerter ist die Tatsache, dass nun der Verlag Klett-Cotta begonnen hat, seine Schriften als neunbändige Werkausgabe herauszugeben und ein Vierteljahrhundert nach seinem Tod eine erste Biographie (geschrieben von *Irene Heidelberger-Leonard*) vorgelegt wurde[162] …

In den fünf Essays seines Buches „Jenseits von Schuld und Sühne" führt *Améry* ein Selbstgespräch, fragt nach den Lebensumständen der Lagerhäftlinge, dem ihm zugemuteten und gleichzeitig von ihm abgelehnten Judentum, dem Recht auf Ressentiments, der Vergesslichkeit der Deutschen und – dem Wesen der Folter, der Tortur. Dieses Wort kommt aus dem Lateinischen und leitet sich vom Verb *torquere* ab, was nichts anderes heißt als: drehen, verrenken, zerbrechen – *tortura* ist die Folterung mit Hilfe des Zermalmens.

Améry hat einmal gesagt: „Meine Auschwitznummer liest sich kürzer als der Pentateuch oder der Talmud und gibt doch gründlichere Auskunft"[163]. Sie lautete: 172364. Dieses Foltertrauma als die schlimmste Form der Ich-Entwertung hat er nie mehr überwunden. Das und anderes sollten gerade Pädagogen bedenken, die es mit den Wehrlosesten zu tun haben, mit Kindern. So blieb *Améry* nur eines, die Sehnsucht nach Ruhe: Am 18. Oktober 1978 schluckte er, 66-jährig, Barbiturate ...

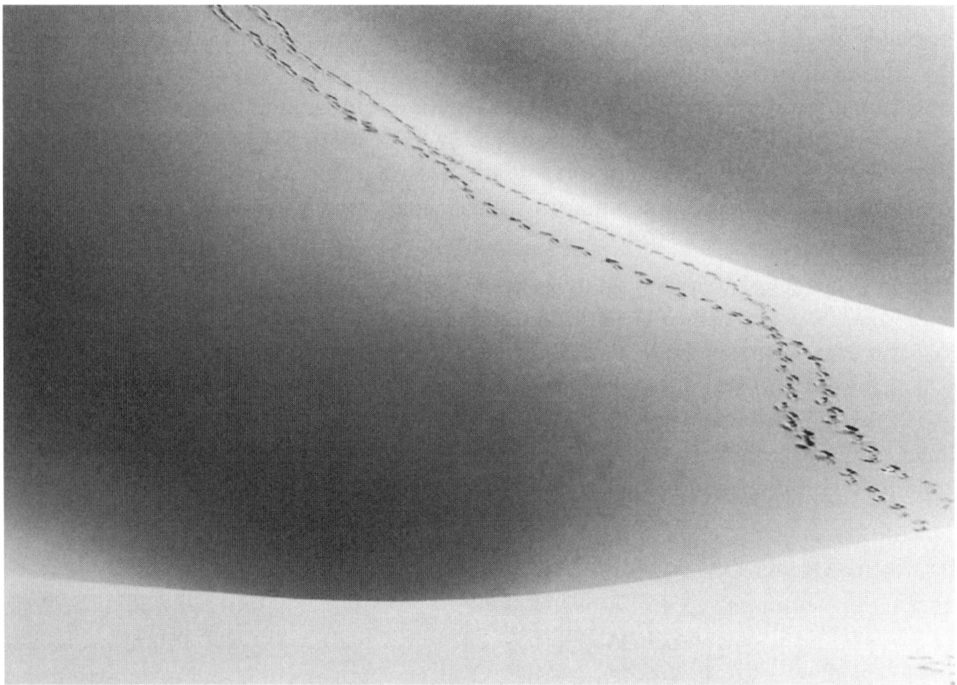

15. **Quellentext:** Aus „Jenseits von Schuld und Sühne“ von *Jean Améry*[164]

„Und nun gab es ein von meinem Körper bis zu dieser Stunde nicht vergessenes Krachen und Splittern in den Schultern.“

Die Tortur ist das fürchterlichste Ereignis, das ein Mensch in sich bewahren kann. Es wird aber dergleichen in sehr vielen Menschen aufgehoben, und das Fürchterliche hat keinen Anspruch auf Einzigartigkeit. Man hat in den meisten Ländern des Westens die Folter zu Ende des achtzehnten Jahrhunderts als Institution und Methode abgeschafft. Und dennoch haben heute, zwei Jahrhunderte danach, noch Männer und Frauen von erlittener Tortur zu erzählen, niemand weiß, wieviele. [...]

Wie komme ich da eigentlich dazu, von der Tortur gerade nur im Zusammenhang mit dem Dritten Reich zu sprechen? Weil ich selbst sie unter den waagrecht ausgebreiteten Schwingen gerade dieses Raubvogels erlitt, natürlich. Aber nicht nur darum, sondern weil ich jenseits aller persönlichen Erlebnisse überzeugt bin, daß für dieses Dritte Reich die Tortur kein Akzidens war, sondern seine Essenz. Da höre ich heftigen Widerspruch sich erheben, und ich weiß, ich begebe mich mit dieser Behauptung auf gefährlichen Grund. Ich werde später versuchen, sie zu begründen. Zuvor aber ist wohl zu berichten, was eigentlich der Inhalt meiner Erfahrungen war und was sich zutrug in der kellerig-feuchten Luft der Festung Breendonk.

Ich wurde im Juli 1943 von der Gestapo verhaftet. Flugzettel-Affäre. Die Gruppe, der ich angehörte, eine kleine deutschsprachige Organisation innerhalb der belgischen Widerstandsbewegung, bemühte sich um antinazistische Propaganda unter den Angehörigen der deutschen Besatzungsmacht. Wir stellten ziemlich primitives Agitationsmaterial her, von dem wir uns einbildeten, es könne die deutschen Soldaten vom grausamen Wahnwitz Hitlers und seines Krieges überzeugen. Heute weiß ich oder glaube zumindest, ich wisse, daß wir unser dürftiges Wort an taube Ohren richteten: Ich habe manchen Grund zur Annahme, daß die feldgrauen Soldaten, die unsere vervielfältigten Schriften vor ihren Kasernen fanden, sie stracks und hackenklappend ihren Vorgesetzten weitergaben, die ihrerseits dann mit der gleichen dienstlichen Fixigkeit die Sicherheitsbehörden verständigen. So kamen diese letztgenannten uns denn auch ziemlich schnell auf die Spur und hoben uns aus. Auf einem der Flugblätter, die ich im Augenblick meiner Festnahme bei mir trug, stand ebenso bündig wie propagandistisch ungeschickt: „Tod den SS-Banditen und Gestapohenkern!“

Wer mit Schriftzeug solcher Art von den Männern in Ledermänteln mit vorgehaltenen Pistolen angehalten wurde, der konnte sich keinerlei Illusionen machen. [...]

„Wenn du sprichst", sagten die Männer mit den Dutzendgesichtern zu mir, „dann kommst du ins Gefängnis der Feldpolizei. Gestehst du nicht, dann geht's nach Breendonk, und was das heißt, weißt du." Ich wußte und wußte nicht. Jedenfalls verhielt ich mich annähernd wie der Mann, der eine Zeitung kauft, und redete wie vorgesehen. Sehr gerne würde ich dem mir durchaus bekannten Breendonk entgehen und aussagen, was man von mir zu hören wünschte. Nur leider sei mir nichts oder fast nichts bekannt. Komplizen? Von denen könnte ich nur die Decknamen nennen. Schlupfwinkel? Aber in die wäre man ja nur nachts geführt worden, und die genauen Adressen habe man uns niemals anvertraut. Das aber war den Männern ein allzu geläufiges Geschwätz, auf das einzugehen sich nicht lohnte. Sie lachten verächtlich. Und plötzlich fühlte ich – den ersten Schlag. [...]

Der erste Schlag bringt dem Inhaftierten zu Bewußtsein, daß er hilflos ist – und damit enthält er alles Spätere schon im Keime. Folter und Tod in der Zelle, wovon man gewußt haben mag, ohne daß freilich solches Wissen Lebensfarbe besessen hätte, werden beim ersten Schlag als reale Möglichkeiten, ja als Gewißheiten vorgespürt. Man darf mich mit der Faust ins Gesicht schlagen, fühlt in dumpfem Staunen das Opfer und schließt in ebenso dumpfer Gewißheit: Man wird mit mir anstellen, was man will. Draußen weiß niemand davon, und keiner steht für mich ein. Wer zu Hilfe eilen möchte, eine Ehefrau, eine Mutter, ein Bruder oder Freund, hier gelangt er nicht herein.

Es ist nur wenig ausgesagt, wenn irgendein Ungeprügelter die ethisch-pathetische Feststellung trifft, daß mit dem ersten Schlag der Inhaftierte seine Menschenwürde verliere. Ich muß gestehen, daß ich nicht genau weiß, was das ist: die Menschenwürde. Der eine glaubt, sie zu verlieren, wenn er in Verhältnisse gerät, unter denen es ihm unmöglich wird, täglich ein Bad zu nehmen. Ein anderer meint, er gehe ihrer verlustig, wenn er vor einer Behörde eine andere als seine Muttersprache sprechen muß. Hier ist die Menschenwürde an einen bestimmten physischen Komfort gebunden, dort an freie Meinungsäußerung, in einem noch weiteren Fall vielleicht an die Zugänglichkeit gleichgeschlechtlicher erotischer Partner. Ich weiß also nicht, ob die Menschenwürde verliert, wer von Polizeileuten geprügelt wird. Doch bin ich sicher, daß er schon mit dem ersten Schlag, der auf ihn niedergeht, etwas einbüßt, was wir vielleicht vorläufig das Weltvertrauen nennen wollen. Weltvertrauen. Dazu gehört vielerlei: der irrationale und logisch nicht zu rechtfertigende Glaube an unverbrüchliche Kausalität etwa oder die gleichfalls blinde Überzeugung von der Gültigkeit des Induktionsschlusses. Wichtiger aber – und in unserem Zusammenhang allein relevant – ist als Element des Weltvertrauens die Gewißheit, daß der andere auf Grund von geschriebenen oder ungeschriebenen Sozialkontrakten mich schont, genauer gesagt, daß er meinen physischen und damit auch metaphysischen Bestand respektiert. Die Grenzen meines Körpers sind die Grenzen meines Ichs. Die Hautoberfläche schließt mich ab gegen die fremde Welt: auf ihr darf ich, wenn ich Vertrauen haben soll, nur zu spüren bekommen, was ich spüren will.

Mit dem ersten Schlag aber bricht dieses Weltvertrauen zusammen. Der andere, gegen den ich physisch in der Welt bin und mit *dem ich nur solange sein kann, wie er meine Hautoberfläche als Grenze tangiert, zwingt mir mit dem Schlag seine eigene Körperlichkeit auf. Er ist an mir und vernichtet mich damit. Es ist wie eine Vergewaltigung, ein Sexualakt ohne das Einverständnis des einen der beiden Partner. Freilich, sofern eine auch nur minimale Aussicht auf erfolgreiche Gegenwehr besteht, kommt ein Mechanismus in Bewegung, in dessen Verlauf ich die Grenzverletzung durch den anderen begradigen kann. Ich expandiere mich in der Not-Wehr meinerseits, objektiviere meine eigene Körperlichkeit, stelle das Vertrauen in meinen Weiterbestand wieder her. Der Sozialkontrakt hat dann einen anderen Text und andere Klauseln: Aug um Auge, Zahn um Zahn. Man kann auch danach sein Leben einrichten. Man kann es* nicht, *wo der andere den Zahn ausschlägt, das Auge in der Schwellung versenkt und man selbst den Gegenmenschen, zu dem der Mitmensch wurde, wehrlos an sich erleidet. Es wird schließlich die körperliche Überwältigung durch den anderen dann vollends ein existentieller Vernichtungsvollzug, wenn keine Hilfe zu erwarten ist.*

Die Hilfserwartung, Hilfsgewißheit gehört ja in der Tat zu den Fundamentalerfahrungen des Menschen und wohl auch des Tieres, das haben der alte Krapotkin, der von der „gegenseitigen Hilfe in der Natur" sprach, und der moderne Tierverhaltensforscher Lorenz recht überzeugend vorgetragen. Die Hilfserwartung ist ebenso ein psychisches Konstitutionselement wie der Kampf ums Dasein. Nur einen Augenblick, sagt die Mutter zu dem von Schmerzen stöhnenden Kind, es kommt gleich eine heiße Flasche, eine Schale Tee, man wird dich nicht leiden lassen! Ich verschreibe Ihnen ein Medikament, versichert der Arzt, es wird Ihnen helfen. Selbst auf dem Schlachtfeld finden die Rotkreuzambulanzen ihren Weg zum Verletzten. In nahezu allen Lebenslagen wird die körperliche Versehrung zusammen mit der Hilfserwartung empfunden: jene erfährt Ausgleich durch diese. Mit dem ersten Schlag der Polizeifaust aber, gegen den es keine Wehr geben kann und den keine helfende Hand parieren wird, endigt ein Teil unseres Lebens und ist niemals wieder zu erwecken. […]

Ich wiederholte nur, daß ich nichts wisse, und darum ging es alsbald, wie man es mir angedroht hatte, nicht in das von der Wehrmacht verwaltete Gefängnis von Brüssel, sondern nach dem „Auffanglager Breendonk", über das die SS herrschte. Verlockend wäre es, hier Atem zu holen und von der Autofahrt Brüssel-Breendonk über fünfundzwanzig Kilometer flandrischen Landes zu erzählen, von den windgebeugten Pappeln, die man mit Freude sah, auch wenn an den Handgelenken die Fessel wehtat. Aber das würde uns seitab führen, und wir müssen eiligst zur Sache kommen. Erwähnt sei nur das Zeremoniell des Einfahrens durch das erste Tor über die Zugbrükke: Da mußten sogar die Gestapomänner ihre Legitimationen den wachhabenden SS-Leuten vorweisen, und hätte der Verhaftete trotz allem noch an dem Ernst der Lage gezweifelt, hier, unter den Wachttürmen und beim Anblick der Maschinen-

pistolen, im Angesicht des Eintrittsrituals, das nicht ohne eine gewisse finstere Feierlichkeit war, mußte er erkennen, daß er angelangt war am Ende der Welt.

Sehr schnell ging es in das „Geschäftszimmer", von dem ich schon sprach. Das Geschäft, das man hier führte, war offensichtlich ein florierendes. Unter den kalten Kneiferaugen des Himmlerbildes gingen türenschlagend und stiefelpolternd Männer ein und aus, die auf den schwarzen Aufschlägen ihrer Uniformen die eingewirkten Buchstaben SD trugen. Sie würdigen die Ankömmlinge, Gestapomänner und Häftlinge, keines Gesprächs, nahmen nur mit großer Fixigkeit die Daten meiner falschen Identitätskarte auf und entledigten mich flott meines nicht weiter beachtlichen Besitzes. Eine Brieftasche, Manschettenknöpfe, meine Krawatte wurden konfisziert. Ein dünnes goldenes Armband erweckte spöttische Aufmerksamkeit, und ein flämischer SS-Mann, der sich wichtig machen wollte, erklärte seinen deutschen Kameraden, dies sei das Kennzeichen der Partisanen. Es wurde alles mit jener Genauigkeit, wie sie den Vorgängen in einem Geschäftszimmer zukommt, schriftlich festgehalten. Vater Himmler blickte zufrieden herab auf das Fahnentuch, das den rohen Holztisch bedeckte, und auf seine Leute. Es war Verlaß auf sie.

Der Augenblick ist gekommen, ein gegebenes Versprechen einzulösen: Ich muß begründen, warum meiner festen Überzeugung nach die Folter die Essenz des Nationalsozialismus war, genauer gesagt: warum gerade in ihr sich das Dritte Reich in seiner ganzen Bestandsdichte verwirklichte. Daß auch anderswo gefoltert wurde und wird, davon wurde schon gehandelt. Gewiß. Vietnam seit 1964. Algerien 1957. Rußland wahrscheinlich zwischen 1919 und 1953. Gefoltert haben 1919 in Ungarn die Weißen und die Roten, gefoltert wurde in spanischen Gefängnissen von Francisten wie von Republikanern. Folterknechte waren am Werk in den halbfaschistischen osteuropäischen Staaten der Zwischenkriegszeit, in Polen, Rumänien, Jugoslawien. Die Folter war keine Erfindung des deutschen Nationalsozialismus. Aber sie war seine Apotheose. Der Hitlergefolgsmann gelangte noch nicht zu seiner vollen Identität, wenn er nur flink war wie ein Wiesel, zäh wie Leder, hart wie Kruppstahl. Kein goldenes Parteiabzeichen machte ihn zum vollgültigen Repräsentanten seines Führers und seiner Ideologie, kein Blutorden und kein Ritterkreuz. Er mußte foltern, vernichten, um „groß zu sein im Ertragen von Leiden anderer". Folterwerkzeug mußte er handhaben können, daß Himmler ihm das geschichtliche Maturitätszeugnis ausstelle, es würden spätere Generationen ihn bewundern um seiner Austilgung der eigenen Barmherzigkeit willen. […]

Rufe ich mir die Ereignisse von damals zurück, sehe ich noch den Mann vor mit, der plötzlich eintrat ins Geschäftszimmer und auf den es anzukommen schien in Breendonk. Er trug auf seiner feldgrauen Uniform die schwarzen Aufschläge der SS, aber man sprach ihn mit „Herr Leutnant" an. Er war klein, von gedrungener Gestalt und hatte jenes fleischige, sanguinische Gesicht, das man wohl in der Banalphysiognomik „bärbeißig-gutmütig" nennen würde. Seine Stimme rasselte heiser, der Tonfall war berlinisch dialekthaft. Am Handgelenk hing ihm in einer Lederschleife ein

Ochsenziemer von der Länge vielleicht eines Meters. Aber warum soll ich eigentlich seinen Namen verschweigen, der mir später so geläufig wurde? Es geht ihm vielleicht gut zur Stunde, und er fühlt sich wohl in seiner gesund geröteten Haut, wenn er vom Sonntagsausflug im Auto heimkehrt. Ich habe keinen Grund, ihn nicht zu nennen. Der Herr Leutnant, der hier die Rolle eines Spezialisten für Folterungen spielte, hieß Praust – P-R-A-U-S-T. „Jetzt passiert's", sagte er rasselnd und gemütlich zu mir. Und dann führte er mich durch die rötlichdünn erleuchteten Korridore, in denen immer wieder Gittertore aufgingen und dröhnend zufielen, in das schon beschriebene Gewölbe, den Bunker. Mit ihm und mir waren die Gestapomänner, die mich verhaftet hatten.

Will ich endlich zur Analyse der Tortur kommen, dann kann ich dem Leser leider die sachliche Beschreibung dessen, was sich nun ereignete, nicht ersparen, kann nur versuchen, es knapp zu machen. Im Bunker hing von der Gewölbedecke eine oben in einer Rolle laufende Kette, die am unteren Ende einen starken Eisenhaken trug. Man führte mich an das Gerät. Der Haken griff in die Fessel, die hinter meinem Rükken meine Hände zusammenhielt. Dann zog man die Kette mit mir auf, bis ich etwa einen Meter hoch über dem Boden hing. Man kann sich in solcher Stellung oder solcher Hängung an den hinterm Rücken gefesselten Händen eine sehr kurze Weile mit Muskelkraft in der Halbschräge halten. Man wird, während dieser wenigen Minuten, wenn man bereits die äußerste Kraft verausgabt, wenn schon der Schweiß auf Stirn und Lippen steht und der Atem keucht, keine Fragen beantworten. Komplizen? Adressen? Treffpunkte? Das vernimmt man kaum. Das in einem einzigen, engbegrenzten Körperbereich, nämlich in den Schultergelenken, gesammelte Leben reagiert nicht, denn es erschöpft sich ganz und gar im Kraftaufwand. Nur kann dieser auch bei physisch kräftig konstituierten Leuten nicht lange währen. Was mich betrifft, so mußte ich ziemlich schnell aufgeben. Und nun gab es ein von meinem Körper bis zu dieser Stunde nicht vergessenes Krachen und Splittern in den Schultern. Die Kugeln sprangen aus den Pfannen. Das eigene Körpergewicht bewirkte Luxation, ich fiel ins Leere und hing nun an den ausgerenkten, von hinten hochgerissenen und über dem Kopf nunmehr verdreht geschlossenen Armen. Tortur, vom lateinischen torquere, verrenken: Welch ein etymologischer Anschauungsunterricht! Dazu prasselten die Hiebe mit dem Ochsenziemer auf meinen Körper, und mancher von ihnen schnitt glatt die dünne Sommerhose durch, die ich an diesem 23. Juli 1943 trug.

Es wäre ohne alle Vernunft, hier die mir zugefügten Schmerzen beschreiben zu wollen. War es „wie ein glühendes Eisen in meinen Schultern", und war dieses „wie ein mir in den Hinterkopf gestoßener stumpfer Holzpfahl?" – ein Vergleichsbild würde nur für das andere stehen, und am Ende wären wir reihum genasführt im hoffnungslosen Karussell der Gleichnisrede. Der Schmerz war, der er war. Darüber hinaus ist nichts zu sagen. Gefühlsqualitäten sind so unvergleichbar wie unbeschreibbar. Sie markieren die Grenze sprachlichen Mitteilungsvermögens. Wer seinen Körperschmerz mitteilen wollte, wäre darauf gestellt, ihn zuzufügen und damit selbst zum Folterknecht zu werden.

Wenn sich nun schon das Wie des Schmerzes der sprachlichen Kommunikation entzieht, so kann ich aber doch vielleicht annähernd aussagen, was er war. Er enthielt alles, was wir oben schon über die Polizeiprügel ausgemacht haben, nämlich: die Grenzverletzung meines Ichs durch den anderen, die weder durch Hilfserwartung neutralisiert, noch durch Gegenwehr begradigt werden kann. Die Tortur ist all das, aber noch sehr viel mehr. Wer nämlich in der Folter vom Schmerz überwältigt wird, erfährt seinen Körper wie nie zuvor. Sein Fleisch realisiert sich total in der Selbstnegation. Teilweise gehört die Tortur zu jenen Lebensmomenten, wie sie in gemilderter Form auch schon dem hilfserwartenden Patienten präsent und bewußt werden, und das populäre Wort, nach welchem es uns gut geht, solange wir unseren Körper nicht spüren, spricht in der Tat eine unbestreitbare Wahrheit aus. Aber nur in der Tortur wird die Verfleischlichung des Menschen vollständig: Aufheulend vor Schmerz ist der gewalthinfällige, auf keine Hilfe hoffende, zu keiner Notwehr befähigte Gefolterte nur noch Körper und sonst nichts mehr. Wenn es wahr ist, was Thomas Mann vor Jahr und Tag im Zauberberg beschrieb, daß nämlich der Mensch desto körperhafter ist, je hoffnungsvoller dieser sein Körper dem Leiden gehört, dann ist die Tortur das furchtbarste aller Körperfeste. Bei den Lungenkranken wurden diese noch im Zustand der Euphorie gefeiert; für die Gemarterten sind sie Todesrituale …

*
* *

Die schiere Herrschaft des Terrors und das gigantische Verbrechensgeschehen des Nationalsozialismus können, wenn es nicht bei bloßen Erinnerungsritualen bleiben soll, uns sehr viel lehren – u. a. die Verführbarkeit des Menschen. Wie in allen anderen Gruppen der deutschen Gesellschaft gab es damals auch unter den Pädagogen die Masse der Mitläufer und sich (mehr oder minder) Anpassenden, der Arrangeure und Taktiker, der Überlebenskünstler und Blauäugigen, der stumm Protestierenden und heimlich Betenden. Unter den prominenten Pädagogen wird man *Eduard Spranger* (1882–1963) und *Peter Petersen* (1884–1952), *Wilhelm Flitner* (1889–1990) und *Erich Weniger* (1894–1961) diesen zuordnen können. Ich sage dies ohne Häme oder moralischen Vorwurf und auch nicht in der Attitüde einer Selbstgerechtigkeit, die ein Teil meiner Generation mit Eifer dann demonstrierte, wenn es darum ging, die Vätergeneration gnadenlos abzuurteilen. Dabei wurde die Tatsache verschwiegen, dass derjenige, der in einer Diktatur seinen Kopf allzu keck emporreckt, diesen sehr schnell verliert. Wer nur die Gehängten und Erschossenen respektiert und allen anderen ihre Menschlichkeit abspricht, eine Menschlichkeit, zu der auch das Überleben-wollen gehört, wird sich fragen lassen müssen, was er warum verdrängt. Ihm empfehle ich die Lektüre eines pädagogischen Aufsatzes, den ich zu den besten zähle, die je geschrieben und veröffentlicht wurden: gemeint ist der (auf einen am 19.3.1981 in Braunschweig gehaltenen Vortrag zurückgehende) Essay von *Jürgen Henningsen* (1933–1983) mit dem provozierenden Titel „Vielleicht bin ich heute noch ein Nazi“ [165].

Zum anderen gab es auch während des Dritten Reichs die Parvenus und die Karrieristen, die Übereifrigen und die Hundertprozentigen, die neuen Machthaber und die Täter, die Verfolger und Verräter. *Ernst Krieck* (1882–1947) und *Alfred Baeumler* (1887–1968) wird man sich ebenso merken müssen wie *Bernhard Rust* (1883–1945), den einstigen Lehrer und späteren „Reichsminister für Wissenschaft, Erziehung und Volksbildung“ sowie *Baldur von Schirach* (1907–1974), den „Jugendführer des Deutschen Reiches“. An ihrer furchtbaren Mit-Schuld gibt es keinen Zweifel! Und drittens sei an die wenigen Gegner und Widerstandskämpfer, die verbittert sich Zurückziehenden oder subversiv Protestierenden, an die Opfer der Täter erinnert. Ihnen gilt unser Respekt und unsere Verehrung – *ad multos annos* ...

Abb. 42 Adolf Reichwein

Adolf Reichwein darf als erster genannt werden. Geboren am 3.10.1898 in Bad Ems, hingerichtet Ende Oktober 1944 in Berlin-Plötzensee: Er arbeitete zunächst in der Erwachsenenbildung, war als religiöser Sozialist Mitglied der SPD, wurde 1932 Persönlicher Referent des damaligen preußischen Kultusministers *Carl Heinrich Becker*, 1930 Professor für Geschichte und Staatsbürgerkunde an der Pädagogischen Akademie in Halle/Saale, 1933 entlassen und einfacher Volksschullehrer in Tiefensee. Verdeckt im Widerstand tätig wird er im Juli 1944 verhaftet und (irgendwann) nach dem 20. Oktober gehängt. Sein schmales Œuvre lohnt gelesen zu werden: „Schaffendes Schulvolk“ (1937, Braunschweig: Westermann 3.1964); „Adolf Reichwein 1898–1944“, (hrsg. von *Wilfried Huber/ Albert Krebs*, Paderborn: Schöningh 1981) und *Rosemarie Reichwein*: „Die Jahre mit Adolf Reichwein“ (München: C.H. Beck 1999).

Pädagogik heißt immer auch: in der Nähe von Kindern sein. Nicht symbiotisch mit ihnen verschlungen, aber auch nicht in kalter Distanz ihnen gegenüber. Kindern nahe sein, bei und zu ihnen stehen, sie auf ihrem Weg begleiten ... Kein anderer hat uns dies so beispielhaft vorgelebt wie der polnische Arzt, Schriftsteller und Pädagoge *Janusz Korczak*, der am 22. Juli 1878 oder 79 als *Henryk Goldszmit*

Abb. 43 Janusz Korczak

in Warschau geboren wurde, früh (1896) seinen Vater verlor, Medizin studierte, ab 1912 Leiter eines Warschauer Waisenhauses für jüdische Kinder wurde und im 1. Weltkrieg als Feldarzt tätig war. Danach leitete er wieder „Dom Sierot", das aber 1940 ins Warschauer Getto zwangsumgesiedelt wurde. Die Kinder sowie *Korczak* und seine Mitarbeiter lebten dort unter unbeschreiblichen Bedingungen. Als im Juli 1942 die Nazis mit der Massentötung der Bevölkerung des Gettos begannen, wurden auch die etwa 200 jüdischen Waisenkinder, alle Mitarbeiter und *Korczak* selbst nach Treblinka deportiert. Dort offerierte man ihm seine Verschonung, was *Korczak* aber ablehnte. Zusammen mit „seinen" Kindern wurde er in den Gaskammern Treblinkas ermordet. Und es sei festgehalten, dass von Juli 1942 bis zum Oktober 1943 in diesem SS-Vernichtungslager etwa 800.000 Menschen ermordet wurden – mehr als 300.000 allein aus dem Warschauer Getto.

Seine Bibliographie umfasst pädagogische und literarische Bücher – um der Kinder willen sind freilich *all* seine Überlegungen und Geschichten geschrieben worden.

Sein deutscher Verlag ist vornehmlich der in Göttingen ansässige Verlag Vandenhoeck & Ruprecht, der u. a. folgende Werke betreut:

„Wie man ein Kind lieben soll"; „Das Recht des Kindes auf Achtung"; „Wenn ich wieder klein bin"; „König Hänschen I"; „König Hänschen auf der einsamen Insel"; „Jack handelt für alle" und „Verteidigt die Kinder. Erzählende Pädagogik".

Zwei Ereignisse ermutigen: 1972 erhielt *Janusz Korczak* posthum den Friedenspreis des Börsenvereins des Deutschen Buchhandels. In der Verleihungsurkunde heißt es u. a.[166]:

„Er ehrt damit einen Mann, der gleichermaßen als Arzt, Erzieher und Schriftsteller für das Kind und seine Rechte eingetreten ist.

Die seine Erziehungsarbeit darstellenden und begründenden Werke antworten einer ungerechten, unglücklichen, friedlosen und doch zu mehr Gerechtigkeit, Glück und Frieden fähigen Welt. Den Erwachsenen hat er die Veränderung dieser Welt zugemutet; den Kindern hat er sie zugetraut: an sie wenden sich seine liebenswürdigsten und zugleich kühnsten Bücher. Er hat der alten Sehnsucht nach einer neuen Ordnung zwischen den Generationen und nach Frieden unter den

Menschen jeglicher Art und Herkunft Kraft und eine bis heute wirkende Chance gegeben.

Seine Gedanken hat er nicht nur in Wort und Schrift vertreten, sondern er ist für sie mit dem Leben eingestanden: den ihm anvertrauten Kindern hat er auch angesichts des Todes die Treue gehalten."

Das zweite Ereignis fand am 9. November 2003, dem Gedenktag der sogenannten Reichsprogromnacht, in dem bayerischen Städtchen Günzburg statt: Unter reger Beteiligung der Bevölkerung sowie inmitten zahlreicher Mitglieder der Korczak-Gesellschaften enthüllte der israelische Künstler *Itzhack Belfer* (Jg. 1923) eine auf einem 80 cm hohen Sockel ruhende und etwa einen Meter große Bronzeskulptur, die *Korczak*, umgeben von „seinen" Kindern, zeigt. *Belfer* war selbst sieben Jahre lang ein Zögling *Korczak*s gewesen und wusste, was er sagte, als er ausrief: „Korczak ist immer in mir!"[167] Ich weiß nicht, was den Gedenkenden und den Zuschauern mitten im schmucken Günzburg, nahe dem Marktplatz, an jenem 9. November 2003 so alles durch den Kopf ging. Ich vermute aber, dass alle dieses wussten: Der SS-Arzt *Josef Mengele* (1911–1979) stammte aus Günzburg, jener „Todesengel von Auschwitz", der für den Tod von etwa 400.000 Juden verantwortlich gemacht wird, sich aber nach Südamerika absetzen konnte ... Und: Der 9. November erinnert uns noch an zwei weitere Daten: Am 9. November 1918 rief der SPD-Politiker *Philipp Scheidemann* (1865–1939) das Ende des Kaiserreichs und die 1. Republik auf deutschem Boden aus. Und am 9. November 1989 fiel die Berliner Mauer und damit ein weiteres Unrechtsregime – die Deutsche Demokratische Republik.

Abb. 44 Das Korczak-Denkmal in Günzburg

Halten wir, unserem Duktus folgend, einstweilen fest eine

10. Erkenntnis

Politik als die gemeinsame Regelung von Interessen und Konflikten, als legitime Ausübung von Macht und als kontrollierte Durchsetzung von Vereinbarungen auf Zeit ist untrennbar an die Pädagogik gebunden, der es um die Erziehung und die Bildung durch Lernen geht, was aber ohne die politischen Voraussetzungen nicht gelingen kann: Wo und wenn die Politik zur brutalen Durchsetzung partikularer Interessen verkommt, als illegitime Anwendung von Herrschaft sowie als unkontrollierte Durchsetzung von Willkürlichkeiten auftritt, ist auch die Pädagogik am Ende. Sie gedeit am wenigsten in einer Diktatur (Einzelherrschaft) oder Oligarchie (Cliquenherrschaft), kaum in der Anarchie (Gesetzlosigkeit), Ochlokratie (Herrschaft des Pöbels), selten in einer Erbmonarchie (Königstum) und schon gar nicht in einer Telekratie (Medienherrschaft), sondern bedarf demokratischer Verhältnisse und humaner Einstellungen.

Anmerkungen

1 Natürlich fand sich auch diese Ballade in dem väterlichen „Lesebuch" (von 1912), aus dem bereits ein anderes Gedicht zitiert wurde (vgl. S. 185). Da diese Quelle wohl aber nicht mehr zugänglich ist, empfehle ich den *Echtermeyer/Wiese* (Hrsg.): Deutsche Gedichte von den Anfängen bis zur Gegenwart. Düsseldorf: Bagel 1960 (bzw. neuere Ausgaben), S. 301–313, zit. S. 311 f.

2 *Herbert Reinoß/Ludwig Knoll* (Hrsg.): Unser 20. Jahrhundert. Gütersloh: Bertelsmann/Reinhard Mohn 1978.

3 Ebd., a. a. O., S. 64.

4 *Ellen Key*: Das Jahrhundert des Kindes. (Or. 1900) Berlin: S. Fischer 1902. Volksausgabe: Ebd. 1907. Und: Neu herausgegeben mit einem Nachwort von *Ulrich Herrmann*. Weinheim – Basel: Beltz 1991.

5 *Hans-Ulrich Wehler*: Deutsche Gesellschaftsgeschichte. 4. Bd.: Vom Beginn des Ersten Weltkriegs bis zur Gründung der beiden deutschen Staaten 1914–1949. München: C. H. Beck 2003.

6 Ebd., a. a. O., S. XVII.

7 Ebd., a. a. O., S. 941 ff.

8 Vgl. dazu, weniger zu den Zahlen als zu den damit verbundenen Un-Menschlichkeiten, das Buch von *Joachim S. Hohmann/Roland Schopf u. a.*: Zigeunerleben. Beiträge zur Sozialgeschichte einer Verfolgung. Darmstadt: ms-edition 1979.

9 Vgl. Anm. 5, a. a. O., S. 902.

10 Ebd., a. a. O., S. 961.

11 Ebd., a. a. O. S. 994.

12 *Bodo Harenberg* (Hrsg.)/*Bernhard Pollmann* (Autor): Die Chronik-Bibliothek des 20. Jahrhunderts. 1900ff. Dortmund: Chronik Verlag 1987 ff.

13 *Michael Naumann* (Kaiser *Wilhelm II.* zitierend): Bildung – eine deutsche Utopie. In: DIE ZEIT, Nr. 50, vom 4.12.2003, S. 45.

14 *Jörg Friedrich*: Brandstätten. Der Anblick des Bombenkrieges. München: Propyläen/Ullstein-Heine-List 2003. Und den Textband desselben Autors ›
Jörg Friedrich: Der Brand. Propyläen/Ullstein-Heine-List 2002.

15 Solche Schulerinnerungen deutscher Literaten haben gesammelt – eher liebevoll: *Hans Eckart Rübesamen* (Hrsg.): Man sage nicht, Lehrer hätten kein Herz. Lesebuch über Lehrer mit Texten von Grimmelshausen bis Grass. München: Kindler 1970; – eher kritisch: *Martin Gregor-Dellin* (Hrsg.): Deutsche Schulzeit. Erinnerungen und Erzählungen aus drei Jahrhunderten. München: Nymphenburger 1979. Und eine aufschlussreiche Studie über dieses Genre legte vor *Hanna Kiper*: Vom „Blauen Engel" zum „Club der Toten Dichter". Literarische Beiträge zur Schulpädagogik. Baltmannsweiler: Schneider 1998.

16 *Leopold von Wiese*: Kadettenjahre. Ebenhausen: Langewiesche-Brandt 1978. Das folgende Zitat findet sich auf S. 22.

17 *Horst Schiffler/Rolf Winkeler*: Bilderwelten der Erziehung. Die Schule im Bild des 19. Jahrhunderts. Weinheim – München: Juventa 1991, S. 209.

18 *Peter Menck*: Geschichte der Erziehung. Donauwörth: Auer 1993, S. 45.

19 Vgl. dazu: *Hermann Lietz*: Schulreform durch Neugründung. Ausgewählte Pädagogische Schriften. Besorgt von *Rudolf Lassahn*. Paderborn: Schöningh 1970., S. 5–30.

20 Ebd., a. a. O., S. 13.

21 Ebd., a. a. O., S. 9.

22 Ebd., a. a. O., S. 20 f.

23 *Fritz März*: Personengeschichte der Pädagogik. Bad Heilbrunn: Klinkhardt 2003, S. 615.

[24] *Alfred Andreesen*: Hermann Lietz. Der Schöpfer der Landerziehungsheime. München: J.F. Lehmanns Verlag 1934. Dieses Buch erschien übrigens in demselben Verlag, der auch die Gedanken von *Paul de Lagarde*, *Alfred Rosenberg* oder *Hans F. R. Günther* einer breiten Öffentlichkeit zugänglich machte und die Illustrierte Monatsschrift „Volk und Rasse" verlegte.

[25] *Alfred Andreesen*: Gegenwartsaufgaben der Landerziehungsheime. In: Die Erziehung. 9 (1934), S. 353–362, zit. S. 354.

[26] *Wolfgang Scheibe*: Die Reformpädagogische Bewegung 1900–1932. Eine einführende Darstellung. Weinheim – Basel: Beltz 2.1971.

[27] *Jürgen Oelkers*: Reformpädagogik. Eine kritische Dogmengeschichte. Weinheim – München: Juventa 1989.

[28] So z.B. die von *Hans-Henning Borchardt* und *Peter Landmann* herausgegebene Festgabe „Landschulheim am Solling". Holzminden: Weserlandverlag 1984. Oder die regelmäßig erscheinenden oso-nachrichten der Odenwaldschule, die es mittlerweile auf über 70 Hefte gebracht haben.

[29] *Marie Kerschensteiner*: Georg Kerschensteiner. Der Lebensweg eines Schulreformers. (Or. 1939) München: R. Oldenbourg 1954.

[30] *Josef Rattner*: Große Pädagogen. München – Basel: Reinhardt 1956.

[31] Ebd., a.a.O., S. 147.

[32] *Ludwig Englert* (Hrsg.): Georg Kerschensteiner/Eduard Spranger. Briefwechsel 1912–1931. München: R. Oldenbourg 1966.

[33] Immer noch gibt es keine Gesamtausgabe der Schriften *Kerschensteiners*; deshalb müssen Einzelhinweise genügen – etwa › *Georg Kerschensteiner*: Begriff der Arbeitsschule. (Or. 1912) Stuttgart: B.G. Teubner 17.1969. *Ders.*: Charakterbegriff und Charaktererziehung. (Or. 1912) Leipzig – Berlin: B.G. Teubner 4.1929.

[34] Es handelt sich natürlich nicht um *Jakob Muth* oder *Klaus Schaller*, sondern um den Professor für Erwachsenenbildung *Joachim H. Knoll*, Jg. 1932.

[35] *Georg Kerschensteiner*: Die Seele des Erziehers. (Or. 1921) München – Stuttgart: R. Oldenbourg/B.G. Teubner 9.1965. *Ders.*: Theorie der Bildung. Leipzig: B.G. Teubner 1926.

[36] *Gerhard Wehle*: Praxis und Theorie im Lebenswerk Georg Kerschensteiners. Weinheim: Beltz 1956.

[37] *Theodor Wilhelm*: Die Pädagogik Kerschensteiners. Vermächtnis und Verhängnis. Stuttgart: Metzler/Poeschel 1957.

[38] Vgl. dazu die Recherchen eines meiner Doktoranden, der just diesen Sachverhalt in seiner Dissertation zutage förderte: *Ingo Nickel*: Ganzheitliche Berufsorientierung. Phil. Diss. in der Fakultät Erziehungs- und Gesellschaftswissenschaften der Universität der Künste. Berlin 2004, S. 9ff. Jetzt auch als Buch erschienen unter dem Titel: Von Kerschensteiner bis zur Lernwerkstatt. Theorie und Praxis einer ganzheitlichen Berufsorientierung. Baltmannsweiler: Schneider 2005.

[39] So etwa durch *Hartmut von Hentig*: Rousseau oder Die wohlgeordnete Freiheit. München: C.H. Beck 2003.

[40] *Lion Feuchtwanger*: Narrenweisheit oder Leben und Verklärung des Jean-Jacques Rousseau. (Or. 1953) Berlin: Aufbau Taschenbuch Verlag 3.2001.

[41] Vgl. zum folgenden auch Anm. 38, bes. Kap. 2.

[42] Dieses immer wieder kolportierte Wort einer ganzheitlichen Bildung von „Kopf, Herz und Hand" lautet realiter (im 1811ff. entstandenen „Schwanengesang"): „Geist, Herz und Hand". Vgl. *Johann Heinrich Pestalozzi*: Ausgewählte Werke. Bd. 1–4. Berlin: Volk und Wissen 1962–1965. 4. Bd., S. 335.

[43] *Georg Kerschensteiner*: Analyse des Bildungsbegriffes. In: Pädagogische Blätter, 50 (1/1921), S. 5–15.

[44] Ebd., a.a.O., S. 7.

45 *Wolfgang Klafki*: Das pädagogische Problem des Elementaren und die Theorie der kategorialen Bildung. Weinheim – Basel 3./4.1954. Sowie: *Ders.*: Neue Studien zur Bildungstheorie und Didaktik. Weinheim – Basel: Beltz 1.1985; 3.1993, bes. die beiden ersten der insgesamt zehn Studien.

46 *Georg Kerschensteiner*: Das einheitliche deutsche Schulsystem. Leipzig – Berlin: B. G. Teubner 1922, S. 8.

47 *Ders.*: Der pädagogische Begriff der Arbeit. In: Die Lehrerfortbildung. 8 (1/1923), S. 1–12.

48 *Hugo Gaudig*: Freie Geistige Schularbeit in Theorie und Praxis. Breslau: Ferdinand Hirt 2.1922.

49 *John Dewey*: Demokratie und Erziehung. (Or. 1916) Braunschweig: Westermann 3.1964. Vgl. dazu auch die exzellente Studie von *Fritz Bohnsack*: Erziehung zur Demokratie. John Deweys Pädagogik und ihre Bedeutung für die Reform unserer Schule. Ravensburg: Otto Maier 1976. Und zur Einbettung in die Reformpädagogik bzw. *Progressive Education*: *Hermann Röhrs*: Die Reformpädagogik. Ursprung und Verlauf unter internationalem Aspekt. Weinheim: Deutscher Studien Verlag 1.1991; 4.1994.

50 *Georg Kerschensteiner*: Grundfragen der Schulorganisation. (Or. 1907) Leipzig – Berlin: B. G. Teubner 1927, S. 7f.

51 Ebd., a. a. O., S. 235. *Kerschensteiner* selbst zitierte also den nicht korrekt übersetzten *Dewey* im Original.

52 Vgl. Anm. 37, a. a. O., S. 155.

53 Vgl. Anm. 50, a. a. O., S. 16.

54 Ebd., a. a. O., S. 17f.

55 Vgl. Anm. 33: Begriff der Arbeitsschule, a. a. O., S. 33ff. und S. 177.

56 *Ehrenhard Skiera*: Reformpädagogik in Geschichte und Gegenwart. München: R. Oldenbourg 2003.

57 Zum Leben *Steiners* vgl.: *Rudolf Steiner*: Mein Lebensgang. (Or. 1925) Stuttgart: Verlag Freies Geistesleben 2.1975. Und. *Johannes Hemleben*: Rudolf Steiner in Selbstzeugnissen und Bilddokumenten. Reinbek: Rowohlt 1963.

58 Da über die voraus erwähnten Pädagogen hier mehr oder weniger ausführlich referiert wurde, seien nur noch diese Hinweise gegeben:
Den Realitätsgrund (lat. *realitas*) von Erziehung kann man trefflich beschrieben finden bei: *Christian Gotthilf Salzmann*: Ameisenbüchlein oder Anweisung zu einer vernünftigen Erziehung der Erzieher (Or. 1806) Bad Heilbrunn: Klinkhardt 2.1964, wo es auf S. 25 etwa heißt: „Seitdem es Menschen gibt, sind dieselben auch erzogen worden."
Den Möglichkeitsgrund (lat. *potestas*) macht *Herbart* zum Ausgangspunkt seiner gesamten Pädagogik, denn: „Der Grundbegriff der Pädagogik ist die Bildsamkeit des Zöglings" heißt es in *Johann Friedrich Herbart*: Umriß pädagogischer Vorlesungen. (Or. 1835). In: *Ders.*: Pädagogische Schriften. Hrsg. von *Walter Asmus*. 3. Band. Düsseldorf – München: Küpper 1965, S. 165.
Den Notwendigkeitsgrund (lat. *necessitas*) von Erziehung stellt *Kant* an den Anfang seiner Pädagogik. „Der Mensch ist das einzige Geschöpf, das erzogen werden muß." Vgl. *Immanuel Kant*: Über Pädagogik. (Or. 1803) Hrsg. von *F. Th. Rink*. In: *Ders.*: Werke. Band XII. Frankfurt/M.: Insel 1964, S. 697.
Genau so fundiert *Peter Petersen* (1884–1952) die Pädagogik, wenn er in der „Führungslehre des Unterrichts" (Or. 1937), Weinheim: Beltz 10.1971 bzw. 1984, S. 14, schreibt: „Der Mensch wird zum Menschen nur durch Erziehung."

59 Die Antipädagogen stellen just diesen Legitimations- bzw. Zubilligungsgrund (lat. *legitimatio* bzw. *concessio*) von Erziehung radikal in Frage, weshalb Pädagogen wie *Jürgen Oelkers/Thomas Lehmann*: Antipädagogik: Herausforderung und Kritik. Braunschweig: Pedersen 1983, S. 125, entsprechend replizieren: „Die 'Abschaff'-Mentalität spiegelt einen schiefen Radikalismus, der als die Folge der Wut auf die eigene Nicht-Perfektion verstanden werden kann."

60 *Hermann Röhrs*: Die Pädagogik Aloys Fischers. In: *Ders.*: Gesammelte Schriften. Bd. 15. Weinheim: Beltz 3.2003.

[61] Folgende Primärliteratur wurde vornehmlich (nicht aber ausschließlich) zu Rate gezogen:
Rudolf Steiner: Die Philosophie der Freiheit. (Or. 1897) Dornach: Rudolf Steiner Verlag 1978.
Ders.: Aspekte der Waldorfpädagogik. (Or. 1907 u. a.) München: Kindler 1975.
Ders.: Die Erziehung des Kindes vom Gesichtspunkt der Geisteswissenschaft und andere Schriften. (Or. 1907 u. a.) Dornach: Rudolf Steiner Verlag 1981. Im folgenden: DEdK.
Ders.: Die geistige Führung des Menschen und der Menschheit. (Or. 1911) Dornach: Rudolf Steiner Verlag 1974. Im folgenden: DgFdM.
Ders.: Zur Dreigliederung des sozialen Organismus. (Or. 1919–1921) Stuttgart: Verlag Freies Geistesleben 1962. Im folgenden: ZDdsO.
Ders.: Allgemeine Menschenkunde als Grundlage der Pädagogik. (Or. 1919) Dornach: Rudolf Steiner Verlag 1975. Im folgenden: AM.
Ders.: Erziehungskunst. Methodisch-Didaktisches.(Or. 1919) Dornach: Rudolf Steiner Verlag 1975. Im folgenden: Ek.
Ders.: Die geistig-seelischen Grundkräfte der Erziehungskunst. (Or. 1922) Dornach: Rudolf Steiner Verlag 1956 u. 1952. Im folgenden: DgsG.
Ders.: Gegenwärtiges Geistesleben und Erziehung. (Or. 1923) Dornach: Philosophisch-Anthroposophischer Verlag 1927. Im folgenden: GGuE.
An Sekundärliteratur seien genannt:
Sönke Bai u. a.: Die Rudolf Steiner Schule Ruhrgebiet. Reinbek: Rowohlt 1976.
Heiner Barz: Der Waldorfkindergarten. Weinheim – Basel: Beltz 1984.
Fritz Beckmannshagen: Rudolf Steiner und die Waldorfschulen. Wuppertal: Paul-Hans Sievers 1984.
Johannes Kiersch: Die Waldorfpädagogik: Stuttgart: Verlag Freies Geistesleben 4.1976.
Christoph Lindenberg: Waldorfschulen: Angstfrei lernen, selbstbewußt handeln. Reinbek: Rowohlt 1975.
Klaus Prange: Erziehung zur Anthroposophie. Darstellung und Kritik der Waldorfpädagogik. Bad Heilbrunn: Klinkhardt 1985.
Georg Rist/Peter Schneider: Die Hiberniaschule. Reinbek: Rowohlt 1977.
Paul Eugen Schiller: Der anthroposophische Schulweg. Dornach: Philosophisch-Anthropologischer Verlag 1979.
Peter Schneider: Einführung in die Waldorfpädagogik. Stuttgart: Klett-Cotta 1982.
Zur Rekonstruktion biographischer Daten wurden hinzugezogen:
Johannes Hemleben: Rudolf Steiner in Selbstzeugnissen und Bilddokumenten. Reinbek: Rowohlt 1963.
Rudolf Steiner: Mein Lebensgang. (Or. 1925) Stuttgart: Verlag Freies Geistesleben 2.1975.

[62] *Max Horkheimer/Theodor W. Adorno*: Dialektik der Aufklärung. (Or. 1947) Frankfurt/M.: Fischer Taschenbuch Verlag 8.1981.

[63] Eine Kontroverse über die Waldorfpädagogik zwischen *Johannes Kiersch* und *Klaus Prange*. In: Zeitschrift für Pädagogik, 32 (4/1986), S. 543–555.

[64] Eine unter Dutzenden von „Belegen" dieser „emanzipatorischen" Art findet sich in dem 1898 erschienenen Aufsatz über „Unzeitgemäßes zur Gymnasialreform" (vgl. Gesammelte Aufsätze zur Kultur- und Zeitgeschichte. Dornach: Rudolf-Steiner-Nachlaßverwaltung 1966), wo es auf S. 233 heißt: „Aber wir haben nicht die Aufgabe, unserer heranwachsenden Generation Überzeugungen zu überliefern. Wir sollen sie dazu bringen, ihre eigene Urteilskraft, ihr eigenes Auffassungsvermögen zu gebrauchen. Sie soll lernen, mit offenen Augen in die Welt zu sehen."

[65] Wer *Steiner* hingegen in die Tradition der „Schwarzen Pädagogik" rücken möchte, findet selbstverständlich ebenso viele „Beweise". So heißt es im 1. Oxforder Vortrag vom 16.8.1922 (DgsG, S. 18): „Und nur, wenn sich der Erzieher bewußt wird, daß er selbstverständlich Autorität sein muß, daß er dasjenige sein muß, zu dem das Kind hinaufsehen kann in einer ganz selbstverständlichen Weise, dann wird er Erzieher sein."

[66] In diesem Jahr (1781) erschien die Schrift von: *Immanuel Kant*: Kritik der reinen Vernunft. In: *Ders.*: Werke. Bd. III und IV. Frankfurt/M.: Suhrkamp 1968.

67 So definiert *Herman Nohl* in seiner berühmten Schrift: „Die pädagogische Bewegung in Deutschland und ihre Theorie" (1.1935), Frankfurt/M.: Schulte-Bulmke 6.1963, S. 135f.: „Die Grundlage der Erziehung ist das leidenschaftliche Verhältnis eines reifen Menschen zu einem werdenden Menschen, und zwar um seiner selbst willen, daß er zu seinem Leben und seiner Form komme."

68 *Peter Schneider*: Einführung in die Waldorfpädagogik. Stuttgart: Klett 1982, S. 123. Dieses Buch ist ein herausragendes Beispiel dafür, dass und wie zwischen der Waldorfpädagogik und der etablierten Erziehungswissenschaft Brücken des wechselseitigen Verstehens zu bauen sind.

69 Vgl. dazu das Buch von *Otto Hansmann* (Hrsg.): Pro und Contra Waldorfpädagogik. Würzburg: Königshausen + Neumann 1987. Darin habe ich (auf den S. 238–258) einen Großteil der vorausgegangenen Überlegungen formuliert.

70 *Inge Hansen-Schaberg/Christian Ritzi* (Hrsg.):Wege von Pädagoginnen vor und nach 1933. Baltmannsweiler: Schneider 2004.

71 *Harald Ludwig* (Hrsg.): Erziehen mit Maria Montessori. Freiburg: Herder 2.1997.

72 *Maria Montessori*: Grundlagen meiner Pädagogik. Besorgt und eingeleitet von *Berthold Michael*. Heidelberg: Quelle & Meyer 1965.

73 Zum Folgenden seien zwei Quellen genannt. Die umfangreiche Biographie von *Rita Krämer*: Maria Montessori (Or. 1976) Frankfurt/M.: Fischer Taschenbuch Verlag 1983. Und die Monographie über: Maria Montessori mit Selbstzeugnissen und Bilddokumenten dargestellt von *Helmut Heiland*. Reinbek: Rowohlt 1.1991; 5.1996.

74 Anm. 73: *Helmut Heiland*, a.a.O., S. 17.

75 *Maria Montessori*: Das Kind in der Familie und andere Vorträge. Stuttgart: Klett 1954, S. 59.

76 Vgl. Anm. 74, a.a.O., S. 31f.

77 Vgl. Anm. 73: *Rita Krämer*, a.a.O., S. 53.

78 Ebd.

79 Vgl. Anm. 74, a.a.O., S. 32f.

80 *Helen Parkhurst*: Education on the Dalton Plan. New York: E.P. Dutton and Co. 1922.

81 *Maria Montessori*: Kinder sind anders. (Or. 1936) Stuttgart: Klett 1952; 1986. München: Deutscher Taschenbuch Verlag 2.1988. Selbst der anglo-amerikanische (Longmans) Verlag brachte das Buch unter dem korrekten Titel: „The Secret of Childhood" 1936 heraus.

82 *Maria Montessori*: Die Entdeckung des Kindes. (Or. 1926; 1948) Freiburg: Herder 1960; 6.1980.

83 Vgl. Anm. 81, 2.1988, a.a.O., S. 10.

84 Ebd., S. 27.

85 Mit diesem Verdikt soll in keinster Weise „die Alternativpädagogik" generell kritisiert werden, wohl aber jene Übertreibung, die Alternativität mit Nicht-Erziehung bzw. Antipädagogik gleichsetzt(e). Vgl. dazu die durchdachte Kritik von *Andreas Flitner*: Konrad, sprach die Frau Mama ... Über Erziehung und Nicht-Erziehung. Berlin: Severin und Siedler 1982.

86 Vgl. Anm. 81, 2.1988, a.a.O., S. 196f.

87 Ebd., S. 47.

88 Ebd., S. 49.

89 *Friedrich Copei*: Der Fruchtbare Moment Im Bildungsprozeß. Eingeleitet und herausgegeben von *Hans Sprenger*. Heidelberg: Quelle & Meyer 1.1950; 7.1963.

90 Vgl. dazu *Jakob Muth:* Pädagogischer Takt. Heidelberg: Quelle & Meyer 1962. Jetzt: Essen: Neue Deutsche Schule 3.1982.

91 Vgl. Anm. 81, 2.1988, a.a.O., S. 38ff.

92 Ebd., S. 201.

93 *Maria Montessori*: Il segreto dell' infanzia. (Or. 1936) Mailand: Garzanti 17.1989, S. 277.

94 Vgl. Anm. 81, 2.1988, S. 201.

95 *Maria Montessori*: Dem Leben helfen. Hrsgeg. und eingel. von *Günter Schulz-Benesch*. Freiburg: Herder 1992, S. 55.

96 Ebd., S. 61.

97 Ebd., S. 63.

98 Vgl. Anm. 75, a.a.O., S. 49 oder Anm. 95, S. 37.

99 Ebd., a.a.O. S. 69 oder S. 52f.

100 Ebd., a.a.O., S. 59 oder S. 45.

101 So z.B. *Claus Georg Krieger*: Mut zur Freiarbeit. Praxis und Theorie für die Sekundarstufe. Baltmannsweiler: Schneider 1.1994; 2.1998. Und *Karin Bräu*: Selbstständiges Lernen in der gymnasialen Oberstufe. Baltmannsweiler: Schneider 2002.
Zur Didaktik *Montessoris* und ihrer nötigen Fortentwicklung sei empfohlen: *Harald Ludwig*: Montessori-Schulen und ihre Didaktik. Baltmannsweiler: Schneider 2004.

102 Man kontaktiere entweder die „Deutsche Montessori-Gesellschaft" in Würzburg oder die „Montessori-Vereinigung" in Köln oder man lese ein Buch wie das von *Theodor F. Klaßen/Ehrenhard Skiera* (Hrsg.): Handbuch der reformpädagogischen und alternativen Schulen in Europa. Baltmannsweiler: Schneider 1993.

103 *Peter Ortlings* Beitrag findet sich in dem Buch von *Rainer Winkel* (Hrsg.): Reformpädagogik konkret. Hamburg: Bergmann + Helbig 1.1993, S. 17–33.

104 *Maria Montessori*: Kosmische Erziehung. Hrsgeg. von *Paul Oswald* und *Günter Schulz-Benesch*. Freiburg: Herder 1988.

105 Vgl. Anm. 103, a.a.O., S. 23 u. 25.

106 *Andreas Flitner*: Die Themen der „Reformpädagogik" und ihre Bedeutung für die heutige Schule. In: Thüringer Ministerium für Bundes- und Europaangelegenheiten (Hrsg.): Die Schule der Freiheit öffnen. Ettersburger Gespräche. Weimar: Gutenberg Druckerei 1992, S. 14–25. Jetzt auch ausführlicher in: *Andreas Flitner*: Reform der Erziehung. München – Zürich: Piper 1992, bes. Kap. 11.

107 *Wilhelm Flitner*: Die drei Phasen der pädagogischen Reformbewegung. In: Neue Jahrbücher, 2/1928, S. 242–249.

108 *Herman Nohl*: Die pädagogische Bewegung in Deutschland und ihre Theorie. (Or. 1933) Frankfurt/M.: G. Schulte-Bulmke 6.1963.

109 Vgl. Anm. 106, a.a.O., S. 17.

110 *Immanuel Kant*: Beantwortung der Frage: Was ist Aufklärung? (Or. 1784) In: *Ders.*: Werkausgabe. Hrsg. von *Wilhelm Weischedel*. Bd. XI. Frankfurt/M.: Insel-Suhrkamp Taschenbuch Verlag 1964, S. 51–61, zit. S. 53.

111 *Hermann Röhrs*: Die Reformpädagogik. Ursprung und Verlauf in Europa. Hannover: Schroedel 1980, S. 93.

112 *Peter Fauser*: Was ist Praktisches Lernen? In: Pädagogisches Forum. 4 (3/1991), S. 122–132.

113 *Wolfang Klafki*: Neue Studien zur Bildungstheorie und Didaktik. Weinheim – Basel: Beltz 3.1993, S. 251ff. und S. 209ff. In früheren Ausgaben war diese 7. Studie zum „Sinn und Unsinn des Leistungsprinzips in der Erziehung" noch die 6. Studie.

114 *Karlheinz Ingenkamp* (Hrsg.): Die Fragwürdigkeit der Zensurengebung. Weinheim: Beltz 1.1971; 8.1989.

115 *Theodor Ballauff*: Funktionen der Schule. Historisch-systematische Analysen zur Scolarisation. Frankfurt/M.: Deutsches Institut für Internationale Pädagogische Forschung 1982; Köln – Wien: Böhlau 2.1984, S. 324f.

116 *Martin Buber*: Über das Erzieherische. (Or. 1925) In: *Ders.*: Werke. Erster Band. Schriften zur Philosophie. München – Heidelberg: Kösel – Lambert Schneider 1962, S. 787–808, zit. S. 727.

117 Ebd., a.a.O., S. 792.

118 *Martin Buber*: Ich und Du. (Or. 1923) In: *Ders.*: a. a. O., S. 77–170, zit. S. 85.

119 Vgl. Anm. 116, a. a. O., S. 808.

120 *Ludwig Gurlitt*: Die Schule. In: *Martin Buber*: DIE GESELLSCHAFT. Bd. XVII. Frankfurt/M.: Rütten & Loening 1907.

121 *Kurt Zeidler*: Die Wiederentdeckung der Grenze. Jena: Diederichs 1926. Neuausgabe besorgt von *Uwe Sandfuchs*. Hildesheim: Olms 1985.

122 *Ders.*: A. a. O., 1926, S. 7.

123 *Ders.*: ebd., a. a. O., S. 69.

124 *Ders.*: ebd., a. a. O., S. 75f.

125 So lautet der Untertitel des o. a. Buches: "Beiträge zur Formgebung der werdenden Schule".

126 *Ders.*: Plädoyer für die Schule. Braunschweig: Westermann 1962, S. 22.

127 *Albert Reble*: Theodor Litt. In: GEDANKEN FÜHRENDER PÄDAGOGEN. Stuttgart: Klett 1950.

128 *Wolfgang Klafki*: Die Pädagogik Theodor Litts. Eine kritische Vergegenwärtigung. Königstein: Scriptor 1982.

129 *Theodor Litt*: Führen oder Wachsenlassen. Eine Erörterung des pädagogischen Grundproblems. (Or. 1927) Stuttgart: Klett 4.1949; 13.1967; Reprint 1976.

130 Ebd., a. a. O., S. 36.

131 Ebd., a. a. O., S. 13.

132 Ebd., a. a. O., S. 36.

133 Ebd., a. a. O., S. 81f.

134 *Elie Wiesel*: Der Prozeß von Schamgorod. (Or. 1979) Freiburg: Herder 1987. In diesem Stück wird am 25.2.1649 das sogenannte Purim-Spiel aufgeführt, bei dem, auf die Esther-Legende zurückgehend, alles, was sonst verschwiegen werden muss, gesagt werden darf. Die Purim-Darsteller führen einen Prozeß gegen Gott – einziger Anklagepunkt: das furchtbare Leid seiner Kinder ...

135 *Marcus Tullius Cicero*: De re publica. Vom Gemeinwesen. Lateinisch/Deutsch. (Or. 54–51 v. Chr.) Stuttgart: Reclam 1979, S. 239, 2. Buch, 42 (69).

136 Ebd.

137 Vgl. Anm. 128, a. a. O., S. 30.

138 *Anthony Everitt:* Cicero. Ein turbulentes Leben. (Or. 2001) Köln: DuMont 2003, S. 63. *Cicero* hieß eigentlich: *Marcus Tullius Cicero*, wobei man wissen sollte, dass der Sohn eines römischen Bürgers zunächst einmal den Familiennamen gleichsam erbte (*nomen gentile*, den Namen seines Geschlechtes, der *gens*); diesem wurde der Vorname (*praenomen*) vorangestellt, wobei nur knapp zwei Dutzend zur Auswahl standen (z. B. *Lucius* oder *Gaius*); der dritte Name (*cognomen*) war ein Beiname, mitunter auch als Spitz- oder Spottname. *Cicero* leitet sich ab vom lat. cicer, wörtlich die Kichererbse und im übertragenen Sinn eine erbsenförmige Warze – etwa an der Nasenspitze.

139 Ebd., a. a. O., S. 211.

140 *Romano Guardini*: Von Heiligen Zeichen. (Or. 1923) Mainz: Matthias Grünewald 1966, S. 14.

141 *Maria Montessori*: Das kreative Kind. Der absorbierende Geist. Hrsg. von *Paul Oswald* und *Günter Schulz-Benesch*. Freiburg: Herder 1.1972; 8.1991, S. 135.

142 Ebd.

143 *Hans-Ulrich Wehler*: Deutsche Gesellschaftsgeschichte. Vierter Band: Vom Beginn des Ersten Weltkriegs bis zur Gründung der beiden deutschen Staaten. 1914–1949. München: C. H. Beck 2003, S. 993.

144 *Hartmut von Hentig*: Aufgeräumte Erfahrung. Texte zur eigenen Person. München: Hanser 1983, S. 26.

145 *Manfred Karge/Stanley Walden*: CLAIRE. Musical. Programmbuch Nr. 66. Bochum: Schauspielhaus 1985, S. 100.

146 *Ulrich Herrmann/Jürgen Oelkers* (Hrsg.): Pädagogik und Nationalsozialismus. Weinheim – Basel: Beltz 1989. Darüber hinaus sei empfohlen: *Ulrich Herrmann* (Hrsg.): „Die Formung des Volksgenossen". Der „Erziehungsstaat" im Dritten Reich. Weinheim – Basel: Beltz 1985. Und die exzellente Quellensammlung von *Hans-Jochen Gamm*: Führung und Verführung. Pädagogik des Nationalsozialismus. Frankfurt/M.: Campus 2.1984.

147 *Ernst Boepple* (Hrsg.): Adolf Hitlers Reden. München: Deutscher Volksverlag 1934, zit. S. 53–56, geringfügig gekürzt.

148 *Marlis Steinert*: Hitler. München: C. H. Beck 1994, S. 176.

149 *Adolf Hitler*: Mein Kampf. Zwei Bände in einem Band. (Or. 1930) München: Zentralverlag der NSDAP, Frz. Eher Nachf. 578.–582. Aufl. 1940, S. 451–482, erheblich gekürzt. Die (allzu) zahlreichen Kursivierungen bzw. gesperrt gedruckten Textstellen wurden hier in normaler Schrifttype zitiert. Die Tatsache, dass dieses Buch in Deutschland auch heute noch nicht wieder gedruckt werden darf, soll nicht unkritisiert bleiben. Verbote und Indexe haben noch nie der Aufklärung gedient.

Eine ironisch-makabre, aber zutreffende Schilderung des im Folgenden aufgezeigten Zeugungs- und Gebärkultus der Nazis findet sich in dem hinreißenden Roman des tschechischen Schriftstellers *Bohumil Hrabal* (1914 – 1997): Ich habe den englischen König bedient. (Or. 1982) Frankfurt a. M: Suhrkamp 1988, S. 165 ff.
Immer noch lesenswert › *Eberhard Jäckel*: Hitlers Weltanschauung. Entwurf einer Herrschaft. Stuttgart: Deutsche Verlags-Anstalt. 1.1981; 3.1986. (Neuausg.)

150 Joseph Goebbels: Vom Kaiserhof zur Reichskanzlei. Eine historische Darstellung in Tagebuchblättern. München: Frz. Eher Nachf. 1.1934, 38.1942, S. 302–308, erheblich gekürzt.

151 *Henry Picker/Heinrich Hoffmann/Jochen von Lang* (Hrsg.): Hitlers Tischgespräche im Bild. Oldenburg – Hamburg: Gerhard Stalling Verlag 1969, S. 88.

152 *Adolf Hitler* in seinem „Kampf", zit. In: *Berthold Michael/Heinz-Hermann Schepp*: Die Schule in Staat und Gesellschaft. Dokumente zur deutschen Schulgeschichte im 19. und 20. Jahrhundert. Göttingen – Zürich: Muster-Schmidt 1993, S. 295 f.

153 *Emil Saupe*: Deutsche Pädagogen der Neuzeit. Osterwieck: A. W. Zickfeldt 1929, S. 384–397.

154 *Ernst Krieck*: Nationalpolitische Erziehung. Leipzig: 1934, S. 177–179, geringfügig gekürzt. Eine ausgezeichnete Darstellung der *Krieck*'schen Erziehungskonzeption (aber auch der von *Alfred Baeumler*) haben *Karl Christoph Lingelbach* und *Klaus Prange* in dem von *Ulrich Herrmann* (1985) herausgegebenen Band vorgelegt – vgl. Anm. 146.

155 Vgl. Anm. 149, a. a. O., S. 460.

156 Ebd., a. a. O., S. 455.

157 *Anne Frank*: Tagebuch. (Or. 1947) Frankfurt/M.: Fischer Taschenbuch Verlag 3.2002, S. 18 ff.; S. 44 ff.; S. 91, gekürzt; S. 112 f.; S. 118; S. 310 f.
Außer diesem Tagebuch hat die hochbegabte Anne Frank eine Reihe von Geschichten und Märchen hinterlassen, die man nachlesen kann in dem Buch: *Geschichten und Ereignisse aus dem Hinterhaus, aufgeschrieben von Anne Frank*. Frankfurt/M.: S. Fischer 1960.
Und schließlich sei auf die ausgezeichnete Bildmonographie über Anne Frank, dargestellt von *Matthias Heyl* hingewiesen. Reinbek: Rowohlt Taschenbuch Verlag 2002.

158 *Jurek Becker*: Jakob der Lügner. Roman. (Or. 1969) Frankfurt/M.: Suhrkamp Taschenbuch Verlag 1982, S. 141 ff.

159 Diesen Begriff, den *Hans-Ulrich Wehler* (vgl. Anm. 143) in die Diskussion eingebracht hat, nahm DER SPIEGEL zum Anlass einer sechsteiligen Serie, die mit der Nr. 8 vom 16.2.2004 begann und Ursachen, Verlauf und Folgen dieses Dramas recht eindrucksvoll darstellt.

160 *Leonie Ossowski*: Herrn Rudolfs Vermächtnis. Roman. Hamburg: Hoffmann & Campe 1997, S. 43 ff.

161 *Jean Améry:* Hand an sich legen. Diskurs über den Freitod. Stuttgart: Klett-Cotta 1983.

162 Vgl. *Jean Améry*: Jenseits von Schuld und Sühne/Unmeisterliche Wanderjahre/Örtlichkeiten. In: *Ders.*: Werke. Band 2. Hrsg. von *Gerhard Scheit*. Stuttgart: Klett-Cotta 2003. Dieses gezeichnete Leben hat eindrucksvoll rekonstruiert *Irene Heidelberger-Leonard*: Jean Améry. Revolte in der Resignation. Stuttgart: Klett-Cotta 2004.

163 *Wilfried F. Schoeller*: Gegen sich denken können. In. DIE ZEIT, Nr. 4, vom 15.1.2004, S. 41.

164 *Jean Améry*: Jenseits von Schuld und Sühne. Bewältigungsversuche eines Überwältigten. (Or. 1966) Stuttgart: Klett-Cotta 2.1980, S. 48–64, erheblich gekürzt.
Übrigens habe ich nach der damaligen Lektüre dieses erschütternden Buches auf die Innenseite des Covers geschrieben: *Nicht jedes Bewußtsein ist diesem Buch gewachsen!* Der mitunter verzweifelte Versuch des Aushaltens einer den Menschen zerbrechenden Tortur kann sogar so weit gehen, dass der Gequälte die Qualen dadurch 'beseitigt', dass er sich selbst als bereits verstorben erlebt, eine totale Abspaltung also vornimmt, die *Anna Seghers* in ihrem Roman „Das siebte Kreuz" (Or. 1942; 1946; Neuwied – Berlin: Luchterhand 1962, S. 193ff) in einer eindrucksvollen Szene dargestellt hat.

165 *Jürgen Henningsen*: Vielleicht bin ich heute noch ein Nazi. In: Zeitschrift für Pädagogik. 28 (3/1984), S. 341–354. Dieser Aufsatz findet sich auch abgedruckt in dem von *Ulrich Herrmann* (1985) herausgegebenen Band über „Die Formung des Volksgenossen" – vgl. Anm. 146.

166 Die Reden anlässlich der Feierstunde in der Frankfurter Paulskirche am 1. Oktober 1972 sind veröffentlicht in: *Janusz Korczak*: Ansprachen anlässlich der Verleihung des Friedenspreises. Frankfurt/M.: Börsenverein des Deutschen Buchhandels 1972, zit. S. 5.

167 Einen Bericht darüber hat *Lothar Kunz* in der Zeitschrift PÄD Forum: unterrichten erziehen, 32/23 (2/2004), S. 112 publiziert.

Wir Deutsche tun ja ziemlich viel für die Bildung...
Tja, besonders für die Bildung von Vorurteilen...

X. Station: „We don't need no education …" oder: Restauration, Revolte und Resignation in der zweiten Hälfte des 20. Jahrhunderts

Unsere Bildungsreise, die eine Reise durch die Zeitläufte und Orte der Bildung ist, nähert sich ihrem Ende, ihrer vorletzten Station. Natürlich geht es ihr hier und jetzt nicht um eine Rekonstruktion der Pädagogik-Geschichte in der zweiten Hälfte des 20. Jahrhunderts, wohl aber um die Frage: Was haben diese Jahrzehnte bzw. die in dieser Zeit vorgelegten Werke den bisherigen Bildungskonzeptionen hinzuzufügen, anzukreiden, vorzuwerfen oder auch beizupflichten? Zwei kleine Datenübersichten mögen die Einordnung erleichtern.

Allgemeine Orientierungsdaten in der 2. Hälfte des 20. Jahrhunderts

7.5.1945:	Bedingungslose Kapitulation der Deutschen Wehrmacht
1948/49:	Besatzungszeit
20.6.1948:	Währungsreform: DM
1.9.1948:	Konstituierung des Parlamentarischen Rates
1948/49:	Berliner Blockade durch die Sowjetunion
23.5.1949:	Verkündigung des Grundgesetzes
14.8.1949:	Wahl zum 1. Deutschen Bundestag und damit Bildung der Bundesrepublik Deutschland aus den drei Westzonen
7.10.1949	Gründung eines 2. deutschen Staates, der Deutschen Demokratischen Republik, auf dem Gebiet der sowjetisch besetzten Zone
1950–1953:	Koreakrieg und wachsende Ost-West-Spannungen
Bis 1963:	Konrad Adenauer (CDU) Bundeskanzler: Aussöhnung mit dem Westen
13.8.1961:	Errichtung der Berliner Mauer
1964–1973:	Amerikanische Phase des Vietnamkrieges und weltweite Proteste
1969–1974:	Willy Brandt (SPD) Bundeskanzler: Aussöhnung mit dem Osten
Ab 1975:	Verstärkte Kritik an der Rüstungs-, Atom- und Bildungspolitik: Aufkommen der Grünen und Straftaten der terroristischen RAF
1982–1998:	Helmut Kohl (CDU) Bundeskanzler: „Wiedervereinigung“
3.10.1990:	Beitritt der DDR zur BRD und damit ein souveränes geeintes Deutschland
1998–2005:	Gerhard Schröder (SPD) Bundeskanzler: Umbau des Sozialstaates
1.1.2002:	Ablösung der DM durch den EURO: Globalisierung und schwere wirtschaftliche Krisen
2004:	Erweiterung der Europäischen Union auf insgesamt 25 Staaten

Fünf Ereignisse, die in die obige Übersicht gar nicht aufgenommen wurden, haben mich persönlich besonders schockiert: Die Ermordung des amerikanischen Präsidenten *John F. Kennedy* am 22. November 1963 (ich war seit einigen Monaten Bundeswehrsoldat und schob gerade Wache); der Mord an dem amerikanischen Bürgerrechtler *Martin Luther King* am 4. April 1968 (ich erlebte ihn als Klassenlehrer eines 4. Schuljahres); das Attentat auf *Rudi Dutschke* am Gründonnerstag, am 11. April 1968 (während ich auf einer Lehrerfortbildung mit *Hubertus Halbfas* war); der Rücktritt *Willy Brandt*s am 7. Mai 1974 (den ich als Assistent zusammen mit Studenten an der Universität Essen am Bildschirm verfolgte) und die Zerstörung des New Yorker World-Trade-Centers durch islamische

Terroristen am 11. September 2001 (bei dem ich als Schulleiter versuchte, Hunderte von Schülern, Eltern und Kollegen zu beruhigen und selbst doch voller Unruhe und Angst gewesen bin).

Die zweite Übersicht lässt noch einmal die Ereignisse Revue passieren, die zur Deutschen Einheit geführt haben.

Deutsch-deutsche Ereignisse von 1970–1989

19.3.1970:	Erstmaliges Treffen der beiden deutschen Regierungschefs in Erfurt: Willy Brandt und Willi Stoph
12.8.1970:	Moskauer Vertrag } Anerkennung der bestehenden Grenzen
7.12.1970:	Warschauer Vertrag } Anerkennung der bestehenden Grenzen
3.5.1971:	Erich Honecker löst Walter Ulbricht ab
12.12.1972:	Unterzeichnung des Grundlagenvertrages BRD – DDR
18.9.1973:	Aufnahme beider deutschen Staaten in die UNO
17.11.1974:	Hirtenwort der kath.Bischöfe „Zur christlichen Erziehung“, d.h.zur Stärkung der Elternrechte und gegen ein staatliches Erziehungsmonopol
18.8.1976:	Der ev. Pfarrer Oskar Brüsewitz (geb.1929) verbrennt sich öffentlich in Zeitz aus Protest gegen die kommunistische Unterdrückung
13.11.1976:	Ausbürgerung von Wolf Biermann
16.10.1978:	Karol Wojtyla wird Papst Johannes Paul II.
Nov. 1980:	Erste Friedensdemonstrationen mit dem Symbol „Schwerter zu Pflugscharen“
13.12.1981:	Kriegsrecht in Polen
25.6.1984:	Schließung der Ständigen Vertretung der BRD in Ost-Berlin wegen ausreisewilliger Besetzer
11.3.1985:	Michael Gorbatschow wird neuer Generalsekretär der KPdSU
24.–27.6.1987:	Erster ev. Kirchentag seit dem Mauerbau in Ost-Berlin
10.–12.7.1987:	Katholikentag in Dresden
6.2.1989:	Chris Gueffroy wird als letzter Flüchtling an der innerdeutschen Grenze erschossen
2.5.1989:	Ungarn baut die Grenzbefestigungen zu Österreich ab
4.6.1989:	Wahlsieg der polnischen Opposition und Massaker auf dem „Platz des Himmlischen Friedens“ in Peking
9./10.9.1989:	Gründung des Neuen Forum
11.9.1989:	Ungarn erlaubt DDR-Bürgern die Ausreise nach Österreich (und von dort in die BRD)

25.9.1989:	Beginn der Leipziger Montagsdemonstrationen
4.–8.10.1989:	Schwere Auseinandersetzungen in Dresden
17.10.1989:	Rücktritt von Erich Honecker
4.11.1989:	Großdemonstrationen und Flüchtlingsströme in die Prager Botschaft
9.11.1989:	Maueröffnung
28.11.1989:	„Zehn-Punkte-Programm" von Helmut Kohl
3.12.1989:	Politbüro und ZK der SED treten zurück
4./5.12.1989:	Bürger besetzen Dienststellen des ehemaligen MfS
25.12.1989:	Sturz der Diktatur in Rumänien und Hinrichtung des Ehepaars Ceauşescu
18.3.1990:	Erste freie Wahlen zur Volkskammer der DDR
21.6.1990:	Volkskammer und Bundestag verabschieden den deutsch-deutschen Staatsvertrag zur Wirtschafts-, Währungs- und Sozialunion
1.7.1990:	Einführung der DM in der DDR
23.8.1990:	Volkskammer beschließt Beitritt der DDR zum Hoheitsbereich des Bonner Grundgesetzes zum 3.10.1990
3.10.1990:	Tag der Deutschen Einheit
1.9.1998:	Deutscher Bundestag und Bundesregierung haben ihren Sitz in der neuen und alten Hauptstadt Berlin

Mit Beginn der 80er Jahre, kurz nachdem ich auf meinem Berliner Lehrstuhl – in banger Erwartung – Platz genommen hatte, plante ich eine Art Bilanz vorzulegen – nicht meine eigene, sondern die meiner akademischen Väter. (Mütter gab es in dieser Generation nur wenige und wenn, war ich ihnen nicht begegnet!) Die zwischen 1919 und 1933 geborenen „Republikaner", die seit 1945 auf den Trümmern der Barbarei ein demokratisches Schul-, Erziehungs- und Bildungswesen aufgebaut hatten, jetzt in ihrer Mehrheit im 7. Lebensjahrzehnt waren und einer neuen Generation ihr Erbe überantworteten, bat ich, ihre jeweiligen pädagogischen Konzeptionen vorzulegen. Das gemeinsame Früherlebnis sollte der deutsche Faschismus sein, ansonsten wollte ich das Spektrum der deutschen Pädagogik der letzten 30 Jahre einigermaßen zutreffend abbilden. Insgesamt 15 Pädagogen bat ich, ihre „Erziehungs-, Schul- und Bildungskonzeptionen", eingebettet in ihren Lebenslauf, darzustellen. Und trotz vieler Schwierigkeiten („Warum ist der Kollege X – nicht – dabei?") sagte niemand ab, so dass der Band 1984 erscheinen konnte[1]. Ein zweiter Band, der meine eigene Generation zur Darstellung einladen wollte, war geplant – *on verra*. Wenn ich diesen fast 400 Seiten umfassenden Band heute durchblättere, hier und da Altbekanntes neuerlich lese, habe ich – bei allem Respekt vor den Leistungen dieser Generation – den Eindruck

- dass unverfängliche Anknüpfungsarbeiten unter Ausklammerung der NS-Zeit im Vordergrund standen,
- dass dem Wiederaufbau (der Restauration) der Vorrang eingeräumt wurde und
- dass entscheidend Neues dem Problem der Bildung von heute für morgen nur von wenigen Autoren an wenigen Stellen hinzugefügt wurde.

In den Jahren 1928–1933 war das fünfbändige „Handbuch der Pädagogik" erschienen, „der Nohl/Pallat" – wie es genannt wurde[2]: „Die Theorie und die Entwicklung des Bildungswesens" (Bd. 1), „Die biologischen, psychologischen und soziologischen Grundlagen der Pädagogik" (Bd. 2), „Allgemeine Didaktik und Erziehungslehre" (Bd. 3), „Die Theorie der Schule und der Schulaufbau" (Bd. 4) sowie die „Sozialpädagogik" (Bd. 5) waren die einzelnen Bände betitelt, an denen herausragende Pädagogen mitgewirkt haben – von *Gertrud Bäumer* über *Elisabeth Blochmann*, *Charlotte Bühler*, *Heinrich Deiters*, *Aloys Fischer*, *Wilhelm Flitner* ... bis hin zu *Erich Weniger*. Und doch ist keiner meiner akademischen Lehrer auf *Nohl*s Beitrag über „Die Theorie der Bildung" (im 5. Band, S. 3–80) eingegangen, über den man ganz verschieden urteilen mag, aber eines wird niemand bestreiten können: auf- und anregend ist dieser glänzend geschriebene Essay bis heute, mehr als 70 Jahre nach seiner Veröffentlichung. Anstatt hier (an der gewiss nicht unproblematischen, aber produktiven Tradition der „Geisteswissenschaftlichen Pädagogik") anzuknüpfen, rückte man sie pauschal an den „Ausgang ihrer Epoche"[3]. Ein Denken in Antinomien, das Aufzeigen der polaren Struktur des Pädagogischen, das Zusammenbinden von Gegensätzen und das Beharren auf vernünftiger Autorität und Leistung passte 1968ff. nicht in den herrschenden Diskurs. So nimmt es nicht wunder, dass die nachfolgende Pädagogenschar noch weniger Interesse am Studium dieser Tradition aufbrachte: Die meisten wurden entweder Empiriker oder aber Ideologen, denen die Verhältnisse am Herzen lagen, nicht aber die Kinder und deren Bildung. Hinzu kam ein in der Geschichte der Pädagogik noch nie dagewesener personeller Boom. Es wurden in den alten Bundesländern während der 70er Jahre mitunter schneller erziehungswissenschaftliche Professuren ausgeschrieben, als sie besetzt werden konnten. Und ich weiß, von was ich rede, wenn ich darauf hinweise: Viele, allzu viele von diesen Neuberufenen waren weder Wissenschaftler noch Pädagogen, sondern Systemkritiker und – mit Verlaub –Karrieristen, die alle Moden mitmachten. Damit soll in keiner Weise das schlecht gemacht werden, was wir „die 68er-Kritik" an zum Teil schlimmen Verhältnissen genannt haben, wohl aber jene Einstellung und Verhaltensweise kritisiert werden, die selbst Kritik zu instrumentalisieren vermochte. In *einer* Hinsicht freilich bleibt es das Verdienst der „68er", nämlich auf das entscheidende Versagen der Vätergeneration hingewiesen zu haben: Denn diese setzte sich kaum mit den Greueltaten der NS-Zeit auseinander und nahm deshalb uns Jüngeren die Gelegenheit einer kritischen Aufarbeitung. Die einen waren dermaßen von Schuld und Scham gepackt, dass es ihnen die Sprache verschlug; die anderen flüchteten ins Gerede, Getümmel, Getue; und wieder andere vertuschten und vernebelten, verfälschten und verleugneten. Gemessen an dem kurzen Statement, das der damalige Präses der Ev. Kirche im Rheinland *Peter Beier* am 19. April 1993 auf einer Podiumsdiskussion in Auschwitz vortrug, haben viele der einstigen Republikaner versagt, erbärmlich versagt.

16. **Quellentext**[4]**:** Peter Beier

Gedenken, nicht nur erinnern

Statement anläßlich einer Podiumsdiskussion in Auschwitz am 19. April 1993

Verehrte Damen und Herren,
insbesondere: Ihr jungen Menschen!

Sie waren heute im Lager – als Besucher, als Angehörige einer Generation, die keine Vorstellungen vom eigentlich Unvorstellbaren besitzt.

Das vom Verfall bedrohte Vernichtungslager mag Ihnen vorkommen wie ein Monstrum, das verdient, von der Natur verschlungen, vom Regen weggewaschen, von der Sonne verbrannt und vom Wind verblasen zu werden – oder an dessen Platz eine zivilisierte Stadt errichtet werden sollte. Endlich vergessen.

Das sagen viele.

In der Mehrheit sagen es die falschen Leute, diejenigen, die das greuliche Märchen von der Auschwitzlüge erfanden und mit ihren feigen Lügen die deutsche Jugend um das Wichtigste betrügen, was junge Menschen mit Recht beanspruchen: die Wahrheit.

Auschwitz ist eine Gedenk-Stätte. Heute. Noch. Was heißt das? Warum sagen wir nicht „Erinnerungsstätte"?

Lassen Sie mich zu diesem Problem ein paar Sätze versuchen:

Da ist ein Unterschied im Wortgebrauch. Erinnern kann man sich leicht des längst – manchmal zu Recht – Vergessenen. Sich bloß zu erinnern, um das Erinnerte für einen rasch verbrauchbaren Zweck zeitweise parat zu haben, kostet nicht viel, kostet kaum schweißtreibende Anstrengung aller verfügbaren Sinne. Gedenken aber ist Arbeit, die den ganzen Körper, das Bewußtsein, den Willen beschlagnahmt. Gedenken ist ein langer Weg zurück und von dort Rückkehr in die Gegenwart, und zwar eine solche, die sich dem Gedenken verschließt und lediglich kurzfristiger Erinnerung Parkplätze einräumt. Gedenken heißt vergegenwärtigen, lebendig halten, was ins bestenfalls kostenlose Erinnern fortgleitet. Darum sagt die Schrift von Gott, dem Herrn, daß er gedenkt und im Gedenken lebendig macht und lebendig erhält. Wir leben im Gedenken, wir leben vom Gedenken Gottes. Wer etwas von der hebräischen Sprache weiß, versteht, daß das Wort „sachar" dies alles umschließt.

Auschwitz ist keine Erinnerungsstätte, wie es deren viele gibt und geben soll. Auschwitz ist Gedenkstätte.

Hier ist gegenwärtig zu halten, was nach bloß physikalischem Verständnis von Zeit der Vergangenheit angehört. Die Gedenkstätte zeigt, daß nie vergangen sein kann, was an wiederholbarem Grauen dem Besucher zu ahnen bleibt. Die Asche lebt und fliegt im Wind. Die Bretterwände machen den Schrei hörbar.

Die Erde deckt nichts zu, wie es die Massenmörder wollten. Sie deckt alles auf.

Auf den Gleisen rollen die Waggons Tag und Nacht.

Auschwitz ist einmalig, einmalige Wunde am Leib des Menschengeschlechts. Einige stellen Vergleiche an, rechnen Zahlen gegeneinander auf. Auschwitz aber entzieht sich vergleichender Betrachtung. Nicht einmal Stalins Archipel Gulag hält stand. Denn hier wurde fabrikmäßig das schlechthin Einmalige betrieben: die systematische, durchorganisierte Vernichtung des europäischen Judentums, die Ermordung und Schändung des Volkes Gottes.

Deshalb bleibt Auschwitz vornehmlich Gedenkstätte der Judenheit.

Auschwitz ist ebenso Gedenkstätte der einmaligen Schuld der Deutschen.

Ihr jungen Menschen!

Wir leben in unserer Republik vom Ertrag der Generationen, davon also, daß die Generationen einander sozial, ökonomisch, politisch und psychisch tragen.

Ohne das Gedenken, das in Auschwitz seinen eigenen Ort hat, wird es in Deutschland keinen wirksamen Generationenvertrag geben, solange dieser nicht die Schuld einschließt, die keineswegs mit dem biologischen Abgang der Mörder und ihrer Generation endet.

Wir sind in diesem Sinne – wir Jungen und Alten – vor der Welt und unseren jüdischen Geschwistern eine Haftungsgemeinschaft besonderer Art: eine Haftungsgemeinschaft der aktiv Gedenkenden.

Auschwitz ist Gedenkstätte, die unsere Gedenkstätten-Mitarbeit braucht. Auschwitz darf nicht verfallen.

Die relative Untätigkeit der politisch Verantwortlichen in Deutschland ist mir unbegreiflich.

Es liegt – wie ich nachwies – im nationalen Interesse, die Gedenkstätte zu erhalten, damit das kollektive Gedächtnis der Deutschen seinen Ort behält.

Nur so können wir uns glaubwürdig an der Ächtung anderer Vernichtungslager in aller Welt – zum Beispiel in Bosnien – beteiligen und helfen, daß die Mörder von heute, die wieder zum Genozid an anderen Völkern aufrufen, ihre Richter finden.

„Juden raus!“

Ihr wißt, welche Schwachköpfe und verelendeten Gehirne in Deutschland zur Zeit im Zusammenhang mit der Ausländerfrage diesen Ruf wiederholen.

Aber die Präsenz von Juden in Deutschland, ihre Vergangenheit, ihre deutsche Identität sind strikt von der im Augenblick diskutierten Ausländer- und Zuwanderungsfrage zu trennen.

Im Jahr 1943 gab es einen großen Sommer.

Ich erinnere helle Tage auf einem Hof in Schlesien, der vom Krieg noch völlig unberührt war.

Ich war neun Jahre alt.

Zur gleichen Zeit, unter der gleichen Sonne wurden hier neunjährige Altersgenossen vergast und verbrannt.

Wer das nur erinnert und nicht gedenkt, ist kein Mensch.

Statt zu gedenken, aufzuarbeiten, Konsequenzen zu ziehen, wurde restauriert und renoviert und ansonsten tüchtig gestritten, weil Macht lockte, Herrschaft verführte, Einfluss zu haben war – demokratisch versteht sich. So zum Beispiel über

- Die Konfessionsschule
- Vorklassen vs. Kindergärten
- Die Lehrerbildung
- Didaktische Theorien
- Begabung
- Wissenschaftstheorien
- Das Abitur
- Die Zensurengebung und, der deutschen Pädagogen liebstes Thema:
- Die Gesamtschule.

Wer in den Fachzeitschriften der 50er bis 90er Jahre des vergangenen Jahrhunderts blättert, ist erstaunt, mit welcher Leidenschaft immer wieder gestritten, aber auch mit welcher Nonchalance immer wieder alte Schlachten beendet und mit welcher Lust neue Auseinandersetzungen begonnen wurden. Und zwar selten pragmatisch bzw. lösungsorientiert, wohl aber in der Regel grundsätzlich und kompromisslos – ganz nach dem Motto: Wo deutsches Denken hingrübelt, da wächst kein Gras mehr ...

Das Aufarbeiten dieser und anderer Geschehnisse sei der historischen Forschung überlassen. Wir wollen statt dessen die Zeitzeugen durch längere Zitate selber zu Wort kommen lassen. Drei habe ich ausgewählt, zumal sie jeweils die Diskussion der 60er, 70er und 80er Jahre repräsentier(t)en.

1. Zeitzeuge: Klaus Schaller

Klaus Schaller entstammt einer Lehrerfamilie und wurde am 3. Juli 1925 im schlesischen Erdmannsdorf geboren. Er war nach amerikanischer Gefangenschaft Schulhelfer und Volksschullehrer in der Eifel und absolvierte ein Zweitstudium in Köln (vor allem bei *Theodor Ballauff*). Über Mainz und Bonn kam er 1965 an die neu gegründete Ruhr-Universität Bochum, die ihn auch emeritierte. Sein wissenschaftliches Œuvre ist enorm und lässt sich zu drei Schwerpunkten zusammenfassen: Arbeiten zur Comenius-Forschung, zur Geschichte der Pädagogik und zur Allgemeinen bzw. Systematischen Pädagogik. Die letzteren interessieren hier vor allem, zumal sie einen eigenständigen Ansatz beanspruchen und einlösen.

Als ich ab 1967 u. a. auch bei *Klaus Schaller* studierte, standen seine systematischen Arbeiten im Vordergrund: Das Büchlein „Der Gebildete heute“ lag vor, aber auch die vielen Bände der Reihe REPERTORIEN ZUM HOCHSCHULSTUDIUM wurden in den Seminaren intensiv diskutiert und die Schrift über „Kritische Erziehungswissenschaft und kommunikative Didaktik“ wäre ohne die zahlreichen Lehrer-Studenten in seinen Seminaren gewiss so nie geschrieben worden[5].

Der folgende Text mag *Schaller*s Beitrag zur Bildungsdiskussion um 1960 illustrieren, er ist ein dialogisch-kommunikativer Beitrag[6]:

„Unter einem „gebildeten“ Menschen verstehen wir den aufgabenbereiten – oder spezieller: den berufsbereiten Sachwalter und Mitmenschen, den Menschen, der bereit ist, dem ihn aus der Sachen- und der Menschenwelt angehenden Ruf nachzukommen und ihm in Wort und Werk zu entsprechen. Von einem „gebildeten“ Menschen erwarten wir, daß er sich bereitwillig der Aufgaben annimmt, die ihm in seiner Welt, in seinem „Werkbezirk“ (Buber) zuteil werden und ihn als Mensch in Anspruch nehmen. Daß mit diesen Worten wirklich etwas Wesentliches über die Menschlichkeit des Menschen gesagt ist, wird zugleich deutlich, wenn man sie von ihrem Gegenteil her erprobt. Keiner von uns würde den als einen Menschen anzusprechen wagen, der mit den Sachen unsachlich und mit dem Mitmenschen unmenschlich umgeht. Sachlichkeit und Mitmenschlichkeit bezeichnen ein Verhalten des Menschen zu den ihm anvertrauten Sachen und Mitmenschen, das diese nicht ständig in den Dienst eigener oder fremder Zwecksetzungen stellt, sondern sie das sein läßt, was sie von sich her sind; das sie – abstrakter formuliert – auf ihr Sein hin freigibt; das sich selbstlos verantwortlich weiß für das Sein in Dingen und Menschen. Pestalozzi sprach hier vom Hüten und Weiden, dessen, was mir ans Herz gelegt ist. […]

Ist im reflexiven Denken, das alles zum Mittel meines Wohlseins macht, dies noch möglich, was wir eingangs als die wesentlichen Züge der Menschlichkeit herausstellten: die Sachlichkeit und die Mitmenschlichkeit, den aufgabenbereiten Mitmenschen? Wenn ich alles andere zu Mitteln mache, die meinem Willen dienen, geht es mir doch gerade nicht um das andere, sondern immer nur um mich. Ja, wir können den Satz wagen: Eine in obigem Sinne humanistische Pädagogik verhindert gerade Menschlichkeit, wie wir sie heute verstehen, statt ihr die Bahn zu öffnen. Der Mensch läßt sich für uns gerade nicht von seiner Willentlichkeit her definieren; seine Menschlichkeit erfüllt sich vielmehr in Inanspruchnahme und Entsprechung. Lasse ich mir meinen Willen Gesetz sein, und selbst wenn es mein sittlich veredelter Wille ist, bin ich für jede Inanspruchnahme taub geworden; ich höre immer nur mich und das Diktat meines Willens. Wird hier die Welt, werden hier Sache und Mitmensch nicht gerade ihrer prinzipiellen „Anderheit", derer sich der Mensch in Sachlichkeit und Mitmenschlichkeit annehmen sollte, beraubt, da sie zu Mitteln meiner Selbstverwirklichung gemacht werden? Auch wenn es der Mensch im Prozeß seiner Selbstverwirklichung bis zur „verantwortlichen, sittlichen Persönlichkeit" gebracht hat, verantwortet er doch immer nur sich, *wo er antwortend sich dem anderen hingeben sollte, entschuldigt er sich vor dem Gesetz seiner Sittlichkeit und redet sich heraus aus der unaufhebbaren Schuldigkeit der Liebe, die nicht das Ihre sucht. [...]*

Hier angelangt, kann nun versucht werden, Antwort auf die im Thema formulierte Frage zu finden. – Alle Erziehung und Bildung hat es „auf den Menschen" abgesehen, auf den aufgabenbereiten Sachwalter und Mitmenschen. Ihre Intentionen sind also nicht im Menschen und seinem Willen zur Selbstverwirklichung, nicht in der „harmonisch in ihren Kräften entfalteten Persönlichkeit" zu Ende, sondern greifen durch den Menschen hindurch auf die ihm in seiner Menschlichkeit zugemessenen Aufgaben. Es geht der Pädagogik also nur insofern um den Menschen, als dieser der Berufene ist, den ihm aufgegebenen Lebensbezirk in seinem Sein zu wahren: seine Familie, das ihm anvertraute Stück Natur, die Gemeinschaft seiner Mitmenschen, das Werk seiner Hände, den Gedanken und das Wort. Aus diesem dem Menschen je und je gegebenen Lebensbereich, aus seiner „Begabung", ergeht an ihn der Ruf zur Menschlichkeit, das heißt zu sachlicher und mitmenschlicher Entsprechung. [...]

Was wird nun die Schule tun können, um dem Ereignis der Berufung im Bereich der „Begabung" Raum zu geben? Hierzu in Kürze nur einige Anmerkungen. Zweierlei ist zu tun: Erziehung und Unterricht, educatio und institutio, heißt dieses Zweierlei in der Sprache der Pädagogik. Da gilt es zunächst, den Menschen aus seiner primären Selbstbefangenheit herauszuführen, ihn unter Aufgaben und Ansprüche zu stellen, daß er an ihnen sein Selbst um der Sache willen vergessen lernt. Daraufhin sind die sogenannten Erziehungsmittel, Lohn und Strafe, Lob und Tadel, Ermahnung und Gewöhnung, Entzündung des Wettstreits und des Leistungsstrebens, aber auch das Verhältnis von Spiel und Arbeit in der Schule sowie die Vielzahl methodischer Praktiken neu zu durchdenken. – Sodann gilt es, dem Kinde den Raum seiner möglichen „Begabung" zu eröffnen und es in diesen einzuführen. Das ist Sache des Unterrichts. Hier geht es zunächst um die Weite des Horizonts. Nur so kann der junge Mensch auf das treffen, was ihm zugemessen ist. Nur vom Ganzen her kann er das einzelne begreifen und diesem nachgehen. Hier sind frühzeitige Spezialisierung einerseits und andererseits die absolute Einheitsschule gewiß fehl am Platze. [...]

Ehe man diesen Raum näher bestimmt, etwa als „behüteten Raum", wird man sich über seine Dimensionen verständigen müssen. Wenn man ihn allein als „Raum des Kindes" versteht, ihn also dadurch dimensioniert, daß man hier das Kind mit sich selber umgibt (oft im Anschluß an gewisse Forderungen der Reformpädagogik), wird der Raum der Schule zu einem „behüteten Raum“ im verkehrten Sinne: Hier wird das Kind zwar in seiner kindlichen Selbstbefangenheit, nicht aber in seiner Menschlichkeit, in seinem „dialogischen Verhältnis“ zum Du und zum Es (Buber) „gehütet“. – Der Raum der Schule ist dagegen „behüteter Raum“ im positiven Sinne, wenn die Schule dem genannten Verhältnis, das heißt, wenn sie der Menschlichkeit des Menschen, des Kindes Raum gewährt, indem sie dieses aus sich selber herausführt (e-ducare) und vor sachliche und mitmenschliche Aufgaben stellt (in-stituere) …“

Auf den ersten Blick wirkt diese Bildungstheorie antisubjektivistisch, antivoluntaristisch und antimodernistisch, jedoch: *Schaller* steht in der Tradition von *Comenius*, *Pestalozzi*, *Martin Buber* und *Erich Fromm* und spitzt deren Gedanken konsequent zu. Der Mensch wird am Menschen zum Menschen. In seinen dialogischen Bezügen, nicht in seinen Selbstumkreisungen, entfaltet er seine Menschlichkeit. In Kommunikation und Kooperation unter dem Horizont von Rationalität erfährt er Bildung, die schlicht und anspruchsvoll zugleich ist: Verwalter (nicht Besitzer) der Sachen sein und Mensch (nicht aber ein bloßes Ego) werden durch Mitmenschlichkeit – das heißt Bildung. Gewiss eine zutiefst christliche, *auch* eine christliche Position, die ihre Pendants in anderen Religionen und Kulturen hat. So lautet zum Beispiel ein arabisches Sprichwort:

Was du verschenkst, bleibt immer dein Eigen;
was du behältst, ist für immer verloren.

Schaller begründet seine Bildungstheorie aber nicht mehr christlich und auch nicht mehr religiös, sondern diskursiv, also historisch-systematisch und in späteren Werken unter Einbeziehung von drei weiteren Theoriesträngen: der „Kritischen Theorie“ der Frankfurter Schule (vor allem die von *Jürgen Habermas*), des „Symbolischen Interaktionismus“ (vgl. *Georg Herbert Mead*) sowie der „Kommunikationstheorie“ (*Paul Watzlawick* u. a.). Ein Außenseiter freilich war und ist er geblieben: *Klaus Schaller.*

2. Zeitzeuge: Heinz J. Heydorn

Das sind die schlechtesten Pädagogen nicht, die aufgrund ihrer Überzeugungen zwischen alle Lager und Stühle geraten. Einer davon war der am 14. Juni 1916 in Hamburg-Altona geborene *Heinz J. Heydorn*. Er entstammte väter- und mütterlichseits alteingesessenen Kaufmannsfamilien, sein Vater wurde Rechtsanwalt – des Broterwerbs wegen, die Liebe des „alten Herrn“ aber gehörte den alten

Sprachen. *Heydorn* studierte Philosophie und Sinologie, wurde eingezogen, desertierte 1944, wurde in Abwesenheit zum Tode verurteilt, nahm nach 1945 sein Studium wieder auf, engagierte sich im SDS sowie in der SPD, erkrankte an offener TB, promovierte nach Wiederherstellung seiner Gesundheit 1949, übernahm 1950 eine Dozentur an der PH Kiel, 1952 am PI in Jugenheim und nachdem dieses Pädagogische Institut an die Frankfurter Universität verlagert wurde, lehrte und forschte er ab 1961 eben dort. In demselben Jahr wurde er aus der SPD ausgeschlossen – mit ihm Sozialisten wie *Wolfgang Abendroth* oder *Ossip K. Flechtheim*. Unermüdlich aber bleibt er schreibend, redend, organisierend tätig und gerät zwischen die Fronten: Den aufkommenden Stamokaps, deren staatsmonopolitisches Kapitalismusgerede ihm wie marxistisches Parteichinesisch, wie quasisoziologischer Intellektualismus und eiskalte Kadertaktik vorkam, war er viel zu anspruchsvoll, kritisch, gebildet eben; und den offiziellen Parteifunktionären viel zu links, zumal er immer wieder darauf hinwies, dass auch die Bildungs- und Schulreformen der 60er- und 70er Jahre trotz ihrer emanzipatorischen Vokabularien weitgehend technokratisch blieben. Die ab 1990 einsetzende gnadenlose Abwicklung des Schul- und Hochschulwesens in den neuen Bundesländern hätte er ebenso scharf kritisiert wie die vier **V**s der „Reformpolitik" (der „Agenda 2000") der SPD unter ihrem Kanzler *Schröder*, also die **V**ermarktung, die **V**eramerikanisierung und die **V**erschulung unserer sozialen und bildenden Systeme unter dem Horizont einer **V**ernebelung der tatsächlichen Motive und Intentionen. Es kam nicht mehr dazu: Am 15. Dezember 1974 erlag *Heydorn* – 58-jährig – einem Herzversagen und ist heute fast vergessen. Zwei Kollegen haben sich für sein Erbe immer wieder eingesetzt: Die an der TU Darmstadt lehrenden *Gernot Koneffke* (Jg. 1927) und *Hans-Jochen Gamm* (Jg. 1925). Ihr Erfolg war bescheiden; immerhin konnte der zuerst Genannte wesentlich dazu beitragen, dass die „Bildungstheoretischen Schriften" *Heydorn*s gesammelt wurden und in einer dreibändigen Werkausgabe posthum erschienen sind [7].

Bildung ist für *Heydorn* ohne Auseinandersetzung mit der Geschichte des Menschen, zu der seine Vergangenheit, Gegenwart und Zukunft gehören, ebenso wenig denkbar wie der Verzicht auf die Kritik an den realen Verhältnissen und Ideologien. Ganz in der Tradition von *Kant*, *Hegel* und *Marx* stehend ist für *Heydorn* Bildung zunächst einmal Arbeit, Geistesarbeit, Aufbauarbeit: Kein Mensch wird mündig („gebildet") in reiner Selbstverwirklichung, Selbsterfahrung, Lust und Laune, im Spaß und im Getriebe „mit benevolenter englischer Theorielosigkeit" [8] (à la *A. S. Neill*), sondern durch das „Heraustreten ... aus vorarchaischer Schlafumfassung" [9], durch „Innewerden der Vernunft" [10], durch Nach-Denklichkeit und Distanz. Zu dieser Art von Bildung gehört „die stetige Anstrengung des Subjekts" ..., „Entäußerung, Sublimierung, innere Disziplin, die sich an selbstgewonnene Erkenntnis gebunden weiß." [11] Deshalb müssen die Beschädigungen und Friktionen, die Widersprüche und Ungereimtheiten, die Dehumanisierungsakte ebenso aufgearbeitet werden wie die Hoffnungen und Verbesserungen, die Auswege und Visionen. „Nur über das eigene, bewußte Durchlaufen der Widersprüche können wir den gesellschaftlichen Widerspruch hinter uns lassen." [12] Ausgeschlossen ist jedoch dies: In einer disharmonischen Welt kann es keine harmonische Persönlichkeitsbildung geben!

So war und ist *Heydorn* ein radikaler Aufklärer gewesen und geblieben, der seinen eigenen Weg ging: Er pries *Comenius* (weil dieser die Bildung aller forderte) [13]; er kritisierte *Rousseau* (weil dessen Ruf „retournez à la nature!" letztlich in die Schäferidylle führe) [14] und er suchte die Nähe zu und hielt Abstand gegenüber *Humboldt* (weil dieser eine intellektuelle Sphinx gewesen sei) [15]. 1974 erschien die letzte bildungstheoretische Schrift *Heydorn*s mit der Titelage: „Überleben durch Bildung. Umriß einer Aussicht". Ich zitiere die beiden letzten Seiten ungekürzt, auch deshalb, um seine Sprachgewalt zu illustrieren, die stark an die von *Ernst Bloch* (1885–1977) erinnert [16]. *Heydorn*s Beitrag zur Bildungsdiskussion um 1970 ist ›

ein aufklärend-gesellschaftskritischer Beitrag [17]:

„Geschichte ist ohne Gewißheit. Sie verbürgt keine Zukunft. Sie enthält kein Gesetz, das sich unabhängig vom Menschen vollzieht, um ihn an sein Ziel zu bringen. Das in ihr geschehene Leid wird nicht ungeschehen, kann nicht rückwärtig versöhnt werden, weil es von lebenden Menschen erfahren wurde, die nie wiederkehren. Nur die Vorstellung will es auslöschen, weil uns die Sinnlosigkeit verletzt; die Vernunft blickt auf den Weg der Geschichte zurück, um ihn als Weg zu sich selbst zu begreifen, und stößt an schmerzliche Grenzen. Es gibt Hinweise auf die Zukunft, aber keine Sicherheit. Gewißheit schließlicher Erfüllung ist Glaube, durch Erfahrung nicht ungedeckt, aber durch sie allein nicht bestätigt. Die Menschheit kann physisch und psychisch so weit beschädigt werden, daß sie unter den Rand der Widerstandsfähigkeit gedrängt wird, ihre Zukunft nicht mehr bewältigen kann, durch Neurose und Hunger denaturiert. Dies ist nicht unmöglich. Die Verwertung des „Humankapitals" verschleißt unaufhörlich. Mit der naturwissenschaftlichen Gesellschaft ist ein neuer Mythos entstanden, mit dem sich die Gesellschaft als unabwendbare Wahrheit über uns verhängt, der wir ausgeliefert sind. Ihre Entmythologisierung erfordert veränderte, schwierige Denkprozesse. Wir haben nur gelernt, das offen Irrationale zu überführen; die Irrationalität, die sich als Ratio ausgibt, hält sich verborgen. Der Kapitalismus ist keineswegs am Ende; er wuchert vielmehr, ist tief verinnerlicht, hält die Vorstellung besetzt. Nur die alte bürgerliche Klasse als produktives geistiges Phänomen ist untergegangen. Befreienden kollektiven Prozessen kommt in Ländern wie China eine ungleiche Bedeutung zu, da sich eine gemeinschaftliche Organisation der Arbeit unter Überspringung kapitalistischen Verzehrs weithin unversehrt in die Gegenwart überführen konnte. In unserer Gesellschaft schleppt der gleiche Prozeß psychische Versehrtheit von Beginn an mit. Wir können unsere Zukunft aber nur über unsere eigene Bedingung ableiten, in die die fremde zwar mit hineinreicht, als gemeinsame Sache der Menschheit, aber unsere Aufgabe nicht löst. Wird mit dem Weltverkehr auch die gegen-

seitige Abhängigkeit aller immer mehr erweitert, so ist es doch nur ein Fluchtversuch, Befreiung von anderen zu erwarten. Wir müssen uns in unserem eigenen Widerspruch als Menschen erkennbar machen.

Der Vorgang der Abarbeitung ist ohne Erbarmen. Doch ist unter der Decke der Gesellschaft ein Bedürfnis erkennbar, sie zu überwinden, mit einer gänzlichen Veränderung des Menschen über sie hinaus zu gelangen. Die Widersprüche werden nicht mehr im Unbewußten belassen, wo sie uns zerstören; sie werden zum Hebel der Veränderung. Die menschlichere Zukunft wird das Ergebnis ungezählter Versuche sein, eines stetigen Neuanfangs in der Summe der Rückschläge. Eine ganze Vergangenheit ist zu überwinden. Die Veränderung des Menschen, die mit der Veränderung eines politischen Systems allein nicht zu bewirken ist, bleibt die schwierigste Aufgabe. Wird mit dem Sieg des Menschen über die Natur eine unbekannte Möglichkeit seines Werdens geöffnet, so hilft kein Dogmatismus, der die Wirklichkeit einem gefügigen Begriff unterwirft und den Menschen damit aufhält. Alle bisherigen Erkenntnisse müssen korrigierbar sein. Dogmatismus ist Rückfall in eine Vergangenheit, in der wir unmündig waren, Unfähigkeit, auf den eigenen Füßen zu stehen. Mit ihm wird Herrschaft aufrecht erhalten, die über uns verfügt. Er ist die Negation der Aufklärung, mit der die Frage nach uns selbst unbeendbar gesetzt wird. An der Frankfurter Universität ist an einer Mauer noch immer ein Satz des Jahres 1968 zu lesen, wenn auch verbleichend: „Nehmt Euch die Freiheit der Wissenschaft, entdeckt, was Ihr wollt!“ Übrig blieben weithin Dogmatiker, die sich therapeutisch aneinander festhalten. Die Freiheit des Werdens will ausgehalten sein, sie ist eine schwere Last.

Geht man noch einmal auf den Ausgangspunkt zurück, so erträgt der Mensch ein entmenschlichtes Überleben nicht, er richtet sich gegen sich selbst, mit zerstörerischem Antrieb. Physisches Überleben aber bildet die Voraussetzung eines jeden Entwurfs von Zukunft. Es ist heute nicht gewiß. Bildung versteht sich als fortschreitende Befreiung des Menschen zu sich selbst. Sie kann Überleben nur als Öffnung eines reicheren Lebens verstehen. Die Veränderung jedoch, die damit notwendig wird, stößt auf enge Grenzen; das historische Interessensystem steht ihr im Wege. Es kann sich auf die Notwendigkeit physischen Überlebens berufen. Der Widerspruch ist nicht unauflösbar. Das Bewußtsein, das die Bildung bewirkt, ist auch Bewußtsein von der eigenen Bedingung, von der Bedingung der Realisierbarkeit ihrer Perspektive. Die Revolution in Permanenz wird sich in Grenzen bewegen müssen, die durch die Drohung einer kollektiven Selbstvernichtung gesetzt sind. Dennoch bleibt die begründete Aussicht, daß unwiderstehbar Menschlichkeit wird. Die Gesellschaft muß so gebildet sein, daß sie ihr menschliches Ziel kennt und die Gefährdung, in der sie sich befindet. Zwischen Ziel und Gefährdung ist der Weg zu finden. Bewußtsein ist alles.“

Auch diese Bildungstheorie wurde (weder in Deutschland-West noch in Deutschland-Ost) je salonfähig, geschweige denn einflussreich. Die Wahrheit hat eben keine Kompagnons. Und schmerzlich musste *Heydorn* in den 50er und 60er Jahren die Erfahrung machen, die ein russisches Sprichwort wie folgt ausdrückt:

Wenn die Fahne fliegt,
ist der Verstand in der Trompete.

Und auf der damaligen Fahne prangte das Wort „Wirtschaftswunder". So blieb auch er ein Außenseiter: *Heinz Joachim Heydorn.*

3. Zeitzeuge: Wolfgang Klafki

Er gehörte zu denjenigen (schon damals) prominenten Pädagogen, die ich als Student, Doktorand und Assistent inkognito besuchte, um in ihren Vorlesungen Wort und Schrift, Gedrucktes und Gehörtes, Dargestelltes und Dastehendes miteinander zu vergleichen: *Wolfgang Klafki*, geboren am 1.September 1927 im ostpreußischen Angerburg. Und der Vergleich fiel, im Gegensatz zu manch anderem, sehr zu seinen Gunsten aus. *Über* ihn wusste ich relativ wenig (z.B. dass er, wie ich, aktiver Fußballspieler gewesen war: er bei Hannover 96, ich bei Arminia Bielefeld); *von* ihm hatte ich vor allem seine „Didaktische Analysen" gelesen; und *ohne* ihn (zu zitieren) konnte man damals keinen Unterrichtsentwurf abgeben ... Immerhin, so viel steht fest: *Klafki* wurde noch Luftwaffenhelfer und Soldat, wurde verwundet und entlassen, studierte an der PH Hannover und war bis 1952 Volksschullehrer, ehe er ein Zweitstudium in Göttingen und Bonn begann, das er 1957 mit der Promotion und einer Dissertation (über „Kategoriale Bildung"), die *Erich Weniger* betreute, abschloss. Danach war er Assistent in Hannover und Münster, ehe er 1963 auf den erziehungswissenschaftlichen Lehrstuhl an der Universität Marburg berufen wurde. Von hier aus entfaltete er eine ungemein produktive Tätigkeit – in der Lehre, Forschung, Politikberatung, GEW, Deutschen Gesellschaft für Erziehungswissenschaft u.a.m. Seine bis heute herausragenden Bücher über die „Kategoriale Bildung", die „Studien zur Bildungstheorie und Didaktik", „Die Pädagogik Theodor Litts" oder „Neue Studien zur Bildungstheorie und Didaktik"[18] stehen weiterhin im Zentrum der erziehungswissenschaftlichen Diskussion. Persönlich nähergekommen sind wir uns erst, als ab 1979 eine von der Zeitschrift *Westermanns Pädagogische Beiträge* (deren Co-Schriftleiter ich geworden war) initiierte und betreute Darstellung der „Didaktischen Theorien" publiziert wurde. Als Vertreter der kritisch-kommunikativen Didaktik stand ich natürlich in einer gewissen konkurrierenden Spannung gegenüber seiner, der bildungstheoretischen Didaktik. Aber *Klafki* war stets fair, offen und akzeptierte, wenn ein anderer, zumal wesentlich jüngerer Kollege, neue Erkenntnisse einbrachte. Ich gestatte mir deshalb diesen Hinweis, weil solch ein Verhalten in der pädagogischen Zunft immer seltener geworden ist und häufig Neid, Missgunst, Konkurrenz und auch Herrschaftsrituale ausgerechnet dort walten, wo doch das dominieren sollte, was wir täglich lehren: das Bildungsziel Menschlichkeit nämlich. Zurück zu seinem Werk: Wer sich durch *Klafki*s „Kategoriale Bildung" arbeitet, wird es nicht leicht haben, aber die Mühe lohnt. Vielleicht helfen ein paar Hinweise. *Klafki* sieht das Verhältnis des Menschen zur Wirklichkeit dynamisch-dialektisch. Wenn im Lehr- und Lernprozess die Sachverhalte der äußeren, der gleichsam objektiven Welt sichtbar werden, gewinnt das Subjekt Kategorien des Verstehens, ohne die keine Bildung möglich wird. Kategorial bedeutet also die Kongruenz der äußeren Sachstrukturen mit den inneren subjektiven Erlebnis- und Handlungsmomenten: die Welt wird durch den lernenden Menschen *und* der Mensch wird durch die mitteilsame Welt erschlossen – ein unabschließbarer dialektischer Prozess, jenseits einer materialen (einen bestimmten Bildungskanon festschreibenden) und jenseits einer formalen (die Kräfte lediglich schulenden) Bildungstheorie. Auf exemplarisches Lernen, das Elementares und Fundamentales sichtbar macht, kommt es folglich an, nicht aber auf komplettes oder bloß funktionales Behalten. Am Beispiel von ... werden die grundlegenden Kategorien bzw. Einsichten gewonnen. In der gelegentlich etwas umständlichen *Klafki-Diktion*: „Bildung meint die Einheit von aktiven Aneignungs- und Auseinandersetzungsprozessen sich entwickelnder Subjekte und des jeweils vorläufigen „Resultates" solcher Prozesse, einer Einheit, die zwei konstitutive Momente umfaßt: In jenen Aneignungs- und Auseinandersetzungsprozessen gewinnt das Subjekt an jeweils einigen *besonderen* Gegenständen, Problemen, Aufgaben *Allgemeines*, Einsicht in ... Zusammenhänge, Aspekte, Gesetzmäßigkeiten, Strukturen seiner naturhaften und/oder ökonomisch-gesellschaftlich-kulturell-politischen Wirklichkeit (kurz: kategoriale Erkenntnis/Erfahrung), und zugleich gewinnt es damit ihm bisher nicht verfügbare Erfahrungs-, Strukturierungs-, Lösungsmöglichkeiten, Frage-, Denk- und/oder Handlungsperspektiven (kategoriale Fähigkeiten) ... Eine der Hauptaufgaben der Weiterentwicklung der Theorie kategorialer Bildung sehe ich darin, auf der Prozeßseite die Vermittlung zwischen meiner bisher vorwiegend auf den individuellen Bildungsvorgang abhebenden Auslegung und dem Aspekt des „sozialen Lernens" zu leisten und bis in praktische Folgerungen hinein auszuarbeiten."[19]

Dass darüber hinaus Bildung stets Bildung für alle ist, im Medium des Allgemeinen stattfindet und viel- bzw. allseitig sein muss, das Ganze (*totum*), aber nicht alle Details (*tota*) im Auge haben muss, hat *Klafki* immer wieder betont.

Ich habe lange überlegt, welcher Text einerseits typisch, elementar, exemplarisch für das Werk *Klafki*s stehen könnte und gleichzeitig seiner spezifischen Bemühung gerecht wird, den für viele obsolet gewordenen Bildungsbegriff zu klären und womöglich zu aktualisieren. Bildung soll ja nicht nur den Einzelnen aus Unwissenheit und Abhängigkeit (durch Lernen) emanzipieren, sondern in gleicher Weise die Gesellschaft freier, gerechter, friedlicher gestalten. Am 26.5.1983 hielt *Klafki* im „Ludwig-Windthorst-Haus", einer Heimvolkshochschule in Lingen-Holthausen[20], einen Vortrag über „Konturen eines neuen Allgemeinbildungskonzeptes", den er mehrfach überarbeitete und in sein Buch über „Neue Studien zur Bildungstheorie und Didaktik" aufgenommen hat[21]. Darin finden sich die den obigen Ansprüchen entsprechenden Passagen. *Klafki*s Beitrag zur Bildungsdiskussion um 1980 ist ›

ein didaktisch-emanzipatorischer Beitrag[22]:

„In der pädagogischen Diskussion der letzten Jahrzehnte ist in der Bundesrepublik von verschiedenen Positionen aus immer wieder in Zweifel gezogen worden, ob der Bildungsbegriff noch *oder* wieder *als zentrale Ziel- und Orientierungskategorie pädagogischer Bemühungen verwendet werden könne. Wo das verneint wurde oder wird, stößt man auf Argumente folgender Art:*

- *Es handele sich um einen idealisierend-überhöhenden Begriff, der nicht geeignet sei, das zu bezeichnen, was im alltäglichen pädagogischen Umgang z.B. von Eltern und jungen Menschen und vor allem auch in den Lehr- und Lernprozessen pädagogischer Institutionen, insbesondere der Schule, tatsächlich ablaufe oder erreichbar sei.*

Oder:

- *„Bildung" sei ein historisch überholter, den pädagogischen Aufgaben in einer demokratischen Gesellschaft unangemessener Begriff; denn er sei Ausdruck der gesellschaftlichen Lebensbedingungen und des Selbstverständnisses einer begrenzten sozialen Schicht innerhalb der Klassengesellschaft des 19. Jahrhunderts und ihrer vor- und undemokratischen gesellschaftlich-politischen Strukturen, nämlich Ausdruck des Selbstverständnisses des wohlhabenden Bildungsbürgertums. [...]*
- *Schließlich nenne ich noch ein drittes Argument: es handelt sich eigentlich um eine Variante des eben skizzierten Einwandes: Der Bildungsbegriff sei ein* unpolitischer *Begriff, er habe mindestens für Teile jenes deutschen Bildungsbürgertums seit der Wende vom 18. zum 19. Jahrhundert und in der Folgezeit eine Art Ersatzfunktion gehabt – Bildung als Ersatz für die nicht erfüllten Hoffnungen auf eine Wandlung des monarchisch-feudalen Obrigkeitsstaates zu einem offenen, liberalen Verfassungsstaat republikanischen Zuschnitts, in dem das geistig mündig gewordene Bürgertum entscheidende politische Mitbestimmungs- und Gestaltungsfunktionen hätte gewinnen können.*

Diese und ähnliche Einwände enthalten gewiß partielle Wahrheitsmomente. Indessen rechtfertigen sie m.E. nicht den Verzicht auf den Bildungsbegriff als Grundkategorie im Hinblick auf unsere pädagogischen Gegenwarts- und Zukunftsaufgaben, und zwar aus zwei Gründen. Der erste ist systematischer Art:

Eine zentrale Kategorie wie der Bildungsbegriff oder ein Äquivalent dafür ist unbedingt notwendig, wenn die pädagogischen Bemühungen um die nachwachsende Generation und der heute unabdingbar gewordene Anspruch an unser aller, also auch der Erwachsenen „lebenslanges Lernen" nicht in ein unverbundenes Nebeneinander oder gar Gegeneinander von zahllosen Einzelaktivitäten auseinanderfallen soll, wenn vielmehr pädagogisch gemeinte Hilfen, Maßnahmen, Handlungen und individuelle Lernbemühungen begründbar und verantwortbar bleiben oder werden sollen.

Diese Notwendigkeit einer übergreifenden pädagogischen Zielkategorie erweist sich auch daran, daß in manchen neueren, jedenfalls in sich kritisch verstehenden pädagogischen Theorien zwar z. T. auf den Bildungsbegriff verzichtet wird, aber nicht im Sinne einer gleichsam „ersatzlosen Streichung“, sondern so, daß an seine Stelle, aber in analoger Funktion, andere Zentralbegriffe treten. Begriffe wie „Emanzipation“ oder „Selbst- und Mitbestimmungsfähigkeit“ im Sinne oberster Lernziele oder allgemeinster Prinzipien für Lernzielbestimmungen sollen strukturell genau das gleiche leisten wie die Kategorie der Bildung: sie bezeichnen nämlich zentrierende, übergeordnete Orientierungs- und Beurteilungskriterien für alle pädagogischen Einzelmaßnahmen.

Diesem systematischen Argument tritt nun ein historisches zur Seite: Es läßt sich zeigen, daß jener keineswegs uniforme, sondern aspektreiche Bildungsbegriff, wie er im Zeitraum zwischen etwa 1770 und 1830 entwickelt und erst seit dieser Zeit zu einem Zentralbegriff geworden ist – bei Lessing, Herder und Kant, Goethe und Schiller, Pestalozzi, Diesterweg und Fröbel, Schleiermacher, Herbart und Humboldt, Fichte und Hegel – ein durchaus kritisch-progressiver, nicht zuletzt ein teils ausdrücklich, teils mindestens potentiell auch gesellschaftskritischer Begriff gewesen ist. [...]

Ein zeitgemäßes Allgemeinbildungskonzept muß daher Lernbereiche, Lernangebote und immer auch Lernanforderungen enthalten, die nicht nur *oder nicht* direkt *durch ihren notwendigen Beitrag zur Auseinandersetzung mit den brennenden Zeitproblemen gerechtfertigt sind, sondern Zugänge zu unterschiedlichen Möglichkeiten menschlichen Selbst- und Weltverständnisses und zu kulturellen Aktivitäten (im weitesten Sinne dieses Wortes) öffnen – von der subjektiven Seite aus gesehen: zur Vielzahl möglicher, relativ frei wählbarer individueller Interessenschwerpunkte. [...]*

Dazu ist es vor allem notwendig,

erstens Offenheit dafür zu gewinnen, neue Erfahrungen machen zu können und machen zu wollen, das bisherige eigene Wissen, den bisherigen Erkenntnisstand, die bisherigen Deutungsmuster in Frage zu stellen;

zweitens Grundkategorien zu gewinnen, in deren Spur man an neue Erfahrungen, Positionen, Entwicklungen Fragen stellen kann: Wie kommt das? Wie wird das begründet? Ist das eine Feststellung, eine Vermutung, eine Behauptung? Was für Folgen könnte das haben? In welchen Zusammenhängen steht das? In wessen Interesse liegt das? Was könnte das für mich, für andere bedeuten?

Drittens muß man Wege und Verfahren und wiederum: die Bereitschaft erlernen, neue Informationen einzuholen und zu verarbeiten: von der Benutzung von Nachschlagewerken bis zur Bibliothekskartei, vom Lesen von Statistiken bis zur kritischen Nutzung der Zeitung, des Rundfunks, des Fernsehens, des Volkshochschulangebots, in Zukunft in zunehmendem Maße gewiß auch der elektronisch gespeicherten und abrufbaren Informationen; vom sachbezogenen Gespräch über die gezielte Befragung und Erkundung bis zur Nutzung der zahlreichen Beratungsinstitutionen, von der Berufs- über die Verbraucher- bis zur ärztlichen oder der Familien-, Partner- und Eheberatung ...“

Als Begründer und Vertreter der „Bildungstheoretischen Didaktik“ ist *Klafki* gewiss enorm populär geworden – so wie *Lothar Klingberg* in der einstigen DDR.

Wenn man seine „Bildungstheoretischen Schriften“ jedoch anspricht, stößt man häufig auf Schweigen. Didaktisches von ihm erreicht bis heute höchste Auflagen; Bildungstheoretisches ist vergessen und vergriffen.

Habent sua fata libelli –
Bücher haben so ihre Schicksale.

So war auch er nie ein *in-liner*, eher ein Außen-Stehender: *Wolfgang Klafki.*

*
* *

Mit diesem dreifachen Aufweis wollen wir es belassen – durchaus in dem Bewusstsein, dass der eine oder andere Akzent hinzugefügt werden könnte und manche Kollegen womöglich pikiert sind, zumal doch gerade ihr Beitrag ... Ich bleibe dabei: Über die hier referierten Beiträge zum Problem einer allgemeinen Bildung in der zweiten Hälfte des 20. Jahrhunderts hat es keine wesentlichen Ergänzungen, Theoriefortschritte oder entscheidende Korrekturen gegeben. Spätere Generationen mögen mich eines Besseren belehren oder auch bestätigen, bitte aber nicht diejenigen, denen dieses Manko angekreidet wird. Vielleicht ist aber über Bildung grundsätzlich gar nichts mehr Neues zu sagen, wohl aber neuerlich etwas zu sagen ... Wie auch immer: Die zweite Hälfte des 20. Jahrhunderts erlebte Bildung in dürftiger Zeit und hat viele ihrer überkommenen Probleme hinter einer „symbolischen Politik“ verborgen, die *Ulrich Raulff* treffend wie folgt kennzeichnet: Sie ist „die Kunst, mit Worten und Gesten eine Präsenz politischer Kräfte und Entscheidungen zu simulieren“[23], aber ansonsten wenig zu ihrer Lösung beizutragen. Weiterhin sind wir (in Europa bzw. in der Tendenz weltweit) u. a. mit folgenden Problemen, Bedrohungen, Gefahren und Dilemmata konfrontiert, nämlich mit

- der Kluft zwischen Armut und Reichtum,
- dem Hunger und Elend von immer mehr Menschen,
- der ökologischen Zerstörung von Wasser, Luft und Boden,
- dem international operierenden Terrorismus,
- der höchst professionell arbeitenden und organisierten Kriminalität speziell des Drogenhandels, mit
- zur Zeit noch nicht zu heilenden, aber unvorstellbar gefährlichen Krankheiten wie Aids, der Vogelgrippe oder der Creutzfeldt-Jakob-Krankheit bzw. BSE,
- einer gigantischen Arbeitslosigkeit ...

Aber auch latente Probleme machen uns zu schaffen – zum Beispiel:

- eine tief greifende Sinn- und Wertekrise,
- eine weit verbreitete Kinderfeindlichkeit,
- ein immer schnöder sich zeigender Egoismus,
- ein dramatisch fortschreitender Bedeutungsverlust des Religiösen bei gleichzeitiger Kompensation durch Sekten, Drogen, grandios inszenierte Fußballereignisse etc.,
- Machtzusammenballungen, vor allem in weltweit operierenden Konzernen oder auch die
- Narkotisierung eines Großteils der Menschen mit Hilfe elektronischer Bildmedien, die mittlerweile fast die gesamte Freizeit 'beherrschen' und eine Art Schein-Welt, eine Telekratie und Handylogie aufgebaut haben, die aber für viele zur eigentlichen Welt geworden ist ...

All diese u. a. Kennzeichnungen sollen keiner Verfallstheorie Vorschub leisten, auch keine negative Anthropologie etablieren. Denn es ließe sich sofort eine Gegenliste aufmachen, zumal viele Merkmale auch ihre jeweilige Antinomie in sich bergen:

- Das Fernsehen kann gewiss verdummen, aber auch neue Horizonte öffnen.
- Der Fußball kann wunderbar unterhalten, aber auch zur Droge werden.
- Es gibt nette Egoisten (NEGOS), denen Kinder lästiger sind als Hunde, aber auch liebevolle Eltern.
- Zur Zeit leben allein in Afrika etwa 3,6 Millionen Kinder, die ihre Eltern durch Aids verloren haben, aber es gibt auch Wellen von Hilfsbereitschaft durch Aktionen wie MISEREOR, UNICEF oder diverse Künstlergalas ...

Darüber hinaus muss die historische Dimension beachtet werden: Mit Problemen war und ist der Mensch konfrontiert, seit er zu denken begonnen hat und sich auf den Weg machte, aber: Heute hat er neue Gefahren zu sehen und muss neue Bedrohungen bewältigen, die es weder bezüglich ihrer Qualität noch Quantität in seiner Geschichte gegeben habt. Sie werden einerseits immer unsichtbarer und andererseits immer größer. *Philip Roth*, der geniale amerikanische Schriftsteller (Jg. 1933), schreibt in einem seiner frühesten Romane: „Du kannst dir nämlich von allen Menschen ein falsches Bild machen, wenn du ausschließlich auf ihre Schwächen achtest.“[24] Es geht also weder um eine Pejoration des Bildes vom Menschen, ein Schlechtermachen als er ist und sein könnte; es geht auch nicht um eine Leugnung der Vergangenheit des Menschen, ein Ignorieren seiner leidvollen Geschichte; aber seine Schwierigkeiten und Antinomien, seine Probleme und Aporien gilt es ebenso wahrzunehmen wie seine Stärken und Hoffnungen, seine Chancen und Erfolge. Nur eines dürfen wir nicht tun: Illusionen wecken und nach ihnen handeln wollen. Dann geht es uns wie jenem „Hans-guck-in-die-Luft“, der nur in die Wolken gaffte und böse ins Wasser fiel[25]. An zwei Beispielen sei deutlich gemacht, wie gefährlich die äußeren und die inneren Bedrohungen geworden sind. Die erste wird sichtbar an einer

Blutspur des Terrors

Die verheerendsten Anschläge seit dem 20. März 1995:

20. März 1995: Die japanische AUM-Sekte verübt einen Giftgas-Anschlag in der Tokioter U-Bahn. Die Bilanz: zwölf Tote, 5000 Verletzte.

19. April 1995: 168 Menschen kommen bei einem Bombenattentat auf ein Regierungsgebäude im US-Bundesstaat Oklahoma ums Leben. Der Attentäter Timothy McVeigh wird 2001 hingerichtet.

7. August 1998: Fast zeitgleich sind die US- Botschaften in Nairobi (Kenia) und Daressalam (Tansania) Ziel von Anschlägen. Allein in Nairobi sterben 219 Menschen, 5000 werden verletzt. El Kaida bekennt sich zu dem Massaker.

11.September 2001: El-Kaida-Terroristen bringen drei Passagierflugzeuge in ihre Gewalt, zwei lenken sie in die beiden Türme des World Trade Center in New York. In den Trümmern sterben über 3000 Menschen.

11. April 2002: Auf der tunesischen Ferieninsel Djerba explodiert ein mit Gas beladener Lkw vor einer Synagoge: 21 Tote, darunter 14 Deutsche.

13. Oktober 2002: Auf der Ferieninsel Bali kommen 202 Menschen bei einem Anschlag auf eine Diskothek ums Leben. Islamisten bekennen sich zu der Tat.

23. Oktober 2002: 41 Terroristen nehmen in einem Moskauer Musicaltheater 800 Besucher als Geiseln. Bei der Befreiung sterben 130 Geiseln und alle tschetschenischen Terroristen.

20. November 2003: In Istanbul explodieren Bomben vor britischen Einrichtungen. 30 Menschen sterben.

11. März 2004: In Madrid explodieren im morgendlichen Berufsverkehr 10 Bomben in vier verschiedenen Zügen, wobei fast 200 Menschen sterben und etwa 1.500 z. T. schwer verletzt werden. Wieder übernimmt El Kaida die Verantwortung.

7. und 23. Juli 2005: Bei Terroranschlägen in London und Scham al Scheich verlieren fast 150 Menschen ihr Leben.

Diese erschreckende Blutspur könnte uns zu weiteren führen: Die baskische **ETA** (**E**uskadi **T**a **A**zkatasuna/Das Baskenland und seine Freiheit) hat in eben diesem Namen seit ihrem Bestehen (1959) über 800 Menschen ermordet – von der **IRA** (der **I**rish **R**epublican **A**rmy) oder den palästinensischen Selbstmordkommandos der **Hisbollah** oder der **Al-Aksa-Brigaden** sei erst gar nicht die Rede. Entscheidend ist der Hinweis, dass die (symbolische) Politik diesem (realen) Terrorismus immer hilfloser gegenübersteht, schlimmer noch: Sie sieht gar nicht (ein), dass und warum der grassierende internationale Terrorismus das Erbe einer gewaltsamen Nationalitätenpolitik des 19. und 20. Jahrhunderts ist. Und weil sie dies nicht einsieht, dort nicht hinsieht, sondern über eine Militarisierung und Ökonomisierung der Politik glaubt, mit diesen Bedrohungen fertig zu werden, fällt sie auf die Nase, steht wieder auf und taumelt hilflos weiter – zur nächsten Gedenkrede ...

Das zweite Beispiel mag auf den ersten Blick völlig deplatziert wirken, zumindest in einem Buch wie diesem – und doch illustriert der folgende Zeitungsausschnitt treffend unsere inwendige Bedrohung: Wir sind dabei, an einem schnöde ausgelebten, hingenommenen oder auch hofierten Egoismus zugrunde zu gehen, auch moralisch zugrunde zu gehen.

Aus › Frankfurter Allgemeine Zeitung, Nr. 56, vom 6.3.2004, Seite 11

Keine Bordellbesuche auf Sozialhilfe

Urteil in Ansbach

Ansbach, 5. März (dpa). Auch bei mittellosen einsamen Ehemännern muß das Sozialamt nicht für Bordellbesuche und Pornohefte aufkommen. Mit diesem Urteil hat das Verwaltungsgericht Ansbach am Freitag einen Antrag eines Sozialhilfeempfängers abgelehnt. Die Kosten für Bordellbesuche seien mit dem Regelsatz der Sozialhilfe in Höhe von mindestens 287 Euro im Monat abgegolten. Der mit der Thailänderin verheiratete Arbeitslose kündigte Berufung an. Der 35 Jahre alte Franke verwies vor Gericht auf seine "erheblichen sexuellen Bedürfnisse". Da seine Frau seit der Geburt des gemeinsamen Sohnes im Jahr 2002 in Thailand lebe, brauche er Bordellbesuche "zur Wiederherstellung meines psychischen und physischen Gleichgewichts". Um seinen Sexualtrieb zu befriedigen, verlangte er vom Sozialamt, die Kosten von monatlich vier Bordellbesuchen samt Fahrt nach Nürnberg in Höhe von jeweils 125 Euro zu übernehmen. Außerdem sollte ihm die Behörde monatlich acht Pornofilme, zwei monatlich erscheinende Kontaktmagazine sowie Hilfsmittel zur Selbstbefriedigung erstatten.

DU BIST NICHTS, DEIN VOLK IST ALLES! – so skandierten die Nazis. Heute lautet für viele die Parole: ICH BIN ALLES UND DU BIST NICHTS! Das obige Beispiel ist kein Scherz und auch keine exotische Ausnahme. (Übrigens fallen die Kosten des Verfahrens der Staatskasse zur Last.) Es ist ein Exempel unter vielen ähnlichen Ereignissen, Einstellungen und Ansichten: ICH WILL ALLES UND ZWAR SOFORT, um einen Schlager von *Gitte* zu zitieren. Inwiefern die Kulturrevolution der 68er dazu beigetragen hat, ist wegen des noch relativ geringen Abstands heutzutage nur schwer auszumachen. Bei allem Verdienst (was den Herrschaftsabbau und damit eine stärkere Demokratisierung der Gesellschaft betrifft) wird man ihr wohl den Vorwurf nicht ersparen dürfen, häufig übertrieben, pauschalisiert, provoziert oder auch das Augenmaß verloren zu haben. Ein Beispiel: *Adriano Sack*, Sohn eines nicht unbekannten Soziologieprofessors, beschreibt in seinem Buch über unsere schwer erziehbaren Mütter und Väter auch seine eigene Kindheit: Er durfte fast alles, sogar seinen Vater mit einem Revolver bedrohen, der daraufhin, vor dem dreijährigen Knirps auf dem Boden sitzend, die Hände hebt. Die Mutter trug bodenlange indische Hippi-Kleider und an den Satz erinnert sich *Sack* gewiss nicht zufällig: „Ich hoffe, dein Vater hat bald mal wieder eine Freundin, dann lässt er mich wenigstens in Ruhe."[26] Und die Erziehungspraxis in den 60er und 70er Jahren sah in diesem Milieu in etwa so aus:

„Über die Zeiten, zu denen wir nach Hause mussten, diskutierten unsere Eltern ausführlich mit uns. Ebenso über Taschengeld, schulische Leistungen und die erste Freundin. Interessant dabei: Ich bekam schneller die Erlaubnis, zur Friedensdemo nach Hamburg zu fahren, als abends in die Disco zu gehen. Und auf geschliffene Umgangsformen legten sie keinen besonderen Wert: lieber unerzogene Kinder als den Ruf zu haben, von gestern zu sein. Also ging ich nicht zur Tanzstunde, lernte keinen Krawattenknoten, beherrsche die Regeln, wie man sich und andere in Gesellschaft vorstellt, bis heute nur mangelhaft ... Wir, die Kinder der experimentierfreudigen, antiautoritären, widersprüchlichen Eltern lieben sie eben dafür. Immerhin hatten sie gute Gründe für ihre Suche nach neuen Wegen."[27]

Und wie sehr diese Generation ihre Kinder und mittlerweile auch ihre Enkel geprägt hat, macht *Sack*s abschließende Bemerkung deutlich:

„Aber als ich ihn und meine Mutter am Weihnachtsabend um zwei Uhr morgens im Whiskeyrausch zu Michael Jackson auf dem Sofatisch tanzen sah, hatte ich doch das Gefühl, dass diese Generation etwas ganz Besonderes ist. Meine beiden Geschwister und ich tanzten natürlich mit. Und haben uns da ganz wohl gefühlt."[28]

Ich habe jedenfalls meine Eltern weder je in einem Whiskeyrausch erlebt noch auf einem Sofatisch tanzen sehen und ich habe gute Gründe zu der Annahme, dass dies meiner Bildung nicht unförderlich war.

Auf drei Probleme sei etwas näher eingegangen, zumal sie uns nicht nur nach meinem Dafürhalten die nächsten Jahrzehnte auf erschreckende Weise zu schaffen machen werden. Es sind diese:

- der internationale Terrorismus,
- das Versagen unserer Eliten und
- die grassierende Kinderfeindlichkeit.

Zum Terrorismus:

Es ist mittlerweile mehr als 25 Jahre her, dass ich – auch öffentlich – zum ersten Mal davor gewarnt habe: Wer zwei Drittel der Menschheit hungern und dürsten lässt, sie um Freiheit und Würde betrügt, ihnen die Zukunft raubt, muss sich nicht wundern, wenn in seinen schmucken Vorgarten Brandsätze geschleudert und seine Züge in die Luft gejagt werden. Ich erntete damals, auch vor Lehrern, im besseren Fall ein mildes Lächeln, im schlechteren empörte Buhrufe. Und doch bleibt es eine zu erinnernde Tatsache: Wir haben es nach 1945 versäumt, eine gerechtere Weltordnung zu schaffen – die Generationen des 21. Jahrhunderts werden die Erben dieser unserer Schuld sein. Eine letzte Hoffnung keimte auf, als *Willy Brandt* zwei Jahre nach seinem Rücktritt als Bundeskanzler (1974) Präsident der Sozialistischen Internationale wurde (von 1976–1992) und die Nord-Süd-Kommission (von 1977–1983) leitete bzw. auf *diesen* globalen Konflikt hin zu aktivieren versuchte[29]. Bekanntlich ist er an den schieren Machtinteressen des querliegenden Ost-West-Konfliktes und den Hegemonialansprüchen der beiden Paktsysteme unter Führung der USA auf der einen und der UdSSR auf der anderen Seite gescheitert. *Willy Brandt* resignierte zum Schluss. Seine wenigen Verbündeten wurden ermordet: wie *Salvador Allende* (1908–1973), *Olof Palme* (1927–1986) oder *Itzhak Rabin* (1922–1995); sie wurden abgewählt: wie *Bruno Kreisky* (1911–1990) oder *Felipe Gonzales* (geb. 1942); sie zogen sich zurück: wie *Mario Soares* (geb. 1924); oder sie gingen außer Landes: wie *Michail Gorbatschow* (geb. 1931). Geblieben aber ist das Problem, das pädagogisch wie folgt bezeichnet werden muss: Der Mensch ist kein Mensch zum Menschen, wenn er ihn ausbeutet, unterdrückt, verführt, belügt und betrügt – ob welt- oder landesweit oder 'nur' privat. Er züchtet seine eigenen Henker. Um es Missverstehenden schwer zu machen: Kein einziger Terrorakt, vor allem gegenüber „unschuldigen Zivilisten“, ist zu rechtfertigen. Aber diese Legitimationsabsage darf das Nachdenken über die Ursachen und Motive des Terrorismus nicht verhindern. Und solange wir die Ursachen und Folgen der gigantischen Ungerechtigkeit unter den Menschen nicht wenigstens zu beseitigen *versuchen*, können wir noch so viele „Anti-Terror-Koordinatoren“ ernennen, Soldaten in die „Unruhegebiete“ schicken, „Gesetze“ verschärfen oder „Kontrollen“ ausüben ... Die Gewalt wird dadurch nur größer. Gewalt sinkt (nicht gleich, aber letztlich) nur vor der Gerechtigkeit und vor der Liebe in die Knie. Und gerecht bzw. liebevoll ist es, wenn die gesamte wohlhabende Welt ihren Wohlstand Schritt um Schritt um etwa die Hälfte reduziert – zugunsten der zwei Drittel, die im Elend leben, seit Generationen im Elend leben. Ein Mann wie *Karlheinz Böhm* (geb. 1928) hat durch sein sich vor allem in Äthiopien engagierendes Hilfswerk „Menschen für Menschen“ den Aus-Weg beispielhaft vorgezeichnet. Dort (das heißt in seinen Dörfern) gibt es keine Selbstmordattentäter, Terroristen oder Untergrundarmeen – Zäune, Mauern, Panzer und Kapitalmärkte freilich auch nicht ...

Zum Versagen unserer Eliten:

Manchmal muss man nur eine einzige Zeitungsausgabe gründlich lesen, um ein Problem zu erkennen – zum Beispiel die *Berliner Zeitung*, Nr. 73, vom Freitag, den 26.3.2004. Da wird (auf S. 13) berichtet, dass der Vorstandsvorsitzende der Deutschen Bank *Josef Ackermann* im Jahr 2003 insgesamt 11,1 Millionen Euro „ordnungsgemäß“ verdient hat – Nebeneinnahmen nicht gerechnet. Das ist übrigens derselbe Mann, der vor dem Düsseldorfer Landgericht, vor dem er sich im Zusammenhang mit der Annahme von Prämienzahlungen in zweistelliger Millionenhöhe wegen des Verdachts der Untreue (nicht der Bestechung) nach der im Jahre 2000 vollzogenen Übernahme von *Mannesmann* durch *Vodafone* zusammen mit einigen anderen Herren verantworten musste und siegessicher das Victory-Zeichen demonstrierte. 30 Unternehmen sind im Deutschen Aktienindex (DAX) notiert; acht von ihnen teilten der *Corporate Gervanance* die Bezüge ihrer jeweiligen Vorstandschefs mit; die Summe belief sich 2003 auf insgesamt 26,7 Millionen Euro ... Auf der Seite 29 der *Berliner Zeitung* lese ich, dass Deutschlands zum Teil marode Kulturdenkmäler im Jahre 2004 mit insgesamt 15,6 Millionen Euro rechnen dürfen, so dass sie wenigstens notdürftig restauriert werden können ... Und schließlich berichtet dieselbe Ausgabe der *Berliner Zeitung* auf Seite 19: „Kinder haben am Mittwoch in Wedding eine 82-jährige Frau überfallen. Laut Polizei hatten zwei zwölfjährige Jungen und ein 14-Jähriger ... der Rentnerin die Handtasche entrissen, wobei die Frau stürzte.“ Sie wurden geschnappt, von den Polizisten befragt, aber: „Dann mussten sie die beiden strafunmündigen Zwölfjährigen wieder laufen lassen. Sie wurden von ihren Müttern abgeholt. Auch der 14-Jährige wurde nach Aufnahme seiner Personalien wieder freigelassen ...“ Wirtschaftliche Macht langt schamlos nach immer mehr (Geld, Einfluss, Herrschaft), scheut keine Moral und keinen Trick und ist zum Teil korrupt bis in die Knochen. Währenddessen darbt die Kultur, die Bildung, die Schule. Und währenddessen verkommen viele unserer Kinder. Von einer Herrschaftselite wird man sprechen müssen, nicht von einer Verantwortungselite, wenn es gilt, einen großen Teil unserer Wirtschaftsbosse zu kennzeichnen. Wenn einer von ihnen, wie der einstige Telecom-Chef *Ron Sommer*, das Unternehmen an den Rand des Zusammenbruchs führt, darf er, wenn er denn rechtzeitig geht, mit einer zweistelligen Millionenabfindung rechnen; eine Frau, die an einem Donnerstagabend, mit etlichen Taschen behangen und ein Kind an der Hand haltend, den Ku-damm-Bus ohne zu bezahlen benutzt hatte, wurde demgegenüber von zwei Kontrolleuren wie eine Schwerverbrecherin behandelt und – mit Kind und Taschen – zur nächsten Polizeidienststelle gebracht. Daran zeigt sich das Wesen der Herrschaftselite: Sie will stets mehr und misst mit zweierlei Maß – was sie beansprucht, hat nur für sie Gültigkeit. Demgegenüber weiß die Verantwortungselite, wann sie genug und folglich ihr *cela suffit*! zu sprechen hat und dass moralische Imperative nicht partikulare, sondern generelle Gültigkeit zu beanspruchen haben.

Ohne unnötig zu polemisieren oder zu pauschalisieren, wird man sagen müssen: Unter den in unserer Gesellschaft ökonomisch Mächtigen, ob in der Wirtschaft, im Sport oder im Showbusiness, ist an die Stelle einer dringend notwendigen Verantwortungsethik häufig eine skrupellose Geldgier getreten, wobei das eigentliche Skandalon darin liegt, dass sich immer weniger Zeitgenossen darüber aufregen ...

Vielleicht passt in diesen Zusammenhang ein kurzer Bericht, wie ich ihn wenige Tage nach dem vorangegangen Erlebnis in mein Tagebuch aufgenommen habe. Dabei geht es nicht um mich oder die kleine Gruppe der Gefährten bzw. um unser hoffentlich nicht sinn- und nutzloses Tun – es geht, in diesem Fall, um *Kevin* und sein von uns viel zu selten und zu wenig beachtetes Elend:

6. Beispiel: Kevin ohne Haus

Samstag, am 1. Mai 2004, früher Abend, Skalitzer Straße, nahe dem Schlesischen Tor, mitten in Berlin-Kreuzberg. Wie im letzten Jahr haben wir vereinbart, straßenweise zu agieren: dasein, hinsehen, mitreden, aushandeln... Wir, das sind einige Pädagogen und Kirchenleute, die es leid sind, jedes Jahr die gleichen Fernsehbilder anschauen zu müssen, sondern die mithelfen wollen, dass die 1. Mai-Krawalle so gewaltarm wie möglich ablaufen. Jeder Stein, der nicht geschleudert und jedes Auto, das nicht angezündet wird, jede Faust, die nicht zuschlägt und jeder Fuß, der nicht tritt, ist ein Erfolg – so unsere Legitimation.

Nachdem es tagsüber ziemlich ruhig geblieben war, offensichtlich wegen der Feierlichkeiten zur EU-Osterweiterung, spüre ich jetzt, gegen 20 Uhr, eine aufkommende Unruhe, Erregung, Spannung. Zieht nicht doch noch das gefürchtete Gewitter auf? Ich beobachte einen 13- oder 14-jährigen schmächtigen Jungen, der Papierkörbe aus ihren Halterungen zu reißen und den Inhalt anzuzünden versucht, wobei aus dem handlangen Feuerzeug eine gefährlich lange Flamme schießt, wann immer das Bürschchen seine „Waffe“ anknipst. Polizeisirenen sind in der Ferne zu hören; an den Fenstern hängen Zuschauer herum und etliche rufen aufmunternde Worte herunter; vor allem junge und alkoholisierte Männer fallen mir auf, American T-Shirts tragend, aber anti-amerikanische Parolen grölend. Ich gehe auf mein Bürschchen zu und frage ihn, ohne lange zu fackeln:

„Geh'ste mit mir'n Döner essen oder soll ich dir die Ohren lang ziehen?“

Zwei Glupschaugen starren mich an und zwei schrecklich abstehende Ohren zittern vor Wachsamkeit.

„Also, wat is?“, setze ich energisch nach, „Döner-essen oder Ohren-lang-ziehen?“

Das Kerlchen entscheidet sich für den ersten Vorschlag. Und ich weiß, wo man auch jetzt noch einen Döner bekommt.

Kurz darauf kommen wir ins Gespräch, über dies und das – auch über Papierkörberausreißen und Feuer-legen. Sein häufigster Beitrag lautet „Wieso?“. Wieso ist das verboten? Wieso ist das gefährlich? Wieso soll man nicht mal zuschlagen? Wir reden, streiten, begründen, rechtfertigen und allmählich wird eine gemeinsame Verabredung sichtbar: Du reißt keine Papierkörbe mehr raus und ich bleibe cool und lass' die

Polente aus dem Spiel! Und während mein Früchtchen „den zweten Döner vadrückt", gehen mir drei Fragen durch den Kopf:

Hat je ein Erwachsener mit diesem Jungen über Regeln und Gesetze, über Gewalt und ihre Folgen, über Einzelrechte und Verpflichtungen gegenüber der Gemeinschaft gesprochen? Jemals?

Wo sind die Väter dieser verwahrlosenden Kids – Väter, die sie in diese Welt gesetzt und schnellstmöglich verlassen haben? Und schließlich:

Was soll, was kann, was wird aus diesem sympathischen Rabauki werden? Er ist einer von jenen rund 4000 hartnäckigen Schulschwänzern in Berlin, lebt von Sozialhilfe, mal bei der Mutter, mal bei deren Schwester ... Welche Biografie wird er sich zurechtbasteln – ohne Schulabschluss, Familie, eine Gemeinde, einen Verein, einen Beruf?

Auf die Innenflächen seiner Hände hat mein Gegenüber mit einem Filzstift zwei nicht ganz korrekte Hakenkreuze gemalt. Wer *Hitler* war, weiß er nicht. Und vom Nationalsozialismus hat er keine Ahnung. „Aber so wat is echt geil!", schreit er mir plötzlich ins Gesicht. „Nackt rumlofen interessiert keinen Schwanz mehr. Aber so wat hier zeigen, dat is geil!"

Mich würde nicht wundern, wenn fleißige Jugendforscher demnächst wieder neonazistische Tendenzen, jetzt sogar unter Kindern, ausfindig machen, anstatt über die Nicht-Erziehung der Erwachsenen zu forschen. Sie, die Erwachsenen, sind oft nicht da; sie sehen (nicht hin, sondern) weg; sie reden nicht mehr mit den Kindern (auch nicht mit den eigenen) und handeln keine Verbindlichkeiten aus (schon gar keine Regeln). *Rousseau* hat in seinem grandiosen Erziehungsroman „*Emile*" (von 1762) die zentrale pädagogische Aufgabe wie folgt formuliert: „Wenn man Kindern etwas beibringen will, muss man viel Zeit verlieren, um desto mehr zu gewinnen."

Erziehung heißt nun mal: Inne-halten und Halt-geben. Weil aber immer mehr Erwachsene keine Zeit verlieren wollen, sind sie arm dran und können keinen Halt mehr denen geben, die so dringend und nötig Halt benötigen. Wenn das eine Gesellschaft nicht mehr begreift, betreibt sie ihre eigene Zerstörung – Agenda hin, Agenda her. Das, was zuallererst getan werden muss (*agendum est*), lautet: Wir müssen wieder erziehen – und dann besser unterrichten sowie umfassender bilden. Zu allen anderen „Reformen" gibt es Alternativen, zur Erziehung aber gibt es nichts außer – Erziehung.

„Ich heiß' übrigens *Kevin*", sagt mein Dönervertilger zum Abschied, grinst, wackelt mit den Ohren und flitzt davon.

Ob unser Gespräch etwas genützt hat, weiß ich nicht. Ich weiß nur, dass *Kevin* eine gute Stunde lang weder Papierkörbe aus den Halterungen gerissen noch Feuer gelegt hat, in der Nacht vom 1. auf den 2. Mai 2004 nicht hungrig zu Bett gehen musste und seitdem weiß, dass „*Adolf*" (mit *f*, und nicht wie sein Opa mit *ph* geschrieben wird) ein schlimmer Verbrecher war. Und ich habe, durch *Kevin*, neuerlich erfahren, dass man als Erwachsener in jedem Kind einen *Tom Sawyer* oder *Emil Tischbein*, eine *Becky Thatcher* oder *Pippi Langstrumpf* sehen muss, wenn man erziehen will. Denn vor aller *Er*ziehung steht eine *Be*ziehung zu diesem konkreten Kind. Eine gute Stunde Gewissheit und eine wieder gewonnene Erfahrung ... Wäre mehr möglich gewesen an diesem Abend?

Und die Politik? Ist wenigstens diese akzeptabel? Werden wir von gebildeten Politikern regiert? Bleiben wir bei der *Berliner* und nehmen die *Frankfurter Allgemeine Zeitung* (Nr. 72, vom 25.3.2004, S. 3) hinzu. Am 11. März 2004 explodierten in Madrid zehn Bomben in vier verschiedenen Zügen, wobei etwa 1.500 Menschen zum Teil schwer verletzt und fast 200 getötet wurden. Einige Tage später brach der damals scheidende achte Bundespräsident *Johannes Rau* zu seiner letzten Staatsvisite nach Afrika auf. Am Mittwoch, am 24. März, war ein Besuch in Djibouti (bei deutschen Soldaten) vorgesehen, jedoch: Sicherheitskräfte bzw. Geheimdienste warnten einen Tag vorher vor einem möglichen Attentat, so dass *Rau* auf den Abstecher zum Horn von Afrika verzichtete und beschloss, früher als geplant nach Deutschland zurückzufliegen. „Seine letzte Nacht als Bundespräsident in Afrika soll beginnen – und das ausgemacht fröhlich. Der deutsche Botschafter in Tansania hat einige hundert Gäste geladen“, schreibt die *FAZ* und fährt fort: „Der Lärm steigt schnell an im fensterlosen Festsaal. Kaum einer der Schwitzenden bemerkt, daß der Bundespräsident und seine Frau noch fehlen. Die beiden sitzen ganz oben im Hotel, im siebten Stock, umgeben von ihren engsten Mitarbeitern. Rau telefoniert mit Deutschland.“ Danach geht man feiern, und jetzt kommt's: „Entspannt und zugleich aufgekratzt erscheint er unten im Hotel mit seiner Frau. Der deutsche Botschafter kündigt den Gast an, der dann auf der Bühne am Mikrofon erst Weiße und dann Schwarze zum Lachen bringt. In dieser Reihenfolge, weil seine Worte ins Englische übersetzt werden. Rau reißt Pastorenwitze, wie auf einem Schützenfest in Wuppertal. Er verspricht, als Pensionär noch oft nach Afrika kommen zu wollen und ruft unter dem Jubel der Gäste: ‘Gott segne Tansania’! Der Empfang endet um neun Uhr abends, zu früh für den geselligen Bundespräsidenten. Wie an vielen Abenden zuvor hat er auch diesmal sein Team ... zum Gute-Nacht-Trunk in seine Lounge im siebten Stock gebeten ... Später telefoniert der Bundespräsident über sein Handy mit einem Freund: Der berichtet von Bußgelderhöhungen auf Raus Ferieninsel Spiekeroog für jene, die dort ihre Hunde nicht anleinen. Rau erzählt später beim Bier noch heitere Geschichten aus seinem Leben. Mitternacht ist vorbei, zwanzig Minuten später der letzte Witz erzählt ...“

Während in diesen Frühlingstagen und –wochen viele Menschen zutiefst verstört sind und voller Angst weitere Anschläge fürchten, reißt der höchste Repräsentant unserer Republik Witze – diesmal auf Kosten von Pfarrern. Und wer ihm je auf Spiekeroog begegnet ist, kennt seine Geschwätzigkeit, seinen Redezwang und seine mitunter peinlichen Witze, mit denen er jeden zu behelligen pflegt, so dass viele diese wunderschöne Insel meiden, wenn *Rau* dort in seinem Ferienhaus ist. Noch einmal sei gefragt: Werden wir von gebildeten Politikern regiert oder wenigstens repräsentiert? Die einen sind bestechlich, andere geschwätzig; hier ein Skandal, dort ein Fauxpas; gestern ein hinterhältiges Machtspiel, heute ein peinlicher Abgang ... Der Namen sind viele. Und da man in Deutschland die Fröhlichen und die Witzigen nicht gerne kritisiert, muss man schon die ausländische Presse lesen. So beurteilen die *Salzburger Nachrichten* (zit. in der *Berliner Zeitung* vom 26.3.2004, S. 4) die Entscheidung des Bundespräsidenten, nach einer Terror*warnung* seine Afrikareise abzubrechen, wie folgt:

> „Rau hat zum Ende seiner Reise durch mehrere Staaten Afrikas ein Signal gesetzt, wie es schlechter und gefährlicher nicht hätte sein können. In der Tat hat Rau zu rasch auf die Empfehlungen seiner Sicherheitsleute gehört. Einmal, weil er damit den deutschen Marinesoldaten signalisiert, die Sicherheit seiner Entourage sei wichtiger als jene der Soldaten, denn die müssen bleiben, wo es für den Präsidenten und sein Gefolge zu unsicher war. Zum anderen aber schickt das Zurückweichen schon vor einer bloßen Drohung das Signal aus: Seht her, wir fürchten uns. Dies gibt gefährlichen Terroristen und ebenso gefährlichen Wirrköpfen Auftrieb und Bestätigung. Es dokumentiert, dass deutsche Politiker kneifen, sobald es brenzlig wird."

Es gehört zur Bildung eines Politikers, eines jeden *Zoon politicon*, das Gemeinwohl zu hüten und zu mehren; Bedingungen zu schaffen, die der Wohlfahrt aller dienlich sind; Gesetze zu beschließen und anzuwenden, unter denen Freiheit, Gerechtigkeit und Geschwisterlichkeit gedeihen – so haben sie es geschworen, so wahr ihnen Gott helfe. Erleben, haben, kennen wir solche Politiker? Ich möchte nicht allen Politikern gute Absichten und gelungene Bemühungen absprechen, aber: Sind nicht viele, allzu viele, süchtig nach Macht, Einfluss und Herrschaft? Versessen auf Privilegien? Geil nach Publicity? Unfähig zuzuhören? Arrogant? Populistisch? Vollmundig? Wahltaktisch? Noch einmal *Rau*, der in einem Interview der Journalistin *Evelyn Roll* (vgl. DER TAGESPIEGEL, Nr. 18432 vom 28.3.2004, S. 38) den ihn selbst entlarvenden Vergleich unterbreitete, als er meinte: „Mit der Politik ist es wie mit den Erdnüssen. Wenn Sie auf einer Party sind und da stehen Erdnüsse rum, nehmen Sie im Vorübergehen zwei, drei Erdnüsse. Dann gehen Sie wieder hin und nehmen eine Hand voll. Bald merken Sie, ich kann gar nicht aufhören mit den Erdnüssen, weil Sie immerzu und immer mehr von diesem Geschmack auf der Zunge haben wollen." So weit der Politiker *Rau*, der bei seiner Selbstanalyse jedoch eine Täuschung suggeriert: Er unterstellt nämlich just dort eine Zwanghaftigkeit, wo über Bildung die freie Entscheidung ermöglicht würde. Der gebildete Partybesucher versteht aufzuhören, nein zu sagen, sich zurückzunehmen oder, um *Klaus Schaller* neuerlich zu zitieren, der Gier des eigenen Wollens die „Bereitschaft zu selbstloser und aufgabengetreuer Sachlichkeit und Mitmenschlichkeit"[30] entgegenzustellen. Wer dieses pädagogische ABC nicht beherrscht, sollte eben keine Party besuchen dürfen. Insofern haben *Platon* und *Cicero* bis heute recht: Zur Ausübung von politischer Macht sollten nur die *aristoi*, die *optimes optimatorum*, zugelassen werden. Männer und Frauen also, die sich um Bildung (um *paideia* bzw. *eruditio*) bemühen, denen die vier platonischen Tugenden (der Weisheit, Tapferkeit, Besonnenheit und Gerechtigkeit) verbindliche ethische Maßstäbe sind und die zwei Verhaltensweisen nicht als unerwünschte Fremdlinge betrachten: Anmut und Demut nämlich, die *Asfa-Wossen Asserate* geradezu als „die beiden Grundkomponenten der europäischen Manieren“ [31] bezeichnet hat.

Ohne ein zweites Mal unnötig zu polemisieren oder zu pauschalisieren, wird man sagen müssen: Unter den in unserer Republik sich politisch Betätigenden, ob in den Parteien oder Parlamenten, ob in den Gremien oder Kommissionen, ist an die Stelle einer dringend notwendigen Politischen Bildung häufig eine skrupellose Machtgier getreten, wobei das eigentliche Skandalon darin liegt, dass diese hinter einer Fassade von Uneigennützigkeit versteckt wird.

Zur grassierenden Kinderfeindlichkeit:

Wie immer man zu den einzelnen Thesen des renommierten Journalisten *Frank Schirrmacher* (Jg. 1959) in seinem „Methusalem-Buch“ [32] stehen mag, in einer Prognose wird er wohl nicht irren: Wenn heute keine vernünftige Sozialpolitik eingeleitet wird, werden wir morgen (keinen Rassen-, keinen Klassen- und auch keinen Geschlechterkampf haben, wohl aber) einen „Krieg der Generationen“. Wie das? Ein paar Zahlen, Daten, Entwicklungen:

- Während in den neuen Bundesländern im Durchschnitt für 100 Kinder 103 Ganztagsplätze in Kindergärten angeboten werden, sind es in Ländern wie Baden-Württemberg, Saarland, Niedersachsen und Schleswig-Holstein gerademal 18 (*FAZ*, vom 17.3.2004, S. 4).
- Die Anzahl von schweren Körperverletzungen an Brandenburger Schulen hat sich von 2002 auf 2003 um 36 (!) Prozent erhöht, während aufgrund rigider Kürzungsmaßnahmen fast alle Gewaltpräventionsmaßnahmen eingestellt wurden (*TS*, vom 5.4.2004, S. 14).
- Demgegenüber hat sich zu derselben Zeit der Medienkonzern Bertelsmann mit seinen Ex-Managern *Andreas von Blottnitz* und *Jan Henric Buettner* außergerichtlich geeinigt, ihnen insgesamt 160 Millionen Euro Abfindung zu zahlen (*FR*, vom 6.4.2004, S. 13).
- Auch 2003 sank die Geburtenrate in Deutschland kontinuierlich: 715.000 lebend geborene Kinder bedeuten rund 1,3 % (also 9.000 Kinder) weniger als im Jahr zuvor. Experten errechneten, dass im Jahre 2030 die Hälfte aller Deutschen älter als 55 Jahre sein wird, während momentan bereits über 20 Millionen Rentner und Pensionäre einen Anspruch auf einen gesicherten Lebensabend haben, glauben zu haben (*FR*, vom 6.4.2004, S. 16). Oder:

- Im Jahre 2003 wurden in Deutschland offiziell 128.000 Abtreibungen registriert. Wenn man diese erschreckend hohe Zahl in Relation zu den Frauen im gebärfähigen Alter setzt (und die sog. *abortion rate* errechnet) oder die gemeldeten Abtreibungen in Beziehung zu den lebend und tot geborenen Kindern bringt (also die sog. *abortion ratio* ermittelt), kommt man zu bedenklichen Steigerungsquoten: Die „abortion rate“ stieg pro Frau im gebärfähigen Alter um gut 5 Prozent, und die „abortion ratio“ wuchs gar um 8,3 Prozent. Kamen 1996 auf 1.000 Geburten 163 gemeldete Abtreibungen, so waren es 2001 bereits 182,4 (*DIE WELT*, vom 17.3.2004, S. 4). Und:
- In den Bussen der Berliner Verkehrsbetriebe konnte man im Frühjahr 2004 ein Plakat lesen, auf dem geschrieben stand:

Kennst du das auch? Kindernotdienst 61006 Mit uns kannst du reden! Tag und Nacht erreichbar.

Offensichtlich gibt es in einem der reichsten Länder der Welt (immer noch) viele not-leidende Kinder ...

Diese Not wird zumindest in sechs Bereichen erfahrbar, in einem siebten versteckt inszeniert:

1. Kinder werden unzureichend ernährt und gekleidet (materielle Verarmung).
2. Kinder werden um ausreichenden Wohn- und Spielraum gebracht (konviviale Schrumpfung).
3. Kinder werden zu wenig beachtet, sich selbst überlassen und den Medien, Sekten und Konsumgütern ausgeliefert (sozial-emotionale Unterversorgung).
4. Kinder werden zu viel beachtet, hofiert, bestochen, abhängig gemacht (sozial-emotionale Überversorgung).
5. Kinder werden überfordert, in Angst versetzt, um ihre Kindheit beraubt, viel zu früh erwachsen (schleichende Entinfantilisierung) Und:
6. Kinder werden geschlagen, ausgebeutet oder sexuell missbraucht (körperlich-psychische Vergewaltigung).

Es gibt ein Gedicht von *Peter Schütt*, das heute womöglich andere Beispiele aufwiese, in seinem Grundanliegen aber bis heute wahr ist und das da lautet[33]:

Platz für Kinder

„In der ganzen Stadt
ist Platz für unsere Kinder",
erklärt der Bürgermeister
zur Eröffnung der Kampagne
„Hamburg hat Herz für Kinder".
Platz für Kinder: das ist
Genau ein Viertelquadratmeter
Kinderspielplatz für jedes Kind,
gegenüber:

fünf Quadratmetern Auslauf
für jeden Hund, fünfzehn Quadratmetern
Stellfläche für jedes Auto,
gegenüber:

einem Quadratkilometer
für Axel Cäsar Springers Erholung,
fünf Quadratkilometern
für die Luft- und Wasserverschmutzungsanlage
des amerikanischen Reynolds-Konzerns,

zehn Quadratkilometern
für ein neues Truppenübungsgelände
am Stadtrand.

Dieses Gedicht, das – wie die anderen Friedensgedichte von *Peter Schütt* – nicht zum Krieg, sondern zum Frieden (zwischen den Generationen) aufrufen will, weist auf ein siebtes, ein verborgenes und häufig geleugnetes Kinderelend zurück, das einer latenten Kinderfeindlichkeit entspringt:

7. Kinder werden als Last und Einschränkung empfunden und deshalb erst gar nicht gezeugt und geboren (verborgene Kinderfeindlichkeit).

Laut Auskunft des Statistischen Bundesamtes lebten im Jahre 2003 insgesamt 82,5 Millionen Menschen in Deutschland, davon 12,4 Millionen Kinder im Alter bis zu 15 Jahren, wobei schon jedes 5. Kind als Einzelkind aufwuchs und nur noch etwa 13 % aller Kinder drei oder mehr Geschwister hatten.

In einem leidenschaftlichen ZEIT-Artikel (vom 4.3.2004, S. 18) hat *Susanne Mayer* darüber hinaus auf folgende Sachverhalte hingewiesen:

- Die Bundesrepublik Deutschland rangiert bei einer Geburtenrate von 1,3 % unter 190 Ländern an 185ster Stelle.
- Jedes 3. Kind erhält in Deutschland private Nachhilfe; eine Viertelmillion Unterrichtsstunden fallen aus; und dennoch stellen wir nicht genügend Lehrer ein.
- Aber auch das Bewusstsein vieler Deutscher ist von einem Desinteresse an Kindern gekennzeichnet, das von „Kindervergessenheit“ bis hin zur offenen „Kinderfeindlichkeit“ reicht ...

Es muss also wieder gesagt und geschrieben werden dürfen, dass dies nicht gleichwertig ist: 15 Jahre lang mit einem Ehepartner und zwei Kindern einmal im Jahr nach Wangerooge oder auf einen Bauernhof zu fahren oder aber 15 Jahre lang mit wechselnden Lebenspartnern und zwei Handys dreimal jährlich auf die Kanaren oder nach Thailand zu fliegen. Eine Gesellschaft, die beide Verhaltensweisen für gleich*wertig* (und nicht nur für verschieden*artig*) erklärt, zerstört sich selbst. Damit ist nichts gegen eine verantwortete Kinderlosigkeit mancher Erwachsener gesagt, wohl aber viel gegen den schnöden Egoismus bequemer Lebensführungen.

Es hilft nicht weiter, länger zu verschweigen, dass ein allzu großer Teil der Menschen den Spaß sucht, nicht die Verpflichtung; an sich denkt, weniger an andere; im Hier-und-Jetzt lebt, aber selten an die Zukunft denkt; sich dem Vergnügen hingibt und die Ernsthaftigkeit meidet; lieber ein Tier versorgt als ein Kind oder gar mehrere Kinder aufzieht; das Haben-wollen begehrt, jedoch das Geben-müssen nicht einsieht ... kurz: Es deuten viele Ansichten, Anzeichen und Andeutungen darauf hin, dass ein Großteil unserer hiesigen Zeitgenossen unter der Bildungsperspektive gleichsam auf den Hund gekommen ist. Diesen Vorwurf hört natürlich niemand gern, vor allem nicht der eventuell Gemeinte. Aber bevor man den Diagnostiker zum Schweigen, sollte man sich selbst zum Reden bzw. zu dem Eingeständnis bringen: Wenn zum Schluss alle nur noch haben wollen, wird niemand mehr etwas geben können. Erinnert sei an *Rousseau*, der – bezogen auf die dritte Kindernot – uns gewarnt bzw. hat hoffen lassen:

„Wenn man Kindern etwas beibringen will, muß man viel Zeit verlieren, um desto mehr zu gewinnen.“[34]

Das Schlimme an diesen Enteignungsprozessen liegt in der Tatsache begründet, dass sie nach dem sogenannten *Frog-Prinzip* funktionieren: Wer so grausam ist und einen Frosch ins heiße Wasser wirft, macht die Beobachtung, dass dieser mit aller Kraft wieder herausspringt. Setzt man aber einen Frosch in lauwarmes Wasser und erhitzt es allmählich, wird dieser – immer verängstigter – am Boden hokken bleiben und ... Was mit dem mythischen Datum 1968 begann (die schleichende Entautorisierung kleiner und großer Gemeinschaften nämlich), zeigt heute ihre verheerenden Folgen: Wir leben gegeneinander über unsere Verhältnisse, auf Kosten der Schwächeren, der Ungeborenen, der Zukunftsvorsorge und verhalten uns letztlich so unvernünftig wie jener Bauer, dem es eigentlich recht gut geht, der aber noch mehr haben will und deshalb hintenherum oder auch unter Anwendung von Gewalt das Saatgut verkauft. Der Generationenvertrag war durchaus in Ordnung; er muss nicht neu ausgehandelt, sondern repariert werden – unter Beachtung der Schäden freilich, die seine partielle Zerstörung angerichtet haben. Konkret und beispielhaft:

Eltern, die mehr als zwei Kinder haben und ein bestimmtes Einkommen nicht überschreiten, zahlen generell keine Steuern.

Alleinerziehende erhalten so viele Sozialpunkte, dass sie bei der Wiederaufnahme ihrer beruflichen Tätigkeit jedem Nichterziehenden gleichgestellt sind oder sogar einen Bonus gewährt bekommen.

Jedes *Neugeborene* erhält sofort zwei Wahlstimmen, die es entweder auf Vater und Mutter verteilen oder der einzig erziehungsberechtigten Person bis zu seiner eigenen Volljährigkeit quasi ausleihen kann.

Jeder *Arbeitende* kann über seine Lebensarbeitszeit flexibel verfügen: Wer zum Beispiel zwischen seinem 25. und 40. Lebensjahr gerne Kinder großziehen möchte, scheidet vorübergehend bei voller finanzieller Absicherung aus dem Erwerbsleben aus und arbeitet bei hinreichender Entlohnung – sagen wir – neuerlich vom 40. bis 70./75. Lebensjahr – und erhält einen pädagogischen Bonus in Gestalt von fünf Jahren Lebensarbeitszeit.

Jeder *Rentner* hat ein Grundrecht auf einen materiell und ideell hinreichend geschützten Lebensabend, der umso anspruchsvoller sein kann, je nachhaltiger er rechtzeitig Vorsorge geleistet hat.

Was wir also brauchen ist keine Flickschusterei, keine kosmetische Tünche und kein populistisches Wahlversprechen, sondern eine *Entente cordiale*[35] zwischen Jung und Alt, zwischen den Generationen und Kulturen, zwischen Eltern und Alleinstehenden, zwischen Erziehenden und Berufstätigen. Noch pointierter: Zwischen den Generationen darf es kein von Kriegsgetöse geprägtes Schlachtfeld geben – ein Niemandsland, in dem keiner mehr mit einem anderen spricht, freilich auch nicht.

Von *Friedrich Schleiermacher* stammt der Hinweis: „Ein großer Teil der Tätigkeit der älteren Generation erstreckt sich auf die jüngere, und sie ist um so unvollkommener, je weniger gewußt wird, was man tut und warum man es tut. Es muß also eine Theorie geben, die von dem Verhältnisse der älteren Generation zur jüngeren ausgehend sich die Frage stellt: Was will denn eigentlich die ältere Generation mit der jüngeren? [...] Auf dieser Grundlage des Verhältnisses der älteren zur jüngeren Generation ... bauen wir alles, was in das Gebiet dieser Theorie fällt.“[36]

Fast 100 Jahre später spitzte diesen Gedanken einer seiner Urenkel, *Herman Nohl* nämlich, wie folgt zu: „Hinter allen historischen Gegensätzen in der Pädagogik ... steht immer noch ein letzter pädagogischer Urgegensatz, den man als die eigentliche pädagogische Antinomie bezeichnen kann, weil er eben ganz unabhängig von allen Bildungsidealen im pädagogischen Verhältnis selbst gelegen ist: der Gegensatz der Generationen, von Vater und Sohn, von Lehrer und Zögling."[37] *Nohl* spricht von einem natürlichen Gegen-Satz, von einer Antinomie, einer zwei Brennpunkte aufweisenden Ellipse, nicht vom lärmenden Krieg und schon gar nicht vom kreisförmigen, aber tödlichen Schweigen.

Als *Schleiermacher* seine Gedanken im Rahmen „Pädagogischer Vorlesungen" während der ersten Hälfte des 19. Jahrhunderts vortrug, lebten in der Regel und für relativ kurze Zeit immer nur maximal drei Generationen miteinander: Die Großeltern waren froh, wenn sie ihre Enkel noch ein paar Jahre erleben durften. Heute existiert ein ganz anderes multigeneratives (nicht intergeneratives) Generationenverhältnis: Wer – sagen wir – mit 30 Jahren in den 70er Jahren das 20. Jahrhunderts drei Kinder in die Welt setzte und diese 30 Jahre später wiederum Kinder bekamen, kann seine Enkel noch 30 Jahre lang begleiten und unter Umständen auch noch seine Urenkel etliche Jahre erleben – ob nun biologische oder soziale Urenkel. Allein diese demographische Veränderung erfordert ein neues Nach-Denken und Aus-Handeln: Eltern-sein und Großeltern-werden bedarf einer dezidierten Anerkennung dieser Personen und ihrer Leistungen. Ohne eine solche pädagogische (!) Würdigung ist jeder für Kinder ausgegebene Euro ein Almosen in ein Fass ohne Boden. In seiner Dankesrede anlässlich der Verleihung des „Außerordentlichen Internationalen Karlspreises" sagte der damals 83-jährige und aufgrund seines verfallenden Gesundheitszustandes kaum noch reden könnende Papst *Johannes Paul II.* am 25. März 2004 im Apostolischen Palast des Vatikans u. a.[38]:

„Wie kann eine junge Generation erstehen, die empfänglich ist für das Wahre, das Schöne, das Edle, für das, wofür es sich lohnt, Opfer zu bringen, wenn in Europa die Familie nicht mehr eine gefestigte Einrichtung darstellt, die offen ist für das Leben und für selbstlose Liebe? Eine Familie, in der auch die älteren Menschen im Blick auf das Allerwichtigste ganz selbstverständlich dazugehören: die aktive Vermittlung der Werte und des Lebenssinnes."

James W. Vaupel, Jg. 1945, der wohl kompetenteste deutsche Demographieforscher und Gründungsdirektor des Max-Planck-Instituts für demographische Forschung an der Universität Rostock, hat in einem Aufsehen erregenden Essay (in der FAZ, Nr. 84, vom 8.4.2004, S. 41) zunächst ein paar harte Fakten präsentiert: Im Jahre 1840 erreichten Schwedinnen im Schnitt die höchste Lebenserwartung, nämlich 45 Jahre; seitdem ist diese Marke in den Industriestaaten kontinuierlich so gestiegen, dass im Jahr 2000 die durchschnittliche Lebenserwartung aller Deutschen bereits bei 78 Jahren lag – 2050 wird sie bei 84 Jahren liegen. Aber: Im Schnitt liegt die durchschnittliche Kinderzahl der Deutschen zur Zeit bei 1,3 Kindern, wobei ein Viertel der jungen Deutschen bis zum 50. Lebensjahr gänzlich kinderlos bleibt – es fehlt also ein gutes Viertel an Kindern, die für den Erhalt der deutschen Bevölkerung notwendig wären.

Zusätzlich hat *Vaupel* einen imaginativen Lebenslauf entworfen, der typisch sein wird für ein hier aufwachsendes Mädchen, das zu Beginn des 21. Jahrhunderts geboren wurde:

> „Aller Voraussicht nach wird sie ihren einhundertsten Geburtstag erleben. Vermutlich wird sie ihr Interesse an Musik, Kunst, Literatur oder Theater weiter vertiefen wollen, um ihr Leben im Laufe der nächsten achtzig Jahre kultiviert zu genießen. Auch steht sie vor der Herausforderung, die Veränderungen der Welt im 21. Jahrhundert zu verstehen. Eine möglichst umfassende Ausbildung, auf die sie ihr gesamtes Leben lang durch kontinuierliches Lernen aufbauen kann, könnte ihr dabei helfen. Sie wird also vielleicht zunächst drei Jahre bis zu ihrem ersten Universitätsabschluß studieren, um dann eine Zeitlang zu arbeiten. Zwischen Mitte Zwanzig und Anfang Dreißig stellt sich möglicherweise der Wunsch nach zwei oder drei Kindern ein, weshalb sie ihren Beruf vorübergehend auf Teilzeitbasis ausüben möchte. Wenn ihre Kinder selbständig sind, will sie sich möglicherweise weiterbilden, eventuell für einen zweiten Abschluß an eine Universität zurückkehren, um dann ihren Beruf wieder ganz und in einer höheren Position auszuüben, vielleicht aber auch, um eine neue Laufbahn einzuschlagen. Um die für Ausbildung und Kindererziehung aufgewendete Zeit auszugleichen und auch um ihre Karrierewünsche abzurunden, ist sie eventuell bereit, bis siebzig voll zu arbeiten, danach weitere zehn Jahre in Teilzeit. Wenn sie dann in Rente geht, hat sie immer noch zwei Jahrzehnte ihres Lebens vor sich, in denen sie ihren Leidenschaften – Musik, Kunst oder Literatur – nachgehen und Zeit mit ihren Kindern, Enkeln und Urenkeln genießen kann. Die meisten ihrer Ruhestandsjahre, vor allem jene in ihren Achtzigern, wird diese Frau wahrscheinlich in ausreichend guter Gesundheit verleben."

Ohne ein weiteres Mal zu polemisieren oder zu pauschalisieren wird man sagen müssen: Unter den in verschiedenen Generationen lebenden Zeitgenossen, ob bei den jüngeren, mittleren oder älteren, ist an die Stelle eines Gemeinschaftssinnes (eines *common sense*) häufig ein partikulares Interessendenken und -handeln getreten, das vor allem die Wehrlosesten trifft – unsere Kinder, auch und gerade die nicht geborenen, wobei das eigentliche Skandalon darin liegt, dass jeder die Verantwortung für dieses Dilemma auf die anderen schiebt. Deshalb muss alles getan werden, damit niemand in einer Gesellschaft der kalten Herzen und leeren Hände aufwachsen muss – niemand …

Die große italienische Schriftstellerin *Susanna Tamaro* (geb. 1957) lässt in ihrem mitreißenden Roman „Geh, wohin dein Herz dicht trägt" die Großmutter zu ihrer Enkelin sagen: „Die Schuld der Väter fällt auf die Söhne zurück, die der Großväter auf die Enkel, die der Urgroßeltern auf die Urenkel."[39]

Noch aber ist Zeit für eine gründliche Besinnung und entscheidende Korrektur. Bleiben diese aus, wird ein Song viele Variationen und viele Sänger finden, der in den 80er Jahren des 20. Jahrhunderts aufkam und bald von Millionen junger Menschen begeistert gehört und gesungen wurde – gemeint ist *Pink Floyd*'s

The Wall

We don't need no education
We don't need no thought control
No dark sarcasm in the classroom
Teachers leave the kids alone ...

I don't need no arms around me
I don't need no drugs to calm me
I have seen the writing on the wall
Don't think I need anything at all ...

Goodbye cruel world
I'm leaving you today ...

Wo und wann immer junge Menschen sich mit dem (makabren) Text und der (drohenden) Musik eines solchen Liedes identifizieren, ist das Generationenverhältnis nachdrücklich gestört und der Erziehungsvertrag zwischen Eltern und Kindern aufgekündigt. Viele der Älteren kolportierten 1968ff. den Schlachtruf „Erziehung, nein danke!" und verliebten sich erst in die Alternativ-, dann in die Antipädagogik und zum Schluss in die Nicht-Erziehung; sie verlangten „Marion" und „Bruno" (aber nicht „Mama" oder „Papa") genannt zu werden und trugen ihre Cordhose und ihren Pullover zu jeder Gelegenheit ... Ein großer Teil der Jüngeren verzichtete auf diese Art von (Nicht-)Erziehung, durchschaute die geheimen Beeinflussungsstrategien (denn man kann nicht nicht-erziehen) und forderte vehement: Lasst' uns in Ruhe! Ein Klima von Resignation, von Zynismus und Gleichgültigkeit machte sich breit, das immer dann entsteht, wenn die einen die Erziehung aufgeben und die anderen sie zurückweisen. *Love me or leave me!* – so der geheime Wunsch. Freilich: Neu ist auch dies nicht. Schon *Schopenhauer*, dessen pessimistische Weltsicht noch nicht einmal der Pädagogik einen Platz einräumte, fragte sich: „Wenn Erziehung oder Ermahnung irgend etwas fruchteten; wie könnte dann Seneka's Zögling ein Nero sein?"[40] Ja, *Nero* wurde von *Seneca* unterrichtet und erzogen (weshalb er vieles wusste und beherrschte), aber bilden konnte er sich nur selbst, wenn auch mit Hilfe seines Lehrers (und just diese Möglichkeit ließ *Nero* ungenutzt). Dass aber ungenutzte Freiheit nicht identisch ist mit faktischer Sinnlosigkeit, ist dem großen Philosophen *Schopenhauer* verborgen geblieben – wie übrigens vielen enttäuschten Idealisten und gekränkten Reformern, die gerne ihren Pessimismus als einzig wahren Realismus ausgeben und die Häufigkeit, mit der viele Zeitgenossen die Bildungs*möglichkeit* zurückweisen, zum Anlass nehmen, die Bildungs*wirklichkeit* generell zu verneinen.

Damit haben wir das Ende unserer Bildungsreise erreicht. Ehe ich Sie aber zu einem letzten Aufenthalt in mein eigenes Haus einlade, sollten wir die folgende Einsicht nicht vergessen – es ist die

11. Erkenntnis

In der zweiten Hälfte des 20. Jahrhunderts wurde zwar keine gänzlich neue Bildungstheorie entwickelt, aber vorhandene Ansätze wurden akzentuiert und fortentwickelt, wobei aufgrund vieler ungelöster Probleme ein schleichender Entfremdungsprozess zwischen den Generationen begonnen hat, der zu einem Krieg der Generationen ausarten kann und damit das Ende jeder Pädagogik bedeuten würde – nicht (wie im Dritten Reich durch brutale Herrschaft) erzwungen, sondern durch partikulare Interessenkonflikte (denen das Gemeinwohl bzw. die Wohlfahrt aller abhanden gekommen ist) herbeigeführt.

Und sollten Sie über die zweite Hälfte des 20. Jahrhunderts, genauer: über die Dominanz der sog. 68er-Generation, also ihre Reformen und Missetaten, ihre Visionen und Ideologien, ihre Wahrheiten und Lügen, mehr erfahren wollen, dann lesen Sie bitte die Schrift des jungen Historikers

Paul Nolte:
Generation Reform
München: C. H. Beck Verlag 5.2005.

Anmerkungen

1 *Rainer Winkel* (Hrsg.): Deutsche Pädagogen der Gegenwart. Ihre Erziehungs-, Schul- und Bildungskonzeptionen. Band 1. Düsseldorf: Schwann 1984.

2 *Herman Nohl/Ludwig Pallat* (Hrsg.): Handbuch der Pädagogik. Fünf Bände und ein Ergänzungsband. Langensalza: Julius Beltz 1928–1933. Faksimile-Druck der Originalausgabe Weinheim – Basel: Beltz 1981. Übrigens war *Rosemarie Reichwein* (1904–2002) die Tochter von *Ludwig Pallat* und seiner Frau *Annemarie*. *Pallat* (1867–1946) war Referent im Preußischen KM und langjähriger Leiter des Zentralinstituts für Erziehung und Unterricht in Berlin.

3 So ein Teil der Titelage des Buches von *Ilse Dahmer/Wolfgang Klafki* (Hrsg.): Geisteswissenschaftliche Pädagogik am Ausgang ihrer Epoche – Erich Weniger. Weinheim: Beltz 1968.

4 Der Text findet sich zusammen mit anderen Reden und Predigten von *Beier* sowie der Trauerrede von Präses *Manfred Kock* in dem von *Christian Bartsch* herausgegebenen Buch: „Peter Beier Übergänge". Düsseldorf: Presseverband der Evangelischen Kirche im Rheinland 1999, S. 136–138. *Beier* wurde am 5.12.1934 geboren und starb plötzlich am 10.11.1996, im 8. Jahr seines Präses-Amtes.

5 *Klaus Schaller*: Der Gebildete heute. Sachwalter und Mitmensch.(Or. ca. 1962) Bochum: Kamp 2. o. J. *Ders*. (Hrsg.): Repertorien zum Hochschulstudium. Reihe Pädagogik. Bd. 1 (zus. mit *Karl-H. Schäfer*): Bildungsmodelle und Geschichtlichkeit. Hamburg: Leipniz 1967. Bd. 5: Bildung und Kultur. Hamburg: Leipniz 1968.
Karl-Hermann Schäfer/Klaus Schaller: Kritische Erziehungswissenschaft und kommunikative Didaktik. Heidelberg: Quelle & Meyer 1.1971; 2.1973. Und *Klaus Schaller*: Johann Amos Comenius. Ein pädagogisches Porträt. Weinheim: Beltz 2004.

6 *Klaus Schaller*: Der Gebildete heute. Sachwalter und Mitmensch. (Or. ca. 1962) Bochum: Kamp 2. o. J., S. 105–130, immer wieder erheblich gekürzt, um die Bildungskonzeption *Schallers* zu illustrieren. Die insgesamt zehn Kapitel sind ursprünglich Abhandlungen bzw. Aufsätze und Vorträge gewesen, die alle in den Jahren 1958 – 1961 geschrieben bzw. gehalten wurden.

7 *Heinz J. Heydorn*: Bildungstheoretische Schriften. 3 Bände. Frankfurt: Syndikat 1979f.

8 *Heinz-J. Heydorn*: A. a. O., Bd. 3, 1980, S. 128.

9 *Ders*.: Ebd., S. 10.

10 *Ders*.: A. a. O., Bd. 1, 1980, S. 84.

11 *Ders*.: A. a. O., Bd. 3, 1980, S. 65.

12 *Ders*.: Ebd., S. 175.

13 *Ders*.: A. a. O., Bd. 1, 1980, S. 197–227: zwei großartige Aufsätze über *Comenius*.

14 *Ders*.: A. a. O., Bd. 3, 1980, S. 123–131: eine harsche Kritik an der Kindheitsvision von *Rousseau* und seinen romantischen Nachfolgern.

15 *Ders*.: A. a. O., Bd. 1, 1980, S. 247–266: und gleichzeitig Exempel darüber, was eine differenzierte Kritik im Gegensatz zu einer pauschalen Verurteilung oder Lobhudelei bewirken kann.

16 Vgl. *Ernst Bloch*: Das Prinzip Hoffnung. 3 Bände. Frankfurt/M.: Suhrkamp 1959; 1968.

17 *Heinz-J. Heydorn*: A. a. O., Bd. 3, 1980, S. 282–301, zit. S. 300f.

18 Vgl. dazu ausführlicher: Anm. 1, a. a. O., 1984, S. 137–162.

19 Vg. Anm. 1, a. a. O., 1984, S. 154f.

20 *Ludwig Windthorst* (1812–1891) war Rechtsanwalt, Politiker, Justizminister und als Wortführer der Zentrumspartei der erbitterte Gegner *Bismarcks* während des Kulturkampfes vor allem in den 70er Jahren des 19. Jahrhunderts – Singen liegt mitten im niedersächsischen Emsland.

21 *Wolfgang Klafki*: Neue Studien zur Bildungstheorie und Didaktik. Weinheim – Basel: Beltz 1985, S. 12–30.

22 *Ders*.: A. a. O., 1985, zit. S. 12–26, erheblich gekürzt.

23 *Ulrich Raulff*: Stunde der Innenminister. Der Ausnahmezustand und das Ende der symbolischen Politik. In: *Süddeutsche Zeitung*, Nr. 61, vom 13./14.3.2004, S. 13.

24 *Philip Roth* lässt diese Worte den alten Willard Nelson in einem inneren Monolog zu sich selber sagen – in seinem Roman: Lucy Nelson oder Die Moral. (Or. 1966) Reinbek: Rowohlt 1973, S. 46.

25 *Heinrich Hoffmann*: Der Struwwelpeter. (Or. 1845/47) Zürich: Diogenes 1977.

26 *Adriano Sack*: Die Familie als Vermehrslabor. In: Welt am Sonntag, Nr. 11, vom 14.3.2004, S. 12. Vgl. auch sein Buch „Elternabend – über unsere schwer erziehbaren Mütter und Väter. München: Blessing 2004.

27 Ebd.

28 Ebd.

29 Vgl. dazu die exzellente Biographie von *Peter Merseburger* über „Willy Brandt“. Stuttgart: Deutsche Verlags-Anstalt 2003. München: Deutscher Taschenbuch Verlag 2004. Allemal lesenswert ist auch die Biographie von *Brigitte Seebacher*: Willy Brandt. München: Piper 2004.

30 *Klaus Schaller/Horst Gräbenitz* (Hrsg.): Auctoritas und Potestas. Ein Repertorium der Erziehungsstile und Erziehungsmaßnahmen. Bd. 9. Hamburg: Leibniz 1968, S. 30, dort kursiv.

31 *Asfa-Wossen Asserate*: Manieren. Frankfurt/M.: Eichborn 2003, S. 45.

32 *Frank Schirrmacher*: Das Methusalem-Komplott. München: Blessing 2004.

33 *Peter Schütt*: Entrüstet euch! Gedichte für den Frieden. Dortmund: Weltkreis 1982, S. 129.

34 *Jean-Jacques Rousseau*: Emile oder Über die Erziehung. (Or. 1762) Stuttgart: Reclam 1963, S. 307.

35 Dieser Begriff stammt aus der Politik: Am 8.4.1904 verabredeten Frankreich und England, ihre Interessenkonflikte (vor allem in den Kolonien) gegenseitig zu respektieren und „vernünftig“, (also durch Interessenausgleich) zu lösen. Eine „herzliche Verständigung“ war dieses Abkommen also anfangs nicht, wohl aber ein vernünftiges Arrangement, das in vielen Jahrzehnten schließlich doch zu einer herzlichen Partnerschaft führte.

36 *Friedrich Schleiermacher*: Pädagogische Vorlesungen aus dem Jahre 1826. In: *Ders.*: Pädagogische Schriften I. Hrsg. von *Erich Weniger*. Unter Mitwirkung von *Theodor Schulze*. Frankfurt/M. – Berlin – Wien: Klett-Cotta im Ullstein Taschenbuch Verlag 1983, S. 9.

37 *Herman Nohl*: Pädagogische und politische Aufsätze. Jena: Diederichs 1919, S. 21. Vgl. darüber hinaus auch die Biographie von *Elisabeth Blochmann* über: „Herman Nohl in der pädagogischen Bewegung seiner Zeit 1879–1960“. Göttingen: Vandenhoeck & Ruprecht 1969, in der auch seine antinomische Grundfigur aus seinem Leben und Werk erläutert wird und in der es – *Nohl* zitierend – auf Seite 16 heißt: Die „feine Linie zwischen dem Zuviel und Zuwenig (ist) das Geheimnis der guten Erziehung.“ Und schließlich verweise ich auf das Buch von Peter Dudek: Ein Leben im Schatten. Johannes und Herman Nohl – zwei deutsche Karrieren im Kontrast. Bad Heilbrunn: Klinkhardt 2004.

38 Diese Rede wurde abgedruckt in der *Frankfurter Allgemeinen Zeitung*, Nr. 72, vom 25.3.2004, S. 6.

39 *Susanna Tamaro*: Geh, wohin dein Herz dich trägt. Roman. (Or. 1994) Zürich: Diogenes 1995, S. 26.

40 *Arthur Schopenhauer*: Der Handschriftliche Nachlaß in fünf Bänden. Hrsg. von *Arthur Hübscher*. Frankfurt/M.: Waldemar Kramer 1966–1975. Unveränderter Nachdruck: München: Deutscher Taschenbuch Verlag 1985. Bd. 4. I., S. 31.

An meinen Lehrer

Ich war nicht einer deiner guten Jungen.
An meinem Jugendtrotz ist mancher Rat
Und manches wohlgedachte Wort zersprungen.
Nun sieht der Mann, was einst der Knabe tat.

Doch hast du, alter Meister, nicht vergebens
An meinem Bau geformt und dich gemüht.
Du hast die besten Werte meines Lebens
Mit heißen Worten mir ins Herz geglüht.

Verzeih, wenn ich das Alte nicht bereue.
Ich will mich heut wie einst vor dir nicht bücken.
Doch möcht ich dir für deine Lehrertreue
Nur einmal dankbar, stumm die Hände drücken.

(Aus: 'Frühe Gedichte' von Joachim Ringelnatz)
(Foto / Textauswahl: andari 2005)

OHNE ZUKUNFT KEINE GEGENWART

– auch am Beginn des 21. Jahrhunderts

Juliette Urtuia Araqa, 7 Jahre, Chile

Wir leben nicht nur für uns und unsere Zeit,
sondern gestalten mit jedem Gedanken und jeder Tat
auch das Dasein der folgenden Geschlechter.
Hermann Gmeiner

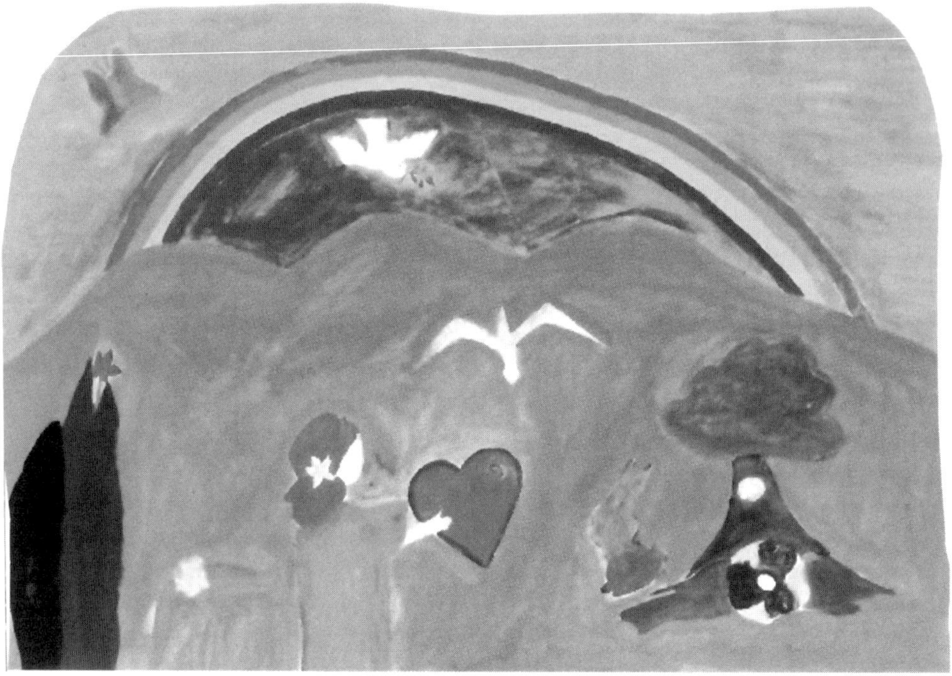

Kroatien

Glücklich ist, wer seine Wünsche in das
rechte Verhältnis zu seinen Mitteln zu bringen vermag.
Johann Heinrich Pestalozzi

XI. Station: „Herzlich willkommen!“ oder: Zu Besuch im Haus des Autors

Gottes sind Wellen und Wind.
Segel aber und Steuer,
dass Ihr den Hafen gewinnt,
sind Euer.

Inschrift am „Mühlenhof“ auf Wangerooge

„Das Land braucht Schulen als Probierräume von Demonkratie, wo die »Werte« des Lebens und lebenswertes Leben nicht nur gelehrt, sondern so angeeignet werden, daß Interessenskonflikte nach gemeinsam vereinbarten Regeln gelöst werden, bis auch das und der Fremde nicht als Berohung, sondern als fruchtbare Ergänzungen und Korrektive verstanden werden können. Dann wird sich das Gute letztlich als das Nützliche erweisen.“

Friedrich Schorlemmer: Absturz in die Freiheit.
Was uns die Demokratie abverlangt.
Berlin: Aufbau Taschenbuch Verlag. 2.2001, S. 171

Unsere nicht ganz unbeschwerliche (Bildungs-)Reise in ferne Länder und Zeiten ist zu Ende: Wir sind (wieder) zu Hause, im Hier, im Jetzt. Und ich lade Sie herzlich ein, unser letztes Gespräch in meinem eigenen Haus zu führen. Bevor Tee und Gebäck gebracht werden, sei aber einiges zurechtgerückt:

Es ist modisch geworden, Resümees mit der Einleitungsfloskel zu beginnen: „Ich weiß ja nicht, wie es Ihnen/Euch gerade geht, aber ich ...“ Anspruchsvollere Zusammenfassungen (oder auch Einleitungen) erlauben sich, darauf hinzuweisen, dass es „natürlich keine objektive Wahrheit gibt, keine gesicherte Erkenntnis, sondern nur subjektive Meinungen“. Und ganz „progressive“ Zeitgenossen beschwören den „Konstruktivismus“, der mittlerweile so sakrosankt geworden ist, dass ihn nur suizidal Gestimmte öffentlich in Frage stellen ...

Natürlich geht es auch um das Ich eines Autors (und hier wurde eine Menge Subjektives erinnert); natürlich gibt es keine allgemeingültige, ewige Wahrheit (keine *veritas perennis*); und natürlich konstruieren wir, über Sprache, immer auch die Wirklichkeit (denn sie ist, wie schon *Wilhelm von Humboldt* betonte, *ergon* und *energeia*, Abbild und (Re-)Konstitution von Wirklichkeit), jedoch: Alles Argumentieren, Erkennen, Belegen und Beweisen ist letztlich auf Allgemeingültigkeit hin orientiert, also auf Wahrheit verpflichtet – auch wenn diese immer ein approximatives Ziel bleibt, ein prinzipiell nie erreichbarer Zustand, ein redliches Bemühen allenfalls, aber kein endgültiger Abschluss. Wer aus dieser Unvollkommenheit jedoch den Schluss zu ziehen beansprucht, grundsätzlich auf (vorläufig) gültige Sätze verzichten zu dürfen (ja, zu müssen), erklärt sich und seine Aussagen für beliebig, zufällig, ego-zentrisch und damit für überflüssig. Umgekehrt: Wer behauptet, seine Erkenntnisse seien absolut objektiv, unwiderlegbar, deckungsgleich mit 'der' Wirklichkeit bzw. 'der' Wahrheit, leugnet nicht nur die Anteile subjektiver Momente und interessengeleiteter Suchbewegungen bei der Generierung von Belegen, sondern auch die historische Dimension von Wahrheit: Sie haust nicht seit ewigen Zeiten in einer festen Burg am Ufer des Zeitstroms, sondern ist selbst Teil dieses fließenden Gewässers bzw. Prozesses und damit nichts Statisches, sondern etwas sich Bewegendes und Veränderndes: *panta rhei* – Alles ist im Fluss, in Bewegung, aber bemüht, sich am Ziel von Wahrheit auszurichten.

So gesehen sind auch meine nun folgenden Ausführungen nicht unpersönlich bzw. subjektlos und doch auf Allgemeingültigkeit hin angelegt, also um Objektivität bemüht. Sie wissen um die prinzipielle Überholbarkeit ihrer intendierten Wahrheit und bestehen doch darauf, dass beim jetzigen Stand der Erkenntnisse keine anderen Aussagen zu machen sind. Und sie beschwören keine metaphysischen Normen jenseits der Menschen, und doch beharren sie darauf: Was die Menschen im Laufe ihrer Geschichte für verbindlich erklärt haben, kann nicht der Beliebigkeit überantwortet werden, sondern ist die Norm jenes Handelns, das im folgenden skizziert werden soll. In sieben Gedankengänge habe ich dieses abschließende Gespräch mit meinen Reisebegleitern gegliedert, in der Hoffnung, ihre Fragen und Bedenken, ihre Sorgen und Einwände berücksichtigt zu haben. Und da dieses resümierende Reden über Bildung eher assoziativ-kursorisch denn systematisch-deduktiv verläuft, hätte ich auch mit dem letzten oder dem fünften Abschnitt beginnen können. Zwischen ihnen gibt es keine falsche Abfolge, kein *hysteron proteron*, keine De- oder Induktion.

Und schließlich sei nicht verschwiegen, dass in den folgenden Passagen nicht mehr jeder geliehene Gedanke quellenmäßig erfasst, sondern in den eigenen Duktus überführt wird – belegt (im doppelten Sinn des Wortes) habe ich, Rousseau sei's geklagt, wohl genug …

1. Gedankengang

Die große Frage nach der Bildung des Menschen bzw. nach dem Wesen eines gebildeten Menschen sollte nur derjenige stellen, der tausend kleine Antworten zulässt.

Mit dieser Aussage ist nicht gemeint, dass alles und jedes Gerede über Bildung in gleicher Weise Geltung beanspruchen kann. Die „Schwanizerei" ist genauso bedeutungslos wie die „Bildungstesteritis" – auch wenn beide Dokumente momentan ausgesprochen populär und einflussreich sind. Hier aber ist etwas gemeint, das der Bildung genuin anhaftet: In den Steppen Afrikas, zwischen Euphrat und Tigris, auf dem Forum Romanum ging es um andere Kennzeichnungen von Bildung als in den Klosterschulen des Mittelalters, den Tempeln der Azteken, den Konzentrationslagern der Nazis oder in den zeitgenössischen Gesamtschulen. Jede Zeit, jede Generation, jede Gemeinschaft, jeder Einzelne muss Antworten auf die Frage formulieren: Was hat es mit unserer, mit deiner, mit meiner Bildung *hic et nunc* auf sich? An den Ufern des Zeitstromes liegen viele Orte, Länder und Landschaften, ereignen sich die verschiedensten Dinge, leben allemöglichen Menschen, Gruppen und Nationen, so dass es keine einzige und noch dazu unwandelbare Antwort auf die Bildung eben dieser Menschen geben kann. Da hat es die Erziehung einfacher: Das Kind eines altägyptischen Obsthändlers *musste* ebenso (zeit-)bestimmte Reinlichkeitsrituale lernen wie das Kind eines germanischen Bauern oder einer französischen Ministerin. Welche Bildung es jedoch wagen *durfte*, war eingebunden in seinen Kenntnisstand und in sein Anspruchsdenken. *Cicero* hat keine Reden über, sagen wir, die gleichberechtigte Bildung von Frauen halten können – wohl aber über die rechte Bildung der Machthabenden, über *virtus* also. Und *Augustinus* vorzuwerfen, dass er, meinethalben, nicht über die ökologische Dimension von Bildung nachgedacht hat, ist genauso absurd wie das Versäumnis heutiger Bildungstheoretiker, zunächst Lernen und Bildung auseinander zu halten, um sie dann zusammenzuführen – auf andere Weise freilich.

Diese vielen kleinen Antworten auf eine große Frage sind also legitim, notwendig und unverzichtbar und dennoch nicht beliebig, austauschbar, gar gleichbedeutend. Sie haben sich gegenüber der entscheidenden Frage des Menschen zu verantworten, die – seit es Menschen gibt – da lautet: Wer möchte, wer darf, wer kann ich durch Bildung werden, wenn ich erzogen bin und mir die Bildung anheimgegeben ist? Ein

2. Gedankengang

Niemand kann über Bildung reden, schreiben oder praktisch befinden, ohne seine eigene Bildung oder zumindest die Sehnsucht nach einer bestimmten Bildung mit einzubeziehen.

Wenn wir über die Zeitläufte sprechen, die Geschichte bemühen, Vergangenheit zu rekonstruieren versuchen, weil wir die Gegenwart um einer besseren Zukunft willen verstehen wollen, bemühen wir gerne zwei Metaphern: entweder den Strom der Zeit oder den Brunnen der Vergangenheit, in den hineinzuschauen nostalgisch und erschreckend zugleich ist. So treffend beide Bilder sind, so sehr stört mich an ihnen ein Merkmal: Beide suggerieren eine Begrenzung, die realiter so nicht gegeben ist. Der Strom ist eher ein unermesslicher Ozean und der Brunnen ein riesiger Krater mit einem unvorstellbar großen Durchmesser. Wer über diese Wasser rudert, sieht je nach Wind, Wetter und Wellen mal gar nichts, dann wieder liebe Gesichter, schöne Häuser, grandiose Paläste ... Er hört Geschichten, Gedichte, Konzerte und Opern ... Ihm werden wie in einer Theateraufführung noch einmal die guten Taten der Menschen präsentiert, ihre Leistungen, Erfindungen und Entdeckungen vorgestellt, die Bewundernswerten vor Augen geführt ... Er kann aber auch entstellte Gesichter sehen, Fratzen und brennende Häuser, geplünderte Paläste ... Er hört gellende Schreie und Flüche, Wimmern und Weinen, Tiraden und Kommandos ... Wie in einem Film erlebt er noch einmal die schlimmsten Taten der Menschen, ihre Verbrechen und Vergehen, ihre Greueltaten und Lügen, ihre Feigheiten und Tücken, die Gefürchteten kann er im Zucken des Wassers erspähen ... Gelegentlich, vor allem dann, wenn man sich allzu sehr über den Rand beugt, erscheinen sogar amorphe Geister, monströse Gestalten oder starrende Vexierbilder, die uns ein Leben lang nicht loslassen ... Mitunter aber wird es still, der Wasserspiegel so ruhig und das Wasser so klar, dass sich der hinabbeugende Ruderer selbst erblickt: DIES · BIN · ICH! Und während es so zu ihm spricht, ahnt er, dass sein Sehen, Hören und Erinnern *sein* Sehen, Hören und Erinnern ist; *er* re-konstruiert; *sie* imaginiert. Unsere Vor-Stellungen über Bildung haben (nicht nur, aber immer) auch mit uns selbst zu tun, mit unseren Hoffnungen und Wünschen, unseren Sehnsüchten und Bedürfnissen, unseren Enttäuschungen und Ängsten, unseren Resignationen und Verzweiflungen. Sicher, da gibt es auch objektive Daten, Ereignisse, Geschehnisse, Dokumente – Fakten und Bekenntnisse der Menschen: *facta et confessiones humanae*. Aber welche für mich wichtig, gar verbindlich werden, hängt von meiner Bildung, meinem Bildungsbestreben ab. Ein Beispiel, das

7. Beispiel: Was ist der Sinn des Lebens?

Im Jahre 1962 schrieben die 17jährige *Silke Siegel* und ihr Freund, der Psychologiestudent *Dietmar Gottschall* (später Redakteur beim *manager magazin*) an etliche Schriftsteller einen gleichlautenden Brief, in dem sie um Beantwortung einer einzigen Frage baten: Was ist der Sinn des Lebens? Die beiden folgenden Antwortbriefe [1] mögen beispielhaft illustrieren, dass es die einzelnen Menschen sind, die aus den Objektivationen mal diese, mal jene subjektive Konsequenz ziehen – auch und gerade wenn es um den Sinn ihres, unseres, des Lebens an sich geht. Und wenn wir uns daran erinnern, dass es ohne Lebens-Sinn auch keine Menschen-Bildung geben kann, die geradezu Gehalt und Gestalt, Inhalt und Form des Da-Seins ausmachen, dann dürften die beiden folgenden Dokumente recht aufschlussreich sein:

✳

Silke Siegel

Soweit ich jemals sehen konnte, hat das Leben KEINEN Sinn. Das ist dumm und traurig, aber man muss sich bescheiden können, „man kann nicht Alles wissen, weil man wissen muss, dass man nicht weiss, WAS man nicht weiss“.

Können Sie sich „UNENDLICH“ auch nur denken? Aber, man muss sich verteidigen können und versuchen eine eigene Wahrheit für sich selbst zu finden. Glauben Sie NIEMAND. Die Menschen sind zu feige, um sich selbst zu sehen, wie sie sind, schlecht, dumm und kleinlich. Wenn Sie sich noch an Ihre Kindheit erinnern, versuchen Sie ein Kind zu bleiben, nichts ist dümmer, als „erwachsen sein“.

Sie wissen nicht, wozu Sie da sind? Versuchen Sie vor Allem, trotz Allem DA zu sein. Mehr kann ich Ihnen nicht sagen, ich würde lügen, sagte ich „Besseres“ und ich hasse lügen.

Man muss sich selbst und alle Fragen überschreiten können.

Mit vielen Grüßen Ihr Raoul Hausmann

Raoul Hausmann, 1886 bis 1971, Dichter, Maler und Fotograf, war einer der Mitbegründer der Dada-Bewegung. 1962 erschienen die „Sprechspäne“.

✳

Liebes Fräulein Siegel,

ich nehme an, dass Sie sehr jung sind, höchstens 18. Habe ich recht? – Sie stellen mir da eine Frage, die man nicht so einfach mir-nichts-dir-nichts beantworten kann: ob das Leben einen Sinn habe und wenn ja, welchen.

Ich könnte sagen: fragen Sie nicht danach, sondern leben Sie, wie man leben soll: sein Tagwerk getreulich erfüllen, Menschen lieben, Gutes tun in vieler Form und die Erde lieben und ihren Schöpfer, dann erfahren Sie ganz von selbst, dass das Leben einen Sinn hat, auch wenn Sie ihn nicht benennen können, sondern ihn nur *fühlen*. Aber damit werden Sie nicht zufrieden sein. Ich sage Ihnen aber voraus, dass weder *meine* Antwort noch *irgendeine* Antwort Ihnen ganz einleuchten wird, aus mehreren Gründen, vor allem aus dem schon genannten: man kann den Sinn nicht „wissen" als etwas Unumstößliches, man kann ihn aber „erfahren" (man fühlt ihn, indem man sich „in Ordnung", in eine Ordnung gebettet erlebt).

Ich könnte sagen: der Sinn des Lebens ist das Leben. So wie der Sinn der Liebe eben die Liebe ist (nicht etwa die Ehe oder das Kind; das sind Aspekte und Früchte der Liebe, aber nicht das Wesen. Oder sehe ich das zu philosophisch??).

Nun: Sie wollen wissen, genau gesagt, wofür und warum und wozu Sie leben. Ist es so? Warum: Sie leben einmal, *weil* Sie leben. Sie sind *da*, Sie werden eine Weile da sein, und in dieser Weile haben Sie zu leben und zwar nicht nur widerwillig oder halb, sondern ganz und gar. (Auch Askese ist Leben. Dies nebenbei.) Wofür, wozu? Um Leben weiterzugeben, körperlich und seelisch-geistig entweder beides zusammen als Mutter, oder eins. Letzteres, als in einem Beruf Stehende.

Warum soll man Leben weitergeben? Weil es uns so geboten ist. Von wem? Vom Leben selbst? Das ist keine befriedigende Antwort. Also von wem dann? Und mit dieser Frage sind wir im Kern aller Fragen. Fragen wir jetzt: *Wozu*, woraufhin leben wir? Um Erfolg zu haben, Kinder zu haben, Geld zu verdienen – und dann zu sterben? Oder: um uns selbst bis zur möglichsten Vollkommenheit zu entfalten? Aber wozu das alles?

Nun: wir werden einmal sterben. Sie auch. Ich auch. *Alle*! Und dann ist da irgendetwas. Es ist nicht aus. Das fühlen wir, und sofern wir Christen sind, *glauben* wir es (ohne irgendetwas zu *wissen* darüber, als was in den Evangelien steht und dem zu *glauben* ist). Wir glauben, was die „Ewigkeit" ist: ein personales Fortleben. Unvorstellbar, aber doch möglich.

Warum, wozu aber dieses ewige Leben? Weil da Gott ist. Er ist ewig und will uns, liebend wie er ist, bei sich haben. Und von diesem Gedanken her, von Gott her, wird alles begreiflich. Er ist das Zentrum der grossen Ordnung, die wir nicht begreifen, in der uns vieles widersinnig, ja schrecklich ungeordnet erscheint. Gott allein begreift sie, denn er hat sie ja gemacht. Von daher bekommt alles Sinn. Welchen? Eben den, dass alles aber auch *alles*, angeordnet ist in eine *ganz* grosse Ordnung. Es ist letztlich eine

Liebesordnung. *Sie* stehen darin, wir alle tun es. *Sie* können diese Ordnung in Unordnung bringen durch böse, lieblose Taten und Gedanken. *Sie* können die Ordnung festigen durch Gutes. Der Sinn Ihres Lebens ist: die Ordnung der Liebe festigen, weil dies im Sinne Gottes ist, der Sie liebt.

Soviel für heute, Ihre Luise Rinser

Luise Rinser, 1911 bis 2002, Lehrerin, Journalistin, und Schriftstellerin. Ihr letzter großer Roman erschien 1991, „Aebelards Liebe".

Jeder von uns schreibt, auch wenn er kein Wort zu Papier bringt, im Laufe seines Lebens solche oder ganz andere Briefe, die irgendwann einmal sein persönliches Lebensskript bilden, ja – „bilden".

3. Gedankengang

Wir sind nicht nur das, was wir immer schon sind, sondern stets auch das, was wir übereinander denken, füreinander empfinden und miteinander tun – gestern, heute und auch morgen.

Die antiken Ruderer oder Segler kannten sie noch – die gefährliche Meeresenge zwischen „Skylla und Charybdis": Auf dem einen Felsen drohte *Skylla*, „ein furchtbares Ungeheuer mit einer grellen bellenden Stimme, gleich der eines jungen Hundes, mit zwölf abscheulichen Klauen und sechs langen Hälsen, auf jedem drohte ein fürchterlicher Kopf mit drei Reihen dichter Zähne ... Ihr gegenüber, einen Pfeilschuß weit, war der andere Fels; ein wilder Feigenbaum stand oben darauf. Unter diesem schlürfte die göttliche *Charybdis* die schwarze Flut ein und spie sie aus, dreimal jeglichen Tags, so daß der Wasserschwall bald siedend mit weißem Schaum hervorbrauste, bald in den gähnenden Schlund hinabdonnerte und der schwarze Meeresgrund umher dem Vorübergehenden entgegendrohte."[2]
Nun, selbst der tapfere *Odysseus* überstand die bedrohliche Fahrt durch diese schreckliche Meeresenge nicht ohne schweren Verlust ...

Auch der Theorie und noch mehr der Praxis der Bildung drohen zwei tödliche Gefahren: Einerseits die Resignation, jene pessimistische Attitüde, die sich gerne als realistische Welt- und Lebensansicht ausgibt und doch nichts anders ist als die Absage an jegliche Bildungsarbeit, zu der die Anstrengungsbereitschaft ebenso gehört wie die Zuversicht ... Andererseits muss Bildung die Utopie meiden, jene überfordernde Einstellung, die nicht nach dem Möglichen im Realen fragt, sondern das Unmögliche betont, behauptet, beschwört und doch nichts anderes ist als Betrug am Menschen, aus dem niemand machen kann, was er will und der seinerseits kein allmächtiger Gott, sondern ein Mensch ist, kein *creator*, sondern *creatur* ...

Nur die Götter – so sagen es uns alle Religionen – können aus lebloser Materie, sogar aus dem Nichts, Leben erschaffen; wir Menschen können solches nur weitergeben, selbst *Pygmalion* vermochte das nach seinem Frauenideal geschaffene Standbild nur mit Hilfe der Göttin *Aphrodite* zum Leben zu erwecken – so *Ovid*. Wir Menschen sind „beschränkte" Wesen.

In der langen Geschichte des Menschen haben nicht alle Ruderer oder Seefahrer den mittleren Kurs halten können oder wollen. Und nicht selten neigten die Ungeduldigen dazu, den Kurs immer dann abrupt zu ändern, wenn sich die Täuschungen als Ent-Täuschungen herausstellten. Phasen und Epochen mit allzu vielen und irrealen Versprechungen ließen pessimistische und resignative Stimmen laut werden, und in Zeiten tiefer Verzweiflung wurden mitunter die schönsten Träume geboren. Dass momentan mal wieder „die Realisten" das Sagen haben, sei mit Hilfe zweier Äußerungen belegt. Die eine stammt von einem Journalisten und gescheiterten Kulturpolitiker, die andere von einem Wissenschaftsmanager und Kommentator.

„Bildung – eine deutsche Utopie" hat *Michael Naumann* einen viel beachteten Essay in der ZEIT (vom 4.12.2003) betitelt: ohne Fragezeichen und voller Geschichtsklitterungen [3]. Da wird glatt behauptet, dass

- spätestens 1871 „der historische Antagonismus zwischen klassischer und moderner Bildung" sein Ende gefunden habe; dass
- der deutsche Begriff „Bildung" seine Wurzeln in der mittelalterlichen Mystik besitze und letztlich „die Hingabe an Gott" bedeute; dass
- ihm seit dem deutschen Idealismus „ein Erlösungsanspruch anhafte"; dass
- seit dem frühen 19. Jahrhundert mit dem Erwerb der Bildung in Deutschland „Freiheit, Glück und Wohlstand" assoziiert würden; dass
- die Deutschen deshalb so beharrlich auf Bildung setzten, weil ihre Revolutionen sämtlich gescheitert seien und sie – wenn schon politisch nicht befreit – sich wenigstens geistig emanzipieren wollten; dass
- gerade das Konzept der Bildung „der mentale Sonderweg der Deutschen" sei, „ein geradezu millenarischer Hochmut"; dass
- bekanntlich „auch die Elite-Kenntnisse der griechischen Heldensagen das politische Unglück des 20. Jahrhunderts nicht verhindern konnten" (als hätte das je ein Pädagoge versprochen); dass, dass, dass ...

Da werden *Meister Eckart* und *Jakob Böhme*, *Humboldt*, *Lessing* und *Hegel expressis verbis* ebenso liquidiert wie *Schlegel*, *Goethe* und *Schiller*. Anstatt „des amerikanischen Ideals" (*pursuit of happiness*) entwickelten wir (!) „ein typisch deutsches Ideal" (*the pursuit of Bildung*), oft genug verbunden „mit nationalistischem Größenwahn und übersteigertem Selbstwertgefühl". Fassungslos fasst man sich ob solcher hanebüchener Behauptungen, die in keinem Proseminar unwidersprochen blieben, an den Kopf und muss doch den ernstgemeinten Ausweg zur Kenntnis nehmen, endlich auf Bildung zu verzichten und aus dem Traum von der „Perfektibilität der Menschheit“ aufzuwachen. Bemerkenswert in diesem Artikel ist aber nicht nur die Absage an Bildung und das Eintreten für amerikanisches Denken, sondern auch ein antideutsches Gehabe, das geradezu Formen eines Selbsthasses annimmt, als seien wir immer noch und für alle Zeit jenes Land, „von dem es heißt, daß die Geschosse des letzten Krieges jeweils die Geschosse des vorletzten aus der Erde wühlen“ – um aus dem grandiosen Roman über „Das siebte Kreuz“ von *Anna Seghers* zu zitieren.[4]

Wenige Tage nach diesem Elaborat veröffentlichte *Wolf Lepenies* (Jg. 1941), von Haus aus Soziologe, aber viele Jahre Leiter des Berliner Wissenschaftskollegs, einen Beitrag in der SÜDDEUTSCHEN ZEITUNG über „Das Ende der Bildungsrepublik“[5], der mit fast denselben Worten dasselbe verkündet (aber nicht belegt) und nichts anderes fordert (aber nicht begründet): Bildung sei „ein Pathosbegriff“, den unsere Nachbarn nicht kennen; nur wir Deutschen (!) schwärmten vom „Bildungsideal“ und würden „darüber die Erziehungsroutine in den Institutionen verdrängen“; wir seien „ein vergangenheitslastiges Land“, das endlich lernen müsste, (jetzt wird's englisch) „*social policy, education* und *social security*“ zwanglos zusammenzudenken ... Den Rest wollen wir uns schenken, denn es ist allzu offenkundig, dass hier just das beseitigt werden soll, von dem man wenig Ahnung hat – übrigens eine bewährte Methode jener „Afterbildung“, die *Nietzsche* so erbarmungslos gegeißelt hatte.

Natürlich kolportieren beide Autoren auf erschreckende Weise Unrichtiges, Falsches und Verkürztes: Wer die Bildungstheorie so verhunzt und sie ausschließlich als typisch deutsch deklariert, ohne über Pendants wie z. B. die griechische *paideia* oder die lateinische *eruditio* nachzudenken; wer sie historisch auf so schiefen Hängen ansiedelt, muss sich nicht wundern, wenn er abrutscht. Und wem der lernende Mensch alles und der gebildete Mensch nichts mehr (wert) ist, bringt sich um seinen eigenen Verstand. Das aber ist hier nicht relevant. Viel wichtiger ist die Tatsache, dass solche und ähnliche Äußerungen heute von den renommiertesten Publikationsorganen veröffentlicht werden: DIE ZEIT und die SZ erreichen zusammen mit der FAZ und FR fast die gesamte deutsche Intelligenz und beeinflussen deren Bewusstsein, in dem sich die Ansicht festzusetzen beginnt: Wenn wir nicht endlich dieses morsche Gerümpel, das sich da „Bildung“ nennt, über Bord werfen, gewinnen wir keine Fahrt und brechen auch nicht zu neuen Ufern auf! (Mit Verlaub: Sie werden schneller stranden oder kentern, als sie geglaubt haben.) Halten wir dagegen:

Bildung vollzieht sich jenseits von Resignation und Utopie – so die Metapher von „Skylla und Charybdis“. In einer grandiosen und nicht unpolemischen Studie hat sich *Joachim C. Fest* (geb. 1926) just mit der letzteren Gefahr auseinandergesetzt[6]. Sein Widerpart, der ihm gelegentlich zum Punchingball wird, heißt *Ernst Bloch* und sein dreibändiges Werk über „Das Prinzip Hoffnung“[7]. Man wird nicht mit jeder Interpretation einverstanden sein müssen (zumal *Fest* streckenweise zwar häufig den *Sack* des Herrn *Bloch* schlägt, aber im Grunde den Esel der 68er-Generation meint), in einem jedoch ist ihm beizupflichten: „Marxistische Heilsversprechungen" (S. 11) helfen uns ebenso wenig weiter wie ein „grenzenloses Vertrauen in die Zukunft" (S. 25) oder der „Allmächtigkeitswahn" eines „über Erziehung abgerichteten Neuen Menschen" (S. 30), sondern nur „das schrittweise Vorantreiben", die „Umwege und Unterbrechungen sowie die vielen mühseligen Kompromisse, die immer unrein wirken und statt des vollkommenen Zustands nur den weniger unvollkommenen in Aussicht stellen" (S. 91). Träume sind nötig; ohne sie hält niemand leidige Realitäten aus. Aber Bedingungen, Einschränkungen und Grenzen gilt es ebenso zu akzeptieren, damit es morgen ein klein wenig freier, gerechter und geschwisterlicher zugehe. Das gegebene Leben im Rahmen des Möglichen über Bildung zu meistern, ist eine (gute) Sache; sich gegen dieses Leben aufzulehnen oder sich ihm resignativ auszuliefern, eine andere (schlechte) Sache – *ducunt fata volentem nolentem trahunt*: Den Willigen führt das Schicksal, den Unwilligen zerrt es dorthin – angekommen ist noch jeder. In unserem Bildungsbestreben überschreiten wir leidige Realität und lernen gleichzeitig unsere Potenzialität zu begrenzen. Das kleinste Buch, das ich besitze, ist 7 cm lang, 4,5 cm breit und nur 1/2 cm hoch, aber es enthält einen großen Gedanken. Geschrieben hat es der 1894 in Berlin geborene, 1933–1962 nach Frankreich und in die USA emigrierte und 1971 verstorbene Philosoph und Kritiker *Ludwig Marcuse*[8] – nicht zu verwechseln mit dem Sozialpsychologen *Herbert Marcuse* (1898–1979). Viele Utopien waren nichts anderes als „Vorschläge, Aufforderungen, Manifeste ..., die zum Paradiese hetzten", schreibt *Marcuse* (auf S. 19) – von solchen Hetzschriften haben wir wahrlich genug. Andererseits: Wo es gar keine „Sehnsucht nach Solidarität zwischen Mensch und Mensch, zwischen Gruppe und Gruppe" (S. 7), zwischen Nation und Nation oder zwischen Jung und Alt mehr gibt, da verkommen die Werte des Menschen und da klingen selbst die Wörter *Liberté*, *Egalité* und *Fraternité* eines Tages allenfalls „wie die drei Kompagnons einer berühmten Firma" (S. 20). Zwischen Potenzialität und Realität liegt die Nezessität des Menschen – leider und zum Glück.

4. Gedankengang

Im Zentrum aller Bildungsbemühungen – sei es in ihrer Theorie oder ihrer Praxis – steht bzw. wirkt die Liebe des Menschen zum Menschen, da mögen die Zyniker spotten und die Frömmelnden nicken so oft und so heftig sie wollen – es ist die nüchternste Erkenntnis der Menschen.

1950 erschien in den USA ein Buch mit dem Titel „Love is not Enough": Liebe allein genügt nicht. Sein Autor war der damals noch nicht weltbekannte Kinderpsychiater *Bruno Bettelheim*[9], der 1903 in Wien geboren wurde, vor den Nazis flüchtete und doch in Dachau und Buchenwald inhaftiert wurde, ehe er in die USA emigrieren konnte, dort die „Orthogenic School" für *disturbed children* an der University of Chicago leitete und doch bis zu seinem Suizid am 13. März 1990 die schrecklichen Erinnerungen an Verfolgung, Haft und Flucht nicht loswurde. „Liebe allein genügt nicht!" Ein wahres Wort, aber stimmt nicht auch die Umkehrung? Ohne Liebe ist alles umsonst. Ein anderer jüdischer Emigrant hat just über diese Einsicht ein mitreißendes Büchlein geschrieben: Er wurde am 23.3.1900 im hessischen Frankfurt geboren, emigrierte 1934 in die USA, übersiedelte 1949 nach Mexiko und starb am 18.3.1980 in Locarno, gemeint ist der Psychoanalytiker *Erich Fromm* – „Die Kunst des Liebens" lautet sein vielleicht bestes Buch[10]. Dieser umfängliche Aufsatz erschien bereits 1956 unter dem Titel „The Art of Loving" und wurde bei uns erst in den „Kritischen Jahren" (1968ff.) bekannt, dann weitgehend vergessen und sollte nach meinem Dafürhalten neuerlich entdeckt werden. Warum? Bereits im Vorwort (auf S. 9) schreibt *Fromm*:

„Ich möchte den Leser davon überzeugen, daß alle seine Versuche zu lieben fehlschlagen müssen, sofern er nicht aktiv versucht, seine ganze Persönlichkeit zu entwickeln, und es ihm so gelingt, produktiv zu werden; ich möchte zeigen, daß es in der Liebe zu einem anderen Menschen überhaupt keine Erfüllung ohne die Liebe zum Nächsten, ohne wahre Demut, ohne Mut, Glaube und Disziplin geben kann. In einer Kultur, in der diese Eigenschaften rar geworden sind, wird die Fähigkeit zu lieben nur selten voll entwickelt."

Solche und ähnliche Sätze sprechen und hören wir gerne sonntags oder in Festansprachen, am Ende langer Buchsbaumreden oder an den Gräbern unserer Liebsten, aber im Alltag bleiben wir oft stumm und taub. Ob in Hörsälen oder Fabriken, in Büros oder Kasernen – wer hätte sie dort je vernommen? Dabei betont *Fromm* wie kaum ein anderer, dass meine Fähigkeit zu lieben entscheidend von meiner Bildung abhängt, meiner zu entwickelnden Persönlichkeit. Lieben kann und muss man lernen – „wie irgendeine andere Kunst, zum Beispiel Musik, Malerei, das Tischlerhandwerk oder die Kunst der Medizin oder der Technik" (S. 15). Mit sentimentalem Gesäusle, Schmalz oder Kitsch hat sein Buch also nichts zu tun, wohl aber mit den notwendigen und schwierigen Schritten, diese Kunst zu lernen – auf dass es *ein wenig* friedlicher, schöner und zärtlicher unter den Menschen zugehe. Ehe wir also peinlich die Nase rümpfen und seine Ausführungen allenfalls in den Kirchen, Synagogen und Moscheen zulassen, sollten wir genauer hinschauen. Dann würde uns einsichtig werden, wie wenig romantisch dieser Bildungsprozess ist, welch harte kognitive, emotionale und soziale Arbeit er voraussetzt, um etwa die vier „Grundelemente" der Liebe zu lernen: die Fürsorge, das Verantwortungsgefühl, die Achtung vor dem anderen und die nüchterne Erkenntnis, dass die infantile Liebe allenfalls der Erfahrung folgt: „*Ich liebe, weil ich geliebt werde!*", dass aber die reife Liebe die Einsicht besitzt: „*Ich werde geliebt, weil ich liebe!*“ (S. 52). Auf diesem Bildungsweg entdecken wir (wenn wir nur beharrlich suchen) die fünf Formen der Liebe: die Nächstenliebe, die Mütterliche Liebe, die Erotische Liebe, die Selbstliebe und die Liebe zu Gott. Und solange wir der Theorie der Bildung quasi verbieten, über ihre zentrale Kraft, die Liebe nämlich, gründlich-nüchtern nachzudenken und solange wir der Praxis von Bildung nicht die fundamentale Erfahrung von Liebe zuführen, bleibt jegliches Reden über Bildung Gefasel und der Mensch mitsamt seinen Verhältnissen nur das, was er immer schon ist: „Sich selbst, seinen Mitmenschen und der Natur entfremdet“ (S. 97), ein Mensch, der lebt, „um seinen Spaß zu haben“ (S. 99), ein Nobody, der den Attrappen des Glücks hinterherrennt und sich und sein wahres Leben verliert.

5. Gedankengang

Wenn es im Prozess der Bildung nicht um die Utopisierung des Menschen, wohl aber um seine Verbesserung geht, dann sind Wissen und Können ebenso nötig wie das, was wir die „Herzensbildung“ nennen.

Einer der mächtigsten deutschen Topmanager hieß *Heinrich von Pierer.* Er wurde 1941 geboren und leitete als Vorstandsvorsitzender von 1993 an den mit über 400.000 Mitarbeitern in 190 Ländern operierenden und 2003 einen Umsatz von 75 Mrd. Euro bzw. einen Reingewinn von 2,4 Mrd. Euro erwirtschaftenden Siemens-Konzern. *Heinrich von Pierer* sagte in einem Interview [11]:

„Bildung ist das A und O. Wir befinden uns auch in einem globalen Wettbewerb der Bildungssysteme. Mit welchem Fanatismus die Menschen in asiatischen Ländern versuchen, durch Ausbildung für sich und ihre Kinder eine gute Startbasis zu schaffen, das flößt einem Respekt ein.“

An dieser Aussage ist explizit und implizit Vieles richtig: Bildung ist gewiss nicht auf das stille Kämmerlein beschränkt und hängt mit Sicherheit auch von ökonomischen Standards ab – Hungernde und Frierende haben andere Sorgen ... Man muss schon viel wissen und können, vieles verstehen und eine Menge lernen (wollen), wenn man den beschwerlichen Weg der Bildung beschreiten will. *Pierer* aber suggeriert, dass dieses *know-how* das Wichtigste, Entscheidende und Ausschlaggebende sei. Ist es das? Gewiss: Fachliches Wissen, kompetentes Können, souveränes Handeln u. ä. m. – all dies ruft Vertrauen hervor, Sicherheit, Optimismus und Überlegenheit. Damit lassen sich manche Konkurrenzängste und Zukunftssorgen reduzieren, aber lassen sich auf diese Weise auch Bildungsgarantien geben, gar Bildungsgutscheine (*vouchers*) einlösen? Anders gefragt: Ist der Vielwissende auch, *per se* und stets, ein gebildeter Mensch? Mit Sicherheit nicht. Dann müssten in Wirtschaft, Kultur, Wissenschaft und Politik, in der Forschung und Publizistik Unmengen von gebildeten Menschen ihr Wesen treiben. Täglich aber erfahren wir das Gegenteil! Gerade der Kundige und Wissende ist der großen Gefahr ausgesetzt, sein Können und Wissen zu instrumentalisieren, also für seine Vorteile, seine Herrschaft, seinen Ruhm, seine Privilegien etc. einzusetzen, wenn – ja wenn er keine Bildung besitzt bzw. sich nicht wenigstens um seine Bildung bemüht. Diese aber ist mehr und etwas anderes als rein kognitives Speichern und Verknüpfen von Daten und Informationen. Die emotionale und soziale Intelligenz müssen hinzukommen, wenn Wissen und Können gleichsam humanisiert werden sollen. Lernen, Wissensbestände, Curricula, Fakten, Daten, Sachverhalte, Methoden, Fertigkeiten u. ä.m. sind die Voraussetzungen bzw. die Medien der Bildung, aber noch nicht die Bildung selbst. Sie müssen, wie *Cicero* (und nicht die deutsche Mystik) sagte, gleichsam zu Tugenden (der Tapferkeit, der Gerechtigkeit und der Klugheit) werden, wenn sie Teil der Menschen-Bildung (*eruditio hominum*) werden sollen. Selbst die Religion bedarf dieser Bildung, wenn sie vor dem Fanatismus und dem Fundamentalismus geschützt werden und statt dessen ihre humanisierende Kraft entfalten soll. Auch *Platon* wusste um die Gefährdungen eines skrupellosen Wissens und eines verantwortungslosen Könnens und bestand deshalb auf der Tugendlehre, darauf dass ein junger Mensch sich auseinandersetzt mit den vier Kardinaltugenden der Weisheit, der Gerechtigkeit, der Tapferkeit (die bei den Griechen Seelenstärke war) und der Besonnenheit (also der Mäßigung und Selbstbeherrschung). Anderenfalls, so *Platon* und auch *Aristoteles* (nicht aber oder nur *Goethe* und *Humboldt*) war und ist Bildung (*Paideia*) nicht zu erfahren.

Wo und wenn Bildung auf reproduzierbares Wissen reduziert wird, antwortet sie mit zwei tödlichen Krankheiten: mit der Sklerose und der Schwindsucht – sie erstarrt, verhärtet sich, wird leblos oder sie blutet quasi aus, entkräftet, welkt dahin. Das sollte aus der Geschichte lernen und bedenken, wer da in flotter Schreibe oder kühner Rede heute das „Ende der Bildung“ fordert.

Diese Bildung kann auch jemand erfahren, der gar nicht so viel weiß und recht wenig kann; der kein Abitur hat und auch nicht studieren konnte; der weder einen Computer bauen noch einen entzündeten Blinddarm zu extrahieren vermag – vorausgesetzt, er kennt und akzeptiert die Grenzen seines Wissens und Könnens, hat also diejenige Tugend gelernt, die bei den Griechen (und rund 1000 Jahre später bei *Comenius*) *sophia* genannt wurde: Weisheit. Denn im Gegensatz zum bloßen Intellektuellen, zum klugen Vielwisser und hochkompetenten Fachmann kennt der Weise seine Grenzen. *Joseph Goebbels* war gewiss ein brillanter Kopf, aber ein völlig ungebildeter Lump, ein furchtbarer Verbrecher; eines seiner Opfer, das Mädchen *Anne Frank*, besaß nur einen Bruchteil seines Wissens und Könnens und war ihm als gebildetes Mädchen doch haushoch überlegen.

Außerhalb der Schule (und später der Universität) hatte ich das Glück, von einem Doppelehepaar erzogen, unterrichtet und gebildet worden zu sein. Meine leiblichen Eltern waren Autodidakten, aber mein Vater spielte Geige (wie irgendeiner seiner ungarischen Vorfahren), und er schrieb wunderschöne Liebesgedichte (sein französisches Erbe auslebend). Meine Mutter konnte Feste feiern (dass der Konkurs drohte) und hätte auch „dem Herrgott eine geknallt" (wenn er „dummes Zeug geredet hätte"). Mein Onkel, der jüngere Bruder meines Vaters, war Altphilologe und begleitete mich auf den Weg in die antiken Sprachen und Kulturen (und entfachte eine bis heute gebliebene Neugier). Meine Tante, also seine Frau, war Lehrerin und spielte so schön Klavier, sang so schöne Lieder, liebte Blumen, Theater und auch Reisen so sehr, dass mir diese Liebschaften ein Leben lang geblieben sind (*tibi gratias*!). Wer oder was also hat mir mehr zur Bildung verholfen? Eine törichte Frage! Denn die fachliche Bildung war genauso wichtig wie die Herzensbildung; kognitives, emotionales und soziales Lernen gehören zusammen, das heißt: zu jedem Menschen; und ohne den Kopf weiß die Hand nicht, was sie zu tun hat, ohne das Herz bleibt der Kopf ein bloßer Speicher, und ohne die Hand kann das Herz sich nicht äußern ...

Im Bildungsprozess ist „Der Gebildete" (im Sinne *Schallers*) gleichsam die Reibefläche, an der sich der andere zu entzünden vermag – wie das Streichholz an der Anstrichfläche. Wo diese fehlt oder allzu glatt ist, kann sich Bildung nicht entzünden. Bei allem Respekt vor den Beständen des Wissens, wird man also einräumen müssen: Sie allein entfachen kein Feuer; nur in Verbindung mit einem gebildeten Herzen entflammen sie andere.

6. Gedankengang

Bildung ist kein bequemes Unterfangen, kein widerspruchsfreies Bemühen, kein harmonisches Streben nach Glück und auch kein Religionsersatz, sondern ein mühsames menschliches Arbeiten an der Verbesserung der eigenen Persönlichkeit und der ihm anheimgegebenen Mitmenschen und Verhältnisse, ein Bemühen freilich, das ohne Widersprüche, Ambivalenzen und Antinomien nicht auskommt.

Pädagogik bedeutet zunächst einmal, in der Nähe von Kindern sein. Kinder aber sind keine Rechnungen, die aufgehen, sondern recht aktive Lebewesen mit tausend Rätseln, Ungereimtheiten und Widersprüchen. Ihre Erziehung ist gewiss nötig, aber endet irgendwann einmal, während ihre von uns allenfalls eröffnete Bildung ein lebenslanger Prozess ist. Dieser Prozess geht auch über ihre Aus-Bildung hinaus und gestaltet den Entwurf des je eigenen Selbst. Die von Erwachsenen veranstaltete und verantwortete Erziehung, Schul- und Ausbildung kann den jungen Menschen allenfalls an diese (seine!) Bildung überantworten – nicht mehr, aber auch nicht weniger. Deshalb ist Bildung auch keine Formung, kein Ge-Bilde, sondern ein einziges Wagnis. Sie „macht" niemanden zu etwas, schon gar nicht zum „neuen" Menschen, sondern sie offeriert ihm das Mensch-sein, erschließt ihm die Möglichkeit, zum Menschen zu werden. *Tehiptila*, die schöne Tempelhure, hat das Ungeheuer *Enkidu* nicht zum Menschen geformt, wohl aber über eine liebevolle Be-Ziehung erzogen und in seine Bildungsmöglichkeit gerufen, die mehr ist als ein wohlerzogener junger Mann. Diese Bildung hat es, altmodisch gesprochen, mit der Seele eines Menschen zu tun, mit dem Innersten seiner Persönlichkeit: Wenn uns, metaphorisch ausgedrückt, ihr Blick trifft, dann ahnen wir, wer wir sind und wer wir sein und werden können. Dazu ist ein bestimmtes Klima nötig – in den Familien, Schulen, Universitäten, Betrieben, wo auch immer: ein Klima der Anregung, eine Kultur der Wertschätzung, eine Atmosphäre des Zutrauens. Dieses Bildungsmilieu dokumentiert ein Bewusstsein des Wirklichen (aber so nicht unbedingt Gewollten), des Notwendigen (weil Gewünschten) und des Möglichen (und Erreichbaren). Wo die Mühen einer solchen Bildungsarbeit gescheut, gar aufgegeben werden, kommt es zunächst zur Bildungsverdrossenheit, dann zur Verachtung von Bildung und schließlich zur Bildungsvergessenheit. Und: Keine Kultur hat diesen Bildungsgedanken mit so zahlreichen und überzeugenden Argumenten in den Diskurs der Menschen eingebracht wie die deutsche Kultur. Und es kann eben dieser Kultur und den in ihr lebenden Menschen nicht dienlich sein, wenn wir – weil auch erschreckend anderes just in diesem deutschen Namen angerichtet wurde – auf diese Kulturleistung mit Spott und Ironie, mit Verachtung und Gleichgültigkeit herabsehen. Die Geschichte der Menschen ist gewiss eine Geschichte der Verletzung des Menschen durch den Menschen, aber auch eine Geschichte der Sehnsucht des Menschen, nach dem *melior*, nach dem Besseren. Bildung ist der mitunter schier verzweifelte Versuch eben dieses Menschen, seine Menschlichkeit zu verwirklichen. Diese Bildung ist zögerlich, bescheiden, zurückhaltend und kann ihm noch nicht einmal die Gewissheit vermitteln, dass dies gelingen mag – dazu bedarf es des Glaubens. Und deshalb ist Bildung *das* Menschheitswagnis schlechthin, das die Wirklichkeit mit der Möglichkeit, die Wahrheit mit der Menschlichkeit, die Gleichheit mit der Freiheit, die Gerechtigkeit mit der Geschwisterlichkeit ..., die denken und fühlen, spielen und arbeiten, führen und wachsenlassen, Grenzen ziehen und Freiheiten gewähren ..., die Kleines und Großes, Ordentliches und Unordentliches, Schönes und Hässliches, Grandioses und Triviales ... aushaltbar zu gestalten, womöglich er- und verträglich zu machen versucht. Bildung, so könnten wir sagen, ist die einzig akzeptable Revolution des Menschen – wenn auch im Verborgenen. Der 1940 in Hamburg geborene Schriftsteller *Uwe Timm* schreibt in seinem Roman „Johannisnacht" (ohne das Fremdwort zu benutzen), eine Antinomie ist „der Versuch, das zu verbinden, zu versöhnen, was sich doch per se ausschließt: Gleichheit und Freiheit, diesen Ausgleich zustande zu bringen, also eine infinitesimale Politik, die Bedürfnisse, Fähigkeiten, Interessen, Wünsche, Zwänge in einen zivilen Ausgleich zu bringen"[12]. So gesehen ist Bildung ohne Widersprüche und Ungereimtheiten, ohne Antinomien und Krisen, ohne Konflikte und Rückschläge nicht zu haben. Und weil viele solche Erschütterungen scheuen, meiden sie die Bildung, ohne ihrem Anspruch je entgehen zu können. Einer der größten Antinomiker unter den deutschen Pädagogen, der 1880 in Düsseldorf geborene, in Leipzig und Bonn lehrende und dort 1962 verstorbene *Theodor Litt*, hat es wie folgt ausgedrückt: „Wenn so etwas wie ... Bildung sein oder werden soll, so muß es einer von den schmerzlichsten Dissonanzen und von schier unauflösbaren Antinomien zerrissenen Wirklichkeit abgewonnen werden.“ [13] Die Bildung des Menschen bleibt ein Risiko. Andererseits: in diesem Wagnis (erst) realisiert sich der Mensch, nur der Mensch.

„Das zwanzigste Jahrhundert war pädagogisch ein Jahrhundert der Extreme. Die pervertierte Disziplin der Kadettenanstalten und der Napolas, der Erziehungsanstalten der Nationalsozialisten, kontrastierte mit dem Laissez-faire der antiautoritären Erziehung der zweiten Hälfte des Jahrhunderts. Maßlosigkeit war das Kennzeichen beider Erziehungsmuster: Maßlosigkeit ist der Feind aller Pädagogik.
Wir sind in Deutschland immer noch auf der Suche nach dem rechten Maß. Der Nationalsozialismus hat Autorität und Disziplin exzessiv gefeiert, die Generation der späten Nachkriegszeit hat mit exzessiver Verweigerung von Autorität und Disziplin geantwortet. Wir stehen heute vor dem Scherbenhaufen dieser Bewegungen und reagieren rat- und hilflos. Ein einfaches Zurück zu Disziplin und Gehorsam ist ebensowenig möglich wie das Verharren im Zustand der Ratlosigkeit. Daß der antiautoritäre Weg ein Irrweg war, hat auch der letzte Romantiker begriffen.“

Bernhard Bueb, Leiter der Schule Schloß Salem, in: Frankfurter Allgemeine Zeitung, Nr. 46, vom 24.2.2005, Seite 39.

7. Gedankengang

Jede Zeit, jede Generation, jedes Land und jeder Einzelne muss immer wieder neu darüber befinden, was Bildung ist, sein könnte, werden müsste – diese Festlegung ist ohne geschichtliche, anthropologische, politische, soziale u. a. Vergewisserungen nicht möglich.

Anhand von fünf abschließenden Abbildungen sei dieser Gedankengang illustriert:

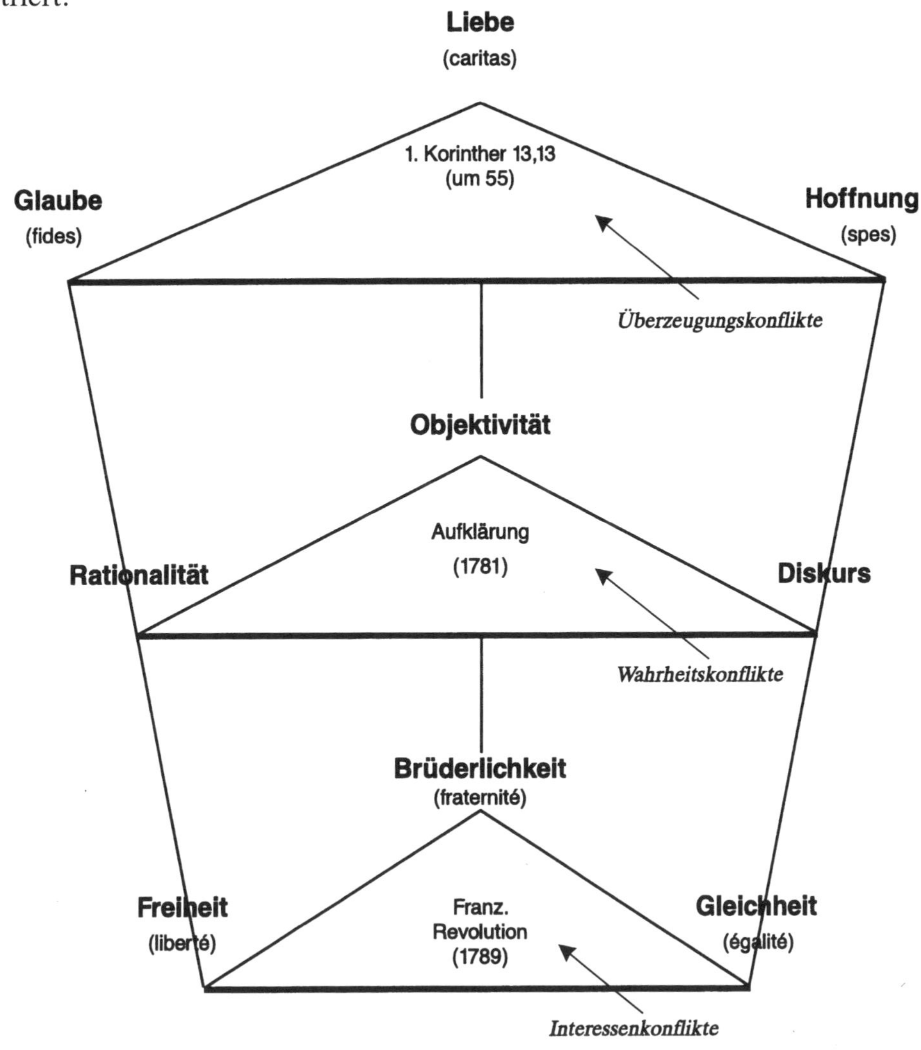

Abb. 45 Die verschiedenen Konfliktarten der Menschen

Wenn in einer Schule mehr oder weniger leidenschaftlich darüber diskutiert wird, ob – sagen wir – in der Pausenhalle ein Getränkeautomat aufgestellt werden soll, kollidieren u. U. ganz verschiedene Interessen: der Hausmeister freut sich auf einen Zusatzverdienst (oder fürchtet Mehrarbeit); die meisten Lehrer sind dadurch das leidige Problem der Kioskbesuche jenseits des Schulgebäudes los (die Bio-Lehrer aber warnen vor Colagetränken); viele Schüler pochen auf ihrem Selbstversorgungsrecht (wenige schließen sich den Warnenden an); und den meisten Eltern ist das alles egal (einige wenige aber geben Taschengeldprobleme zu Protokoll). Ein typischer Interessenkonflikt, der letztlich über Mehrheitsentscheidungen gelöst werden muss. Einer der bedeutsamsten Konflikte dieser Art hatte eine lautstarke Geburtsstunde in der Französischen Revolution: Seitdem wissen wir, dass wir die Spannungen zwischen *liberté*, *fraternité* und *egalité* immer wieder aushalten, -tragen und -tarieren müssen. Hinter ihnen stehen Interessen-Gruppen; die Gerechtigkeit schränkt die Freiheit ein; die Brüderlichkeit verlangt mitunter Ungleichheit; und die Freiheit ist nicht immer fraternell.

Mit „der" Wahrheit haben die in solchen Konflikten geäußerten Interessenssätze recht wenig zu tun. Um Wahrheit (*Quod est veritas*?) geht es in denjenigen Akten, die sich um Objektivität unter dem Horizont von Rationalität mit Hilfe eines Diskurses bemühen. Spätestens seit der französischen, englischen oder deutschen Aufklärung, spätestens seit *Charles de Montesquieu, David Hume* oder *Immanuel Kant* haben die Menschen sich bei der Suche nach wahren Sätzen darauf geeinigt: Sie müssen vor dem Tribunal der Vernunft Bestand haben (also beweisbar sein); sie vertragen keine Herrschaft (sondern erfordern den herrschaftsfreien Diskurs); und sie streben so viel Verallgemeinerungsfähigkeit wie möglich an (ohne sie je komplett zu erreichen). Solche Konflikte können nicht über Mehrheitsentscheidungen gelöst, sondern nur wissenschaftlich ausgetragen werden – zum Beispiel die Nach-Frage, ob 2 + 2 wirklich 4 ist oder die kontroverse Frage, ob ein Einzelkind genauso soziale Intelligenz entwickeln kann wie ein Geschwisterkind.

Andere Kulturen haben andere Dokumente als wir. Unsere weisen auf eine dritte Art der Konfliktkollision hin: die Überzeugungskonflikte. Sie sind weder mehrheitsfähig noch beweisbar, sondern Akte des Glaubens. Wenn etwa *Paulus* in seinem 1.Brief an die Korinther (13,13) schreibt: „Nun aber bleiben Glaube, Hoffnung, Liebe, diese drei; aber die Liebe ist die größte unter ihnen", dann hängt meine Überzeugung, dass der Apostel mit dieser Aussage Recht hat, ausschließlich von meinem Glauben ab – und der ist *per definitionem* weder beweis- noch demokratisierbar, also abstimmungsfähig.

Was aber haben diese Konfliktarten mit unserem Thema, der Bildung zu tun? Wenn wir über Bildung reden, streiten oder befinden; wenn wir sie uns gewähren, zumuten oder absprechen; wenn wir nach ihr handeln, sie missachten oder verraten, sind stets alle drei Konfliktmodelle anwesend: Wir bringen Überzeugungs-, Wahrheits- und Interessenssätze in die Theorie und Praxis der Bildung ein. Und welche im konkreten Fall bzw. in einer speziellen Situation wirksam werden (sollen), müssen sich die Gesprächs- und Handlungspartner transparent machen – über Akte der Metakommunikation, also des Redens über die jeweilige Rede.

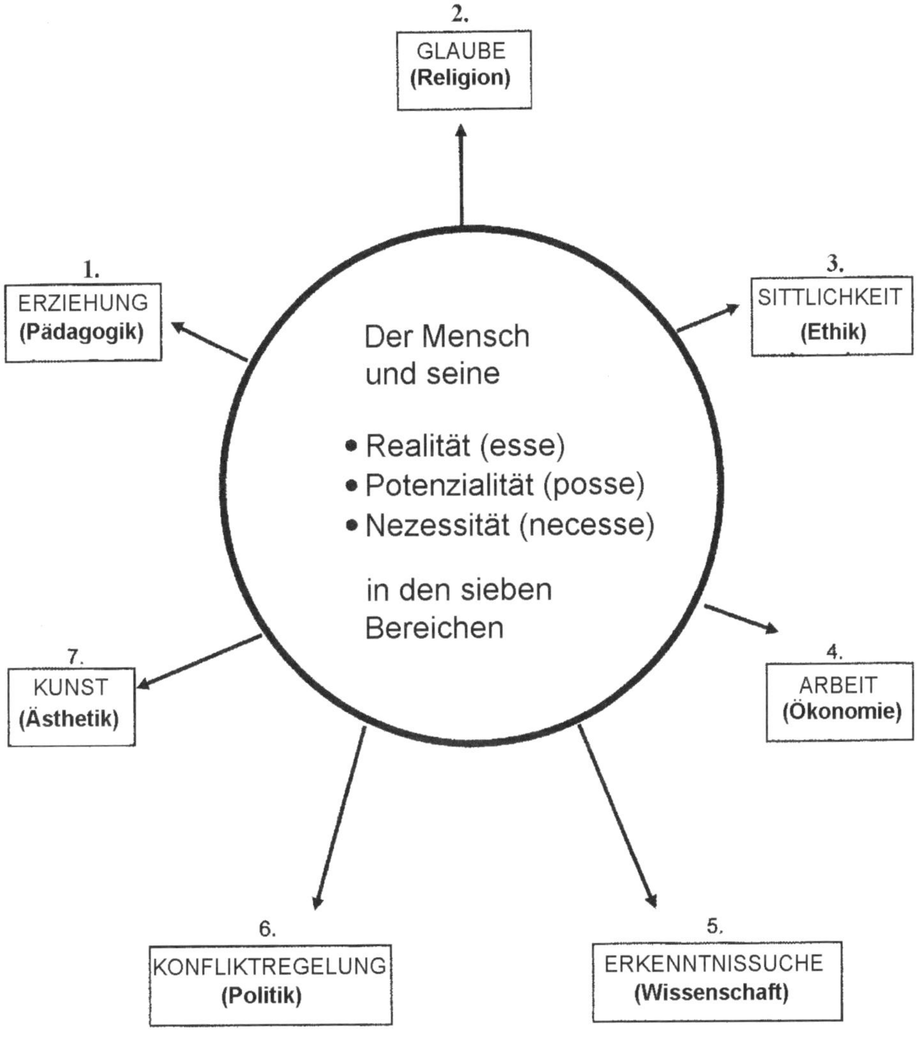

Abb. 46 Die Anthropina des Menschen

In einer weiteren (der 46.) Abbildung sei der Prozess veranschaulicht, den man die Mensch-Werdung nennen könnte. Was hat den Menschen, bisher, zum Menschen werden lassen? Was sind die Menschen-Merkmale, die ihn als Mensch geradezu konstituieren? In seiner Wirklichkeit ebenso kennzeichnen wie in seiner Möglichkeit und Notwendigkeit? Hier (in seiner Realität) freilich häufig defizitär, dort (in seiner Potenzialität) kraftvoll, ganz weit droben aber (in seiner Notwendigkeit) eher demütig. Der Mensch wird Mensch durch die Erziehung, den Glauben, die Sittlichkeit, die Arbeit, die Erkenntnissuche, die Konfliktregelung und die Kunst – zumindest dadurch. Natürlich kann das eine oder andere Anthropinum in naher oder ferner Zukunft hinzukommen, aber beim heutigen Stand des Menschheitsdiskurses sind es wenigstens diese sieben Anthropina, die den Nach-oben-Schauenden (den *anthropos*) als Menschen kennzeichnen. Wer ihm auch nur eines dieser Merkmale nimmt oder verwehrt oder wer selbst auch nur eines von ihnen gering erachtet, gar von sich weist, dehumanisiert den Menschen bzw. sich selbst. Und dass es zwischen diesen sieben konstitutiven Elementen keine Hierarchie gibt, sondern sie alle gleichberechtigt (aber verschiedenartig) sind, soll das Kreisschema illustrieren.

Erst von diesen Anthropina her werden diejenigen Werte verständlich, die heute gefordert, bekannt, gelebt, missachtet, bestritten oder auch verraten werden. Entscheidend ist, sie sind in den Diskurs der Menschheit eingegangen, durch ihn artikuliert und von vielen realisiert worden. Natürlich haben diese Werte ihre jeweilige historisch-soziale, ihre kulturell-religiöse und politisch-pädagogische Kommunikation gehabt, ehe sie in diversen Kommuniqués gleichsam kanonisiert wurden: Vom *Consultum Ultimum* des römischen Senats, also dem römischen Notstandsgesetz[14] (das schon Jahrhunderte vor der Zeitenwende Anwendung fand), über die *Magna Charta Libertatum*[15] (von 1215) und die *Déclaration des droits de l'homme et du citoyen*[16] (von 1789) bis hin zu den 54 Artikeln der *Kinderrechtskonvention über die Rechte des Kindes*, die von den Vereinten Nationen (1989) einstimmig angenommen wurde[17]. Die Bildung des Menschen ist immer auch auf das bezogen, was er sich wert ist. Diese Bildungswerte verdienen ebenso ihre Globalisierung wie die Erinnerung an sie – nicht die Geldströme und Aktienkurse. Was wir heute brauchen ist eine Gedenkkultur, in der die Menschenrechte gedeihen. In diese *Gedenkkultur* sind alle Nationen, Kulturen und Religionen, alle gesellschaftlichen Schichten und Gruppen einzubeziehen. Sie achtet auf die körperliche Integrität jedes Einzelnen, befördert die personale Identität eines jeden und lebt die je besondere sozio-kulturelle Akzeptanz aller Menschen. Entschieden aber formuliert sie Demütigungs- und Intoleranzverbote, wenn, wann und wo gegen diese Menschenrechte verstoßen wird, denn: „*Die Würde des Menschen ist unantastbar*" – so Artikel 1 unseres Grundgesetzes, der – unter diesem Aspekt – das wohl wichtigste Tabu unserer Kultur benennt: es darf unter keinen Umständen und von niemandem angetastet, gar verletzt werden[18]. Wir brauchen also keine neuen Werte, aber die konsequente Anwendung der bisher formulierten – auch und gerade in einem Jahrhundert, das mit den Herausforderungen von Multikulturalität auf der einen und dem Recht auf Identität auf der anderen Seite lernen muss umzugehen.

• DIE 12 WERTE DES MENSCHEN •

1. Das Leben an sich
2. Freiheit/Selbstbestimmung/Selbstentfaltung
3. Gerechtigkeit/Gleichheit/Selbstbegrenzung
4. Brüderlichkeit/Schwesterlichkeit/Gemeinwohl
5. Frieden/Freundlichkeit/Gewaltlosigkeit
6. Wahrheit
7. Bildung – Erziehung – Unterricht
8. Lieben-dürfen, Lieben-können, Geliebt-werden
9. Umwelten-schützen
10. Verantwortung gegenüber nachfolgenden Generationen
11. Religiöse Sinnstiftung
12. Ein Tod in Würde und Beistand

• GLEICHWERTIGKEIT ALLER WERTE •

• HISTORISCH-GESELLSCHAFTLICHE ENTWICKLUNG •

• DIE 12 WERTE DER MENSCHHEIT •

Abb. 47 Die Werte der Menschheit

Damit zeigt sich Bildung als ein vitales Geschehen, das sich – wie in der Abbildung darzustellen versucht wurde – verschieden auszudimensionieren vermag. Wir heften ihr also keine Merkmale an, definieren sie nicht und pressen sie auch nicht im Stile *Herbart*s in ein Schema, sondern betrachten sie mal unter diesem, dann unter jenem Gesichtspunkt: Sie hat gesellschaftspolitische, ökonomische, naturwissenschaftlich-ökologische, mathematische, sprachlich-literarische, historische, ästhetisch-sportliche und religiöse Aspekte, Aufgaben, Denk- und Handlungsfelder. Welche, wann und inmitten welcher Sachverhalte bzw. Bewährungen sowie mit Hilfe welcher Methoden erfahrbar werden können oder sollen, kann kein Theoretiker bzw. Außenstehender vorweg und generell entscheiden. Diesbezüglich ist auf die „Dignität der Praxis“ hinzuweisen, die *Herman Nohl*

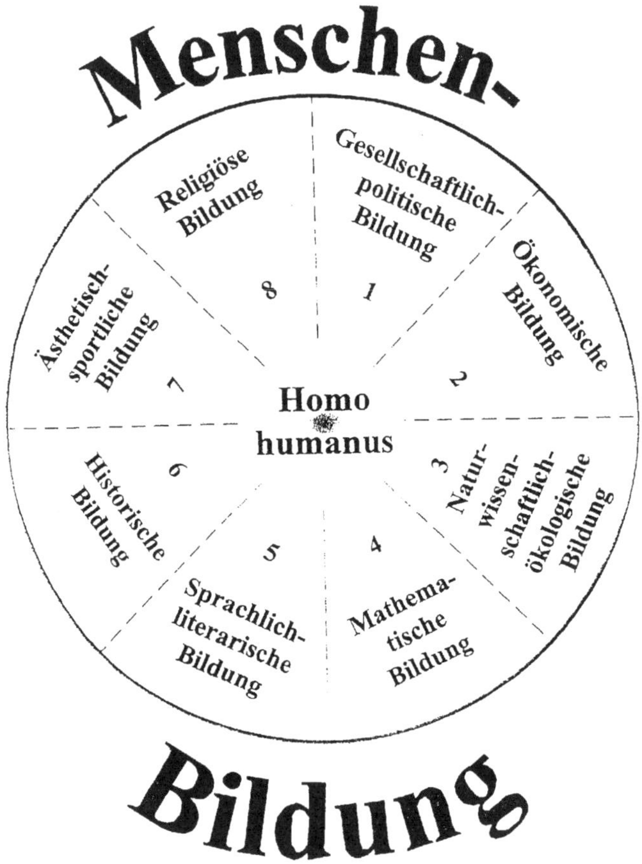

Abb. 48 Die Dimensionen menschlicher Bildung

immer wieder angemahnt hat. Darüber hinaus gilt dies: Natürlich lässt sich diese Potenzialität von Bildung reduzieren, beschädigen oder missachten, aber: Wer auch nur eine dieser Möglichkeiten außer acht lässt, verkrüppelt Bildung in derselben Weise wie derjenige, der einer Hand einen Finger verletzt, bricht oder gar nimmt. Zur Bildung gehört die Akzeptanz von Vorhandenem ebenso wie ihre Kritik – seien es historische Geschehnisse oder naturwissenschaftliche Erkenntnisse. Dazu ist Orientierungswissen nicht weniger wichtig als Verfügungs- und Handlungswissen – etwa in beruflichen Feldern. Bildung präsentiert also keinen Eigenschaftskatalog, sondern beschreibt die Beziehung des Menschen zu den Mitmenschen, zu den Tieren, zu den Pflanzen, zu den Sachverhalten, zu Gott und sich selbst. Sind diese Beziehungen um die Verwirklichung der Menschenwerte im Medium von Liebe (nicht mit Hilfe des Schwertes) bemüht, sind wir berechtigt, von Bildung zu sprechen. Sie ist der letztlich nicht planbare Beziehungsprozess, in dem sich dem Menschen sein Menschsein erschließt.

Und schließlich sei mit Hilfe einer letzten Abbildung (der 49.) auf einen Sachverhalt hingewiesen, der leider auch im Bildungsdiskurs gelegentlich vergessen wurde – zum Beispiel im Neuhumanismus *Humboldt*'scher Provenienz. Der Mensch (als Individuum) ist eben nicht das (alleinige) Maß der Bildung, worauf u. a. der Wiener Pädagoge *Marian Heitger* (Jg. 1927) immer wieder aufmerksam gemacht hat: „Alle derartigen Versuche müssen sich den Vorwurf zuziehen, eine neue Metaphysik mit dogmatischen Ansprüchen zu konstruieren“ [19]. Eine solche Einengung auf die *res humana* des Einzelnen missachtet die *res publica* der Gemeinschaft, der Gesellschaft, die Angelegenheiten aller. Meine Bildung ist immer auch deine und unsere Bildung; ich bin Teil einer befürchteten oder erwünschten Gesellschaft; niemand kann sich quasi auf Kosten anderer bilden, wenn er Bildung nicht verraten will. „Bildung“, da ist *Volker Ladenthin* in seinem großen Essay über die Frage „Was ist ‘Bildung’?“ zuzustimmen, muss man „als Menschwerdung des Menschen“ [20] verstehen, aber auch als Vergemeinschaftung der Gesellschaft, die ohne Bildung – wie die Geschichte lehrt – zum *bellum omnium contra omnes* entartet, zum Krieg aller gegen alle.

Was für gesellschaftliche Optionen sind heute nun auszumachen? Sieben habe ich angeführt – die Grenzen sind fließend und je nach Akzentuierung hätten es auch vier oder zehn sein können: Die einen fordern oder befürchten, ahnen oder prognostizieren die Freizeitgesellschaft, andere eine Gesellschaft, in der die Computer dominieren oder die Medien, die fundamentalistischen Verhältnisse, die Krisen oder die Katastrophen. Und womöglich wird die zukünftige Weltengemeinschaft von allen Merkmalen einzelne Züge aufweisen. Ob diese sich allerdings positiv oder negativ auswirken, hängt von der zentralen Zustimmung zu einer Menschengesellschaft ab, in der Demokratie waltet – um der Bildung des Menschen willen. Niemand will zum Beispiel auf die Errungenschaften elektronischer Medien verzichten oder Krisen leugnen, aber ob sie dem Wohle der Menschen dienen bzw. ihm Chancen der Bewältigung eröffnen, hängt von seiner Bildung ab. In den Händen einer *Anne Frank* war der kleinste „Volksempfänger“ ein Segen; in den Händen des Propagandaministers *Goebbels* ein Teufelswerkzeug. Und schließlich sollten wir uns stets bewusst sein, dass hinter jeder gesellschaftlichen Option immer auch eine bestimmte Anthropologie wirkt, ein Menschenbild ausfindig zu machen ist: zum Beispiel der genießende, verkabelte, fernsehbesessene, dogmatische, ängstliche oder verzweifelte Mensch. Von all diesen Zügen wird jeder von uns mehr oder weniger gekennzeichnet sein. Entscheidend ist nicht dies, sondern die Bereitschaft, sie dem *homo humanus* zuzuordnen, dem menschlichen, dem gebildeten Menschen. Wem denn auch sonst?

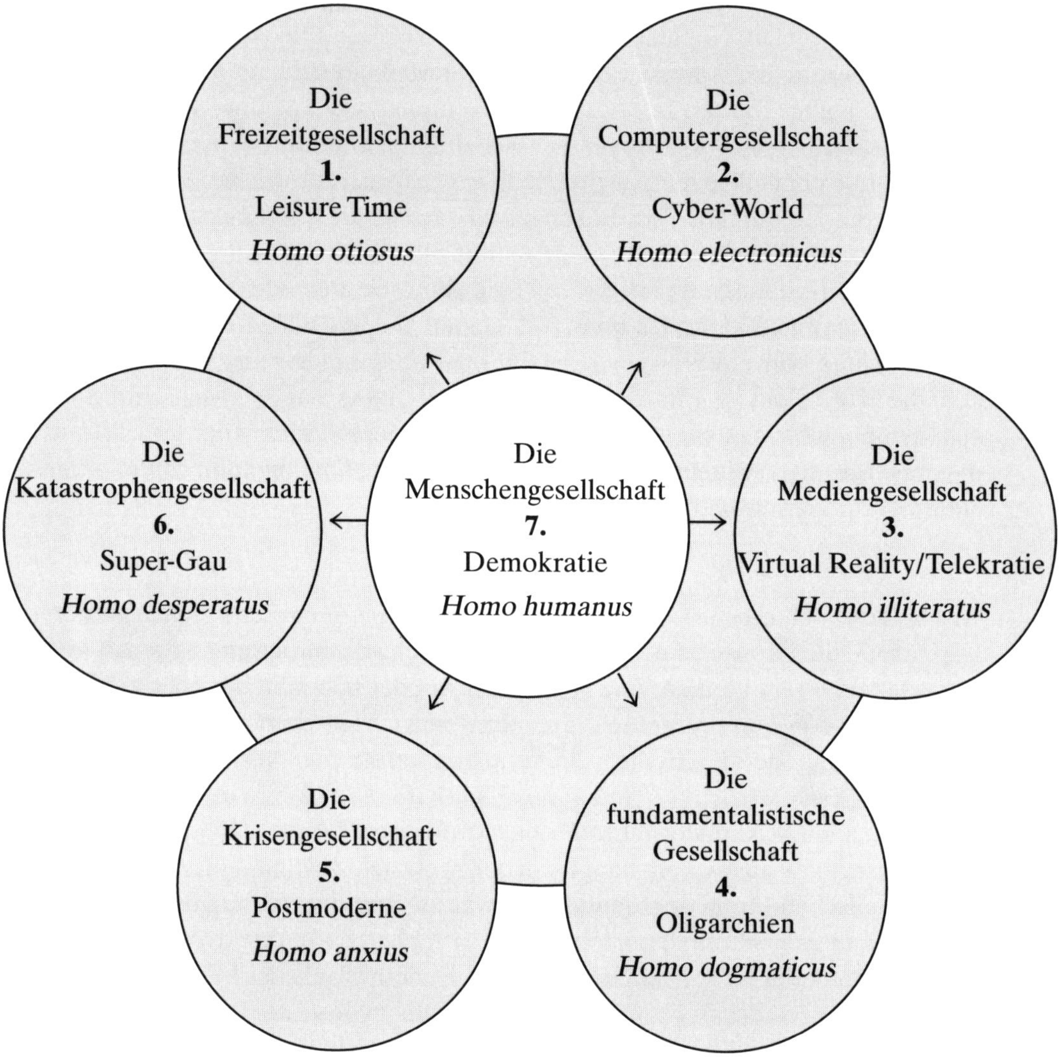

Abb. 49 Szenarien gesellschaftlicher Entwicklung

* * *

Irgendwann, vor ca. 100.000 Jahren, so hatten wir unsere Geschichte begonnen, reckte ein seltsames und aufgrund einer Naturkatastrophe irritiertes Wesen seinen Kopf in die Höhe, schaute umher, begann zu wittern, zu überlegen, gar nachzudenken und beschloss aufzubrechen zu einer langen Reise. Sie hat diesen Aufbrechenden über Höhen und Tiefen, durch Schluchten und Engpässe, über Wiesen und Felder, in Schlösser und auf Schlachtfelder geführt – Mensch ist er geworden, Adam ist er geblieben ... Wie sehr diese alte Aussage stimmt, hat ein moderner Schriftsteller erzählt: Ein 16jähriger Junge, Sohn eines indischen Zoodirektors, treibt als Schiffbrüchiger 227 Tage und Nächte über den Pazifik; in seinem Rettungsboot sind ein Orang-Utan, ein Zebra, eine Hyäne und – ein 450 kg schwerer bengalischer Königstiger. Erbarmungslose Kämpfe beginnen, aber auch der mühsame Versuch, gemeinsam zu überleben. Und hinter all diesen packenden Ereignissen schimmert die eigentliche Metaphorik durch: Denn womöglich ist der Orang-Utan seine Mutter, das Zebra sein Vater, die Hyäne der Koch, die allesamt bei dem Untergang des Schiffes ums Leben gekommen sind ... Kurz: Wer sich auf eine ganz andere Art und Weise erzählen lassen will, wie und warum der Mensch auch und gerade dann um seine Menschlichkeit ringt, wenn seine Kulissen zusammenbrechen und er auf's schiere Überleben-wollen zurückgeworfen wird, der lese den Roman von

Yann Martel:

Schiffbruch mit Tiger.

(Or. 2001)

Frankfurt/M.: S. Fischer 7.2004

Gita Krowatschek hat mich auf ihn hingewiesen, wohl wissend, dass man weder Bildung noch ihre Verneinung, weder ihr Gelingen noch ihren Verrat definieren, sondern 'nur' erzählen kann – ob dort oder hier ...

Unsere Reise hatte, nachdem die im Dunklen liegenden Stationen verlassen worden waren, an ihren Anfang die Begegnung mit einer (mythischen) Frau ermöglicht: mit *Tehiptila*, die über Liebe ein Wesen ins Menschsein rief. Mit einer (realen) Frau möchte ich unsere Reise beenden. Am 30. Oktober im Jahre 2003 habe ich mir im Bremer Schauspielhaus eine seltene Aufführung angesehen. Die 1955 in Ankara geborene und seit ihrem 7. Lebensjahr in Deutschland lebende Schriftstellerin und Schauspielerin *Renan Demirkan* präsentierte eigene Texte (Geschichten, Gedichte und Lieder) „Über Liebe, Götter und Rasenmähn“ – hinreißend, umwerfend, beglückend. Einen dieser Texte möchte ich, zumindest in Auszügen, hier abschließend zitieren [21]:

Ahmet

Eigentlich mochte ich ihn gar nicht so sehr. Er hatte immer dreckige Knie und eine Rotzkruste unter der Nase, und die Fingernägel waren zu lang und zu schwarz. Aber er hatte ein ansteckendes Lachen. Dabei zog sich der Mund wie eine Gondel in die Breite und seine riesigen, olivgroßen Augen schlossen sich zu kleinen Halbmondschlitzen.

Er hieß Ahmet. [...]

Also: Es war ein typischer anatolischer Sommer, sehr heiß und sehr staubig, und Ahmet wartete vor der Hausmauer meiner Großeltern. Er rief nie oder machte sich sonst nie bemerkbar. Er saß entweder unter dem Maulbeerbaum oder lief auf der Wiese auf und ab. Aber ich wusste sofort, wenn er da war.

Da stand er, die Arme mir entgegengestreckt, zwischen den klebrigen Händen eine Dose. Langsam schraubte er sie auf. Er war ganz steif vor Aufregung, seine Lippen krebsrot, die Augen blinkten wie poliert. Wie unter Hypnose hob er den Deckel langsam hoch und begann vorsichtig zu lächeln. Schließlich lächelte er etwas mutiger, dann allmählich breiter und breiter und immer mehr, bis das ganze Gesicht wie ein Sonnenaufgang strahlte. „Da, für dich“, krächzte er kaum hörbar.

Ich sah nur Wasser in der rostigen Dose. „Das sind Fische“, sagte er und zeigte auf ein paar winzig kleine, silbrige Fische auf dem Grund.

Ich stand da wie angebohrt, bewegungslos, staunte, wie man eben bei einer unerwarteten Überraschung staunt – sprachlos, mit großen Augen.

Er musste sehr, sehr tief getaucht sein, um sooo kleine Fische zu finden, dachte ich.

Ich beneidete ihn, dass er schwimmen durfte und ich nicht. Und er wusste das.

Ich bewunderte ihn, wenn er die Wasserbüffel in den Fluss zog und völlig angstfrei zwischen deren riesigen Hörnern herumplanschte.

Wir Mädchen durften nicht ins Wasser, weder mit Tieren noch ohne. Schwimmen war Männersache.

JETZT LIESS ER MICH TEILHABEN AN SEINEM ABENTEUER.

Mit einem Kopfnicken und einem leisen „Da nimm, es gehört dir“ bekam ich das Geschenk in meine Hände gedrückt. Wir gingen schweigend zum Maulbeerbaum und saßen lange zwischen den schwirrenden Bienen, starrten ernsthaft und konzentriert wie Wissenschaftler in eine Hand voll Wasser in einer rostigen Dose mit silbrigen Fischen.

Ab da war es anders geworden zwischen Ahmet und mir.

ICH SPÜRTE EINE UNBEKANNTE AUFREGUNG, WENN ER KAM – ALS GÄBE ES EINEN WIND IN MIR.

Ahmet wusste, dass es mein größter Wunsch war, zu reiten. Und er hatte es oft miterlebt, wie ich unentwegt meinen Cousin anbettelte, mich doch wenigstens einmal auf den Sattel zu heben. [...]

Ahmet habe ich es zu verdanken, dass ich wenigstens einmal auf einem Pferd sitzen konnte. Wenn auch nur für eine sehr kurze Zeit. Es dauerte gerade mal zwei kleine Runden vor Opas Haus. Dann war's aus. Da stürzte der alte Mann mit seinem Stock aus dem Tor und zerstörte meinen Kindertraum. „Ein Mädchen reitet nicht!" brüllte er.

Es war an einem Nachmittag. Ich sortierte gerade Maiskolben mit meiner jüngsten Tante. Wir mussten jeweils fünf Kolben zusammenbinden und zum Trocknen aufhängen. Aber meine Tante, sonst ein überfleißiger Mensch, alberte nur herum, ihr war alles egal – sie hatte plötzlich keine Lust mehr zu arbeiten. [...]

Da hörte ich völlig unerwartet ein Wiehern und ich wusste: Ahmet steht vor der Tür!

Fragen Sie mich nicht warum, ich weiß es nicht. Ich weiß nur noch, dass sich seit den Silberfischen etwas verändert hatte zwischen uns.

DA WAR EINE VERWANDTSCHAFT, EIN WISSEN VONEINANDER OHNE WORTE.

Und wirklich, Ahmet hatte ein Pferd mitgebracht!

Für mich.

Ein kleines Pferd zwar, aber immerhin. Und eigentlich war es auch kein richtiges Pferd, sondern eher ein zu klein geratener Maulesel mit einem schweren Rückenleiden. Sein Kreuz bog sich wie ein tiefes Tränental, aber ich saß darin fest wie angegurtet. Ahmet half mir aufsteigen, dann zog er das Tier an der Leine. „Komm, komm", keuchte er und lief, so schnell es eben ging, vorneweg.

Und ich galoppierte!

Ein unbeschreibliches Gefühl.

Endlich saß ich auf einem Pferd!

Alles in und um mich wurde durchgeschüttelt wie in einem Würfelbecher. Ich verlor die Orientierung. Ich wusste nicht mehr, ob ich sitze oder schwebe.

Noch nie zuvor hatte ich so etwas empfunden.

Es war tatsächlich das schönste Schön! Ich spürte die warme Abendluft in der Nase.

Mir war, als würde ich fliegen.

Niemand hat mir je erzählt, was das mit Ahmet war, ob *Aschk* oder *Sevgi*. Freundschaft oder einfach nur ein Kinderspiel.

Was auch immer es war, durch Ahmet entdeckte ich ein völlig neues Gefühl:

DA WAR EINER, DER MOCHTE MICH KOMPLETT, OHNE WORTE – SO SELBSTVERSTÄNDLICH, ALS WÄRE ER MEINE UNSICHTBARE ERGÄNZUNG.

Doch der Sommer ging zu Ende und mit ihm die Geschichte mit Ahmet und gleichzeitig auch meine Kindheit in der anatolischen Hitze.

Im Herbst fuhren wir nach Deutschland und ich vergaß Ahmet für sehr, sehr lange Zeit.

Lesen pildet!

Anmerkungen

1 Diese Briefe (15 von etwa 20) wurden abgedruckt in der ZEIT, Nr. 16, vom 7.4.2004, S. 49–50. Sie waren Jahrzehnte verschollen und wurden erst im Jahre 2004 von der Mutter *Gottschalks* und seinem Sohn auf dem Speicher ihres Hauses entdeckt. Die Auswahl reicht von *Stefan Andres* und *Max Frisch* über *Uwe Johnson* bis hin zu *Martin Walser* und *Carl Zuckmayer.*

2 *H. W. Stoll*: Die Sagen des klassischen Altertums. Stuttgart – Essen: Weltbild Bücherdienst o. J., S. 478.

3 *Michael Naumann*: Bildung – eine deutsche Utopie. In: DIE ZEIT, Nr. 50, vom 4.12.2003, S. 45.

4 *Anna Seghers*: Das siebte Kreuz. Roman. (Or. 1942, engl.; 1946, dt.) Neuwied – Berlin: Luchterhand 1962, S. 13.

5 *Wolf Lepenies*: Das Ende der Bildungsrepublik. In: Süddeutsche Zeitung, Nr. 281, vom 6./7.12.2003, S. 4. Unter den vielen Nachbetern dieser Preisgabe-Litanei ist auch der Literaturkritiker *Werner Fuld* (Jg. 1947), der 2004 ein Buch über „Die Bildungslüge" (im Berliner Argon-Verlag) publiziert hat und einen Beitrag im Berliner TAGESSPIEGEL (Nr. 18492, vom 1.6.2004, S. 14) mit den markigen Worten beschließt: „Unser Begriff von Bildung stammt aus dem 19. Jahrhundert. Wir sollten den Mut haben, ihn über Bord zu werfen."

6 *Joachim C. Fest*: Der zerstörte Traum. Vom Ende des utopischen Zeitalters. Berlin: Siedler 1991.

7 *Ernst Bloch*: Das Prinzip Hoffnung. 3 Bde. (Or. 1938ff.) Frankfurt/M.: Suhrkamp 1959; 1968.

8 *Ludwig Marcuse*: Die Utopie und das Individuum. (Or. 1950 u. 1969) Zürich: Diogenes mini-Taschenbuch 1977.

9 *Bruno Bettelheim*: Liebe allein genügt nicht. (Or. 1950) Stuttgart: Klett-Cotta 3.1979. Vgl. auch sein Buch: So können sie nicht leben. Die Rehabilitierung emotional gestörter Kinder. (Or. 1955) Stuttgart: Klett 1973.

10 *Erich Fromm*: Die Kunst des Liebens. (Or. 1956) Frankfurt/M. – Berlin: Ullstein 43.1990, zit. S. 9.

11 „Es geht um die Zukunft unserer Kinder – und zwar jetzt". Ein Interview mit Heinrich von Pierer. In: DBmobil, Nr. 4/2004, S. 6–9, zit. S. 7.

12 *Uwe Timm*: Johannisnacht. Roman. Köln: Kiepenheuer & Witsch 1996, S. 223.

13 *Theodor Litt*: Die Philosophie der Gegenwart und ihr Einfluß auf das Bildungsideal. Leipzig – Berlin: B. G. Teubner 1925, S. 70.

14 Dieser *Senatus Consultum Ultimum*, dieser letzte Senatsbeschluss angesichts einer akuten Bedrohung oder Notlage lautete: *videant consules, ne quid detrimenti res publica capiat.* Die Konsuln mögen zusehen, dass der Staat keinen Schaden nimmt – die beiden Konsuln wohlgemerkt, nicht mehr der Senat, erhielten, zeitlich begrenzt, fast diktatorische Vollmachten.

15 Diese „Große Urkunde der Freiheiten" ist das eigentliche englische Grundgesetz, das dem König *Johann I.* 1215 abgetrotzt wurde und 1225 unter *Heinrich III.* seine endgültige Fassung erhielt. Seine 63 Artikel stärkten vor allem die Rechte der Nichtadeligen.

16 Diese „Deklaration der Rechte des Menschen und Bürgers" verkündete die Französische Nationalversammlung 1789 und gab damit der Revolution ihren demokratischen Ausdruck.

17 Diese Kinderrechte haben in einen überzeugenden pädagogisch-didaktischen Gedankengang meine beiden Kolleginnen einbezogen: *Ursula Carle/Astrid Kaiser* (Hrsg.): Rechte der Kinder. Baltmannsweiler: Schneider 1998. Vgl. darüber hinaus das exzellente Buch von *Klaus Hüfner u. a.*: Menschenrechtsverletzungen: Was kann ich dagegen tun? Bonn: UNO-Verlag 2004.

18 Vgl. dazu den klugen Aufsatz von *Ralf Poscher* über „Menschenwürde als Tabu" in: Frankfurter Allgemeine Zeitung, Nr. 126, vom 2.6.2004, S. 8.

19 *Marian Heitger* (Hrsg.): Der Mensch – das Maß der Bildung? Innsbruck: Tyrolia 1994, S. 101.

[20] *Volker Ladenthin*: Was ist „Bildung“? Systematische Überlegungen zu einem aktuellen Begriff. In: Evangelische Theologie. 63 (4/2003), S. 237–260.

[21] *Renan Demirkan*: Über Liebe, Götter und Rasenmähn. Geschichten und Gedichte über die Liebe. München: Allitera Verlag 2003, S. 34–37, gekürzt.

„Ich halte die meisten Inhalte des klassischen Bildungsbegriffs, etwa im Sinn Wilhelm von Humboldts, auch in unserer Gegenwart für aktuell und anwendbar. Und ich empfinde es als ein Privileg, sie als Professor an die nächste Elite meines Landes zu vermitteln. Das genau entspricht dem anglo-amerikanischen Verständnis des „college“. Die Möglichkeit, auf diese Weise langfristig politischen Einfluß zu nehmen, ist wohl viel konkreter als die Einflußmöglichkeit, welche mir Artikel in Tageszeitungen eröffnen.“

Hans Ulrich Gumbrecht (Jg. 1948, lehrt Literaturwissenschaft an der Stanford University und ist mittlerweile amerikanischer Staatsbürger), in: Frankfurter Allgemeine Zeitung, Nr. 143, vom 23.6.2004, Seite 35.

XII. Station: „Jetzt sind Sie dran …" oder: Alles hat seine Fortsetzung

„Wie kann ich die Kinder erziehen? […]
Diese Aufgabe überfordert mich.
Es gibt eine andere Aufgabe,
die zuerst gelöst werden muss:
Zuerst muss ich mich erziehen."

Nora, in Henrik Ibsens gleichlautendem Schauspiel,
Uraufführung: 20. 1. 1880 in Oslo

Bitte wundern Sie sich nicht allzu sehr, dass der Autor dieses Buches das letzte, das XII. Kapitel, nicht selbst geschrieben, sondern Ihnen, seinen Lesern, überantwortet hat. Manches wird Sie, so hoffe ich doch, an- oder auch aufgeregt, zur Zustimmung oder Kritik veranlasst, ins eigene Durch- oder Nachdenken eingeladen haben. Besseres kann einem Buch und seinem Autor nicht passieren. Was immer Sie zu diesem oder jenem Gedankengang, Pädagogen, Jahrhundert, Beispiel, Gedicht u. ä. m. notieren möchten, ist herzlich willkommen. Ob im Telegrammstil oder als ausgefeilter Essay, ob zustimmend oder ablehnend, ob auf zwei oder 20 Seiten … Was immer Sie zu sagen haben, ist für Ihre Bildung wichtig. Und sollten Sie Ihre Überlegungen mir zuschicken, verspreche ich Ihnen, dass ich diese erstens sorgfältig lesen und zweitens auch beantworten werde. Vielleicht ist die eine oder andere Stellungnahme meiner Leser ja so gut, dass sie in die nächsten Auflagen eingearbeitet oder als Anhang aufgenommen werden können. Und sollten Sie am Ende dieses Buches „immer noch nicht" wissen, was denn nun Bildung ist, ja: noch mehr Fragen als zu Beginn Ihrer Lektüre haben, dann ist dies durchaus im Sinne des Autors. Denn seit wann lässt sich das Leben des Menschen in seiner möglichen Freiheit, Gerechtigkeit und Geschwisterlichkeit ein für alle Mal definieren? In seiner Bildung also eingrenzen? – Aber beschreiben, erforschen und durchdenken, nachempfinden, erahnen und erhoffen lässt es sich wohl – oder?

Meine Anschriften lauten:

Prof. Dr. Rainer Winkel
Universität der Künste
Fakultät für Erziehungs- und
Gesellschaftswissenschaften
Bundesallee 1–12
PF 120544
10595 Berlin
Tel.: (030) 3185-2332

Oder: Universität Bonn
Institut für Erziehungswissenschaft
Römerstr. 164
53117 Bonn
Tel.: (0228) 73-7329

Privat: Georg-Wilhelm-Str. 12
10711 Berlin-Wilmersdorf
Tel.: (030) 891 46 39

Und: Lindkensfeld 29 a
45279 Essen-Horst
Tel. & Fax: (0201) 310 41 92
www.RainerWinkel.de

Nun wünscht Ihnen eine ruhige Hand, einen klaren Kopf und ein tapferes Herz
Ihr

Name:

Vorname:

Anschrift:

Zu dem Problem/dem Kapitel/ dem Gedankengang/ dem Pädagogen o. ä. m. nehme ich wie folgt Stellung:

Namenregister

Bio-Bibliographie

Prof. Dr. Rainer Winkel, M. A.

geb. 1943 in Dresden. Nach einem Lehrerstudium war er im Schuldienst tätig und absolvierte danach ein Zweitstudium an der Ruhr-Universität Bochum in Pädagogik, Psychologie und Psychiatrie.

Er magistrierte 1971, promovierte 1973 und habilitierte sich 1975. In Essen gründete er die dortige Freie Schule, arbeitete einige Jahre in ihr und war an der Universität/Gesamthochschule Essen als apl. Professor tätig.

Seit 1980 ist *Rainer Winkel* Inhaber eines Lehrstuhls für Erziehungswissenschaft an der Berliner Universität der Künste und seit dem WiSe 2003/2004 Lehrbeauftragter an der Universität Bonn.

Winkel ist Mitherausgeber und Schriftleiter der Zeitschrift *„PÄD FORUM"* und war einige Zeit Herausgeber der *„Deutschen Lehrerzeitung"*.

Seine Bibliographie weist über 500 Aufsätze sowie ein gutes Dutzend Bücher auf, wobei die folgenden seine bekanntesten sein dürften:

„Antinomische Pädagogik und Kommunikative Didaktik" (2.1988); *„Pädagogische Psychiatrie für Eltern, Lehrer und Erzieher"* (4.2004); *„Schwierige Kinder – Problematische Schüler"* (3.2001); *„Der gestörte Unterricht"* (7.2005) sowie *„Theorie und Praxis der Schule. Oder: Schulreform konkret – im Haus des Lebens und Lernens"*. Dieses 1997 erschienene Buch gilt als sein bisheriges Hauptwerk. 2005 hat er unter dem Titel „Am Anfang war die Hure" eine *„Theorie und Praxis der Bildung"* vorgelegt.

Der Autor ist Vater von zwei Kindern und in seiner Freizeit literarisch tätig. 1991 gründete er die J. A. COMENIUS-STIFTUNG zur Unterstützung notleidender Kinder.

Zum 1. April 1998 wurde *R. Winkel* von der Ev. Landeskirche von Westfalen zum Gründungsdirektor der neu errichteten Evangelischen Gesamtschule Gelsenkirchen berufen. Zusammen mit dem Gründungskollegium hat er diese Reformschule pädagogisch und didaktisch mehr als fünf Jahre lang geleitet.

Kontaktieren kann man ihn unter folgenden Anschriften:

Universität der Künste, Fakultät 05: Erziehungs- und Gesellschaftswissenschaften, Bundesallee 1-12, Pf 120544, 10595 Berlin, Tel.:030/3185-2332, Fax 030/3185-2690 u. -2259.

Privat: Lindkensfeld 29 a, 45279 Essen-Horst, Tel.:0201/3104192 & Georg-Wilhelm-Str. 12, 10711 Berlin, Tel.: 030/8914639.